国家社科基金资助项目

苏州大学苏南发展研究院研究项目

**撰稿者:** 吴声功　张建英　杨余春　胡军生

王国荣　姜　明　万智慧　程　立

周　芳　马千里　蔡　玮　杨勇兵

李明桂

吴声功 等著

# 科学发展观在苏南的实践

人民出版社

责任编辑:杨美艳
封面设计:徐　晖
版式设计:周方亚

**图书在版编目(CIP)数据**

科学发展观在苏南的实践/吴声功 等著.
　-北京:人民出版社,2012.3
ISBN 978－7－01－010464－5

Ⅰ.①科…　Ⅱ.①吴… 　Ⅲ.①区域经济发展-研究-江苏省②社会发展-
　研究-江苏省　Ⅳ.①F127.53

中国版本图书馆 CIP 数据核字(2011)第 254099 号

科学发展观在苏南的实践
KEXUE FAZHANGUAN ZAI SUNAN DE SHIJIAN

吴声功　等著

人民出版社 出版发行
(100706　北京朝阳门内大街 166 号)

北京龙之冉印务有限公司印刷　新华书店经销

2012 年 3 月第 1 版　2012 年 3 月北京第 1 次印刷
开本:710 毫米×1000 毫米 1/16　印张:33.75
字数:570 千字　印数:0,001-2,500 册

ISBN 978－7－01－010464－5　定价:69.00 元

邮购地址 100706　北京朝阳门内大街 166 号
人民东方图书销售中心　电话 (010)65250042　65289539

# 目　录

# 前　言

　　这部书是国家社科基金项目"全球经济调整视阈下科学发展观在苏南的实践"的最终成果,其内容是揭示在全球经济调整下苏南是如何科学发展的。

　　苏南,是江苏"两个率先"发展的重镇,是长江三角洲的一个核心区域,是我国经济发展的前沿阵地。从行政区划讲,苏南即今天的苏州、无锡、常州、镇江、南京五市。从历史角度讲,则指的是苏州、无锡、常州,即人们习惯上所称的"苏锡常"。"苏锡常"位于江苏南部,东临上海,西接南京,北枕长江,环抱太湖,具有十分优越的区位优势,既是"苏南模式"的发源地,又是江苏经济重镇和改革开放的前沿阵地。国家发展改革委员会于 2010 年 6 月作出的关于印发《长江三角洲地区区域规划》的通知中指出:"长江三角洲地区区位条件优越,自然禀赋优良,经济基础雄厚,体制比较完善,城镇体系完整,科教文化发达,一体化发展基础较好,是我国综合实力最强的区域,具有高起点上加快发展的优势和机遇。"国务院批复的《长江三角洲地区区域规划》中讲:"实现长三角地区又好又快发展,事关国家改革开放和现代化建设大局",苏南当不例外。勤劳智慧的苏南人深知这一点,主动依托长三角,准确定位,扬长避短,发挥自己的优势,科学谋划自己的发展格局。比如,苏州就在"十二五规划"中提出,要努力把苏州及附近城市整体打造成为长三角重要的核心区域城市群。

　　本书所写的苏南,主要是"苏锡常"。"苏锡常"的叫法,在民间始于何人,今天已经无从考察。"六五"中期的 1983 年,时任江苏省社科院副院长的沈立人在一篇文章中公开使用了"苏锡常"的提法,很快这个称谓得到了各方认可,一时间风靡全国。"苏锡常"就像一个三胞胎,虽然现在个头上有了较大差别,但从蹒跚学步到发育得魁武健壮,节奏上大体是一致的,各方面条件都差不多,她们互相感应,相互促进,共同发展。古代,一起孕育了吴文化的文明;近现代,一起创造了工商业的辉煌;20 世纪七八十年代,一起创造了闻名全国的"苏南模式";今天,又一起在新一轮区域经济中傲视群雄。

1

研究苏南,不能仅从资料、数据、分析当中,去掌握其动态,同时还要身体力行,以亲身经历方式到第一线去调研、去捕捉、去体验、去验证。

万事不变,变的是看事情的角度。

万事在变,不变的是看事情的科学态度。

苏南在变,不仅天天在变,而且变得很快。对苏南的看法,从学术界看,有持肯定态度的,也有持否定态度的。有人认为,苏南是发展不科学,科学不发展。我们如何看待?本课题的研究,要求我们回答这个问题:苏南的发展,究竟是科学发展还是发展不科学?这不是一个容易回答的问题,采取肯定一切的做法,或者否定一切的做法,都是不妥当的。我们经过再三考虑,采取了三点做法:

第一,注重发掘思想深度,不断深化本课题研究的意境。我们采取跳出苏南看苏南、从苏南这一缩影看全国的做法,既注重分析苏南的特殊性,也从中揭示具有普遍性的东西。之所以这么做,原因在于:苏南,不是孤单的苏南,而是中国的苏南。一方面,改革开放以来,苏南的发展是走在全国前列的,有许多可圈可点之处;另一方面,走在当代中国发展前沿的苏南,还存在着不少问题。当代中国是通过粗放型发展方式发展起来的,苏南也是。粗放型发展,一是牺牲了环境,二是忽视了人的素质的提高,以至于今天的苏南人到国外看看,尤其是到工业发达国家看看,普遍认为苏州、无锡……硬件不比他们差,高楼大厦不比他们少,但软件不如人家,环境卫生与人的素质不如人家。在新一轮经济发展过程中,苏南怎么发展?如果还是按老一套搞,一是苏南老百姓不答应了,二是从中央、省到市,各级领导也不容许了,用苏南人的话讲:必须转型升级,而且是刻不容缓了。升级到终于有一天,苏南各市不仅楼高了,而且环境普遍卫生了,软件水平提升了,人的素质也普遍提高了。这就需要科学发展,而不是粗放型发展。出于这样的想法,我们选择了本课题研究,获得了国家认可,于2009年被列为国家项目。

第二,采取"两个说透"的做法。一个是说透改革开放以来,苏南取得的成绩及其获得成功的经验;二是说透苏南存在的问题。也就是说,对于苏南人取得的成绩必须肯定,对于苏南经验必须总结,对于苏南存在的问题也不容忽视。

我们之所以这么做,原因在于:我们考虑到,今天的苏南,不仅是中国的苏南,更是走在改革开放前沿的苏南。今天的苏南人要为今后的苏南考虑,摆脱各种陋习、陈腐观念、粗放型发展方式,为未来中国的发展树立一个好样子。

把科学发展观落到实处,需要科学思维。在本课题研究过程中,我们首先考虑的是:苏南在新一轮经济发展过程中,如何确立科学发展的理念?应该确立哪些科学发展理念?开始,我们考虑得比较多的是如何按照科学发展观的基本要求,来进行深入的探讨;后来,我们通过到苏南各地去调研,改变了这方面的想法,接受了苏南一些地方干部的意见,将科学发展观化为苏南老百姓能够接受的、可操作的、切合苏南实际发展的理念。于是,我们深化了对科学发展观基本要求的一般理解,依据苏南贯彻落实科学发展观的现实情况,作了较为深入的思考。

第三,将科学发展观的研究从注重体系研究转向了注重对现实问题的研究,即通过对全球经济调整下科学发展观在苏南的实践探索,提出了在现实问题研究上,应该突出科学发展理念、发展战略与发展路径,采取了"一总十一分"的做法。"一总",即从世情、国情、区情分析入手,揭示苏南科学发展实践的总貌与背景。"十一分",即在这一总貌与背景下,从以人为本的"幸福苏南"建设,苏南的协调发展、统筹发展与可持续发展,苏南精神法宝与成功之道,苏南模式的历史演进、路径选择与未来发展,苏南的率先发展、科学发展与和谐发展,苏南经济发展战略目标的选择与经济发展方式的转变,苏南产业转型升级与外向型经济的发展,苏南的创新理念与创新之路,苏南文化产业的发展战略与发展图景,苏南城乡一体化与特色农业、高效农业的发展这十一个方面,展开了探讨。

总之,我们试图从各个不同角度,用科学发展观来探讨科学发展观在苏南是如何实践的。

本书研究,不同于一般理论问题研究,它既需要我们的哲学思维,也需要我们下去调研,还需要我们将有关各方面的零零总总的资料、素材搜集过来进行消化吸收,有的需要在行文中标明出处,有的需要标明×××的观点、看法,或苏州人、无锡人、常州人的看法,尽管这些看法我们写上了,即表明不是我们的看法;但我们可以以这些观点、看法、资料、素材为依据,表明我们的观点。我们在写作过程中,正是这样做的,明明是我们的观点,却不用我们的话讲,而是用别人的话讲。这就叫旁征,引得多了,是否可以叫博引呢?我们力图这样做,但是否这样做了呢?需要各位专家学者与广大读者鉴定。

最后,要说的一点是:在本书研究成果中,我们从国内外大量书籍、杂志、刊物、报纸、网络上引用了许多他人研究成果,尽管我们无意掠人之美,但不能不引用,关键是要尊重他人研究成果,感谢他人研究成果被我们引用。当然,如上所述,能标明出处的,必须标明出处。有些尽管是用我们自己的话讲了的,但却是人家的观点,如果没有标明出处,也应该明示是×××的看法或×××的观点。尽管我们是这么做了,但不能说尽如人意! 在此,对凡是被我们引用的他人研究成果的作者、他人资料的持有者,我们在此一并致谢!

吴声功

写于 2010 年 10 月

修改于 2011 年 10 月

# 第一章　背景分析：历史的
## 转折与格局的变化

【提示】从世界形势看,后危机时代全球经济出现了新的发展趋势。随着世界格局的变化,带动全球经济增长的主导力量正在发生根本性变化,发达国家与新兴经济体的此消彼长形成了鲜明对比,使得全球经济增长重心转向新兴市场,全球经济出现了大调整。这次国际金融危机,使我国在外资、外贸、外经这三个方面,都遭遇到重大影响与挑战。

从国情看,在这次国际金融危机发生后,中国的国情也发生了很大变化。第一是经济发展的周期性、阶段性与未富先老问题的凸显;第二是中国产业结构与经济结构失衡、产能过剩与能源压力、环境压力问题凸显;第三是当代中国至今仍无国际产业主导权问题凸显。这三大问题,无一不要求当代中国转变经济发展方式与发展理念。

从苏南本身看,经历了30多年改革开放的苏南,在世界格局的变化与全球经济调整、当代中国经济发展方式与经济发展理念发生重大转变的背景下,其经济发展方式与经济发展理念也随之发生重大变化。我们课题组对科学发展观在苏南的实践的研究,正是在这一视阈、这一背景下展开的。

## 第一节　世情分析
### ——世界格局的变化与苏南遇到的挑战

在经历了2008年、2009年的金融危机与经济危机之后,世界各国都在关注"后危机时代"全球经济调整与世界格局的变化。

从目前情况看,全球经济已出现新的发展趋势。随着世界格局的变化,带动全球经济增长的主导力量正在发生重大变化,这是一个历史性的转折,发达国家与新兴经济体此消彼长形成了鲜明对比,使得全球经济增长重心转向新兴市场,全球经济出现了大调整。

## 一、世界格局的变化与全球经济调整

在这场国际金融危机发生之前,尽管世界已经走向了多极化,但美国的霸权地位十分强势。这场金融危机发生后,美国的霸权地位明显衰落,G20 地位明显上升,世界格局发生重大变化。最能反映世界格局变化的莫过于下述三论。

### (一)华尔街时代终结论

源自美国的金融危机已告一段落,美国金融机构以其财务报告展示了恢复元气的信心。然而,这场危机的影响是深远的。华尔街持续几十年的梦幻色彩已经在退去,曾经令无数业内外人士钦羡的金融财富神话——以令人眼花缭乱的高风险、高收益的金融产品,吸引了全球的金融冒险家——终结了。尽管华尔街的投资者们仍在强颜欢笑,但却不能不"走下神坛"了。尤其是,金融危机后,被称为美国券商的五虎上将折了三员:雷曼倒闭、贝尔斯登和美林被人收购,剩下高盛与摩根士利(该虎也元气大伤,其品牌修复尚需时日)。于是,人们在危机过后,漫步在国际金融中心的多极化进程中,不得不小心翼翼地预防华尔街下一次危机的爆发。一方面,质疑美元国际储备货币地位,呼唤国际金融体系的改革;另一方面,出现全球各大金融中心挑战华尔街霸主地位的意欲,并展开了华尔街时代是否终结的讨论。有人发出了"华尔街时代终结了"的呼声。

然而,现实告诉我们:华尔街经历的危机并非一次。20 世纪 70 年代,华尔街经历了一场经济危机。这场危机过后,华尔街面临全球货币的"战国"时代,美元表面被削弱而实际地位却上升了。尽管自 20 世纪 80 年代以来,美国经济在全球的比重徘徊在 20%—30% 之间,但每次经济危机爆发后,其比重反而是有所上升而非下降。尽管人们认为,美国政府一贯有损人利己倾向,每一次危机往往都被其作为转嫁内在矛盾的手段,即使华尔街变差了,别人则会被拖下水变得更差;尤其是,美国的金融体制包括各金融机构内部的体制以及美联储等政策性机构的宏观管理,也一直为了适应形势而不断调整改进;目前,美国就正在设法纠正先前暴露出来的问题,以便继续保持世界金融霸主地位。迄今,世界上还没有哪一个国家、哪一个金融中心能够撼动其地位。尽管曾有人将伦敦视为最有可能取代华尔街国际金融中心地位的对象,但这仅是一些人的愿望,至今不仅未能实现,而且伦敦金融业在这次金融危机中也暴露出很多问题,至于世界上其他各个金融中心,虽大有挑战华尔街地位之势,但就目前情况看,都还不具备这样的实力。东京、香港、上海要成为亚洲的金融中心都面临巨大挑战,更勿论世界金融中心了。首尔、悉尼虽都想成为国际金融中心,但终究都未能成功。因此,专家们认为:一个国际金融中心需要在资金来源、投资目的地和资本市场三个领域具备国际核心地位。尽管华尔街在这三个方面现在都面临挑战,但其国际金融中心的地位仍难以被世界上其他金融中心所取代。有鉴于此,我们认为,尽管现在世界格局在变,但不能说华尔街时代已经终结了。

### (二) G2 与 G20 论

美国金融危机发生后,美国难以恢复昔日荣光,出现美国衰落、中国崛起的格局。正是在这一背景下,有人抛出"两国集团(G2)"论。由于各自的战略思维不同,G2 的说法也不同。

第一种说法是弗雷德·伯格斯腾的 G2 论。作为彼得森国际经济研究所所长的伯格斯腾是 G2 论的始作俑者。他之所以提出这个概念,据说是因为他察觉到了世界格局大变局即将到来。他的出发点十分明确,未来世界的最大变数是中国如何崛起。由于中美的债权—债务的依存关系,中国将对美国经济产生前所未有的影响。美国必须提前把中国纳入现存的国际体系,把不确定因素转为较确定的因素。

第二种说法是哈佛大学历史学家奈尔·弗格森的 G2 论。弗格森提出的"中美国"概念虽不确定,但他作为研究帝国历史的顶级学者,在战略思维上无疑受到大英帝国衰亡史的深刻影响。在他看来,美国的相对衰落与中国的崛起是历史必然,关键问题在于如何有序地发生。如同英帝国那样掌控衰落的速度,并寻找一个软着陆点。他认为,中、美在货币上的相互依存关系,主要对美国有利,因为美国是世界上最大的消费国、中国是世界上最大的储蓄国;在经济危机的关键时刻,美国有中国持有大量美元资产的支撑,运气比上世纪三四十年代英帝国好得多。因此,美国必须抓住这个历史机遇。

第三种说法是美国前国家安全事务助理布热津斯基的 G2 论。布热津斯基认为,美中关系的重要性在于平衡世界格局。这个世界可以有几个"平行"的 G2,即由美欧关系、美日关系与美中关系组成。他强调只有通过一个非正式 G2 机制,才能获取中国在很多重大国际问题上的合作。

第四种说法是美国前国务卿基辛格博士的 G2 论。作为一个具有深刻的历史感与全球视野的战略家,基辛格强调美中两国的关系不能只局限在相互利用的层面,而要为建立一个世界新秩序作出关键的贡献。他的关注重点是如何消弭美中之间长期在全球地缘政治方面的战略猜忌,减少战略冲突的几率。基辛格依据对第一次世界大战前英德关系从天然伙伴向仇敌转化的独到见解,担心美中关系向同样方向发展。美中经济依存关系只能是暂时现象,不足为长期稳定的基础。他指出,美中双方都在时间上高估了经济上的"双赢"阶段。同时,他认为,全球金融危机是历史机遇,如果美中两国能够抓住这个机会为创建新秩序世界做出努力,而不把时间浪费在军事与战略上的相互猜疑之上,美中关系才能够找到真正的平衡点。

尽管中美关系是世界上最重要的双边关系。但要求奥巴马把中国作为权利平等的伙伴来对待,要求中国接受美国继续扮演领导角色,对双方来讲都不容易。首先,美国人绝没有与中国"二分天下"的愿望,多数情况下是功利主义的思路在起作用。许多人认为,美国人鼓吹 G2 表明对自身地位衰落的承认,其实事情正相反,奥巴马总统上任伊始就在强调美国领导地位的重要性。加之,尽管世人都在谈论美国的衰败,但并没有哪一个国家做好心理准备迎接美国之后的时代。其次,中国也绝没有与美国"二分天下"的想法。由于 G2 论有悖于中国一贯奉行的外交原则,因此,对于 G2 论,中国政府理所当然地予以反对。最后,西方国家至今也仅仅是将中国视为一个新兴国家。并且,这个新兴国家仍然是一个"体弱多病"的国家,体质、体力、体能都不能承担领导世界的大任,不管我们愿意不愿意、高兴不高兴,这是不容争辩的事实。

然而,世界又离不开中国,离不开新兴大国。中国不赞成西方提出的 G2,并不意味着中美之间不合作了。中美之间不仅要继续合作,而且中美之间的合作必须加强,但两国之间的合作应是平等互利、尊重差异、惠及全球的合作。总之,中美需要合作,但不需要 G2。

从目前情况看,世界秩序的确发生了很大变化,不仅美国在衰落,而且具有富国俱乐部之称的 G8 也越来越力不从心,主要影响力正在由 G8 变成 G20,G20 取代 G8 在世界上的呼声很高。当然,就世界格局看,不仅现在,而且在今后相当长的一个时期内,G20 还是取代不了 G8,G8 仍想继续主宰世界。但新兴国家,尤其是金砖国家(中国、印度、俄罗斯、巴西、南非),对全球的影响越来越大。因此,G20 论者认为,G20 是世界的转折点,也是中国的转折点。

值得注意的是:

首先，关于 G2，不仅有中美 G2 说，还有日美 G2 说。[①] 日本《产经新闻》评论委员高畑昭男认为，日美才是亚洲的 G2。日美两国迄今在亚太地区的和平与安全领域是 G2，今后也将是如此。

其次，在美国，赞同中美 G2 论者有，反对中美 G2 论者也有。无论是赞同还是反对 G2 论者，都是出于本国利益。最能说明这一点的是谷歌事件，当谷歌以退为进，在 2010 年 1 月 13 日称，谷歌集团考虑关闭中国网站以及中国办事处。这本来是一起由谷歌向中国政府发难的商业事件，但美国政府却与谷歌将商业利益与政治利益、意识形态搅在一起；把中国的规范网络举动与价值观、意识形态等混在一起，说得特别严重，先是希拉里发表"网络自由"宣讲，后是奥巴马出面力挺希拉里。美国从商到官、从国务院到白宫，发起了罕见的针对中国等非西方国家的互联网攻势。这个时候，考虑的就只有美国利益，没有中国的国家利益了。但当碰到要中国承担责任、做"负责任国家"的时候又有中美国了，又唱 G2 论了。

不管你对 G2 论、G20 论等如何看待，有一点是确定无疑的。这场国际金融危机发生后，尤其是进入"后经济危机时代"后，世界格局确实在不断地发生变化。

### （三）G0 论

该论认为，在 2011 年，全球经济面临的最大风险是群龙无首。美国经济在这一年步入复苏的正轨；金砖国家的经济也将继续增长，世界经济正在迈入一个平衡的未来，然而，总部设在纽约的国际风险咨询机构欧亚集团说：在 2011 年，世界步入 G0 时代，这是世界面临的最大风险。

欧亚集团总裁伊恩·布雷默在 2011 年开始的一个电话会议上说："我们把这个新的经济秩序称为 G0，也就是没有领导者。有人说，美国会重新回来，也有人说，世界将以中国为中心，这些都是错误的命题。我们正进入一个状态，这其中最大的经济问题就是没有领导者。"

他说，黄金价格达到创纪录的新高，就是因为在 G0 的年代，世界充满了不确定性。他还说，二十国集团（G20）完全无效，从一个各方对话的平台蜕变成各国角逐各自国家利益的场所。

布雷默认为，新兴市场国家人均收入相对较低，政局相对不稳定，没有能

---

① 《日报声称日美才是亚洲的 G2》，《参考消息》2009 年 8 月 8 日第 3 版。

力也没有意愿担负领导全球经济或政治的重任,曾经创建了自由市场体系和全球化规则的欧盟和美国遭受重创,无暇顾及。席卷全球的经济危机并没能促使各国加强合作,反而加深了G0的状态。①

当今世界正在发生的重大变化表现在:

第一,地缘政治的大变局。地缘政治的一大变局是,这场国际金融危机发生后,加剧了美国单极世界幻想的破灭与加快了世界向多极体系的演进。另一大变化是,包括中国在内的金砖国家的崛起与G20作用的凸显。尽管目前全球经济复苏正在逐步趋稳,但仍不时有警钟敲响。

第二,世界经济格局的大变化与全球经济的大调整。具体表现:一是大国经济关系步入"合作竞争并存"时代。随着苏联解体后不受制衡的超级强国美国在这场国际金融危机后,其"无可匹敌"的霸权时代过去了,世界格局不仅在政治上,而且在经济上,都发生了很大变化。尤其是,大国之间不再是简单的两极或多极关系,而是既合作又竞争的关系,美国、中国、欧盟、俄罗斯、印度、巴西等大国都进入"合作竞争并存"时代。尽管不能说这一格局是这一场危机之后形成的,但可以讲,这场危机促使了这一格局在经济全球化背景下形成加速。二是新兴经济体的崛起。这是未来世界经济格局的鲜明特点。2003年,美国高盛集团全球经济研究部主管、首席经济学家奥尼尔发表了题为《与"金砖四国"一起梦想——2050年之路》的研究报告,提出了"金砖四国"(BRICs)的概念,"金砖四国"即中国、印度、俄罗斯、巴西,这四国经济的快速增长,对全球经济发展产生了巨大而深远的影响。② 2007年,高盛集团又推出所谓"钻石十一国"。日本"金砖四国"研究所也于2007年提出了一个新的专有名词"展望五国"(VISTA),系指越南、印尼、南非、土耳其、阿根廷,认为这五个国家具有很大的发展潜能。这里,不必论述究竟什么是新兴经济体,仅仅指出两点:首先是金砖国家、"钻石十一国"、"展望五国",现都被国际社会冠以新兴市场、新兴经济体、新兴工业国等称谓;其次是新兴市场、新兴经济体现已遍布于亚洲、非洲、南美洲、东欧及中东等各个角落。有学者认为,目前全球

---

① 据美国之音网站1月4日报道,2011年世界将步入"G0"时代,《参考消息》2011年1月11日第10版。

② 现"金砖四国"已发展为"金砖五国"(即由原"金砖四国"加上南非),作为发展中国家第一集团。截至2011年4月,金砖国家占据40%的世界人口,18%的世界贸易,贡献了当前世界经济增长的45%。

大约有四十几个新兴市场或新兴经济体。在后经济危机时代,一方面,新兴经济体成为世界经济增长的新动力,从目前情况看,发达国家与新兴经济体的此消彼长形成鲜明对比。2010 年,发达经济体虽然仍占据全球 GDP 的主要份额,约为 73%。但由于受到危机冲击的程度不同,新兴经济体和发达国家的经济复苏和增长呈现出"快"与"慢"、"热"与"冷"的不同步特征,二者的相对力量也在发生变化。发达国家在全球经济中的贡献率迅速下降,从本世纪初的 76.6%,降至 2007 年的 53.1%,2008 年的 20.8%,2009 年甚至出现负贡献,2010 年的贡献率也只恢复到 30% 强,预计 2011—2015 年很难超过 40%,甚至可能递减。到 2015 年发达国家占全球 GDP 的份额可能下降到 65%。全球经济增长重心转向了新兴市场,中国、印度、印度尼西亚、巴西、南非等新兴市场国家高速增长,成为拉动全球经济增长的火车头。国际货币基金组织按购买力平价法的测算表明,到 2014 年发展中经济体占世界产出的比重将首次超过发达经济体。这给新兴经济体特别是中国提供了前所未有的机遇。当然,从另一方面看,新兴经济体也面临着发达国家市场保护的巨大压力。三是国际经济体系的变革。长期以来,发达国家一直主导着国际经济体系。首先是,发达国家发行着世界主要储备货币,垄断着国际资本与先进技术,控制着世界大部分能源与战略产业;其次是,发达国家掌握着不可撼动的话语权与决策权。在制定国际经济金融贸易投资的游戏规则上如此,在国际货币基金组织、世界银行及世界贸易组织的决策上亦如此。近年来,上述新兴经济体经济实力不断增强,对世界经济的贡献率越来越大,却无法取得在国际经济事务中的主导权。然而,在金融危机的狂风恶浪面前,发达国家开始认识到一己之力的单薄。1997 年的亚洲金融危机催生了二十国集团,十年后,发端于美国华尔街的金融风暴,促成了二十国集团第一次首脑峰会的召开,长期垄断国际金融事务的西方发达国家,开始就应对危机与发展中国家开展更密切的合作,从而开启了变革现有国际经济体系的进程。

通过二十国集团领导人多次会晤,包括发达国家和发展中国家在内的世界主要经济体有效协调了各国的宏观经济政策,缓解了各国面临的严峻形势,提振了民众和企业信心,稳定了国际金融市场,推动了世界经济恢复增长,在改革国际金融体系、加强金融监管方面也迈出了可喜步伐。然而,现有国际经济体系中,深层次的问题仍然没有解决,部分发达国家储蓄消费失衡依旧,资源拥有和消耗失衡依旧,国际货币体系失衡依旧,世界财富分配失衡依旧,南北发展的不平衡依旧,甚至在金融危机的冲击下有所恶化。而且,在"后经济危机时代",发达国家对待新兴经济体与发展中国家的态度更趋功利化,如实行贸易、投资保护主义等,备受世界各国关注。四是回归实业与产业转型升级。这场国际金融危机给我们一个重要启示是什么?是实业的重要,是回归实业。现在,美国、欧盟都很注重走"再工业化"之路,都很强调回归实业。自2009年11月起,奥巴马就开始强调"再工业化"战略,摆脱对金融业和服务业的依赖,重振制造业,回归实体经济,以此重整美国经济,希望通过"再工业化"挽回这场危机给美国经济造成的损失,并扭转美国经济所面临的"财政赤字"和"贸易赤字"问题。有学者认为,美国制造时代将再次到来。"世界最大的制造业国家"这个美国曾拥有100年左右的头衔在2010年被中国夺走。就在2010年,一些表现优良的美国企业宣布在美国本土建厂,尤其是装备、玩具、家具等传统制造业纷纷重返美国,使得美国制造业的复兴时代正在到来。这与这场国际金融危机发生前,过于注重金融,乃至于形成金融泡沫,使很多人看不起实业与产业,形成鲜明对照。这一格局变化,导致世界各国一是都关注美国制造业;二是都在注重做实实业。导致世界市场竞争越来越激烈,产业结构调整与产业转型升级迫在眉睫了。这对于当代中国,对于苏南,都是一大挑战。

## 二、苏南遇到的挑战

这次国际金融危机的冲击与世界格局的变化,对苏南的影响与挑战,具体点讲,主要表现在三个方面:

### 1. 外资。

改革开放以来,苏南经济的发展,走过了两部曲。第一步是发展乡镇企业;第二步是发展外资企业;第三步发展什么,是正在探讨的问题。

这次金融危机发生后,西方人发现他们的经济结构失衡了。他们发展了服务业,尤其是金融业,忽视了实业。结果,这次金融危机发生后,金融业越是发达的国家,受的冲击越严重,美国、英国就是如此。于是,发出了"回归实业"的呼声。这么一来,一些原本准备到中国来的企业,被留在了国内,不到中国来了。苏南是吸纳外资企业的大本营,就不能不受损失了。而且,西方人还发现,在20世纪八九十年代,他们既搞产业升级,又搞产业转移,即一是在同一产业链上升级,增加技术的含量,提高附加值的升级。这个升级对了,今天,即使受到金融危机的冲击,但凭借手中的技术,照样赚发展中国家(包括中国的钱)。二是搞产业转移,把低附加值的产业转移到其他国家去,主要是转移到发展中国家,尤其是转移到中国来,这叫梯度转移。原来,他们对此是很得意的。可是,这次金融危机发生后,他们发现不对了,他们这一转移,使得国内的制造业与服务业之间失去了均衡,制造业跑到发展中国家了,尤其是跑到中国来了,而中国又是重点在珠三角、长三角、环渤海。苏南是属于长三角的,20世纪八九十年代,苏南人就是利用西方人的这一转移机会发展起来的,将传统是搞农业的苏南,变成了世界加工厂、制造车间。比如苏州,就吸引了一万多家三资企业,昆山原来是一个典型农业县,在20世纪八九十年代,利用西方人的这次产业转移,大量引进外资,发展了制造业。2008年,昆山的GDP就已超过了1500亿元,比西安市(只有936.56亿元)多了几百亿元。这次金融危机发生后,西方国家"回归实业",来苏南投资的明显减少了。

2. 外贸。

金融危机发生后,苏南在外贸上受到的冲击,虽然没有珠三角那么严重,但也有不少企业因出口订单骤减而不得不减员、减产,甚至停产、关闭,直至2009年年底、2010年年初,才出现转机。

3. 外经。

国际金融危机发生后,由于外资、外贸受阻,外经也不可能不受影响。虽然不少企业谋划走出去,但走出去想获取的"馅饼"与"陷阱"仅是一步之遥,稍不留意便掉进"陷阱"。国际金融危机发生后,风险剧增,苏南企业不能不受影响,"走出去"的步伐不能不受阻。

即使现在已进入"后经济危机时代",上述三大问题,在苏南还是突出的。

# 第二节 国情分析
## ——当代中国经济面临的问题与发展理念的转变

### 一、当代中国经济发展历史性跨越面临的现实问题

中国的国情决定了中国必须实施跨越式发展战略。在150多年前,中国占据世界1/3的GDP总量,那时的中国是一个政治与经济大国,但后来由于清王朝的腐败,帝国主义用枪炮轰开了中国的大门,中国才沦落为"第三世界国家",贫穷像幽灵一样徘徊在近代中国的每一寸土地上。新中国成立后,中

国人民迫切希望改变贫穷落后的面貌,走富民强国的道路。而要达此目的,按部就班是不行的,急躁冒进也是行不通的。

在 20 世纪 50 年代末 60 年代初,中国人想实施跨越式发展,赶超英美。结果是,不仅英美没有赶超得了,反而与英美之间的差距扩大了。"文革"结束后,穷怕了的中国人,又想实施跨越式发展战略,不过,这一回不是想赶超英美,而是想逐步缩小与英美的差距。虽然没有赶超英美,但中国崛起了、发展起来了。

尤其是,2010 年 8 月,日本公布第二季度 GDP 数字,单季度向中国让出了它坚持了 40 多年的世界经济第二的位次。并且中国正以年增长率约 10% 超过日本约 3% 的年增长率,从而引起世界热议。尽管中国经济体的庞大,是以巨大人口数量与资源消耗为代价的,尤其是中国人均 GDP 仍排在世界 100 名左右,因此,我们对此应谨慎对待,但这毕竟是可喜可贺的。它表明中国的确是崛起了,的确是发展起来了,并且引起了世界各国、世界各大媒体与有关机构的高度关注。

总结历史上两次赶超战略的实施,其中的教训与成功的经验都不少。不管是失败也罢,成功也罢,中国人实施的两次赶超战略,就其本身的动机而言,都没有错。否则的话,老是跟在人家后面爬行,中国人何时才有翻身之日呀!虽然,20 世纪 50 年代末 60 年代初的赶超战略是个失败的战略,但就其教训而言,实在是目标定得太高了,加之实施过急了,结果必然是欲速则不达。改革开放以来的赶超战略虽然获得了成功,但从现实情况看,中国也出现了不少不可忽视的"发展起来以后的问题"。归纳起来,至少有这样几个方面:

**(一) 中国经济发展的周期性、阶段性与"未富先老"问题**

1. 当代中国经济发展的周期性问题。

从当代中国看,新中国成立以来,从 1953 年起开始大规模的工业化建设,到现在,经历了改革开放前与改革开放以来的两个三十年左右的长波经济周期。在改革开放前,其突出特点是大起大落,且表现为古典型周期(即在经济周期的下降阶段,GDP 绝对下降,出现负增长)。改革开放后,中国周期波动的主要特点为波幅减缓,并由古典型转变为增长型(即在经济周期的下降阶段,GDP 并不绝对下降,而是增长率下降),见下图。

自 1978 年中国改革开放以来,至 2007 年,中国经济增长经历了五个周

（单位：%）

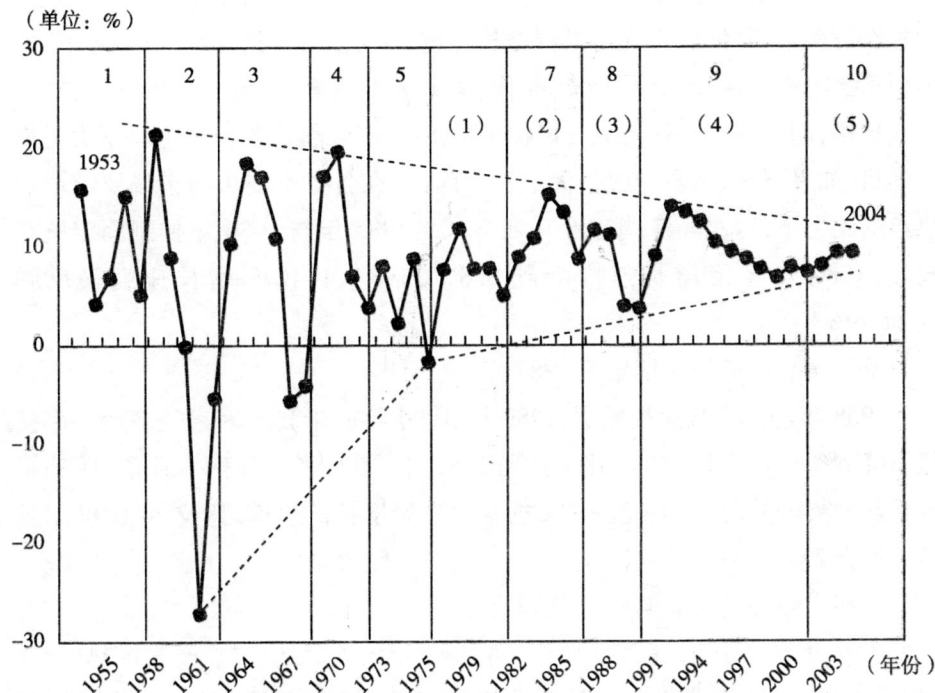

**图1　中国 GDP 增长率波动曲线（1953—2004 年）**①

资料来源：中国社会科学院主办的《首届中国经济论坛》（2005.10.22—10.23），第613页。

期；2008 年以后进入第六个周期。

第一个经济增长周期以 1978 年为起始年，到 1985 年结束。

1976 年，"文化大革命"结束后，当时中国的"洋跃进"导致重工业增长过快，轻工业发展滞后，消费品匮乏。1979 年开始对重工业进行整顿，放慢重工业的增长速度；同时，农村改革，实行联产承包责任制，获得成功，粮食产量迅速增长，带动了农村收入对工业消费品需求增加。1982 年，轻工业加速发展，对重工业形成了新的拉动，使得整个工业增长加速，GDP 增长在 1984 年达到15.2%，从而引发了市场供给短缺。

第二次经济增长周期始于 1984 年。

———————————

① 这幅图仅仅展示到 2004 年。因是引用国内学者的研究成果，我们不便更改，当然也不必更改。

1984年的超高速增长导致居民消费价格指数上升到了9.3%。中央试图通过经济调整,降低固定资产投资增长速度,使过快的经济增长速度降下来。但由于当时中国还处于计划经济时代,国家为了刺激生产,增加供给,实施了双轨价格,超计划生产的产品可以按市场价格出售,各省市已经上马了大量投资项目,如果下马,就会造成很大浪费。因此,在各省市要求与市场要求增加供给的压力下,这次经济调整没有到位。在1985年与1986年控制固定资产投资,1986年经济增长速度降到8.8%,1987年GDP增长速度又反弹到11.6%。

第三次经济增长周期始于1987年。

1988年经济增长速度减缓,1989年、1990年由于政治因素经济增长率持续下降到4.1%、3.8%的低谷。直到1992年,邓小平发表南方谈话,明确了改革与发展的方向,中国经济才又进入了高速增长的轨道,1992年GDP增长速度反弹到14.2%。

第四次经济增长周期始于1992年。

1992年GDP增长速度反弹后,到1993年出现房地产热、开发区热、股票热、投资热,居民消费价格指数上升到24.1%,创改革开放以来历史记录新高。1993年中央开始金融整顿,以防止经济过热,目标是实现经济增长的软着陆。到1996年,经济增长速度降到10%,CPI上升速度下降到8.3%。于是,中国宣布经济增长实现了"软着陆"。1997年,发生东南亚金融危机,对中国出口形成了严重的负面冲击,使中国经济增长进入了下降通道;到1998年,不仅经济增长速度继续下滑,而且出现了通货紧缩,CPI负增长0.8%,为防止经济持续下降,中国被迫改变了宏观经济调控方向,变原先的双紧财政与货币政策为积极的财政政策与宽松的货币政策。到2003年,经济增长又恢复到两位数,GDP增速达到10%。

第五次经济增长周期始于2003年。

2003年,全国出现了钢铁、电解铝、房地产等部门的投资过热,出现电荒、水泥荒等,于是,积极的财政政策淡出;2004年,中央再次实施防止经济过热的宏观调控政策。从2003—2007年,中国经济一直保持平稳高速增长,GDP增长率连续5年超过11%。

2007年,GDP增长速度达到11.9%,外贸顺差达到2622亿美元的历史纪录。这一年下半年CPI也达到7%以上。

第六次经济增长周期始于 2008 年。

2008 年，中国经济由于受到美国金融危机的冲击，形势发生逆转，GDP 增速逐季下跌，直到 2009 年第 2 季度才止跌，第 3 季度 GDP 增长虽回升至 8.9%，但付出的代价相当大。现在，中国经济虽然还存在着种种问题，但经受了国际金融危机的严峻考验，从 2009 年年底、2010 年年初已回升向好发展。但到 2010 年 10 月，CPI 同比上涨 4.4%，涨幅比 9 月份扩大 0.8 个百分点，进入通货膨胀期。这次通货膨胀，因有国际因素，被称为输入型通胀。当然，也有国内因素。比如，2009 年积极的财政政策与适度的货币政策，国内流动性资本过剩。再加上 2009 年冬至 2010 年夏，国内多处发生极端天气与自然灾害，导致农产品供应量减少、农产品价格上涨，从而推动了 CPI 指数上涨。

**2. 经济发展的阶段性问题。**

常识告诉人们，金融危机与经济危机都是有阶段性的。经济运行与经济发展不仅有周期性，而且也有阶段性。最早提出"经济成长阶段论"的，是美国经济学家沃尔特·罗斯托。他在他的代表作《经济增长的过程》与《经济增长的阶段：一位非共产主义者的宣言》中，把人类社会划分为六个阶段：传统社会阶段、为"起飞"创造前提条件阶段、"起飞"阶段、向成熟推进阶段、高额群众消费阶段、追求生活质量阶段。其中，"起飞"与"对生活质量追求"是人类社会发展中的两个重要"突变"，"对生活质量追求"是一切国家最终将会达到的目标。当代中国经济已经起飞，由农业经济时代发展到工业经济的中级阶段，成为世界制造业大国。当前，我国正转向成熟推进阶段。且由于发展的不平衡性，虽然面广量大的广大民众仍处于大众消费阶段，但有相当大的一部分先富者已经进入了高额消费与追求生活质量阶段。

罗斯托认为，人类社会的上述各阶段是一种依次由低级阶段向高级阶段过渡过程中社会经济的不同状态，而这种过渡过程具有历史的必然性。换言之，这六个阶段的依次更迭是经济成长的必然结果。关于经济成长阶段，还有一说认为，人类社会经济的发展可以分为农业经济时代、工业经济时代与知识经济时代。

从国内目前情况看，正面临几大转变与转型：

一是由计划经济体制向市场经济体制的转变。

尽管这是 20 世纪 90 年代初以来，我国（包括苏南）一直在进行中的一大转变，但从如何进一步完善市场经济体制看，这一转变仍在进行之中。

二是由工业经济中级阶段向工业经济后期阶段转变,或者讲,由第一次现代化的中级阶段向第一次现代化的后期阶段转变。

第二次世界大战结束后,即 20 世纪 40 年代末兴起的发展理论认为,现代化就是工业化。中国科学院学者何传启将现代化过程分为第一次现代化(以传统现代化为主)与第二次现代化(以知识经济为主)两个阶段。第一次现代化应当有哪些衡量的主要指标呢? 首先,经济发展水平性指标,人均 GDP,反映经济和生产力的发展水平。2008 年,中国人口约为 13.25 亿,[①]2008 年 GDP 总量突破 30 万亿人民币,人均 GDP2.26 万元,按汇率折为 3315 美元。第一次现代化人均 GDP 水平约为 6500 美元,中国在经济发展水平方面完成第一次现代化的 51%。其次,经济结构性指标,非农产业化率,即第二与第三产业 GDP 占总 GDP 的比率,反映农业经济向工业经济转型的程度。目前,三产业 GDP 结构比为 11∶50∶39,第一次现代化中第一产业 GDP 比率在总量的 10% 以内,从这点看,在经济结构方面,中国完成了第一次现代化的 98%;但是,第二产业的比率要比通常完成第一次现代化国家平均水平 35% 的水平高 15 个百分点;第三产业却要比平均 55% 的水平低 16 个百分点。如果将服务业作为现代化的标志,则中国在经济结构方面完成了第一次现代化的 79.7%。再次,社会结构性指标,农业劳动力占总劳动力的比率,城市人口占总人口的比率,反映农村与农业社会向工业和城市社会的转型进程。据有关统计数据显示,中国目前农业劳动力占总劳动力的比率为 40%,估计实际的农业劳动力比率可能为 30%,城市人口比率为 46% 左右,分别为完成第一次现代化国家 10% 与 80% 水平的 77% 与 57.5%。综合起来看,社会结构转型方面完成了第一次现代化进程的 67.6%。最后,社会发展水平性指标,表明一个国家教育、卫生、社会保障、治安状况、人民生活幸福等方面的社会进步程度。按一定的权重考虑社会发展的各个方面,中国在这方面完成了第一次现代化的 76% 左右。将上述四个方面的权重各为 25% 考虑,2008 年中国总体上完成了第一次现代化的 68.5%;至 2011 年,虽有所提升,但存在的问题仍是相当突出的。这一情况表明,中国目前处于由第一次现代化中期向后期转变阶段,即处于工业经济中级阶段向工业经济后期阶段迈进阶段。

三是由城乡二元经济体制向城乡一元经济体制转型。

---

① 2011 年,中国人口为 13.39 亿。

这一转型刚刚开始。从率先由城乡二元经济体制转向城乡一元经济体制的苏南看，要实现城乡一元经济体制，即要实现城乡一体化，关键在产业。江苏省省委、省政府提出，要大幅度提升产业结构，将第一产业调优，将第二产业调轻，将第三产业调高。从整个国家看，迄今，我们的"世界工厂"，由于受城乡二元经济体制的制约，实际上是"工农分离型"的"世界工厂"。然而，随着科技的进步，经济的发展，工业与农业的界限越来越模糊，工业与农业的融合越来越深化，"工农结合型"的"世界工厂"已经到了呼之欲出的发展阶段。

正如马克思所指出：社会主义国家要"把农业和工业结合起来，促使城乡对立逐步消灭"。我们要建设现代化的新农村，促进城乡结合和工农结合，使农村的基础设施逐渐接近城市的水平，使相当部分的农民乐于在自己家乡安居乐业，承担众多"工农结合型"产品的部分产业链。在这方面，江阴的华西村、常熟的蒋巷村、张家港的永联村等，已经迈出了坚实的一步。

四是由以外向型经济为导向的内需、投资、出口三驾马车拉动向以内需型经济为导向的内需、投资、出口三驾马车拉动转型。

从我国目前的主要矛盾看，是人民日益增长的物质文化需要同落后的社会生产之间的矛盾，这决定了我国"世界工厂"的一个重要作用就是从"量"和"质"两方面满足人们对制造品日益增长的需要。多年来，我们引导千千万万农民成为向全世界提供各种制造品的廉价劳动力，而我们的农民自身的生活质量却未能得到相应的提升。其实，满足占世界人口比例近20%的中国人对制造品的需求本身，就是中国"世界工厂"全部使命的重要组成部分。当然，我们也要继续为全世界提供制造品，作出我们应有的国际贡献。

3. 未富先老问题。

目前，国内有专家建议中国在建设资源节约型、环境友好型社会之后，还应建设人口均衡型社会。人口均衡至少包括两层含义：一是人口作为整体，应该与外部各方面因素的力量相平衡，人口发展既不能落后于经济、社会、资源、环境等因素的发展，也不能超出这些因素所能承受的范围。二是在人口内部、人口规模、人口素质、人口结构等各个要素之间的力量作用要平衡。当前，我国人口发展一直面临着许多不同形式的问题与挑战：人口规模过大、性别比失衡、老龄化问题等，这些问题实质都是"人口发展的不均衡"。尤其是老龄化问题十分突出。人口老龄化，与全球化、城市化、气候问题，被视为21世纪人类面临的四大挑战之一。据联合国人口司统计，世界人口总数在未来40年将

增加三分之一,从 69 亿增至 91 亿。但这将遵循一种完全不同以往的人口增
长模式——动力并非来源于出生率,因为世界各地的出生率都在锐减,而是主
要由老年人口的增长来推动。实际上,到本世纪中叶,全球 5 岁以下儿童人数
预计将减少 4900 万,60 岁以上人口则会增加 12 亿。据联合国相关材料,目
前全球有老年人 6 亿,为 50 年前的 3 倍。在一些发达国家,50 岁以上的人已
超过 1/3,到 2035 年将达到 1/2。作为目前世界上人口最多的中国,如何确保
老年人口老有所依、老有所养,成为中国必须面对并解决的难题之一,这一问
题被学术界称之为"未富先老"问题。据全国老龄办 2010 年发布的数据,
2009 年,全国 60 岁以上老年人口达到 1.6714 亿,占总人口的 12.5%。对于
中国 65 岁以上老龄人口,也有数据显示,其比重已达 7.69%,超过了国际公
认的 7% 的人口老龄化门槛。

　　当然,对于这一问题,学术界有不同看法。有专家认为,虽然我国人口抚
养比将在 2013 年出现"拐点",但仍然有 25 年"人口红利"期。目前,我国劳
动年龄人口占总人口的比重为 71.68%,居世界最高位。人口抚养比将在
2013 年达最低值 38.3%,"十二五"期间处于发展潜力最大的时期。①②

　　尽管如此,我国人口进入老龄化则是不争的事实。有数据显示,到 2034
的我国老龄人口将占总人口的 22.8%。因此,学术界有人认为,中国是典型
的"未富先老"国家。

　　中国自 1979 年推行独生子女政策以来,至今已有 30 多年。30 多年来,
这一政策的实施使得中国少生了三四亿人口,但也导致了人口老龄化的提前
到来。被人口学家称为"4-2-1"社会——一名儿童需要赡养两位父母与四位
祖父母或外祖父母。这一现象也被表述为:独生子女政策实施以来的当代中
国年轻夫妇,将肩负着照顾 4 位父母、8 位祖父母的任务。尽管中国现在还不
富裕,但已面临 5.4 个工作者供养一个老人。到 2030 年这一比例将为
2.5:1;从这一年起,中国 GDP 将可能每年减少 0.7%。现在,我国正开始进
入人口老龄化快速发展期,老年人口由年均增加 311 万发展到年均增长 800
万。伴随着快速增加的老年人口,高龄老人与失能老人也大幅增加。同时,随
着第一代独生子女家长进入老年,我国已开始进入少子老龄化的新阶段。目

---

① ［美］菲利普·朗曼:《世界为什么变得这么老?》,《参考消息》2010 年 12 月 4 日第 6 版。
② 《"人口红利"期可延续 25 年》,《无锡日报》2010 年 5 月 19 日第 A6 版。

前,我国城市空巢家庭已达到49.7%,农村空巢和类空巢家庭也达到48.9%。这一国情,迫使当代中国人不能不考虑这样一个问题:当代中国的富强速度能否超过老龄化的速度,这既决定当代中国是否有能力消化这一冲击,也促使当代中国不得不实施跨越性发展战略。对于人口尤为稠密的苏南来讲,更是一个不能不考虑的紧迫问题。

以常州为例,该市在1985年就进入人口老龄化城市行列,到2009年年末,全市60岁以上老年人口达到67.51万,占户籍总人口的18.76%,且仍在继续增长。据预测,到2015年,常州老年人口占全市户籍总人口的比例将达22.46%。

为在更高层次上实现"老有所养、老有所医、老有所教、老有所学、老有所为、老有所乐"的指标,常州将重点完善养老、医疗、老年人社会福利、社会救助等保障制度,进一步提高老年人生活水平。2010年,建立市区城镇居民养老保险制度,实现养老保险制度全覆盖;新型农村社会养老保险覆盖率达到90%以上。同时还明确将所有老年人纳入城镇职工基本医疗保险、城镇居民基本医疗保险和新型农村合作医疗等保障制度,进一步做好农村"五保"供养工作,以及对城乡低保对象中的孤老和70周岁以上的老年人增发20%低保金等。

一方面,人人都会老,人人要养老。对于各级政府来讲,应解决好这一问题,使老年人安度晚年;另一方面,我们的确应认识到这一问题,对我国经济社会构成的挑战是多方面的。各级政府对这一问题,一旦应对失策,就有可能引发严重的社会后果。首先是社会养老负担加重。其次是独生子女家庭养老负担加重。再次是将影响中国经济持续稳定增长。尽管有如前所述的中国"人口红利"期可延续25年之说。但人口老龄化表明,中国劳动力人口供给呈减少趋势,将使得依靠增加劳动者数量实现经济增长的发展模式难以为继。当前,沿海地区发生的"用工荒"就是征兆,这一征兆在苏南也发生了。2010年,在苏州就出现用工紧张问题,与2009年同期相比,苏州企业用工月薪普遍增加了几百元。企业给员工适当加薪,一方面是近年来到苏州的生活成本上升,另一方面是尽可能以待遇留人。

有学者认为,中国的人口红利虽然仍然存在,但并不意味着中国企业可以高枕无忧。"用工荒"促使中国企业提升技术水平,转变经济发展方式,提高用工度,增加附加值,向世界产业价值链的高端发展。但这要看中国当前的产业结构、经济结构如何。

（二）中国产业结构与经济结构失衡、"产能过剩"与能源资源压力、环境压力问题

改革开放以来，中国实施鼓励出口的外贸战略，造成了某些产业的产能过剩，导致产业结构与经济结构的严重失衡。

1."产能过剩"问题。

改革开放以来，中国的"生产过剩"在不同阶段有不同表现。在 20 世纪 90 年代，中国最为突出的是纺织品的生产过剩。那时，中国从 80 年代的解决温饱阶段转向奔小康阶段，中国社会发生巨变，冰箱、空调、洗衣机开始进入老百姓生活；在此基础上，中国进而进入全面建设小康社会阶段，在 90 年代中期之后，由于房改，住房消费成了老百姓生活的重要内容；进入 21 世纪之后，汽车又开始进入老百姓家中，社会由大众消费时代进入阶层消费时代，生产过剩的，不仅有纺织品、家电、电子产品、各类家庭日用品、钢铁等，还有房子、汽车等各类耐用消费品。于是，有专家呼吁：中国现在出现的生产过剩，是"耐用消费品时代"的生产过剩。即使没有美国爆发的金融危机的冲击，这一问题也凸显了。在遭到美国金融危机冲击后，中国的这一问题就更突出了。比如，电子产品、钢铁的生产过剩问题，在前几年就凸显了。2008 年，中国钢铁产能达到 6.6 亿吨左右，而产量仅约 5 亿吨，出现 1.6 亿吨产能过剩。铝冶炼行业产能利用率也仅为 65% 左右，造船、化工、平板玻璃、水泥等行业，也都存在较为严重的产能过剩问题。尤其是，巨大的额外产能仍在建设中。比如，各地一哄而上的光伏产业，由于缺乏有序发展，不仅可能造成新一轮产能过剩问题，而且光伏电池在生产过程中可能会造成严重的污染问题。

中国是发展中国家，本不该出现如此严重的产能过剩问题。如此严重的产能过剩问题的产生，既有国际金融危机的冲击与危机后一些国家实施的贸易保护主义问题，也有我国近几年一直存在的产量大于销量的问题，还有受技术的限制问题。那些没有过剩甚至还没有开发出来的产业可能需要更高的技术，而这是投资者还不掌握的，尤其是规模较小的企业，受到技术的限制更强。如果在技术上有能力开发新产业，谁也不会投资于过剩产业。现在，国际金融危机虽然过去了，但我们仍然不仅要从外部找原因，也要从内部找原因，采取行之有效的举措，一是对症下药，加以妥善解决；二是从中汲取教训，以便更好地按经济规律办事。这是克服产能过剩的关键。

**2. 经济结构的严重失衡问题。**

中国在参与全球分工的过程中，虽然坐实了"世界工厂"的位子，但在推动中国经济快速增长的同时，既刺激了世界范围内对"中国制造"实施反补贴与反倾销的保护主义情绪，也扭曲了中国的经济结构，使中国成为发达国家高耗能、高污染产业的"理想转嫁地"。

**3. 经济高速增长带来的能源资源压力、环境压力问题。**

当一个国家处于工业经济中期时，工业能源资源消费往往会进入快速增长期，普通民众的生活用能也会显著增长。自 2003 年以来，中国能源消费年增长率都在 10% 以上，而 GDP 增长却低于 10%，此种高资源消费的增长方式长期发展下去，将导致我国内外受困。

**（三）当代中国至今仍无国际产业主导权问题**

从微观上看，中国企业至今还没有形成财团体制去参与全球资源配置；从宏观上看，中国不少行业还存在结构性缺陷，呈现中下游生产能力快速膨胀，上游资源商品需求紧张，从而拉动资源商品的价格上涨，出现诸如在连续数年的铁矿石谈判中，中方一直未能得到"中国价格"，给中国钢铁业造成硬伤等。

我们的邻国日本则不同了。以钢铁业为例，日本在钢铁业中一直牢牢掌握着产业主导权。在 20 世纪经济高速增长时期，日本钢铁企业的资金、人才都很缺乏。后来，日本钢铁企业，除了专注于生产外，其他各类事务都交由十几家窗口商社来代理。这些商社进一步选出一家干事商社（如三井物产）来提供信息、协调船舶配送计划、参与矿山开发。与此同时，日本的综合商社在对矿山出资的过程中也扮演重要角色，一般采取少量入股方式，其余资金的来源由有政府背景的日本输出入银行作为干事银行，把各个城市商业银行组织起来，以协调融资团的方式出资。除日本有综合商社外，欧美国家也有很多以金融为后盾的专业商品贸易商。

当今支配世界资源商品的虚拟经济运行的是一个金字塔结构。金字塔结构最顶层，是掌握金融资本，支撑商品交易所的大银行、大财团、大基金。中国目前所占据的位置在最顶层，几乎没有影响力。在世界几大商品交易所，包括伦敦金属交易所、纽约商品交易所、芝加哥商品交易所中，中国尚无大银行、主力投资机构涉足。第二层，是掌握矿产资源的生产企业、大贸易商。在第二层中，中国已有少数几家大型国有企业参与，但影响力有限。第三层，是中小生产商和贸易商。中国大部分企业属于第三层。

中国企业要掌握产业主导权,需要有较多的企业进入第一层与第二层,建立金融持股的大型贸易企业,其形式可参考日本的综合商社或欧美的以金融为后盾的专业商品贸易商。

没有国际产业主导权问题,是中国目前突出问题之一。这不仅表现在钢铁行业定价权问题上,而且表现在跨国公司拥有的技术优势、市场运作与操控等方面。尤其是,在一些新兴产业领域,由于我们没有掌握核心关键技术,只是在一般加工制造过程发展得比较快,这对中国经济的发展形成了制约,值得我们认真研究。

最后,必须提及的是:目前,中国经济发展虽已企稳回升向好,但政策取向如何,关键看中国经济是否已经走出了由政府主导的"输血型"经济增长阶段,并由此进入一个富有市场经济活力的"造血型"的经济发展阶段。这是当代中国今后30年至60年经济发展必须认真研究并加以解决的一个重大问题。苏南在这方面的问题也较为突出,迫切期待扭转。

## 二、当代中国经济发展方式与经济发展理念的转变

国际金融危机对中国经济的冲击,表面上看,是对经济增长速度的冲击;实质上,是对经济发展方式的冲击。中国在当前与今后一个时期,应在抵御国际市场风险过程中增强抗风险能力,着力推进经济发展方式与发展理念的转变,坚持在发展中促转变、在转变中谋发展。

1. 以全球经济调整为契机,在跨越式发展进程中,实现当代中国经济结构与经济发展方式的转变。

这次国际金融危机后,全球经济格局发生了重大变化,这既对我国经济发展造成了很大的挑战,也为我国经济结构的调整创造了良好的契机,它促使我国在经济增长与宏观调控过程中,必须以科学发展观为统领,着力调整结构,转变经济发展方式,解决好当代中国"发展起来以后的问题"。

在发展起来之前,中国基础薄弱,即使在发展过程中出现问题,最坏的情况是推倒重来,代价也不会太大。但经过30多年的改革开放与发展后,中国的"蛋糕已经做大";在今后30年至60年的新一轮世界经济发展过程中,能否进行发展理念与经济发展方式的转变,不失时机地进行战略性调整,事关当代中国能否顺应国际金融危机后的新一轮世界经济发展与繁荣期,实施新的跨越式发展与可持续发展。

2. 着眼中国，面向世界，充分利用好"两个市场"与"两种资源"。

科学发展观是立足中国经济社会发展新阶段的实际，在系统总结中国自身发展经验的基础上，深入回答在新的历史条件下为什么发展和怎样发展的问题而提出的重大理论成果。同时，科学发展观又是把中国的发展问题，进一步放在整个世界大背景下进行思考而取得的重大理论成果。

科学发展观强调统筹国内发展与对外开放，实现国内发展和对外开放相协调。国内发展是对外开放的坚实基础，对外开放是国内发展的有力支撑。统筹国内发展与对外开放要求以宽广的眼界观察世界、分析形势，用全球战略眼光来筹划我国长远发展问题。抓住战略发展机遇，综合考虑政治经济外交、改革发展稳定等各种因素，充分利用两个市场、两种资源，更大程度地发挥市场在资源配置中的基础性作用，扩大需求，促进消费，维护国家经济安全，努力实现国内发展与对外开放相协调，坚持把中国的发展与全球化相联系。那种强调游离于人类文明之外，隔绝于现实资本主义之外，是不可能建设好社会主义，也不可能真正捍卫社会主义的。社会主义不充分借鉴人类社会包括资本主义创造的文明成果，就不可能在实践中开拓自己的发展之路。

统筹国内发展与对外开放，首先必须利用好两个市场，扩大国内外需求。从 1978 年到 20 世纪 90 年代中期，中国经济一直处于供不应求的状态。鉴于这一国情，在当时促进投资、拉动经济发展是必然趋势。但时至今日，中国的国情发生了根本变化，中国的产业结构实现了从农业到制造业的转变，中国成为了世界工厂，出现的不是供不应求的状态，而是产能过剩的状态；中国经济进入深化改革的转折点，在拉动中国经济发展的三驾马车——投资、出口、消费中，出现了内需不足问题。当代中国经济要实现可持续发展，就必须在"制造业大国"的基础上进一步成为"服务业大国"，即由"世界工厂"转变为"世界市场"。于此，需要指出的是，由"世界工厂"转变为"世界市场"，并不是说中国不要做"世界工厂"了，"世界工厂"还得做。中国的现实、世界的格局都决定了中国不能不坚持做"世界工厂"。从中国的现实看，"世界工厂"出口一直是中国经济增长的火车头，中国经济增长 60% 以上一直靠出口来拉动，而出口又基本以制造业为主。中国制造业增加值占国内生产总值的比重在40% 以上。从世界经济格局看，虽然经受了这次国际金融危机冲击后，西方一些国家，如美国就吸取了教训，强调"回归实业"，重振制造业，但对制造业来讲,最终胜出的还是人工成本,尤其是一国产品想在世界上获得竞争力,其成败是由成本来决定的。虽然中国劳动力成本近年来有所上升,但与欧、美、日相比,还是十分便宜。因此,欧、美、日等国,在"后经济危机时代",仍然离不开中国这个"世界工厂"。既然中国仍然坚持做"世界工厂",为什么又要强调将"世界工厂"转向"世界市场"呢?这一是针对中国当前出现的"产能过剩",缺乏市场需求;二是针对中国如何解决好第一、二、三产业协调发展,如何解决第三产业在 GDP 中的比重至今仍过低;三是针对中国经济未来发展趋势。

3. 必须利用好两个市场、两种资源,缓解国内资源短缺的约束。

我国95%以上的进口矿产产品是以贸易方式直接从国际市场上购买的,在国外投资开发资源、有控制权的份额矿占进口量比例不足5%。要保障我国一些重要资源的供给,必须建立多元、稳定、可靠的境外资源供应基地,通过"引进来"与"走出去"相结合,综合运用贸易、对外投资、对外援助、合资、合作、并购等多种行之有效的形式,开展跨国经营,拓宽境外投资开发的渠道与领域,提高利用境外资源的能力。

苏南地处我国对外开放前沿阵地,经济全球化水平较高,是我国最具有发展活力的地区之一,也是外资十分青睐的重点区域。统筹国内发展与对外开放,实现自身发展与对外开放相协调,任务特别重,要求特别高。无论是两个市场,还是两种资源的开发与利用,在全球经济调整的"后经济危机时代",都面临着一系列问题,有待于解决。

4. 继续实施数量扩张型向集约型转变,确立整体发展观,扭转没有国际产业主导权的被动局面。

近年来,从国际产业转移的态势看,国际上作为外商直接投资承载主体的跨国公司,不断进行全球生产布局,将劳动密集型产业与资本、技术密集型产业中的劳动密集型生产环节大量转移到发展中国家,我国作为世界上最大的发展中国家,成了最大承接国家。这种国际产业转移对我国经济的影响,主要表现在产业集中度与产业进入壁垒上。

从国际产业转移对我国产业集中度的影响看,在20世纪90年代之前,我国大陆外资来源以港、澳、台地区的中小企业为主,对产业集中度没有实质性影响。此后,外资来源的地域构成发生了变化,来自日本、韩国、美国、欧盟的大型投资者大举进入中国,加入到产业转移的进程中。仅仅从进入苏州各开发区的世界 500 强看,就已超过 100 家。这类大型跨国公司的进入,对苏州各开发区产业的集中度起了提升效应。无锡、常州亦如此。在我国的微电子、移动通信设备、轿车、制药、工程机械等行业中,目前排名前 10 位的大企业中,外资企业都占半数以上。以面临产能过剩的光伏产业为例,从苏南看,也是以外资企业为主。可见,国际产业转移目前对我国产业集中的影响的确是很大。

从国际产业转移对我国产业进入壁垒的影响看,由发达国家向发展中国家的产业转移完成后,会形成对发展中国家东道国内资的反向进入壁垒,即跨国公司大举进入后,由于其资本规模、技术水平、产出规模都比东道国企业占优势,从而抬高了市场进入壁垒,对东道国企业构成了比原来更高的进入壁垒,造成对内资的挤出效益。从我国实际情况看,由于来自发达国家的直接投资的平均规模远大于我国本土企业,所以外资进入之后提升了我国相应产业的平均规模水平,从而对国内的准备进入者构成了高于外资进入前的障碍。尤其是,跨国公司掌控了一些产业的先进技术垄断权,增大了我国内资企业在技术上的进入难度。

面临这一境况,国内企业一方面必须继续实施由数量扩张型转向集约型;另一方面又必须确立整体发展观,锻造整体产业链,通过企业集群、购并等方式,扩大规模,尤其是注重提高规模经济效益,从而在应对危机与国际产业转移的过程中,逐步扭转没有国际产业主导权的被动局面,积极主动地打破外企操控的种种壁垒,获取新的跨越式发展。

5. 变压力为动力,以外促内,促进内需的扩大。

过去几年,中国经济由出口导向型转向消费主导型并非否定"三驾马车"(投资、出口、消费)之一的出口,而是经受了这次国际金融危机的冲击与全球经济格局变化后,中国的出口问题凸显了,尽管出口仍是必须千方百计扩大的,但如果消费跟不上,内需拉动不了,中国制造与中国投资就可能陷入越来越尴尬的境地。面对全球经济调整与一些国家实施贸易保护主义的压力,我们必须变压力为动力,在稳定出口、发展外需、开拓国际市场的同时,加大促进内需的力度,为中国制造构建具有接纳性的内需市场,这是在"后经济危机时代"中国经济发展必须确立的发展理念。没有这一理念,必将在已经抬头了的一些国家的贸易保护主义面前,束手无策。

## 第三节　区情分析

——苏南经济发展的历程与经济发展理念的转变

### 一、苏南经济发展的历程

#### （一）改革开放30年苏南发展的经验总结

改革开放以来的30年，是中国历史上最辉煌的发展时期之一，苏南也取得了不同寻常的业绩，许多方面走在江苏乃至全国的前列。30年来，苏南先后抓住了农村改革、浦东开发开放和全面建设小康社会三次大的机遇，推动了"农转工"、"内转外"、"量转质"的三次提升，逐步从一个以传统轻工业为主地区走向了现代制造业基地，从区域经济相对封闭走向了全方位、高层次、宽领域的开放格局，从城乡分隔走向了城市现代化、城乡一体化，从温饱不足走向了生活品质不断提升的小康社会。

从20世纪80年代乡镇工业崛起，90年代"三外"齐上，并在新世纪实现全面小康，迈向基本实现现代化，苏南改革开放的30多年可大体划分为三个阶段：

第一阶段：1979年至20世纪80年代末。乡镇工业崛起推进工业化。这一时期，随着以农村改革为突破口的经济体制改革启动，家庭联产承包责任制在苏南全面推开，极大地提高了农民的生产积极性，解放了农村生产力，形成了大量农村富余劳动力，激发了农村区域经济发展的活力。苏南乡镇工业打破单一计划经济的坚冰，冲破二元经济结构的壁垒，从无到有，从弱到强，异军突起，成为工业经济的半壁江山，到20世纪80年代末已是"三分天下有其二"了。苏南人从谷场走向市场，实现了由农到工的转变，走上了一条农村工业化和城镇化的新路。

第二阶段：20世纪90年代初至20世纪末。"三外"齐上推进国际化。20世纪80年代中期，特别是中央决定开发开放浦东和邓小平1992年南方谈话后，苏南紧紧抓住全国改革开放重心从珠三角移向长三角地区、跨国公司在全球低成本扩张、全球制造业加快梯度转移的绝佳机遇，凭借紧邻上海这一得天独厚的区位优势，依托乡镇工业的生产能力、流通网络和人力资源基础，外贸、外资、外经齐上，合作、合资、独资并举，各级各类开发区并进，大力发展外向型经济。苏南人从田岸走向口岸，实现了由内到外的转变，走上了经济国际化的道路。

第三阶段:进入新世纪以来。科学发展推进现代化。进入新世纪以来,尤其是 2002 年党的十六大以来,苏南按照中央提出全面小康目标和科学发展、和谐发展的要求,加快转变经济增长方式,增强自主创新能力,积极推进新型工业化和结构调整,通过择商选资、退二进三、腾笼换鸟等方式调轻产业结构,调高产业层次,调优产业布局,加快转变发展方式,做大经济规模,做强经济实力,促进惠民富民。苏南人抓住第三次机遇,努力从苏南加工、苏南制造走向苏南创造,实现由传统发展向科学发展、和谐发展的转变。

回顾苏南改革开放的历程,有四个方面的经验值得总结:

1. 坚持不断解放思想、抢抓机遇是最鲜明的发展导向。

30 多年来,苏南始终高举解放思想的大旗,努力把全市干部群众的思想和行动统一到中央的精神上来,落实到解决矛盾和问题的具体行动中去,从而赢得了发展先机,形成了先发优势。改革开放之初,苏南人通过思想解放,破除思想禁锢,解决了"不敢"的问题;现在,苏南又把解放思想的重点聚焦到科学发展观上来,着力抛弃不符合科学发展观的传统经验,破除不符合科学发展观的体制机制,进而解决"不会"的问题。

2. 坚持深化改革、扩大开放是最根本的发展动力。

苏南始终把深化改革、扩大开放作为推进跨越发展的战略举措,并根据时势变化,明确各个阶段改革的重点和突破口,以创新的工作方式方法予以推动。30 年来,苏南的改革从破到立、从点到面、由浅入深有序推进,为经济社会发展不断注入了强大的生机和活力。通过扩大开放,在直接增强经济综合实力和竞争能力的同时,有力地推动了观念的转变和制度的创新,加快了苏南经济国际化和城市化进程。

3. 坚持工业化、城市化互动并进是最有效的发展抓手。

历史上的苏南,留给人的印象不外乎鱼米之乡或者小桥流水,而如今,苏南人坚持工业化与城市化互动并进,用古典园林的精巧布局出了现代经济的版图,用双面刺绣的绝活实现了东西方的对接。

4. 坚持以人为本、"五大文明建设"协调发展是最现实的发展路径。

苏南不仅是中国经济发展最快地区之一,而且坚持政治文明、经济文明、文化文明、社会文明、生态文明五大文明建设协调发展,更是苏南的一大亮点。特别是进入新世纪以来,苏南坚持深入贯彻落实科学发展观,按照以人为本、全面协调可持续发展的要求,统筹兼顾抓好各项事业发展,协调发展的特色更加鲜明,成效愈加明显。

## (二)科学发展观与社会主义和谐社会理论对苏南的指导

苏南之所以能够在率先全面建设小康社会的过程中取得突出成绩,成为全国最发达的地区之一,最根本的一条就是:始终高举中国特色社会主义伟大旗帜,深入贯彻落实科学发展观,坚持解放思想、大胆实践、协调发展。综观苏南全面建设小康社会的基本历程,可以进一步得到如下启示:

1. 解放思想,实事求是,在实践中探索发展道路。

苏南每前进一步,都是以解放思想为先导的。首先是冲破了"两个凡是"的束缚,乡镇企业"异军突起";其次是冲破了姓"社"姓"资"的束缚,开创了外向型经济的新局面;再次就是冲破了姓"公"姓"私"的束缚,取得了经济结构和所有制结构调整的重大突破。20世纪80年代形成的"苏南模式"极大地推动了苏南经济和社会的发展,为苏南的工业化、城市化、国际化打下了坚实的基础,但是随着改革开放的进一步深入,苏南乡镇企业的产权不明、政企不分的产权制度和管理体制都逐渐显示出了缺陷。苏南人没有被原有的模式所束缚,他们按照建设社会主义市场经济的基本要求,从20世纪90年代起,就对乡镇企业的产权制度和管理体制进行了一轮又一轮的改革。苏南模式也在改革中创新,在发展中演进,形成了以人为本、以国际化为龙头、以园区经济为载体、以打造现代国际制造业基地为目标、内外资源优化配置,经济社会协调发展,工业化、城市化、信息化、国际化互动并进的新苏南发展模式。

2. 坚持以经济建设为中心,不断寻求新的发展空间和发展动力。

坚持以经济建设为中心就是要抓住机遇,加快发展。苏南人深刻理解"发展是硬道理"的内涵,把率先发展作为一切工作的导向,认真捕捉每一个发展空间和发展机遇,从而赢得了发展的时间和空间。在任何时候任何情况下,苏南人始终坚持以经济建设为中心,一以贯之地将发展作为第一要务。他们先后抓住了率先发展乡镇企业、浦东开发开放、国际产业转移三次重大战略机遇,从而实现了农村工业化、城乡一体化、经济国际化的跨越式发展。可以说,抢抓机遇、加快发展,是苏南能够率先发展的核心经验。

3. 以人为本,全面、协调发展。

党的十六届三中全会提出的科学发展观是对我国现代化建设实践经验的科学总结,是对邓小平同志"发展是硬道理"思想的丰富和发展。苏南经济和社会发展的历程也就是苏南人民不断探索科学发展道路的实践过程。一系列调查和分析表明，苏南的发展不单是城市的发展，而且是城乡一体化基础上的协调发展；不仅是个别地区的发展，而且是整个苏南各县域经济的全面竞相发展；不仅是经济的发展，而且是各项社会事业的同步发展。苏南的经验还表明，只有求得人与自然的和谐发展，这种发展才是可持续的；只有在对外开放中将国外生产要素和国际市场与本地的经济特点、产业优势相结合，才能真正促进本地经济的快速发展。苏南加快发展不以牺牲环境为代价，他们在实践中积累了包括创建各具特色的生态城市、推行绿色行政、发展循环经济等很多有益的经验。

4.在坚持经济建设为中心的同时，坚持政治文明、经济文明、文化文明、社会文明、生态文明一起抓。

改革开放以来，苏南各市坚持以经济建设为中心不动摇，将苏南人以人为本、社会昌明、政治清明、富足安康视为孜孜以求的崇高目标。苏南人不仅十分重视经济的快速发展，而且特别重视精神文明建设和社会政治的进步。他们一方面坚持以经济建设为中心，繁荣城乡经济；另一方面，大力发展各项社会事业，最大限度地满足人民群众的精神需要；同时，以建设文明法治城市为目标，推进依法治市，加强基层民主政治建设，增强党和政府与广大人民群众的血肉联系。苏南的发展是全面的发展，是政治文明、经济文明、文化文明、社会文明、生态文明的协调发展。如果只抓经济，那么苏南决不是今天的苏南，苏南也决不会有如此大的魅力引起国内外的广泛关注和好评。

## 二、苏南经济发展方式与经济发展理念的转变

### （一）苏南经济发展理念的转变

30多年的快速发展，苏南各市总体上已经进入工业化中后期，率先达到全面小康水平。继乡镇企业异军突起之后，苏南通过招商引资发展外向型经济的发展模式又一次引领了全国区域经济发展，这一模式在2003年达到巅峰。外向型经济为苏南带来飙升的数据和一系列极为诱人的光环。2003年以来，"苏锡常"地区所有的县（市）都进入全国百强县。苏南成了全国百强县最集中的地方，其强大的竞争力可见一斑。但随之而来的是，关键经济指标的回落，快速发展的种种后遗症，以及诸多"成长的烦恼"。当经济数据无力掩盖苏南发展模式之弊时，传统的苏南发展模式也就走到了尽头。从"铁本事

件"到跌入"只长骨头不长肉"的争论漩涡,再到太湖蓝藻事件引起的太湖水危机,苏南经历了漫长的痛苦与焦虑。

1."微笑曲线"背后的焦虑。

在苏南地区的第一次发展热潮中,乡镇企业扮演了主角。当时间推进到20世纪90年代初,随着乡镇企业的衰落和"苏南模式"终结,苏南又形成了以政府主导下的外向型经济为主的第二次发展热潮。在苏南第二阶段的发展中,外资扮演了极为重要的角色。2000年以来,苏南地区每年实际利用的外资总量占当年全国总额1/4左右,从1996—2006年,FDI总额近900亿美元。世界500强企业中,仅在苏州落户的就有100多家。昆山市,吸引的台资近60亿美元,占全国总额的12%以上,相当于整个上海市台资的总和。

外资的大规模进入为苏南第二次崛起立下了汗马功劳,在苏南经济结构中,外资也占据了半壁江山。2003年,苏南招商引资额发展到了顶峰,这一年实际利用外资达到前所未有的133.75亿美元。但拐点也随之而来,2004年,苏南实际利用外资下降为92.04亿美元,台商投资出现负增长,下降幅度之大令苏南各地措手不及。

利用外资的减少直接导致了全社会固定资产投资和地区生产总值增速的回落,经济开始出现放缓迹象。此后,苏南各地虽然几经努力,但都未能恢复到2003年的利用外资水平,下降趋势已不可避免。

苏南地区在利用外资压力与日俱增的同时,"外资依赖症"明显暴露出来。2006年,苏南地区外资企业产值占工业总产值比重达到66.32%,外贸依存度超过100%。其中,苏州市外商投资在第二产业中的比重达到55.9%,无锡达到40.99%;苏州外资企业出口占进出口总额的比重达到90%,无锡达到72.5%。外资占全社会固定资产投资的比重之高,远超过全国的平均水平。

苏南经济发展表面上看很热闹,但实际从中得到的利益和主要经济指标是极不相称的。现代产业价值链的利润呈现一个"U"字形,即所谓的"微笑曲线"。"微笑曲线"是由宏口集团的创办人施振荣于20世纪90年代提出的。它阐明了产业链上附加价值的分布规律。微笑曲线分为三段:左段为研发、设计;中段为组装、加工、制造;右段为服务、品牌;从形状上看,微笑曲线形如一个笑脸符号,左右两段为附加价值高的区域,中段为附加价值低的区域。一般而言,处在左右两头的产业利润率在20%至25%之间,而处在中间的组装、加工、制造生产产业的利润只有5%。在苏南的产业结构中,制造业所占的比重较高,整个产业结构在国际产业分工中总体处于利润和技术的低端环节,即"微笑曲线"的中段区域。

同时,外资控制下的加工贸易发展模式还可能出现"飞地效应"。虽然苏南吸引外资的规模和质量都在提升,已有超过百家的世界500强企业落户,但是与这些企业在全球的规模相比,外商在苏南的投资量还很小,与本地产业的联系比较薄弱,一个完整的产业链难以形成,经济发展后劲严重"打折"。随着苏南成本优势和土地价格、税收优惠等地方政策优势的丧失,外资随时会发生迁徙。一旦外资撤走,对苏南经济将造成严重的打击。

发展外向型经济犹如一把双刃剑,处在工业化后期的苏南,继续维持利用外资带来高增长的经济增长方式,已相当困难。转变和升级经济增长方式,对于苏南来说已不再是一句口号,而是迫在眉睫的现实需要。

2. 粗放式增长之痛。

2006年,国家环保总局授予的全国首批6个国家生态城市中,苏南就占了4个。从理论上说,苏南应该是环境污染最严重的地区,却是环境保护先进城市,这让苏南人引以为豪,也令外界很多人迷惑不解。但随后的一场太湖水危机,颠覆了苏南发展模式和发展成果,彻底暴露了苏南粗放式经济发展的后遗症。这对于正在积极寻求新竞争力的苏南各地来说,无疑是雪上加霜。

从乡镇企业到外向型经济,粗放型经济增长方式在苏南根深蒂固。在苏南的三次产业结构中,第二产业比重一直保持在60%以上,是全国制造业比重最大的地区,其中,重化工业率在70%左右,而第三产业和拥有核心技术的现代制造业比重很低。大量高能耗、高物耗、高污染、低附加值的资源型和劳动密集型加工制造业,给生态环境和土地资源造成了严重破坏。苏南是典型的"环境透支型"经济增长方式。

苏南与太湖相伴,因水而得利。然而太湖流域每年高达50多亿吨的废污水排放量,已大大超过太湖水体的承载力。据测算,若要达到水体自净功能的要求,至少要减少40%排污总量,水环境污染已影响苏南地区的用水安全。中国科学院(以下简称中科院)南京土壤所曾对苏南的土壤进行测试,发现了100多种持久性有机污染物。这些污染物的主要来源,正是外商在苏南各地投资建立的电子工厂。

近年来,虽然苏南地区不断加大污染治理力度,但在人口众多、经济密度高、环境承载严重超负荷的情况下,经济发展的运行成本不仅会不断地上升,而且环境治理在未来很长一段时间内处于"局部有所改善、整体仍难好转"的困局。

快速的粗放式增长消耗了大量的资源和能源，水荒、地荒、电荒，甚至民工荒现象愈演愈烈，苏南正面临着严峻的资源和能源瓶颈。特别是土地方面，多年来一直处于用地高峰期，苏南每年用于引进外资的土地就至少需要 10 万亩，而江苏省给苏南的土地指标仅够当年新批项目土地需求量的一半左右。目前，多数地区人均耕地面积已经低于国际通行的 0.8 亩的粮食安全警戒线，昔日江南鱼米之乡的美景，正在成为一种记忆。工业化、城市化的继续发展，使苏南已经面临着无地可批的窘境。2004 年，发生在常州的"铁本事件"，土地违法是焦点之一。而"铁本事件"与太湖蓝藻危机，把苏南经济增长的弊端暴露出来了。

苏南外向型和粗放型发展模式，带来了经济发展速度和总量上的飞跃，但这种发展模式的成果也受到外界的质疑。批评最多的就是"经济上去了，环境污染了"和"只长骨头不长肉"，意为经济增长与人均收入水平及生活质量的提高并不匹配，人们未能有效分享经济增长带来的实惠。

在经历了 30 多年改革开放的苏南，如今既面临上述问题，又面临世界格局的变化与全球经济的调整、当代中国经济发展方式与经济发展理念的重大转变，其经济发展方式与经济发展理念也势必发生重大变化。

那么，苏南如何在科学发展观的引领下转变经济发展方式与经济发展理念呢？面对传统竞争力的逐渐丧失与快速发展的后遗症，转变以牺牲资源和环境为代价的"三高一低"的粗放型经济增长方式，解决制约苏南发展的"硬约束"，是苏南转变发展理念，实现第三次转型，构建新竞争力的最重要前提。

回顾苏南地区改革开放三十多年以来所走过的历程，我们可以得出这样一个结论：改革开放 30 多年来，苏南之所以能取得如此巨大的成就，根本原因在于尊重客观规律，从实际出发，走科学发展道路。随着国内外经济形势的变化，当前苏南发展模式正面临巨大挑战。国际经验表明，一个国家或地区要顺利实现由工业化中期向工业化后期转化，由中等收入水平向高收入水平提升，必然要求经济发展方式有一个根本性的转变。结合苏南实际，从长远来看，苏南在发展理念转变过程中，必须以科学发展观为引领，正确把握以下几个方面的关系。

一是扩大增量与优化存量的关系。经济增长不仅取决于新要素投入的增加，而且取决于存量要素的优化组合。在苏南生产要素低成本优势逐渐减弱的情况下,必须研究将有限的生产要素投入到成本更低、收益更高的领域,既要重视通过扩大增量,促进产业结构调整,增强自主创新能力,实现可持续增长;更要重视调整和优化存量,通过存量生产要素的合理流动、优化配置和内涵提升,达到调整结构、提高效率、实现价值增长的目的。

二是先进制造业与现代服务业的关系。先进制造业与现代服务业相互依存,互动并进。随着制造业规模的扩大,对金融、物流等生产性服务业的需求会迅速增加。随着信息技术的快速发展,出现了跨国服务外包,特别是信息技术外包(ITO)、商务流转外包(BPO)和知识流程外包(KPO)等,将为制造业升级提供有力支撑。我们一方面要加快新型工业化,提高先进制造业水平;另一方面要注重现代服务业与先进制造业的配套、融合与互动,促进现代服务业与先进制造业的优势互补、协同发展。

三是技术引进与自主创新的关系。自主创新并不排斥引进技术,自主创新是原始创新、集成创新、引进消化吸收再创新的有机统一。自主创新与技术引进两者之间有很强的互补性。我们应抓住机遇,加强技术引进和消化吸收,努力实现技术进步和经济发展的跨越,同时要把消化吸收再创新摆到突出位置,加强对引进技术的全面深入研究,促进集成创新、原始创新,努力形成具有自主知识产权的新技术和新产品。

四是开放型经济与民营经济的关系。开放型经济是苏南经济最大的特色,民营经济是经济发展的内生动力。要继续增创开放型经济优势,加快转型升级,更加注重提高利用外资质量,更加注重转变外贸增长方式,更加注重用好国际国内两个市场、两种资源。进一步发展壮大民营经济,支持民营与外资企业在资金、产品、技术、管理以及人才等方面开展合作,促进民营经济与开放型经济相互融合,协调发展。

五是经济发展与人口资源环境的关系。人口发展必须与经济、社会发展相适应,经济发展不能超出资源、生态、环境等自然系统的承载力。多年来,苏南发展在一定程度上靠的是投资驱动,致使人口资源环境的压力日益突出。必须尽快改变粗放型、外延型的发展模式,通过转变发展方式,加快构建资源节约型和环境友好型社会,努力实现经济发展与人口资源环境的良性循环。

## (二) 苏南经济发展方式的转变

1. 转变发展方式:摒弃"粗放型"增强"科学性"。

2009 年以来,受国际金融危机的影响,经济持续高速增长的苏南板块,经济增幅骤然下降,企业效益明显下滑。这次国际金融危机的考验,使苏南人更清醒地看到多年来发展方式粗放、产业结构过重、科技创新能力不强的突出问题。面对严峻的经济形势,苏南各市进一步增强了科学发展的意识和转变经济发展方式的动力。加快产业转型升级,从以往甘当配角的打工者转向具有国际竞争能力的主角,是苏南应对危机的必然抉择。从苏南各市看:苏州经济外向度高,全市进出口总额和到位外资约占全国1/10,受世界经济变局的影响也最大。自2009年起出现的经济增幅跌势,是多年从未有过的。经历十多年开放型经济的大发展,苏州虽然赢得对外加工贸易的先发优势,但以土地、劳动力要素价廉形成的加工制造业大多处于产业价值链低端环节,难以抵御国际市场的风险。迎难而上,苏州加快转变经济发展方式,重点增强自主创新能力,促进产业的高端化,将经济发展的动力,从单一的投资拉动,转向投资、消费、出口三驾马车联动;将主要依靠第二产业的增长,转变为第一、二、三产业协调发展。全市出现了现代服务业和高新技术产业快速增长的好势头。分布在全市的各个国家级开发区、出口加工区、物流保税区,将通过引进消化吸收再创新,率先建成国家创新基地。

以产业集聚、企业集群、土地集约为制造业升级目标,无锡重点培育光伏、IC产业和服务外包三个千亿级的产业集群。目前,硅产业已聚集了海力士半导体、尚德太阳能、华润微电子等130家集成电路企业、36家光伏企业,光伏产业产值约占全国50%,集成电路产业产值约占全国10%,居国内领先。具有跨国竞争力的尚德太阳能,已成为世界级龙头企业。面对骤然而至的经济寒流,无锡硅产业以技术和市场两方面的优势消化多种不利因素,成为引领全市的经济增长极,显示了较强的抗风险能力。2010年,无锡对传感网、新能源、新材料等新兴战略性产业,在政策上实施了创新突破。规划面积10.8平方公里的国家传感信息中心已成为国内规划水平领先的互联网专业产业园区。

常州在以国际化布局调整产业结构时,利用东南亚全面开放之机,在柬埔寨筹建"常州纺织工业园",为实现传统产业梯度转移开辟新路径。同时,在本地优势区域,重点发展科技含量高、资源消耗少、经济效益好的现代服务业和先进制造业,推动了新能源、新材料、轨道交通等新兴产业迅猛发展。目前,新瑞数控机床、源畅非晶硅光电等一批高端产品跃上国内、国际产业制高点。

2. 优化经济结构:从"劳力经济"迈向"智力经济"。

目前,苏南地区正处于工业化中期向后期高级阶段转化的关键时期。为攻克多年粗放型增长导致的劳动生产率较低、外来要素依赖性强、资源环境消耗高的发展矛盾，苏南进一步优化经济结构，将过去以低成本劳动为主的"劳力经济"转化为以技术创新为主的"智力经济"，通过重点发展高端制造业、现代服务业和高效农业，优化产业结构，提升经济质量。外商工业投资、外企出口额占比分别为55.9%、90%的苏州市，将研发自主核心技术、培育自主品牌作为调整产业结构的主导战略，推动"苏州加工"、"苏州制造"向"苏州创造"跨越。

**3. 创建生态文明：由环境换取增长转向环境优化增长。**

修复生态、保护环境，是苏南一道绕不过去的坎，必须补上的课。近年暴发的太湖蓝藻危机，表现出来的是水污染，根子却在产业结构上。当前，苏南各地在发展中遇到的最突出矛盾：一是经济发展与人口扩张的矛盾；二是经济发展与环境压力的矛盾。为实现经济又好又快发展，苏南各市以创建生态文明为动力，力争早日实现以环境换取增长到环境优化增长的重大转折。苏南各市均提出了"十一五"末全市万元 GDP 能耗指标和主要污染物指标降低的指标，并将这一强制指标，分解落实到基层政府，列入年度考核体系，收到实效。

无锡市冲破"唯 GDP"束缚，率先在全省出台了以"减排、节能、节地、创新和富民"为主要指标的领导干部考核"新政"，并将全市 9 个区、县（市）"第一把手"的首次考核实绩在媒体上公布。无锡以建设创新型领军城市、生态城市为突破口，在调优经济结构的同时，狠抓环境治理和环境建设，下决心削减污染总量，提升环境容量，促进人口、资源、环境与经济协调发展，提升城市竞争力。2008 年，围绕"十一五"太湖治理目标，全市采取落实控源截污、蓝藻打捞、调水清淤、生态修复等各项措施，封堵 23 条入湖河道的 170 个排污口，新增污水管网 1362.4 公里，使太湖无锡水域水质得到显著改善，全市规模以上工业能耗同比下降 5% 左右。"优化发展绝不能再走牺牲环境、消耗资源的老路。"形成这一共识的苏南人，以前所未有的力度，投入到建设生态文明、加快经济转型的攻坚战中。

根据《苏州市循环经济发展规划》，苏州在十一五期间着力在企业、区域、社会三个层面上推进循环经济，现已建有环保友好型企业 100 多家，创建了 18 个省级以上"绿色社区"、33 个国家级"优美乡镇"、157 个省级"生态村"。在国务院公布的首批 6 个国家生态市中，苏南占了一半，从而为"十二五"期间循环经济、绿色经济在苏州的发展打下了坚实的基础。

在常州，许多企业并不是政府强制关的，而是因其技术、工艺、设备无法消化成本被市场淘汰的。而且，这几年精心培育的高新技术产业渐成气候，经受住考验，成为新的经济增长点。

### （三）经济质态的跃升

迎难而上，化危为机，促使"苏南板块"产业结构调整明显提速，运行质量不断提高，经济质态进一步跃升，显示了强劲的发展活力和竞争实力。

**1. 服务业成经济新引擎，推动传统服务业向现代服务业转化。**

抓住近年全球服务外包转移的新机遇，苏南大地涌现出一批"服务外包"、"总部经济"、"流量经济"、"城市功能要素经济"等新兴现代商务业态，沿沪宁线正在加紧建设昆山花桥国际商务城、无锡太湖服务外包科技园、苏州物流中心等 10 多个现代服务业集聚区。2009 年以来，苏南现代服务业增速始终高于 GDP 增速，增加值增长约 15% 左右；服务业城镇固定资产投资增长 20% 以上，服务业利用外资占全省实际利用外资的比重提高到 30% 以上。位于江苏与上海交界处的苏州市昆山花桥镇，如今成了毗邻上海国际大都市的卫星商务城。过去，苏南人是把最好的土地拿出来办工厂；现在，则是用最好的土地和最优的环境发展现代服务业。

**2. 开放型经济迈上新台阶，从以往单向开放向双向开放转化。**

经济外向度较高的苏南各市，针对当前国际经济形势的新变化，改变以往单向招商引资的形式，通过"高层次引进来"、"大踏步走出去"的双向、互动和全方位的开放，增强国际竞争力。

苏州以推进加工贸易升级、拓展外资利用和加大"走出去"步伐为突破口，提升参与国际产业分工的层次与能力。2009 年，"走出去"的境外企业达 41 家。全市利用外资正由第二产业向第一、三产业拓展，开放型经济从商品流、资金流向商务流、信息流、人才流转变。2008 年，苏州完成进出口总额 2285 亿美元，其中出口额为 1317 亿美元，分别增长 8% 和 10.7%；实际利用外资 81.3 亿美元，增长 13.5%，其中服务业实际利用外资 19.8 亿美元，增长 107.6%。开放型经济是苏南经济的最大优势，让企业站在全球化经济的大平台上参与竞争，通过参股、控股、收购兼并、合资合作、风险介入、科技研发等多种形式，集聚全球优质生产要素，寻求更大的发展和效益。由苏南企业在境外兴建的"尼日利亚莱基自由贸易区"、"柬埔寨西哈努克港经济特区"、"埃塞俄比亚东方工业园"已初显成效。

3. 制造业向高端延伸,从"世界工厂"向"世界办公室和实验室"转变。

从乡镇企业"村村点火、户户冒烟",到开发区"筑巢引凤、招商引资",苏南地区以各类开发区为载体吸引外资、民资,迅速实现了产业集聚。尤其是21世纪初利用国际产业转移之际构筑的制造业高地,使苏南成为"世界工厂"。然而,在以创新技术提升竞争力的市场博弈中,苏南经济逐渐丧失了原有的资源、成本优势。将以加工业为主的制造业向研发设计和销售两端的"微笑曲线"延伸,实现从"制造"到"创造"的跨越,是当前苏南制造业优化升级的主攻方向。

有着雄厚制造业基础的无锡市,将原来资源、市场两头在外的产业结构,调整为大力拓展研发、销售两大环节,转移、提高生产制造环节的产业结构,率先在全国建立了第一个国家级工业设计园,现已创造800多项专利,实现年营销收入300多亿元,产出效益全市最高。以此为示范效应,全市相继建成了创意设计中心、无锡(国家)动漫产业基地、国家集成电路无锡设计产业化基地等5个以知识经济为特征的科技园区,加快了建设国际先进制造技术中心的步伐,一个"最适宜创新创造的设计名城"呼之欲出。为实现土地集约化经营的效益最大化,无锡高新区不断提升自主创新能力,以占江苏省0.1%的土地、0.2%的人口,创造了占全省2%的地区生产总值和财政收入、3.5%的工业产出、7%的外贸进出口总额和8%的实际到位外资,平均产出强度达到30亿元/平方公里,居全国50多个国家级高新区的前列。

目前,苏南地区已有集成电路、软件、光电子、生物医药、新材料等31家高新技术特色产业基地,数量占江苏省总量的3/4。这些集研究开发、生产制造、创新服务于一体的特色产业基地,以技术创新引导企业及产业集聚,形成相关产品的产业链和具有一定规模的块状经济,成为支撑地方经济发展的优势支柱产业。常州新型涂料特色产业基地,现已聚集了200多家企业,形成了从原材料、辅料、助剂到涂料研发基地等一套完整的产业链,其产品已占据全国市场的1/5。江阴新材料产业基地的工业销售额占当地工业销售总量的20%以上。

善于从挑战中抓住机遇,加快转变经济发展方式,提升经济质态,显著增强了苏南产业竞争实力和参与国际竞争的能力。立足全球经济谋划新一轮大开放、大发展,推动"苏南板块"在实现制造业高端化、服务业规模化、传统产业品牌化的进程中,构筑起世人瞩目的现代产业的新高地。

在上述世界形势、国情、苏南形势背景之下,苏南人以科学发展观为引领,勇于实践与探索,坚持以人为本、全面协调可持续发展,按照江苏省委、省政府对苏南"第二个率先"的目标要求,以苏南人特有的精气神,开拓苏南发展模式,坚持率先发展、科学发展与和谐发展,进行经济发展方式转变与产业转型升级,以创新驱动做大做强,拓展苏南经济文化产业,统筹城乡发展与城乡一体化建设,推进苏南特色农业与苏南农业现代化等。

苏南是一部书,这部书可以从各个不同视角解读,我们选择了在全球经济调整背景与视阈下苏南如何科学发展这一视角,展开了探讨与解读。

# 第二章　以人为本：苏南科学发展的核心理念

【提示】科学发展观的第一要义是发展，以人为本是科学发展观的核心。如何科学发展？如何在苏南将以人为本落到实处？苏南各市一是采取"政之所兴，在顺民心"的做法，将以人为本转化为"民生工程"与"幸福苏南"的建设；二是苏南各市将以人为本的科学理念转化为"人才强市"、"人才特区"的建设，确立了这样的理念：人才是科学发展的核心竞争力，一个国家、一个地区、一个企业要提高核心竞争力，关键靠人才，特别是拔尖人才。国家在实施"千人计划"，苏南各市也在实施自己的"千人计划"。

## 第一节　理念选择
——苏南人的以人为本理念与"幸福苏南"的建设

### 一、以人为本的科学发展观

以人为本是科学发展观的核心，也是苏南科学发展的核心理念。理解这一核心理念的关键是什么？关键是如何理解以人为本的"人"与以人为本的"本"。

"以人为本"的"人"，国内学术界有两种代表性的观点：一种观点认为，"以人为本"的"人"就是指"人民"。讲"以人为本"就是"以人民为本"，就是以最广大人民的根本利益为本。"它体现了马克思主义历史唯物论的基本原理，体现了我们党全心全意为人民服务的根本宗旨和我们推动经济社会发展的根本目的"。① 但这种观点在学术界遭到这样的质疑：果真如此，那么，党中央就直接用"以人民为本"好了，为什么还要提出"以人为本"呢？可见，"人"这个概念的外延比"人民"要宽。

---

① 中共江苏省委宣传部：《科学发展观学习百题》，凤凰出版传媒集团、江苏人民出版社2009年版，第68页。

另一种观点认为，"人"是指全体社会成员，而不是指人民。其理由是："人民"是一个政治概念，是相对于"敌人"而言的。这种观点在学术界也遇到质疑："以人为本"作为执政理念不是政治概念吗？再说，"人民"也不只是政治概念，而且是广泛的社会历史范畴，认为提出"人"就是排斥、否定"人民"这一说法是说不通的。

上述两种观点，都有其片面性。解决对这一问题见解的分歧，关键是要对"以人为本"的"人"给予全面的、正确的理解与界定。

科学发展观的核心是"以人为本"，其所讲的"人"，不是作为自然科学研究对象的生物物种的人，而是生活在社会现实生活中的活生生的人，即"现实的人"，是作为指导社会科学研究对象的人。按照马克思的唯物史观，"现实的人"就是指在现实社会中生活和活动着的人。这样的人，包括所有个人、群体以至整个人类，他们始终生活在社会之中，彼此结成一定的社会关系，并不断地从事生产和其他各种社会实践活动。只有这样，才能生存与延续下去。因此，真正现实的人是社会的人、实践的人。那种脱离社会和实践而单独地、孤立地存在的个人，只是一些人的主观虚构或幻想，是错误思维的结果，在现实中根本不存在。根据对人的这种理解，结合当代中国现实，"以人为本"所讲的"人"，是社会、国家的主体，它具有两层含义：一是指社会全体成员，二是指人民。只有对"人"作这样的规定，才能正确反映人的实际，才能准确地理解和解释"以人为本"这个概念，并用以正确指导社会实践。我们在探索苏南人的科学发展理念过程中，就是从上述两层含义来把握"苏南人"的。江阴人在探讨"幸福江阴"过程中，也是从上述两层含义来把握"江阴人"的。正因为如此，"幸福江阴"才在苏南乃至整个中国，具有推广意义。

关于"以人为本"的"本"，其含义应该如何确定？由于"本"这个汉字，可以用来表征多种不同的含义，因而容易造成各种不同的理解与解释。如可以解释为事件的根本、基础；社会历史的主宰、主体、主导；指导思想与行动的原则；工作的出发点与归宿；价值标准、尺度；等等。因此，我们只能根据所要表达的思想内容，有选择地加以使用，并作出具体的界定。

有人认为，党中央提出"以人为本"是要否定"以物为本"，其实党中央从来没有提出过"以物为本"，因此不存在什么党中央提出"以人为本"是为了否定"以物为本"的问题。但"人本"与"物本"的关系是客观存在的。一些地方党政干部，为了自己的名利，制造所谓"政绩工程"，忘记了人民是社会的主人，严重脱离群众，损害人民利益，对于这种"见物不见人"的情况，当然是必须反对与纠正的，这也是党中央提出"以人为本"的题中应有之义。但这与哲学唯物主义所主张的"物本"是完全不同的两回事，我们不应混淆。

从哲学上看，"人本"思想，起初是欧洲文艺复兴时期的人文主义思想家，针对"神本"观念为前提与核心的宗教神学，以及"君本"为前提与核心的封建专制主义思想，为使人们在精神上得到解放而提出的。后来，逐渐发展成为封建制度及其意识形态、资本主义制度及其意识形态的思想基础。在 19 世纪，欧洲产生了系统论述"人本"思想的哲学理论，即"人本主义"。德国古典哲学家康德提出人是目的而不仅仅是手段的著名论断，从理论上肯定了人的价值，其实质是反对神学"目的论"。德国古典哲学家费尔巴哈首先将自己的理论称为"人本学"（即"人本主义"），他用"人本"否定"神本"。但费尔巴哈的"人本主义"有两面性。一方面，费尔巴哈在世界观上用"人本"反对"神本"、"君本"，反对黑格尔唯心主义的精神本体论，以及用"人本"反对机械论的"见物不见人"的片面性，对当时德国的思想解放起了积极作用；另一方面，由于他在社会历史观上仍然持唯心主义观点，把"人本"与"物本"绝对对立起来，结果走向"见人不见物"的另一极端。

马克思主义认为，整个宇宙是物质的，物质是客观实在，它是世界上包括人类在内的一切实际存在的事物的共同本质。这就是所谓的"物质本体论"，即"物本"。否定这个"物本"，就等于挖掉了马克思主义这座科学大厦的基石。但社会历史领域与自然界不同。马克思主义认为，在社会历史活动中，必须承认人是主体，人类所生存的自然界、社会作为人们认识与改造的对象是客体，与主体彼此成为矛盾的对立统一体。在主体这个意义上，在社会领域可以说人也是"本"，即"人本"，但不能因此将"人本"与"物本"对立起来，用"人本"来排斥、否定"物本"，在社会领域"物本"仍然是基础。马克思、恩格斯之所以能够实现社会历史的革命变革，就在于他们清算了费尔巴哈等为代表的"人本主义"在社会历史观上的唯心主义，把唯物主义原则贯彻到了社会历史领域。马克思认为，不是人们的意识决定人们的存在，而是人们的存在决定人们的意识，并由此引出物质生活资料的生产是社会生存发展的基础，生产力是社会发展的最终决定因素，必须正确处理人口、资源、环境与发展的之间的相互关系。人的伟大之处，就在于人不是完全被动地受制于现存的社会物质生活条件，而在于人是具有自觉的主观能动性，人能够通过自己的思想与实践改变现存的世界,创造自己理想的新世界。在社会历史领域,"人"与"物"、"人本"与"物本",是既对立又统一的。

"人是目的而不仅仅是手段",人的全部活动都是为了实现人自身的解放、发展与幸福,而不仅仅是一种手段。我们讲以经济建设为中心,关键是如何处理经济建设与政治、文化以及其他社会建设之间的关系。但无论是发展经济还是政治、文化及其他社会事业,本身都不是目的,而是手段,人的生存、发展、幸福才是目的。我们党提出"以人为本",是为了强调人对一切实践活动的主体性、主导性,即各项建设与社会活动都必须把关心人的生命、生存与发展,把满足人的需要、利益与幸福,尊重与保障人的权利,作为首要的原则与标准。只有这样,才是把握了科学发展的核心。

如果我们对"以人为本"的"本",解释为是以人民利益为一切思想和行动的出发点、目的与标准,这当然是对的。但对另一层含义,即人民在社会历史活动中的主体地位与主导作用,特别是人民在新社会当家作主的主人翁地位,有所忽略。这就可能使人们对"以人为本"含义的理解不完整。这是应该予以充实的。

在当前推进经济发展方式转变与产业转型升级过程中,应当重视人的发展,并将人的发展作为导向,从而准确地确立"人"在经济发展方式转变与产业转型升级过程中的位置,克服传统的以追求速度为特征的"GDP 中心主义",让人民群众在转变经济发展方式与产业转型升级过程中的主体地位与主导作用充分发挥出来,并得以发展,真正体现"以人为本"这一科学发展观的核心。

## 二、以人为本为核心的科学发展观在苏南的"语境"与体现

马克思、恩格斯在《共产党宣言》中指出:"过去的一切运动都是少数人或为少数人谋利益的运动,而无产阶级的运动是绝大多数人、为绝大多数人谋利益的运动。"中国共产党人把这个思想凝聚与升华为为人民服务的思想。在不同的历史时期,党的几代中央领导集体,都结合中国革命、建设、改革的实践,阐述了为人民服务作为中国共产党人根本宗旨的道理。在新的历史时期,以胡锦涛为总书记的党中央,提出以人为本、全面协调可持续的发展观,给为人民服务增添了新的时代内涵。

如何从全体社会成员与最广大人民的根本利益出发,正确地反映与兼顾好各方面的利益,妥善地协调好各方面的利益关系,是新时期中国共产党人面

临的一个重大的历史任务。"民惟邦本,本固邦宁"、"天地之间,莫贵于人"、"民为贵,社稷次之,君为轻"、"政之所兴,在顺民心;政之所废,在逆民心",是千百年来中国人代代传诵的名句格言。在新的历史时期,苏南的各级地方政府,根据"以人为本"为核心的科学发展观,结合苏南的情况,坚持以民为本,而不是以官为本,并由此出发,提出了"民生工程"与"富民工程"、"人居环境"与"最佳人居"、"幸福城市人人建"、"人人参与幸福市(县)区建设"、"共建幸福社会"等发展目标。

苏州市在推进"三区三城"建设过程中,大力推动生态文明建设,维护民权民生,着力将苏州建成以人为本、人民幸福的城市。

从民生之维看,苏州市各级领导着力为富民惠民施实招、办实事。如就业是民生之本,促进就业是服务大局、改善民生最直接的体现,也是促进民政事业发展的良好契机。长期以来,民政部门对困难群众履行的是救助职能。2010年,各级民政部门的救助理念开始提档升级,从应急性的单一"输血"向有规划的扶持自身"造血"转变;从单个部门的单项工作向保民生、保稳定的系统性工作转变。在物质帮扶的同时,注重对困难群众进行能力、信心、技术方面的帮扶。苏州市民政局出台了低保ABC动态管理模式:A类和B类是老弱病残和下岗失业人员中年龄偏大、身体不好的人员,生活状况一时难以改变。而C类是比较年轻、有就业能力的下岗失业人员,他们中绝大多数文化程度偏低、劳动技能单一、缺乏足够的市场竞争力。民政部门定期为他们提供培训、就业、自主创业等多种援助。在就业帮扶中,各级民政部门不是简单地为困难群众介绍工作,而是进行包括工作的选择与匹配、工种推广和对工作环境、工作要求的分析等全过程援助。

各级民政部门提供就业帮扶并不局限于困难群众,退役士兵、优抚对象和军嫂也都纳入了他们的帮扶范畴。2010年,苏州市民政局在开展退役士兵技能培训时,设置了汽车维修、电脑设计、数控机床等课程。苏州城区和太仓等地针对当地IT企业、物流企业、动漫企业、设计企业较多的情况,调整和增设了叉车驾驶、电器维修、计算机网络管理、动漫设计等专业。

从生态之维看,苏州市将着力点放在幸福生态城市的建设上。生态文明是人类社会继农业文明、工业文明之后的一次全新选择。苏州市委、市政府、市人大以科学发展观为引领,着力打造一种与自然相和谐的文明科学的经济社会发展模式,提出推进生态文明建设,将"以人为本"理念贯彻于党政工作的始终。隶属于苏州的吴江市在确立城市发展理念时,明确了三个层次:第一是侧重生活的宜居;第二是侧重创业的利居;第三是最高境界的、综合叠加宜居与利居的乐居。吴江市委、市政府确立了把"乐居吴江"作为未来城市的发展定位。为了建设"乐居吴江",吴江市委、市政府又确立了这样的理念:一座城市是否乐居,既要看环境资源,更要看环境保护。

拥有好的环境资源,固然是一个城市的乐居要素,但是,能不能保护好环境,更考验一个城市的乐居吸引力,吴江人将环境建设与经济发展一起列入"两大竞赛"主题活动。为了加快环境建设,吴江以东太湖作依托,以运河为中轴,大力构建"水绕城、城连水"的江南水城景观。为了全力营造"城在林中、路在绿中、楼在园中、人在景中"的绿化环境,近几年,吴江各级政府每年绿化投入近 10 亿元,确保新增绿化面积 1.5 万亩以上。如今,吴江人出门 350 米以内,就能步入一个绿化空间。

无锡市则把开展幸福市(县)区建设作为落实科学发展观的实践载体,无锡的各级领导为此凝心聚力,着力开展幸福市(县)区建设。如无锡市所辖的北塘区行政中心建成后,区委书记沈建提出"不造围墙",他生怕造了围墙把政府与老百姓隔开。北塘区的幸福建设,首先是摸准老百姓的胃口。区委书记沈建说道:"我们搞'幸福北塘'建设,一定要摸准老百姓的胃口。出租车司机都知道青石路是吃夜宵的好去处,但这条路上的餐饮无论档次、环境还是停车场等基础设施,都不是很好,这几年有衰退趋势。鉴于此,该区在规划建设凤翔新城时,就考虑把这里的商业搞好,提升传统服务业水平。按照规划,包括青石路在内的吴桥广场区域,将打造成为北塘的'三阳广场'。在这里,除了总建筑面积 60 万平方米的金太湖国际城之外,还有'苏宁环球'等城市综合体项目,它们的繁荣可以创造大量岗位,缓解就业压力。"①其次是实实在在为普通老百姓解决问题。北塘人在制定"幸福北塘"计划时,提出既要学习江阴经验,又要结合北塘实际,要把解决贫困群众、普通群众实际困难作为建设"幸福北塘"的目标,具体说就是两句话:化解"四难",实现"四好"。"四难"是就业难、上学难、看病难、住房难;"四好"是好的保障、好的环境、好的身体、好的心情。②

---

①  赵晖:《谋幸福之路  惠百姓民生》,《无锡日报》2010 年 3 月 16 日第 A3 版。
②  同上。

江阴是无锡所辖的县级市。无锡看江阴,江阴怎么办？江阴人提出:什么是发展？发展为了什么？在某些地方及其政府官员眼里,发展是 GDP。江阴的答案是:发展是为人民谋幸福,发展是人的全面发展,发展是民生、民富、民享、民安、民强。这就是以人为本的科学发展观在江阴乃至苏南各市的"语境"、具体体现与实践。

## 第二节 "幸福苏南"
—— 马克思的"生活的生产理论"与"幸福苏南"的建设

### 一、马克思的"生活的生产理论"

马克思的唯物史观是马克思的社会理论与"以人为本"的马克思主义科学发展观的基石。

马克思曾经将他自己所建立的唯物史观表述为"这种历史观就在于:从直接生活的物质生产出发来阐述现实的生产过程"。① 马克思在《〈政治经济学批判〉序言》中的一段话被认为是马克思本人对唯物史观理论体系的经典表述:"人们在自己生活的社会生产中发生一定的、必然的、不以他们的意志为转移的关系,即同他们的物质生产力的一定发展阶段相适合的生产关系。这些生产关系的总和构成社会的经济结构,即有法律的和政治的上层建筑竖立其上并有一定的社会意识形式与之相适应的现实基础。物质生活的生产方式制约着整个社会生活、政治生活和精神生活的过程。不是人们的意识决定人们的存在,相反,是人们的社会存在决定人们的意识。"②但是,在相当长的一个时期内,人们根据这段话在概括马克思历史唯物主义理论体系时忽略了"人们在自己生活的社会生产中"这一理论前提所包括的深刻内涵。此外,无论是马克思还是恩格斯,都多次把生产过程表述为"人的生活的直接生产过程"③、"满足人的生活需要的生产"④、"社会生活的生产"⑤以及"生产生活"等。生产方式是马克思社会理论的重要范畴,但马克思把生产方式表述为人

① 《马克思恩格斯选集》第一卷,人民出版社 1995 年版,第 92 页。
② 《马克思恩格斯全集》第三十一卷,人民出版社 1998 年版,第 412 页。
③ 《列宁全集》第二十六卷,人民出版社 1988 年版,第 57 页。
④ 《马克思恩格斯全集》第 20 卷,人民出版社 1971 年版,第 374 页。
⑤ 《马克思恩格斯全集》第 47 卷,人民出版社 1979 年版,第 65 页。

们"保证自己生活的方式"或"生活的生产",而"生活的生产"既包括"自己生活的生产(通过劳动)",也包括"他人生活的生产(通过生育)",等等。

马克思的上述理论在不同语境中表述有所不同,概括起来就是"生活的生产"。这是马克思在阐述我们所熟知的唯物史观时一个预设的重要理论前提和理论内容。当时,主要是针对青年黑格尔等学派从观念出发来解释实践的唯心史观,马克思强调"从物质实践出发来解释观念的形式",强调了物质生产的决定性作用,着重阐释了生产方式的理论结构和体系,而对"生活"概念是作为前提性规定加以设定的,所以在特定的语境下并没充分展开论述。但通过马克思的全部哲学思想和社会思想,"生活"范畴、"现实的生活世界",恰恰是马克思理论体系的出发点和归宿。"生活的生产",实际上是马克思的一个重要理论命题,要深刻把握马克思的历史唯物主义理论体系,恰恰需要揭示"生活"和"生活的生产"的理论意蕴,否则就不能完整地解读马克思的唯物史观。具体点讲,主要有以下几点:

1. 生产是为了生活,是为了满足人们生活的需要。

"生活的生产"理论预设表明,马克思在同各种"从观念出发来解释实践"的历史唯心论的论战语境中,突出强调了物质生产在社会发展中的作用,并赋予物质生产以目的性前提,从而把社会发展的合规律性与合目的性结合起来。马克思指出:"人们为了能够'创造历史',必须能够生活。但是为了生活,首先就需要吃喝住穿以及其他一些东西。因此第一个历史活动就是生产满足这些需要的资料,即生产物质生活本身。"[①]这段话中,马克思阐述了一个深刻的思想,即物质生产、物质生产力的发展是人类自下而上的基础和前提,构成了人的生活实质。在这里,"生产"、"物质生产"虽然构成生活的基础和前提,但不等于生活本身,"社会生产"的概念也不同于"社会生活"的概念,"生活"包含着"生产"所没有的更丰富的内涵。生活是人类所特有的社会与文化现象,人类的生活不是简单的动物式生存,而是有意识的生命活动,更重要的是人对自身的生活有需求指向,人不仅要满足自身的生存需要,而且也要满足自己丰富的享受、发展需要。"生活世界"就是属人的世界,因而包括物质生产活动在内,其产品也必然具有属人性、"属生活性"。人为了生活,为了生存,"第一个历史活动就是生产",这体现了人类历史的合规律性;但人类从事生产活动又

---

① 《马克思恩格斯选集》第一卷,人民出版社 1995 年版,第 79 页。

是为了满足日益丰富的生活需要,这又体现了人类活动的合目的性。即人类的物质生产对人的生活来说具有基础地位,但同"生活"相比又具有工具和手段的性质,这就是马克思"生活的生产"理论命题的内涵和社会理论的重要内涵。

2. 让"生活的生产"变得和谐、诗性。

"生活的生产"理论预设表明,人不仅要解决生存问题,还要解决发展问题,由人的生活特质所决定的"人的生产是全面的",而不是某一方面的,并且是"按照美的规律来构造的"。人的生活和生命活动与动物的适应性生存不同。马克思说:"动物和自己的生活活动是直接同一的。动物不把自己与自己的生命活动区别开来。它就是自己的生命活动。"而人的生存是文化生存,人的"活动是自由的活动","他自己的生活对他来说是对象"。人不断从事创造与生成自身的活动,因而人的生活需要远远超出了动物的需要,从而使生活领域不断扩大和日益具有全面性,由此也就决定了人的生产活动领域的不断扩大和具有全面性。人所从事的生活活动不仅包括物质生产,也包括精神生产、人与人之间关系的生产和人自身的生产。马克思强调,动物只在肉体需要的支配下生产,"人甚至不受肉体需要的影响也进行生产,并且只有不受这种需要的影响才进行真正的生产"。[①] 人的物质生产越发达,其产品越是超出满足直接的生存需要之时,那么人类对满足享受、发展的需要越强烈,对非物质的、社会的、精神的需要也就越多,越要求生产的全面性和超出物质需要的范围,以实现人的发展的全面性。这一点已为当今时代人类文明的发展所证明。马克思还特别强调,"人却懂得按照任何一个种的尺度来进行生产,并且懂得怎样处处把内在的尺度运用到对象上去;因此,人也按照美的规律来建造"。[②] 这就是说,从人的发展视角讲,人的生产不仅是全面的,也应是和谐的和诗性的,"美的规律"就是和谐。而这些正是人把"内在的尺度"运用于对象的结果,也就是人的生活需要规定着生产什么,如何生产,生活赋予生产以全面性、诗性和价值导向。吴江人为了实施"乐居理念",提出:一座城市是否乐居,既要看发展空间,更要看发展秩序。绿树成景,清水环绕,一个个新颖建筑在这里拔地而起。为有序推进城市发展,减少城市发展无序化,吴江在 2002 年完成城市总体规划编制后,又请同济大学修编了南部新城区的控制性详规,让吴

---

① 《马克思恩格斯选集》第一卷,人民出版社 1995 年版,第 46 页。
② 《马克思恩格斯全集》第四十二卷,人民出版社 1979 年版,第 97 页。

江城市发展突出水的优势、环境的优势,减少无序化的程度。在推进城乡一体化进程中,吴江人提出:城乡一体化,并不是城乡一样化。未来的吴江,应该是城里更像城里,农村更像农村,即让人们的生活丰富多彩、各得其所。这就是一种诗性的美,这就是"按照美的规律来构造"了。

3. 以"现实的个人"的生活需要为出发点与落脚点,即让人民幸福生活。

"生活的生产"理论预设表明,生产必须以生活来界定自己的合目的性,而且也规定了全部生产活动必须以具体的"现实的个人"的自我性生活需要为出发点和落脚点。在马克思的"人学"理论中,马克思所讲的"人"不是费尔巴哈所讲的抽象的"人",而是"现实的个人","现实的个人"是具体的人。一方面,"现实的个人"必然依据自由意志的选择性来从事生产和创造性活动,这一点也就规定了每个人的个性面貌;另一方面,人是生活的主体,"生活世界"只能是特定的个人世界,每个人都生活在自己的天地之中,有着独特的个人生活需要,因而社会生产不能脱离现实的个人来谋求社会的进步和发展,社会的生产和财富的创造必须具体落实到每个人的生活需求的满足上,从而使个人真正体现为生活的主人和主体,成为社会生产服务的对象。在社会主义社会,每个人的个性发展和生活幸福成为社会生产的目的和社会追求的根本目标。这就是"生活的生产"的基本内涵。

在经历了30多年改革开放后,苏南人是否仍然保持传统,只知道辛勤工作,而不知道需要享受生活呢? 答案是否定的。生活幸福,是人人都要追求的。上文所讲的"乐居吴江",就是一种追求。从苏南人对于当前正在进行的转型升级看,其确立的终极目标,用无锡人的话讲:就是"人民的幸福生活",而这正是苏南人的一种追求。①

## 二、"幸福苏南"的建设

什么是幸福? 国内学者认为,幸福实际上是一种感觉。如果感觉好,就觉得幸福。英文的"幸福"这个词(Happy),也有高兴的意思。幸福也是一种满足感,而满足取决于自己的定位,自己满意就是幸福。中国文化提倡中庸,让

---

① 杨建、江山、赵晖:《社会转型,"感知幸福"好味道——"探寻无锡转型发展路线图"系列报道之三》,《无锡日报》2010年4月13日第A1版。

人"小富则安"，差不多就行了，这是一种适度定位，容易得到满足。俗话说，贪得无厌者没有幸福，因为是把"得"放在一个无止境的定位，这样就永远得不到满足。

有人认为，幸福是一种挥霍，幸福体现在财富拥有上，幸福是富豪权贵们的专利。然而，有些人虽然很富有，看似日子过得不错，但感觉日子过得并不幸福，要么因更大的欲望不能满足而感到失望，要么觉得什么都有了反倒生活没有了追求。而在那些日子过得并不富裕的人看来，这些富人简直没有办法理解，太不知足了。因此，幸福不能只用物质的东西来衡量。苏南人对于幸福的感知，可以江阴为代表。江阴人认为，幸福不是以某个人的富有为标志。幸福应视为一种体验，幸福体现在民生上、体现在"五民五好"上，幸福惠及的是大众百姓。没有人民的幸福，发展就失去原本的价值。

在2006年6月召开的江阴市第十一次党代会上，江阴市委提出了建设幸福江阴的战略构想及理念。在这次党代会上，江阴市委将幸福江阴核心内涵概括为"五民五好"，即：

以民生为本，力求人人都有好工作；

以民富为纲，力求家家都有好收入；

以民享为先，力求处处都有好环境；

以民安为基，力求天天都有好心情；

以民强为重，力求人人都有好身体。

这五句充满感性的大白话，将"幸福江阴"的构想摆到现实面前。

江阴的幸福工程，与其说是由政府主导的政务工程，不如说是以民众为主体的民生工程。"个个都有好工作，家家都有好收入，处处都有好环境，天天都有好心情，人人都有好身体"。提出这样的目标，不仅需要高效的行政效力，更需要扭转传统的执政理念，许多地方政府在很长一段时间内，模糊了发展宗旨，把政绩、升迁作为工作动力，甚至在发展过程中与民争利，从而损害了老百姓的幸福感。江阴市委、市政府，则把人民幸福作为一切工作的出发点，把老百姓切实得实惠当做幸福的原点，把发展成果视为民众理所应当获得的红利，通过一套科学细致的评价体系，用一个具体的、紧系民生的、看得见摸得着的"幸福江阴综合评价指标体系"，将幸福这个抽象的概念与每个家庭、每个人的切身感受紧密结合起来，体现了三个显著特点：一是集中关注民生，体现人本特色；二是注重缩小贫富差别、城乡差别，专门设计了城镇与农村居民户均可支配收入指标,力求解决以平均数代替大多数、城市代替农村的问题;三是重点突出百姓对工作、收入、环境、心情、身体状况等方面的主观满意度。

让人民生活得幸福与有尊严不是空洞与抽象的承诺,而是需要党和政府通过制度建设与组织带领民众将价值追求化作现实。由于人民群众很难组织科学系统的幸福评价机制,这就需要政府提供评价的标准体系与实施构想。江阴市委、市政府在"幸福江阴"中创造的"五民五好"综合评价指标体系,处处显民生,项项符民意,是真正的执政靠民、执政为民。

目前,"幸福江阴"建设,已逐步成为该市经济社会发展的主旋律。实现幸福是人类永恒的崇高理想,也是中国共产党人神圣的历史使命。由于幸福是一种主观感受与个体体验,是动态的、可变的,幸福的需求远远高于幸福满足的发展。幸福除了指标体系之外,还有诸多变数,今天的幸福不代表明天的幸福。一个全体大众持续地具有社会归宿感、个体自主性、共同参与度的"幸福江阴",既是留给江阴人,也是留给苏南人乃至整个中国人的永恒命题。

"幸福苏南"的建设是一项系统工程,它涉及到老百姓的房子、票子、面子、发展空间、工作与生活环境等问题。

**1. 房子问题,即为老百姓解决好居住问题。**

党的十七大提出,要保障老百姓"住有所居"。为了让老百姓安居乐业,苏南各市都结合本市情况,采取了各项举措。

无锡市为了让老百姓"住有所居",市委、市政府于2008年建立了比较完善的住房保障体系,组建了市区两级住房保障工作机构,出台了《关于加快推进以改善民生为重点的社会建设决定》,"安居工程"便是确定的十大社会建设工程之一。具体来讲,"安居工程"有三个方面的内容:一是积极构建具有无锡特色的住房保障体系;二是加强和改善房地产市场的调控管理,保持市场平稳健康发展;三是加快危旧住房改造和老新村整治,加快改善人居环境的步伐。

2008年以来,无锡市先后出台了《关于解决城市低收入家庭住房困难的实施意见》、《经济适用住房管理办法》、《廉租住房保障办法》、《共有产权经济适用住房试行办法》、《关于进一步加快实施住房保障工作的意见》等新的住房保障政策。

目前,无锡市廉租住房的保障标准是,人均住房的建筑面积在18平方米以下的低收入住房困难家庭都可以申请。申请廉租住房实物配租对象是低保特困户和家庭人均建筑面积在 10 平方米以下的住房困难家庭。目前,实物配租的房源大都在瑞星家园二期和惠景家园这两个新建的保障性住房小区。这两个小区配套设施齐全、环境优美、出行方便,租金是每月每平方米 0.5 元。

常州,是全国第一个对公租房进行探索的城市,该市自 2001 年起实行廉租房制度,为了化解老百姓住房难问题;从 2004 年开始,常州又实行经济适用房制度,在 2007 年,常州率先出台并实施《常州市市区住房保障规划》。后来,常州市房管局与统计局城调队联合调查发现,廉租房和经适房制度并不能实现低收入困难家庭的住房保障全覆盖。4000 户左右的"夹心层"和相当一部分新毕业的大学生,他们的住房根本得不到保障。于是,2009 年 8 月 1 日,常州市在全国率先出台公共租赁房管理办法并在市区推出 200 套公共租赁房。

想法是好的,但常州每年用于经适房和廉租房建设的财政拨付资金只有 1 亿元左右,该如何面对资金短缺这只"拦路虎"?

为了解决这一问题,常州成立了公共住房建设投资发展有限公司。该公司注册资本为 10 亿元,另外有政府注入的 3000 亩土地资源。目前,该公司已落实了 30 多亿元融资额度,给今后几年的发展吃下了一颗"定心丸"。由于该投资公司的资产质量较高,还款渠道多元而稳定,因此各金融机构纷纷主动给予融资支持。

此外,常州市还将公积金增值收益用于保障住房的建设。常州市规定,市区包含有居住性质用地的房地产开发项目中,必须按住宅总建筑面积的万分之三分配建廉租住房和公共租赁住房。房地产开发企业可以选择在本项目自行建设,也可以通过向政府缴纳廉租住房、公共租赁住房异地移建款的方式进行指标置换。

随着城乡一体化在苏南的推进与城市居民居住条件的改善,在苏南各市,两大问题突出了:

第一是农民进城进镇落户成为必然。为了鼓励农民进城进镇,使农民由在城镇落脚变为到城镇落户,使更多的农民变为市民,在 2010 年,苏州市委、市政府出台了《中共苏州市委 苏州市人民政府关于鼓励农民进城进镇落户的若干意见》(以下简称《意见》)。

该《意见》提出了四个基本原则:一是政府主导、政策激励。加大政策激励和行政推动力度,创新利益平衡机制,切实维护农民切身利益,充分调动农民进城进镇落户积极性;二是统筹规划、整体联动。加快推进城乡规划全覆盖,科学规划,合理布局,以高起点规划引领高水平建设、一体化发展,着力抓好城市和重点中心镇功能建设,着力提高公共服务水平,提升城镇的承载能力,吸引更多的农民到城镇就业居住;三是积极稳妥、分类指导。坚持从实际出发,鼓励基层大胆探索,勇于实践,加快制度创新,坚持规范运作,细化操作,分类指导;四是维护权益、促进发展。维护和保障进城进镇农民合法权益,进城进镇农民的政治、经济和社会等方面的待遇与所在地城镇居民待遇全面接轨,确保进城进镇农民安居乐业,共享改革发展成果,促进城乡互动共赢。

在具体实施该《意见》过程中,一方面,农民进城进镇落户问题,得到具体落实;另一方面,也出现了国内其他地区发生的问题,即农民"被进城进镇"与被上楼问题,这是有待于我们研究的。

第二是用水安全问题。随着城市建设的快速发展,城市居民居住条件的改善,市民对用水安全越来越关注,特别是高层、超高层住宅供水的稳定,防止二次污染,成了各级政府和老百姓关心的大事。为了加强对供水的水量、水质、水压以及卫生、安全等管理,苏州工业园区、苏州高新区采取了住宅供水一体化管理运行新体制。

苏州市物价局成本调查监审分局事前介入,为政府、企业和百姓把好高层住宅供水一体化的经济账,通过调查、测算,参照外地成功案例,拿出了一本令各方信服的住宅一体化供水明细账,既弄清了政府应该投入的大账,企业应该承担的经济账,又弄清了老百姓的明白账。

对住宅供水一体化管理运行维护的成本监审,一方面为建立起供水管理的长效机制创造了前提条件,另一方面克服了过去二次供水管理权限不清、收费标准不一、群众意见大的矛盾,实现了自来水安全保供,责、权、利有机统一。

近几年来,苏州市用于民生实事项目的财政投入逐年增加,不少民生实事项目都要由政府投入或给予一定的补贴,如何用好这部分财政资金至关重要。

成本调查和监审在审核财政补贴中有其独特优势。一是权威性,国家在行政管理中赋予了成本调查监审机构在成本调查和监审中的独特职能;二是公正性,成本调查监审部门在调查和监审时,没有自身的利害关系,确保了立场公正、结论公正;三是专业性,成本调查和监审,有一套完整的成本调查、审核办法;四是社会性,成本调查和监审,其结果既反映个体的一般成本,同时更要实现行业的社会平均成本,并以此作为重要依据,结论更科学、更合理。

目前,政府实施财政补贴的项目,主要是与社会和民众利益直接相关的公共管理和公共服务项目,在实施成本调查时,需要注重调查资料的分析运用,通过对资料的深层次、全方位分析,从成本角度,对完善行业发展、完善补贴等方面提出建议、措施。

确保财政资金合理、有效使用,是政府管理财政资金的重要内容和基本要求。从实践看,苏州市物价局成本调查监审部门通过对部分财政补贴项目使用的调查与监审,发挥了很好的作用,特别对单一补贴项目、独家补贴项目、专项补助项目的成本开展调查和监审,具有可操作性和必要性。

2. 票子问题,即应不断提高老百姓的收入。

2010 年 7 月,温家宝总理在陕西考察时讲,政府的责任就是要保证经济平衡较快发展,保证城乡居民收入不断提高①。苏州市政府在初次分配上,从 2010 年 2 月 1 日起,将企业职工月最低工资标准从 850 元调整为 960 元②。苏州市汇思人力资源研究所于 2010 年 8 月公布的《长三角地区操作工人的薪资状况分析(2010 年度)》显示,苏州操作工薪资水平为 2165 元/月③,排在上海、杭州之后。无锡市在二次分配上,在启动以土地承包经营权置换城市社保、以宅基地使用权置换城镇住房的"双置换"基础上,拉高标杆,提出新的目标,力争让更多农民住公寓领社保。尽管这些都是初步做法,但对老百姓来讲则是必需的。

3. 面子问题,即给老百姓面子与发展空间。

给老百姓面子,即让老百姓体面劳动、尊严生活。

给老百姓发展空间,即让老百姓有希望、有发展前途。这是无锡人,尤其是无锡的一些本地企业的做法。在无锡,一个中专生,能够通过自身的努力,成为一家世界 500 强企业中国区质量经理。无锡普睿司曼电缆公司,就给了员工这样的希望。每年年初,无锡阿利康员工都有当年的职业规划,主管与员工共同分析每个人的强项、发展方向、培训项目。

一个人从事工作时,总会面对这样的问题:我为什么在这里工作?

---

① 《温家宝在陕西考察:政府的责任是保证居民收入提高》,《现代快报》2010 年 7 月 19 日第 A8 版。

② 这是一个动态数据,2011 年又上升到 1100 元以上,今后还将不断提高。

③ 这也是一个不断提高的动态数据。

赚钱,是很多人的答案。在很多情况下,薪水多少意味着企业对人的价值的认可,薪水不断增长,增加的不仅是员工的收入,还有员工的成就感。但被动加薪却减损了这种认可。让员工薪水与企业利润同步增长,是更科学的做法。

但赚钱不是全部答案。一个人从事一项工作,如果发现"没前途",那还有多少敬业乐业的劲头?有句俗话:"干活总得有个奔头吧"。

因此,企业的许多行动比加薪更能凝聚人心。在普睿司曼,有员工曾经被猎头相中,出双倍薪酬邀其跳槽,员工断然拒绝。原因很简单:现在的薪水虽没有跳槽后多,但这里的环境给人以希望,让人心情愉快。

职业规划更是一项重要内容。这是人力资源管理的重要一章。有些企业习惯于根据员工的优点与特长设计个人发展路线。规划拟订后,配以企业买单的培训。一支素质高的员工队伍,将直接提升产品的价值,进而推动企业进步。

给员工发展空间,恰恰是给企业自身发展空间;给员工以希望,正是给企业自身新的希望。

4. 环境问题,即给老百姓一个好的工作、生活与居住环境。

这些实事,如果有一个方面得不到落实,"幸福苏南"的建设,便会落空。

须指出的是,这四个方面的问题,不仅是苏南的问题,也是全国深入贯彻落实科学发展观必须解决好的问题。

"幸福苏南"的建设,不仅涉及到老百姓的方方面面,如制度建设、领导班子建设,还有各级党组织的带头人问题,等等。

全国闻名的江阴"华西村人"与常熟"蒋巷村人"的幸福,就证明了党组织领导班子、尤其是基层党组织带头人的重要性。

(1)华西村的幸福之路

有"天下第一村"美誉的华西村,位于江阴市的东部。1961 年建村至今,在吴仁宝老书记的带领下,以一村之力创造了中国农村的奇迹,面积从建村时的 0.96 平方公里扩大到现在的 35 平方公里,人口由 1000 多人增加到现在的 3.5 万人,村民们住别墅、开汽车,个个都生活在幸福的乐园。许多外国人到华西村参观后,都异口同声地说:华西村的农民是天下最富裕和最幸福的人。

"不怕有一个穷摊子,就怕没有一个好班子",要建设好新农村,核心是建设一个执政能力强、执政作风硬的好领导班子。在华西村人的幸福生活创建过程中，村干部不仅不靠民养，还都人人带民创造财富，为民创造财富。"村泰民乐，终归社会主义好；政通人和，还是领导班子强"，这是华西村人对华西村领导班子的肯定。

为了让农民幸福，华西村在干部中提倡"有福民先享，有难官先当"。要求干部见困难就上，见荣誉就让。要求老百姓做到的，干部首先做到；要求老百姓不做的，自己首先不做。

在华西村当干部是责任，更是奉献，关键是能创造财富，为老百姓带来幸福与实惠。华西村的党员干部都是身兼数职，一人多岗，都有量化的工作考核指标。

在华西村，不管你是谁，不管你从哪里来，只要你有能力，有才智，就会有地位；在华西村，是人才，就给你一把椅子，给你创造一个施展才华的平台。华西村的实践证明，一个造福一方百姓的领导班子应该是一个永葆先进、敢打难仗、能打胜仗的硬班子；是一个作风过硬、让人民幸福满意的好班子；是一个具备发展能力、执政能力、驾驭能力的强班子。[①]

（2）蒋巷村的幸福之路

全国文明村、国家生态村常熟市蒋巷村，原来是一个"十年九涝一旱荒"、"锅底塘"、"血吸虫病重灾区"。是什么力量让这个十年九涝的穷村庄，变为碧水旖旎、垂柳成荫、户户村民住上别墅的"新天堂"？是谁让一个靠天吃饭的苦村落，掌握了自己的命运，树起了农村发展的新标杆？答案是一个坚信穷不会生根、发展可以世世代代创富的村党委书记常德盛。

常德盛，于1966年起任蒋巷村大队长。当时该村是常熟最落后的穷村，他喊出了"穷不会生根，富不是天生；天不能改，地一定要换"的宣言。

地怎么换？常德盛带领村民，从改土治水抓起。1968年起，平坟墩、倒杂树、挖深沟；1975年起，平整大地，填河填浜；1982年起，筑路建渠、建设规格田；1992年至今，路、渠、田、林标准化建设持续不断。

这第一步走的是，靠农业起家，通过治水改土，让蒋巷村农业彻底翻身，科学种田有了可能。在1979年，蒋巷村就从吃返销粮一跃而成为苏州售粮

---

① 朱民阳：《幸福江阴科学发展观在江阴的实践与探索》，凤凰出版传媒集团、江苏人民出版社2008年版，第223—237页。

状元。

第二步走的是,靠工业发家。农业起家只能满足温饱,致富还是要靠工业。1991年的一天,村泡沫厂工人王阿明、平文彬从上海带回一个令常德盛兴奋的信息:泡沫可延伸生产彩钢复合板。常德盛立即带人调研,又四处筹措建厂资金。1992年春,首座投资600余万元、拥有两条生产线的厂房,在"发展是硬道理"的呼唤声中诞生了。很快"常盛"牌彩钢轻型建材成为受用户青睐的名牌产品,风靡业内。从1992—2004年,蒋巷村经济以连年40%的速度递增,主要源于工业的贡献。1978年人均收入只有206元,1992年达到1755元,2004年达到13300元,2009年达到2万元,工农业总产值达12亿元,实现了"工业发家"。

第三步走的是,靠旅游旺家。无农不稳、无工不富。当农民的米袋子、钱袋子双双鼓起来后,面临着还要不要发展,继续发展、怎样发展的问题。离土不离乡,人人有工作。常德盛从一条"麦子下岗、竹子上岗"的新闻中创造性地提出了旅游旺家的新思路。

随后,常德盛带领村民先后拆除了有污染的化工厂、红火了七八年的三座土砖窑、两个5吨燃煤锅炉,即使日进斗金,也毫不犹豫地拆掉。这看似简单的"三拆",包含了800名农民的眼光和智慧。每年工业都要反哺农业,发展生态旅游,累计已达亿元。如今,蒋巷村良田成方,绿树成荫。蒋巷村的经济最具可持续力的,已经不再是粮食亩产和工业增长,而是一座和谐舒服的生态村带来的源源不断、年接待量已超过60万人次的外地游客。①

在富庶的苏南,论经济总量、企业规模,蒋巷村都不是大块头。但是,全村老百姓的共同富裕,真金白银般地体现出村级经济发展的成效。

第一,为每户村民造别墅,每户只掏12.8万元,其余的村里贴。常德盛认为:大家都吃过苦,就应该知道,没有什么比百姓的住房更重要了。为了这件事,在1999年至2004年这5年为村民造别墅期间,他几乎每天泡在工地上。别墅造好了,又开始建老年公寓。老年公寓卧室是卧室,客厅是客厅,有厨有卫有外廊,电视、空调、冰箱都有,还有两层纱窗。

第二,为村民解决面子与票子问题。常德盛认为,村民宜工则工,宜农则

① 王晓宏、孟海龙、商中尧、钱怡:《"做事,要做一件成一件"——记先进基层党组织带头人常熟市蒋巷村党委书记常德盛(三)》,《苏州日报》2010年6月29日第A1、A10版。

农,宜副则副,让每个劳动力享受选择的自由,体面地劳动,有尊严地生活。不管多大年纪,只要做得动,想干活,都安排。年纪大了,保洁员、养殖场、农家乐,适合干什么就干什么,"退休福利",一分不少,干活还拿钱。2010年,村民孙敬祖算了笔账:"去年,我们老夫妻,养老金领了8000元,村级福利拿了8000元,给村里扫扫地3800元,烧烧饭3000元,农家乐帮帮忙13000元,总共35800元。平时吃的大米,烧的沼气,都是免费的,村里还给我们一分自由田,种点菜自己吃。"2009年,蒋巷村光给全村800多名村民发放"分红"和养老金,就达600多万元。

退休老人按"老"分配,中青年按劳取酬。蒋巷村没有失业率一说,大部分青壮劳动力,都在本村工业和服务企业上班。对有本领自己闯世界的,常德盛积极支持,"最好你们个个当老板",现在村里有40多个人出去开厂做个体的。常德盛说:"对大多数打工者来说,出门闯天下不易啊,村里有条件,就应当自己解决就业。"

土生土长的蒋巷人,年纪大一些的,都经历过"万户萧瑟鬼唱歌"的血吸虫病苦日子,脸黄肚大皮包骨,这是当年蒋巷村的状况。现在蒋巷村人看病挂号,一个方子补贴2块钱,住院医药费按医保比例报销,大病最高报销5万元,生了重病还有补助。一年村里看病补贴将近30万元,这些钱真正用到了老百姓的心坎上。

"劳有丰得、住有宜居、老有颐养、学有优教、病有良医",是常德盛盘旋在脑海里几十年的幸福乡村模样。为此,在从1966年任蒋巷村大队长、后任村党支书,至今已奋斗了四十几年。

在常德盛的心中,"百姓事最大"。他说:"为了让老百姓过上好日子,我宁可自己多吃苦、多吃亏。"当村官40多年来,他每天早上六点半之前赶到办公室,经常开着灯工作到天亮。年产值突破12亿元的常盛集团,是常德盛一手带起来的蒋巷村村民的"幸福源",但常德盛自己对财富并不动心,常盛集团给他的股份被他谢绝,镇里给他核定的岗位报酬他只拿了一小部分,他兼任常盛集团公司董事长、总经理期间的报酬分文不取。他说:"这些钱我不能要,要了就会失去凝聚力、向心力、号召力。但是,我不是什么都不要。我要的是村民长期得到实惠,安居乐业;要的是乡亲们早日过上小康生活;要的是蒋巷人对一个老党员的理解和认同;要的是老百姓都说改革开放好、社会主义好、共产党好!蒋巷村有这样的党委书记,怎能不发展;蒋巷村人有这样的党组织带头人,怎能不幸福!

值得关注的是幸福区域建设,不仅苏南在搞,全国各地有不少地方,在出台"十二五"发展规划中,都提出了建设幸福区域的施政目标,并将提升幸福指数视为"十二五"规划施政导向。如广东就提出了要研究与推出评价幸福区域与发展状况的指标体系,即"幸福指数",以"加快转型升级,建设幸福广东"。

有学者认为,将幸福指数引入政绩考核,能避免地方政府的唯 GDP 倾向,将关注重点转向民生福祉,破解诸多经济和社会矛盾。如河南省平顶山市已经把百姓"幸福指数"纳入官员政绩考核三年了。有 5 名干部因此而被暂缓提拔,所辖一县两区领导班子被降级①。但能否由此下结论,有专家认为,这为时尚早。香港就有学者质疑河南平顶山的做法,指出平顶山在 2010 年年底首次对外公布当地幸福指数,显示百姓生活幸福程度从 2006 年的 64.65 提高到 2009 年的 83.81。这是个闭门造车的行为——官方的幸福指数搞了数年,当地民众却是头一次听说。这是政府单方面的包办——何为幸福,幸福与否,老百姓没有发言权,更没有监督权,只能"被幸福"。②

应看到,苏南在这方面,也不同程度地存在着"被幸福"的问题,应该引以为戒。

在当代中国,有多少人感到自己幸福?有多少人感到不那么幸福甚至是不幸福?这不仅是民众关心、研究机构的学者关心的问题。同时也是各级政府职能机构应该关心的问题。各级政府部门与社会事业机构,一方面要搞尽可能准确的数据,不要搞香港学者所指出的平顶山那种百姓"被幸福"数据,当然也不要苛求数据的绝对准确;另一方面,要从尽可能准确的数据中看一看,那部分"不幸福"、"很不幸福"的人群,究竟是怎样的一部分人?他们哪些地方感到不幸福?这样的人群是越来越多了还是越来越少了?什么样的改变能够使他们重获幸福?此外,介于"幸福"与"不幸福"中间的那一部分"感觉一般"的人群,更是我们不能忽视的。我们的社会发展和民生事业做得好一

---

① 《受幸福指数考核影响 5 名干部暂缓提拔》,《大家文摘报》2011 年 3 月 7 日第 6 版。

② 见港报文章:《"幸福工程"要防百姓"被幸福"》,《参考消息》2011 年 1 月 17 日第 16 版。

些,他们很可能就进入了"幸福"的行列;反之,他们也很有可能滑向"不幸福"的沼泽。这些也都是苏南各级政府在建设"幸福苏南"过程中不可忽视的,尤其是不能将设计幸福指数视为"形象工程"。

# 第三节　"人才强市"
## ——苏南人的人才观与苏南的"人才强市"

### 一、向"人才强市"进军的苏州

2010年,美国《纽约时报》大牌专栏作家大卫·布鲁克斯,针对美国有6成民众忧心忡忡,认为自己的国家正在错误的路上越滑越远的现实,写了一篇题为:《放宽心,我们很好》的文章。该文以为,美国纵使面临再多的难题,前景仍然光明,因为人口增长在未来将成为美国最强驱动力。美国的人口增长,有两大推手,其一是比中国高得多的生育率;其二是美国是全球最强势的移民国。大卫在比较移民政策时提及中国:美国成功吸纳了全球半数以上技术移民,是开门纳才的最大受益者,反观中国,在此领域"尤其差"。其实,中国对此已高度重视。

布鲁克斯的同事,另一位更著名的专栏作家托马斯·弗里德曼,在他所写的《要创业公司,不要经济救济》一文中也认为,敢于远离故土的高技术移民一直被视为"高智商敢冒险"人群,美国因为吸引了"比例惊人的高智商敢冒险者",自然获益匪浅。

美国是世界人才发展强国,美国经济的发展的确得益于其大量人才的引进。人才强则国家强。人才资源是国家的第一资源,是国家的战略资源。一个国家、一个民族、一个地区要兴旺发达,真正强大起来,关键在人才。当代中国正由人力资源大国转向人才强国,由中共中央、国务院印发的我国第一个中长期人才发展规划:《国家中长期人才发展规划纲要(2010—2020年)》,就是实施人才强国的一个重大举措;胡锦涛总书记在2010年全国人才工作会议上明确提出,到2020年,要使我国确立国家人才竞争比较优势,进入世界人才强国行列。从当前情况看,我国人才发展总体水平与世界先进水平相比还有较大差距,与我国经济社会发展需要相比,还有很多不适应的地方,特别是高层次创新型人才匮乏,人才创新能力不强,人才资源开发投入不足。苏南作为一个地区,与胡锦涛总书记针对我国来讲的情况大致一样。

为了扭转这一局面,苏南各市近年来加大了科教兴市与人才引进的投入力度,将以人为本的科学理念,作了两个转换:一是转换为前述"幸福苏南"的建设。二是转换为"人才强市"、"人才特区"的建设,确立了这样的理念:人才是科学发展的核心竞争力,一个国家、一个地区、一个企业要提高核心竞争力,关键靠人才,特别是拔尖人才。国家要实施"千人计划",苏南也要有自己的"千人计划"。

苏州在谋求新一轮跨越发展,建设创新型城市与产业转型升级过程中,站在建设"三区三城"新的起点上,汇全球智慧,建创业天堂,以人才战略为先导与优先发展战略,积极优化人才结构,以高端人才引领产业转型升级,打造人才创新创业首选城市与"人才新天堂"。

### (一)以人才大优化"匹配"产业大升级

多年来的快速发展,使苏州跨入工业经济中后期。在这一阶段,苏州经济处于全球价值链低端与依附外需的困境凸显,土地、劳动力等要素成本上升,产业发展模式到了必须调整的关键时期,即从资本投资驱动向要素升级驱动转变。苏州要素升级不再是传统意义上短缺的商品和稀缺的机器设备,而是特指稀缺的关键技术、技术人员以及自主知识产权。满足产业发展对人才的需求,以人才率先升级引领产业转型升级,是当前苏州亟待求解的难题。

从苏州目前情况看,以制造业为典型代表的苏州各类人员分布中,普通工人比例超过80%,中高层次技术与管理人员比例偏低。对苏州来讲,产业人才的大优化,从来没有像现在这样变得迫切,优化人才结构已经成为苏州产业转型升级的优先发展战略选择。

为了全面推进人才优先发展战略,苏州市形成了《中长期人才发展规划纲要》(简称《纲要》)提出了到2020年,苏州市人才综合指标达到发达国家平均水平的要求(见下表)。

**人才发展战略目标**

| 指标 | 单位 | 苏州 | | | 江苏 | | |
|------|------|--------|--------|--------|--------|--------|--------|
| | | 2009 年 | 2015 年 | 2020 年 | 2008 年 | 2015 年 | 2020 年 |
| 人才资源总量 | 万人 | 92.5 | 145 | 185 | 723 | 1100 | 1300 |
| 每万劳动力中研发人员 | 人/万人 | 65 | 78 | 92 | 44 | 50 | 55 |

续表

| 指标 | 单位 | 苏州 | | | 江苏 | | |
|------|------|--------|--------|--------|--------|--------|--------|
| | | 2009 年 | 2015 年 | 2020 年 | 2008 年 | 2015 年 | 2020 年 |
| 高技能人才占技能劳动者比例 | % | 25 | 31 | 33 | 24.8 | 30 | 32 |
| 主要劳动年龄人口受过高等教育的比例 | % | 17.9 | 26 | 31 | 13.9 | 21 | 26 |
| 人力资本投资占 GDP 比例 | % | 14 | 17 | 20 | 12.6 | 15.4 | 17.4 |
| 人才贡献率 | % | 28 | 45 | 49 | 25.4 | 43 | 48 |

具体点讲：

1. 人才综合指标达到发达国家平均水平。

《纲要》提出的战略目标为：到 2020 年，培养和造就一支引领苏州经济社会持续快速发展的人才队伍，进一步确立我市主导产业的人才竞争优势，构建新兴产业的人才智力优势，大幅提升人才创新素质和参与国际竞争的能力，将苏州打造为国内最具影响力的人才高地和最具吸引力的人才创新创业首选城市。具体目标为：

打造一支结构优化、发展均衡的具有较强创新能力和国际竞争力的引领苏州经济社会持续快速发展的人才队伍。到 2020 年，人才总量达到 185 万人，人才资源占人力资源总量的比重提高到 31%，人才综合指标达到发达国家平均水平。

确立主导产业面向国际的人才竞争优势和新兴产业的人才智力优势，构建具有国际先进水平的主导产业人才集群，实现新的产业人才的超常规发展，形成国内领先的新兴产业人才集聚区。到 2020 年，高层次人才数量实现翻两番（20 万），每万名劳动力中研发人员达 92 人。

完善激活现有人才、吸引外来人才、培养未来人才三个核心环节，全面提升人才队伍整体素质和持续发展潜力。到 2020 年，主要劳动年龄人口受高等教育的比例达到 31%，高技能人才占技能劳动者比例达到 33%。

优化人才发展的政策、资本、服务、人文环境，营造创新政策最优、创业成本最低、服务效能最高、人居条件最佳的人才发展环境。到 2020 年，人力资本投资占 GDP 比例达到 20%，人才贡献率达到 49%。

**2. 十年引进 1000 名海外高层次人才，全面完成"十大重点人才工程"。**

《纲要》明确，重点实施海外高层次人才引进工程（"1010 人才工程"），即从 2010 年到 2020 年，每年围绕苏州重点、新兴产业引进 1 个具有国际先进水平的研发团队，引进和培养 10 名国家"千人计划"人才、100 名高层次创新创业领军人才，以及引进 1000 名海外高层次人才。

具体引进对象应在海外取得博士或硕士学位，年龄一般不超过 55 周岁，并符合下列条件之一：在国外著名高校、科研院所担任相当于副教授以上职务的专家学者；在国际知名企业从事三年以上研发工作并担任过中高级职务，属于国际某技术领域带头人；掌握核心技术，拥有自主知识产权，且技术成果达到国际先进和国内领先水平，具有较好的市场前景和产业化潜力的领军型人才；有丰富的海外创新创业经历，并在本市重点产业领域中还技术、带项目、带资金来苏创业的领军型人才。

目前，苏州的高科技企业 80% 都是由海归人才创办的。因为，苏州在这一方面的优惠扶持政策很有吸引力。

新兴产业，发展处于起步阶段。因为"新"，故进入门槛相对较低，业内"在位者"对市场的统治力相对较弱；不过，如今的竞争往往是"赢家通吃"，"在位者"技术上的领先、对产业标准的控制，使之在发展新兴产业的竞争中处于绝对优势地位，能否用最快的速度抢占产业制高点显得尤为重要。

北京医科大学药学院博士、英国伦敦大学博士后张佩琢在核酸化学领域拥有三项专利。2007 年，苏州工业园区启动实施科技领军人才创业工程，向全球新兴行业的精英发出"英雄帖"，张佩琢就是当时引进的第一批生物纳米技术的海归人才。张博士在园区生物纳米园内创办了苏州吉玛基因公司，由于拥有 RNA 干扰核酸药物的关键原料——RNA 单体合成的专有技术，是国内唯一的供应商和全球仅有的 4 家主要供应商之一，公司主要产品在国际市场上每克单价高达 1 万美元以上。

生物纳米园在 2006 年还只是在一个电脑上演示的"PPT"，如今，这里已经成为被业界誉为"国内产业链最完善、成长速度最快"的科技园区，已经聚集了 150 多家创新型企业，美国风险投资机构认为其中很多企业的技术即使在美国也是最尖端的。正因为有了这样一批在生物纳米领域能占据"制高点"的新兴科技企业，生物纳米产业正在成为园区赶超世界先进的"独门秘笈"。在 2010 年 6 月 5 日的第五届中美华人纳米论坛上,园区雄心勃勃地宣布,正式将纳米技术产业确立为引领园区转型发展的核心产业,每年投入 5 亿到 8 亿元,重点吸引国内外高端创新团队、研发机构、产业化项目向园区聚集,打造全球知名、中国最好的纳米技术人才高地、创新高地和产业高地。

为了推动新兴产业集聚发展、集约发展和创新发展,苏州市各地都加大了新兴产业领域的载体建设工作力度,太仓高分子电缆材料特色产业基地、吴江开发区国家光电显示器件产业园、吴中开发区省级光伏产业园、相城区中国汽车零部件产业园、苏州高新区国家环保高新技术产业园等。2010 年,昆山开发区光电产业园和苏州工业园区被国家工信部授予"第一批国家新型工业化产业示范基地"称号,张家港经济开发区和常熟经济开发区高新技术产业园分别被省经信委命名为"第一批江苏省新型工业化产业示范基地"和"省重点培育的产业基地"。

### (二) 舍得"下血本"惠才引才

近年来,苏州为招才引智可谓"下足血本",市、县两级先后出台了 30 多个政策文件,包括人才培养、引进、激励、服务等方面。如 2005 年,苏州市制订了紧缺高层次人才引进资助办法,给予 5 万—100 万元安家补贴。2006 年,苏州市实施"千名高层次创新创业人才引进工程,把引才重点锁定在现代通信、纳米技术、生物医药等关键领域,并放宽了年龄、户籍、学历等方面的限制。2007 年,苏州市实施的"姑苏创新创业领军人才计划",每年择优引进一批科技领军人才来苏创新创业,给予 20 万—100 万元的安家补贴和不少于 200 万元的科技专项经费,并提供 100 平方米以上免租三年的工作场所。2007 年以来,市、县两级共有 238 名领军人才项目先后获得 3 亿元政府资助。

2010 年,苏州市又出台了《苏州市高层次人才享受生活待遇暂行办法》(简称《办法》,明确了有五类高层次人才将在苏落户、住房、社保、税收、薪酬等 11 个方面享受优待。这五类人才是:①中国科学院院士、中国工程院院士;②国家千人计划、省高层次创新创业人才计划人才;③苏州杰出人才奖及提名奖、创新创业市长奖获得者;④姑苏人才计划资助的创新创业领军人才、文化产业领军人才、姑苏教育名家、卫生领军人才和旅游领军人才;⑤其他有突出贡献的人才。

该《办法》称,具有中国国籍的引进人才,可不受出国前户籍所在地的限制,落户苏州,由公安机关简化程序,优先办理。愿意放弃外国国籍而申请加入或恢复中国国籍的,优先为其本人及随归、随迁的配偶和子女办理加入中国国籍并落户苏州手续,取消原"在苏州工作满一年,有固定住所"等前置条件。

按照《办法》规定,在社保方面,引进的外籍人才及其配偶、子女,凡与国内企业建立劳动关系或在国内创业的,在国家相关规定出台前,可按照《关于外国人、华侨和台港澳人员参加社会保险有关问题的通知》规定参保,并享受相应待遇。社会保险缴费年限以在中国实际缴纳各项社会保险费的年限为准。参保后,在国内流动的,按参加企业职工基本养老保险待遇前与国内企业解除劳动关系并离境的,社会保险经办机构应当终止其社会保障关系,按参保职工出国(境)定居办法,将其基本养老保险个人账户储存额和基本医疗保险个人账户实际结余额一次性支付给本人。

事业单位引进距法定退休年龄十年内(男 50 周岁以上、女 45 周岁以上)的人才,可列入事业单位编制,参加事业单位养老保险。引进人才达到退休年龄时,参加企业职工养老保险,累计缴费不足 15 年的,可由用人单位一次性补缴不足年限。

引进人才享受医疗照顾待遇,在苏州市区定点医疗保健单位享受绿色通道服务。医保门诊个人账户在一般标准的基础上,增加 8000—20000 元。住院治疗时,在享受社会医疗保险的基础上,由个人负担的医疗费用部分,再补助 50%—100%。

引进人才可享受苏州市公共租赁住房的相关优惠政策,优先入住所在地区人才公寓,外籍引进人才可参照本市居民购房政策,购买自用商品住房一套;引进人才可按规定在本市缴存和使用住房公积金。已达法定退休年龄的,缴存期限可延长至解除劳动合同为止。离开本市时,按规定办理住房公积金账户余额转移或提取手续。用人单位可按引进人才的实际工资总额作为缴存基数。

除此之外,此《办法》还做出了居留和出入境、通关、薪酬、配偶安置及子女入学等其他方面的相关优惠政策。①

以政策"惠才",更以服务"引才"。为了"引才",苏州市成立了专家咨询团、留学回国人员协会、博士联谊会等组织,促进高层次人才互动交流,并定期组织高层次人才体检休养,及时帮助解决工作、生活中的实际困难。每年对党政领导干部进行科技人才工作目标责任考核,并把人才环境、人才效率作为关

---

① 钱怡:《5 类高端人才享 11 项优待》,《苏州日报》2010 年 7 月 1 日第 A03 版。

键指标,推动各项人才工作措施的落实。组织开展"苏州杰出人才"、"年度科技魅力人物"、"科技创新创业市长奖"等评选表彰活动,在全社会营造尊重知识、尊重人才、鼓励创新、推崇创业的浓厚氛围。

人才资源是第一资源,拥有怎样的人才资源,决定一个国家和地区的未来。改革开放以来,正是依托高素质、高层次人才队伍,让苏州这座历史名城实现了高速发展。尤其是近年来,苏州高度重视人才在社会经济发展中的重要地位和作用,推动人才发展由"量"的增长转向"质"的提升。全市高层次人才连续 5 年保持 20% 以上增长率,在全国、全省都名列前茅。一批国家级的创新创业载体的相继落成,为引进和培育高层次人才构建"温床";不断出台的一系列政策,既优化了人才创新创业环境,也为向人才强市进军提供了不竭的动力。

人才是科学发展的核心竞争力。相对于自然资源和物质资源的有限和制约,人的思想理念、人的意识智力,是永不枯竭的战略资源。建设一支强大的人才队伍,具备高端的人才优势,才是我们最需要培育、也是最有潜力、最可靠的优势。在当今知识经济时代的竞争,不会像过去那样仅凭拼资源、拼环境和拼廉价劳动力就可以取胜的。在知识经济时代,谁掌握了人才这个关键,谁拥有了以人才为支撑的智力资源,谁才能在竞争中立于不败之地。

多年来,苏州为吸纳人才创新创业搭建了四级平台。为向人才强市进军,苏州第一级是以各级开发区为主体的区域性创新创业平台,利用开发区现有的资源,依托区内迅速成长的高科技企业,打造吸引高层次人才创新创业的主阵地;第二级是中国苏州创业园、苏州工业园区纳米科技园、苏州科技城等 26 家各级各类科技创业园,是以科技创业园为主体的集约化创新创业平台;第三级是 101 个企业博士后科研工作站,20 个企业院士工作站,398 家内外资研发机构,独墅、湖高等教育区和国际教育园等知名高校密集区,形成了以企业、大专院校、研发机构为主体的专业化创新创业平台;第四级是与全国 100 多家高校和科研院所建立的 250 多个产、学、研联合体,实施了 1000 多个合作项目,以重大项目为依托的柔性人才创新创业平台。

向人才强市进军,关键要坚持"三个优先":发展新兴产业招才引智优先、建设人才队伍增加投入优先、构筑人才高地优化环境优先,即围绕新能源、新材料、新医药等新兴产业,着力引进一批与苏州产业优化升级相匹配的人才和创新创业团队,培育一批科技水平高、市场前景好、发展潜质优的创业企业,放大"引进一批人才、发展一大产业、培育一个经济增长点"链式效应,抢占发展制高点。树立人才投入是效益最好的投入的观念,把人力资本投资作为经济社会发展的重要考核指标,推动政府、社会、用人单位和个人共同投资人才资源开发,加大对人才发展投入力度。全面改善人才发展的社会、工作、生活和制度环境,努力营造创新活力最强、创业环境最好、服务效能最高、人居环境最佳的人才环境,使苏州成为人才创新创业的首选城市。

现在,苏州已成为全国首个引智引资重点联系城市。

## 二、由项目引领转向人才引领转型升级的无锡

让人才引领无锡转型升级,是无锡在新形势新挑战中做出的战略选择。无锡历来文教昌明,人才辈出,近代史上无锡的两次辉煌都是与人才紧密相关:20世纪二三十年代,无锡成为民族工商业发祥地,工商企业家的广揽英才、选贤任能,在其中起了重要作用;20世纪七八十年代,无锡乡镇企业异军突起,其崛起之道本质上也是用人之道。"星期日工程师"的大量引进与企业家的"四千四万"精神成为乡镇企业发展的两大重要支撑。近年来,无锡更是坚定不移地实施"人才强市"战略,坚持人才引领。过去,无锡是人才跟着项目走;现在,无锡是项目随着人才来。直面现实的无锡人认为,能否发扬无锡在人才工作上的优良传统,能否在新时期持续引进与培育科技企业家人才,从而抢占产业发展的制高点、加快转型升级步伐,是无锡能否制胜的关键。因此,在具体发展思路上,无锡市提出了:由项目引领转向人才引领转型升级的战略目标。

人才引领,首先必须引进、使用、留住人才,培育人才、确立人才优先发展战略。在2006年,无锡市委、市政府就明确这一点,制定并推出了旨在5年内引进30名领军型海外留学归国创业人才(简称"530"计划),在海外人才中引起强烈反响。"530"计划不仅为无锡市带来了高层次的海归人才,也带来了海外先进的技术和理念,成为无锡产业升级和城市转型的重要推动力。

"530"计划是一个不断发展、不断优化、不断完善的海归创业扶持体系。在根据"530"企业发展过程中所遇到的融资、知识产权保护、产业化推进等各方面问题出台一系列政策的基础上,通过全面开展"质量与知识产权立市促进年"、"科技创业和服务外包促进年"、"新兴产业培育年"、"无锡千人计划促进年"等活动,多项举措并举,在全市范围内形成推进海归创业的合力。随着"530"计划的深入推进,"530"企业创业服务体系建设也随着从无到有,从

小到大，逐步形成了自身特色。

尽管无锡在积极推进"530"计划的基础上，构建了国内相对领先和完善的创业服务体系，但与国外的成熟经验相比，显然还无法满足高科技创业企业的服务需求。如何改进自身的服务理念、服务内容和服务水平，成为"530"创业服务体系建设的当务之急。

1. 根据"530"创业人才的特点转变服务理念和手段。

创业人才大多有丰富的发达国家知名企业工作经历，眼界宽，起点高，长时间的海外工作经历，使他们在接受服务时更注重实际效果，在服务手段上更倾向于使用先进的沟通工具。同时，对中国国情还比较陌生，对社会交往的重要性认识不足，对可以利用的本土资源还不够了解等，都是这一群体的共同特征。

根据这一特征，无锡人在完善创业服务体系过程中作出了相应的调整：首先，在创业服务内容设计中，注重实际效果，真正为"530"企业提供切实服务，而非追求气氛与形式；其次，在服务手段上注重便捷高效，利用最新的科技手段特别是网络技术，以不断降低办事的成本；最后，在服务过程中，注重对创业企业提供全过程、跟踪式的服务。

2. 不断提高创业服务从业人员的职业技能。

创业服务要借助整合外部资源形成合力，共同为创业企业服务。但借助外力的同时，创业服务机构更要注意自身能力培养，尤其是在常规服务内容方面。由于创业服务机构的从业人员与创业企业接触更多更深，对企业运营状况了解更透彻，如果自身具备相应的专业能力，则所提出的解决方案将更切合企业的实际需要。目前，无锡在三创载体（孵化器）的主要功能仍侧重于招商引智的情况下，提出作为全市专门设立的创业服务机构，具备相应的服务能力应该是一种现实的要求。而要实现这个要求，一方面要加强现有创业服务从业人员职业能力的培训，另一方面也要合理引进相应的高端人才，以此带动从业人员队伍整体素质的提升。

3. 以需求分析为基础，做实、做精、做深创业服务。

尼尔·丘吉尔（Nei C. Churchill）、弗吉尼亚·刘易斯（Virginia L. Lewis）将中小企业的发展分为创业、存活、成功、起飞、资源成熟五个阶段，各个小企业在发展的类似阶段会遇到共同的问题。按此理论，相当部分的"530"企业尚处于创业期，该阶段企业的组织结构很简单——创业者什么都做，并直接监督下属;制度和正式规划几乎不存在;公司的战略目标就是维持生存。此时的创业服务可以以创业辅导为主,包括管理知识的普及、人力资源方案的策划等。随着时间的推进,部分"530"企业已经进入第二阶段——存活期,该阶段的企业组织结构仍然非常简单。此时的创业服务可以以帮助营销为主,并协助寻找相关资源,如厂房、生产设备、配套资源等,同时加强生产管理方面的辅导,另外还可协助寻找合适的投资者以解决企业在生产线建设上的大量投入难题。少量"530"企业目前已步入第三阶段,即成功阶段,此时,公司已经实现了正常运转,有了较大的生产规模和产品市场份额来保证经济上的成功,赢利能力也越来越强。此时的创业辅导可以以协助制定新的发展战略为主,并帮助企业引入职业经理人或其他高级管理人员。

从企业所在区域来看,"530"企业散布于江阴、宜兴及市内 7 个区,各区域政策不完全一致,载体服务的重点和能力不尽相同,企业的需求也因此而体现出差异。

从产业类别角度来看,"530"企业中生物医药、新能源、新材料、IT、电子等相对集中,但不同产业类别的企业服务需求千差万别,如生物医药特别是新药研究的企业,由于企业发展周期长,最容易出现资金匮乏的窘迫局面,这类企业最需要的是资金的扶持。而电子类企业,产品化所需时间较少,市场上有大量的 OEM 厂商,只要销售跟上,很容易实现批量生产并产生利润,因此他们最需要的是营销方面的支持和服务。[1]

为了对接中央"千人计划",无锡也制定了"无锡千人计划"(每年引进高深经济社会发展所需紧缺人才 1200 人以上,接受海外优秀留学人员 1500 人以上)。自中央"千人计划"实施以来,至 2010 年 5 月底,无锡已有 13 人入选。

无锡入选中央"千人计划"的 13 人中,有 10 人为"530"计划入选者。入围 2010 年第一批中央"千人计划"创业人才答辩会的 12 人,也都是从"530"计划入选者中挑选出来的佼佼者。

海外高层次创业人才掌握着新兴产业领域的尖端技术。这些从海外来无锡创业的高层次人才往往身兼多职——董事长兼任首席科学家或兼任首席技术官。首批入选中央"千人计划"的吴薇就是这样一个高层次人才。他现在担任无锡矽鼎科技有限公司董事长兼首席技术官。这位武汉大学电子工程硕

---

[1] 胡桃:《海纳全球领军人才,无锡再发力》,《无锡日报》2010 年 5 月 30 日第 1 版。

士、留法博士，拥有七项美国专利、三项中国发明专利。他在接受采访时，很少说自己，谈得最多的是，矽鼎科技仅用一年时间开发出的世界领先的平板电脑产品。

为了吸引各类人才前来无锡创业，无锡市准备从2010年起，用3年时间完成100万平方米、10000套左右的人才住房建设。

从美国来无锡创业的"530"人才马鸿健，与同样申报了"530"项目的妻子英悦，住在无锡新区新佳园"530"人才公寓已经快一年时间了。2009年9月，他们俩带着在一起生活了多年的小狗米娅，买了一只微波炉后，便直接"拎包入住"新佳园一套130多平方米的一楼三室二厅套间。

为引进各类人才，无锡新区早在2006年就开始打造配套公寓，目前已有新佳园"530"人才公寓、太科园青年公社、软件园青年职工公寓、大学科技园配套公寓、外商公寓等满足不同层次人才需求的人才公寓逾2000套。为加快推进无锡市"人才特区"建设，无锡从2010年起，准备用3年时间完成的100万平方米、10000套左右人才住房规划，凸显的是"梯度分明、配置合理、配套齐全、生活便利"的高层次人才公寓，务求满足各类人才"拎包入住"。①

无论从世界先进企业发展的经验来看，还是从无锡企业的发展历程以及近几年的引才实践来看，高层次人才是提升企业核心竞争力的第一要素。企业要发挥基础好、实力强、机制活的优势，在引进高层次人才中担当起主力军的重任。实施人才强企战略是建设"人才特区"的重要途径，建设"人才特区"的重点在于发挥企业引才的主体作用，实现人才强企、人才强市。

由于无锡注重人才引进，并且落到实处。因此，近年来，前来无锡创业的人才，尤其是海归人才数量不断增加，这既为无锡的发展增添了活力，同时也带来不少问题。如海归人才来无锡创业遭遇的普遍困惑是水土不服、创新人才缺乏。这给了我们这样一个启示，一项新政的提出，即使是正确的，也会既有正面效应，也有负面效应。负面效应产生后，又会提出新问题。对于无锡来讲，针对上述问题，怎么应对？即怎么打造一个适合海归创业的创新人才链？

2008年12月，中共中央办公厅转发《中央人才工作协调小组关于实施海外高层次人才引进计划（即"千人计划"）的意见》，要求各地区各部门进一步解放思想，完善体制机制，健全政策措施，以"三宽"（即更宽的眼界、更宽的思

---

① 袁柳：《精心筑巢，引凤来栖创新业》，《无锡日报》2010年8月19日第A1版。

路和更宽的胸襟）做好海外高层次人才引进工作。

"三宽"的要求，激发了无锡引才的"三宽"思路。2009 年，无锡正式启动"无锡千人计划"，并力争成为中央"千人计划"的分支与示范。"无锡千人计划"通过扩宽范围、放宽政策、拓宽渠道，更好更快地引进海外高层次人才。扩宽范围：引进产业发展需要的领军人才与创新团队；放宽政策：对人才的引进、使用提出人才引进、人才创业、人才服务的扶持政策；拓宽渠道：着力建设海外人才引得进、用得好的各类载体。为此，"无锡千人计划"从吸引海归领军创业型人才扩容为引进海外高层次创新创业人才，从而将一个适合海归创业的创新人才链打造了出来。

在无锡，有一句话已经流行了多年。那就是：拿出比"招商引资"更大的劲头，广揽海外创新创业人才，建设无锡"人才特区"。①

人才，是一座城市富强最坚实的基石；人才，是一座城市发展最可靠的资源。当今时代，谁拥有了人才优势，推就拥有了竞争话语权；谁拥有了高端人才、领军人才、科技创业家人才，谁就能在加快转型发展、推动自主创新、培育战略性新兴产业的道路上阔步前行。随着全球一体化进程的加快，生产要素的全球配置，信息技术的全球推进，人才的全球流动成为大趋势，并直接导致对人才的争夺越来越激烈。只有直面这场"人才战"，我们才能抓住宝贵的发展机遇，为城市的发展注入新动力，增强城市的核心竞争力。

让人才引领无锡转型升级，需要突破常规、大胆创新。于是，在实施"530"计划、"无锡千人计划"的基础上，无锡市又确定了一个目标——把无锡率先建设成为人才强市，成为在海内外有广泛影响力的"人才特区、东方硅谷"，成为科技创业家的摇篮城市。"人才特区"的"特"，就是要体现在聚集特定的对象，实施特别的政策，营造特殊的环境。为此，无锡市委提出了要做好三件事：一是在全市范围广泛动员开展"建设人才特区、打造东方硅谷"的大讨论，集思广益、博采众长。一方面通过大讨论形成重视人才、尊重人才、吸引人才、用好人才更加良好的氛围；另一方面通过大讨论来集思广益、博采众长，寻求在机制、政策、服务、环境等方面更大、更多的突破。二是精心制定好人才规划。规划制订具有前瞻性的战略规划。首先是制定战略目标，然后是在此基础上研究实施规划的可行性，采取相应的对策和措施。三是研究制定"人

---

① 范围勋：《无锡海归创业服务的实践与思考》，《无锡日报》2010 年 6 月 12 日第 B2 版。

才特区"的建设方案,在机制、政策、服务、环境真正体现"特"的要求,以"千金买骨"而不是"叶公好龙"的态度来对待人才工作,建设"人才特区",突破人才障碍,从而形成育才、引才、聚才、用才的良好环境和政策,并为人才排忧解难,让"第一资源"——人才的能量充分释放,从而实现由人才引领无锡产业转型升级、城市转型升级、社会转型升级。

### 三、实施"千名海外人才集聚工程"的常州

常州市委、市政府于 2007 年启动实施首轮"千名海外人才集聚工程",计划用 5 年时间引进 1000 名海外人才,其中 100 名领军型创新创业人才。截至 2009 年年底,已引进高层次海外创新创业人才 1023 名,其中领军型海归创业人才 204 名,首轮"千名海外人才集聚工程"的 5 年目标提前两年完成。2010年,常州市又实施了新一轮"千名海外人才集聚工程",计划再奋战两年,引进1000 名海外人才,重点引进并扶持 200 名领军型创新创业人才。常州市委提出:抓紧当前,加快推进"五五"计划,即用 5 年时间,引进 500 个海归团队,5000 名海内外创新创业人才,形成 5 万名创投风投、中介服务和创意产业等现代服务业专门人才,拥有 50 万名先进制造业和现代服务业的管理、技术专业人才,形成引才特色和集聚效应,努力打造全国人才环境最优、人才政策落实最好的城市。

对于正处在新一轮创新创业、跨越发展关键时期的常州来讲,只有采取更加扎实的措施做好培育高层次创新创业人才工作,才能赢得新一轮竞争的制高点,推动常州经济尽快步入创新驱动、内生增长的良性轨道。因此,常州必须完善配套政策,健全人才保障体系,加大引进高层次创新型人才引进工作机制,加大创新创业人才政策支撑力度,努力打造人才洼地,全力实施新一轮"千名海外人才集聚工程",建好集聚创新人才平台。

常州人以常州被列为国家创新型试点城市为契机,举全市之力建设国家科技创新园区。不断完善和深化有利于鼓励支持创新创业的政策体系、科技合作体系,不断完善政府及部门与重点院校战略合作机制、企业校院所长效合作机制、常州与国外科研机构交流合作机制,加快企业博士后科研工作站、留学人员创业园、科技成果孵化器等建设。不断强化人才服务功能,对各类优秀创新创业人才,都要做到引得进、留得住、用得好,让他们有舞台、有前途、有利益,让他们有事干、干成事。不仅要让一流的创新创业人才工作安心、创业顺

心,还要让他们生活舒心,最大限度地发挥科技、知识和人才的"溢出效应"。

美国斯坦福大学教授威廉·米勒,在 2010 年提出这样一个看法:人才喜欢人才,好的人才喜欢到人才多的地方去,所以我们必须把人才聚集在一起。让人才觉得,在他们所处的环境里,可以发挥自己的才能,并且还能作出贡献。而要集聚人才,尤其是要集聚创新人才,则必须从根本上优化创新生态。良好的创新生态是实现转型升级不可或缺的软环境,是迸发创新活力的催化剂。常州人提出,全市上下要把追求创新、追求卓越作为鲜明导向,形成鼓励成功、宽容失败的社会氛围,营造优质高效的政务环境、公正严明的法治环境、诚实守信的社会环境和崇尚创新的人文环境,让创新的思维、创新的活动充分活跃起来,让一切创造社会财富的源泉充分涌流,进一步把常州近年来逐步形成的科教优势,转化为创新优势和竞争优势,使科技创新成为转型升级的原动力,从而为创新人才提供舞台与良好的环境氛围。

创意人才是创新人才的一个重要方面,创意产业的发展离不开创意人才。创意产业,每天在世界上创造的产值超过 200 亿美元。创意产业的迅速发展,在发达国家与地区的产业发展中是一个突出的趋势。常州人对创意人才、创意产业极为重视。在常州人看来,要提高常州竞争力,需要解决常州的品牌、设计、创新等问题,而这些都需要创意产业的发展来带动。为了鼓励与扶持创意产业的发展,常州于 2010 年 7 月,出台了相关政策,重奖创意人才。在常州出台的《关于鼓励和扶持创意产业发展的若干意见》中,提出常州通过政策引导、财政鼓励等多种措施,筑巢引凤,以此形成对常州制造业转型升级的支持力量。

奖励内容主要涉及八个方面:

一是奖励入驻。符合条件的新入驻的创意企业享受第一年免租金,第二、三年租金减半的优惠。

二是奖励总部。国内外知名创意企业在基地内设立总部或区域总部、研发机构或生产基地,给予一定资金扶持。

三是奖励上规模。对年销售收入 1000 万元以上动漫原创企业或销售收入 2000 万元以上省级认定软件企业或销售收入 3000 万元以上的动漫衍生企业或销售收入 1 亿元以上的其他创意企业,按年销售收入 1% 给予不超过 150 万元奖励。

四是奖励认证。对于通过 CMMI4 级认证的企业给予 10 万元奖励,通过

CMMI5 级认证的再给予 10 万元奖励。

五是奖励服务外包。对年服务外包收入 100 万美元以上的软件及游戏外包企业或年服务外包收入 80 万美元以上的动漫服务外包企业或年服务外包收入 300 万美元以上的商业流程外包（BPO）企业，按外包收入 1%给予不超过 150 万元奖励。

六是奖励播出。对在中央电视台、卫视频道和动画卫生频道黄金时段首播的，每分钟奖励 400—1500 元；收视率居同类节目年度排名前 15 位的追加每分钟 300—1500 元奖励，排名前 10 的再追加每分钟 300—800 元奖励。在电影院线放映的，按其票房到账收入的 20%给予不超过 100 万元奖励。

七是奖励上市。基地企业在境内外上市，可享受 200 万元上市奖励。

八是奖励担保。为创意企业提供 1 年以上贷款担保的，给予担保总额 1%不超过 50 万元的奖励。①

可见，常州对创意人才的重奖的确是到位的。

### 四、苏南各市"人才强市"理念与举措分析

从苏南各市"人才强市"理念与举措看，共同的特点是：都在抢抓人才第一资源，切中人才所需，在人才的引进上舍得"下血本"，且措施得当。如无锡市为建"人才特区"，不仅注重领军人才，而且为领军人才配套引进管理人才、中层技术人才，形成人才"金字塔"。但是，人才发展是以用为本的，而要体现以用为本，就必须注意：

1. 给人才提供与创造必需的条件。

春秋时期，齐桓公让管仲帮忙治理国家，管仲说："贱不能临贵。"地位低贱的人怎么能领导地位高贵的人呢？齐桓公就任命管仲为"上卿"，但是国家并没有治好。齐桓公问责：怎么回事？管仲曰："贫不能使富。"穷人说话富人不听。齐桓公就把一年来从市场上征收的税赋交给他使用，但是国家还没有起色。齐桓公再问究竟，管仲曰："疏不能制亲。"你的亲朋好友、七大姑八大姨我管不了。齐桓公就立管仲为"仲父"，结果，齐国治好了。

要人才建功立业，就要给人才创造条件，提供环境，甚至帮助他们扫除障碍。管仲向齐桓公提出三权，伸手要官，要钱，要名誉地位，都是为了工作，并

---

① 孙东青：《重奖创意人才，支持创意产业》，《常州日报》2010 年 7 月 18 日第 A1、A4 版。

非贪图享受。管仲所要的"权",说到底就是"势"。"尧为匹夫不能治三人,而桀为天子能乱天下。"管仲即使是圣人,没有势位,没有齐桓公的尚方宝剑,人微言轻,即使是真理也容易被忽视。我们现在的领导者,当遇到属下像管仲那样提要求喊困难时,会怎样想怎样回答呢?客观地讲,苏南各市在这方面考虑得还不够,虽然常州人要将常州打造成全国人才环境最优、人才政策落实最好的城市,无锡人、苏州人也有此想法,但能否做到,还有待于观察。虽然,苏州、无锡、常州为了"人才兴市"都在大力引进人才,并为人才提供了不少优惠条件,但从总体上看,还是很有限的。尤其是,苏南各市要以"人才兴市",无锡人要建"人才特区",如果在用人观念上没有突破,不给人才尤其是领军人才提供与创造他们所必需的条件,则人才是难以兴市的,"人才特区"的建设,也必然是有限的。

2. 辨识人才,用人之长。

北宋司马光把人分为四类:才德兼备,谓之圣人;才德俱无,谓之愚人;德胜于才,谓之君子;才胜于德,谓之小人;这四类人,最理想的当是才德兼备的圣人,其次自然是德胜于才的君子。如果没有圣人和君子,那么,选小人还是选愚人呢?司马光主张,宁选愚人不用小人。为什么呢?他认为,君子用才能做好事,小人用才能干坏事,愚人想干坏事却不具备能力,刚一动手就被发现了,小人干坏事不容易暴露马脚,潜伏着危险。这就提出了一个问题:要用好人才,首先必须辨识人才。

辨识人才最根本的,是要用人之长,而不是用人之短。如何做到用人之长,这是苏南各市必须着力解决的一个重大问题。

3. 以突破性思维建设"人才特区"。

无锡市委书记杨卫泽[1]提出一个很好的观点,他认为:人才工作不是简单地就人才而人才,而是涉及多个方面。如引进研究性大学,进行原创性研究,对建设"人才特区"都十分重要。"人才特区"的建设,要解放思想、开动脑筋,以突破性思维来建设"人才特区"。[2] 至于苏南各市能否建成"人才特区",我们于此不必妄加评论。但其理念,是值得肯定的。

---

① 2011 年 3 月调至南京任市委书记。
② 高琼玲:《切中人才所需,推动快速成长》,《无锡日报》2010 年 7 月 3 日第 A1 版。

# 第三章　科学发展：苏南的协调发展、统筹发展与可持续发展

【提示】全面、协调、可持续是科学发展观的基本要求，苏南是如何贯彻落实这一基本要求的？全面发展，就是以经济建设为中心，全面推进经济、政治、文化、社会建设，实现经济发展与社会全面进步。协调发展，就是要统筹经济社会发展中的重大关系。苏南人注重的是人与自然的关系，突出的是水乡治水。苏南协调发展的典型张家港，从经济发展、资源环境、生活品质、民生福祉、社情民意五个方面，制订了《"协调张家港"建设评价指标体系》。可持续发展，就是要促进人与自然和谐，实现经济发展与人口、资源、环境相协调，坚持走生产发展、生活富裕、生态良好相统一的文明发展道路，保证一代接一代地永续发展。苏南在从工业文明向生态文明跨越、从高能耗向低能耗转变、从高碳向低碳转变过程中，着力于生态文明城市建设、绿色经济的规划与布局。

统筹兼顾是科学发展观的根本方法。坚持统筹兼顾，就是既要总揽全局、统筹规划，又要抓住牵动全局的主要工作、事关群众利益的突出问题。对于苏南来讲，在当前经济发展方式转变与产业转型升级的过程中，有两个突出的问题，一个就是必须正确处理好传统产业与新兴产业的关系，统筹发展传统产业与新兴产业；还有一个就是必须正确处理好苏南耕地与工业化、城市化的关系，着力化解这两者的矛盾，力求统筹发展。

## 第一节　协调发展
### ——马克思主义的生态思想与苏南"水的规划"

### 一、"万物源于水"与崇尚自然的苏南人治水

马克思主义是关于自然、社会和人类思维发展规律的科学理论体系，这一理论体系涵盖了人与自然、人与人、人与社会、自然与社会的关系。马克思在《1844年经济学哲学手稿》中讲："人靠自然界生活"。恩格斯在《反杜林论》

中讲:"人本身是自然界的产物,是在自己所处的环境中并且和这个环境一起发展起来的。"①自然界是先于人的存在而存在的,它的存在既是客观的,也是具体的。自然界是人类生存和发展的物质前提,人类是自然界发展到一定阶段的产物。人不仅来源于自然,同样也存于自然之中。人与自然界是统一的,这种统一是具体的历史的统一。

人类的生存与发展无论从物质层面还是精神层面讲,都离不开自然界。对此,在善于雄辩的古希腊人那里,已经有所认识。尽管古希腊人思辨的基础在很大程度上是基于一种直观的猜测,并且他们往往把自然界归诸于某种特殊的原初基质,比如"米利都学派"的奠基人泰勒斯,提出了所有事物由此构成的普遍实体是水的著名命题,他认为世间一切都是由水构成的,而地球则是浮在水上的,即"万物源于水"。尽管泰勒斯的这种认识是朴素的,但却是唯物主义的。这种朴素的唯物论,对于 21 世纪的人类,水仍是极为重要的战略资源。在任何时代,人类的生存与发展都离不开水。水是生命之源、幸福之源、生产之要、生态之基。

水危机,是当今人类面临的一大挑战。据联合国统计,全球 43 个国家的近 7 亿人口面临"用水压力"和水资源短缺。约六分之一的人无清洁饮用水,三分之一的人生活用水困难,②每年有 300 万—400 万人死于和水有关的疾病。到 2025 年,水危机可能蔓延到 48 个国家,35 亿人将为水所困。水可能成为比石油更稀缺的资源!道理很简单,没有石油人们还可以生活,但没有水,连生存都成了问题。

因水产生的问题,不仅关乎民众生活、生态环境,更关系到一国经济社会可持续发展和长治久安,成为战略性难题。不少国家都将确保水资源作为重要战略目标之一。

苏南,是闻名于世的水乡,河湖港汊,纵横交错,大大小小的湖泊星罗棋布。如何保护与合理开发利用好水这笔弥足珍贵的财富,为苏南的生态文明建设增光添彩,是苏南人必须做好的一篇如何科学发展的大文章。

在苏州,仅湖泊就有 300 多个。最早,苏州人囿于当时水利建设的能力,

---

① 《马克思恩格斯选集》第三卷,人民出版社 1995 年版,第 374 页。
② [俄]伊万·叶戈罗夫:《"水安全"成全球首要课题》,《参考消息》2010 年 8 月 25 日第 9 版。

把湖泊和"水患"连在一起；后来，又把湖泊当作生产资料，更多的是索取，围湖造田，围网养殖，向湖要粮食要水产；在工业化初期，还曾把湖泊当过"污水池"、"泔脚桶"，恣意排放，污染湖体。进入生态文明建设的新阶段，苏州人的认识发生了根本性的转变。

越来越多的苏州人认识到：

——湖泊最宝贵的价值，不仅在于她的经济价值，更在于她的生态价值。

——湖泊是提升城市竞争力的新动力，是引领城市未来发展的新引擎，而且是一台"绿色引擎"。

苏州各地对保护与合理开发利用湖泊，普遍高度重视。在苏州，湖泊被纳入城市的总体规划，资源优势正在成为提升城市品质的竞争优势；随着一系列保护开发新举措的实施，许多湖泊的生态环境正在向好的方向发展。

在湖泊资源相对缺乏的地区，想方设法人工造湖。张家港的暨阳湖、太仓的金仓湖，都是利用交通工程建设契机，运用统筹兼顾方法创造的生态精品。湖泊资源丰富的地方，则出现了"生态修复"、"资源整合"这样更大力度的保护开发举措。在常熟，以虞山尚湖、昆承湖和南湖荡三个湖泊的生态修复为核心，正在打造一个 100 平方公里的生态圈。在吴江，180 平方公里的东太湖，历史上曾经被围垦 50 平方公里，围网 120 平方公里，真正的湖面只剩下窄窄一条航道的 10 平方公里。现在，随着吴江市、吴中区齐头并进，湖中拆围全面完成，万顷碧波重现，退田退渔还湖、清淤修复生态。①

被称为苏州"母亲湖"的阳澄湖，南北长 17 公里，东西最大宽度 8 公里，总水面 119 平方公里。在阳澄湖半岛水域，湖岸上一排排造型新颖的住宅楼特别显眼。这些公寓楼个头并不高，分布疏朗，最靠湖的一排楼离湖有很长一段绿化生态过渡区。这些楼可不是什么房产新楼盘，而是阳澄湖村村民的动迁公寓——阳澄人家社区。

阳澄湖村原本只是阳澄半岛上一个自然村，生活着 1000 多户人家、2800 名左右村民。以前，村民们主要是种田，在 20 世纪 80 年代，阳澄湖大闸蟹养殖让人们看到了发家致富的希望，村里也掀起了"养蟹热"，农民变成了蟹农，那时候，包括抽水马桶排放等生活污水、蟹塘里的水，都直接排到湖里，垃圾也

---

① 王晓宏、孟海龙、陆晓路：《行走湖泊回来的思考》，《苏州日报》2010 年 4 月 27 日第 A01、A11 版。

随手往湖里扔,后来,每家门前屋后的小河浜都是臭的。

2006年开始,园区下决心整治。2007年,实行了全部拆迁,清理蟹塘,原地重新规划建设高标准的动迁安置房,共130多幢,这个自然村落变成了湖边新型社区,接通自来水管网,雨污水分流,周边地带全部绿化。同时,还对所有河道进行了清淤、沟通。村民在重新规划的标准化养殖区继续从事养殖生产,虽然养殖面积小了,但优良的水质条件,使得整个效益并没有减少。更关键的是,在新的社区里,村民在居住环境大大改善之余,还多了房屋出租等资产性收入。一户人家,一年仅房屋租金收入就有上万元。

此外,为更好地保护阳澄湖,按照园区的统一规划要求,阳澄湖唯亭区域的沿湖建筑都有限高要求,不能超过14米,建筑容积率要小于0.4。同时,离湖岸30米内,不能有任何建筑,包括一条小路也不能随便修。在30米宽的沿湖区域里面,是以林带、水生植物等为主的生态控制区。这是为了给湖区保留一定的生态通透性。

"阳澄人家"的变化,只是整个苏州保护"母亲湖"的一个小小缩影。

保护好阳澄湖,是一个长期而艰巨的任务。苏州人认为,保护好"母亲湖",不仅仅是为了我们这一代人的生活,更是为了我们的子孙后代和这座千年古城的可持续发展。①

太湖、阳澄湖是上海、苏州最重要的水源地,也是苏州的两大绿肺和最著名的生态名片。然而由于环境保护的需要,这里的群众在苏州工业化和城市化的进程中,做出了莫大牺牲。以金庭(即西山)为例,由太湖中的一个大岛和几个小岛组成,镇域全部处于太湖一级保护区内,由于太湖生态保护重任在肩,多年来不得不放弃很多发展机会,陆续关闭了全部采矿、建材、化工等企业。由于工业发展受到限制,镇级财政只能勉强度日,虽然西山是个"花果山",农民也勤劳肯干,但人均收入同样远低于全市平均水平,是苏州最穷的乡镇。现在有了生态补偿,他们的日子比以前好多了。2010年5月底,苏州市委、市政府出台了一个文件,对水源地、重要生态湿地所在村加大生态补偿力度,在水稻主产区设立耕地保护专项资金。

环境是最稀缺的资源,生态是最宝贵的财富。在无锡,人们将生态环境建

---

① 本报"行走湖泊"报道组:《让"母亲湖"魅力永存》,《苏州日报》2010年4月24日A04版。

设作为当前转型发展的强制压力与动力。无锡人的生态环境建设以太湖治理为重点，在太湖治理方面，无锡人从几个方面进行了积极探索：一是污水处理厂与污水管网的全覆盖，全市所有的污水处理厂都从原来的一级B标准提高到了一级A标准。经过近几年的努力，无锡的污水管网通到千家万户，做到"自来水管通到哪里，污水管就接到哪里"。2007年以来，累计建成污水管总长度4300多公里，而2007年以前，无锡污水管网的总长不到2800公里。二是推动河长、片长制的全覆盖，将无锡所有水系、所有排水达标区治理都纳入领导人负责制，即河长制或片长制。目前，全市1284条河道全部实现了河长制，4172个排水达标区全部实现了片长制。三是实现监测监控的全覆盖，在所有河道的交界断面建立了86个自动监测站，实时动态监测监控河道上下游的水质状况；对重点污染源，设立360台在线监测仪。四是太湖保护区规划的全覆盖，把无锡4788平方公里的全部区域分成一级保护区、二级保护区、三级保护区，三个级别的保护区规划实行全覆盖，严格规划的控制。

经过近几年的努力，太湖无锡水域的富营养化程度已从中度下降为轻度。为了确保太湖水质总体稳定，无锡市与中科院计算机所联手合作，在国内率先将先进的物联网技术应用于太湖水利与环保领域，安放在湖中的传感器，可将监测到的水质数据和藻密度等信息即时传输到监控中心。监控中心对数据进行比较后，即可通过智能调度实施蓝藻打捞等程序。一艘环境监测船，就是一个流动的实验室，随船装载有必备的水监测仪器设备。

太湖水治理，不是一地一域、一朝一夕的事。首先，不是仅仅依靠无锡人。近几年来，太湖流域各市根据国家总体实施方案，各自分工，各自负责，形成治理太湖的合力。

尤其是环太湖各市，都认识到太湖是沿湖各市赖以生存的母亲湖，也是大自然赐予我们的宝贵财富。太湖治理是一项系统工程，具有湖泊治理自身的长期性、复杂性和艰巨性。为了太湖流域的可持续发展，环太湖五市应联合起来，积极探索合作途径，推动铁腕治污、科学治理，努力实现太湖水环境的持续改善。2010年4月19—20日，环太湖五市人大常委会与政府有关负责人，在无锡召开了联席会议，发表了《无锡宣言》（见本节〔附〕）

由于太湖水污染问题，是多年来传统工业化道路，传统的生产与生活方式积累而成的。因此，太湖水治理不可能一蹴而就。

太湖是一个流域性湖泊，近几年的治理成效之所以明显。一是形成了太湖流域各省市之间的协调行动,使治污成为共同的目标、共同的任务、共同的责任。太湖水治理不可能像豆腐块那样,单独拿出一块来治理,必须全流域一起治理。应该说,今天太湖水治理获得的成效是太湖流域各省市共同努力的结果。太湖水的进一步治理,乃需太湖流域各省市进一步努力。二是近几年来,太湖水治污获得了重要的技术创新、技术突破。以无锡为例,原来无锡人认为,污水处理厂标准从一级 B 提升到一级 A,需要脱磷脱氧,技术上很难突破。但通过近几年的技术攻关,依靠技术创新,实现了一级 B 到一级 A 标准的提升。原来,太湖蓝藻的打捞与处置很难,靠人海战术去打捞,效率很低,打捞出的蓝藻可能还会二次污染。现在,通过机械化打捞,并实现了藻水分离与蓝藻资源化利用。把蓝藻打捞上岸,避免蓝藻在湖中死亡产生污染,又把它资源化,转化为沼气,转化为有机肥料,这都是技术上的突破。三是在制度建设上有了创新突破。以无锡为例,就实行了下文所讲的河长制、片长制,这就是制度上的创新突破。这不仅在无锡是如此,在苏州、常州也是如此,如苏州市也是在市行政首长统一负责、统一指挥下,分片、分级、分部门负责。在无锡,还尝试了建立区域补偿制度的建议,如对无锡的 33 个河道,无锡市进行了区域补偿的试点,将环境作为资源,提出"谁污染谁补偿、谁治理谁得益"。无锡市委、市政府对 105 家企业进行了排污权的有偿使用,与 18 家企业签订了环境污染责任保险合同。四是坚持了标本兼治,不是就治理而治理,就环境而环境,而是从根本上抓,从本质上抓。尤其是,突出产业结构调整与升级优化,着力发展绿色产业、循环经济。在近三年内,无锡市关闭了 1600 多家污染企业,并拒绝了大批相关企业。现在,太湖流域 COD 的排放新标准已经与欧洲标准接轨。根据这个新标准,一些老企业要么关停,要么提高污水治理标准;新的企业必须符合新标准才能进来。这就推动了整个产业(包括企业)的提升。以无锡为例,三年前,无锡的离岸外包产业排全国城市第 15 位左右,2009 年排名跃升到全国城市前 3 位。这就是由于近几年无锡坚持了把服务外包作为绿色引擎、绿色产业着力培育的结果。

在常州,市委、市政府对治水也是十分重视的。为了净化水质,美化水系,从 2006 年 1 月起,常州将市河水环境综合整治定为"清水工程",并连续多年列入为民办实事项目。几年来,共投入 20 多亿元,对市区 102 平方公里范围内与居民生活密切相关的 52 条河道,积极实施"控源、截污、治水"等综合整治。通过几年整治,52 条市河基本变清,市民对清水工程整治效果满意率达

91%,沿河12万居民成为清水工程的直接受益者。

既要水变清,还要让水"亲"。2006年开始,常州市对市区主要河道实施景观升级,在此基础上,以"现代、亲水、生态、文化、经济"理念,打造出"三河三园"(即关河、北塘河、东支河串连东坡公园、红梅公园、中华恐龙园)。

全长12公里的"三河三园",整个工程内容包括房屋拆迁、河道清淤、河道驳岸、桥梁工程、船闸工程、市政设施、园林绿化、立面整治、杆线入地、广告、店招整治和景观照明等。

"三河三园"水上景观,共分三段十八景,犹如一串由绿丝带串起的珍珠项链。

第一段:从东坡公园至青山桥段。

在东坡公园、红梅公园,以火车站为依托,可以领略舣舟亭、东坡洗砚池、龙亭、御碑亭、御码头等具有深厚底蕴的历史景观,可以倾听天宁寺、天宁宝塔传来的暮鼓晨钟。位于小东门桥旁的"爱眉小札"景点,是著名诗人徐志摩与常州才女陆小曼的一组雕塑,杨柳拂岸的小河边再现才子佳人,很容易让人想起他们的浪漫故事。都市门户火车站、汽车站一河相隔,在这里,游客可以走下阶梯,通过栈道,与水亲密接触,近距离观赏两岸景观。

第二段:从青山桥至龙城大道段。

体现水与市民生活及休闲的主题。在"青山水驿",青山湾公共绿地及亲水平台,犹如一座绿岛,既是都市休闲场所,又是水上的一道亮丽风景。沿河两岸的高楼是观赏风景的最佳处,又是水上游客的风景。在北塘河与老藻江河交汇处,"两河分翠"形成自然生态岛屿,景为岛设,游人可以上岛休闲,赏水运风采。

第三段:从龙城大道至恐龙园段。

通过水韵广场、红色记忆、青龙偶寄、北塘船闸、凌波画廊、渔人码头等景点,一路感受滨水生态绿地、城市野趣,最后到达融科普、娱乐、休闲于一体的主题公园——中华恐龙园。

夜晚的"三河三园"也别有一番景致。关河段以暖色调灯光为主,用来表现古城印象,在火车站广场附近的木栈道旁,特别布置七组老照片灯箱,以再现常州城的历史变迁;北塘河段以动态灯光展示现代常州的魅力,"两河分翠"景点处20米高的光柱,通过渐变的色彩,完成沿河景观由古典向现代的转变;东支河段的灯光则演绎绿色生态的龙城。高层建筑熠熠生辉、沿河驳岸

"星光"灿烂、花草植物流光溢彩,大量 LED 节能灯具及灯光感应技术的应用,让人们在感受美的同时,也了解节能生态的新手段。①

2010 年 5 月,"三河三园"向全市市民开放,成为常州一大招牌景点。

根据苏南人提供的治水经验,要落实科学发展观,深化对马克思主义生态思想的认识,治理环境,保护生态。一是必须强化全民意识。让每个老百姓、每个单位、每个企业、每个城市、每届政府都把生态文明深深印在脑海里。无锡人提出,无锡要做生态文明的先驱城市,就要身体力行,带着一种牺牲精神来建设生态文明。长期以来,人们崇尚自然、崇尚山水,有"山水诗"、"山水画",讲"仁者乐山、智者乐水"。崇尚自然的苏南人提出,要让老百姓都能看到、亲近到每条河。水边原来的老百姓走不到,成了被遗忘的河道,被遗忘的水面,现在所有的水不仅要治理好,而且水边要成为开放的公共绿地。只有老百姓感觉到水对他的重要性,不仅仅是饮用,而且是对生活、对景观、对愉悦、甚至对幸福的重要性,老百姓就会监督你。也只有老百姓监督,所有的个人、单位、企业、城市、政府才不敢懈怠。二是必须通过法治来约束。包括规划、立法、政策与制度建设,形成可持续的、长效的、不可随意改变的规划的、制度上的、法律上的约束,这样才能真正地将水的治理持续下去,使水乡苏南人永享水治理的成效。

## 二、苏南人治水规划与铁腕治污

常熟所属的昆承湖,虽然并不出名,一般人都不熟悉,但它的来头却不小,面积 18 平方公里,排在太湖、阳澄湖、澄湖之后,是苏州第四大湖泊,也是常熟境内最大的湖泊。

自 20 世纪 70 年代以来,由于环湖开发、工业污染、不合理的渔业养殖和管理的相对缺位,以及流域内人口密度的增加等因素,加上张家港河航道从昆承湖北穿过,导致湖体水质日趋恶化。整治前的昆承湖水质总体为五类水,局部为劣五类。

在常熟市委、市政府的决策下,一个督促协调各地各部门工作落实的常熟市昆承湖流域污染防治和生态修复工作领导小组于 2006 年 9 月应运而生,集聚近 20 个部门和单位的力量,形成大联动机制,许多问题和矛盾得以迎刃而解。

---

① 曼菁、邵晖、秦舟、瑾亮:《三段十八景》,《常州日报》2010 年 4 月 26 日第 B1 版。

昆承湖生态修复启动之初就一直遵循"治本与治标相结合，治水与建景相结合"的原则，逐步推进截污清淤、植树造景，恢复生态湿地功能，建设环湖景观走廊，把昆承湖打造成亲水融绿的"生态之湖"。

经过七年的整治，如今的昆承湖湖体部分区域地表水质已由原来的劣五类提高到四类，局部已经达到三类，湖中的生物链也得到逐步康复，在湿地附近已发现近十种野生鸟类。

在昆承湖景区开发过程中，常熟始终遵循"人水和谐、彰显特色、永续利用"的理念，他们设想把昆承湖景区建成以"东面休闲度假区、西面餐饮商务区、南面农业观光区、北面文化展示区"为特色，集生态休闲、水上度假、海洋科普、康体运动、文化内涵为一体的综合性精品生态景区。

无锡人为了协调人与自然的关系，提出要关注人与自然生态和谐共生。近几年来，为了重现山清水秀的江南美景，无锡人在铁腕治污、科学治污的道路上执著前行，从而一步步迈向了生态城与宜居城。

1. 无锡人以铁腕治污，动用了严格的执法监管手段。

为了保护生态环境，为了子孙守住"生命线"，无锡人几年来一直以铁的手腕治理污染。为了从源头控制污染，无锡坚持准入从严、监管从严、查处从严、整改从严，坚决实施最严格的环境保护和环境执法标准。2007 年以来，无锡严控污染项目，先后否决或劝退了 940 个不符合环保要求的拟建项目，对 95% 以上的重点污染源实施在线监控。

网格化环境监察体系的形成，让环境监察人员都有了自己的"责任田"。在这些"责任田"里，环境执法人员白天分区域集中查，夜间小范围突击查，节假日不定时随机查，敏感单位全天候蹲点查，始终保持着严查重处的高压态势。对于查到的违法排污企业，环保执法部门毫不留情、绝不手软，三年来下达行政处罚决定书 4508 件，处罚总金额达 1.3 亿元，收缴排污费 6.36 亿元，关停污染企业 532 家，近千家违法企业被责令停产整顿，先后有 8 名党政干部和企业法人因环境污染问题被追究行政或司法责任。

科技手段的广泛应用，为铁腕治污提供了有力保障。在环保部、省环保厅的支持下，无锡先后配备了先进的环境应急指挥车、监测车和监测船，新购了26 辆执法专用车，添置了 56 件（套）大型装备，建成了 7 个环境自动在线监控中心和 86 个水质自动监测站。专门针对太湖的水、陆、空水质监测监控体系已经建立。

前文提到的"河长制"的实施,为铁腕治污明确了责任制。2007年夏天,一场引起全国关注的太湖水危机突然降临,无锡成为大自然向人类发动进攻的承受者。

为了重现往日的"太湖美",太湖水危机后,从中央到地方,各级政府和生活在太湖周边的人们痛定思痛,重新审视人与自然的关系,用实际行动做出了"科学治理、和谐发展"的理性选择,进行了监测预警、调水引流、打捞蓝藻、控源截污等多方面的努力,探索"河长制"是其中的一项制度创新。

针对流域河流水质直接影响太湖的实际,无锡市确定,在全市各级党政一把手中,全面推行水功能区达标"河长制",全市所有党政一把手,分别担任64条河流的"河长","河长"主要职责是督办河流水质的改善工作,一河一策,逐条治理,从而为铁腕治污明确了责任制。

在无锡,"河长制"分为四级:市委、市政府主要领导分别担任主要河流的一级"河长",有关部门的主要领导分别担任二级"河长",相关镇的主要领导为三级"河长",所在行政村的村干部为四级"河长"。同时,无锡市还配套出台了《无锡市治理太湖保护水源工作问责办法》,对治污不力者将实行严厉问责。"河长"们面临的压力是完不成任务就要被"一票否决"。

目前,无锡市的大小几千条河流都有自己的"河长",河流所过的区域有"片长",每段河流还有"段长",河流被严格地"看管"起来,全市一条条河流变清了,环境变美了。

实践表明,在很多地方,责任不明是制约河湖污染治理的一个重要因素。而由党政主要领导担当"河长"的河流治理责任制,在无锡实施以来已初见成效,不仅河流断面水质明显改善,更重要的是水污染治理的责任意识日渐提升。①

2. 环境执法工作者在执法中加强服务,在服务中强化执法。

在众多无锡企业眼中,环境执法工作者既是铁面无私的执法人,又是热心帮助企业诊断问题的好"医生"。

在这次国际金融危机下,不少无锡企业都受到了冲击,在企业想方设法渡过难关的困难时刻,及时转变执法理念的环境执法人员主动上门展开了"巡诊",帮助企业开出100多个节能、降耗、减污、增效的"环保药方"。

---

① 孙彬:《河长制:从太湖走向全国》,《无锡日报》2009年9月16日第A1、A3版。

变被动监管为主动宣传，变事后查处为事先服务，变冷面执法为热情服务，变单向行政为双向互动，执法观念的转变，改变了以往环境执法单一式的"查超标"格局，实现了向既"查超标"又"帮达标"的根本转变，从而形成了企业受益、群众满意、环境改善、环保水平提高的多赢格局。

环保执法服务理念的提升，同时也换来了企业环保自律意识的不断增强，500多家骨干企业主动与环保部门签订了环保公约，1700多名重点企业的法人代表参加了环保法律知识培训。

**3. 无锡人以环境保护和生态重建为强制压力与动力。**

转型发展，已成为全国尤其是经济发达地区的共同抉择。与其他地区相比，无锡的转型发展，是以生态环境建设为强制压力和动力的。以太湖为重点的生态环境建设，已成为检验无锡转型发展成效的重要标尺。整治重点污染企业、淘汰落后生产工艺和产品、推广清洁生产和循环经济等一系列措施的实施，为无锡实现科技进步和产业创新腾出了宝贵的环境容量和资源空间。

目前，无锡正以环境优化发展为战略，加紧构筑具有无锡特色的"环保链"。今后，无锡将继续实施最严格的环境准入制度，坚决淘汰落后产能，严格限制高能耗、高排放、高污染行业扩张。这条"环保链"，将与同时打造的"产业链"、"创新链"、"价值链"相融合，共同构筑起无锡创新型现代产业体系。[①]

以上，我们以无锡为例，概述了已在苏南不仅形成共识，而且形成共同举措的铁腕治污。这是苏南一条很重要的经验，对此我们的感触是极为深刻的。

## 三、苏南人的生物净化、生态平衡与协调发展

生态文明是人类社会继农业文明、工业文明后的一次全新选择，推进生态文明建设现已成为苏南人最关心的问题并与苏南人的最现实利益有着最直接的联系。对于水乡苏南来讲，如何建设水的文明，则是苏南人进行生态文明建设的重中之重。

在苏州，有个并不大的湖，叫盛泽湖。该湖不在吴江盛泽，而是在相城区东北部的渭塘、太平、相城三地交会处，往东与阳澄湖相通，5.5平方公里的碧水被23平方公里生态湿地环抱。

---

① 景明：《在太湖之滨建座生态宜居城——无锡全力以赴保护环境建设生态文明纪实》，《无锡日报》2010年4月20日第A1、A2版。

优美的生态环境,特别是良好的水质,是盛泽湖的最大亮点。然而,该湖在 20 世纪 90 年代,由于养蟹池的扩张,对水质产生了影响。相城在建区后的城市化进程中,一个大手笔就是把湖岸线上的滩涂地整理出来,对盛泽湖自然生态湿地进行保护性开发,目标是建一个苏州城北的生态休闲景区。

相城人"还原"了盛泽湖。他们在枯水期调集全区的排涝机械动力日夜抽水 100 天,把 5.5 平方公里的盛泽湖湖水抽干,对年久失疏的盛泽湖进行彻底清淤,使盛泽湖河床平均下降了 3 米多。淤泥不仅把湖岸线上的滩涂地填成了种芦苇、栽柳树的生态湿地,还解决了城市建设中所需的大量泥源问题。同时,利用盛泽湖干湖清淤的契机,还在湖中堆起了 3 个生态岛。

盛泽湖生态景区四周也建好屏障,污水管网全部铺设到位,有的甚至是公司自己花钱去给人家铺。

在景区西,有一个钟南村,村里开了个饭店做三产,但限于经济实力,污水管道连接出现问题。为了不使餐饮污水对盛泽湖造成污染,同时又不影响村里发展,度假区专门花钱为村里安排了排污管道。此外,对于在建工程的民工居住点,度假区也专门建了排污集中处理设施。

景区通过沿岸芦苇带、湖滩植被的种植以及乱石涂营造等,形成又一个生态保护带,保护着一湖清水。到了湖里,以水生植物和鱼类生态放养,来维护湖体生态平衡。

生物净化是保护盛泽湖水质的主要手段,盛泽湖里一开始投了 120 万尾鱼苗,主要是花鲢、白鲢、青鱼、草鱼。每年投一点,捞一点。大青鱼过多会把螺蛳也吃掉,会影响食物链,影响生态平衡。以后还准备投塘鳢鱼等本土小鱼种,以丰富生物链。

近几年来,盛泽湖的水质一直保持着二类水标准。优质的湖水,吸引了大量野生鸟类栖息。由于盛泽湖的水质好,渭塘的一个老板经常跑到这里,舀水回去喝。一些螃蟹养殖户,为了育出好蟹苗,也常常到盛泽湖取水养蟹苗。[①]

生物净化、生态平衡,保持盛泽湖良好的水质,是苏南人协调发展与可持续发展的缩影。

科学发展观的基本要求,就是全面协调可持续。全面发展,就是要以经济

---

① 本报"行走湖泊"报道组:《盛泽湖:二类水的奥秘》,《苏州日报》2010 年 4 月 22 日第 A04 版。

建设为中心,全面推进经济、政治、文化、社会建设,实现经济发展与社会全面进步。协调发展,就是要统筹经济社会发展中的重大关系。苏南人注重的是人与自然的关系,突出的是水乡治水。可持续发展,就是要促进人和自然和谐,实现经济发展与人口、资源、环境相协调,坚持走生产发展、生活富裕、生态良好的文明发展道路,保证一代接一代地永续发展。

良好的生态环境是社会生产力持续发展与人们生存质量不断提高的重要基础。而要构建良好的生态环境,则必须协调好人与自然和谐相处的各方面关系。

其中,如何使山水资源与产业环境共荣共生、协调发展,就是摆在无锡市滨湖区面前的一道难题。在这里,新兴产业能与世界接轨,同时也符合该区特殊地理位置的发展。该区区委、区政府,在抉择山水之间做什么样的企业时,瞄准了传感网、工业设计、软件服务外包、动漫文化、生物医药、网络经济、通讯技术等七大战略主导新兴产业。他们用"两条腿"走路,破解难题。2005年至今,每年数十家传统企业迁入胡埭工业集中区,留出更多的空间和山水资源给生态环境。而无锡生物医药研发服务外包区、无锡(国家)工业设计园、科教产业园、传感网创新示范区、蠡湖科技创业园等五大品牌园区,业已成为无锡新兴产业的重要集聚区,这些高技术、高附加值的高端产业与自然生态互为融合,相得益彰。

协调发展,对于张家港来讲,更是一大特色。获得全国文明城市、全国首家环保模范城市、全国首批生态市和全国生态文明试点市、全国县级市中首个"联合国人居荣誉奖"和从1994年开始综合实力始终位居全国百强县前茅等荣誉,是对张家港协调发展的肯定。

到过张家港永钢集团的,都会留下一个很深的印象。该公司为了协调人与自然的关系,建立环境友好型、生态安全型的生产体系,在厂区内,建了一圈宽500米、占地面积3500多亩地的绿化带。这片具有"绿肺"功能的小树林,清晰地折射出永钢20多年来的绿色发展轨迹。

2007年底,张家港市市委提出了全面建设"协调张家港",争创江苏省"第二个率先"示范区的目标,并在广泛听取社会各界与基层干部、群众意见的基础上,制定了《"协调张家港"建设评价指标体系》。建设"协调张家港",是张家港人贯彻落实科学发展观的一项创新实践。

《"协调张家港"建设评价指标体系》共分经济发展、资源环境、生活品质、民生福祉、社情民意 5 大类 40 小项,以 2007 年为基础,提出了到 2010 年的目标值。其中,人均 GDP 从 9.2 万元提高到 12.5 万元,农村污水处理率达到 40%,在经济发展中注重服务业、科技创新、高新技术产业以及产业集聚度,在资源环境中强调生态建设、环境质量综合指数提高、大幅降低能源消耗,在民生福祉中大幅度提高社会福利支出、文体卫支出、环保投入支出占财政支出比例等。这一评价指标体系是政府导向,体现了科学发展观在张家港全面、协调、可持续发展的要求。尤其是在协调经济增长与节能减排二者之间的关系上,张家港人从经济发展方式转变出发,一方面在用能的过程中,不断提高能效水平,不浪费能源;另一方面着力植树造林,增加碳汇,发展低碳经济。如永钢集团为了加大低碳经济发展步伐,每年投入 2 亿元以上,全力推进循环经济发展和节能减排项目建设,使原先被称为"废水、废气、废渣"的工业三废,经过深加工后,废水可循环利用、废气变成了加热燃料、水渣磨成了水泥熟料,等等,彻底实现了三废的"零排放"。同时,还利用高炉余热为花卉基地大棚供暖,为粮食基地储备烘干,为农耕文化园的温泉供热等,已成为了永钢集团实现经济循环大发展的重要"标签"。

据统计,2009 年,永钢集团煤气回收利用总量达 47.73 亿立方米,节约重油 45.9 万吨,利用煤气余压发电量累计达 1.2 亿度,COD 和二氧化硫排放总量减少 110 吨和 500 吨;企业各类能耗指标均达到全国同行业先进水平,其中,仅吨钢综合能耗就低于全国平均值 70 公斤标煤,位列全国大中型钢铁企业第 9 名。

由于张家港人较好地协调了经济增长与节能减排的关系,并在协调二者关系过程中发展低碳经济与循环经济,因而在创造了闻名全国的"张家港精神"之后,又脚踏实地迈向了"协调张家港"的新目标,在新一轮经济发展过程中获得了新的发展。

## 【附】

### 环太湖五市人大联合推进治理太湖《无锡宣言》

(2010 年 4 月 19 日)

环太湖五市人大推进治理太湖联席会议第一次会议通过)

近几年来,在党中央、国务院的正确领导下,在各有关方面的大力支持下,通过环太湖各市共同努力,太湖流域治理已取得初步成效。但鉴于太湖治理是一项流域性的系统工程,具有湖泊治理自身的长期性、复杂性和艰巨性,目前太湖水环境形势依然严峻。地方人大作为地方国家权力机关,在推进太湖流域治理中具有相应的职能责任。为充分发挥地方人大作用,尽早实现胡锦涛总书记提出的"让太湖这颗江南明珠重现碧波美景"的目标,环太湖五市(无锡市、苏州市、常州市、湖州市、嘉兴市)人大常委会于2010年4月19日—20日在无锡召开推进治理太湖联席会议第一次会议,本着立足当地、合力治太原则,发表五市人大联合推进治理太湖《无锡宣言》:

1. 加大宣传力度,积极营造全社会爱母亲湖的浓厚氛围。充分发挥人大代表密切关系群众的优势,动员人大代表采取多种形式,大力宣传太湖流域治理的重要性和紧迫性,宣传有关法律法规,广泛发动各级组织、社会团体、企事业单位以及广大人民群众共同投入到关爱母亲湖的行动之中,号召人大代表从我做起、从现在做起,带头选择绿色环保的生活方式和生产方式,减少污染排放,努力倡导亲水爱水的生态文化,积极营造关爱母亲湖的浓厚氛围。

2. 加大支持力度,积极创造科学治理太湖的良好条件。加强对太湖污染和治理的调查研究,着重分析查找太湖流域治理中遇到的矛盾和问题,深入研究探讨太湖水环境治理规划、行动方案和相关政策措施,及时向当地党委、政府提出意见建议,积极配合国家和省对各市治太工作的指导、协调和部署。围绕科学治太,积极行使地方立法权和重大事项决定权,充分发挥法律法规和重大事项决定对太湖流域治理的促进和保障作用。

3. 加大监督力度,积极推动治理太湖各项政策措施的贯彻落实。紧紧围绕促进经济发展方式转变,优化区域经济布局;控源截污减排,加快污水收集和提高污水处理能力;发展现代农业,减少农业面源污染;严格控制湖区水面养殖,确保水域合理开发和有序利用;贯彻落实水功能区达标管理,优先保障饮用水水源地安全;坚持调引结合,促进水系循环,以及清除河湖淤泥、种植湖体生态植物、修复沿湖生态环境等重点难点问题,切实加大法律监督和工作监督力度,努力推动治太各项政策措施落到实处、见到实效。

4. 加大协作力度,积极搭建五市人大治理太湖的联动平台。建立环太湖五市人大常委会推进治理太湖联席会议制度,每年举办一次。会议由各市人大常委会轮流举办和主持,交流治太经验,研究推进解决问题。建立情况通报、信息交流机制,加快形成环太湖各市共同治理太湖、共享治理成果的合作局面。

环太湖五市人大推进治理太湖联席会议

2010 年 4 月 19 日

## 第二节　可持续发展

——从工业文明向生态文明的跨越

### 一、苏南生态文明与绿色经济的规划与布局

生态文明建设是一个循序渐进的综合发展过程。正如习近平同志所说:"金山银山买不来绿水青山,绿水青山却能换来金山银山。"改革开放以来,在工业文明建设过程中,国内出现"先污染、后治理"、"高投入、高能耗、低产出"的粗放型增长方式问题后,苏南也未能幸免,这种粗放型的增长方式已经走到了尽头。所谓"尽头",乃悬崖,需要"勒马";乃铁轨的岔道,需要转轨! 往哪儿"转"? 答案就是转变发展方式,走科学发展的道路。在这"尽头"的当口,必须尽快找到可持续发展的"转轨"路径与方向,而生态文明建设所体现的科学发展内涵,正是这种"转轨"的路径与方向。建设生态文明是转变经济发展方式的基本出发点与着力点。苏州市 2010 年由市人代会、市人文常委会作出的《关于进一步加强苏州生态文明建设的决定》,正是有基于此而作出的。

### (一) 苏州的生态建设

在生态文明建设过程中,苏州人不仅精心规划、合理布局,而且将生态文明建设的科学理念付诸于具体的实施行动之中,让生态建设助推发展,造福民生。比如,苏州市平江区围绕推进转型升级与"三区三城"建设,力以"绿色平江、生态新城"为建设目标,务求让老百姓在新城里过上惬意的绿意生活,品味到周边生活的新意。家住平江新城新天地家园的沈阿姨,以自己切身的感受讲,她越来越像城里人了:"别的不说了,就说散步聊天,过去,农村雨天一身泥,哪有什么心情出去走走,现在雨天清清爽爽,小区附近好几个公园,到处是绿色,感觉真的不错。到了晚上,这些地方都是我们几个姐妹的活动地,喝喝茶、聊聊天,开心。"①

---

① 张晓亮:《新城里绿意生活很惬意》,《苏州日报》2010 年 3 月 16 日第 A15 版。

沈阿姨自小在城北长大，她家所在的新塘村早已经变成了新塘社区，自己还有村里股份合作社的股份，一年能分红6000多元，平时自己再打打工，加上儿子已经工作了，家里日子过得有滋有味。她说，"现在大家的生活水平都提高了，富裕了，对健康生活的要求也高了"。①

"交通枢纽、商务商贸、生态居住"是平江新城开发建设的核心定位，在加快推进城市化的进程中，平江新城坚持"生态先行、绿化先行"，并提出了"绿色平江、生态新城"的建设目标，不断加强城市园林绿化建设。

在开发建设之初，平江新城就邀请苏州园林设计院进行绿地系统规划。根据控规，未来平江新城绿地率将达到37.05%以上，绿地覆盖率42.05%以上，人均公园绿地8.87平方米。

在高起点规划的同时，平江新城进行着高标准、高效率建设，廊、园、林等全面推进，平面绿化和立体绿化相结合，"绿色平江、生态新城"的建设现已初具规模。

有了公园、绿地、广场，沈阿姨和姐妹活动的空间大多了。她与姐妹们经常聚在一起扭扭秧歌、跳跳舞。就拿小区附近的前塘河公园来说，这里经常搞活动。比较大的活动，像社区邻里节、夏日纳凉晚会等，每次都能吸引上千人参加。她印象最深的是，一次苏州搞首届中国农民文艺会演，把会场放到了前塘河公园的广场上举行，家门口看大戏，过去真是不敢想。

党的十七大报告明确提出建设生态文明的要求，使得全面建设小康社会的奋斗目标越来越清晰，内涵越来越丰富。生态文明，是人们在改造客观世界的同时，改善和优化人与自然的关系，是建设有序的生态运行机制和良好的生态环境所取得的物质、精神、制度成果的总和；它体现了人们保护自然、利用自然、尊重自然协调发展的文明形态。建设生态文明，是深入贯彻落实科学发展观的应有之义。

如果说高楼大厦是一座城市的形象，那么生态文明就是一座城市的灵魂。在创建生态文明的探索之路上，苏州的体会是：城市灵魂的塑造来源于全社会坚持走可持续的科学发展之路。

近几年来，苏州把国家生态城市创建作为落实科学发展观的重要举措，作为为民办实事的重大工程，作为新时期在更高平台上推动政治、经济、文化、社

---

① 　张晓亮：《新城里绿意生活很惬意》，《苏州日报》2010年3月16日第A15版。

会、生态"五大文明建设"的重要途径。生态城市的创建,不仅优化了全市生态环境,增强了综合竞争力,提升了城市品位,使古老的"东方水城、天堂苏州"焕发出勃勃生机,而且在更高层次上促进了人与自然的和谐共处、协调发展。

环境是最基础、最普惠、最广大的民生,让人们喝上干净的水、呼吸新鲜的空气、吃上放心的食物、在良好的环境中生产生活是全市人民最基本的需求,也是最强烈的期盼。建设国家生态城市,就是要顺应这种需求和期盼,把它作为顺民心、体民情、察民意、解民忧的重大民生工程来抓。为此,在建设过程中,苏州始终坚持以为民、利民、惠民、富民为最终目标,不搞花架子,不建"形象工程",而是紧紧围绕百姓最迫切、最直接、最需要解决的热点、难点、重点问题,全力以赴抓建设,实实在在抓落实,使苏州的天更蓝、地更绿、水更清、居更佳、城更美,让全市人民都能幸福快乐地生活在宜商、宜居、宜游、宜人的"生态乐园、人间天堂"中。

生态文明建设不仅能改善人居,提高生活素质,还能提高人的素质,净化人的心灵。张家港的暨阳湖,是一个人工湖,是一个开放的湖泊景区。行走在该湖湖边,优美的生态景观让人心旷神怡。虽然湖面仅有 0.7 平方公里,但并不影响其诱人的风采。这个当年沿江高速公路集中取土留下的人工湖泊,如今已成为张家港的一块"掌中宝"。每天清晨和傍晚,当地居民都喜欢到暨阳湖去走走看看、健身休闲,一到周末节假日,湖边更是热闹。

暨阳湖令人心驰神往的是它的生态风情,更是它充满了统筹学的智慧。

张家港地处沿江地带,不缺水,但唯独缺了具有江南水乡特殊韵味的湖泊,是张家港的一份遗憾。

21世纪初的一项重要战略工程建设,给了张家港弥补缺憾的机会。江苏省实施沿江开发战略,开建一条串起沿江各市的交通经济大动脉——沿江高速公路,这不仅给缺乏陆路交通支撑的张家港插上了经济腾飞的翅膀,还给张家港人营造新生态环境留下了空间。

沿江高速公路建设需要挖取大量土方,东挖一块西挖一块,会将土地弄得千疮百孔。集中取土无疑更为科学,起码影响面相对较小。但留下的废基如何处理呢?张家港人将目光锁定在"变废为宝"——建设人工湖上,既选取最好的土用于高速公路建设,又选择最佳的地理位置建湖。但到底为后人留下一个怎样的人工湖呢?张家港人是十分审慎的,目标是要建设一个高品位的人工湖生态园区。他们请来专家反复论证，并面向全球招标设计方案。历经几轮筛选，共有来自澳大利亚、美国、加拿大和国内的四份方案入围。而最后选择哪个，评判权留给所有港城居民。四份方案被醒目地张贴在张家港城市广场，向所有市民征询意见。最终，美国 HILL 景观公司中标设计，园区总体功能定位为：以生态理念为指导，利用生态技术，高起点、高标准，集休闲、娱乐、度假和居住为一体的现代化新城区。

"取之于民、用之于民、造福于民"，暨阳湖生态园从建成之日起，就 24 小时对外免费开放。

暨阳湖生态园作为一个开放式景区，作为一个城市湖泊，人的活动如何与生态环保相得益彰，显得尤为突出。

暨阳湖的一湖清水，折射出张家港人的暨阳湖建设和管理上的先进理念。建设上，领导班子虽几经更迭，但始终坚持高标准不动摇，"不与人家比大小，但和人家论标准"；管理上，制定严格规范，不许任何人下湖、所有污水一律不得排入湖中等一系列"清规戒律"，从源头上堵住污染源；同时，引入市场化运作机制，将景区日常管理"发包"给各职能部门，运用政府资源，合理配置要素，提高管理效率。

目前，暨阳湖已成为张家港一笔重要的生态资源，更是一笔宝贵生态财富。

对于暨阳湖这一湖水，张家港人看得很重很重。前期的建设，已经为居民营造了一个良好的生态环境。居住也好，休闲也好，投资也罢，都是巨大的促进。未来的暨阳湖，将建成经济、社会、文化、生态、旅游等相融合的典范。①

虽然暨阳湖是一个开放的湖泊景区，由于全天候对市民免费开放，管理的难度很大，管理条例的制定是容易的，但执行的难度很大。从一定层面上看，一些管理规矩是在挑战暨阳湖管理者的执行力，实际上却是在更大范围内考验每个走进暨阳湖的市民和游客的生态意识和环保精神。这应该是在新的发展阶段拓展张家港精神。

在苏州，推进生态文明建设，已成为当前苏州人从粗放型的以过度消耗资源破坏环境为代价的增长模式，向增强可持续发展能力，以建设最佳宜居城市

---

① 本报"行走湖泊"报道组：《一个人工湖的生态统筹》，《苏州日报》2010 年 4 月 8 日第 A05 版。

为导向,实现经济社会又好又快发展的模式转变,形成人与自然、人与人和谐相处,社会经济协调发展的重要理念与自觉行动。

针对当前苏州在生态文明建设领域的法规、规章及相关政策还不是很完善,对生态环境保护的相关规定可操作性不太强的状况,苏州市人大常委会审议通过了2010年市人民代表大会作出的"绿色决定"——《关于进一步加强苏州生态文明建设监管机制》,在立法上保障和促进该市生态文明建设的整体水平。

在推进生态文明建设过程中,苏州市一些区域因生态环境保护而失去了工业发展机会,因此建立一个覆盖全市、积极有序的生态补偿机制十分必要。于是,2010年苏州市人民代表大会通过的"一号代表议案"中,指出了加快建立生态补偿机制是"绿色决定"的具体要求,由市政府根据这一要求,出台相关生态补偿办法。

湿地被誉为"地球之肾",与森林、海洋并称三大生态系统。苏州市湿地资源丰富,被列入江苏省湿地保护名录的湖泊有94个,占全省总数的57%。近年来,苏州市委、市政府对湿地保护与恢复采取了一些措施,取得了一定成效。但由于从20世纪50年代以来,由于对湿地开发过度,使湿地面积萎缩,生态环境恶化。针对这一情况,苏州市人大常委会先是将《苏州市湿地保护条例》列入了2010年立法计划预备项目,认真进行立法前期调研与相关准备,后是在2011年列入常委会立法计划。

为了创建"国家生态市",苏州市人大常委会在2005年3月审议通过并作出了"关于批准《苏州生态市建设规划纲要》的决议"。在此之前,即2004年9月,《苏州生态市建设规划纲要》已通过了由国家环保总局组织的专家论证。该《纲要》明确提出,从2005年起,用15年左右的时间,坚持"两个留足"(生态涵养空间和未来发展空间),抓住"三大板块"(发展循环经济、弘扬生态文化、美化人居环境),突出"四大特色"(富庶苏州、园林苏州、水乡苏州和文化苏州),实现"两个转变"(经济发展方式和消费模式),把苏州建设成为经济发达、社会文明、生态优美,物质文明、精神文明、政治文明与生态文明高度和谐统一,具有园林诗画内涵、水乡古镇风韵的生态乐园、人间天堂。

如今,经过几年的努力,苏州城市生态文明体系不断完善,从治市理念到制度亦在逐步完善,苏州在为老百姓营造舒适优美的生活环境的同时,正按照"三步走"的规划,把苏州建设成一个国内领先的水乡园林生态市。

　　与许多城市一样，苏州也面临着地少人多、自然资源相对匮乏等矛盾，产业结构不尽合理、能源消耗总量偏大、水环境容量基本饱和，等等，这些都成为苏州生态文明建设的制约因素。如何在劣势中突围？

　　2005 年经市人大审议批准的《苏州生态市建设规划纲要》，确定了苏州建设国家生态市，涵盖生态经济、生态社会、生态环境保护三个大类，并为苏州生态市的创建确立了近、中、远三个目标。

　　近期目标（2007 年）：长三角区域生态市雏形。

　　基本达到国家生态市建设标准。努力转变经济发展方式，调整优化经济结构，进一步提高经济增长质量，使生态效益型产业成为经济新增长点；逐步推进环境保护和生态建设重点工程，生态环境总体改善，安全生态格局框架基本形成；生态文化建设初见成效；建成高水平、高质量的小康社会。

　　中期目标（2010 年）：国内领先的水乡园林生态市。

　　达到国家生态市建设标准。推进新型工业化和调整优化经济结构进一步取得成效，生态经济形成一定规模；生态环境全面改善，安全生态格局基本形成；生态文化框架形成；生态社会基本成型，基本达到中等收入国家发展水平。

　　远期目标（2020 年）：国际知名现代水乡园林生态市。

　　全面达到《纲要》提出的苏州国家生态市建设标准。以循环经济为核心的生态经济全面实施，生态效益明显；生态格局安全，空间布局合理，基础设施完善，人居环境优美，生活安全舒适，生态良性循环；生态文化兼收并蓄，生态社会成型。苏州真正成为经济发达、社会文明、生态优良，物质文明、精神文明、政治文明与生态文明高度和谐统一，具有园林诗画内涵、水乡古镇风韵的"生态乐园、人间天堂"。

　　"十一五"期间，苏州城市绿化建设投入资金约 135 亿元。农村绿化投入资金超 80 亿元，直接用于植树造林的投资年均超 15 亿元。全市农村绿化以每年新增绿地 10 万亩的速度推进。2010 年被评为"全国绿化模范城市"。5 年前，苏州还只有 13% 的森林覆盖率，5 年后全市陆地森林覆盖率达到了 20.33%。对于水域面积占总面积 42% 的苏州来说，这样的变化是极不容易的。目前，苏州城市建成区绿地率达到了 36.5%、绿化率达 42%，人均拥有公共绿地面积，也从原来的几平方米增长至超过 14 平方米，相当于从"一张床"变成了"一间房"。

　　对于更多生活在苏州的市民来说，"推窗见绿、出门进绿"已成为生活的一大享受。目前,苏州居住小区、道路的绿化建设都有规划要求,要实现沿街退让 30 米作为公共绿化用地。在"十二五"规划中,苏州提出了建设生态环境优美的最佳宜居城市与生态家园。

## (二) 无锡的生态管理

在苏南各市的生态文明建设规划方面,首推的应是无锡。在全国首个地级城市中,无锡率先编制了生态文明建设规划:《无锡生态文明建设规划》,并在 2010 年 3 月 16 日在北京通过了国家环保部组织的专家论证。来自中国科学院、中国工程院、环境保护部、北京大学、中国社会科学院、南京林业大学、南京大学等单位的专家,对这一《规划》的框架、内容、指标体系等进行了深入论证。专家组认为,这一《规划》以科学发展观为指导,探索了生态文明建设的内涵,明确提出了以促进区域"人与自然、环境与经济、人与社会和谐"为主旨,以治理太湖水环境为重点,努力探索具有时代特征和无锡特色的生态文明发展道路,构建起了生态文明建设的主体框架,符合生态文明建设的科学内涵和时代需求,具有鲜明的特色和创新性。这一《规划》以生态文明为价值取向,以创新发展模式、转变发展方式为核心,把治理太湖水环境作为工作重点,以推进节能减排、发展循环经济为抓手。这一《规划》提出无锡要构建生态产业、倡导绿色行为、打造环境支撑、构造人居环境、完善生态制度、培育生态文明意识六大体系,实施 6 大类 56 个生态文明建设重点项目。到 2020 年,实现无锡资源可持续利用、生态环境质量较高、人民幸福安康、城市安全整洁的目标。

这一规划,对江苏乃至全国其他地区建设生态文明都起了很好的示范作用。

为了深入贯彻科学发展观,推动无锡经济社会全面协调可持续发展,实现由重点发展向优化发展跨越、工业文明向生态文明转型,把无锡建设成为全国生态文明先驱城市。无锡市委、市政府还联合制订了《中共无锡市委无锡市人民政府关于加快建设生态文明先驱城市的决定》,该《决定》以 2012 年、2015 年和 2020 年为节点,规划出了无锡市生态文明建设的路径。到 2012 年,无锡市计划初步建成资源消耗低、环境污染少、经济效益好、生活质量优、人与自然和谐相处的经济、社会、生态系统,初步形成政府主导、企业主体、社会参与的运行机制,建成全国最佳人居环境城市、国家生态市、国家生态园林城市,在省内率先建成可持续发展示范区,城市生态文明建设走在全省乃至全国的前列。到 2015 年,初步建成良好的自然生态、高效的经济生态、文明的社会生态体系,自主创新能力显著提升,公共服务体系基本完善,节约资源和保护环境的产业结构、增长方式、消费模式基本确立,生态环境显著改善,生态安全得到保障,全社会生态文明意识普遍增强,人民群众对生态环境满意率明显提高,力争使无锡成为全国生态文明建设的先驱城市。到 2020 年,经济发展总体水平达到发达国家水平,低碳经济、循环经济高度发达,形成较为完善的现代产业体系,生态文明理念深入人心,全社会形成共建生态文明的制度体系,实现资源可持续利用、生态环境质量较高、政府廉洁高效、人民幸福安康、城市安全整洁的目标,使无锡成为全国著名的生态城、高科技产业城、旅游与现代服务城和宜居城。①

　　为了营造生态氛围、实现绿色崛起,建设生态文明先驱城市,无锡人近几年来千方百计求解经济效益、生态环境、社会责任的方程式。环境准入,是从源头控制污染的一道"闸门"。环保审批不严,污染的增量就没法控制。近几年,无锡市严控新建医药、电子、印染等大排水量项目,停批了所有排放氮磷污染物建设项目,与供水无关的项目禁止在太湖一级保护区内建设。2009 年,一家由澳大利亚华裔客商开办的纺织印染企业从城区搬离。为了能重新在某工业园落户,企业甚至找到了上海领事馆,但最终无锡还是拒绝了这一项目。

　　环境准入,成为"供水危机"之后无锡的一条铁律,也成为转型发展中毫不动摇的一种坚守。

　　近几年来,无锡以前所未有的重视程度、投入力度和推进速度,让无锡清晰地触摸到了生态文明的深刻内涵,更为无锡在"十二五"期间的发展积蓄了力量。2010 年,无锡不仅顺利通过了生态市建设的国家技术评估,而且荣膺"国际花园城市"。"国际花园城市"是目前世界城市建设与社区管理领域的最高荣誉之一,竞赛活动由联合国环境规划署和国际公署协会联合主办,历来有"绿色奥斯卡"之称。自 1997 年起已举办过 13 届。2010 年 11 月 8 日 23 时 30 分,第 14 届"国际花园城市"决赛现场上,无锡荣获大型城市类别第一名,美国的波特兰和阿联酋的阿艾恩并列第二。同时,无锡还荣获"最佳环境

---

　　① 景明:《市委市政府近期出台〈关于加快建设生态文明先驱城市的决定〉"路线图"指引无锡建设生态文明》,《无锡日报》2010 年 4 月 5 日第 1 版。

实践"第一名①,由此迈开了无锡率先实现从工业文明向生态文明新的跨越。

把生态市建设纳入科学发展考核体系,无锡设置绿色门槛,以节能减排推动产业转型升级:市区从严控制快速内环50平方公里内的工业项目,停止新批工业项目,重点污染企业逐步退步;淘汰落后产能,三年来已累计关停"五小"及"三高两低"生产企业1600多家,抢占创新型经济制高点。截至2010年11月,无锡已累计注册落户1000多个海外高层次科技项目,集聚各类人才超过7000人,推动传感网等八大新兴产业的长足发展。同时,无锡率先成立"低碳城市发展研究中心",占地180平方公里的太湖新城—国家低碳生态示范区规划指标体系和实施导则已基本制订完成。②

隶属于无锡的宜兴,被人们称为"环保之乡",其节能环保产业在竞争中风生水起。大孚膜科技、宜兴化工成套设备、宜兴鹏鹞、江苏一环等一批环保企业经过蓄积能力,在新一轮竞争中以科技、人才优势在市场上占得席位。拔地而起的载体建设,为环保产业发展提供了新的平台,将成为宜兴环保产业的竞技场。东来国际环保科技商务港、服务外包宜兴环科集聚园、彩虹科技园、科技研发区、留学人员创业园……一个个具有环保要领的园区正呼之欲出,展示出蓬勃的生机。科技研发区雏形已现,清华大学宜兴环保研究中心、国家环境保护湖泊工程技术中心、南农大生物肥料工程中心等一批以科研、设计、检测为主的创新载体及公共服务平台即将落户于此。江苏凌志环保有限公司与东南大学合作成立的江苏省脱氮除磷处理工程技术研究中心,将成为低成本处理城市污水科技成果转化的实验平台。

环保产业与物联网、新能源和软件服务外包一起,是国际级的战略性新兴产业。无锡市提出以宜兴环科新城为龙头,把无锡环保产业打造成向产业链两端延伸、具有国际影响力的"绿色引擎"。在环保产业魅力的吸引下,无锡纷纷踏入这一领域,并享受到了成功的快乐。从事污水处理的碧水源科技有限公司,在新区落户仅仅半年多,销售收入就达千万元,有望成为无锡市第一家成功上市的"530"企业。在环保领域驰骋多年的威孚力达,在国内汽车催化剂市场占有率达70%以上。

为了呵护一方好山水,无锡市阳山镇年近古稀的老共产党员、民营企业无

---

① 岑杉:《无锡荣膺"国际花园城市"》,《无锡日报》2010年11月10日第A1版。
② 钱英洁:《迈向生态文明新境界》,《无锡日报》2010年11月3日第A1、A2版。

锡联盛印染有限公司董事长房连城，先后投资4000多万元。在企业经济效益与环境保护之间，有着40多年党龄的房连城，追求的是社会利益最大化。2002年，无锡联盛印染有限公司创办伊始，虽然资金十分紧张，但房连城千方百计筹措了500多万元，同步建起日处理污水3000吨的污水处理厂。有人说这是把钱丢在水里，如果投到生产上，一年就可多赚好几百万元。一生搞过3个印染厂的老房，处在环保漩涡中，对生态觉悟最有体会。他说，环保投入表面看是额外花钱，实际能稳定生产、降低能耗、吸引客户。目前，该公司每万米面料耗水、电、煤等指标，比建厂时都下降25%以上，在全市印染业率先跨入清洁生产行列。2009年，面对金融危机，靠外贸支撑的这家企业，销售量不降反升，增幅超20%。

整个区域生态上去了，企业发展才能如鱼得水。2007年夏的太湖供水危机，令许多客户对联盛印染望而却步，日产量骤降一半。房连城虽然身陷困境，却毅然投资3000多万元兴建镇污水处理厂，首开民间资本参与公共环保设施建设先河。尽管周边污水处理厂尚无一家赢利，但老房算的是区域生态与企业可持续发展的大账。如今，污水处理厂日处理污水1万吨，其中生活污水达7500吨。许多外商看到企业表现出的社会良知，纷纷重新下单。目前，企业销售额已从当初2000多万元，快步跨过亿元大关。①

在无锡众多企业主中，房连城只是普通一员，但他的理念、他的觉悟和自觉，却闪现着社会良知的光芒。他在经营企业的实践中，逐渐认识到经济效益与环境保护、区域生态与企业发展、财富追求与社会责任的三大关系，并作出了自己的回答。

任何经济活动的出发点，无一不是为了不断改善人们的生活和工作状态。传统的纺织印染产业，满足了人们穿衣和家居需求；新兴产业更是着力从多方面提升人类生活和工作品质。人们发展经济，本意是培育更美好的生活花果，但假如这种经济行为连带污染了花果赖以生长的土壤和水分，一切努力反而得不偿失了。

从民众的生态觉悟，到企业家群体的生态自觉，是无锡实践科学发展观的社会普及。良好的区域生态，需要所有企业共同维护；所有企业的良性发展，

---

① 陈宗安、苏卫东：《一投四千万元，一心呵护山水》与农夫：《生态觉醒的社会普及》，《无锡日报》2010年3月7日第1版。

反过来又离不开整个区域的生态环境。这种相互依存的关系,在两年前的太湖供水危机中得到了最有力的证明。处在环保漩涡中的房连城,以其经历,以其道德和责任感,让我们看到了这座城市迈向生态文明、迈向现代化的强劲驱动力。

### (三) 常州的生态建设举措

为了改善民生,建设生态市。2006 年 10 月,常州市制订了《常州生态市建设规划》,规划在未来 5—15 年内,通过加快生态网架建设,强化重要生态功能区保护和管制,形成安全的城市生态格局;着力推进生态经济、生态环境建设,构建高校生态产业体系、优良生态环境体系、宜居生态人居体系和先进生态文化体系,把常州建设成为经济高效、环境优美、自然生态与社会文明高度和谐的城市。近年来,常州加大了生态建设的力度。该市实施的绿化工程,明显改善了城市环境。

道路,对于一座城市来讲,是支撑其发展的"主动脉"。地处常州市城西的钟楼开发区,最大的优势在于生态,它一直是该区经济社会发展的一个核心竞争力。正是交通,将城西的这一核心竞争力"引爆"。以前开车从新四路去钟楼开发区,起码要用半小时,现在,从高架走同样的路线,在规定车速内行驶,基本上只要 10 分钟[①]。

"秋水共长天一色,落霞与孤鹜齐飞"。走进绿色城西,游弋在青枫公园的碧波荡漾之间,徜徉在花海落英之中,看花开莺飞,听鸟鸣水声,在繁华都市中与大自然来一次亲密接触。

青枫公园在小小的地域面积内拥有大面积湖泊,园内树木茂盛葱郁,植物资源丰富,分布形式多样,从水生植物到湿生植物到乔灌木,从草坪到花景到丛林,形成了多种生态植物群落。借势这样的生态优势,园内形成了 8 个植物专类园、1 个植物科普馆,成为全市最具特色的植物科普教育基地,赢得"城市绿肺"的美誉。

近几年来,常州市委、市政府提出了"还绿于民"、"市民公园、市民享受"建设新理念,确定了公署绿地建设"33122"规划理念,即:在居民居住较为集中的区域,保证居民出行 300 米左右有一处约 3000 平方米的公署绿地;居民

---

① 因一炜:《常州生态城西:从寂寂之城到宜居花园》,《常州日报》2010 年 4 月 14 日第 C1 版。

出行 1000 米左右,有一处 20000 平方米的公署绿地;每个城市组团至少规划 1 个 20 公顷以上的公园绿地(包括带状公园绿地)。

公园绿地向市民免费开放,让老百姓享受到改革开放的成果,体验到经济社会的发展,因而受到老百姓欢迎。为抓好后续管理,市园林绿化管理部门紧紧围绕市政府为民办实事的精神,确立了"以人为本,服务为先"的敞开式公园管理理念:即管理理念由原来的"管理"转为"服务",使公园真正回归其本来"公"的内涵。2009 年以来,常州把公署管理纳入城市管理 13 项长效综合管理范围内,制订了长效管理措施,探索公园管理新模式。如今,市区生态小气候、空气质量明显好转,市区热效应明显减弱,扬尘得到控制。

公园运作,采取"市场运作,良性循环"的方式融资,以敞开公园建设,创造良好环境,带动周边地块升值,以周边地块升值部分资金平衡敞开公园建设,这种相互依靠、相互促进的关系,从而使敞开公园事业和城市建设事业得到滚动的可持续的发展。

"绿化为本,文化为魂"建设,依托城市特定的地形地貌,依托常州 2500 年历史文化积淀,以绿地为载体,叙述历史,传承历史,塑造鲜明的富有个性的绿地景观。

"一次投入,一劳永逸"经营,政府一次性投入,建设一些经营设施,引进一批高品位经营项目,营造好公园的"造血"功能,为公园开辟固定财源,平衡今后的维护管养费用,解决公园管理的后顾之忧。

经过几年的努力,常州市的公园绿地建设管理体制创新收到了显著成效,受到部、省领导和专家的高度评价。2006—2008 年,常州每年新增绿地 2000 公顷。2008 年,常州市获国家园林城市称号,红梅公园被命名为国家重点公园。2010 年,常州市荣获住房和城乡建设部授予的"2009 年中国人居环境范例奖",①深受老百姓好评。

尤其是,建设国家生态城,是常州市第十次党员代表大会确定的五大建设任务之一。到 2009 年年底,生态市建设完成投入 200 多亿元,生态城市建设指标达标率达 85.2%,金坛市、武进区生态市(区)通过国家级考核,溧阳市通过省级考核并具备国家技术考核条件,钟楼工业园区等 3 家园区在全省率先建成省级生态工业园区。

---

① 韩晖:《我市荣获中国人居环境范例奖》,《常州日报》2010 年 3 月 1 日第 A1 版。

对于常州市生态建设和环境提升取得的成绩,市委书记范燕青谈了这样的看法:一是还了不少欠账,尤其是水环境明显改善,城乡绿化覆盖率大幅提升;二是城乡环境面貌脱胎换骨;三是经营城市机制和长效管理机制逐步完善;四是广大干部和企业家的使命感、责任感进一步增强,各方联动的合力和争先进位的勇气得到增强;五是坚持以人为本,各项环境工作得到了扎实推进。①

在"十二五"规划中,常州提出加强城乡绿化与生态建设,打响"绿色常州"品牌的目标。

综上,规划、推进生态经济,科学统筹生态环境的保护与生态经济社会的发展,在苏南各市,已不是纸上的东西,而是已在各市付诸行动、见之于实效。

### (四) 绿色、节能:新时期最响亮的名词

绿色经济绝不仅仅是"还绿于民"、给城市造就"绿肺",给老百姓一个宜居环境,它还涉及到节能减排、绿色节能、减少环境污染等。

在苏南,有人将绿色经济仅仅理解为绿化,那就未免太狭隘了。比如,绿色建筑,就不仅仅是立体绿化、屋顶花园,而是涉及到如何最大限度地节能、节地、节水、节材,与自然和谐共生,等等。近年来,我国出台多项鼓励绿色建筑的经济政策,各地建筑规划开始有了"绿色"门槛,绿色建筑已从理念变成行动。在苏南各市也是如此。

由于绿色建筑是一项系统工程,它贯穿于立项、规划、设计、施工以及后期使用的全过程。而在苏南,在我国,绿色理念很难从立项到施工一以贯之。发达国家通常由一个综合建筑事务所总承包整个项目设计,由建筑师寻找相应的结构与机电设计事务所,组成联合设计体,并由建筑师负责项目设计及施工配合过程中的总直辖市建筑师向业主负责,分包方向建筑师负责,形成开发策划、设计、施工一体化。但在苏南,乃至于全国,目前规划、设计、施工阶段的划分仍很明显,尤其是,设计单位与施工单位相互独立,装饰装修工程的设计往往到了施工阶段才得以确定。同时,由于国内节能技术的不成熟也阻碍了绿色建筑的推广。虽然在苏南已有生态建筑,采用了光电板、太阳能、地板蓄热、混凝土中心空调、地源热泵、独立新风系统等,但这些建筑与"全寿命周期"绿色建筑相比,仍然有不小的差距。总之,与国外相比,在苏南,乃至全国,绿色

---

① 载于《凝心聚力齐冲刺　加快建设生态市》,《常州日报》2010 年 4 月 25 日第 A1、A4 版。

建筑刚刚起步，面临着许多亟待破解的难题。

至于节能减排，更是不易。虽然，无论是对于地方领导，还是重点用能企业领导，节能减排措施落实情况与节能减排目标的完成情况，都是考核的重要内容，但这绝不是数字游戏。虽然，当前加快经济发展方式的转变、经济结构的调整与优化升级，对于节能减排来讲，是一大机遇；但与发达国家相比，我们现在的能效水平较低，能源利用效率较低，因此我们的节能减排任务很艰巨，需要我们付出相当大的精力。

常州华日升机凯晟能源科技有限公司总工程师周金平，虽说已年过花甲，近几年来，在从事锂电池研究过程中，为我国的节能减排目标作出了重大贡献，被常州人称为痴心于绿色动力能源的"土专家"。

2009年，周金平研制成功100AH动力锂电池系统，颠覆传统工艺，完全独立自主的生产工艺和设备，提前一年完成国家"863"项目中动力锂电池的所有技术指标，并通过国家"863"汽车质量监督检验中心检测，申报国家知识产权局发明专利10项，授权专利2项；实用新型专利8项，授权专利5项；外观专利2项，授权专利2项。①

中国的绿色经济、节能减排、减少环境的污染，需要大批像周金平这样的"土专家"，为之努力，傲然拼搏。

**（五）绿色经济和生态经济**

绿色经济与低碳经济、生态经济、循环经济都是为了解决环境危机、能源危机相继出现的几种经济形态，是对人类和自然关系重新认识和总结的结果，旨在解决人类可持续发展的问题。这些经济形态内容相互交叉，有许多相同之处，同时也各具特点。

"绿色经济"是英国经济学家皮尔斯于1989年出版的《绿色经济蓝皮书》一书中首先提出来的。一般认为，绿色经济是指人们在社会经济活动中，通过正确处理人与自然、人与人之间的关系，高效地、文明地实现对自然资源的永续利用，使生态环境持续改善、生活质量持续提高的一种经济发展模式。

生态经济，是1966年，由美国经济学家肯尼思·鲍尔丁发表的《一门科

---

① 黄智平：《痴心绿色动力能源的"土专家"——记常州华日升凯晟能源科技有限公司总工程师周金平》，《常州日报》2010年4月16日第A5版。

学——生态经济学》的论文中提出的一个开创性概念。他认为,不断增长的经济系统对自然资源需求的无止境性,与相对稳定的生态系统对资源供给的局限性之间,必然构成一个贯穿始终的矛盾,而解决这个矛盾的有效办法就是生态经济发展模式。

1990年,皮尔斯(Pearce)和图奈(Turner)在《自然资源与环境经济学》一书中,把经济学生产函数中的资本理解为人造资本,与之相对应,又提出了"自然资本"的新概念,但没有对其作明确的界定。在1993年,皮尔斯曾提出用自然资本和人造资本、人力资本来估算可持续发展能力。在皮尔斯研究的基础上,1995年,世界银行明确将人类拥有的资本划分为四大类:人造资本、人力资本、自然资本和社会资本。

从1996年戴利(Daily)发表《超越增长——可持续发展的经济学》之后十多年间,西方著名生态经济学家的生态经济学专著中都会研究自然资本理论。尤其是美国的保罗·霍肯(Paul Hawken)1999年在美国出版了《自然资本论:关于下一次工业革命》的生态经济学力作,使西方生态经济学沿着可持续发展理论方向又迈进了一步。

自然资本理论回应了西方生态经济学理论的两个根本观点:一是肯定了在当今"满的世界"中,剩余的自然资本已经取代人造资本成为社会生产的稀缺要素,是经济发展的限制性因素;二是自然资本和人造资本基本上是互补性的,生产越多人造资本,在物质上就需要越多的自然资本,而"在一个满的世界,任何人造资本的增加,都是以自然资本及服务为代价的"。戴利、霍肯等人在他们的论著中,以开创性思维详细阐明了生态经济学关于自然资本的这两个基本观点,实际上成为西方生态经济学作为一个独立学科的理论支撑点。如果生态经济学不能确立自然资本论的这两个基本观点,那么生态经济学最终就会被新古典经济学吞噬而不复存在。

从国际生态经济学思想发展史来看,西方生态经济学主流学派的理论发展,已经从生态经济协调发展论走向生态经济可持续发展论,从而使其演变成为可持续性科学,其发展的新趋势表现出以下几个特点。

第一,生态经济学的本质内涵及研究对象已从"相互关系论"走向"可持续性论"。在国际生态经济学产生与发展的初期,西方学者一般认为,生态经济学研究的是生态系统和经济系统之间相互适应、相互作用的发展关系,是一门研究生态系统和经济系统的复合系统即生态经济系统的矛盾运动发展规律的科学。1990年首届国际生态经济学讨论会的题目与中心议题就是"生态经济学：可持续性的科学与管理"，标志着可持续发展讨论已经形成热潮。进入20世纪90年代后，科斯坦扎等人一方面重申"生态经济学从最广泛的意义上讲是研究生态系统和经济系统之间关系的一个新的跨学科研究领域"；另一方面明确地把生态经济学定义为"可持续性的科学"。他在《生态经济学的实际应用》的论文集中进一步论述了这个观点。这样，"可持续性论"就占据了西方生态经济学的主导地位。

第二，生态经济学的核心问题及研究主题，已经从生态经济协调发展论变为生态经济可持续性发展论。生态经济学把社会经济系统作为地球生态系统的子系统，探索两者如何协调发展的问题，以解决新古典经济学不能解决的人类社会经济活动与自然生态环境之间发展关系的一些重要理论和实际问题。阐明生态经济协调可持续发展的理论原则和实现途径，就成为生态经济学的核心问题及研究主题。

第三，生态经济学的研究范围已由"生态—经济"二维复合系统扩展到"生态—经济—社会"三维复合系统。即生态向度是以生态发展为基本内容；经济向度是以经济发展为基本内容；社会向度是以社会发展为基本内容。

在西方生态经济学的发展过程中，自然资本理论是90年代以来最重要的基础理论，生态服务理论是其研究的热点领域和前沿问题。其理论发展是处于一种开放的系统之中的，无论是主流学派、还是非主流学派，他们的思想理论观点都是呈现出多元化的特点。目前，西方生态经济学的研究方法与分析工具呈现出多样性，其中大量采用定量分析和模型分析的方法，力求用经济学模型表达生态经济学理论，构建生态经济学的生态经济模型，也成为目前西方生态经济理论研究的一个新趋势，值得苏南人在生态文明建设过程中重视和借鉴。

## 二、从高能耗向低能耗、从高碳向低碳转变

农业文明是黄色文明，工业文明是黑色文明。近几年，生态危机接踵而至。各种灾难的频发，表明人与自然之间的关系失调。过度的资源、能源消耗与不可逆转的环境破坏，导致人类赖以生存的地球产生了严重的问题——地球"发烧"了，生态危机了。遏制全球气候变化的根本途径，就是人类增强环保意识，加强生态危机与保护教育，以减轻对生态系统所带来的破坏，尽可能

地发展低碳经济,"黑色文明"要转向"绿色文明"。

### （一）何为低碳经济

低碳经济、低碳社会、低碳城市、低碳产业等一系列新要领被频频提及,再加上逐步走入实践阶段的"碳关税"、"碳标签"等措施,将市场与竞争带入了一个"低碳"时代。北京产权交易所暨北京环境交易所董事长熊焰,在他所著的《低碳之路》一书中,将"低碳革命"视为"第四次工业革命"。[1] 他认为,"对未来中国而言,低碳转型不仅是生存之求,更是发展之道;既是经济发展方式转变的原因,又是转变的方向。中国弯道转车,这是最大的机会"。[2] 在转型中,"技术进步、政策法律、市场机制"是三驾马车,而现在应该是让市场机制"领跑"的时机了。[3] "全球碳交易之父"桑德尔也认为,环境保护和低碳经济发展问题要靠市场机制解决。[4]

近年来信息化方兴未艾,低碳化浪潮现又已席卷全球。低碳经济实质是能源高效利用、清洁能源开发、追求绿色经济,核心是能源技术与减排技术创新、产业结构与制度创新以及人类生存发展观念的根本性转变。

低碳经济一词,是2003年由英国政府发布的能源白皮书《我们能源的未来:创建低碳经济》中最早提出的。其要点是提高能效、采用可再生资源以及采用CCS,它主要涵盖了三个方面的经济活动。一是经济活动过程中的进口环节,要用太阳能、风能、生物能等可再生能源替代化石能源等高碳能源;二是在经济活动过程的转化环节,要大幅度提高化石能源的利用效率,包括提高工业能效、建筑能效与交通能效等;三是在经济活动过程的出口环节,通过植树造林、保护湿地等增加地球的绿色面积,吸收经济活动释放的二氧化碳。低碳经济要求我们的经济系统要从高碳走向低碳、从低效走向高效、从高能耗走向低能耗。低碳经济对人类环境生态系统意味着科学发展,要求建立资源节约型、环境友好型的生态文明,要求建立循环的低碳的绿色生产方式与生活方式。

低碳经济是低能耗、低污染、低排放的经济模式,以降低温室气体排放为

---

[1] 晨星、张勇:《弯道超车,低碳是中国转型最大的机会》,《21世纪经济报道》2010年3月22日第32版。

[2] 同上。

[3] 同上。

[4] 同上。

主要关注点；基础是建立低碳能源系统、低碳技术体系和低碳产业结构；特征是低排放、高能效、高效率；核心内容包括制定低碳政策、开发利用低碳技术和产品、采取减缓和适应气候变化的相关措施。

低碳经济发展追求低碳增长，在能源使用方面追求更清洁、更高效。它的基础架构是"清洁能源+超导传输+智能网络+节约使用"的新型生产方式，淘汰高能耗、高污染的落后生产能力，推动科技创新，改变浪费能源、增排污染的消费模式与生活方式。

低碳经济与循环经济是企业、区域、社会可持续发展之路，本质上都是生态经济。

国内学术界关于循环经济的界定大致可归纳为：第一，从人与自然关系视角界定循环经济，认为人类的经济活动应遵从自然生态规律，维护生态平衡，循环经济的本质就是尽可能少用和循环利用资源。第二，从生产的技术范式视角界定循环经济，认为循环经济就是实现由过去的开放型物质流动模式（资源消费→产品→废物排放）转向闭环型物质流动模式（资源消费→产品→再生资源），其目的就是提高生态资源的利用效率。第三，从经济形态的视角界定循环经济，认为应以上述第二种观点为基础，将循环经济看作是一种技术范式革命，在此基础上，看到其经济形态的本质。

由上述可见，至少可在下述几方面对循环经济形成共识：一是循环经济本质上是一种生态经济，是实现可持续发展战略的运行模式。这种模式以尽可能少的资源消耗、尽可能小的环境代价实现最大的经济效益。二是循环经济要求运用生态学规律而不是机械论规律来引导经济活动，要求人们从"资源→产品→废弃物"单程型物质流动模式转向"资源→产品→再生资源"的闭环型物质流动模式。三是循环经济遵循"3R"原则（即减量化、再循环、再利用原则），以资源节约和循环利用为核心，以低消耗、低排放、高效率为基本特征，强调物质流动全过程中控制资源消耗与环境污染。

**（二）低碳措施**

为了弘扬低碳理念，发展低碳经济，无锡尚德电力控股有限公司，建立了尚德低碳理念馆，该馆展厅面积达 2000 平方米，围绕人类文明进程中开发利用能源的过去、现在和未来，深刻反思人类无节制攫取与挥霍化石能源对地球环境破坏带来的恶果，展示了新能源、碳中和及低碳经济的美好未来，倡导人们爱护地球家园，选择节能减排的低碳生活，为不同年龄层次的参观者了解低碳、认知新能源、学习环保知识提供了一个很好的场所。

江阴华西村，原有大批冶金加工企业，仅带钢生产线就有 118 条之多，用于带钢酸洗加工而产生的废酸平均每天达到四五百吨。由于大量废酸无法得到有效处理，造成了污染。近年来，华西人着力在发展循环经济和生态经济上下工夫，依托工业企业间"唇齿相依"的关系，先后创立了"原料运输零费用"、"废气制成增值产品"等 20 多种节能降耗模式，一年下来，实现增收节支逾亿元。目前，全村已实现了"三废"资源梯级化利用。华西钢铁公司作为该村的环保标兵，在环保方面的投资达 1 亿多元，并率先实现了废水"零污染排放"。

查永恩是当地一家企业的负责人，为给废酸找出一条"无害化、资源化"的出路，投资 5000 多万元创建了江阴市宇洁环保有限公司，并引进同济大学的先进技术，开辟了一条"废酸—真空无压蒸馏、稀盐酸—氯化亚铁、氯化铁"的综合利用新途径，每年可使约 12 万吨的废酸变成再生酸，并可生产出氯化亚铁 5.5 万吨。"气味全无，河水变清"是当地老百姓的直观感受。而环保部门的检测数据显示，处理后的废酸全部达到了排放标准。

有了碧水青山，才有金山银山。近年来，华西村直接用于环保的投资达 4 亿元，两个污水集中处理工程是其实现污染减排的"得意之作"。如今，在村中心区域，一座日处理吨生活污水的集中处理中心已拔地而起，污水经处理后，其水质达到了回用标准，适用于冲厕、绿地浇灌、洗车等非饮用水场所，其中的大部分水回用至钢厂作为冷却水、冲洗水等，明显提高了水的循环利用效率，一年可削减 COD 排放量 220 吨。

作为常州重点开发园区的武进开发区，为了发展低碳经济，投入了大量人力、物力、财力，近两年完成专利研究 34 项，主要集中于太阳能、风能、LED 等设备和技术方面的研发，取得了良好的生产实践经验。目前，武进高新区低碳型产业发展迅猛，培育壮大了光宝科技、晶元光电、新誉风电、卓润风能、格林保尔光伏、东君光能、益茂纯电动汽车等骨干企业，初步形成了 LED 节能照明、风能和太阳能、电动汽车产业、智能装备等新兴低碳产业。

苏南各市，为了从企业、区域和社会三个层面上推进循环经济的发展，都编制了发展循环经济的规划。比如，苏州市就编制了《苏州市循环经济规划》。目前，苏州全市培育循环经济试点有 531 家，其中省级试点 32 家；通过 ISO14000 认证企业 1683 家；4A 级以上景区全面开展 ISO14000 认证，通过资源综合利用认定企业 108 家；张家港扬子江冶金工业园等 4 个园区被列为国家级循环经济试点园区。

为张家港市打造与延伸绿色产业链的沙钢集团，在 2009 年，发展低碳经济与循环经济产生的综合经济效益近 16 亿元，通过回收利用的煤气发电量超过 22 亿度。

近年来，沙钢坚持"资源→产品→再生资源"以及"资源有限、循环无限"的低碳经济发展理念，通过从源头抓起，不断探寻投入产出的最佳结合点，"通过延长和拓宽生产技术链，不断提高资源的利用率，基本上实现了车间、分厂内部的小循环，分厂、企业之间的中循环和企业与社会之间的大循环，初步构筑起发展低碳经济的新模式"。沙钢集团有关负责人说，"十五"以来，沙钢用于发展低碳经济的技改投入累计达 50 多亿元，并于 2009 年成功入选国家创新型企业。

通过技术升级和工艺改造，炼铁、炼钢过程中产生的煤气已经成为沙钢的新能源。首先将回收煤气用于石灰窑、烧结机生产，用煤气取代柴油炼烘包和轧钢加热炉。据介绍，2004 年沙钢投资 1.8 亿元，将 12 座原来以重油为燃料的轧钢加热炉全部改造为燃烧低热值高炉煤气的蓄热式加热炉，每年减少重油使用量 24 万吨，实现减排二氧化碳 7200 多吨。其次，将多余的煤气用于发电。投资 15.3 亿元的资源综合利用热电厂，可利用放散的高炉煤气作燃料进行发电。目前电厂装机容量为 418 MW，其中 4 台 50 MW 为燃气—蒸汽联合循环发电机组（CCPP），其热电转换效率高达 39%，比常规的蒸汽轮机发电机组的热电转换效率高 20% 左右。据统计，2009 年沙钢集团利用回收煤气发电量已经达 22.2 亿度。

蒸汽的合理回收利用是沙钢挖掘的又一新能源。技术改造以后，回收的轧钢加热炉汽化冷却产生的蒸汽取代了电力，成为带动加热炉风机作业的动力；回收烧结环冷余热产生的蒸汽，用于企业的生产生活用汽，同时还向周边企业、服务行业供汽。沙钢投入资金 1500 多万元，建成外供蒸汽管网 15 公里。年可供应蒸汽 80 万吨以上，减少社会燃煤 15 万吨。目前已有 20 多家企业与沙钢实现蒸汽资源共享。

沙钢还不断通过引进具有世界领先水平的设备，拓展"变废为宝"的空间。其中，从德国 ROSE 公司引进的莱歇立磨制粉设备，可以将高炉水渣作为主要原料生产矿渣微粉，目前已具有年产 360 万吨的能力。仅 2009 年生产矿渣制粉 274.3 万吨,不仅畅销于"海螺"等著名水泥生产企业,还被京沪高速铁路、世博会场馆建设等国家重点建设工程选用。同时,2009 年,沙钢处理钢渣 190.8 万吨,制混凝土小型空心砌块 50.4 万块、混凝土多孔砖 128.76 万块、连锁块 270.79 万块,产生了良好的经济和环境效益。[①]

### (三) 面临的问题与挑战

在发展低碳经济与循环经济上,苏南各市虽然作了不懈努力,但目前仍存在不少问题与矛盾,亟待解决。

1. 在生态环境质量持续改善的同时,苏南各市的污染减排仍不容乐观。

2009 年《中国新闻周刊》有这样一则报道:

位于江阴和常州交界处的璜土镇。在 20 年前,"草长水清",因为穷而远近闻名。为了致富,20 世纪七八十年代,镇上开始发展化工产业。1990 年之后的若干年里,染料中间体的生产从发达国家转移到中国。因此,从那时候起,广东、浙江、江苏等省份开始出现大量生产染料中间体的化工企业。璜土镇亦然。

报道接着讲述了璜土中学 32 名学生因化工厂毒气泄露而中毒的事故。

事故发生以后,当地政府迅速关停该化工厂,对企业法人实施了刑事拘留,对璜土镇乃至江阴市全部化工企业进行停产整顿,并决定关闭两家化工厂。

客观地讲,江阴的环境质量情况算是好的,尚且会发生这样的问题。它警示环境质量状况仍然脆弱、环境基础能力仍然薄弱的苏南各市,对于污染问题忽视不得。尤其是,在水源地保护、控源截污、产业整治、入湖河道与农村环境整治等方面必须加大力度,争取尽早完成由工业文明向生态文明的转变。

2. 如何有效遏制太湖富营养化趋势,改善湖体水质,防控蓝藻事件的再次发生等任务仍很艰巨。

在这一大前提下,经济快速发展、城市化快速推进与环境资源承载能力严重不足的矛盾尤为突出。面对西方指责时,国人常愤怒地声称,你们在发展期间可没有面临过这样的掣肘,但如果让中国达到西方国家过去那种肆意挥霍的水平,我们的星球将注定毁灭。与克鲁格曼一样,很多西方人认定,中国持续的高排放将使全球气候更趋恶化。美国《基督教科学箴言报》,文章一开篇

---

① 王乐、陈黎明:《沙钢绿色产业链一年掘金 16 亿元》,《苏州日报》2010 年 2 月 3 日第 A07 版。

便写道："中国像一头工业巨兽,每天喷吐大量污物和温室气体"。[1] 有数据表明,中国每创造一美元价值所消耗的能源是美国的 2 倍,是瑞士的 9 倍。对于中国的"恶劣环境",《旧金山纪事报》讲:中国有 1/3 河流被污染,1/4 国土沙漠化,1/3 的土地遭受干旱,超过 3/4 的森林消失。城市居民减排促进低碳经济发展,既是苏南各市主动参与救治全球气候变暖的关键性方案,也成为减排促进低碳经济发展,也成为苏南各市践行科学发展观的一个重要手段。

3. 碳经济时代的世界格局和国际利益调整使我国面临着新的挑战。

首先是西方舆论挑战。诺贝尔经济学奖得主保罗·克鲁格曼在 2009 年 5 月为《纽约时报》撰写的一篇专栏文章中写道:中国持续增长的碳排放令这个星球已无法承受如此之重荷。我对这个国家的发展规模感到敬畏。但必须牢记,中国排放的二氧化碳量已经超过了美国,尽管其 GDP 仅为美国的一半。中国人被迫呼吸含有因铅、水银、二氧化硫及汽车尾气的空气。[2] 这样的舆论,对我国不能不将是一大挑战。

其次是碳规则挑战。目前,发达国家正试图通过碳关税和碳足迹、食物运送里程、二氧化碳可视化制度等有关技术规则和标准来引导贸易规则的演化。特别是一些发达国家试图通过这种方式变相设置绿色贸易壁垒,以应对气候变化为名,行贸易保护之实。碳关税及有关贸易规则和标准,在一定程度上已经成为某些发达国家削弱发展中国家制造业出口竞争力,遏制新兴国家崛起的武器。一旦欧美等国家联合对中国征收碳减税并实施有关低碳经济标准,将使中国既承担减排的责任,又使出口企业遭遇困难和被动局面,中国的贸易环境和贸易条件有可能进一步恶化。因此,要密切关注美国等发达国家利用气候变化的名义实施贸易保护主义的动向,并积极研究对策。

最后是碳技术挑战。欧、美、日等国家,已有十几年、几十年的低碳经济产业布局和技术积淀。而我国绿色产业还刚刚起步,缺乏核心技术的前期积累。面对这种情况,如果我们不大力发展自主技术,就可能受制于人,处于非常被动的地位。

---

① 管克江、纪双城、青木、侨彦、陶祖房、邱永峰、伊文、柳直:《减排成中西交锋新前线》,《环球时报》2009 年 8 月 20 日第 7 版。

② 同上。

此外,还有碳交易挑战、碳金融挑战,等等。

面对上述挑战,我国,包括苏南各市,必须积极应对,将挑战转化为转变经济发展方式、调整经济结构的机遇,转化为经济社会可持续发展的动力。

## 第三节　统筹发展
### ——苏南人的统筹兼顾与苏南产业的统筹发展

### 一、统筹兼顾思想的理论渊源与科学内涵

统筹兼顾是科学发展观的根本方法,从其历史渊源与理论渊源看,它是我们党的一贯思想。在 20 世纪 50 年代,毛泽东同志在一次中央会议上说过:"统筹兼顾,各得其所。这是我们历来的方针。在延安的时候,就采取这个方针……这是一个战略方针"。可以说,这是在革命战争和根据地建设中的一条重要经验。在新中国成立初期,他提出著名的"四面八方"政策,即"公私兼顾,劳资两利,城乡互助,内外交流"。1957 年,毛泽东在《关于正确处理人民内部矛盾的问题》一文中指出:"我们的方针是统筹兼顾、适当安排。"[①]"我们作计划、办事、想问题,都要从我国有六亿人口这一点出发,千万不要忘记这一点"。[②] 在此之前,即在 1956 年,毛泽东在《论十大关系》一文中,十分深刻地论证了正确处理重工业和轻工业、农业的关系,沿海工业和内地工业的关系等十大关系问题,要求通过国家计划调节,安排积累与消费的适当比例,求得生产与需要之间的平衡。毛泽东对于统筹兼顾这一思想,不仅从原则上作了深刻的论述,而且还提出了具体方法,并形象地将其具体方法称之为"弹钢琴":"弹钢琴要十个指头都动作,不能有的动,有的不动……要产生好的音乐,十个指头动要有节奏,要互相配合。党委要抓紧中心工作,又要围绕中心工作而同时开展其他方面的工作。"[③]

在改革开放新时期,邓小平在领导改革开放、建设中国特色社会主义过程中,也十分重视统筹兼顾。他指出:"现代化建设的任务是多方面的,各个方面需要综合平衡,不能单打一","我们必须按照统筹兼顾的原则来调节各种

---

① 《毛泽东文集》第七卷,人民出版社 1999 年版,第 228 页。
② 同上。
③ 《毛泽东选集》第四卷,人民出版社 1991 年版,第 1442 页。

利益的相互关系。"他认为,社会主义要实现共同富裕,这是根本,社会主义应该能够避免两极分化,要统筹兼顾地解决这个问题,既不能削弱发达地区的活力,也不能吃"大锅饭"。他主张"一部分地区有条件先发展起来,一部分地区慢点,先发展起来的地区带动后发展地区,最终达到共同富裕",为此,他提出了"两个大局"的战略思想。

基于邓小平"两个大局"的思想,在党的十五届四中全会上,江泽民明确提出实施西部大开发战略。江泽民强调:"在推进社会主义现代化建设的过程中,必须处理好各种关系,特别是若干带有全局性的重大关系。我们所有的政策措施和工作,都应该正确反映并有利于妥善处理各种利益关系,都应认真考虑和兼顾不同阶层、不同方面群众的利益。"他指出:"要通过改革正确处理各种利益关系","基本原则应该是,从全国人民的共同利益出发,统筹兼顾,适当安排,发挥社会主义制度能调动各方面积极因素,激发各个方面创造精神的优越性","既要照顾各方面的利益,又要坚持局部利益服从全局利益,眼前利益服从长远利益"。

以胡锦涛为总书记的党中央,在新的历史阶段继承与升华了统筹兼顾的思想,把它纳入科学发展观的完整体系,指出"科学发展观,第一要义是发展,核心是以人为本,基本要求是全面协调可持续,根本方法是统筹兼顾"。[①] 统筹兼顾作为科学发展观的"根本方法",它既是实现中国特色社会主义总体目标的最重要方法,也是最重要的手段和途径,既具有很高的抽象性,又具有很强的可操作性。这一"根本方法"的科学内涵十分丰富。

1. 这一方法指出了实现科学发展、促进社会和谐的基本途径。

这就是正确认识与妥善处理中国特色社会主义事业与现代化建设的重大关系,统筹城乡发展、区域发展、经济社会发展、人与自然和谐发展、国内发展与对外开放,统筹中央与地方关系、个人利益与集体利益、局部利益与整体利益、当前利益与长远利益,充分调动各方面积极性。既要总揽全局、统筹规划,又要抓住牵动全局的主要工作,事关群众利益的突出问题,着力推进,重点突破,从而充分体现科学发展观关于全面协调可持续发展的基本要求。

---

① 胡锦涛:《高举中国特色社会主义伟大旗帜,为夺取全面建设小康社会新胜利而奋斗——在中国共产党第十七次全国代表大会上的报告》,人民出版社2007年版,第15页。

2. 这一方法是唯物辩证法的具体体现。

首先,这一方法体现了事物普遍联系的观点。世界是普遍联系的,各种事物之间都是相互联系、相互作用的。社会主义经济建设的各个方面本身也是相互联系、相互作用的整体,只有统筹兼顾才能发挥整体效应,体现整体功能。其次,这一方法体现了对立统一的思想。任何事物都是矛盾的统一体,对立统一的思想与具体问题具体分析的方法是唯物辩证法的精髓,统筹兼顾就是运用对立统一思想、具体问题具体分析的方法来解决社会发展中的种种矛盾,推进经济社会在转型时期跨越发展、创新发展、和谐发展、科学发展。最后,这一方法是"两点论"与"重点论"的有机统一。统筹体现的是整体、全局,是兼顾的基础、前提,没有统筹就谈不上兼顾。兼顾,不是平均使用力量,而是要求处理好主要矛盾与次要矛盾、矛盾主要方面与矛盾次要方面的关系,"不能把过程中所有的矛盾平均看待,必须把它们区别为主要的和次要的两类,着重于捉住主要的矛盾"。① 在具体工作过程中,既要突出重点,又要照顾其他,注意主次配合、协调一致,使各方面工作有重点、有秩序地向前发展。

3. 这是驾驭全局的一种领导艺术。

任何一个历史阶段的战略任务都有全局与局部、长远与眼前的区别。作为领导者则必须着力于全局的关键环节,同时协调力量分层次地处理好各方面工作。科学发展观的基本要求——全面协调可持续与科学发展观根本方法——统筹兼顾,是不可分割的。在当前经济社会转型时期,必须在认识阶段性特征的基础上掌握统筹全局、协调各方的领导方法与艺术。可以说,我们党执政能力的一个重要方面,就表现在统筹兼顾的能力上。

统筹兼顾作为科学发展观的根本方法,是我们党的一条重要历史经验,它充分体现唯物辩证法,反映了社会主义经济发展的规律。这一方法,也是我们党执政兴国的一门领导艺术。坚持统筹兼顾,就是既要总揽全局、统筹规划,又要抓住牵动全局的主要工作,事关群众利益的突出问题。对于苏南来讲,在当前经济发展方式转变与产业转型升级过程中,有两个突出的问题:一个就是必须正确处理好传统产业与新兴产业的关系,统筹发展传统产业与新兴产业;还有一个就是必须正确处理好苏南耕地与工业化、城市化的关系,化解这两者的矛盾,务求统筹发展。

---

① 《毛泽东选集》第一卷,人民出版社1991年版,第322页。

### 二、苏南传统产业与新兴产业的统筹发展

在经济发展方式的转变与产业转型升级过程中，从中央到各地，都很看重新兴产业，这是无可厚非的。问题在于究竟什么是新兴产业？新兴产业与传统产业的关系如何？这是当前产业转型升级过程中，不能不搞清楚的问题。

#### （一）什么是新兴产业？

关于新兴产业，学术界目前还没有标准统一的界定。一般来说，新兴产业是指代表着科学技术产业化的新水平、产业结构转换的新方向，未来具有竞争力、前瞻性和市场性，正处于产业自身生命周期形成期阶段，以先进技术为基础而衍生出来的产业。

现在世界上讲的新兴产业，主要是指依靠电子、信息、生物、新材料、新能源、海洋、空间等新技术而产生和发展起来的一系列新兴产业部门。温家宝总理在《让科技引领中国可持续发展》的讲话中，确定我国新兴产业发展的五个重点是：新能源产业；传感网、物联网；微电子等新材料；生物医药；海洋工程。

新兴产业是推动产业结构演进的新生力量，具有以下几个特点：第一，高成长性。新兴产业内嵌着新技术、新产品，能很快形成较强的竞争力，以较快的速度占领市场、集聚资本，形成规模经济，做到高速成长。第二，原创性。原始创新是新兴产业形成之源。迄今为止，以重大原始创新为基础的新兴产业大部分都发生在美国等发达国家，一般集中在通过毁灭性原始创新的中小科技型企业和具有成熟技术轨道的科研型大企业。第三，高风险性。新兴产业由于处于产业生命周期的形成期阶段，具有较高的风险。主要表现为技术风险、生产风险、财务风险和政策风险等。

#### （二）新兴产业与传统产业的关系如何？

一方面，新兴产业与传统产业有不同之处，尽管新兴产业和传统产业是一个相对的概念，它们同属于一个完整产业体系中，但在产业发展过程中，新产生的、技术上先进、具有较快增长率、有较大潜在需求的产业，称为新兴产业；而已有的或已经过长时间发展、技术上成熟、增长速度减慢、市场需求基本饱和的产业，则称为传统产业。

另一方面，二者可以相互转化。在一个经济系统中，从产业生命周期来看，任何产业的发展都存在一个产生、发展、壮大、衰落的过程。任何新兴产业，随着其发展最后也会变成传统产业；传统产业是相对于新兴产业来说的，当一种新的技术应用到传统产业中，传统产业也会变成新兴产业。所以新兴

产业本身是动态的,产业本身存在一种不断产生新兴产业的机制。

对于传统产业,是坚守传统还是走工业化之路?是继承传统还是走创新之路?这不仅是苏南的问题,也是全国的问题。我们认为:

1.对于传统工艺应坚守,但不能因此而否定工业化,工业化是现代化的基础。

苏州的名茶碧螺春,现在就面临是坚守传统的手工工艺还是采用高效的机器化炒制的选择问题。

赞成搞工业化、用机器炒茶者认为,这既能节约成本,又能统一品质,何乐而不为。

在苏州西山有个叫黄志峰的人,其一家人的收入主要靠茶叶。家有3亩茶园,他忙时,雇两个采茶工,每天工资70元,另加包吃包住。他自己炒茶,晚上上班。炒茶不同于采茶,是个手艺活。按照黄志峰的说法:"从杀青、热揉成形,到搓团显毫,精心烘培,一个流程走焉,最少半小时,长一点需要一个小时。他家3亩茶园虽犯不着购置一台机器,但黄志峰还是赞成用机器炒茶。

据苏州的一位叫杨伟民的高级农艺师测算,一个劳动力一天最多炒六锅茶,按4斤鲜叶炒制1斤成品茶计算,一天也就炒2斤左右成品茶;但实行机器炒制后,速度大大加快,"一斤成品茶一般只要40分钟"。

因此,杨伟民热心推广机器炒茶,他认为,不是有人所说的,机器炒出的茶品质不行。实际上,机器完全可以做。他举证说,常熟虞山林场采用机器炒茶是比较早的,2000年维摩茶厂就获得"陆羽杯"一等奖,2006年虞山绿茶公司选送的碧螺春也获得特等奖。

光福茶厂厂长许培华从2003年开始进行"机械加工碧螺春",引进的是浙江小型名茶机,机器杀青、揉碾后,再采用传统干燥工艺提毫、高温提香。专家的评价是:色泽纯正、大小均匀,香气挺好,非常容易分级。

在金庭镇的邓尉茶厂,总经理朱永良说,"8个小时,能将600公斤青叶炒成干茶,一头青叶进去,另一头出来的就是可以直接冲泡的成品茶了"。

在他们看来,机器炒茶不仅能保证茶叶的品质,还能大大减少人工成本。"现在劳动力成本高,招工难,不改进工艺以后可怎么办?"杨伟民说,旺山边有家张桥茶厂,规模并不算大,百来亩茶园,但光拣茶的工人就100多名,"再说,现在会炒茶的熟练工人越来越少,机器代替人工肯定是大势所趋"!

反对搞工业化者认为,茶叶和工艺就好比琴不离瑟,缺一不可。

如高级农艺师汤进红对机器炒茶就充满担忧："我反对大规模推广机器炒茶。"汤进红认为，碧螺春虽说只是一种农产品，但事实上，它更是"吴文化"传承的一个载体，"喝的不只是茶，更是文化。"

洞庭碧螺春特有的外形与内在品质，都与传统制作工艺密不可分。"碧螺春茶的炒制延续了几千年，有一整套严格的规定，比如高温杀青、热揉成形、搓团显毫和文火干燥等，都讲究'因材而异'，整个炒制过程都时时考验着炒茶者的经验。如果全部用机器代替人工，那碧螺春特有的精妙之处就不复存在了。"

他举例说，传统炒制碧螺春的工艺中都讲"热揉成形"，这也就是大家熟悉的"吓煞人香"的奥秘所在；但机器炒制，则是冷揉成形，"香味就大不同了"。

有意思的是，十年前，汤进红同样也是机器炒茶的拥趸。20 世纪 90 年代，汤进红就拿出大笔资金，为自己的公司引进了一批机器。但实践下来，汤进红却直摇头。"茶叶品质很难保证，甚至，机器手忙脚乱的锅子质量好坏都会直接影响茶叶的品质。"

"如果大规模采用机器炒茶，我担心，传统的碧螺春制作工艺真的就要成了文化遗产了。"汤进红说，洞庭东西山引进机器炒茶已有十多年的历史，"但就目前看来，已经有不少传统炒茶技艺慢慢消失了。"

在他看来，茶农及政府相关部门现今最需关注的，应该是如何将碧螺春品牌发扬光大，"一方面还需要加大品牌的宣传和推广，另一方面还得在栽培技术、日常管理及品种改良上动脑筋，而不能一味地图省事，大谈机器炒茶的好处。"汤进红表示，机器炒茶并非就得一棍子打死，"可以用来制作炒青或制作低档茶"。

在苏州，还有人认为，茶叶实际上是有灵性的，极讲究炒茶工艺。如果以机器代替工艺，这个特点就不复存在，口感也会略逊一筹。

为何手工炒茶日渐没落，机器炒茶风起云涌？背后是市场在左右。

春天，是茶事正浓的季节。"如果不采用机器炒茶，那根本来不及应对市场的巨大需求"，金庭镇一家茶叶股份合作社的董事长说，在"抢茶期"内，谁能越早地将茶叶推向市场，那就意味着谁家的收成上涨一些。

更何况，手工炒茶师如今已成"稀罕物"。苏州市林业站高级农艺师李金珠说，"就目前来看，洞庭东西山的绝大多数年轻人已经不会炒茶，支撑手工工艺的大多是 20 世纪五六十年代的那批茶农。现在,我们既要关心把茶叶尽快推向市场,又要考虑如何将这个传统文化传承下去。"

机器炒茶其实并非一个新鲜事物。早在 20 世纪五六十年代,苏州林业部门就已着手引进制作茶叶的机器。但当时,效果并不理想,不少炒茶机械被堆放在仓库里,成了废铜烂铁。20 世纪 80 年代,随着茶林承包到户,主管部门再次推广机器炒茶,但同样受阻,只有部分国营茶场引进和使用。

市场的成熟与竞争,其推力远远大于政府主管部门的行政举措。进入 20 世纪 90 年代末,机器炒茶开始在民间出现。相关部门也借力推广。李金珠介绍说,2004 年,市林业站牵头在古尚锦实施了省三项"碧螺春茶叶清洁化加工技术的集成与推广"项目;2007 年,吴中区给 8 个茶叶合作社购买了 8 套机械;2008 年,绝大多数合作社都开始陆续使用机械制作低档碧螺春和炒青。

李金珠认为,在炒茶师普遍缺乏的客观条件下,引进机器炒茶未必不可,关键在于要进一步改进机器炒茶的技术,保证品质。当然,类似特级的高档碧螺春的制作,还应保留手工技艺。对于李金珠的这一看法,我们是赞成的。

2. 在产业转型升级过程中不能忽视传统产业。

近年来,中国经济发展中面临的制约因素越来越多,尤其是,资源、环境的约束和劳动力供给条件的变化,使得传统的经济发展方式难以为继。推动产业升级已经成为全社会共识,高科技新兴产业由此引起广泛关注。不过,产业升级并非只有高科技这一条途径,我们在重视新兴产业的同时,也不宜冷落传统产业,从现实情况来看,实现传统产业部门优化升级,其积极意义可能并不亚于依靠高科技发展新兴产业。

经过几十年发展,劳动密集型产业已经成为中国在国际市场上最具竞争力的产业部门。即便在 2009 年金融危机肆虐时,机电产品和高新技术产品出口急剧下滑,传统劳动密集型产业的出口仍然保持相对稳定。不可否认,这些传统产业确实面临新的挑战,但这并不意味着它们已经日薄西山,它们仍然存在着很大的发展空间。应该看到,传统产业提供的产品与人们的生活息息相关,随着人们收入水平进一步提高,需求结构也会日益多样化。这种全国范围内的消费升级,将为劳动密集型产业的各类企业提供大量的差异化市场机会。只要企业的产品和服务能够满足某一个细分市场的需求,它就有生存的空间。对于正在不断扩张的国内市场而言,只有夕阳产品和夕阳技术,而没有夕阳产业。

当然，我国传统产业部门整体上处于全球产业链的低端是不争的事实。要想形成新的竞争优势，升级传统产业，就需要淘汰落后产能，购置先进的机器，但这种产业升级不等同于设备更新。从产业链中的利润分布情况来看，高附加值的环节通常主要包括研发、设计、销售、服务等领域，关键性原材料和销售渠道也包含有很高的附加值，而中国劳动密集型企业集中的生产、加工环节，附加值很低。这就决定了传统产业部门优化升级的方向是，在进一步强化加工制造优势的同时，向产业链两端的高附加值环节延伸。要实现这个目标，就要求有条件的企业不仅只致力于技术创新，还要花大力气开展业务流程创新，掌控关键性原材料、零部件，开拓销售渠道。根据我们不久前在温州的调研，部分从事服装鞋包等传统产品生产的企业已经先行一步，通过新设企业、海外并购等方式，将业务范围从生产加工拓展到设计、分销等新领域，不仅有效抵御了金融海啸冲击，还进一步增强了在国外市场的竞争力。

在市场经济体制中，产业升级是一个自然演进的过程，政府主要发挥鼓励创新的引导作用，而不能代替市场对产业和企业进行选择。促进产业升级，政府和企业不能只关注引进高科技、发展新兴产业，而忽视传统产业的优化。只有鼓励企业投资于技术升级和管理创新，才能将企业创新的细流汇聚成产业升级的洪流。

### 三、苏南耕地与工业化、城市化矛盾的化解与统筹发展

2010 年 5 月，内蒙古清水河县 60 亿元造新城事件被新华社曝光，引发公众对我国造城运动的强烈关注。清水河县的年财政收入仅 3000 万元，人们不明白该县政府为何要在如此薄弱的财政力下，支撑一个无法负担的造城梦。值得琢磨的是，这并非个案，实际是国内之前一波造城运动的遗留问题，从 2001 年开始，全国范围内不同类型的城市都做起了"大规模"，在 2003—2004 年达到一个高潮。据不完全统计，那时有 48 个城市提出要建"国际大都市"。现在，有 655 个城市正"走向世界"，183 个城市要建"国际大都市"。由苏、杭领队的"天堂在人间"，天堂、仙境、伊甸园成为许多城市的标签。给西方地名做"二房"也有，如在宣传中自比"东方日内瓦"的有石家庄、秦皇岛、肇庆、昆明、大理、巢湖、无锡等城市。在这波造城运动中，城镇化率自然上去了。至今，西部地区城镇化率虽然只有 40%，但东部地区的城镇化率已超过 60%。苏南各市在造城运动中，虽不差钱，但差地。

土地紧缺,是苏南各地的普遍呼声,如何化解耕地与工业化、城市化的矛盾,是苏南协调发展与统筹发展的突出问题。

如何解决这一问题、化解这一矛盾?苏州、无锡、常州各自使出自己的招数,务求二者的统筹发展。

1. 采取内部挖潜,盘活存量。

首先是盘活已批未用的土地;其次是盘活储备与已储备的土地;再次是盘活区划调整后闲置的土地。

2. 腾笼换鸟,集中居住。

首先是腾笼换鸟,淘汰落后产能,为新兴产业发展腾出空间。其次是,在推进城乡一体化过程中,全面推进农民集中居住。如为了加速推进城乡一体化发展,推进工业园区集中,人口向城镇集中,居住向社区集中,土地向适度规模集中。太仓就出台了《加快城乡经济社会发展一体化进程的实施意见》从2010年5月1日起施行,具体目标到2010年年底,全市50%以上农民进城进镇进区集中居中,再用上5—8年时间,基本实现全市农民集中居住,这样既达到了城乡一体化的目标,又节省了土地。当然,对于一些涉及的"被城镇化"、"被上楼"农民,尤其是弱势群体的切身利益如何维护,尚待进一步研究。

3. 借天生地,退城进园。

首先是借天生地。土地有限,用法无穷;资源有限,发展无限。借天生地,很有必要。从苏州、无锡、常州的具体做法看,主要是引导厂房、商品房等向高空发展,资本向高投入发展,产业向高科技发展,推出政策性多层"廉租厂房"等,对进区项目设立必要的投资规模、技术层次、环境保护等方面的准入门槛。想方设法向地上地下要空间,从平面发展向立体综合开发转型。如苏州工业园区在2008年,借着轨道交通1号线将穿越金鸡湖东西两岸中央商务区,需要建设轻轨站的契机,就着手建设城市发展地下空间,星海街地下商业广场——这个总建筑面积5.4万平方米的园区首个地下空间项目,包括5000平方米的下沉式广场、1.8万平方米购物商城和2.7万平方米地下车库,地下开挖深度为14米—16米。

2010年,有着"江苏第一高楼"之称的九龙仓国际金融中心超高层项目在园区湖东CBD动工,一下子就将园区的身高拉到450米。从88米高的国际大厦,到282米高的环球188米、310米高的新鸿基,再到450米的九龙仓项目。园区"长高了"362米。

　　十六年来,园区始终保持年均约 30% 的经济增速,园区以占苏州市 3.4% 左右的土地,创造了全市 16% 左右的 GDP,土地产出率相当于建园初期的百倍。2009 年,园区土地供应量同比下降 29.8%,生产总值却同比增长 15%,地方预算收入同比增长 13%。

　　园区属阳澄淀泖地区,水网密布、地势低洼。园区开创了"清淤、治水、取土、扩地"相结合的土地综合开发新模式。通过金鸡湖、独墅湖、阳澄湖底清淤取土 6000 余万方,用于低洼地、沼泽地的填土,避免挖废耕地 0.2 万多亩,相当于新增用地 10 平方公里。同时 110KV 电缆全部下地,既美观了城市环境,又节省了土地 2.4 平方公里,对园区南部科教创新区 220KV 和 500KV 高压线进行归并,归并后高压走廊宽 72 米,总长 5500 米,较归并前减少占地 594 亩,为南部科教创新区提供了更大的建设用地空间。①

　　无锡,在用地需求只增不减,但下拨的用地指标呈减态势下,采取了两大举措:一是腾出"寸金地"铸造"聚宝盆"。二是加快产业转型升级。既背负沉重的历史包袱,又拥有独特的区位与资源优势,挑战与机遇并存,是目前无锡老城区转型发展面临的共同课题。如在传统低端工业曾占据支柱产业地位的北塘区,加快经济发展方式转变与产业转型就迫在眉睫。从 2007 年开始,该区一方面通过工业企业"退城进园",高新化改造,加快现有传统工业的搬迁,提升步伐;另一方面,围绕"提升传统服务业、发展现代服务业、培育高新技术产业"的产业发展战略,加快产业"腾笼换鸟"的速度,努力构建现代服务业与高新技术产业"双轮驱动"的现代产业体系。

　　按照市区工业布局调整方案,北塘区有 29 家重点企业被列入"退城进园"行列,其中年产值超亿元的企业就有 20 家。结合产业结构调整、凤翔新城建设与旧城改造,北塘区还逐年退出大批中小企业。大批工业企业的一一迁出,为北塘实现转型发展腾出了"寸金地"。

　　在利用国有企业闲置厂房建立的北创科技园,北塘区投入 27 亿元,打造出总建筑面积 50 万平方米,城区规模最大的国家级科技创业园区。

　　在产业大"换血"过程中,北塘区明确将生产性服务业、文化旅游业、软件与服务外包产业作为北塘重点培育与发展的战略性新兴产业。2009 年以来,

_____

　　①　燕冰、尤志卉:《从"450 米"到"-16 米"——聚集苏州工业园区转型升级·空间篇》,《苏州时报》2010 年 7 月 6 日第 A1 版。

以惠山古镇、古运河为代表的文化旅游圈,以金太湖国际城为代表的吴桥中心广场商贸圈,以锡北集聚区为代表的凤翔总部经济圈,以金属材料市场为代表的城北物流交易圈,以北创科技园为代表的高新技术产业圈已现雏形。2010年,北塘区又启动以火车站北广场、天鹏地块为代表的锡澄枢纽经济圈建设,以一百地块、茅泾浜地块为代表的城中高端商务圈,使全区现代产业体系趋于明朗,产业结构不断优化。

不断崛起的都市型产业群,创造出的是低能耗、零排放的"绿色GDP"。2009年,该区完成服务业增加值109.2亿元,同比增长15%,服务业增加值占地区生产总值的比重达到了67%。高新技术产业增加值占规模工业增加值比重已达38%以上。

在城市化进程中,无锡纺织、化工、机械等传统老字号企业所在地从郊区变为闹市,与居住、商业用地等"混居"一处。按照规划,无锡对快速内环50平方公里范围内影响城市道路及景观建设、严重污染内河水环境和城区大气环境且难以治理的工业企业实施"退城进园"。

"阵痛"中顺应产业结构调整潮流,打开了传统产业和区域经济发展的新空间。19家机械企业集中搬至鸿山镇机光电装备工业园后,环境、物流、加工等各方资源进行了整合,产业实现了整体升级,年销售额较原先翻了一番。一棉、庆丰、太平洋纺织等纺织企业纷纷向"总部经济"转型,研发销售中心进入集聚园区,劳动密集型加工厂出市转到外地。锡钢、石化、焦化厂、化工集团等高能耗大企业则转至靖江等地区实施产业升级。

搬迁冶金、化工等传统工业企业,减轻了环境承载压力;引进新兴产业,盘活了区域经济。无锡的东西南北,正因为"退城进园"发生着巨大的变化。"退城进园"企业迁移成本高达200多亿元。政府高成本投入,体现出了一种新的发展理念。东面,锡钢和焦化厂搬迁腾出近2000亩土地,将建设城市综合体和公共绿化;南面,帝斯曼等11家企业搬出,朗诗未来之家、"九龙仓"等商住项目正在崛起;北面,罗地亚和化工集团搬迁腾出的1000多亩土地,将规划建设以总部经济为主的"信息数码港";西面,巨龙塑化公司等十多家企业腾出的土地,将用于惠山古镇和森林公园建设。新兴产业、居民广场、住宅区、绿化带等新"主体"正在这"一进一退"之间逐步呈现出来。

4. 规划发展,保护"红线"。

如2010年,无锡通过增减挂钩,争取省下达挂钩指标5000亩以上;通过清理、置换等手段,争取盘活存量建设用地1.5万亩;争取独立选址与上亿美元外资、超8亿人民币重点重大项目用地指标不少于1.5万亩;深入推进节约集约用地,重点保障重大民生工程、基础设施项目与国家、省市扶持的以传感网、新能源、新材料等为核心的九类新兴产业项目建设,建立规范有序、健康完整的土地市场。

在市区建设用地占整个区域面积达31.86%,可拓展空间已十分有限的情况下,无锡人认识到不保护土地资源将是自绝后路;保红线,不仅仅是简单划定基本农田保护区,而是要对土地资源科学规划、科学重组。无锡市国土资源局局长吴伟坤认为:"万顷良田建设工程",能有效推进土地优质资源连片集中,更有利于耕地资源的保护。为了统筹用地与城市化、工业化发展,2010年,无锡市重点推荐锡山、惠山、滨湖新区万顷良田建设工作,并加强相关配套政策研究,力求在化解万顷良田建设资金筹措、规范安置补偿等重点和难点问题上取得突破。在认真编制城乡建设用地增减挂钩规划和拆旧区复垦方案基础上,全市落实补充耕地指标不少于2.5万亩,全年完成土地整理总面积6万亩,并确保全市164.82万亩耕地基本农田面积不少,用途不变,质量提高。

在中国经济快速发展过程中,在每一个经济发展迅速的地方,都能看到一个或多个开发区。但在曾经连续7年领跑全国县域经济的江阴,却有一个不开发区。

2007年,国家出台了《全国主要功能区规划》,规划将全国的土地分为四类功能区,其中提出了限制开发区域与禁止开放区域。受此启发,2008年9月,江阴市提出大力发展不开发区的战略,把江阴南部6个乡镇——顾山、长泾、祝塘、徐霞客、青阳、月城规划为不开发区。这6个乡镇都是江阴原有生态保护较好的地区。这片占地200平方公里的不开发区,占了江阴总面积的1/5。从埋头赚钱到碧海蓝天,老百姓心中的"愿景迁移"推动着江阴城市经济同步转型。在幸福江阴建设过程中,江阴市委、市政府确立了发展经济与改善民生相互促进、提升的理念。不开发区的设立,贯彻的就是这一理念。须指出的是,不开发区域,并不是不开发,而是强调高效益的农业开发、高水平的工业开发、高标准的旅游开发、高品质的人居开发,即强化不开发区域原生态保护,关键在于放大生态、旅游、文化的优势,重点发展高效农业与旅游业,力争在苏南发达地区率先走出一条农业产业主导、自然生态优先、文化科技支撑的发展道路。

伴随着不开发区万顷良田项目的启动,这里的农民一户户搬迁到镇区的拆迁安置点,分散的耕地与民居变成了一大片沃土,平整了原来错杂在各家自留地间的沟沟坎坎,无形中增加了可耕地面积。连成一片的土地,为现代农业创造了条件,这里的万顷良田全部承包给了农业公司经营,公司又雇佣当地农民来管理这些土地,农民成了拥有"地租"与工资双重收入的农业工人。

懂得延长产业链,做增值业务的江阴人并没有就此止步。如在万顷良田中的经济果林基地中,种有杨梅、樱桃、石榴、水蜜桃、枇杷、梨、葡萄、核桃、蜜橘、冬枣等果林。这里,一年四季都有水果出产。果园全部采用立体种植,果树下种蔬菜、西瓜等。

在不开发区的花鸟园内,不仅有花有鸟,还有茶座,闻着名花的清香,伴着清脆的禽鸣,坐在恒温的大玻璃房里享受透明的阳光,喝茶聊天,令人神往。除了茶座,花鸟园区还有舞台可供表演,有自助餐可供品尝,甚至还可以在此做SPA,好好放松一下身心。

不开发区的发展,不但保护了当地生态,提升了经济水平,更惠及了百姓生活。对于一些片面地造成、圈地、扩大城市规模、大兴土木、劳民伤财的地方官员来讲,不妨到这里来看看,体会体会并不大的江阴城却不盲目扩大城区,而是搞一点不开发区,将工夫花在了生态环境的保护上,有没有道理呢?!

5. 依法规范,集约利用。

如在常州,保护耕地与保障发展的压力是十分突出的。一方面,常州各地普遍反映土地利用计划指标紧张,无法满足建设发展需要;但与此同时,建设用地批而未征、征而未供、供而未用、用而不足现象也十分突出。据国土部门提供的清查数据,2009年年底,全市各类批而未供、供而未用及供而未充分利用的存量土地超过2.5万亩。

常州市国土部门在摸清各类存量土地形成原因的基础上,按照依法规范、以用为先、公开公正、集约利用四项原则制订了存量建设用地分类处置方案。

一是农用地转用批准后,满两年未实施征地和用地行为的,批准文件自动失效;未满两年的,要加快实施土地征收和拆迁,加快形成用地条件,并及早进入供地程序。

二是已实施征地但尚未供地的,要加快供地手续的办理。如尚未落实用地项目的,一律调整原供地方案,纳入当年度新增用地计划或实施政府储备。已落实项目,但由于项目自身原因造成无法及时供地的,要重新调整给急需用地的项目。

三是对已办理供地手续，但尚未开工建设的，严格按规定处置。凡认定为闲置土地的地块，一律征收土地闲置费或收回土地使用权。

四是对供地后未充分利用的土地，要根据出让合同约定的竣工时间或用地协议约定的条件，采取责令限期建设、退出土地或实施土地置换、建设标准厂房、收购及收回等措施，充分盘活和利用起来，按规划要求实施到位。

五是鼓励工业企业在符合城市规划，且不改变工业用地性质的前提下，利用自有土地重建、改建、扩建厂房。

在此基础上，常州市进一步采取上下联动、自查自纠、边查边改与集中处理各类存量建设用地等措施，对未完成目标任务的地区相应地扣减下一年度农用地转用计划指标，务求建立常态化管理，真正实现节约用地、人与自然协调发展、统筹发展。

常州人提出，要牢固树立科学发展观，努力在集约利用土地上下工夫，严格把守思想关、规划关、产出关、引进关、科技创新关和征地补偿关，认真做到按规划供地，管地和用地。

按规划供地。严格执行国家《限制供地目录》、《禁止供地目录》和《江苏省划拨用地目录》，认真落实国家产业政策，严格控制限制性产业项目供地。供地方式公开公正，工业用地按项目规模和投入强度供，商业用地公开挂牌招标拍卖。努力做到"三个倾斜，四个挂钩"：向大项目倾斜、向好项目倾斜、向成熟度高的项目倾斜，供地量与投资额挂钩、与产出率挂钩、与建筑密度挂钩、与容积率挂钩。

按规划管地。进一步探索建立"工业向园区集中、土地向规模集中、农民向城镇和中心村集中"以及"清淤、治水、取土、扩地"相结合的土地管理和综合开发新模式。完善土地储备制度与土地市场交易机制，加强土地用途管制，实行土地用途变更制度，采取行政、经济、法律等手段进行控制监管。用养结合，轮流休耕。发展循环经济，实行排污制度和资源环境税收制度。建立农地流转制度。完善土地资源市场配置，完善土地储备中心职能，强化土地金融职能。建立土地社会保障机制，完善失地农民社会保障制度，积极发展失地农民保障基金。严格土地管理责任追究制度。

按规划用地。科学规划用地，做到"四个体现"：体现开发区的发展战略，体现功能分区合理、产业布局科学，体现对生态环境的保护，体现综合开发态势。集约利用土地,制定出台投入和产出强度标准以及相关的配套政策措施。限制非生产性用地,优化布局。提高准入门槛,用好经济杠杆。(地价杠杆、地租杠杆、税收杠杆)

6. 采取开发后备,扩大增量。

首先是加大土地开发整理工作力度。积极推行耕地储备制度和建设项目补充耕地与开发整理项目挂钩制度,充分挖掘已利用土地和废弃土地的潜力,集中组织开展对农村低洼地、矿山宕口、砖瓦窑厂、"十边地"、废弃地等的整理、复垦和开发,整理"空心村",改造"城中村",大力开展"山、水、田、林、路、村"综合整治,大力推进以"农田向规模经营集中、农村居民点向小城镇集中、工业向园区集中"为重点的土地整理,不断优化土地利用结构,拆抵追加建设用地指标。

其次是积极推进农村集体土地流转。用足、用好、用活国家土地置换政策,对开发整理出的"新造地"进行依法、合理、有序的流转。在总的用地指标不变的情况下,把一个乡镇、一个县(市)的宅基地指标、乡镇企业建设用地指标、公益事业建设用地指标捆绑使用,集中调剂农田复垦指标、集中建设用地指标、农民建房用地指标和已批准建设用地指标等。同时,大胆采用土地使用权出让、转让、租赁、作价入股等多种方式,有效推进农村集体土地流转。

7. 飞地政策,联合开发。

打破行政区划的限制,建立合理的利益机制,协调区域内开发区之间的利益关系,有序竞争,减少内耗。

实施"飞地政策"之余,眼光不妨放得更长远些,可以采取"走出去"战略。与国外都可以搞经济合作,苏南为什么就不能跟苏中、苏北搞好联合开发呢?只要可以双赢,不但产业(产业链的低端,如配套加工等)可以考虑转移,连项目也可以考虑异地落户。江阴跟靖江在沿江开发上就合作得不错,足资借鉴:江阴与靖江两市几年前搞联合开发,在大桥北堡以西选址 60 平方公里,建设江阴开发区靖江园区,首期开发 8.6 平方公里。利用这个园区,江阴可以在 11.1 公里的岸线上放开手脚,大大拓展发展空间。以江阴为主投资建设开发区,将大大加快靖江城市化的进程,同时又能及时抓住国际资本和产业向长江沿线转移的机遇,发挥靖江岸线优势,带来产业和资本,带来先进的招商理念和管理模式,获得双赢。

# 第四章　精神动力：苏南的精神
# 法宝与苏南的成功之道

【提示】苏南,不仅走在了江苏的前列,而且走在了全国的前列。有人说,今天的苏南,已经与工业发达国家站到了同一起跑线上。那么,苏南是靠什么发展起来的? 是怎么获得成功的? 苏南之所以获得成功靠的是具有开拓、进取、敢为天下先的苏南人精气神与苏南精神。从苏南的发展历程看,建国以来,大体上经历了"改造—发展"、"调整—发展"、"改革—发展"、"外向—发展"四个时期。以常州为例,前三十年发展工业,主要有"轻纺先行"、"母鸡下蛋"、"以才生财"、"小台大戏"、"滚雪成球"六条基本经验。后三十年,"发展一日千里,变化翻天覆地",其基本经验也有六条:"咬定发展不放松"、"敢闯敢冒敢争先"、"百折不挠不畏难"、"科学发展创新业"、"以民为本促和谐"、"抓好党建促发展"。这是苏南各市的共同经验。今天的苏南各市,在科学发展大道上,仍在奋发有为。

## 第一节　精神法宝
### ——苏南人的精气神与苏南精神

马克斯·韦伯曾论证,新教伦理促成了资本主义精神和现代资本主义的发展。尽管资本主义的发展,不是马克斯·韦伯所说的新教伦理促进的,它的发展是生产力解放出来的,是生产方式变革的结果。但是新教伦理起到了平衡器的作用。资本来到世间就要赚钱,有十倍的利润就有百倍的疯狂。那么,这个社会就需要一种平衡器,新教伦理正好就充当了这个角色。新教教义告诉人们,我们都是上帝的子民,我们干活都是为了上帝的荣耀。资本家赚了钱应该勤俭,人们应该安分守己,恪守伦理道德。

我们是社会主义国家,我们没有请马克斯·韦伯,而是请卡尔·马克思。我们不能告诉人们,这是上帝安排的。我们从来不相信救世主,也不靠神仙皇帝。我们不可能靠宗教信仰解决我们的主要问题,我们必须依靠自己,去调动方方面面的积极性,去共同探索,去公平竞争,去实现中华民族的伟大复兴,从而形成我们中华民族的精气神。

苏南,不仅走在了作为我国的经济大省江苏的前列,而且走在了全国的前列。像苏南今天这样的领先发展地区几乎已经与发达国家站到了同一起跑线上。如果说,改革开放30多年来,致力于伟大复兴的中华民族创造了以改革创新为核心的时代精神,那么,致力于率先发展的苏南人则创造了开拓、进取、敢为天下先的苏南人精气神与苏南精神。

苏南人的精气神是什么?苏南精神是什么?从苏南已经展示、凸显出来的苏南人的精气神与苏南精神看,有这样几个方面。

### 一、脚踏实地的"四千四万精神"

了解苏南的人都知道,苏南能有今天,靠的是"四千四万精神",即在改革开放初期,苏南人就总结出的攻坚克难的"踏遍千山万水闯市场、吃尽千辛万苦办企业、说尽千言万语拉客户、历经千难万险谋发展"的"四千四万精神"。这是对"四千四万精神"的一种表述,苏南人的"四千四万精神",还有这样一种表述:"走遍千山万水,吃尽千辛万苦,说尽千言万语,破除千难万险"。也有的将最后一句表述为"串过千家万户"。须指出的是,"四千四万精神",不仅苏南有,温州也有。

提到苏南,人们总会将其与"鱼米之乡"、"经济发达"等词联系在一起。但这个"鱼米之乡"却一直是全国人口密度最大的地区,人均耕地不足0.4亩。改革开放初期,成千上万的苏南农民走出家乡,凭着"四千四万精神",乡镇工业从无到有、由小变大,地区综合实力连续十几年跻身全国前列。

随着改革开放的春风吹遍苏南,苏南人穷则思变,于是有人开始尝试办企业,成功经验不断地被推广,随之,乡镇企业一夜之间如雨后春笋般染绿整个苏南大地,"苏南模式"家喻户晓。在"四千四万精神"支撑下,从睡地板到当老板,苏南人克服了地少人多的局限,在有限的土地上创造了巨大的财富。

"四千四万精神"不仅带领苏南人发家致富,还带领苏南人走出国门,催生出"新苏南模式"、苏州工业园区经验等一批富有时代特征的先进典型。

20世纪90年代,苏南的乡镇企业遇到问题,高耗能、高污染、低产出使得一些企业生存无以为继，于是苏南外出借脑生智，大力招商引资，引进先进的经营理念与科学生产经验。他们诚挚的精神感动了对方，一时间，台资、外资等纷纷孔雀东来，安居苏南，工业园区遍地开花。以昆山为例，80万人里有20万人是台商。

30多年的改革开放实践显示，以"四千四万"精神创办乡镇企业，以"既要金山银山，又要绿水青山"的理念保护生态环境，以创业、创新、创优实践推进"两个率先"，以坚持"两手抓、两手硬"促进经济社会协调发展，形成了苏南发展的鲜明特色与亮点。"能吃别人吃不了的苦、能做别人不愿做的事、肯挣别人看不上的钱"。这是对苏南"四千四万精神"的诠释。

实践证明，苏南的"四千四万精神"不会过时。她是在长期生产生活过程中孕育形成的，是对苏南发展起支撑与推动作用的精神力量。今天，在对全球经济调整的挑战面前，代表了不畏艰难险阻、勇于开拓创新与创业进取的"四千四万精神"，依然有着积极的现实意义，值得继续发扬光大。

熔铸了苏南人奋斗发展轨迹的"四千四万精神"，让苏南人更觉得发展成果的来之不易与倍加珍惜。当年，发展乡镇企业，苏南人以"四千四万精神"攻坚克难；现在，苏南人再提"四千四万精神"，既是一种传承，也是发展的必然。

放眼未来，苏南的发展任重而道远，进一步弘扬"四千四万精神"，再谱新的篇章，依然是新时期苏南人的追求。

## 二、苏州的"三大法宝"

### （一）苏州"三大法宝"之首的张家港精神

毛泽东生前讲过，人是要有一点精神的。德国著名诗人海涅说过，思想走在行动的前面，犹如闪电走在雷声的前面一样。邓小平生前强调：没有一点闯的精神，没有一点"冒"的精神，没有一股气呀、劲呀，就走不出一条好路，走不出一条新路，就干不出新的事业。

敢为人先、只争朝夕、开拓进取一直是改革开放以来苏南人的精神主流。这尤为突出地体现在曾经被称为"苏南的苏北"的张家港人的精神风貌上。

张家港市的前身是1962年建立的沙洲县。当时，该县由常熟、江阴两县各划出部分边远的人民公社组建而成。建县之初，全县年生产总值不足1亿元，财政收入不足1000万元，农民人均可分配收入只有62元。1986年撤县建市,全市面积999平方公里。然而,就是在这么一块不起眼的小地方,产生了苏州的"三大法宝"之首张家港精神,①不仅在苏南,而且在全国发扬光大。

1992年1月,该市杨舍镇党委书记秦振华出任张家港市市委书记。他上任伊始,就审时度势,大胆地提出了"工业超常熟,外贸超吴江,城建超昆山,项项工作争创一流"的"三超一争"的发展思路与愿景,并很快在该市决策层中达成了共识。这种敢于争先的锐气、自加压力的勇气、负重奋进的志气,振奋了广大干部群众团结拼搏、勇于向强手挑战的精神,并被迅速地付诸行动,将张家港搞得生机勃勃、欣欣向荣。

当时,以秦振华为首的市委领导班子认为,经济要腾飞,思想必先行,只有用邓小平理论武装党员、干部与人民群众的头脑,着力塑造与弘扬一种反映时代特点、体现区域特色、富有激励作用的精神,才能凝聚人心、鼓舞斗志。因此,他们在总结基层工作实践的基础上,以简短的文字语言,提出了催人奋进的"团结拼搏、负重奋进、自加压力、敢于争先"的张家港精神,激励张家港人不畏艰难,团结拼搏,奋力改变张家港市的落后面貌,使张家港市城市面貌从根本上发生了改变,城市文明程度迅速提升了,经济迅速发展起来了。1986年,张家港市的生产总值为14.37亿元,1996年已达到230亿元;2007年达到1050亿元;2009年,GDP达到1450亿元。

张家港精神产生后,不仅对张家港,对苏南,而且对全国产生了积极而深远的影响。张家港精神首先铸造了张家港这个全国典型。在张家港精神激励下,张家港人奋发图强,使这个原本相对落后的城市发生了翻天覆地的变化,成为绚丽多彩的宜居城市;昔日的"穷沙洲"变成了富饶之地,昔日破旧的农村集镇如今变成了富有现代化气息的新港城,昔日贫穷的农民变成了富强文明的现代化城市市民,城乡一体化已成为张家港市新的城市品牌。1995年,张家港市的两个文明协调发展的成就与特色被誉为"伟大理论的成功实践"。1995年5月13日,江泽民同志视察张家港时指出:张家港的成就是"干出来的,不是说出来的"。1996年10月,胡锦涛同志视察张家港后,充分肯定了"张家港市广大干部群众有良好的精神状态和扎实的工作作风,尤其是发扬了张家港精神,真抓实干,争创一流,不达目的誓不罢休"。其次,张家港精神

---

① 苏州市将张家港精神与昆山之路、苏州工业园区经验列为推动苏州经济社会发展的"三大法宝"。

对全国起到了较大的典型引路、推动发展的示范作用,具有巨大的辐射力。1995 年 10 月,中共中央宣传部、国务院办公厅组织的"全国精神文明建设经验交流会"在张家港召开,从此,张家港精神在全国叫响,并产生了极为广泛的典型示范作用。这种作用,正如中共中央政治局委员刘云山在 2005 年 6 月考察张家港时所讲:"十年来,张家港对全国的发展起了很好的推动作用,张家港的贡献可以概括为一个经验、一个精神和一条路。一个经验就是坚持'一把手','两手抓'两手都要硬;一个精神就是'团结拼搏、负重奋进、自加压力、敢于争先'的张家港精神;一条路就是走出了经济社会全面协调发展之路。"

**（二）率先争先、开明开放、合心合力、自主自强、自强不息、创新发展的"昆山之路、昆山精神"**

胡锦涛同志曾经在昆山视察后,讲过这样的名言:"都像昆山,小康社会就实现了。""小康"是中国古代的概念。中国第一部诗歌总集《诗经》,其《诗·大雅·民劳》篇中,首次出现"民亦劳止,汔可小康"的"小康"之咏。其意是讲,老百姓终日劳动不止,最大的希望是过上小康的生活。从狭义理解,"小康"即"富有仍嫌不足,但温饱已经有余"。从广义理解,除经济生活之外,它还涉及社会、政治、文化、生态环境等诸多领域。在中国社会发展的历史上,"小康"即是一种理想的社会模式,也是一种理想的生活水平。中国历代思想家们,曾对理想中的小康社会做过许多设计,赋予它很多思想内涵。但都有其历史的局限性。古代思想家所说的小康社会,是一种建立在落后生产力与封建私有制基础上自给自足的小农社会,反映了长期处于贫困状态的普通百姓对于衣食无忧的生活的向往。正因为这样,人们才会向往小康,追求小康。

进入 20 世纪,时代变迁,风雨沧桑。以毛泽东为核心的中国共产党第一代领导人,使中国人站起来了。当历史的车轮推进到 20 世纪 70 年代末,以邓小平为代表的第二代领导人,为实现祖国的四个现代化与中华民族的伟大复兴,衍承中国的"小康"之词,开始设计中国现代"小康"社会。1983 年,邓小平在考察苏州、杭州农村时,谈到了小康生活水平 6 项标准,即人民的吃穿用解决了;住房问题解决了;就业问题解决了;人口不再外流了;中小学教育普及了;人们的精神面貌变化了;犯罪行为大大减少了。翻开《邓小平文选》第二、第三卷,我们发现竟有 40 多处提及"小康"一词:"小康状态"、"小康水平"、"小康的社会"、"小康的国家"。他指出:"所谓小康社会,就是虽不富裕,但日子好过。我们是社会主义国家,国民收入分配要使所有的人都得益,没有太富的人,也没有太穷的人,所以日子普遍好过。更重要的是,那时我们可以进入国民生产总值达到一万亿美元以上的国家的行列,这样的国家不多"。①

全面建设小康社会是党和国家到2020年的奋斗目标,党的十六大从我国总体上实现的小康还是低水平、不全面、发展很不平衡的小康的实际出发,提出了大体用20年时间,从社会主义经济建设,社会主义民主法制建设,全民族的思想道德素质、科学文化素质和健康素质的提高,生态环境的改善等方面,全面建设一个惠及十几亿人口的更高水平的小康社会的奋斗目标。党的十七大在十六大确立的全面建设小康社会目标的基础上,对全面建设小康社会目标提出了增强发展协调性、扩大社会主义民主、加强文化建设、加快发展社会事业、建设生态文明这五个方面新的更高的要求。

江苏省设定的"全面小康社会"目标,包含4大类18项25个指标(见下文所附),涉及经济发展、生活水平、社会发展、生态环境等众多领域,突破了传统小康概念对单纯经济指标的偏重,拓展与提升到全面发展、和谐发展、科学发展的新境界。昆山,是江苏率先发展的一个典型,是全面建设小康社会的一个样板。

1985年以前,昆山仅仅是个靠种水稻、蔬菜为主的农业县,在苏州排在最末位,外号"小老六"。1985年,全县GDP仅7.9亿元,居全省第19位,是经济发达地区的一块凹地。

在经济全球化时代,已经攀上知识经济平台的西方发达国家需要"腾笼换鸟",让制造业转向发展中国家,中国沿海地带抓住这一历史机遇,吸引了大量外资。昆山人适时提出"东依上海、西托'三线'、内联乡镇、面向全国、走向世界"的思路,大力发展横向经济联合,把上海一些国有企业与"三线"部分军工企业引到昆山,借梯上楼,借势发力,从而奠定了工业发展的基础,开放的大门从此打开。1985年,昆山人自费建设开发区,且采取行之有效的沿老城区逐步向外延伸、滚动发展的方式,吸引了大量外资,形成几大产业集聚集群格局,实现了"散转聚"。1991年1月被江苏省人民政府列为省重点开发区,1992年8月经国务院批准成为国家级开发区,还建成了第一个封关运作的出口加工区。后来,这一思路逐渐明晰完善,变成昆山经济发展战略的核心——

---

① 《邓小平文选》第三卷,人民出版社1993年版,第161—162页。

外向带动战略。到 2005 年底，对照江苏制定的全面小康指标体系的 4 大类、18 项、25 条指标，昆山率先实现了江苏全面建设小康社会，基本达到了全面小康社会水平。2009 年，昆山 GDP 达 1750.8 亿元，全市全口径财政收入达 282.11 亿元，地方一般预算收入达 133.11 亿元。昆山之路，以创办自费开发区为起点，率先争先、开明开放、合心合力、自主自强、自强不息、创新发展。

1. 昆山之路是率先争先之路。

昆山人善于创造条件、率先争先谋发展。先是创办全省第一家中外合资企业。后是批建全省第一家外商独资企业与有偿出让第一幅国有土地使用权；先是创办全国第一家自费开发区，后是创办全国第一个出口加工区。因为没有先例，在创办出口加工区的当初，曾遭到冷嘲热讽，甚至当时连业内人士也说是天方夜谭，但昆山人顶住压力，不囿陈规，没有条件创造条件也要上，为获国家审批，历时两年，先后多次进京；待条件具备，获国家审批后，立即封关运作，其运作模式也被国家主管部门采纳，成为昆山人敢为人先、率先争先发展的范例。

2. 昆山之路是一条开明开放之路。

昆山人拥有开明的胸襟，昆山城市是一个开明开放的城市。昆山人不排外，致力于营造适合各类人才来昆山就业、创业、发展的宽松自由氛围，"不求所有，但求所用，更求所为"。由于昆山重视人才，使得江苏省第一家外资进入的人力资源公司瞄准了昆山，使得昆山成为江苏全省民间人才中介最多的县级市，使得昆山的人才市场成为影响上海、杭州、南京等大城市的区域性人才市场。昆山人以开放、开明、宽容、兼容的气度，掀起了一场前所未有的"新昆山人运动"，倡导"哪里有尊严，哪里就是故乡；哪里有爱，哪里就是家"的理念，唤起了新昆山人的广泛认同。昆山还专门成立"新昆山人工作委员会"，切实承担外来人口的教育管理服务职能，并设立"新昆山人"投诉处理中心，保障外来人口的合法权益。

昆山人视外企、外商、外地人才及外来打工者为上帝，承诺服务全心全意，着力营造一个开放的环境。在创业初期，昆山大力倡导"硬件不足软件补，政策不足服务补"的理念，开发区获国家批准后，又在全社会大力宣传"人人都是投资环境"的理念。昆山把城市看做招商引资的主要载体，把增强城市综合功能、优化人居环境、全面提升城市品位作为投资环境建设的重点。近年来，他们着力营造"零障碍、低成本、高效率"的服务品牌，政府部门全面推行公示、承诺、督察、末位淘汰等六项制度,先后成立机关效能监督中心、外商投诉中心、经济纠纷调解中心、外商协会等组织机构,通过外企沙龙、座谈走访等多种形式加强与外商沟通,倾听外商对政府的意见与建议。建设一流环境,全心安商。在2002年,台湾电机电子工业同业公会公布的"祖国大陆最爱台商推荐的前十大城市"中,昆山名列首位。

3. 昆山之路是一条合心合力、自主自强、自强不息之路。

合心合力是昆山之路的关键。薪火相传,发扬团队合作精神,形成发展合心合力。一方发展,既要依靠群众,也要依靠领导班子的团队合作,这是昆山的领导班子手中掌握的一件政治法宝。

自主自强,是昆山之路的灵魂。昆山之路以创造全国第一个自费开发区为起点,始终凝聚着自主创业、自强创新精神。

自强不息、创新发展,催生昆山精神:"开放、融合、创新、卓越"。昆山人自强不息,争创一流,永不满足,追求卓越。改革开放以来,昆山从一个工业基础薄弱、名不见经传的农业县,发展成为现代工业城市,打的就是开明开放、率先争先的鲜明旗帜,靠的就是自强不息、争创一流、永不满足的发展追求。

以"开放、融合、创新、卓越"为核心的昆山精神,是昆山发展的最可宝贵的精神财富,为昆山之路的形成与发展提供了强大的精神动力。昆山精神可以概括为四点:

一是开放,这是昆山之路的动力。实行对外开放,是同一个国家与社会进步发展紧密关联的,也是近代世界历史潮流所要求的。邓小平曾经指出:"中国长期处于停滞和落后状态的一个重要原因是闭关自守"。现在的世界是开放的世界,"中国的发展离不开世界"。[1] "任何一个国家要发展,孤立起来,闭关自守是不可能的,不加强国际交往,不引进发达国家的先进经验、先进科学技术和资金,是不可能的"。[2] 改革开放30多年来,昆山从一个农业县发展成为经济比较发达、社会比较稳定、百姓比较富裕的新兴工商城市,关键在于抓住了对外开放的机遇,即及时抓住国际产业与资本转移的机遇,先自费开发,创建开发区,建设先进制造业,构筑外向型经济发展平台,后是以外资带动与民资创业比翼齐飞,对外开放与对内开放协调共进。

---

① 《邓小平文选》第三卷,人民出版社1993年版,第78页。
② 同上书,第117页。

二是融合，这是昆山之路的魅力。社会主义和谐社会的构建，不能不讲融合。就一般意义而言，和谐指的就是事物与现象的各个方面的配合、协调、融合。在构建社会主义和谐社会的过程中，昆山立足于人、围绕人做文章，坚持富民为先、亲民为本、安民为重、智民为要、益民为旨，深得要领，深得人心，民主法治、公平正义、诚信友爱、充满活力、安定有序、人与自然和谐、融合相处在昆山得到了很好的体现。

三是创新，这是昆山之路的灵魂。昆山人沿着昆山之路一路迈进，做了许多别人没有做的事，做了许多别人不敢做的事，这既需要勇气，更需要智慧、创新。昆山人在全面发展中求创新。为了鼓励探索、宽待失误、崇尚成功，昆山市政府设立了创新奖。在国际资本集聚昆山过程中，昆山十分注重本土经济的配套创新能力的提高与创新发展。无论是改革还是发展，都必须以创新的思想观念引领。创新是昆山发展的不竭动力，没有创新精神，就不可能有今天的昆山。

四是卓越，这是昆山之路的境界。对取得的成绩永不满足，对自己的弱项不回避，对困难不低头，样样工作争第一，创一流，自强不息。正是有了这种追求，有了这股锐气，才使昆山人、昆山城、昆山情更具时代性，更显昆山特色与昆山活力。

### （三）科学超前、先进合理的园区规划与"借鉴、创新、圆融、共赢"的园区经验

如果说，张家港精神、昆山之路的最鲜明特征是率先、争先与突破，那么园区经验与园区理念最鲜明的特征就是"超越"与科学规划。

苏州工业园区，与其他国家级开发区相比，虽然起步晚了整整十年，但园区人不仅以高起点、大手笔弥合了这十年的时空之差，而且创造出后来居上，跨越腾飞的发展奇迹。1992 年初，邓小平同志以巨人的慧眼发表重要谈话，提出要学习借鉴新加坡的先进经验。他要求大胆吸收和借鉴人类社会创造的一切文明成果，吸收和借鉴当今世界各国的一切反映现代化生产规律的先进经营方式和管理方式；他指出：新加坡的社会秩序算是好的，他们管得严，我们应当借鉴他们的经验，而且比他们管得更好。新加坡高层很快予以呼应，向中国政府提出了合作开发的设想。此后，中新两国围绕合作开发进行了多次协商探讨。经过一系列细致周密的前期准备，1994 年 2 月 26 日，中新两国政府在北京正式签署《关于合作开发建设苏州工业园区的协议》。1994 年 5 月 12 日，园区首期开发启动典礼隆重举行，上百辆长车、推土机发出的隆隆轰鸣声，

奏响了首期开发启动的"交响曲"。到 2003 年,全区经济总量就达到了开发前的苏州全市水平,相当于 10 年再造了一个新苏州。2007 年,全区实现地区生产总值 836 亿元,比开发之初增长了 73 倍,按户籍人口人均 GDP 达 3.6 万美元,相当于苏州市平均水平的 3 倍、江苏省的 8 倍,接近新加坡水平;地方一般预算收入 76.3 亿元(全口径财政收入 170 亿元),同口径增长 350 倍。

科学超前、先进合理的规划,是促进资源整合、凝聚开发合力、保障开发水平、增强开发区持续竞争力的基础与前提。园区开发之初,就借鉴新加坡与国际先进城市规划建设经验,规划先行,花了整整一年时间,编制完成富有前瞻性与科学性的总体规划,花费 3300 万元;然后又在总体规划下做了 150 项单项规划,全部的花费是两亿元。所有规划项目严格实行招投标制度,重点区域与重要景观项目规划设计面向全球公开招标。园区规划注重实施,坚持以规划引导建设、以城市设计指导地块开发,强调规划执行的权威性与强制性,对不符合规划要求的项目,坚决实行"一票否决制",对开发建设过程中投资者超出规划范围的要求。严格执行"违规申请"相关程序。

很多人到园区参观考察后都有一个共同的感受,即惊奇于园区现在的模样与开发建设之初的规划蓝图几乎一模一样。在园区,规划即法,任何人不得凌驾于规划之上。由于树立起了规划的"铁权威",使园区的行政管理层不能干预正常的规划审批,技术管理层无权更改通过法定程序确定的规划。因此,园区开发至今领导班子调整过多次,但开发现状与当初的总体规划基本一致。

"规划先行"、"规划最大",这是园区从新加坡学来的。更重要的是,在学习的过程中,园区悟出了城市经营之道,那就是开发要有节奏,注重城市可持续发展。

现在,很多人将园区的规划称之为一份"赚钱的规划"。这里包含两层含义:一是科学规划并严格执行,避免了建了拆、拆了建的资源浪费;二是许多国内外大公司冲着科学的规划再决定投资落户,规划成了引资的"摇钱树"。

"借鉴、创新、圆融、共赢",是园区经验最基本的深刻内涵与园区科学发展经验的要义与精华。

借鉴,是园区高起点自主学习,也是园区超越发展、跨越式发展的一条捷径。

创新,是园区高目标自主探索。园区人善于借鉴,更勇于创新。创新,聚焦于科技进步。园区始终把科技进步作为立区之基、强区之本,启动实施了

"科技跨越计划"，制定出台了"科技领军人才创业工程"与"风险投资跟进补贴办法"等一系列促进政策和扶持措施。

圆融，是园区高品质结合统一。《辞源》解释："圆融，佛教语，为破除偏执，圆满贯通"。在园区，圆融不仅是一座雕塑，而且是一种追求，更是一种软实力。正是圆融的磁力，吸引了不同国度、不同背景的企业在园区生根，吸引了不同层次、不同专业的人才在园区荟萃，吸引了不同的语言、不同的文化在园区融合。

共赢，是合作的最高境界，更是园区的魅力所在。碰到矛盾与冲突，有两种态度：一种是以冲突对冲突的态度；一种是采取合作的态度，以求化解矛盾与冲突，达到各方互利共赢之目的。园区开发的过程，就是化解各种矛盾与冲突，即合作各方兼收并蓄、形成合力、实现互利共赢的过程。自园区开发以来，尽管各方文化背景有差异、价值观念有碰撞，但求同存异、"平等互利、真诚合作"的原则始终如一；尽管先是新方控股，后转为中方控股，但合作共赢的信念始终没有变。

如果说，圆融是一种状态，那么，借鉴则是圆融的来处，创新则为圆融的手段，共赢则成圆融的目的。借鉴先进、创造新知、融合互通、携手共赢，苏州工业园区的国际理念、本土实践，奉献给全球一种崭新的智慧。

### 三、无锡的敢于创新与"尚德务实、和谐奋进"精神

无锡是一座诞生了中国近代民族工商业与现代乡镇企业的独特城市。作为中国大陆城市（含直辖市）经济总量排名前十位的城市，近年来无锡在科学发展观指导下，从自身发展的阶段性实际出发，以科技与人才为引领、环境与民生为根本、创新与法治为法宝，加快推动经济社会发展的全面转型，着力探讨新的发展模式。2009 年，无锡人均 GDP 超过 1.19 万美元，城市居民人均可支配收入和农民人均纯收入分别达到 2.5 万元和 1.2 万元，高新技术产业增加值占规模以上工业增加值比重达到 43.6%，服务业增加值占 GDP 比重达到 41.3，R&D 支出占 GDP 比重达到 2.3%，城市化率达到 67.7%，主要污染物化学需氧量与二氧化硫排放总量在 2005 年基础上累计下降 30%。近年来，无锡市先后荣获中国十大最具经济活力城市、科学发展优秀城市、中国最具幸福感城市等称号。

从历史上看，无锡历来是一个思想解放、敢于创新的地方，无锡人也因此

而出名。早在 3000 多年前,周太王长子泰伯奔吴,在无锡梅里(今梅村镇)建构吴国,开创了无锡城的历史,这无论是当时还是现在,都是一种敢闯敢为的具体体现。近代以来,无锡再度成为创新创业的发源地。1895 年,杨宗濂、杨宗瀚兄弟在无锡率先创办纱厂,成为近代工业企业的发端。1900 年,荣宗敬、荣德生兄弟创办保兴面粉厂。1904 年,周舜卿开办裕昌丝厂。此后,以棉纺织业、缫丝业、面粉加工业为三大支柱的近代工业如雨后春笋般地在无锡兴起。

新中国成立后,无锡人即使在思想保守的计划经济年代,也没有停止过创新的步伐。在 20 世纪 60 年代,无锡农村就诞生了社队企业,当时主要以制造农机具、粮饲加工、砖瓦窑建材等为主。在 20 世纪 90 年代,无锡人抓住浦东开发、开放带来的重大机遇,大力实施开放带动战略,开放型经济成为无锡的主体经济,在全市经济增长、劳动就业与财税收入方面发挥了重大作用。

21 世纪初,无锡经济社会呈现出多元并举、裂变式快速发展格局,各种思想纷呈,产生支撑城市持续发展的市民凝聚力弱化问题。针对这一情况,2003 年 8 月,一封署名"蔚文"的市民来信受到市委、市政府主要领导的重视,迅速作出批示,揭开了新一轮解放思想的全民大讨论的序幕,其主题是引导市民回归做人、立城和发展的本意,发掘、提炼无锡的城市精神,进而凝聚人心,为城市的持续发展注入精神动力。于是,"新时期无锡城市精神"大讨论由普通市民倡议发起,各层面的不同人士,在一年多时间里召开了许多座谈会、讨论会、论证会,围绕"城市精神"与吴地传统、"城市精神"与"两个率先"、"城市精神"与时代风范等,展开了热烈讨论、反复论证,于 2004 年 9 月,经市委常委会审议,无锡城市精神最终确定为"尚德务实、和谐奋进",得到全市人民的广泛认可与积极响应,迅速成为高扬于广大市民心中的一面旗帜,成为引领广大市民创业、创新、创优、创造的号角。

2009 年,温家宝总理来无锡视察时,提出了建设"四城"的要求,即用 6 年或稍长一段时间,将无锡基本建成经济与环境良性互动、人与自然和谐发展的生态城;科技创业和高新技术产业发展在国内具有领先优势的高科技产业城;服务经济、旅游经济发展水平全国居前的旅游与现代服务城;人文、生活品质、社会管理、法治等综合环境高度满足居民需求的宜居城。

人才是支撑科学发展的第一资源,率先建设"人才特区"与"人才强市"是无锡的战略选择。对照"四城"的要求,无锡人提出了汇全国之智攻坚、聚全球之才发展的战略目标。市委书记杨卫泽提出:全面确立人才优先发展的战略布局,落实《无锡市中长期人才发展规划纲要》,紧扣"两个目标",即到2015年,城市创新能力继续走在全国同类城市前列,率先建成"人才特区"和"人才强市";到2020年,把无锡建成优秀人才集聚高地,成为培育高新技术产业、发展高端服务业、集聚高层次人才、拥有高品质人居环境的"东方硅谷"。[①]

无锡人提出的目标是:以无锡"四城"建设对人才的迫切需求为导向,以广泛集聚海内外高层次人才为目标,以试行"特区"建设模式为方法,大力支持高层次人才创新与创业,加快把无锡建设成为人才大规模聚集、政策不断出新、环境持续优化、公共服务和社会环境充分满足人才发展需要的"人才特区"和人才强市。到2015年,全市人才资源总量达到150万人;高层次人才占人才资源总量6.6%以上;人力资本投资占GDP比例达到16%以上;人才对经济社会发展的贡献率达到47%。[②]

"研发在无锡,生产在外地;总部在无锡,企业在全国;生活在无锡,创业在全球。"这是无锡发展创新型经济的真实写照。新能源、传感网、集成电路等新兴产业,使无锡人找到了产业转型与创新发展的突破口。尤其是,凭借雄厚的微电子和半导体产业基础,无锡在国内传感网领域已处在领先地位,位于无锡新区的中科院无锡传感网工程中心已成为我国物联网技术研究中心。

传感网,俗称物联网,是将各种信息传感设备与互联网结合起来,形成一个巨大的网络,使所有物品与网络连接,方便识别和管理。无锡传感网工程专家马晓东说,比如,坐在办公室可以通过网络了解家里是否安全、老人是否健康等信息。物联网用途广泛,遍及智能交通、环保、公共安全等领域,是继计算机、互联网与移动通信网之后的世界信息产业又一次浪潮。

目前,中国物联网技术已从实验室阶段走向实际应用。在"感知中国"中心。国家传感网创新示范区——无锡,这种新技术已开始走出实验室,奔向广

---

① 星光、胡桃、明月:《坚持人才引领　决胜无锡未来》,《无锡日报》2010年7月30日第A1、A2版。

② 杨卫泽:《举全市之力加快建设"人才特区"和人才强市》,《无锡日报》2010年8月2日第A1版。

阔的应用天地,在机场安保、平安家居、生态农业、现代物流、污染防控等领域大显身手。2010 年,上海世博会与浦东机场就与无锡传感网工程中心签下3000 万元"防入侵微纳传感网"订单,海尔集团也将其所有生产的家电产品安装传感器。

"勇于创新、尚德务实、和谐奋进"的精神,既深刻影响与改变了无锡,也给无锡的发展带来了新的生机与契机。这座曾经孕育了民族工商业与乡镇企业的城市,近年来勇立时代潮头,"科技创新"已成为无锡人的基因,使得这座城市亮点频现,异彩纷呈——尚德公司成千片"玻璃"组成的光伏幕墙、物联网研究院里的神奇产品、转型后的乡镇企业造出的第一辆电动汽车……这些亮点不仅是一种给人希望和力量的科技创新,更是一种梦想和理念的宣扬,是在城市文明从高碳走向低碳、从工业文明迈向生态文明的背景下,奉献出的一种新智慧,从而为无锡人将无锡建设创新型经济领军城市提供了强有力的支撑。善创者,造未来。如今,无锡人正借此力倡科技创新之风,并正在科技创新的火光照耀下从过去走向未来,走向一个幸福共享、更为辉耀城市的美好未来。

## 四、常州的"勤学习、重诚信、敢拼搏、勇创业"精神

常州市委宣传部曾经历时半年,发出了 1 万多份调查问卷,提炼出了常州市民精神:"勤学习、重诚信、敢拼搏、勇创业"。

2001 年 5 月,江泽民同志在亚太经合组织人力资源能力建设高峰会议上提出,"构筑终身教育体系,创建学习型社会"。同年 8 月,中共常州市第九次党员代表大会明确提出"建设学习型城市,全面提高市民素质"的目标。常州市之所以作出这样的决策,是因为常州市委、市政府对本市的发展有一种战略性思考。在常州市第九次党员代表大会上明确了富民强市、率先基本实现现代化的战略目标,提出要把常州建成长江三角洲地区重要的现代制造业基地和区域中心城市。要实现这个目标,关键是人,关键是全面提高人的素质。为此,必须建设学习型城市,逐步从根本上提高全体市民的综合素质,并把它作为一项长期的战略性举措,作为实现跨越式发展的重要支点。

在常州,"生活学习化,学习生活化"已成为一种趋势。有的社区设立小巷讲坛,每周定期开办科普、法律等讲座。常州人均购书支出额名列全省第一。为了便于论述,对于常州人的学习精神、创业精神,于此仅简要地提一下,

具体论述摆到下文中展开。

## 第二节 成功之道
### ——苏、锡、常的探索发展与常州的成功之道

**一、苏、锡、常的探索发展与常州人的学习精神**

苏、锡、常目前是全国最为发达的地区之一。学术界将长三角、珠三角、环渤海、辽中南、济青烟、厦漳泉称为中国目前最为富裕发达的地区。中国唯一能够跻身于全世界六大城市带之一的，就是长三角城市带。根据邓小平设计的"三步走"（现在被称为"老三步走"）战略，中国在21世纪中叶即新中国成立100周年时将达到中等发达国家水平，标志是 GDP6 万亿美元、人均 GDP4000 美元。如果以此标准去衡量，苏、锡、常地区无疑早就超标了，甚至比整个中国的平均水平至少先进50年。截至2006年底，苏、锡、常的 GDP 已分别达到4820亿元、3300亿元、1569亿元，户籍人均 GDP 分别超过10000美元、9500美元、5500美元。4 大类 18 项 25 个指标，作为衡量一个地区达到小康标准与否的指标，苏、锡、常地区都已基本全部达标，2005年度苏州、无锡在全省13个省辖市中率先实现小康，2006年度，常州成为继苏、锡之后在全省第三个率先实现以地市级为单位的小康目标的省辖市。2010年，苏、锡、常人均 GDP 都超过1万美元（在三市中，人均 GDP 最低的常州，也超过1.2万美元）。总之，21世纪以来，苏、锡、常地区一直走的加快发展——率先发展——科学发展的轨迹，今天已经到了用科学发展来规范率先发展的地步了。

改革开放以来，苏南各市抢抓重大机遇，不断变革求新、探索发展，实现了跨越发展，铸造了辉煌业绩。20世纪80年代，苏、锡、常三市在计划经济的夹缝中发展乡镇企业，奠定了工业化的良好基础。20世纪90年代，苏南主动策应上海浦东开发开放，大力发展外向型经济，开创了以开放促发展的新格局。进入新世纪以来，苏南在科学发展观的指引下，以"两个率先"为目标（2003年7月在江苏省委十届五次全会上，江苏省委确立了"率先全面建成小康社会，率先基本实现现代化"的总目标），工业化、信息化、城镇化、市场化、国际化互动并进，经济发展由量的扩张转向质的提升，经济发展与社会进步迈上了一个新台阶。

改革开放以来，常州在改革波澜迭起中，逐步迈入构建社会主义市场经济

体制时期。从发展商品经济起步,农村全面推行家庭联产承包责任制,乡镇工业快速发展,小城镇建设崛起,随即以国有企业改革为中心的城市改革逐步展开,由于常州在新中国成立后前30年建设中的系列改革探索取得一些成功经验,1982年3月3日被国务院列为全国改革试点城市,多项改革率先试点:扩大企业自主权,实行厂长负责制、经营承包制,改革分配体制,地方财政包干,市领导县区、可持续发展实验区及政府机构改革等一一推进。20世纪80年代中期,常州一度成为国内颇具影响力的"改革城市",经济发展、城市建设、社会事业均有较大变化。1981年5月,时任中共中央总书记胡耀邦亲自批示:"常州市是全国城市中的一个典型,希望全国一半城市都能像常州一样,吸取常州市发展中的经验和教训。"然而,先行试点的"摸着石头过河"改革中,特别是到20世纪80年代后期,出现了一些新情况、新问题,给稳步持续发展造成了一定困难,付出了一定的试点代价。20世纪90年代初,常州对十年试点进行了深入总结反思,进一步加强对经济体制改革的必然性、规律性的认识,坚定改革信念,为有效深化改革积蓄新的潜能。反思中认识到财政包干体制难以适应商品经济调整周期波动,易致区域财力失衡,应取分税制;以及政府机构改革应当从上而下,并加快国有企业改革,才能收到显效等结论,从而为进一步解放思想,转变观念,科学把握改革机遇和运用规律提供了深刻借鉴。

从邓小平同志南方谈话起,常州改革在新的起点上再度奋起,步入全国构建社会主义市场经济新体制的核心时期。1992年5月28日,常州市再度被国家体改委列为全国新一轮改革试点城市。6月,被国家体改委确认为新一轮综合配套改革首家试点城市,承担20世纪末初步建立新体制的改革目标,改革与开放开发在体制上更紧密地构成整体,向以资本要素为核心的市场配置资源的经济运行机制纵深拓展。国有企业改革从"学老乡、学老外"(即借鉴乡镇企业,三资企业经验)起步,优化资本结构、增强企业实行试点多方位进展。重构产权、股份公司、抓大放小、增资减债、下岗分流、兼并破产等系列改革举措综合推进。进入以城市为依托、资本重组为重点、化解历史包袱,实行标本兼治、全面创新竞争力的新阶段。并从体制入手,综合改善引资发展的内外软硬环境,促进外资、个体私营经济加快发展,从搞活国有企业发展到整体搞活国有经济,乃至增强国民经济整体活力和市场竞争力。城市经济、社会等各层面领域的相关配套改革均得以较深层次的推进和阶段突破,新一轮改革取得显著进展。在 1996 年末召开的全国改革试点城市工作会议上，时任国家体改委主任李铁映赞誉道："常州已从改革的困境中走了出来。"

改革开放以来，常州人咬定发展不放松，解放思想敢争先，百折不挠不畏难，科学发展创新业，以只争朝夕的精神，一日千里的速度，创造了一个又一个新的辉煌。

近几年来，常州人以建设学习型城市为己任，在 2010 年全国妇联举办的中国和谐家庭建设与社会发展论坛上，常州被命名为"全国创建学习型家庭示范城市"，常州的天宁区红梅街道红梅新村社区、新北区河海街道天安计区被命名为"全国创建学习型家庭示范社区。"①

为建设长三角地区的现代工业城市与创建国家创新型城市，常州人不仅认真学苏州、无锡及其国内其他地区的先进经验，而且虚心学习国际上先进地区的经验。为了常州的园区建设，借鉴其他地区的先进经验，2010 年，常州专门组团到台湾台北的内湖科技园区、新竹科学工业园区等地，考察台湾科学工业园区的建设经验，并与这些地区加强了原有基础上的交流、沟通与合作。与此同时，常州还大力引进海归人才，为海归人才搭建好发展平台，营造良好的人居、创业、政策、服务环境，使海归人才，尤其是领军型海归创业人才留得住、有用武之地。

常州还有一大特色，即在"科技长征"中，常州的企业家们每到一处，最关心的就是大学大院大所里还有什么最新科技成果，能不能到企业进行产业化，产品有没有市场，以及如何与高校院所建立人才培养、技术咨询、构建平台等问题。

2009 年，常州的高新技术产业规模以上企业实现产值 2887 亿元，占全市规模以上工业总产值的 48.3%，其中五大高新技术产业实现产值 2718 亿元，占全市规模以上高新技术产业产值的 94% 以上。全年新增高新技术产品 383 只，全市总数达到 2385 只。全市申请专利 12116 件，同比增长 32.5%，其中发明专利申请 1749 件，同比增长 25.8%，专利授权 4857 件，同比增长 91.5%。其中不难看出，常州经济增长的方式正从传统的资本拉动型、劳动力密集型向以科技推动型为特征的创新型转变。科技和产业创新能力明显提高，企业创

---

① 吴晓娟、顾生庚：《我市获称"全国创建学习型家庭示范城市"》，《常州日报》2010 年 7 月 4 日第 A1 版。

新能力显著提升。2009 年,全市企业投入技术开发费 93.7 亿元,获省级以上项目支持 304 项。全市拥有高新技术企业 311 家,民营科技企业 1600 家。

作为常州科技创新的"核"——常州科教城的发展同样令人瞩目。科教城方圆 5 平方公里的区域,已逐步成为教育园区、科技园区、生活社区三位一体的袖珍园区。园区投入使用的研发和孵化用房超过 17 万平方米,入驻机构总数达 270 家。其中,有独立法人资格的研发机构 46 家,高科技企业 220 家,各类中介配套服务机构 45 家。科技人才总数达 7500 多人。2009 年实施产、学、研合作项目 499 项,全部达产后可新增销售收入超过 100 亿元。[①] 这与常州人善于学习、善于探索创新、善于取他人之长补己之短密切相关。

## 二、常州的六条成功之道

"困难困难,困在原地就是难;跃升跃升,跃过难关就是升"。面对压力和困难,苏南人并没有被吓倒,而是知难而上,奋勇拼搏,千方百计、不遗余力地战胜了一个又一个的困难。前 30 年和后 30 年,常州在经济社会发展中各有 6 条经验。前 30 年,主要有六条发展工业的基本经验。后 30 年来,伴随着改革开放的大潮,常州在经济发展、社会进步、文化繁荣、社会和谐、人民幸福等诸多方面同样创造了六条经验。

### (一) 前 30 年发展工业的六条基本经验

1. "轻纺先行"。

苏、锡、常都是"轻纺先行",这是由苏南近现代发展历程决定了的。以常州看,大规模的社会主义经济建设开始于"一五"期间。当时,是撇开老底子向上伸手要,从而另建新厂呢,还是利用老底子自挖潜力,把原有的薄弱基础打牢呢? 常州明智地采取了后者,决定让当时的主体工业轻纺先行,从投入、布局和生产关系的变革方面重点扶持轻纺业。东风印染厂的前身大成二厂当时是这方面的典型。轻纺工业的先行,为发展地方工业积累了资金,培养了人才,并不断延伸发展,开辟了新的工业部门,从而使常州的重工业得到较好的发展。

---

① 姜小莉:《新兴产业和创新之核——写在 2010 年常州先进制造技术成果展洽会前夕(上)》,《常州日报》2010 年 5 月 15 日第 A1 版。

2."母鸡下蛋"。

"鸡"生"蛋"，"蛋"又孵出"鸡"。这种利用老厂办新厂的办法，有利于依靠自己的力量，发扬自力更生的精神，就地解决资金、设备、技术力量和管理干部的问题，从无到有，从小到大，上得快，站得稳，比新起"炉灶"、平地建厂要容易得多，很适合地方发展重工业的需要。在常州，许多老厂都这样下过"蛋"。如国棉二厂、东风印染厂，等等。单是纺织系统的老厂，当时就带出20多个工厂，其中有六个机械厂。发挥轻纺工业的"母鸡"作用，使常州发展和开拓了重工业门类；重工业的兴起，又使常州的轻纺工业迅速发展。轻重工业互相支援，互相促进，使常州迅速发展成为一个综合性的工业城市。

3."以才生财"。

"文化大革命"期间常州"乱得晚，治得早"，别的地方还在"闹革命"，常州已经在埋头"促生产"了。在那个知识分子还是"臭老九"的年代，常州人就意识到"老九不能走"，"天南海北请人才"，"以才生财"，单是从1971—1977年，就大胆而明智地引进了当时被"四人帮"污蔑为"臭老九"的科技人才838人，占全市原有工程技术人员数量的34%，至于临时从上海请的高级钟点工——"星期六工程师"，更不知有多少，从而加强了科技力量，使科学技术在地方的发展中发挥了重要作用，为下一阶段乡镇企业的蓬勃发展奠定了良好的基础。

4."小台大戏"。

在改善了工业门类，增强了工业力量以后，常州从自身实际出发，重内涵轻外延，强调要在小桌子上能够唱大戏，提出了"三个不建新厂"的原则：凡是可以充分利用老企业增加生产的不建新厂；凡是能经过技术改造进一步挖掘企业潜力的不建新厂；凡是能通过市场分工协作解决问题的不建新厂。常州的手扶拖拉机、柴油机、灯芯绒、自行车等众多项目，都是这样发展起来的。

5."滚雪成球"。

1973年12月，《人民日报》头版介绍了常州发展工业的先进经验；1975年，新华社记者以《农字当前滚雪球》、《小桌子上唱起了大戏》等多篇文章再次介绍常州经验；之后，《红旗》杂志又专文发表了《关于常州工业持续发展的调查报告》。"农字当头滚雪球"切实扭住农村、农业大市场这个牛鼻子，以农保工，以工带农，滚动发展，不仅开了个好局，还走活了全市工业发展的一盘棋。常州的重工业，主要是从手扶拖拉机、柴油机、农药、化肥开始滚雪球滚出来的。抓住了广大农村市场急用的 S195 柴油机和东风 12 型手扶拖拉机,机械工业得到了大发展;而生产了六六六原粉,带出了烧碱和盐酸,生产了磷肥,又带出了硫酸。有了这些最基本的化工原料,就逐步建立起了塑料、染料、医药、合成纤维、玻璃钢等化学工业。机械、化学工业的发展,又为其他重工业的发展创造了条件。

6. "群龙飞舞"。

"一条龙"生产组织协作形式,是常州在计划经济管制下深入发展地方工业时的一次成功尝试。"一条龙",即以某大类产品为龙头,以一二个工厂为骨干,把生产上有内在联系的一群工厂,配套成龙,建立起固定的协作关系,而其中所有企业均财务独立、隶属不变。常州的"一条龙"是从灯芯绒开始的。1961 年,与灯芯绒产品生产相关的 8 个厂正式组建成立了灯芯绒"一条龙"。"一条龙"的出现,突破了多头领导、分散管理、条块割据的束缚,有力地推动了常州地方工业向纵深发展。灯芯绒与其后又陆续建立的手扶拖拉机、卡其、花布、化纤、收音机、塑料、玻璃钢等共 8 条"龙",是"第一阶段上创造出与生产力相适应和便于继续前进的生产关系的具体形式"的常州实践,促进了常州地方工业的发展,也为之后的经济体制改革作出了有益和积极的探索。

## (二) 后 30 年的六条经验

后 30 年,可以说是常州发展历史上最重要的 30 年,完全可以用"发展一日千里,变化翻天覆地"这两句话来概括。后 30 年之所以能够取得如此巨大的成功,跟六条基本经验分不开的。

### 1. 咬定发展不放松。

邓小平同志在 1992 年春天的南方谈话中提出了"发展才是硬道理"的著名论断。其实,在邓小平同志提出这个论断之前,苏南早就这么做了。十年动乱期间,常州也未能幸免,单是从打死人数这一方面来说,八年抗战、三年解放战争,常州牺牲的在册烈士有 109 人,可十年"文化大革命"期间,这个数字竟被莫名其妙地在自相残杀中翻了 4 倍——武斗致死 183 人,因审查致死 217 人,伤残 22 人。然而,总体上来说,相对于全国其他地方,常州还是"乱得晚,治得早"的,别的地方还在"闹革命",常州已经在埋头"促生产"了。1967 年"1·26"夺权以后,常州才开始大乱起来的,但很快就通过军管把混乱局面控制住了,而且以后没有再"翻烧饼"。这段时间不长,虽然有些所谓"脱产闹革命"的,但是工厂都较快恢复了稳定。全国都在打内战,生产普遍大幅度下降,各类产品的缺口都很大,原料、电力供应又不十分紧张,常州利用调整后的基础努力发展生产。1974年,姚文元要找个"抓革命、促生产"的典型,选中了常州,要省、市总结写篇文章,在《红旗》杂志上发表。文章写好了,用飞机送往北京,姚文元看后批了"唯生产力论"五个大字,压下来未登。这件事也从一个侧面说明了常州当时的状况。常州地方企业多、中小企业多、集体企业多、指令性计划少,使他不得不依靠自己找食吃,依靠发展求得生存;"文革"期间,全国出现的权力真空,从某种意义上来说,又为他的发展提供了机遇。人家不干,他在大干,在这时期还上了一批新项目,如石油化工、自行车、塑料编织等,常州经济又跨上了一个新的阶梯。历史的车轮驶入了21世纪,常州人加快发展的压力更大了,动力更足了,"两天干三天的活",公务员的上班时间比原来增加了半小时,而且下班后加班加点的还不知有多少。这正是常州不甘人后埋头苦干精神的延续。

2.**敢闯敢冒敢争先**。

比如,常州在专业化协作和经济联合中采用的公司或总厂联营与合营以及与外地的协作、联合,就是常州人的大胆创造。1983年1月,中国社会科学院乌家培、赵云放等在其《探索经济建设的新路子》一书中称常州是"我国的一个明星城市",1984年10月,工人出版社组织出版、著名经济学家于光远作序的"新兴城市丛书"的第一批第一本就是写常州的,而且书名就叫《第一个崛起的常州》,推动了全国中小城市学常州的热潮。

据统计,改革开放至今30年来,常州被列为全国各类试点城市达19次之多。1982年3月3日,国务院决定常州为经济体制综合改革试点城市;1983年3月2日,经国务院批准,常州在全国率先实行城市财政包干体制;1984年5月15日,国务院科技领导小组、国家体改委和国家科委确定常州为全国科技体制改革试点城市;1985年,常州成为全国首批金融体制改革的5个试点城市之一;1986年,常州被确定为全国第一批城镇住房改革试点城市;1987年,常州市成为中国首次利用世界银行贷款进行城市综合规划建设试点城市;1988年,国家教委和省政府把常州确定为全国和省教育综合改革试点城市;1989年8月31日,国内第一所"中学课程改革试验"的试点单位——常州市职业先修学校在常州市第二十五中挂牌;1991年6月7日,常州市被确定为全国首批"三优"(优生、优育、优教)工程试点城市之一;1992年6月,常州市被国家体改委确认为新一轮综合配套改革首家试点城市;1994 年 4 月 13 日,经国家体改委批准,常州与天津、南京等共 18 个城市全面展开新一轮综合配套改革试点工程;1995 年 4 月,国务院决定常州武进县作为"中国 21 世纪议程优秀开发项目"的试点地区之一;1995 年 7 月 5 日,国家体改委批准武进市横山桥镇为国家综合改革示范乡镇;1996 年 6 月,武进成为国家级试验区基地县(市);1997 年 4 月 6 日,溧阳市被列为全国山区综合开发示范县;1998 年 7 月 10 日,经国务院批准,武进市横山桥镇、邹区镇、洛阳镇,金坛市薛埠镇、溧阳市杨庄镇和 15 个村正式被列为首批省和国家级农村现代化试验区先行村镇;1998 年 9 月 20 日,常州被国家建材局批准为 20 个中国发展新型建材及制造试点城市之一;2007 年 10 月 20 日,教育部确定常州为 7 个体育中考改革试点城市之一;2007 年 12 月 4 日,省委、省政府将常州列为全省金融改革创新试点城市;等等。

3. 百折不挠不畏难。

20 世纪 70 年代发展乡镇企业过程中,苏南人的"四千四万精神"曾广为外界传颂。"走千山万水,说千言万语,串千家万户,吃千辛万苦。"这四句话,说起来朗朗上口,做起来谈何容易? 难道是苏南人不知道在家坐着舒服吗? 当然不是。而是奋发向上精神所激、客观环境所逼。若问:苏南发展乡镇企业的客观环境是什么呢? 或者说,苏南工业结构的特色是什么呢? 说白了,就八个字:三多一少,两头向外。三多一少,就是加工业务多,集体企业多,小型企业多,计划经济比重小;两头在外,就是产出销售、原材料供应都在外。在这种情况下,不"四千四万"怎能成事? 不请"星期六工程师"怎么行? 所以,苏南在 20 世纪 70 年代发展乡镇企业之初,各级干部群众群策群力,艰苦创业,自筹资金,聘请师傅,以"四千四万"精神组织原辅材料,开辟销售渠道,采取与城市工业一样的滚雪球办法,在整顿后保留的一批小企业基础上,陆续发展了一批企业。其生产方式是:修,即修理农机具为主;配,即为城市工业生产配件,甘当配角;补,拾遗补缺,生产城市工业不生产的产品,弥补城乡人民生活与生产需要;联,与城市企业配套协作,横向联合。通过这一阶段的发展,初步奠定了乡镇企业的物质技术基础,为 1978 年以后苏南乡镇企业的蓬勃发展打下了基础。乡镇企业发展到了 20 世纪 80 年代末,随着国民经济的又一次治理整顿以及社会上对乡镇企业非议的又一次抬头。苏南干部群众视困难为希望,变挑战为机遇,化被动为主动,排除一切干扰,集中力量,主动出击,大搞

"外攻内治"，党内党外齐发动，南北两京搞纵向，沿海特区搞外向，五湖四海搞横向，千方百计拓市场，充分利用国家对发展外向型经济网开一面的倾斜政策，以当年大办村工业的干劲，全面实施外向带动战略。同时坚持以市场为导向，广泛开展创新、创优活动，调整产品结构，强化基础管理，改变投资结构，以增量投入带动存量调整，全面提高发展水平。经过调整，乡村工业的"三外"工作迅速突破，三资企业如雨后春笋，出口创汇大幅度增长，不仅很快扭转了滑坡的被动局面，而且行业结构、产品结构、技术结构和组织结构也得到了优化，开始形成一批新产品率、优质品率和劳动生产率都比较高的企业，从而使宏观治理整顿变成了乡村工业大发展的一个历史机遇。

2004年"铁本"事件发生后，常州人没有埋怨，没有推诿，没有气馁，没有趴下，当年的结果是，经济增长并没有停下来，反而在总量上超过徐州跃居全省第五位，并且把第五位一直保持到现在，再也没有"翻烧饼"。

4. 科学发展创新业。

加快发展必须科学发展，科学发展才能加快发展，发展要又好又快，好在快先，这已经成了苏南上上下下的共识，苏、锡、常主要领导总是在大会上讲小会上提。为了太湖的蓝藻、河水的未完全变清、产业结构的不够合理、二产中科技含量的还不够高，苏、锡、常主要领导寝食难安，市里出台了一系列规章制度，采取了一系列行之有效的措施，在节能减排、治水造绿、构建风险投资平台、鼓励企业上市、组建大企业大集团、实施产、学、研对接、引进海归投资创业、打造现代制造业、刺激高新技术产业发展、狠抓物流金融等现代服务业等方面，都作出了巨大的努力，取得了不小的成效。比如，在经济发展和环境保护的关系上，既重GDP的提高，又重COD的下降，常州就既要金山银山，又要绿水青山，既要经济的持续快速发展，又要碧水蓝天和人民群众的欢声笑颜，果断地做出了"三调四严不欠新账，六治一绿还掉旧债"的决策。三调：调理念、调结构、调布局；四严：严准入、严执行、严监管、严考核；六治：治水、治气、治音、治生、治农、治废；一绿，全面绿化。

5. 以民为本促和谐。

十六届三中全会提出的科学发展观和十六届四中全会提出的和谐社会理论，二者之间是方法论和世界观的关系。进入新世纪以来，苏、锡、常从大局讲政治的高度，非常重视科学发展和和谐社会的构建，在经济又好又快发展的同时，时刻没有忘记社会的和谐、人民的幸福。他们深知群众利益无小事，一切工作的出发点和落脚点都是人民的物质文化生活需要。三市的市委和市政府努力做到"权为民所用,情为民所系,利为民所谋","常怀为民之心,恪守爱民之德,善谋富民之策,多办利民之事",在大力发展经济的同时,非常注重社会发展和人民幸福,在财力有限的情况,在民生方面做了很多事情:清水造绿、公园敞开、公交优先、社保扩面、低保提标、肉价补贴、慈善救助、公厕改造、老小区整治、菜市场改造、住房制度改革,等等。

## 6. 抓好党建促发展。

"火车跑得快,全靠车头带"。中国共产党是团结和领导全国人民奋勇前进的核心力量,只有在这个核心力量的领导下我们的各项建设事业才能取得胜利。改革开放30年来,尤其是进入新世纪以来,苏南所取得的各项成绩归根结底都得益于党的正确领导。30年来,苏、锡、常三市的市委、市政府一直坚持从严治党,努力保持先进性,努力提高执政能力,抓理想塑灵魂,抓班子带队伍,抓基层打基础,抓作风反腐败,体现时代性、把握规律性、富于创造性,创新理念、改造方法、健全制度、完善机制,全面加强党的自身建设,切实体现出了一级党组织的创造力、凝聚力和战斗力,充分发挥了领导核心力量,为促进苏南的改革发展稳定提供了坚强的政治保证。比如,在党员干部队伍建设层面,采取了"好班子建设"、"干部竞争交流改革试点"、"学习型干部队伍建设"、"廉政建设"等一系列措施。以苏州为例,它是发达城市中腐败现象较少的,建国以来,除了原副市长姜人杰腐败案外,没有出现过其他腐败大案。在决策层面,能够不断完善深入了解民情、充分反映民意、广泛集中民智、切实珍惜民力的决策机制,推进决策的科学化民主化,对重大事项的决策,都能够按照"集体领导、民主集中、个别酝酿、会议决定"的基本原则进行。在领导方法层面,常委一班人拧成"一股绳",市委和市政府唱好"将相和",与人大、政协唱好"同台戏",对离退休老干部能用好"拉拉队",与前任领导能搞好"接力赛"。党的建设的有效推进,有力地带动了政府建设的有效推进,责任政府、阳光政府、法制政府、廉洁政府、高效政府的建设正在积极有效的推进中。"一流的班子才能带出一流的队伍,一流的队伍才能干出一流的业绩",伴随着党的建设和政府建设的有效推进,一支"政治上靠得住、发展上有本事、作风上过得硬、人民群众信得过"(换用通俗些的话说,就是"召之即来、来即能战、战即能胜")的干部队伍诞生了,在政通人和、心齐气顺的舒适政治环境下,这支队伍正在为把苏南的明天建设得更加美好而努力奋斗！

尽管苏、锡、常发展路径不尽相同，但上述六条不仅是常州的，而且是苏南各市的共同经验。

## 第三节 科学发展

### ——苏南人的科学发展与苏南人的奋发有为

### 一、苏南人的科学发展

科学发展是一江春水，盲目发展是一潭死水。早在 20 世纪 80 年代，邓小平同志在谈到"发展才是硬道理"的同时又进一步指出："不是鼓励不切实际的高速度，还是要扎扎实实，讲究效益，稳步协调地发展。"①十六大后，以胡锦涛同志为总书记的新一届中央领导集体又明确提出了科学发展观。科学发展观是根据我国实际情况和改革开放的实践提出的重大战略思想，是切合当代世界发展趋势的一种新的发展观，它指明了新世纪新阶段我国现代化建设的发展道路、发展模式和发展战略，正确回答了为什么要发展、为谁发展和怎么发展的重大问题，是我们党对社会主义现代化建设规律认识的进一步深化，是我们党的执政理念的一次重大飞跃。所以，讲发展就要讲科学发展。

自 2009 年以来，全国范围内，尤其是长三角地区，电力告急、煤炭告急、石油告急、资金告急、土地问题更是告急。以常州为例，共有存量土地 296 万亩，但其中被列入保护范围的基本农田就达 281 万亩，可供开发利用的土地才十几万亩，不科学发展怎么行？中央这样要求，体现的就是以人为本、全面协调可持续的发展观。就江苏全省而言，情况也不尽如人意，以至于有的经济专家对江苏经济提出了"经济增长不经济"的看法，这有以下几组数据为证：江苏 GDP 增长与资本投入之比，"九五"期间为 1：1.1，而"十五"期间变为 1：1.3，2003 年更达到了 1：2.86；能源消耗比，"九五"期间为 1：0.6，而现在是 1：1.65；"九五"以来，全社会固定资产投资额占 GDP 的份额不断上升，1995 年为 32.6%，2000 年上升至 34.9%，2003 年攀升到 42.9%。再以常州为例，由于当初对国有企业改制时没有将搬迁和改制同时进行，更没有将土地从企业资产中剥离出来，造成今日搬迁印染化工等企业出城困难重重，要多花比苏

---

① 《邓小平文选》第三卷，人民出版社 1993 年版，第 375 页。

州、无锡等城市多几倍的代价,教训多么深刻啊。

发展要讲究科学已经是毫无疑问的了。那么,怎样做才算是科学发展呢?苏南人认为:

1.在发展理念上,要坚持科学发展观,以人为本的发展,全面协调可持续的发展,统筹兼顾的发展。

要树立互利共赢,荣辱与共的理念,全球化思考,本地化行动,不能再走原来"先污染后治理,边污染边治理"的老路,要努力实现两大根本性转变,大力淘汰"两高一资"、"三高一低"那样的产业和行业,努力走出一条"科技含量高、环境污染低、资源消耗少、经济效益好、人力资源得到充分发挥"的新型工业化道路。优一产,强二产,兴三产,两个拳头打人,两条腿走路,在稳定一产的基础上,实施先进制造业和现代服务业双轮驱动战略,又好又快,好在快先,努力把苏南建设成为经济发展、社会进步、文化繁荣、环境优美、社会和谐、人民幸福的新苏南。

2.在城市建设上,要彰显特色,突出个性,不贪大求洋,不互相抄袭。

广场是城市的客厅,公园是城市的眼睛,湿地是城市的肺叶,道路是城市的血脉,雕塑是城市的音符,建筑是城市的脸面,文化是城市的名片,要在这诸多方面多下工夫。前些年,苏州三城同创的经验可以为无锡和常州所借鉴。工业化与城市化是相互促进的。工业化创造财富,为城市化提供动力;城市化涵养财富,为城市化提供载体。各国的城市化大致可分为四种模式。一是同步城市化;二是过度城市化;三是滞后城市化;四是逆城市化。应该以城市化提升工业化、以工业化支撑城市化。规划的领先是最大的领先,规划的失误是最大的失误。规划出生产力,更出竞争力。一流城市必须有一流规划,一流规划来自一流专家,一旦长官意志决定城市规划,就会导致规划"先天不足"或"后天失调",甚至会"中途夭折"。"规划一张图、审批一支笔、建设一盘棋、管理一条龙"。

固守旧城,修修补补,"山重水尽疑无路";跳出旧城,再造新城,"柳暗花明又一村"。如何破解"旧城改造"这一世纪性、世界性难题?苏州的经验是"一体两翼,另起炉灶",跳出老城区,再造新城区,集中精力在城市东部和西部建设新的城区。中部,保护和再现古城风貌,主要体现"古苏州"特色;东部与新加坡共建苏州工业园区,主要体现"洋苏州"特色;西部建设苏州高新区,主要体现"新苏州"特色。由于巧妙处理了保护与改造、传统与现代、经济与文化、继承与创新的关系，不但规避和化解了"强暴旧城"的社会矛盾，而且使苏州这座古城既不失古典之韵，又充满现代之美，竞争力得以提升。如今，两大园区已成为招商引资的名牌和新苏州的象征，两大工业园的 GDP 已占全市 GDP 的 60%，财政收入已占全市 50% 以上，成为苏州经济的主体。园区带动了全市的体制与国际接轨，苏州成为中国经济外向度最高的城市之一。这种以脱胎换骨方式另辟新径改造旧城的做法被国内许多城市所认同。下一步，苏州应该继续巩固三城同创的成果，不能有反弹现象发生，无锡、常州更应发挥后发优势，奋起直追。

3. 在富民优先上，坚持发展为了人民，发展依靠人民，发展成果由人民共享。

如果说科学发展观是方法论的话，那么和谐社会就是世界观，科学发展观的第一要义是发展，但核心是以人为本，我们的发展就是要既要见物又要见人。"你说你好，他说他好，好与不好，我老百姓知道"这是古代的民谣；"金杯银杯，不如群众的口碑；金奖银奖，不如群众的夸奖"这是当代的民谣。是真发展还是假发展，是大发展还是小发展，领导说了不算，人民才有发言权。苏南的发展，既要达国标，又要达民标，不仅要让上头满意，同时也要让下头满意。对下负责才是最好的对上负责。我们不仅仅要让农民富裕，还要让市民富裕，不仅仅要在整体上实现小康，还要争取在个体上人人实现小康。在具体行动中，我们要运用加减乘除四个手段，去实现富民。所谓加法，就是在考核体系上，增加能够客观反映 GDP 增长与城乡居民收入和消费水平同步增长，充分体现"人民生活更加殷实"方面的指标，使富民优先成为一种政治导向、政策取向、发展路向，避免"只长骨头不长肉"的现象。减法，就是通过减轻城市居民生活成本来减少社会摩擦，要通过减少农民负担富裕农民，促进农民向市民的转变，生活方式向市民转化，收入水平向市民靠拢，社会保障与市民接轨；乘法，就是积极鼓励全民创业，让一切有利于富民强市的新鲜思想充分活跃起来，让一切有志于创新创业的社会成员充分活跃起来，让一切有利于加快发展的生产要素充分活跃起来，让一切致富能量充分释放出来；除法，就是建立各种保障制度，形成全方位、多层次的社会救助体系，提高群众对灾病的承受能力，最大限度减少社会震荡。用"不含水分"、"人民得实惠"、"老百姓认可"来定位江苏的全面小康。前几年，昆山"六管齐下"（创业富民、就业富民、物业富民、股份富民、社保富民、帮扶富民)、实施"三有工程"(人人有技能、个个有工作、家家有物业)、构筑"五道保障线(低保、养老、医保、征地补偿、动迁补偿),基本实现"业有所就、老有所养、病有所医、弱有所扶、贫有所济"的目标。

**4. 在园区建设上,创新服务方式,发展外向型经济。**

前些年学术界评价说广东才是外向型经济,而温州是个体私营经济,苏南是乡镇企业,说是看"资本主义经济到温州,看社会主义经济到苏南",实际上在新苏南发展模式当中,外向型经济已经在苏南占了很大比重。就当前来讲,随着国际产业的梯度转移步伐进一步加快,外向型经济在苏南占着举足轻重的地位,而外向型经济的主要载体就在园区,所以下一步苏南应该在园区建设上进一步加大力度,创新工作方式和方法。以昆山为例,财富随商贾流动,商贾遇热土驻足,商贾云集则经济隆起,从"亲商、富商、安商"的理念到24小时开通的市领导手机;从奥灶面馆里书记、市长每天都与企业家聚首的早餐会,到有问题立即解决的"马上办"办公室;从最初的跑马占地、减税让利等粗放式、被动式招商,到量体度身一站式服务等个性化、保姆式招商,再到从产业集聚、外向配套、提供人才支撑、吸引研发中心等方面着手的产业链招商……招商之道在于亲商,亲商之道在于敬商,近商,安商,富商。低门槛不如没暗槛;零地价承诺不如"零距离、零障碍、零投诉"服务;粗放招商不如精细招商;减税让利不如简政放权;政策优惠不如服务到位;招商战线拉长不如把现有产业链拉长。要做到产业集聚、产品集聚、企业集聚;"三个降低":降低产品生产成本、降低环境保护成本、降低公共管理成本;"三个提升":提升竞争力、提升经营效益、提升环境质量。其主要功能:吸引外资的密集区、先进制造业的集聚区、科技创新的核心区、体制创新的先行区、节约集约利用土地的示范区。不仅要集中办企业,更要集中做产业;不仅要企业聚集,更要产业集群。在园区工作上,要注重在项目的引进、建设、管理等环节上下工夫:项目是财富之基,增量之源。重大项目是发展集群经济,牵动经济全局,增强城市后劲的有效载体和强力支撑。城市起飞需要大项目助推,城市强盛需要大项目引擎。实施项目带动,既要集中优势资源,瞄准"顶天立地"的重量级、标志性龙头项目,又要立足现有条件,引进一批"铺天盖地"的"名优特"、"短平快"的中小项目;既要通盘考虑市场配套能力、产业配套能力、环境配套能力、人才配套能力的不断完善和提高,又要重视建立健全以市场为导向、以企业为主体、以园区为载体、以服务为路径的项目生成机制、项目引进机制、项目推进机制、项目管理机制。唯其如此,园区才能成为成本洼地、人才高地和产业福地。

5. 在软环境治理上,减少审批程序,杜绝"吃拿卡要"。

环境也是生产力,许多地方都在号召本地干部群众要进一步解放思想,这当然是好事。然而,首先要弄明白的一点是,解放思想过程中需要解决的却绝不仅仅是个观念问题,还应该有个道德问题,或者说叫个权力观问题。权力观正确不正确的问题一点也不比观念陈腐不陈腐的问题小。即使思想解放了,但如果不树立正确的权力观,就会出现知白守黑的现象,各种审批就仍然不能有效地减下来,"吃拿卡要"现象就会"摁下葫芦起来瓢",发展的软环境就不会从根本上得到改善。为此,在解放思想的过程中还有必要兼顾端正思想,也就是说要实行"两手抓":一手抓摒弃陈腐观念,一手抓革除私心杂念。有少数领导干部,并不能算是思想不解放:为什么要解放思想以及怎么样才算解放思想,他们心里亮堂得很,可就是"理论一大套,行动不对号",知而不为,光说不练,有的甚至还挂羊头卖狗肉,嘴里讲的是"决不吃拿卡要",心里想的却是"服务就是收费,管理就是管你"(有人形象地称之为"先卡后拉然后就OK")。那么,这一类人的病根在哪里呢? 应该说,病根在于私心太重,官本位意识太浓,想吹灭蜡烛又怕烧了自己的胡子,想革故鼎新又怕革掉自己的利益。可见,对于这样的领导干部来说,当务之急并不是要如何解放思想的问题,而是要如何端正思想的问题。

解放思想固然重要,但端正思想也很重要,端正思想是解放思想的题中应有之义,未能端正思想的解放思想是"嘴巴真解放,思想假解放"。同时,只有党委、政府的解放思想还是不够的,解放思想对于作为具体执行者的部门和个人来说尤其必要。包子好吃不在褶上,思想解放不在嘴上。与其喊破嗓子,不如做出样子。让我们大家一起努力,既抓解放思想,又抓端正思想,既向陈腐观念告别,又向私心杂念宣战吧。今后,苏南应该进一步发挥软环境优势,并继续在软环境治理上下工夫,比如常州市为了治理软环境专门出台了五项规定,里面提出"围墙外面的事情是政府的,围墙里面的事情是企业的","每个月一到二十五日是企业的宁静生产日,非有特殊情况职能部门不许上门检查","马上办,办上马","送服务、减负担、控检查、放权利",等等。这些做法已经在极大程度上取得了成功,带来了效益,今后整个苏、锡、常地区都可以吸收借鉴。

### 二、苏南人的奋发有为

新中国成立以后的前30年,苏、锡、常三市打下了坚实的工业基础;改革开放以来的第一个十年,苏、锡、常三市的发展特性是"由农转工",通过发展城市工业和乡镇企业,双剑合璧地奠定了本地工业化的良好基础;改革开放以来的第二个十年,苏、锡、常三市的发展特性是"内外并举",通过大力发展外向型经济和民营经济,为新世纪的腾飞进一步夯实了基础;改革开放以来的第三个十年,即进入新世纪以来的这十年间,苏、锡、常三市的发展特性是"增量提质",经济发展注重科学,社会建设注重和谐,由原来的注重总量向总量、质量并举转变,由原来的更加注重经济建设,转变为经济发展、社会进步、文化繁荣、社会和谐、人民幸福并驾齐驱。

在上轮区域经济发展过程中,曾经风靡全国的三大经济模式都在不同程度上发生了嬗变,单纯的经济组织形态已不复存在,各地经济发展呈现出多元化的特征:乡镇企业型的苏南,通过企业改制和引进外资,民营经济和混合所有制经济占了主体地位;外向型经济的广州深圳,在继续大力发展外向型经济的同时,也在大力发展民营经济;民营经济型的温州等地,在继续大力发展民营经济的同时,也非常注重引进外资。经过反复的内部磨合和外部博弈,今天,广袤的中华大地上出现了群雄并起的局面:长三角、珠三角、环渤海、辽中南、济青烟、厦漳泉,等等。目前,在长三角、珠三角、环渤海这三强区域中,长三角是实力最强也是前景最广的地区,也是中国唯一跻身于世界六大城市带的地区。以上海为龙头、江苏沿江八市和浙北、浙中七市为两翼的十六个城市,面积和人口分别占全国的1%和4%,GDP和财政收入却分别占到了全国的1/4。

昔日风华曾绝代,千年弹指一挥间;凤翥鸾翔风流驻,旧貌未老袭新妆。乘改革之春风,前十年由农转工,可圈可点;破开放之激浪,中十年内外并举,可歌可泣;擎科学发展之大纛,后十年增量提质,日新月异;朝和谐社会之目标,从此后全面发展,一日千里。优一产,喜看农村稳定农业发展农民富裕;强二产,喜看淘汰落后提升传统发展高新;兴三产,喜看先进制造现代服务双轮驱动;促民生,喜看环境优美生活改善安居乐业。大学城中,十万学子书声朗朗;开发区里,万间厂房机声隆隆。广厦鳞次栉比,路网八纵八横,白天车水马龙,夜间流光溢彩,人才花开千树,商贾摩肩接踵,嬉嬉白叟黄童,昵昵红男绿女:嘻,此诚名扬乎域外,美聚乎此中,梦中之福地,人间之乐土者也。

　　总之:昨尝为今,今亦将昨;今为昨承,明为今继。先人之业,永存永志;后人开拓,维强维新。昔日辉煌,今朝卓异;前程无量,后劲可期。奋发有为,未有穷期;快马加鞭,再接再厉!

# 第五章 发展模式：苏南模式的历史
## 演进、路径选择与未来发展

【提示】对于幅员辽阔的中国来讲,各个地区因具体情况不同,现代化模式也就很自然地存在着差异。于是,就出现了苏南模式、温州模式、珠江模式等。学术界对苏南模式一直十分关注。那么,什么是苏南模式? 苏南模式的发展如何呢? 未来的发展又如何呢?

苏南模式是改革开放之后产生的。改革开放 30 多年来,苏南模式在各个不同时期,其内涵也是不同的。在 20 世纪 80 年代,苏南模式以乡镇企业蓬勃发展为特征;20 世纪 90 年代,苏南模式以乡镇企业改制与开放型经济发展为特征;新世纪以来,苏南模式是以科学发展观为引领的。

从苏南现代化的初始条件与起点看,是市场机制与地方政府作用的发挥,共同启动了苏南现代化进程。从苏南模式的深度看,地方政府的主导作用、市场机制的基础作用,共同体意识的认同,这三个方面是苏南模式演进的基本路径。

从苏南模式进一步发展的制约因素看,地方政府经济职能能否转变、市场作为资源配置手的基础性作用能否充分发挥,民间组织的发展水平能否满足社会转型的需要,成为苏南模式能否进一步发展的主要因素。

从苏南模式的未来发展看,地方政府的职能虽应转变但其作用仍须发挥,市场机制在资源配置中的基础性作用须继续发挥,民间组织须继续发展,在共同体意识认同基础上的社会资本应继续培育并使其获得更好的发展。

## 第一节 历史演进
### ——苏南模式的历史演进

苏南在从农业文明向工业文明、传统社会向现代社会的转型过程中,形成了独特的现代化模式。在世界现代化的历史进程中,各个国家有着不同的初始条件,因而其现代化模式也就不同。对幅员辽阔的国家来说,各个地区现代化的初始条件也存在着很大的差异,因此各个地区现代化模式会呈现出各具特色、千差万别的发展轨迹,在中国,就有所谓的"苏南模式"、"温州模式"、"珠江模式"、"胶东模式"等。苏南模式一直以来都是学术界关注的重点,并经常引发争论,其中不乏质疑之声。苏南经济所发生的一切特别是"经济增长的奇迹",似乎并不符合正统经济学和政治学所倡导的"产权明晰、个人选择自由、市民社会的发展是经济持续增长的前提"这一理论命题。事实上,近30年来苏南现代化进程所取得的成就并不是在这个前提条件下取得的。那么,如何认识苏南模式的演进路径? 苏南模式进一步发展会面临哪些制约因素? 根据现代化的特点、现代政府的发展特点和文化历史传统,苏南模式的未来发展又如何呢? 对于这些问题虽然仁者见仁、智者见智,但我们仍然强调:须着力研究、务求厘清。

## 一、20 世纪 80 年代:以乡镇企业蓬勃发展为特征的苏南模式

现代化是从农业的乡村的封闭半封闭的传统社会向工业的城市的开放的现代社会的转变过程,它涉及人类生活所有方面的深刻变化,是经济领域的市场化和工业化、政治领域的民主化和法治化、社会领域的多元化和城镇化以及文化领域的观念理性化和基础教育普及的互动过程。从 20 世纪 70 年代末以来,苏南由于历史、地理、人文环境等客观条件,抓住了改革和开放的机遇,从乡村工业化开始,重启现代化进程,独具特色,并经历了一个复杂的演变过程。

苏南地区作为我国乡镇企业的重要发祥地之一,有大环境、大形势的原因,但其独特的地理、历史、人文环境等条件为乡镇企业的发展奠定了基础。1956 年,"一化三改"完成后,在社会主义计划经济体制下,除了一些特殊年份外,苏南经济仍然保持较快的增长速度。但与其他地区一样,二元经济特征明显。在 20 世纪 50 年代末,苏南各地办起了农机修理、砖瓦、粮食加工、棉纺织以及缝纫等社队企业。20 世纪 60 年代初期国民经济调整中,按照国家的有关规定,农民原则上不能从事工业经济活动,苏南社队企业大部分也就被压缩和关闭。此后十多年,社队企业的规模很小,主要集中在农机具修理和农村建筑材料领域。"文化大革命"期间,城市工业停工停产,市场供需矛盾很大,刺激了计划外生产供给的渠道,这为社队企业重新兴起和发展创造了有利的市场环境。苏南社队企业抓住这一历史性机遇,重新开始起步,以不同的形式恢

复和创办了一些工业企业。以苏州为例,到 1978 年,全市 6 个县(市)社队企业发展至 7508 家,拥有固定资产 3.35 亿元;职工 40.91 万人,占农村总劳动力的 17%;工业总产值 9.92 亿元,占农村工农业总产值的 37.36%。①

1978 年以后,随着家庭联产承包责任制的推行,农村生产力得到极大的释放,不仅粮食生产连年丰收,而且大批劳动力从农田中解放出来,涌向多种经营,有的甚至涌向原本属于城市的工业和服务业领域。与此同时,中央推出的分权改革和地方财政包干制,激励了各级地方政府兴办工商业,以解决就业和增加财政收入。1979 年 7 月国务院颁发了《关于发展社队企业若干问题的规定(试行草案)》,1979 年 9 月十一届四中全会又通过了《中共中央关于加快农业发展若干问题的决定》,这两个文件都是调整农村经济体制、鼓励社队企业发展的政策文件。在《中共中央关于加快农业发展若干问题的决定》中指出,“社队企业要有一个大发展”,规定“凡是符合经济合理的原则,宜于农村加工的农副产品要逐步由社队企业加工。城市工厂要把一部分宜于在农村加工的产品或零部件,有计划地扩散给社队企业经营,支援设备,指导技术。对社队企业产、供、销要采取各种形式,同各级国民经济计划相衔接,以保障供销渠道能畅通无阻。国家对社队企业,分别不同情况,实行低税或免税政策。”②1983 年党中央 1 号文件进一步指出,社队企业是合作经济,必须努力办好,促使完善发展。苏南各地借着政策的东风,发扬“动员千军万马、跑遍千山万水、说尽千言万语、吃尽千辛万苦”的精神,大力发展乡镇企业。1978 年,苏南乡镇企业产值占到地区工业总产值的 19.4%;到 1988 年,产值已占到地区工业总产值的 60.2%,正式确立“半壁江山”地位;到 1992 年乡镇企业产值占全部工业产值的比重高达 69.3%,已是三分天下有其二了。③

苏南乡镇企业的发展,带动了区域经济的全面发展。其主要变化:一是苏南乡镇企业的发展,促进了苏南整体经济实力不断提升。乡镇企业迅猛发展,使苏南国内生产总值增长率保持在 20% 左右,实现了苏南经济自改革开放以来的第一轮的腾飞,大大增加了苏南整体经济实力。20 世纪 80 年代后,在乡

---

① 王荣等:《苏州农村改革 30 年》,上海远东出版社 2007 年版,第 111 页。
② 《十一届三中全会以来历次党代会、中央全会报告公报决议决定》(上),中国方正出版社 2008 年版,第 30 页。
③ 唐岳良等:《苏南的变革与发展》,中国经济出版社 2006 年版,第 45 页。

镇企业的推动下，苏南工业产值迅速增长，到1994年达3759.61亿元，工农产值之比为96∶4。苏南乡镇企业的发展奠定了其在全国乡镇企业的重要地位：总产值占全国的1/6，工业总产值占全国的1/5，上缴税占全国的1/11，固定资产原值占全国的1/3。① 二是在集体经济的基础上坚持共同富裕，协调多方面的利益关系。苏南乡村经济组织首先保证上缴国家税金任务的完成，同时按照允许一部分人先富起来但又不失共同富裕的目标原则，采取以工补农、以工建农的方式，协调农、副、工之间的经济利益关系，在农业和粮食生产稳定发展的同时，促进了农、副、工的综合发展。三是乡镇企业在促进农村工业化，加强与大中城市衔接的同时，加快了小城镇的建设步伐。由于乡镇企业的快速发展，苏南乡镇从区域面积到人口规模都成倍地扩张。各乡镇依靠工业积累的部分资金，不断进行乡镇基础设施的建设，使之发展成为非农人口聚居区和连接城乡、沟通内外的新型城镇，改变了自20世纪40年代以来苏南城镇衰弱的趋势。到90年代初期，苏南地区农村的道路水利建设、自来水、电力、邮电、医疗和教育等发展水平，在全国都处于先进水平。

　　在乡镇企业发展的过程中，地方政府起着主导的作用。从在资金筹集，到劳动力、土地等要素的配置，再到企业的经营管理活动，都是由乡镇政府或大队直接配置和决定的。乡镇政府与其说是执行政府经济职能，还不如说是全力兴办和发展乡镇企业。乡镇政府职能已经从计划经济时代对村集体进行计划管理职能，转向积极主动办企业，成为市场经济活动的主体，成为市场经济活动的发起者、培育者和领导者。虽然乡镇企业是由政府直接兴办的，但与同时期国有企业不同，乡镇企业经营活动和资源配置基本上是市场导向的。乡镇政府较少受到计划经济体制的束缚，也无法获得政策资源，只能依靠市场来发展乡镇企业。因而，在乡镇企业微观经营层次上，一开始就表现出市场经营的特征。乡镇企业具有比较灵活的市场调节机制，主要依靠计划外的市场获得生存和发展的空间。市场机制决定着乡镇企业的投资方向，决定着行业及生产结构的选择。

　　综上所述，20世纪80年代，苏南地区形成了以乡镇企业蓬勃发展为特征，市场调节为主要手段，基层政府行政推动的发展模式，也就是学术界所说

---

　　① 资料来源：根据徐元明主编的《江苏省志·乡镇工业志》（方志出版社2001年版）第79页的数据计算。

的"苏南模式"。① 在这段历史时期,中国处在计划经济向市场经济的转轨初期,苏南乡镇企业在新旧体制的夹缝中获得了生存的空间。一方面由于社会经济主要受供给的制约,坚持市场化方向发展的苏南乡镇企业拥有广阔的市场空间;另一方面在意识形态方面,由于姓"资"、姓"社"仍然是一个敏感的政治问题,以集体所有制为特征的苏南乡镇企业,采用政企不分的制度安排,既在一定程度上避开了敏感的政治问题,也有利于发挥地方政府的组织优势。② 这个时期,苏南城市经济没有多少起色,苏州、无锡、常州作为地级城市,地方政府既缺乏制度性资源,难以获得行政计划下的产业发展项目,也缺乏可以直接配置的经济资源来大规模发展城市经济,城市经济发展基本上处于停滞状态。

## 二、20世纪90年代:以乡镇企业改制与开放型经济发展为特征的苏南模式

以乡镇企业蓬勃发展为特征的苏南模式,对冲破计划经济体制,激发市场竞争力,改善所有制结构,推进苏南社会经济的发展,发挥了巨大的作用。然而,随着中国经济体制改革的深入和市场经济的发展,中国经济结构逐渐由供给不足型向需求不足型转变,粗放型经济增长方式的空间逐渐缩小,苏南模式中经济形式单一、产权模糊、政企不分,小城镇建设的弊端日益凸显。无论是企业规模、增长方式和产品结构,还是"离土不离乡"的城市化方式,都面临着极大的挑战,苏南模式陷入困境。首先,乡镇企业患上"国企病"。在计划经济体制薄弱环节中发展起来的乡镇企业,依靠政府所掌握的社会资源,发挥政权力量和政府信用,配置资源和开拓市场,获得了高速发展。进入20世纪90年代,由于市场形势由卖方市场转向买方市场,外资企业的大量进入,民营经济一定程度的发展,国家取消了给予乡镇企业发展的优惠政策,乡镇企业最初的产权安排不能适应这种市场环境和外部政策的变化,陷入发展的困境。一是企业规模的不断扩大,原来小作坊、手工业的管理理念和管理方法已经不能适应;二是短缺经济下"只怕做不出,不怕卖不掉"的卖方市场开始向买方市

---

① "苏南模式"这个词是费孝通先生在1983年所写的《小城镇·再探索》中首先提出的,而后被学术界广泛使用。

② 张建英、朱炳元:《演进中的苏南现代化模式:路径依赖与未来发展———一个新政治经济学的分析视角》,《苏州大学学报(哲学社会科学版)》2007年第3期,第20—24页。

场转变,部分产品因不适应市场需求而出现了滞销,而新产品开发与市场营销能力又不足;三是政企不分、政资不分、产权关系不明晰等带来的企业内部活力不足、企业负债高、内部人控制等问题逐步暴露出来。与当时兴起的外商投资企业和民营企业相比,乡镇企业的竞争力明显下降。从1994年左右,苏南乡镇企业开始步入缓慢发展阶段。其次,乡镇企业发展的短期行为导致人与自然的矛盾。在20世纪80年代,苏南乡镇企业整体产业结构层次较低,布局分散且不合理,出现"乡乡冒烟,村村冒火"的"小、杂、乱"的弊端。各地区不得不独立解决交通、通讯、供电、供水和仓储等问题,难以获得规模效益和集聚效益。这种粗放型经济增长方式造成了土地资源巨大浪费,环境污染问题严重,人与自然的矛盾愈来愈凸显。再次,乡镇企业先天不足的矛盾逐渐暴露。乡镇企业的工人大都来自农村,文化水平和工业技能较差,自主创新能力缺乏,产品升级换代慢,企业发展后劲不足。由于乡镇企业是承继20世纪60年代的"社队企业"而发展起来的,企业规模型效益不明显,在经济增长方式上走的是一条外延扩张的粗放经营路子,陷入高负债、高投入、高速度、低效益的困境中。

与此同时,随着苏东剧变,经济全球化加速推进。在经济全球化背景下,经济资源突破了一国界限在全球范围进行配置,为发展中国家和地区积极引用外资,拉动经济发展,实现从农业国向工业国的转变提供了前所未有的机遇。为了更好地利用廉价劳动力、占领市场、转移生态赤字、赚取更多利润,跨国公司在全球的低成本战略及在产业结构和经济结构方面的全球布局大调整,给发展中国家和地区带来了引入雄厚资本和先进技术来发展国内制造业的绝佳机会。在国际经济环境发生如此巨变的同时,中国国内也加快了改革开放的步伐。邓小平在1992年年初视察南方时,直截了当地阐述了计划与市场问题的基本观点,从根本上破除了把计划经济和市场经济看做属于社会基本制度范畴的思想束缚。同年党的十四大确立了经济体制改革的目标就是建立社会主义市场经济,并指出社会主义市场经济体制"就是要使市场在社会主义国家宏观调控下对资源配置起基础性作用,使经济活动遵循价值规律的要求,适应供求关系的变化;通过价格杠杆和竞争机制的功能,把资源配置到效益较好的环节中去,并给企业以压力和动力,实现优胜劣汰;运用市场对各种经济信号反应灵敏的优点,促进生产和需求的及时协调。同时也要看到市场有其自身的弱点和消极方面,必须加强和改善国家对经济的宏观调控。"①在开放政策上,继 80 年代一系列开放政策后,1990 年国务院决定开发上海浦东新区,并进一步开放沿海城市,形成以浦东为龙头的长江开放地带。在经济全球化加速推进和中国改革开放不断深入的背景下,苏南人不再迷恋曾经有过的辉煌,开始审视原来的发展路径,开始了以乡镇企业改制与开放型经济发展为特征的苏南模式的创新和发展。

为了摆脱乡镇企业发展的困境,苏南地方政府主导了乡镇企业的改制,让企业真正成为法人实体和市场主体。从 1996 年开始,苏南乡镇企业开始了明确私人产权、政府退出集体经济股权的改革,原来的乡镇企业变成了产权清晰的私营企业、合伙企业或公司制企业。改制的整体状况是,大型骨干企业(资产 1000 万以上)和大型企业(资产 500 万以上)搞股份有限公司和有限责任公司;中小企业搞股份合作制和有限责任公司;小而亏的企业实行拍卖和转让,变为私营企业。到 1999 年年底,苏南乡镇企业通过拍卖、租赁、股份制改造等形式转制面超过 95% 以上。② 以苏州市为例,1997 年年底,在全市 1.2 万家镇、村企业中,通过多种形式改制、转制的占 92%,其中涉及产权制度改革的占 42.7%,建立股份有限公司 11 家,有限责任公司 974 家,股份合作制企业 2287 家,拍卖企业 1021 家;2000 年,产权制度改革转制面达 99%,到年底,在 440 亿元实收资本中,乡镇村集体资本占 22%,个人和社会法人资本占 38.4%,外商资本占 39.6%。当年实现的经济总量中,乡镇集体投资参股企业占 35%,"三资"企业占 29%,个体私营企业占 36%。③ 由此可见,苏南乡镇企业通过存量转股、拍卖转让、租赁经营、兼并重组、划股出售、分立破产等各种方式,盘活、转换集体的存量资产,吸引企业的干部职工入股;同时,带动个人、社会法人、外商等多元化的增量资本,初步形成投资主体多元化的发展新格局。

这次改制虽然在一定程度上明晰了企业的产权,但由于乡镇集体参股、控股企业占了多数,一方面由于经营者、经营层的持股比例偏低,因而不能够调动起经营者、关键人物的积极性;另一方面,很难做到政企分开和政资分开,企

---

① 《十一届三中全会以来历次党代会、中央全会报告公报决议决定》(下),中国方正出版社 2008 年版,第 445 页。
② 唐岳良等:《苏南的变革与发展》,中国经济出版社 2006 年版,第 114 页。
③ 王荣等:《苏州农村改革 30 年》,上海远东出版社 2007 年版,第 116 页。

业的自主权很难真正落实，难以保证企业的长远发展和地区经济的稳定发展。租赁和租售结合企业由于产权仍然不明晰，特别是有些企业的厂房和土地等集体不动产还没有纳入改制，而土地的租赁，影响到企业的投、融资能力。为了解决这一轮改制中的遗留问题，使企业真正成为市场经济的主体，苏南乡镇企业开始了二次改制。2000年开始了以"一转"（股份合作制企业向公司制企业转）、"二变"（变租为股、变租为售）、"三提高"（提高经营者、经营层持股比例、提高股份集中度、提高非集体股本金比重）、"四促进"（促进政企分开、促进法人治理结构的完善、促进集体资产保值增值、促进社会保障制度的建立）为主要内容的"二次改革"。至2001年年底，乡镇企业产权制度改革工作全部结束，乡镇政府的产权退出乡镇企业，集体所有为主的产权结构转变为产权明晰的混合所有制。乡镇企业改制完成激发了乡镇企业发展的活力，积极推进技术进步，开拓国际国内市场，由此进入了一个新的发展阶段。

在乡镇企业改制和私营经济发展的同时，苏南凭借其毗邻上海的独特地理位置，呼应浦东开发，主动接受上海经济的辐射，抓住跨国公司在全球低成本扩张和全球制造业加速梯度转移的历史机遇，苏南地方政府提出了"依托上海、接轨浦东、迎接辐射"的策略，依托乡镇企业崛起时累积的生产能力、市场网络和人力资源，开始了开发区建设和招商引资工作，苏南进入了以发展外向型经济为特征的城市工业化时期。首先，开始开发区的硬环境建设。苏南地方政府提供完善的基础设施，不仅包括区内的基础设施建设，还包括其周边配套的基础设施。其次，重视招商引资的软环境建设。一是提供优惠政策，如提供税收和土地使用费的优惠、提供免费的进出口服务、给予风险投资基金和人力资源支持以及各种咨询服务；二是在开发区开展"一站式"服务，为投资者提供快捷高效的服务。随着苏州工业园区、无锡高薪技术开发区等一批经济开发区的建立，苏南地方政府展开了大规模和高强度的招商活动，外商投资迅速增加，外向型经济逐步形成。据统计，2003年，苏州市实际利用外资68.05亿元，占当年GDP的20%，当年超过上海，位居全国大中城市第一，在全年工业总产值中，港、澳、台投资企业和外商投资企业占60.5%；①无锡市外商投资企业完成进出口总额占全市外贸总额的71.0%。②

①　吴柏均等：《政府主导下的区域经济发展》，华东理工大学出版社2006年版，第115页。
②　唐岳良等：《苏南的变革与发展》，中国经济出版社2006年版，第132页。

外商投资企业和民营经济的发展,推动了苏南经济的飞速发展,带动了城乡居民收入的增长,促进了苏南产业结构的调整,加快了制造业内部结构的升级。由于外商投资企业与国际市场的联系很紧密,不仅具有广阔的进货和销售渠道,还能生产大量技术含量较高的产品,从而加快了苏南的国际化进程,带动了苏南出口产品结构的变化。以苏州市为例,1992 年,苏州地区生产总值为 359.69 亿元,人均 6360 元(按 1992 年人民币汇价 5.51 来计算,相当于人均 1154 美元);到 2002 年,苏州国内生产总值为 2080.38 亿元,人均高达 35733 元(按 2002 年人民币汇价 8.27 来计算,相当于人均 4320 美元)。随着苏州经济快速的增长,不仅产业结构发生了变化,而且制造业内部结构也加快升级。从 1992 年至 2002 年,第一产业产值占地区生产总值的比重从 11.28% 下降到 4.41%,第二产业在规模扩大的前提下,所占比重从 64.16% 下降到 58.24%,第三产业得到较快发展,所占比重从 24.56% 上升到 37.36%①。外商投资不仅带来了大量的资金,而且带来了先进技术和管理经验,苏州制造业结构开始从以纺织轻工为主的劳动密集型产业转向以机械、电子、精细化工等为主的高新技术和资本密集型产业,并承接高新技术产业中劳动密集型的生产环节。1994 年,苏州工业产值中,纺织业位居第 1 位,电子及通信设备制造业仅仅是第 10 位,到了 2001 年,电子及通信设备制造业已然高居榜首。2002 年苏州机电产品出口额占全市出口总额的 69.2%,高新技术产品占全市出口总额的 46.2%。② 同样的,在 1995—2003 年间,无锡经济以年均 12% 的速率增长;到 2003 年,地区生产总值为 1901 亿元,人均高达 43155 元;到 2004 年,无锡外商对社会就业的贡献率达 41.1%,外资工业企业产值占工业总比重的 24.8%,外资企业进出口额占全市进出口总额的 72.9%。③

在苏南经济快速增长的同时,企业的空间布局也发生了变化,企业向工业园区集中,各类生产要素向中心城镇集聚。在农村,为了解决"村村冒烟、处处办厂"的现象,结合小城镇建设,明确要求企业要相对集中,建立乡镇工业小区。各类乡镇工业小区的快速发展,使得分散于各乡村的工业企业逐渐向

---

① 以上数据是根据《数字见证见证苏州改革开放 30 年》(苏州统计局 2008 年编印)第 104—105 页的相关数据整理的。

② 以上数据是根据《2006 年苏州统计年鉴》(中国统计出版社 2006 年版)的相关数据整理的。

③ 吴柏均等:《政府主导下的区域经济发展》,华东理工大学出版社 2006 年版,第 49 页。

乡镇工业园区积聚，这不仅改变了苏南地区的城镇布局形态，也优化了全市工业企业的生产力布局和产业结构。在城市，外资企业特别是外资工业企业，基本上集聚于工业园区、高新技术开发区等经济开发区。

综上所述，在经过乡镇企业改制和开放型经济发展后，苏南又迎来了第二次创业的辉煌，苏南社会经济呈现出许多新的特征。具体来说，其主要特征有：一是经济形式多元化。苏南地区的国有制企业本来就不多，20 世纪 80 年代的苏南模式又是以集体经济为主。从 90 年代开始，苏南人开始抓住发展开放型经济的机遇，通过建立各种类型的开发区引进外资，苏南成为全国外资企业投资最密集的地区之一。同时通过国有企业和乡镇企业的改制和民营经济的发展，苏南已经形成外资、民资和股份制等多种经济形式并举发展的格局。最引人注目的以苏州工业园区、苏州新区、昆山经济开发区、吴江开发区为代表的园区经济，以"江阴板块"代表的资本经营，以常熟招商城、吴江盛泽东方丝绸为代表的民营经济。经济形式的多元化成为苏南地区调动和凝聚各方积极性的因素和力量，成为推动社会经济发展的强大动力。二是经济主体产权明晰化，企业成为市场主体。从 1997 年开始，苏南乡镇企业开始了明确私人产权、政府退出集体经济股权的改革，原来的乡镇企业变成了产权清晰的私营企业、合伙企业或公司制企业。企业明晰了产权，自主经营、自我发展、自负盈亏、自我约束的机制逐步建立，企业由原来的"要我发展"逐步向"我要发展"迈进。"到 1999 年，苏南地区 220 多万职工共创造销售收入 3620 多亿元，比上年增长 12.17%；工业增加值 976 亿元，增长 12.74%；利税 237 亿元，增长 15.9%。无锡市的亏损企业数量减少 28%，亏损额下降 39%；苏州市亏损企业一度达到 30%，通过企业改革下降到 10% 左右。"[①]随着产权制度改革的深化，乡镇企业的资产开始得到合理流动和有效配置，通过跨地区、跨行业、跨所有制的联合，以股份制和股份合作制为主的混合所有制经济由此应运而生，从而使原来乡镇企业的资本结构得到了较大变革，投资的科学性和有效性得到了提高。三是政企分开。通过改制，企业体制由集体所有制和国家所有制向股份制、民营化转变，明确和规范了政府与企业两个行为主体的关系。改制后，企业建立了规范化的企业制度，形成自我决策、自我发展、自主经营、自负盈亏的机制，成为真正的独立法人实体和市场竞争主体，创业原动力和生产经

---

① 唐岳良等：《苏南的变革与发展》，中国经济出版社 2006 年版，第 115 页。

营的活力明显增强,企业进入了平稳的发展期。政府产权从企业退出后,政企、政资都分开了,一方面政府不再直接参与和干预企业生产经营活动,从直接组织管理经济的位置退下来,集中力量抓规划、监督、指导、协调和服务。"政府搭台,企业唱戏",为企业发展创造良好的发展环境,以降低区域内企业交易成本,促进企业的发展;另一方面加强对社会发展的宏观规划和提供更为丰富的公共产品,为吸引各类投资创造良好的公共环境。四是经济布局集中化。苏南各级政府通过创设各种各样的园区,引导生产要素向园区集中,实现集约经营,改变过去"村村点火,户户冒烟"的局面。

### 三、新世纪以来:在科学发展观引领下的苏南模式

#### (一) 苏南模式遇到的新问题

以乡镇企业改制和开放型经济发展为特征的苏南模式是对以乡镇企业迅猛发展为特征的苏南模式的创新和发展,是"苏南模式"涅槃后的新生,既体现了对苏南模式的路径依赖,又体现了苏南模式的创新。随着社会转型和经济转轨的深入,苏南社会经济发展格局发生了许多新的变化,苏南模式面临着许多新的挑战,土地锐减、环境污染、能源紧张和社会和谐发展等问题逐渐显现出来。

1. 土地资源短缺的矛盾日益凸显。

苏南本来就是人多地少,人均一亩耕地不到,20 世纪 90 年代以来,苏南地区设立了很多国家级、省级、市级、乡镇级的开发区,每个开发区小辄占地十亩二十亩,大辄数千亩,侵占了本就不多的耕地。据统计,苏州市 2003 年的耕地面积比 1990 年减少了 22% ,实际可能更高。① 与流动性很高的劳动力和资本要素不同,土地资源的短缺很难通过增加供给来实现平衡,提高土地价格是实现土地供求均衡的唯一途径。但是,土地价格的上升可能影响资本的流入。为了解决这一矛盾,政府可能希望通过压低土地价格的方式以保持既有的引进外资的优势,但压低土地价格会损害农民的权益,长期下去必然引起农民的不满,引发社会矛盾。2010 年 7 月份,苏州市虎丘区通安镇等地部分老动迁村民因对该镇拆迁补偿政策变动不满,多次聚集在镇政府和集镇上,要求当地

---

① 吴柏均等著:《政府主导下的区域经济发展》,华东理工大学出版社 2006 年版,第 116 页。

政府对他们前几年的拆迁以现行政策给予差额补偿。由于镇政府拒绝了村民的相关诉求，发生打砸办公设备事件，镇政府办公室被占据，甚至出现万人聚集在 G312 国道附近，试图阻断交通，阻止过往车辆通行的事件。为了解决土地资源短缺与地方经济发展需要之间的矛盾，一些地方政府在中央政策明确表示不允许的情况下，不惜冒违规违法的风险，千方百计新上大规模的投资项目，侵占耕地，2004 年发生的常州铁本事件就是一个典型的案例。江苏铁本钢铁有限公司是一家私营企业，注册资本 3.02 亿元，设计能力每年 840 万吨钢，概算总投资 105.9 亿元，2003 年 6 月入住现场施工。江苏省有关部门为了规避政策的权限，将该项目拆分为 22 个项目进行审批，对项目需要的 2.1 万亩农用地于两日内分 42 个批次办理征地手续。① 2004 年 4 月，国务院对常州铁本事件进行严肃查处。事实上，随着土地流转制度的改革，地方政府对土地初级市场的垄断将被打破，原有的土地分配模式很难继续下去，这就意味着苏南地方政府利用土地优惠政策招商引资，促进经济的发展是无法持续的。

2. 环境污染问题日益严重。

无论是 20 世纪 80 年代的传统苏南模式，还是 90 年代创新了的新苏南模式，从总体上说，"在增长方式上基本上还是传统的粗放型的"，②所取得的经济成果以环境污染和资源高度消耗为代价。大小河流、湖泊受到污染，2007年西太湖蓝藻的爆发导致无锡饮用水的污染等；地下水也受到了污染，水质性缺水十分严重；耕地面积大量减少，甚至有些土地毒化，已经不适宜粮食生产；化工等污染企业使空气质量下降，已危害到人居环境，等等。苏南地区的污染主要是工业污染，而其中最主要的是化工企业和生活污水的污染。这一地区大小化工企业有 6000 多家，其中太湖上游的宜兴就有 1000 多家。③ 此外，还有许多印染、造纸、电镀企业。据统计，太湖流域纺织、化工、冶金、造纸、电镀、酿造等六行业，COD 和氨氮排放量分别占全流域工业排放量的 65% 和63.4%。④ 太湖流域有 80% 河道被污染，60% 的水源不能饮用，80% 的水质达

---

① 李军杰：《地方政府经济行为短期化的体制性根源》，《宏观经济研究》2005 年第 10 期，第 18 页。

② 洪银兴等：《改革开放三十年苏州经验》，古吴轩出版社 2008 年版，第 8 页。

③ 靳辉明：《落实科学发展观构建社会主义和谐社会》，《红旗文稿》2006 年第 23 期，第 3页。

④ 姜妮：《蓝藻围攻拷问苏南模式》，《环境经济》2007 年第 8 期，第 23 页。

不到Ⅲ类水标准;位于太湖流域上游的无锡地区人均 GDP 达到 6380 美元,已处于工业化后期阶段,但无锡的工业污水已超出环境容量的 70%,工业废气超出环境容量的 50%。① 苏州经济快速发展也付出了极大的生态代价,特别是生态环境方面,问题十分严重,大小河流、湖泊受到污染,地下水也受到了污染,水质性缺水十分严重;耕地面积大量减少,有些土地重金属污染,已经不适宜粮食生产;化工等污染企业使空气质量下降,汽车尾气污染带来的光化学污染也开始逐步显现,已危害到人居环境,等等。② 苏州地区的污染主要是工业污染,大量工业废水排入水域,水域自然净化功能不复存在,正常的水循环被破坏,"东方威尼斯"可能会陷入水资源短缺的困境。与水相关的水产品和其他农产品被污染,养殖业作为苏州市的特色农业的前景堪忧。2003 年以来,苏南经济重工业化特征明显,重工业化经济对苏南来讲,不仅不具有资源优势,而且可能造成更多的环境污染。资源和环境的占用已处于超饱和状态,严重影响到该地区居民的饮用水安全和身体健康,为该地区的可持续发展埋下了隐患。

3.社会保障水平与经济发展水平未能同步提高。

随着经济的发展,苏南地区参保人员要求调整政策、提高社会保障待遇的呼声愈来愈强烈。由于收入分配不平衡加剧,物价上涨压力加大,城乡居民生活受到一定的影响,居民对实现充分就业、提高社会保障水平提出更高要求。近年来社会保险制度、政策不断调整和完善,社会保险工作的范围对象已经由原来的城镇职工扩展到全体社会成员,社会保险经办机构的服务对象成倍增长,服务内容已贯穿人的生命全过程。但是,国家和省还没有制定一个统一的行业标准,按服务对象的规模来配置经办人员,相应扩大社会保险经办机构的外延和经办能力,以适应社会保障事业发展的要求。近年来,苏南地区通过不断强化社保稽查工作力度,社会保险基金结余逐年递增,基金收支进入良性循环的轨道,特别是企业养老保险基金连续实现收支平衡。但是,从发展的趋势分析,由于历史的欠账和现实及未来的人口老龄化问题逐渐加重,养老保险基

---

① 耿焜:《产业集群生态化发展模式探索——以苏南地区为例》,《宏观经济管理》2006 年第 5 期,第 61 页。

② 靳辉明:《落实科学发展观构建社会主义和谐社会》,《红旗文稿》2006 年第 23 期,第 3 页。

金收支出现缺口是必然的；由于生育保险缴费比例低，苏南地区育龄女职工（包括外来农民工）比重大，享受生育保险人数多，有的统筹区的生育保险基金已出现赤字。

4. 城市内部户籍人口与非户籍人口的"二元社会"分割问题。[①]

随着苏南工业化水平的提高，苏南地区城乡的收入差距和公共服务差距在缩小，城市内部户籍人口与非户籍人口的"二元社会"分割问题却非常突出。苏州、无锡、常州随着经济的快速发展，人口流动加快，越来越显现出移民城市的特征。非户籍人口在居住、子女入学、医疗条件、就业机会、工资水平、社会保障等方面，与城市居民存在着较大的差距。非户籍人口不能与城市居民平等地享受教育、医疗、社会保障等公共产品和服务，不仅会影响苏州人力资本的积累，而且影响合作、自律、信任等社会资本的形成，甚至可能引发城市内部的社会矛盾，影响苏南地区社会经济的持续发展。

事实上，随着工业化的全面推进，经济发展整体水平的提高，粗放型经济增长方式所引发的经济发展与资源短缺和环境污染的矛盾、社会发展与经济发展不平衡的矛盾在全国以及区域经济发展中日益显现和加重，中央政府提出了可持续发展、全面建设小康社会、和谐社会建设的理念和目标，出台一系列相关政策和法规，引导地方政府坚持经济、社会与生态环境协调发展的发展观，以期缓解经济发展与资源短缺和环境污染、社会发展与经济发展的矛盾冲突，实现人与自然、人与社会的和谐。2002 年 11 月党的十六大确立了全面建设小康社会的目标，提出了实现社会更加和谐的要求。2003 年 10 月党的十六届三中全会通过的《中共中央关于完善社会主义市场经济体制若干问题的决定》指出：科学发展观，"坚持以人为本，树立全面、协调、可持续的发展观，促进经济社会和人的全面发展。"[②]2003 年江苏省提出了"两个率先"的战略目标，并要求苏南走在前列。苏南抓住这一机遇，在科学发展观引领下启动了经济增长方式的转变和全面小康社会和现代化的建设，开始了苏南模式又一次创新。

## （二）苏南模式新特征

2003 年以来，苏南地区在科学发展观引领下，在全面建设小康社会和实

---

① 陆铭等：《中国的大国经济发展道路》，中国大百科全书出版社 2008 年版，第 149 页。
② 《十一届三中全会以来历次党代会、中央全会报告公报决议决定》（下），中国方正出版社 2008 年版，第 822 页。

现现代化的进程中,苏南模式出现了一些新的特征。对科学发展观引领下的新苏南模式具有哪些特征,不同的学者具有不同的认知。李忠伟认为,新苏南模式是指"在科学发展观的指导下,以外向型经济为龙头,以股份制经济为主体,以工业化、城市化为主轴,实现第一、二、三产业逐步发展,促进经济、社会的协调、和谐、繁荣、进步,并引导和推进苏南人民创业、创新、创优的全面小康社会建设。"①顾松年在三论《苏南模式的创新演进》中认为,新苏南发展模式包括以下几个方面特征:"以'两个率先'为目标,实行'五个统筹';以推进城乡一体、区域统筹为重点,顺应国内外大势,不断改革创新,全面激活多元化市场主体,促进以消除条块分割为标志的大市场的发育完善;以现代大中城市作为区域城乡经济社会发展的依托,进一步开拓工业化、城市化、信息化、国际化的'四化'互动并进之路;把振兴县(市)域经济、破解'三农'难题与强化中心城市功能建设结合起来,把提高对外开放水平、进一步办好园区经济与推进科技创新、产业集聚以及结构调优升级结合起来,把提高经济发展质量与优化配置科技、教育、文化以及人才资源结合起来;营造以信息化为核心、以高新技术产业为先导、以现代制造业为基础的产业高地,增强区域整体优势和综合竞争力。在这个过程中,协调各方面的利益关系,以求先富与共同富裕相衔接,人与自然相和谐,不断增强可持续发展能力。"②洪银兴认为,新苏南模式是对原有苏南模式的创新,其特征是以开放为基础的外资、民资和股份制经济充满活力的所有制结构;先进制造业和现代服务业并举的产业结构;规模企业为主体的企业结构;城乡一体协调发展的城乡结构;市场管经济发展,政府管社会发展的调节结构,由此形成经济增长又快又好的发展模式。现在,这一既包含城市又包含农村的区域的明显特色是经济增长又快又好,居民富裕和谐,城乡协调发展,人和自然和谐,社会发展水平较高,公共产品供给较为丰富。③

我们认为,科学发展观引领下的苏南模式具有以下特征:

---

① 黄文虎等著:《新苏南模式:科学发展观引领下的全面小康之路》,人民出版社 2007 年版,第 270 页。

② 顾松年:《苏南模式:是已经历史终结,还是在创新演进?》,《江汉论坛》2000 年第 12 期,第 16—17 页;《再论苏南模式的创新演进》,《现代化研究》2001 年第 7 期,第 14—15 页;《三论苏南模式的创新演进》,《现代化研究》2002 年第 5 期,第 13—16 页。

③ 洪银兴:《新苏南模式及其全面建设小康社会的意义》,《江苏发展研究》2006 年第 2 期,第 208—209 页。

1. 在全省乃至全国率先构建先进制造业和现代服务业并举的产业结构。

苏南是中国最早实施工业化的地区之一，这里的制造业占绝对优势。开始推进全面小康社会建设时，面对的工业基础，除部分城市工业以外，主要有两个方面：一是 20 世纪 80 年代中期开始发展起来的乡镇企业；二是 20 世纪后期发展外向型经济建立起来的外商投资企业。这两方面使苏南的工业化水平处于全国前列，工业总产值一直居全国之首。但不可忽视的是，建立在这两个基础上的制造业潜伏的问题是科技水准不高，由此产生了高产值低收益问题。首先，在乡镇企业基础上发展的制造业基本上是劳动密集型产业；其次，引进外资缺乏产业选择，外商进入的产业大部分也是劳动密集型，相当部分核心技术和关键技术不在这里。因此，产权改革和经济布局调整的进程中，开始产业结构的调整，在制造业由低端向高端升级的同时，大力发展服务业，特别是发展与制造业基地相关的生产性服务业。在新的发展阶段苏南从两个方面调整和优化产业结构。一是制造业的结构调整着力于"先进性"，由低端向高端升级，由劳动密集型向技术密集型升级。坚决制止低水平重复建设，依法淘汰落后生产能力，关停并转不符合国家产业政策和区域发展方向的高污染、高耗能企业和工艺装备，严格执行项目投资强度准入标准和节能环保要求。二是大力发展服务业，特别是发展与制造业基地相关的生产性服务业。服从于产业结构优化升级要求，利用外资从"招商引资"转向"招商选资"，重点引进重大项目、世界 500 强企业以及跨国企业的研发中心。同时，加强与国内外高校、科研机构的合作，提供科技创新和产业城乡的环境，如吸引科技人才机制、风险投资机制、产、学、研结合机制，并建设相应的平台，如国际创新园、大学科技园和高新产业园。在此基础上，苏南各地区逐步形成了集聚高等级、高科技含量、高开放度、高附加值的产业集群。

2. 由地方政府主导构建环境友好型社会，实现城乡协调发展。

20 世纪 80 年代，伴随着工业尤其是乡镇企业的发展，环境污染问题开始暴露并激增，"村村点火，处处冒烟"的小工业模式，导致污染大规模扩散，环境与经济发展的矛盾日益突显。到了 90 年代，苏南由地方政府主导增加了环保投入，开展了防治结合的环境保护工作。21 世纪以来，随着经济进一步发展，苏南地区进入到工业化中后期，环境压力和风险加大，苏南地方政府出台了一系列与环境保护相关的法律和规定，加强环境执法和环境基础设施的建设,实施可持续发展政策和战略,以构建环境友好型社会,实现城乡协调发展。以苏州市为例,苏州地方政府按照"统筹规划,分步实施,以点带面,整体推进"的原则,开始从企业、区域、社会三个层面大力推进循环经济;在企业层面上,以清洁生产为基础,建立一批循环经济型企业;在区域层面上,全面建设生态工业园;在社会层面上,探索循环型城市的建设;在资源消耗环节上,大力提高资源利用率;在废物产生环节上,大力提高资源综合利用率;在资源再生环节上,着力培育静脉产业;在社会消费环节上,倡导绿色消费。① 苏南其他地区也在积极探索成为集约发展、清洁发展、安全发展、可持续发展的先行区,成为资源节约型、环境友好型社会的示范区。

在科学发展观引领下的苏南模式中,调节社会发展的政府,不仅发挥作用的层级提高,由乡镇上升到县级,而且政府发挥作用的领域也发生了明显的改变,由侧重经济发展向经济、政治、社会、文化全面发展转变,这为推进城乡一体化建设创造了条件。首先,统筹城乡发展规划。把规划由城市延伸、覆盖到整个农村,统筹考虑城乡空间布局,特别是在城镇建设总体规划和土地利用上,注意统筹城乡人口分布、产业发展、用地布局和基础设施等,推进工业向园区集中,人口向小城镇集中,服务业向中心城市集中,农田向种粮大户集中的发展战略。其次,统筹城乡基础设施建设,形成了比较完善的城乡交通网络和市政基础设施。再次,推进城乡社会保障一体化的建设。目前苏南地区已基本建立起从低保、医保到养老保险,从义务教育、生产、就业、创业等贯穿农民一生的社会保障体系。最后,推进工业反哺农村,发展现代农业。

3. 苏南地方政府由经济建设为主向提供公共产品为主的转变。

改革开放30年来,从直接兴办和发展乡镇企业到主导乡镇企业产权制度改革、从开发区建设到招商引资、从城市化到城乡一体化、从培育和发展市场机制到规范市场秩序、从供给公共产品到制定和实施地区经济发展战略和政策,苏南地方政府都起着主导作用。在工业化启动和初期,政府的主导作用表现为:一方面可以迅速启动工业化,充分利用后起国家和地区的"比较优势"、"后发优势"与"落后优势",加快工业化的进程;另一方面由政府推动市场取向的制度变迁,奠定了苏南社会经济发展的市场经济方向和基础。事实上,苏南地方政府的强力推动,使得苏南经济发展水平和市场化水平处于全国前列。

---

① 洪银兴等:《改革开放三十年——苏州经验》,古吴轩出版社2008年版,第258—263页。

20世纪90年代,随着乡镇企业和国有企业的改制完成,苏南地方政府基本上退出县级以下私人产品领域的企业经营活动,也较少干预农户的生产经营活动,实现了以政企分开为主要内容和主要目标的地方政府经济职能的转变。与此同时,乡镇政府通过专业市场、工业园区和小城镇的建设,获得了土地资源的重新配置权,直接参与基础设施的建设。市县级政府直接配置土地、资金等生产要素,在城市经济部门的行政控制和经济影响力随之增加。在这个期间,地方政府所承担的职能虽然发生了很大的变化,但政府在经济活动中主导作用的方式并没有根本改变,仍是以经济建设为主。随着转型的深入,土地锐减、环境污染、能源紧张和社会和谐发展等问题逐渐显现出来,苏南地方政府经济职能面临着更为深刻的全面的转变。从2003年左右,苏南地方政府经济职能开始了进一步的转变,即实现由经济建设为主向提供公共产品为主的转变,扩大公共财政的覆盖面,顺应人们对公共产品供应与公共服务质量日渐提高的需求,依靠其较为雄厚的政府财力加大公共财政的投入,增加城乡公共产品的供给,特别是农村公共产品的供给。

## 第二节　路径选择
### ——苏南模式发展的起点和基本路径

在中国社会转型和体制转轨的过程中,不同地区出现了不同的路径,有的地区是政府主导,如苏州;而有的地区则是市场主导,如温州。为什么在相同的政治体制环境、相同的改革目标和政策以及相同的国际环境下,各区域的社会转型和体制转轨存在着明显的差别呢? 由于传统制度和文化发展的路径不同,各地区社会转型和体制转轨的初始条件和逻辑起点不同,各地区的社会转型和体制转轨的路径就会存在着差异。同时,制度变迁取决于现存的结构及路径。路径有不同的方向,一种情况是良性的,另一种情况是恶性的。苏南现代化要顺利进行,就要努力选择良性的路径,避免进入"锁定"状态。

### 一、苏南模式发展的起点

苏南草根工业、市场网络、能工巧匠、务工经商、重秩序等传统与文化、独特的地理位置与人文环境、计划经济时期基层政府形成的积累和动员能力以及高度集权的计划经济体制,是苏南现代化的初始条件和起点。

苏南乡镇企业的发展与苏南地区近代工商业的深厚传统是一脉相承的。自周、秦开始，苏南居民通过吸收、消化来自黄河流域先进的农业文明，并与本地的优势相结合，形成了颇为发达的农业基础。宋、明之后，苏南居民通过来与自四面八方的客商杂处竞争，广泛吸收、消化他们带来的商业文明，并与本地较为发达的纺织业相结合，形成了较为完备的传统手工业和商业。鸦片战争以后，苏南居民又通过吸收、消化来自西方的工业文明，融中西文明精粹于一体的"经世致用"，率先从手工业向机器工业过渡，奠定了近代民族工商业的基础。后来虽然民族工业的实体几经衰弱，但传统仍在，能工巧匠的手艺通过父子关系、师徒关系得以传承下来。工商皆本、重商思潮的出现，既是商品经济发展的产物，反过来又进一步推动了商业的发展和都市的繁荣。苏南地区工商皆本、重商意识尤为浓厚，不仅普通百姓经营工商，即以一向为人清高、视工商为贱业的士大夫阶层，亦为利所引，转而从事工商业，如黄省曾《吴风录》中即说到："至今吴中缙绅士大夫，多以货殖为急"。① 这种经商意识所带来的不仅是造就了一批批先富的先锋，更是带动了当地生产力的发展，使得人人都能依靠一定的技能维持自己的生存，产生了一批适合于精细作业的工人和善于精细管理的经营者。这些经营者多年来以"能人"的身份存活于民间，他们是市场经济的最具活力的因子，既敢于问津新技术，又善于看到计划经济留下的空间和把握时机。早在20世纪60年代，由于苏南土地肥沃、气候条件优良、加上农民的精细耕作，农业生产剩余和社队集体积累较高，苏南的"能人"就开始创办一些社队工业企业（乡镇企业的前身）。到了70年代，苏南继续创办一批社队工业企业，并形成了多业并举和以市场调节为主的农村商品经济发展新模式。到了80年代，当经济体制开始放开计划外"市场调节"这一块时，善于运用市场力量的苏南社队企业，利用国家处于短缺经济时期的机遇，充分发挥了"走遍千山万水、吃尽千辛万苦、说尽千言万语、破除千难万险"的"四千四万精神"，获得了迅猛发展。

苏南所处的地理位置与人文环境为乡镇企业的发展奠定了基础。苏南地处长江三角洲中部，环境优越，农业生产水平较高，粮食和其他农副产品交换、运销兴旺发达，自古一直被称为"鱼米之乡"。农业常年高产稳产，产生许多

---

① 王卫平:《明清时期江南地区的重商思潮》,《徐州师范大学学报》(哲学社会科学版) 2000 年第 2 期, 第 71—74 页。

农副产品和工业品集散、交易的市场，为苏南人积累了一定的集体资金，这为乡镇企业的发展奠定了一定的资金基础。由于人多地少，农业的精耕细作并不能给农民带来经济上更多的实惠，无奈下的农民被迫寻找农业外的发展道路。由于苏南紧靠中国最大的综合性城市上海，且水、陆、空等交通运输方式便捷，这为苏南乡镇企业的发展提供了难得的发展先机。苏南农民和上海等大中城市的工人存在着密切的血缘及非血缘的联系，接受经济技术辐射的能力较强，加之20世纪六七十年代大量的技术工人被下放到农村，相当一部分来到了苏南，为苏南农村带来了新技术、新理念，促进了苏南乡镇企业的孕育萌芽和发展。苏南历来是商贾云集之地，明清以来，随着商品经济的发展，苏南农村的市镇如雨后春笋，市镇商况兴盛空前，如苏州府吴江县的盛泽镇，早在鸦片战争之前就已经闻名遐迩。[①] 教育也一直受到苏南人们的重视。早在唐代，苏南即已创办学校。进入明清以后更是盛极一时，无锡有明代著名的"东林书院"，常州在清代形成了"延陵学派"。到了近代，实业家资助教育更是蔚然成风，最为著名的是荣氏家族创办的江南大学。建国之后普通教育在苏南逐渐普及，民众受教育程度较高，这为乡镇企业的发展提供了丰富的劳动力资源。"文化大革命"十年动乱，工厂停厂闹革命，市场供给严重匮乏，外贸出口严重匮乏，社会急需生产工业品。素有商品经济意识的苏南农民，抓住了这一契机，借助下乡工人的新技术、新理念，因陋就简地创办了一批乡镇企业。接着苏南又全面推行家庭联产承包责任制，这为乡镇企业的发展创造了非常有利的条件。

20世纪80年代苏南乡镇企业的兴起是苏南地方政府直接推动的结果，而苏州地方政府直接兴办和发展乡镇企业，既是苏南传统制度和文化的惯性，也是计划经济时期基层政府形成的积累和动员能力的使然。在中国的地域文化中没有哪一种文化比吴文化更讲秩序了。由于治水、用水、争水而产生的制度需求，由于历史上一直是国家极为重要的人才和税赋来源之地，苏南历代的治理都较为规范严格。苏南不仅产生了乡绅自治特点的基层组织网，统治者也十分倚重这一基层组织网，而且历史上几乎没有发生大的农民起义而破坏和颠覆这一基层组织网。新中国成立后，随着基层政权组织的建立，原来乡绅

---

① 黄文虎等著：《新苏南模式：科学发展观引领下的全面小康之路》，人民出版社2007年版，第49页。

自治特点的基层组织网变成了金字塔式的组织层,这个组织层从最基层的生产队一级一级一直上达中央政府。这个组织层使社会上几乎每一个角落,每一个人都不可能不生活在组织的阳光中,它不仅有效地维护了苏南的社会秩序,而且几乎控制了主要的社会资源。费孝通先生在20世纪40年代末期即这样总结中国传统乡村社会的政治结构及其功能:"在中国传统的政治体系中,有着两道防线阻止某个专制君主变为不可容忍的暴君。第一道防线是中国的政治哲学中无为的理论,另外一道可总结为绅权的缓冲。"[①]乡绅们可以作为一个具有领导地位和特殊声望的社会上层集团,推进和经管着众多地方和宗族的公共事务,管理家乡的事务。[②] 现代化的启动和"市场经济的最初发展却不能不依赖这张强制网络自上而下的推动。"[③]乡镇企业在发展初期,资金的积累最为关键。苏南农村经过20世纪60年代的恢复与20世纪70年代的缓慢发展,已积累了约人均200元的公共基金。[④] 这笔钱名义上归集体所有,实际上只能由乡村行政机构直接支配,它构成了乡镇工业发展的原始积累。同时,地方政府还利用政权力量和政府信用,通过担保或直接向金融机构贷款、向社会集资等方式,为乡镇企业筹集大量的信用资金。在集体农业体制中,苏南农村因人多地少、精耕细作而形成大量的剩余劳动力,他们处于隐性失业状态,而又不能自动地向其他产业转移。当时,地方政府的统一安排是劳动力向新的产业转移的唯一途径。在乡镇企业创办过程中,需要多少劳动力、需要多少干部、多少管理人员,各种位置的安排,均由地方政府决定。而作为集体所有的土地资源,最初是免费供给乡镇企业使用土地,后来乡镇企业开始有偿使用土地,但价格低廉,基本上由政府内部决定。

改革初期,几乎没有什么市场经济的历史基础,或者说基础很薄弱,高度集权的计划经济是建立社会主义市场经济的逻辑起点。要从高度集权的计划体制自然过渡到市场经济,显然是不现实的,因此必须在政府引导下"创造性"地进入市场经济,尤其是需要地方政府在计划经济的边缘和外围部分替

---

① 费孝通:《中国绅士》,中国社会科学出版社2006年版,第47页。

② 张仲礼:《中国绅士研究》,上海人民出版社2008年版,第243—265页。

③ 张铭等:《基层治理模式转型——杨村个案研究》,社会科学文献出版社2008年版,第193、195页。

④ 万解秋:《政府推动与经济发展——苏南模式的理论思考》,复旦大学出版社1993年版,第4页。

代市场、培育市场，并进而推进计划经济体制的市场化改革。在 20 世纪 80 年代初，由于市场机制在经济运行中地位十分弱小，资源向非农产业转移的动力无法依赖市场力量，于是，苏南地方政府充分利用所掌握的社会资源，发挥政权力量和政府信用，配置资源，开拓市场，直接兴办和发展乡镇企业。同时，乡镇政府作为中国最基层的政府，实际上是"社区"性质的政府。社区政府与乡镇企业具有直接的利益关系，它作为乡镇企业的总代表行事，更多的是市场行为，企业家行为，①开拓区外市场，发展区内生产资料市场和专业批发市场。在这段历史时期，中国处在计划经济向市场经济转轨的初期，在意识形态方面，姓"资"、姓"社"仍然是一个敏感的政治问题，以集体所有制为特征的苏南乡镇企业，采用政企不分的制度安排，既在一定程度上避开了敏感的政治问题，也有利于地方政府发挥组织优势，为乡镇企业创造生存和发展空间。

综上所述，从苏南现代化的初始条件和起点看，是市场机制与地方政府作用的发挥，共同启动了苏南现代化进程。由于苏南历史、地理、文化等因素，决定了苏南现代化的路径有别于其他地区，形成独特的苏南现代化模式。

## 二、苏南模式演变的基本路径

由于制度变迁取决于现存的结构，即路径依赖，苏南现代化进程虽然经历了从"苏南模式"到"新苏南模式"的演变，但并没有改变市场化和政府主导的路径。新政治经济学理论认为，制度变迁存在"路径依赖"现象。路径依赖是指一个具有正反馈机制的体系，一旦在外部性偶然事件的影响下被系统所采纳，便会沿着一定的路径发展演进，而很难为其他潜在的甚至更优的体系所取代。也就是一种制度一旦形成，不管是否有效，都会在一定时期内持续存在。一种制度一旦形成，会带有一种自我捍卫和强化的机制，就好像进入一种特定的"路径"，制度变迁只能按照这种路径走下去。路径依赖有不同的方向，一种情况是某种初始制度选定后，其报酬递增促进经济的发展，其他相关制度安排向同样方向配合，导致有利于经济增长的进一步制度变迁，这是一种良性循环的路径依赖；另一种情况是某种制度演变的轨迹形成后，初始制度的报酬递增消退，开始阻碍生产活动，那些与这些制度共荣的组织为了既得

---

① 洪银兴：《苏南模式的新发展和地方政府的转型》，《经济研究参考》2005 年第 72 期，第 24 页。

利益而尽力维护他。此时这个社会陷入无效制度,进入"锁定"状态,这是恶性的路径依赖。[1] 良性的路径依赖与恶性的路径依赖之间存在着多种均衡,制度演进的轨迹不是唯一的,人们可以创造一些制度安排,以维持良好的路径依赖,避免进入"锁定"状态。市场机制与地方政府强势作用共同启动了苏南现代化进程,从20世纪80年代的以乡镇企业蓬勃发展为特征的苏南模式,到90年代的以乡镇企业改制和外向型经济发展为特征的苏南模式,再到2003年以来科学发展观引领下的苏南模式的演进,可以说是维持了良性的路径依赖。

## (一) 地方政府的主导作用

从20世纪80年代的以乡镇企业蓬勃发展为特征的苏南模式,到20世纪90年代的以乡镇企业改制和外向型经济发展为特征的苏南模式,再到2003年以来科学发展观引领下的新苏南模式的发展演进过程中,苏南地方政府起着主导作用。在20世纪80年代的以乡镇企业蓬勃发展为特征的苏南模式中,乡镇企业实际上为基层行政机构所有,劳动力、土地、资金在产业部门之间的转移和资源的配置基本是由政府行政机构来完成。首先,在资金筹集上,地方政府一般通过以下两种方式筹集资金。一是利用原有集体积累基金创办企业。苏南农村经过20世纪60年代的恢复与70年代的缓慢发展,已积累了一定数量的公共基金。这笔钱名义上归集体所有,实际上只能由乡村行政机构直接支配,它构成了乡镇工业发展的原始积累。二是政府担保或直接向金融机构贷款和向社会集资,形成大规模的信用资金。进入20世纪80年代后,地方政府与区外金融机构和企业的资金横向拆借规模日益扩大,强制或变相强制性的社会集资也相应增大,支撑了80年代的三次投资高潮。[2] 其次,在劳动力、土地等要素上,地方政府通过行政调拨方式配置于工业企业中。在集体农业体制中,苏南农村因人多地少而出现了大量的剩余劳动力,他们处于隐性失业状态,且不能向其他产业转移。此时,地方政府的统一安排是劳动力向新的产业转移的唯一途径。在乡镇企业创办过程中,需要多少劳动力、多少干部、多少管理人员,均由行政机构决定。出现了"支书当厂长,队长做经理"的普遍现象。个人收入差异虽然存在,但它并没有成为调节劳动力部门之间转

① 徐大同等:《现代西方政治思想》,人民出版社2003年版,第429—432页。
② 万解秋:《政府推动与经济发展——苏南模式的理论思考》,复旦大学出版社1993年版,第3—4页。

移的支配力量,而是依靠行政分配机制,只是在 80 年代中期后,此种控制才有所松动。而作为集体所有的土地资源,最初是免费供给乡镇企业使用,直到 80 年代后期,乡镇企业开始有偿使用土地,但价格低廉,基本上由政府内部决定。最后,在企业经营管理上,企业的经营班子成员由政府直接任命,许多企业的领导人由乡镇政府人员或大队干部直接兼任;企业投资项目和经营决策直接由乡镇政府和大队集体作出;企业的利润由乡镇政府直接分配和使用,将企业的剩余集中起来用于扩大再生产的再投资。据估计,乡镇企业税后利润的一半以上上缴乡镇政府和大队,用作再投资,有些地方甚至连固定资产的折旧基金也要上交乡镇或大队,被用于扩大投资。

从以乡镇企业蓬勃发展为特征的苏南模式向以乡镇企业改制和外向型经济发展为特征的苏南模式演进中,地方政府在制度创新和路径发展中扮演着重要的角色。由于"分税制"改革赋予的对一部分财政资源的配置和使用权,放权让利改革战略和财政分灶吃饭体制得以推行,苏南地方政府具有了独立的行为目标和模式,从而在向市场经济的渐进过渡中主动谋取潜在制度净收益,充当了各项制度创新的"第一行动集团"。为了摆脱乡镇企业发展的困境,苏南地方政府发动并主导了乡镇企业的改制。1996 年,苏州市委、市政府从全市抽调 400 多名机关干部赴全市各乡镇,指导和调研乡镇企业改革工作。各市(县)、区党委主要领导亲自抓乡镇企业改革,并抽调人员协助市乡镇企业改革调研小组赴各企业具体开展工作。通过改制,政府产权从企业退出后,政企、政资都分开了,政府不再直接参与和干预企业生产经营活动,转为为企业提供服务,为吸引各类投资创造良好的公共环境。这一时期苏南地方政府除了主导乡镇企业改制外,还大力开展农村小城镇和开发区建设以及招商引资活动。在市县以下的乡镇经济中,随着乡镇企业的改制完成,苏南各级政府已基本退出县级以下私人产品领域的企业经营活动,也较少干预农户的生产经营活动。乡镇政府在减少对私人企业和农户经营活动干预的同时,增强了乡镇公共设施建设的职能,特别是在农村小城镇的建设中,全盘统筹,直接经营操作。乡镇政府通过贸易(或工业品)专业市场、工业园区和小城镇的建设,获得了土地资源的重新配置权,直接参与基础设施的建设。在苏州、无锡、常州市和所属区县(或市)级城市经济中,地方政府在项目投资、城市规划和土地资源配置等权限的增加,特别是在"经营城市"的思想指导下,市和各所属市县级政府开展了规模巨大的城市扩展活动和开发区建设,使得公共经济部门的规模迅速扩大,地方政府在城市经济部门的行政控制和经济影响力随之增加。

在开发区建设和发展的过程中,尽管开发区的级别和性质不同,地方政府提供的资源和服务有所差别,但地方政府在开发区的开发与建设中的主导作用是一致的,通常表现在以下几个方面:一是用行政权力和适当经济补偿向农民征用集体所有的土地,经省或中央有关部门批准或后来确认,农用地转性为国有非农业用地,以作开发区的基本资源。二是成立区开发公司,初期一般与开发区管委会一套班子。政府以财政拨款或其他资金调拨方式投入,作为开发区启动资本。开发区公司通过各种方式向金融机构和社会融资,以作运行资金,并以投资项目的赢利进行再投资和建设。企业入区后,用土地的转让金再投资或还贷。三是政府直接投资和建设开发区基础设施,包括道路、水电气、排污和通信设施。四是招商引资。通常根据投资者投资项目的性质、规模和发展情景等,政府提供国家批准的开发区税收、外贸等优惠条件和市、区、镇各级政府自我决定的额外优惠条件,尤其是土地出让金和税收返还的优惠。在重大的招商项目中,政府主要领导通常直接参与谈判,承诺优惠条件。在各级政府发动和推动下,各类开发区迅速崛起。随着开发区的建立,政府展开了大规模和高强度的招商活动,外商投资迅速增加,成为外商投资和吸引台资最集中的区域之一,外向型经济逐步形成。

2003 年左右苏南已经呈现出典型的工业化后期特征,社会经济发展格局发生了许多新的变化,面临着许多新的挑战,苏南地方政府的作用发生了很大的变化。随着工业化、城市化和国际化的快速推进,"三农"问题逐渐凸显出来。苏南农业在社会经济中比重不大,但是农村人口多,几乎占总人口的一半;农村劳动力的转移和家庭人口的变化、农业专业化规模化的发展要求、农地大量非农化过程的利益分配、失地农民安置和保障、乡镇企业改制遗留等错综复杂的问题。为了解决"三农"问题,苏南地方政府主导了农村"三大合作"的制度创新。"三大合作"是与市场经济体制相适应的一种制度创新,是与工业化和城市化发展相一致的农村产权关系变革,是苏南地方政府引导和推进的结果。"三大合作",尤其是涉及产权关系的社区股份合作社改革,涉及政府、集体和农民之间的利益关系的调整,如果没有政府的推进是难以进行的。在改革过程中,苏南地方政府首先对改革有明确的态度和措施,并指导、督促基层组织推进实施,总结经验,宣传典型。同时,还加大公共财政对农村的投入,减轻农村集体承担的社会管理和建设负担。

为了打破了原来城乡对立的"二元经济结构"对峙的格局,苏南地方政府主导了以工业为主导、城乡一体化的发展新格局,初步实现公共产品和服务的城乡均等化。具体表现在以下几个方面:城乡共同富裕,收入差距缩小;城乡消费支出水平明显提高;覆盖城乡居民的社会保障体系基本形成;农村的基础设施比较完善,形成比较完善的城乡交通网络,基本实现村村通公路、通公交或班车等。以苏州市为例,从 2002 年开始,苏州财政逐步实现从建设财政向公共财政的转变,公共产品和服务的供给,特别是农村基本公共产品和服务的供给水平快速提高。在城市化的过程中,苏州地方政府还通过土地换保障、土地流转等制度创新,扩大和增加农村公共产品和服务的供给。到 2007 年年末,全市养老、医疗、失业、工伤、生育五个险种的覆盖面均达到98%以上,参保人数均突破或达到 200 万,社会保险基金征缴率均达 99% 以上。其中:全市城镇企业职工养老保险缴费人数达 232 万;全市职工基本医疗保险参保人数达到 300 万人;全市城镇职工失业保险参保人数 201 万人;全市城镇职工工伤保险参保人数达到 227 万人;全市生育保险参保人数达到 210 万人。全市农村劳动力参加社会基本养老保险人数达到 182 万人,覆盖率达到 95%;全市农村老年居民按月享受社会养老待遇或农村社会养老补贴的人数达到 83万人;全市有 95 万被征地农民纳入基本生活保障。[①]

总之,改革开放 30 年来,从直接兴办和发展乡镇企业到主导产权制度改革、从开发区建设到招商引资、从城市化到城乡一体化、从培育和发展市场机制到规范市场秩序、从供给公共产品到制定和实施地区经济发展战略和政策,苏南地方政府都起着主导作用。

**（二）市场机制的基础作用**

对于苏南地方政府的作用问题,一直以来都是学术界关注的重点,并经常引发争论,甚至遭到质疑,认为政府作用过于强大与市场化改革的方向相背,会抑制经济增长。而客观事实是,苏南地区经济发展水平和市场化水平都处于全国前列。[②] 对于现代化后起的地区,这种政府主导型的路径和模式一方

---

① 苏州统计局:《数字见证苏州改革开放 30 年巨变》,苏州市统计局 2008 年编印,第 92—95 页。

② 洪银兴:《苏南模式的新发展和地方政府的转型》,《经济研究参考》2005 年第 72 期,第23 页。

面由于政府直接配置资源,可以迅速启动苏南的工业化,充分利用后起国家"比较优势"、"后发优势"与"落后优势"实施赶超战略;另一方面由政府推动的市场取向的制度变迁奠定了苏南社会经济发展的市场经济基础和方向。

在20世纪80年代,虽然乡镇企业是由政府直接兴办的,但与同时期的国有企业不同,企业的经营活动和资源配置基本上是市场导向的。乡镇政府较少受到计划经济体制的束缚,也无法获得政策资源,只能依靠市场来取得原料、能源、技术力量和推销产品。因而,乡镇企业具有比较灵活的市场调节机制,并且也主要依靠计划外的市场获得生存和发展的空间。乡镇企业经营者从一开始市场观念就很强烈,重视市场信息,讲究开拓市场的经营之道,善于独立决策。市场机制决定着乡镇企业的投资方向,决定着行业及生产结构的选择,在乡镇企业的微观经营层次上,一开始就表现出市场经营的特征。同时,由于相邻乡镇的资源优势相仿,乡镇间产业结构趋同现象较普遍,乡镇间竞争非常激烈。通过乡镇间的竞争,产生聚集效应,形成了各种各样的专业乡镇和专业市场。众多市场的兴起,有力地促进了区域经济的增长。①

到了80年代中期以后,乡镇企业异军突起,这些企业没有体制内的流通渠道,只能发展体制外的市场。苏南和中国一样,"几乎没有市场经济的基础,或者说基础很薄弱,"②当时,除消费品市场和零星的乡村集市交易以外,生产资料、资金、劳动力等生产要素市场基本上不复存在,尽管在城乡间,全民所有制经济与集体所有制经济之间还存在农产品、农用生产资料和部分日用工业品等产品的交换,人们也沿用"城乡市场"来表达这些交换关系,但由于农产品特别是粮、棉、油料产品是实行统购统销,农业生产资料也是由主管部门按计划价格统一组织分配,这些交换也就基本上失去了市场交换的本来意义。就是保留下来的消费品市场,由于绝大多数的消费品是按指令性计划生产的,并由行政化的商业部门凭票证组织供应,消费品市场在很大程度上只是行政分配工具。在这种背景下,苏南各地围绕着如何搞活生产生活问题,大力发展商品市场、生产资料市场和专业批发市场,从而推动乡镇企业的发展和苏南经济的发展。

①　吕晓刚:《制度创新、路径依赖与区域经济增长》,《复旦大学学报(社会科学版)》2003年第6期,第26—31页。

②　周伟林:《中国地方政府行为分析》,复旦大学出版社1997年版,第2页。

改革开放 30 年来,苏南建立了比较完善的商品交易市场,形成了农副产品贸易市场、小商品市场、二手商品市场、家具市场、旅游工艺品市场、化妆品市场、珍珠生产、丝绸纺织品市场等商品市场体系,特别是建成了一批辐射面广,吸引力较强的专业市场,逐步形成大产业与大市场、产业集聚和市场建设联动的发展格局。有些专业市场,具有相当规模和知名度,成为区域性或全国性交易中心、相关产业发展的"助推器"和民营经济发展的"孵化器"。如,苏州蠡口国际家具城起步于 20 世纪 90 年代初,历经十多年的发展,成为"华东第一、全国第二"的家具集散中心;常熟招商城始建于 1985 年,如今从棉条纺纱、织布、染色再到成衣,形成了前后工序配套的一条龙式产业集群链,带动了整个常熟服装业发展;渭塘中国珍珠城始建于 1984 年,目前形成以渭塘为中心,数万家珍珠养殖户,成为全国最大淡水珍珠养殖和交易市场;盛泽中国东方丝绸市场,成为中国最重要的纺织品生产基地。

与商品市场发展相适应,苏南要素市场的改革和发展已有多年,初步建立了有利于生产要素合理流动的要素市场,包括商品交易所、生产资料市场、金融市场、技术市场、劳务市场、人才交流市场、房地产市场、产权交易市场等,市场体系进一步完善,市场配置的能力不断增强。20 世纪 90 年代,随着乡镇企业产权制度改革的推进,苏南地区成立了一批产权交易市场。如 1994 年苏州首家企业产权专门交易机构——昆山企业产权交易所正式成立,1995 年苏州产权交易所成立。产权交易所主要职能是在国家宏观调控和产业政策指导下,充分发挥市场机制的作用,为各类出资人从事企业购并、资产重组、托管经营等产权交易活动提供合法交易场所,为各类企业重组改制提供配套服务,规范产权合理流动,促进资源优化配置,确保资产保值增值,防止国有资产流失,为企业产权制度改革和经济建设的健康发展服务。进入 21 世纪,顺应产业发展的需要,着重加强技术、人才、资金等有形市场和期货、远期等无形市场的发展。

总之,改革开放 30 年来,苏南地区在推动商品市场发展方面,建立了比较完善的商品交易市场,逐步形成大产业与大市场、产业集聚和市场建设联动的发展格局。与商品市场发展相适应,苏州要素市场的改革和发展已有多年,初步建立了有利于要素合理流动的生产要素市场,市场体系进一步完善,市场配置的基础作用得到不断增强。

### （三）共同体意识的认同

共同体作为一般的概念,是指人们和睦、温馨的生活组织体。它表明人们之间关爱、依赖、和谐的生活形态。在马克思、恩格斯的社会历史语境中，共同体这一概念指涉了人们生存、生活的组织形态的结构，而人类社会经历了从文明之前的古典古代共同体、虚假的共同体、真正的共同体的梯次递进的发展形式。马克思认为真正的共同体，即自由人的联合体，是人类理想的生活形态。真正的共同体与个人自由是孪生关系，"只有在共同体中，个人才能获得全面发展其才能的手段，也就是说，只有在共同体中才可能有个人自由。"①依据《哥达纲领批判》中共产主义社会两个阶段的划分和《共产党宣言》中的观点，这个共同体首先指的是人民民主的国家。只有平等的人民参加公共政策的制定和公共事务管理才能称为人民的国家，并且人民利用国家这一机器达至人民当权的目的。但是这样的国家还尚未达到真正的共同体，还是共同体性质的发展阶段。社会主义社会是走向共产主义社会或真正共同体的第一阶段，它所表征的是在社会主义国家中的人民平等的参与国家政治生活和公共事务的管理，确保人民当权的这一合乎人民目的性的根本；而在更为基础的层面上是消除城乡差别，实现城乡社区人民的自我治理，即自治。② 因此，邓小平提出"社会主义的本质是解放生产力，发展生产力，消灭剥削，消除两极分化，最终达到共同富裕"。③ 为了解决社会经济发展中存在的不平衡不全面问题，党的十六大报告提出了要"在经济发展的基础上，促进社会全面进步，不断提高人民生活水平，保证人民共享发展的成果。"④综上所述，所谓共同体意识，就是共同体中单个主体在实现自身权益的同时，意识到其他主体的权益并尊重其实现，承认共同体是所有利益相关者在权利平等基础上的共同发展和共同富裕。

苏南共同体意识是一个体现浓郁地方特色的，以家庭、社群（乡村和社区）和谐为本位，以城乡、区域、内外、经济与社会、人与自然和谐共进为目标，以全面、协调、和谐、共进为原则，谋求共同发展的行为取向，在敢于争先中谋求共同发展和共同富裕。苏南共同体意识秉承千年吴文化的养育，创始于"草根共同体"的乡镇企业与苏南模式中，变革扩展于外向型经济和区域共同

---

① 《马克思恩格斯选集》第 1 卷，人民出版社 1995 年版，第 119 页。

② 池忠军：《马克思的共同体理论及其当代性》，《学海》2009 年第 5 期，第 47 页。

③ 《邓小平文选》第三卷，人民出版社 1993 年版，第 373 页。

④ 《十一届三中全会以来历次党代会、中央全会报告公报决议决定》（下），中国方正出版社 2008 年版，第 742 页。

发展中,完善于科学发展、和谐发展的建设中。任平先生在《从新苏南精神看马克思主义区域化的探索》一文中阐述道:苏南人背负着共同体追求富强的愿景,苏南既湖光山色、自然环境优越,又人多地少、工业资源缺乏的客观环境,造就了苏南人与环境协调、人与人共同发展的可持续性环境伦理;共同发展的要求必然需要共同体内部整体和谐,让发展的成果惠及共同体全体成员。无论是身处顺境还是逆境,共同体意识始终成为苏南人追求的价值目标。在建设苏南社会主义历程中,苏南人特别是苏南能人,为了共同体的利益,也就是为了一村、一乡、一个社区、一个县市的发展,负重奋进,敢于争先,走出了率先发展和共同富裕的苏南之路。①

　　20世纪80年代的苏南模式,从理论上,虽然不同的学者从不同的角度,作出了不同的表述,但都强调苏南模式中的共同体意识。新望先生概括为"三为主、两协调、一共同",即公有制为主,乡镇工业为主,市场调节为主;经济与社会协调发展;物质文明与精神文明协调发展;共同致富。② 周明生先生归结为"五为主、两协调、一共同","五为主"就是指所有制结构以集体经济为主,又以国有经济为依托;城乡结构以乡镇企业为主,又与国有企业较多的大中城市紧密联系;产业结构以工业为主,又实行农林牧副渔全面发展、工商建运服综合经营;调节结构在购销环节以市场调节为主,生产经营总体上又由乡镇政府直接推动;分配结构以按劳分配为主,集体积累较多;"两协调"就是物质文明与精神文明相协调,三次产业相协调;"一共同"就是实现共同富裕。③沈石生先生认为,苏南模式"利益分配上,坚持按劳取酬、多劳多得的分配方式,以及兼顾国家、集体、个人三者利益,走共同富裕道路。"④在实践上,苏南乡镇企业的蓬勃发展,不仅促进了苏南整体经济实力不断提升,而且转移了农村的剩余劳动力,实现了农村人口的充分就业,增加了农民的收入,促进了人们的共同富裕。苏南的乡村经济组织首先保证上缴国家税金任务的完成,同时按照允许一部分人先富起来但又不失共同富裕的目标原则,采取以工

　　① 任平:《从新苏南精神看马克思主义区域化的探索》,《江苏行政学院学报》2007年第5期,第6页。

　　② 新望:《苏南模式的终结》,生活·读书·新知三联书店2005年版,第77页。

　　③ 周明生:《新苏南模式:若干认识与思考》,《江苏行政学院学报》2008年第2期,第43—52页。

　　④ 王荣等:《苏州农村改革30年》,上海远东出版社2007年版,第31页。

补农、以工建农的方式，协调农、副、工之间的经济利益，使农业和粮食生产稳定发展的同时，促进了农副工的共同发展。据统计，农民务工工资占到当时收益的50%以上，加上务工之暇的务农务副收益，以及当时多种经营产品价格放开后的比较收益较好，短短几年，农民的收益逐年翻番，大多数农户因此草房改瓦房，平房变楼房，显现了农村共同富裕的大好局面。①

到了20世纪90年代，随着社会转型和经济转轨的深入，以乡镇经济为主的苏南模式陷入了困境。为了解决发展的困境，乡镇企业开始转制。乡镇企业在转制的过程中，保留了一定比例的集体股，以连接村民与企业的利益关系，保证了走共同富裕的道路。例如，张家港市南丰镇永联村的村办企业永钢集团分别在1998年、2001年两次改制中，给村集体保留了25%的股权。② 让村集体保留适量股份，既能让企业充分尊重市场经济规律，发挥股份制的优势，实现现代企业经营管理的要求，把企业做强做大。同时，充分体现了共同体意识，村民通过"二次分配"，享受到集体经济的发展成果，实现共同富裕目标。"天下第一村"华西村在乡镇企业的改制过程中，也是坚持"集体经济、共同发展"的道路。华西集团总公司与各下属公司、企业实行承包经营，经营效益总额部分，实行"二八开、一三三三"制办法兑现，即企业的超额利润，20%上缴集团公司，80%留给企业；留给企业部分，其中10%留给经营者，30%奖给其他管理技术人员，30%奖给职工，30%留给本企业作为公共积累。华西村还规定，"少分配、多积累、少分现金、多记账入股"，奖励承包者的奖金，只兑现20%的现金，80%长期记账入股享受分红。③ 这种分配制度，既调动了个人的积极性，也保证了共同富裕的道路。村里统一分配别墅，统一配备轿车，钱直接从股金账户中扣除。

进入21世纪，随着社会转型、体制转轨的进一步深化，苏南模式面临着许多新的挑战，土地锐减、环境污染、能源紧张、社会经济发展不够和谐等问题逐渐显现出来，苏南人以县域为共同体单位，开始"两个率先"和经济增长方式转变的实践。到目前为止，苏南地区的城乡居民收入差别是全国最小的，作为"全国第一县"，昆山人率先在全国拉平城乡差别、城乡居民在获得公共产品

---

① 王荣等：《苏州农村改革30年》，上海远东出版社2007年版，第39页。

② 数据来源：张家港市南丰镇永联村村委会提供的。

③ 张梦薇：《华西村：常春之谜》，《中国社会科学报》2009年7月14日第3版。

方面一视同仁,2002 年率先在全国向全境广大"退休农民"（男 60 岁、女 55 岁以上）发放退休金。不仅如此,昆山也十分重视"新昆山人"的利益,工会组织不仅维护具有本市户籍劳动者的合法权益,也对外来务工的"新昆山人"合法权益保护有加,体现了权利平等的共同体意识。苏南地区在"全面小康社会的各项指标也处于全国的前列,"①按照《江苏省全面建设小康社会主要指标》测算,从 2005 年起,苏南各地先后实现全面小康社会的各项建设指标,其现代化水平也处于全国的前列。在实现全面小康社会之后,为了克服发展中面临资源瓶颈、产业瓶颈、城乡发展不平衡瓶颈、环境瓶颈等,苏南一些地方开始进一步推动发展模式转换,走科学发展之路。以昆山为例,昆山市政府提出了"两个共同"的公共政策目标,即"共谋科学发展,同创昆山之路;共建和谐家园,同享小康成果",并进一步提出了统一城乡居民保障措施。无论是"两个共同",还是城乡一体化措施,都充分反映了苏南发展中坚持统筹协调、推进区域和城乡共同发展的共同体意识,当然也是科学发展观与和谐社会所追求的目标:发展为了全体人民,发展的成果为全体人民共享。

　　综上所述,对共同体意识的认同,是苏南社会经济发展的强大动力和价值归属,是推动苏南实现"两个率先"和全面、协调、可持续发展的精神动力。

### 三、苏南模式进一步发展的制约因素

　　"苏南模式"的形成实际上就是一种在特定社会经济历史条件下经济发展模式的路径选择。这种选择在其初始阶段所表现出的有效性成为推动这种模式不断强化的内在原因。但任何制度、任何模式或机制的形成与其作用的发挥都离不开其所在的特定环境。环境条件一旦发生根本性变化,而这种制度、模式或机制由于其自我强化而与环境之间的不适应性就会自然地逐渐暴露,并最终反过来制约其发展。30 多年来,"苏南模式"的演进,基本上是维持了良好的路径,但随着社会转型和体制转轨的进一步深化,也暴露出一些制约因素,如不及时进行制度创新,在"路径依赖"的作用下,有可能进入诺斯所说的"锁定"状态,制约区域经济的进一步发展。

---

　　①　洪银兴:《苏南模式的新发展和地方政府的转型》,《经济研究参考》2005 年第 72 期,第 23 页。

### （一）地方政府经济职能相对强势的问题

对于现代化后起的国家和地区,在社会转型的初期,政府主导型的路径,一方面由于政府直接配置资源,可以迅速启动工业化,充分利用后起国家"比较优势"、"后发优势"与"落后优势",发展地方经济;另一方面由政府推动的市场取向的制度变迁,可以奠定社会经济发展的市场经济方向和基础。但是,随着社会转型的推进和经济转轨的深入,政府的第一推动力的效率会逐步递减,如果苏南社会经济的发展还是依赖行政强势力量自上而下的单一整合,苏南现代化模式可能进入路径锁定状态。

世界经济历史嬗变的总体格局表明,政府和发展之间呈现一种不确定的关系,强政府在较长时间段内发展并不总是有利的,但无政府或弱政府亦难以或根本不会促进发展。西方著名经济学家诺斯认为:"一个有效的政府是经济发展的最必要的条件,但不能保证政府干预必然有利于社会,经济发展所遇到的最大障碍之一是政府不为自己的人民服务;由此,国家的存在是经济增长的关键,然而国家又是经济衰退的根源。"①这便是著名的"诺斯悖论"。苏南的实践表明,社会经济发展离不开政府的推动。苏南经济的起步和原始积累有赖于政府的组织、调控和管理。20世纪90年代中期以前,苏南地区之所以能够实现经济的迅速发展,并初步建立起工业化体系,一跃成为经济总量指标和主要人均指标位居全国城市前列的先进地区,主要原因在于乡镇企业采用政企不分的制度安排,既在一定程度上避开了敏感的政治问题,也有利于发挥政府的组织优势,从而促使乡镇企业获得迅猛的发展。随着社会主义市场经济深入发展,在20世纪90年代中后期,政企不分的产权制度带来的企业内部活力不足、市场竞争力下降、经营效率降低、企业负债率急剧提高、内部人控制、企业做不大也做不强等问题逐步暴露出来,乡镇企业进入缓慢的发展阶段。为了摆脱乡镇企业发展的困境,苏州地方政府发动并主导了乡镇企业的改制。通过改制,苏南地方政府经济职能经历了一次比较成功的转变,即政企分开,地方政府从站在一线直接组织管理经济的位置退下来,从竞争性领域退出,从私人产品生产领域退出,把直接管理经济的权力交还给企业。

实行政企分开后,在区域经济活动中,苏南地方政府所承担的职能发生了很大的变化,转向开发区建设和招商引资,但政府在经济活动中主导作用的方

---

① [美]诺思:《经济史中的结构与变迁》,上海三联书店1994年版,第20页。

式并没有改变,仍是以经济建设为主,并重新拥有了经济资源的控制力。20世纪80年代,苏南地方政府通过直接兴办和发展乡镇企业,控制了大量的经济资源。随着乡镇企业和国有企业改制的逐渐完成,地方政府控制的经济资源一度在减少。但是,乡镇政府通过贸易(或工业品)专业市场、工业园区和小城镇的建设,获得了土地资源的重新配置权,直接参与基础设施的建设。在市和所属区县(或市)级城市经济中,地方政府在"经营城市"的思想指导下,增加了在项目投资、城市规划和土地资源配置等方面的权限,获得了直接配置土地、资金等生产要素的权利,开始大规模地投资和建设城市基础设施。地方政府通过大规模投资与经济发展和城市化相关的公共产品,特别是采用政府部门的行政管制或国有公司垄断经营的方式,使政府在公共经济部门的行政控制和经济影响力逐渐增大。地方政府对经济资源特别是土地和资金的行政控制和准市场配置,从经济增长的长期意义上分析,面临着经济资源条件变化和配置效率递减的约束。

目前,苏南地区开发区建设,除少数外,大多数采取"政企合一、高度集成"的管理体制,开发区管委会与开发公司统一履行开发区的开发、招商引资、对外投资、行政管理和公司经营等职责。开发公司为全资国有公司(事业编制),它的主要功能除管理和承建开发区基础设施外,还替代管委会进行融资,融资对象主要是国有商业银行,并由开发区财政提供担保。由各级地方政府提供担保的贷款构成各级地方政府的直接负债,这种贷款从严格意义上讲是不合法的。[①] 开发公司一般采用"承建项目融资"的名义贷款,但资金借入后由管委会按一般财政收入统一调配使用,不受项目限制,地方政府通过此渠道积累了大量的债务,在一定程度上存在着中央政府近几年来特别关注的地方债务风险问题。

为了应对苏南社会经济发展所面临的挑战,苏南地方政府经济职能必然要进一步转变,实现由经济建设为主向提供公共产品为主的转变。供给地方性公共产品和服务,为经济社会的发展创造条件,是地方政府最基本的经济职能。公共产品的供给与私人产品不同,由于高昂的交易费用和"搭便车"行

---

① 按照中国《担保法》规定,除国家规定的需地方政府财政担保的向外借款外,在社会经济活动中,地方财政(政府)不能向国内任何提供资金的单位和个人进行担保,即从法律上讲,这种担保是无效担保,贷款从严格意义上讲也是不合法的。

为,必然导致公共产品的市场供给不能满足社会的需求,尤其是纯公共产品或明显依赖规模效益的准公共产品。实行政企分开后,苏南地方政府逐年增加了公共产品的供给。性质越接近私人产品的公共产品,供给的改善速度越快,也就是准公共产品(基础设施等)和一些纯公共产品(市政基础设施)的供给与经济发展水平、城市化进程基本相适应,为经济发展创造了比较好的硬环境;而一些纯公共产品,如环境保护、社会保障、社会福利、公共卫生、公共教育等,供给相对不足,落后于社会经济的发展水平,特别是农村的供给水平比较低。尽管苏南地方政府认识到这些纯公共产品的供给对于社会发展的重要性,但在实际工作中,始终把它作为政府的经济包袱。尤其是乡镇政府,由于它们的支出占预算内财政支出的比例较大,更觉得压力大。

政事不分成为地方政府经济职能进一步转型的瓶颈之一。事业单位是具有中国特色的法人组织,是中国公共部门中向公民和社会提供公益服务的主体之一,是政府机构的延伸和支撑。事业单位种类繁多,数量庞大,牵扯面广,专业人才和技术知识高度密集,隶属关系和投资渠道各不相同,情况十分复杂,其中,政府与事业单位之间的关系表现为政事职能不分、政事权力不分、政事组织不分、政事管理与运行方式不分。为了解决政事不分问题,20世纪90年代以来,苏南地区开始启动事业单位的改革,并取得了很大的进展,但目前苏南地区事业单位的改革还没有到位。政事不分,职责不清;管理模式单一,管理机制僵化;管理自主权不到位;机构性质行政化;价值取向偏离;管理不规范;人员无法进行合理流动;分配激励机制不健全等;事业单位存在的这些问题造成政府与市场中介组织不分,导致政府对微观经济运行的不规范干预。

### (二)市场作为资源配置手段的基础性作用尚未充分发挥的问题

苏南地区商品市场发达,已经建立了各种各样的多个层次的商品交易市场,商品流通也主要依靠市场的力量,但是生产要素市场发展严重滞后于这一地区的经济发展水平,市场作为资源配置手段的基础性作用尚未充分发挥。正如上文所述,政府部门仍然直接控制着土地和信贷这两个最基本的生产要素的供给,政府仍然掌握着大量经济活动的准入权(审批权)和定价权,政府部门仍然垄断着宏观经济信息的发布。

苏南乡镇企业的改制已全部完成,国有企业的改制也基本完成,但政府还没有把发展的主动权完全交给企业,关系到企业重大业务事项的审批权以及部分剩余索取权仍在政府部门。由于中国在土地资源上的特殊制度安排,使苏南地方政府拥有对土地、资金等经济资源的行政配置权。政府通过建立开发区的方式，比较便利地获得大量国家的非农用地指标，并可以通过低成本的征地方式获得。同时通过政府担保的形式，可以从金融机构取得大量的资金。苏南地方政府凭借手中掌握的土地、资金等稀缺资源，通过大规模投资与经济发展和城市化相关的公共产品，特别是采用政府部门的行政管制或国有公司垄断经营的方式，使政府在公共经济部门的行政控制力和经济影响力逐渐增大。

苏南地方政府在近年建立了土地储备中心、城市投资公司、交通资产经营公司、广电集团公司、国联公司、公用公司等，并建立了水务、燃气、市政、建工、房产、园林等下属公司。这些公司基本上由政府独资或控股，并基本上成为基础设施建设的主体。例如，于2001年12月成立的苏州城市建设投资发展有限公司，该公司是国有独资有限责任公司，是具有独立法人资格的资产、资本经营公司，主要受政府委托，进行资本运作和资产经营。公司接受苏州市国有资产管理委员会指导，直属市政府领导。该公司拥有苏州港口发展公司、苏州燃气集团公司两个全额子公司和苏州天然气管网有限公司、苏州轨道交通有限公司、苏州苏通大桥投资有限公司、苏州市土地储备开发有限公司、苏州古运河风貌建设管理有限公司、苏州古运河旅游有限公司、苏州绕成高速公路有限公司7个控股子公司以及苏、嘉、杭高速公路有限公司、苏州石湖景区开发有限公司、苏州平江历史街区保护整治有限公司、苏州沿江高速公路有限公司4个参股子公司。苏州城市建设投资发展有限公司及其子公司和控股公司，不仅垄断了苏州市公共产品的供给，而且开发经营一些商业性项目，进入私人产品生产领域。因此，苏州地方政府通过掌握土地、资金等稀缺资源，垄断生产和供给公共产品，并开发经营一些商业性项目，进入私人产品生产领域，政府的权力再度膨胀。行政权力与市场经济制度争夺资源配置权，扭曲资源配置方式，影响资源配置效率。

虽然苏南初步建立了要素市场体系，但要素市场在发展中还存在着一些问题：一是要素市场与其业务主管部门职责划分不清晰，社会公益性服务和开展市场有偿性服务没有分离。二是各要素市场存在层次不高、功能不全、品种不全等问题，如资本市场不具备与不同层次的市场相适应的多样化融资工具和投资工具，产权市场和技术市场还不能满足不同市场主体的实际需要。三是政府还没有放松对要素市场的管制，而且还习惯于依靠行政手段进行要素市场的管理,在要素市场上还存在着行政性垄断状况。一些要素市场还是政府的附属品,要素市场的市场化程度不高。四是要素市场的诚信体系尚未建立,政府监管缺位,要素市场交易中存在不真实信息、欺骗和欺诈等问题。这些问题的存在制约了要素市场的发展,也制约了市场机制作用的充分发挥。

综上所述,虽然苏南地区市场发达,已经建立了许多有形市场,商品流通也主要依靠市场的力量。但是,苏南地区生产要素的配置仍在政府主导下进行,市场作为资源配置手段的基础性作用尚未发挥出来。政府直接干预资源配置,政府凌驾于市场及制度变革之上,突出表现为行政权力与市场经济制度争夺资源,并进而削弱制度变迁的能力和动力,增强了非生产性的寻租行为和企业、个人对政府的依赖性,导致大量资源配置到无效或低效的领域。

### (三) 民间组织的发展水平不能满足社会转型的需要的问题

随着政府经济职能的进一步转型,原先的一些经济职能,必然要逐步转移给民间组织。在计划经济体制下,政府习惯于以行政命令方式向工厂、矿山、人民公社、生产大队、学校、机关等单位下达任务,由单位为本单位干部职工提供各种公共产品和服务。随着企业和部分事业单位的改制,由它们承担的公共产品和服务被剥离出来,有的转移到政府的相关部门,而有的就需要民间组织来承接。苏南民间组织的成长是有基础的,苏南曾经有很完善的乡绅自治传统,苏南商会曾是近代中国最大的商会组织之一。在计划经济体制下,苏南民间组织没有生存的空间,商会和行业协会的存在,主要是对外交流的需要。改革开放 30 年来,伴随着工业化的进程和体制转轨的深入,苏南地方政府为社会组织释放了一定的成长空间,从发展多元经济到对多元利益格局的肯定、从城市化进程中非政治中心城市的出现、由信息技术的发展而引发的网络社会的形成、从严格限制到在一定程度上鼓励民间组织发展等。

苏南民间组织不仅数量上要有一定的规模,而且应承接政府转移出来的职能。以苏州为例,苏州市大多数行业商会现已根据行业的特点,供给行业公共产品和服务。具体包括:制定行业发展规划、制定和实施行业自律规定、进行行业质量监督、进行专业技术培训、促进品牌信誉、组织产品团购等。苏南市民间组织虽然开始承接政府转移出来的部分职能,但是,由于受制于传统管理理念的影响、法律保障的脆弱甚至缺失、政策扶持的欠缺、公民意识的淡薄等原因,苏南社团、行业协会、商会等民间组织发展还存在着许多问题。一是数量偏少,规模偏小,远不能满足居民、企业、行业等表达利益诉求、加强自律管理、提供集体性公共产品和服务等多方面的需求；二是结构不合理，维权类、公益类民间组织发展缓慢，所占比例偏低，不利于社会"中介"利益表达功能和自律管理功能的充分发挥；三是所有社会团体经清理整顿，名义上已与党政机关脱钩，但仍有部分社会团体与原挂靠的党政机关藕断丝连，"明脱暗不脱"，行政化现象依然存在，自我发展、自律管理能力不强；四是准入门槛高，政策扶持力度不强，发展环境不宽松，严重制约民间组织的发展，在一些无主管部门管理领域，申请建立民间组织往往因合法性依据不足而被拒之门外；五是自身建设不到位，制度不健全、业务活动不完善以及缺乏一支职业化的专业人员队伍，发展后劲不足，有些已陷入生存危机。目前，民间组织的很多成员是政府的精简人员或离退休人员，缺乏专业管理人才。这些年来，苏南关于企业劳资纠纷、企事业单位改制、城市拆迁改造、农村征地拆迁、环境污染事故等群众上访时有发生，这在一定程度上可以说明苏南民间组织发展不足的问题，缺乏具有独立价值和较强服务能力的民间组织。民间组织发展存在的上述问题，不仅造成了社会自律管理的"中介"断层，而且造成从企事业单位转移出来的公共事务由于缺乏相应的组织承接，政府又揽到了身上。这一问题现在到了该予以解决的时候了。

## 第三节　未来发展

### ——苏南模式的新生

反思苏南模式近30年来的演变与发展过程，应充分认识到其具有两方面的含义。一方面，苏南模式是组织生产力要素、富有地方特色的现代化模式；另一方面，模式本身不是一个静态的格局，不是"定型"，而是发展中的形式，它是随着内外部条件的变化不断发展变化的，应动态的把握其发展动向。根据现代化的特点、现代政府的发展特点和文化历史传统，未来苏南社会经济的发展模式既要努力维持良性的路径依赖，又要克服制约区域社会经济进一步发展的因素，以避免进入诺斯所说的"锁定"状态。具体来说，就是既能发挥市场机制在资源配置中的基础作用，并保证社会在法律范围内享有较广阔的自主活动领域，在行政性联系之外的其他社会联系方式中发挥较大的作用，又能充分发挥政府在社会经济管理中的调控作用，保证政府作为公共利益的代表，对于社会自身无力解决的问题，能有效地解决。

## 一、继续发挥地方政府的作用

苏南社会经济发展的实践证明,政府和市场并非对立。正如美国经济学家弗里德曼指出:"自由市场的存在当然并不排除对政府的需要。相反,政府的必要性在于:它是竞争规则的制定者,又是解释者和强制执行这些已被决定的规则的裁判者。"①"对今天的各国政府而言,并不是简单地在自由市场或是国家干预间作选择。它们的任务是决定哪些类型的政府干预能最好地支持市场的有效运转,最能鼓励对企业、技术和人民进行生产性投资,并能帮助处于不利地位的劳动者"②。

党的十六大与十七大明确指出:政府的职能是"经济调节,市场监管,社会管理,公共服务"。政府职能的特征是:"权责一致、分工合理、管理科学、执行顺畅、监督有力"。今后的政府应该是按照精简、统一、效能的原则,有所为有所不为。

对于地方政府来讲,应从管制型政府转向服务型政府,要求政企分开、职能转变、公共服务、廉洁高效;对于苏南来讲,未来经济发展需要地方政府继续推动社会经济发展,但其重点和方式转变,即从经济建设为主转向提供公共产品和服务为主,从培育市场转向规范市场,从投资主体转向为市场主体创造良好环境。未来苏南地方政府的作用主要表现以下几个方面。

1. 提供地方性公共产品和服务,逐步实现公共产品和服务的城乡均等化。

2003 年以后,苏南地区从经济指标看,已经达到中等发达国家的水平,对公共产品和服务的需求处在不断增长的时期。一是与工业化相连的城市化,需要巨大公共投资的市政实施,如拓宽公路、建立立交桥、城市公园、改造电网和各种管道、建设通讯设施等。二是人们在满足了基本生活需求后,对教育、文化、公共卫生、安全、环境保护等纯公共产品和服务的需求也在不断增长。三是由于目前所实行的是不完全的分税制,各级政府经济职能缺乏规范化和明晰化,最基本的公共产品和服务往往由供给能力比较低的基层政府提供,从而造成农村公共产品和服务供给严重不足。因此,未来苏南地方政府不仅要

① [美]米尔顿·弗里德曼:《资本主义与自由》,商务印书馆 1988 年版,第 16 页。
② 世界银行:《1995 年世界发展报告:一体化世界中的劳动者》,中国财政经济出版社 1995 年版,第 14 页。

有效地供给公共产品和服务，而且要努力实现公共产品和服务的城乡均等化。

实行政企分开后，苏南地方政府通过提供地方性公共产品和服务，为企业发展创造良好的发展环境。地方政府为企业发展除了提供企业生产经营过程中所需要的基础设施和能源外，还应提供以下几个方面的服务：一是地方政府应该积极利用自身优势，创造各种条件，通过各种渠道，向企业提供各种信息，使企业适时调整经营方向和营销策略，从而取得参与市场竞争的主动权。二是地方政府还通过改进科技服务，完善共性技术平台，发展创业风险投资，引进和设立中小科技企业贷款担保机构，探索科技保险，引进和培养高科技人才，鼓励和引导创新要素向企业集聚等措施，鼓励和引导企业进行技术创新，以提高企业的创新能力。三是地方政府通过举行民营企业家培训班等形式，引导民营企业建立规范的法人治理结构，推动企业从单个业主制向现代企业制度的转变，从投资者管理模式向职业经理人模式的转变，为民营企业创业和发展构建服务平台。四是地方政府可以通过组织本土企业参加各类经贸展销会、交易会、商务考察等活动，建立完善信息资料中心，系统收集国际市场行情和世界各地的投资环境信息，完善关贸、税贸、经贸合作制度，做好本土企业"走出去"的服务工作。五是帮助企业应对国际市场风险。面对充满风险的国际市场，地方政府可以引导各种风险分担机制的建立，加强对国际市场价格波动、主要商品进出口数量与价格的监测及预警，甚至在行政许可的条件下直接分担区域企业的风险。

**2. 制定地方发展战略和规划，引导企业投资，推动区域产业整合。**

逐步实现政企分开后，地方政府不再继续参与和干预企业生产经营活动，政府与企业的关系得到了明晰，企业逐步成为自主经营、自负盈亏、自我发展、自我约束的市场主体，地方政府可以通过制定地方发展战略和规划，引导企业进行产业结构的调整和区域的合理布局。处在转型期的国家和地区，经济的主要问题是发展，制约发展的主要问题是经济结构问题，产业结构和区域结构等结构性问题不仅在于其失衡，尤其突出的是处于低度水准。没有政府的引导和推动，单靠市场调节，结构性矛盾不可能在短期克服。地方政府作为区域社会的管理者，对区域自然资源状况、人力资源状况、社会经济发展状况、区域比较优势等拥有私人无法比拟的信息优势。地方政府准确把握区域情况，因地制宜地制定出具有前瞻性的区域发展战略和规划，不仅可以引导企业进行产业结构的调整和区域经济的合理布局,而且直接关系到区域社会经济发展的方向、速度和效益。从 2003 年开始,苏南经济重工业化的倾向明显。重工业化的经济结构既可能影响具有产业优势的纺织、电子和轻工行业的发展,又可能造成更多的环境污染。随着市场越来越成熟,资源价格能够准确反映资源的稀缺程度,环境污染成本的内在化,居民环境保护意识的提高,这些不具有苏南区域优势的重工业化产业必然要转移到区域外,苏南必然面临产业结构调整的压力。因此,苏南地方政府要利用产业集群和地缘优势,引导苏南产业结构的升级换代,逐步把苏南建立成为轻工业和次重工业应用技术和中级技术或次高新技术的研发基地以及国外技术和企业进入中国的中转站。

随着全球经济一体化的加深,苏南正在成为中国乃至世界重要的制造业基地。但由于苏南生产性服务体系不够发达,导致制造业的交易成本并不低,这就要求苏南发展自身生产性服务行业。发展和规范生产性服务行业,不仅是苏南工业化的必然要求,也是提升苏南整体竞争力的重要途径。[①] 一方面,着力营造有利于服务业发展的政策和体制环境,着力改变部分服务业行业垄断严重、市场准入限制过严和透明度过低的状况,扩大服务业对外开放的步伐;另一方面,加速培育高人力资本含量、高技术含量和高附加值的新兴服务行业,按照转型、升级、增强竞争力的要求,整合新兴服务行业之间、不同所有制之间、不同隶属关系之间的资源配置,把信息服务、会展服务、物流配送、文化教育、社会中介等新兴产业内在地联系起来,逐步形成服务功能多层次、投资结构多样化的新型服务体系。

苏南地区产业结构存在严重的同构现象,且加工型企业居多,科技研发偏弱。苏南地区主要集中在纺织服装、化工、轻工、造纸、IT 等产业,其中纺织服装业主要集中在江阴、吴江、张家港、常熟、太仓等市,化工业大多集中在沿江各市(县)区,轻工、造纸业主要集中在太仓、昆山、江阴、常熟、镇江等地,IT 产业主要集中在昆山、吴江及苏州工业园区等地。由于吸引外资落户苏南的主要因素,是区位优势以及相对廉价的劳动力、低廉的土地成本等优惠政策,落户苏南的外企主要是加工业,且加工贸易又占了大多数,绝大部分外资企业都把科技研发、中间体和市场销路由外资掌握,而把加工、组装等环节设在苏南。因此,苏南地区产业从总体上说,资源配置效率不高,抗市场风险的能力较弱。

---

① 黄键:《提升苏南竞争力》,江苏人民出版社 2006 年版,第 79 页。

同时，苏南地区生态问题特别是污染问题往往是涉及多个区域的，如太湖流域的污染就涉及苏州、无锡管辖的多个市县。虽然这些年来从中央政府到江苏省各级政府，都很重视太湖的治理，但难以收到标本兼治的效果，水质不断恶化成为公认的事实。由于污染控制是公共物品以及污染的双向流动特点，区域间地方政府的有效合作显然会产生巨大收益。因此，为了共同的生态利益，苏、锡、常地方政府要制定区域经济合作政策，积极推进区域产业整合和生态合作治理，以提高区域资源配置的效率，维护区域间利益分配的公平性。

**3. 建立不同利益主体的协调机制。**

随着改革开放的深入，苏南社会逐渐从同质的单一性社会向异质的多样性社会转型。在社会转型的过程中，经济成分、组织形式、就业方式和分配方式日益多元化，社会利益结构也随之分化重组，新的利益群体和阶层逐步形成。由于不同利益群体的利益诉求不同，价值观念不同，他们之间必然产生矛盾与冲突，进而影响社会的稳定与发展。要有效整合不同利益群体需求和协调不同社会阶层关系，就必须建立不同利益主体的协调机制。具体来讲，在宪法的框架下，建立税收制度、社会保障制度、转移支付制度、民众需求表达的表达制度、民众意见的整合制度等，以整合不同利益群体的需求和协调不同社会阶层的关系，避免社会冲突和分裂，维护社会的稳定和发展；同时，健全和完善权力运行制度，保证权力在法律轨道上运行，使政府不受特定利益集团左右，在不同利益集团的博弈中处于超然地位，以维护社会公共利益。

## 二、继续发挥市场机制在资源配置中的基础性作用

从我国的经济体制来看，资源投入长期以来是依据行政层次和级别递减的，苏南地区能够获得的行政性资源投入是非常有限的。过去30多年，如果没有市场机制的资源分配，其工业化和社会经济的快速发展几乎是不可能的。未来苏南社会经济发展，需要继续发挥市场机制在资源配置中的基础性作用，通过建立更为开放、自由、完善的市场机制，规范的市场秩序，吸引新的外部资源，刺激和鼓励技术创新，推进新兴产业的发展和产业结构的转型，提高公共产品的供给效率。

**1. 发展生产要素市场，完善市场体系。**

经过30年的改革开放，苏南地区商品市场趋于完善，生产要素市场也获得了一定的发展。但目前包括土地、资金、劳动力在内的要素市场发展存在着

一些严峻的问题，如地方政府垄断了土地一级市场交易，中小企业的融资渠道单一且融资成本高，生产要素不能在城乡之间、区域之间和行业之间合理流动等。因此，在产权明晰的基础上发展土地市场，建立多样化的融资渠道，打破劳动力城乡分割状态，并继续推进商品交易所、生产资料市场、金融市场、技术市场、劳务市场、人才交流市场、房地产市场、产权交易市场等生产要素市场的发展，以实现要素资源在区域内外的自由流动，提高市场机制配置资源的效率。

2. 加强地方政府规制建设，规范市场秩序。

在市场机制基本形成、市场体系基本建立之后，市场秩序建设提上议事日程。近年来，苏南已开始加强市场秩序建设并取得了很大成就。按照现代市场经济的要求，市场秩序建设的目标主要包括：①一是保护所有权；二是降低交易成本；三是保证公平的市场交易；四是实现社会利益。对发展中国家和地区来说，建立完善的市场体系和市场秩序需要自觉的行动，要根据市场经济体制建设的要求，加强地方政府规制的建设，以打破市场分割和行业垄断，自觉地建立市场秩序。在地方政府规制构建的过程中，主要涉及供气、供热、供水等城市公用事业的经济性规制和环境、消费者、劳动者保护的社会性规制。

在城市公用事业的经济性规制中，地方政府有着特殊的作用，因为城市公用事业具有区域性、自然垄断性、某种程度的公益性等特征。目前城市公用事业是政府垄断经营，累积了一些问题，地方政府对其规制时，需要进行如下三方面的建设：一是对城市公用事业涉及的所有环节进行定性，对于具有自然垄断特性的环节，地方政府可以进行比较严格的规制，如供气、供热、供水的管道输送；而对于可以充分竞争的环节，地方政府应该放松规制，更多地引入竞争，鼓励民间资本进入，如生产环节、零售环节以及管道设备的供应、安装和维修。二是对供气、供热、供水的价格进行合理的规制，建立一套比较合理的价格制度，包括价格听证制、不同使用时段和使用量的不同定价、特殊困难群体的特殊关照等。三是转变市政公用事业主管部门的职能。目前市政公共事业主管部门既是规制者，又是经营者。转变职能后市政公用事业行政管理部门只是规制者，而不是经营者。

在环境、消费者和劳动者保护的社会性规制中，地方政府规制的作用相对

---

① 洪银兴：《经济转型阶段的市场秩序建设》，《经济理论与经济管理》2005年第1期，第7页。

更为重要。各地环境污染、环境破坏和环境恶化问题仍然比较突出，经济增长相当多的是以环境和生态的损耗为代价的。当环境保护与地方利益相冲突时，地方政府会有意放松规制，甚至成为企业利益的保护者。因此，地方政府在实施环境保护规制时，最重要的要改变以经济增长为核心指标的地方政府政绩评价体系，建立以绿色 GDP 为核心的政绩考核和监督体系以及重大污染事故领导问责制。由于市场经济体制不完善，权利保护意识不强，许多不规范的竞争把消费者和劳动者至于一种弱势的位置上，消费者的权益、劳动者的健康和安全经常得不到保护。因此，必须进一步完善相关的规制政策和措施，以保护消费者和劳动者的权益。

3. 对地方政府规制行为进行规制。

地方政府实施规制的目的在于弥补和纠正市场失灵，提高市场资源配置的效率，然而，地方政府在实施规制的过程中可能会产生失灵。目前由于生产要素的配置仍在政府主导下进行，行政审批权和自由裁量权过大，且缺乏对其的监督机制，行政权力与市场经济制度争夺资源，增强了非生产性的寻租行为和企业、个人对政府的依赖性，导致大量资源配置到无效或低效的领域。在公共部门，地方政府既是运动员，又是裁判员，还是规则的制定者和修改者，容易造成规制者的角色冲突和错位，公共产品供给不足或供给效率低下。为了解决地方政府规制失灵问题，苏南地方政府必须进行针对自身的机构改革和法治政府建设，以理顺和调整政府各部门的职能，为政府规制的规范化和法制化创造条件。首先，调整各级机关审批权限，把绝大部分的许可证制改为申报制。通过严格的法律程序，限制地方政府在微观规制中的行政自由裁量权。其次，建立独立的能够有效行使规制的规制机构，把规制的制定者、执行者和被规制企业所有者的职能相分离。目前市政公共事业主管部门既是规制者，又是经营者，角色错位与冲突问题比较突出。通过法律建立相应的规制，严格规定市政公用事业行政管理部门只是规制者，而不是经营者，主要职责制定地区行业发展政策、规划和建设计划，制定市政公用行业的市场规则，对进入市政公用行业的企业资格和市场行为、产品和服务质量、履行合同的情况等进行监督，创造公开、公平的市场竞争环境，以提高公共产品的供给效率。

## 三、继续促进民间组织的发展

市场在配置资源时，会出现"市场失灵"，政府作为一种机制可以弥补市场的不足。而政府在配置资源时,也会出现低效率、腐败等"政府失灵"的状况。在一些经济活动中,也就可能出现"双失灵"。这时,如果民间组织能够发挥自组织的功能,则可能克服政府和市场的"双失灵"。事实上,在民间组织发展比较发达的国家,各种非营利性组织不仅能够为社会成员直接供给一些公共产品和服务,而且可以在政府组织供给公共产品和服务的过程中发挥重要的作用。因此,未来苏南模式的发展,既需要民间组织继续弥补市场和政府的不足,同时也需要通过法律和规则的建立来突破基于家庭、家族和单位的关系,维持在现代社会经济运作中具有重要作用的公共精神。

随着转型的深入和经济全球化的加速推进,一方面社会生产日益市场化、社会化和国际化,要求更加完善和发达的社会组织和社会运转系统;另一方面个人权利意识的增强和民众参与意识的觉醒,政府不可能垄断供给所有公共产品和服务,许多公共产品和服务,特别是公益类的,需要从政府经济职能中分离出来,由商会、协会等民间组织提供。针对民间组织的发展状况,要推动民间组织的发展。

首先,进一步推进事业单位的改革。事业单位的组织关系非常复杂,不仅不同事业单位的公共性和社会性程度不同,而且不同事业单位与市场和政府的结合程度也有很大差别。根据现有事业单位的社会功能,进行分类改革。改革完成后,不再设行政性和企业性事业单位,只留下公益类事业单位,为民间组织创造发展的空间,避免来自体制的困扰。

其次,要加强立法和制度建设,为民间组织的存在和成长提供稳定的空间。空间是民间组织发展的前提,法律和制度是形成稳定空间的基础性构件和保障,没有一个相对稳定的发展空间,民间组织或者根本就难以存在,或者即使能够存在也可能不断遭受政府或其他强势组织权力的渗透,以至于无法保持其相对独立性。①

再次,在组织治理结构上,按照"自主办会、自理会务、自筹经费、自聘人员、自求发展"的要求,实行人员、场所、经费与政府脱钩,从政府主导设立到民众自主设立,从政府的附属物到社会的独立主体。

再其次,改革和大力培育市场中介类民间组织。目前商会、协会等市场中

---

① 郭忠华:《善治:中国的思考——以社会资本理论作为研究范式》,《理论与改革》2003 年第 2 期,第 20 页。

介类的民间组织，要与主管部门脱钩，对名称相近、业务交叉重叠的进行归并和重组，对行业特点不明确的行业商会进行分立和细化，对缺乏行业代表性、不能为企业服务、长期不开展活动、组织结构混乱的行业协会，依法注销或撤销等级。随着市场竞争的日趋激烈，一些行业面临为争夺熟练工、原料和市场而展开无序竞争，企业成本加大，效益下降，竞争力减弱的问题；随着企业与国际交往的增多，涉及贸易纠纷谈判、国际市场开拓等问题，这些问题都需要商会、协会等民间组织有效参与，因此，要大力培育市场中介类民间组织的发展。

最后，要加强公益类民间组织的发展。像环境保护、贫困救济等纯公共产品，需要政府、企业、民间组织等共同提供，公益类民间组织的供给尤其重要。

### 四、继续培育在共同体意识认同基础上的社会资本

市场经济要实现市场对资源的有效配置，离不开社会资本对其的积极作用。社会资本是处于一个共同体之内的个人、组织（广义上的）通过与内部、外部的对象的长期交往、合作互利形成的一系列认同关系，以及在这些关系背后积淀下来的历史传统、价值理念、信仰和行为范式。[①] 市场经济的交易原则是建立在互利原则基础上的自愿交易或交换，为了维护这种自愿交换后的利益，要求市场参与者之间自觉保持一种合作和信任，市场行为主体对自身利益能进行有效约束。原来存在于共同体内以血缘、地缘、单位等为载体的传统社会资本在市场经济冲击下迅速消解，以信任、互利、互惠、规范、网络等形式存在的社会资本短缺，导致民众自我约束的信念和制度的缺乏，交易中的诚信困扰着社会经济生活，交易中的金钱至上、唯利是图、无视公共精神等问题日益突出。社会资本在经济上还有降低交易成本的功能。在没有社会资本的群体之间也可能实现协调，但是这往往增添了监督、协商、诉讼及执行正式协定之类的交易成本。人的理性是有限的，契约不可能在事前对所有可能发生的情况都加以细致的规定。只有信誉可以防止订约者们利用契约中无法预见的漏洞。[②] 肯尼恩·纽顿说过，通过互惠、信任，社会资本把个人从缺乏社会良心

---

[①]　杨雪冬：《社会资本：对一种新解释范式的探索》，《马克思主义与现实》1999 年第 3 期，第 57 页。

[②]　[美]弗朗西斯·福山：《社会资本、公民社会与发展》，《马克思主义与现实》2003 年第 2 期，第 38 页。

和社会责任感的、自利的和自我中心主义的算计者,转变为具有共同利益的对社会关系有共同假设和共同利益感的共同体一员,社会资本成为将社会捆绑在一起的黏合剂。因此,必须培育在共同体意识认同的基础上的社会资本,也就是培育利益主体之间建立在互信、合作、自律基础上的规范体系,以规范市场秩序,保证苏南社会经济健康、稳定、和谐地发展。

对于社会资本,不仅应继续培育,而且应让其建立在共同体意识认同基础上与互信、合作、自律基础上,获得更好的发展。其举措可以从以下两个方面着手:一方面是对现有的社会资本存量进行改造,发掘传统社会资本的积极因素;另一方面是利用制度创新培育建立在公民权利义务基础上的社会资本。具体来讲,首先,发挥传统社会资本的积极作用。建立在习俗、伦理道德、意识形态基础上的以家庭、学校、家乡、单位等为主要载体的社会资本,仍然能对熟人群体维持道德自律、信任与合作产生积极影响。其次,社会资本具有公共产品的特征,政府应主动提供并维护有效的社会资本。政府应该进一步放开经济体系内部的自发经济秩序的控制,维护宪法权威,并通过各种渠道和方式,肯定、鼓励和倡导团结、合作、自主、信任、互利、自律等公民精神以及权利、参与等公民意识,以协调陌生人的社会关系。最后,政府应为社会资本积累提供合适的制度环境。政府通过在法律上确定新生的社会关系,承认多元利益关系并使之表达合法化和制度化,用法律手段调节不同社会资本之间的冲突,为社会资本的建构提供稳定的制度环境。近些年来,苏南地区开始了培育社会资本的努力。如打造诚信政府;引导行业自律,加快诚信社会体系建设;培育文明市民。针对人口规模迅速扩张、人口流动不断加快、大多数本地城乡居民由“单位人”到“社会人”的身份转变等问题,苏南各地开始了培育具有现代文明素质的文明市民的努力。

总之,在苏南未来社会经济发展过程中,既要承接苏南模式的演进脉络,更要遵循现代化建设的发展规律,总揽城乡经济社会发展的全局,促进苏南地区的整体竞争力不断增强。

# 第六章 "三大理念"：苏南的率先发展、科学发展与和谐发展

【提示】近年来,在世界格局发生重大变化、全球经济进行重大调整过程中,苏南确立与坚守了什么发展理念? 苏南,是江苏、是长三角、是当代中国制造业高地与经济发展的前沿阵地。在这次国际金融危机冲击下,视危机为机遇,奋力拼搏,抢抓发展,始终坚持率先发展、科学发展与和谐发展。苏州、无锡、常州各自在率先发展、科学发展与和谐发展过程中,走出了一条自己的独特发展之路。

## 第一节 苏州之策
——苏州的率先发展、科学发展与和谐发展

对于苏南各市来讲,现在不是要不要率先发展的问题,而是应确立什么样的率先发展理念? 即用什么样的理念率先发展? 率先发展什么? 从哪些方面率先发展? 如何率先发展?

党的十六大指出:"有条件的地方可以发展得更快一些,在全面建设小康社会的基础上,率先基本实现现代化。"2003 年,全国"两会"期间,胡锦涛同志、江泽民同志分别来到江苏代表团,希望江苏率先全面建成小康社会,率先基本实现现代化。江苏省委以昆山为典型,迅速作出了《中共江苏省委关于学习贯彻"三个代表"重要思想,努力实现"两个率先"的决定》,明确提出:到2010 年全省总体上全面建成小康社会;到 2020 年全省总体上基本实现现代化,并按照分类指导原则,明确苏南地区在 2007 年以前全面建成小康社会。苏、锡、常三市迅速作出了努力争当江苏"两个率先"的先行军、排头兵,并提前实现了第一个率先,迈上了现代化的发展大道,力争在全省率先基本实现现代化。

那么,在第二个率先发展过程中,苏南各市应以什么样的理念率先发

展呢？

苏州人提出了反对"推拖拉"，杜绝"温吞水"。苏州市委书记蒋宏坤提出：要"旗帜鲜明地反对'推拖拉'，杜绝'温吞水'，敢于向慢作为、不作为亮剑，敢于向低效率、低效能开刀，进一步加快工作节奏，强化时间观念、进度观念和效率观念，做到政策快落实、项目快推进、矛盾快解决、任务快完成，大力打造苏州速度。"① "要坚持率先发展不动摇、争先意识不减弱、各项工作不放松"。② 无锡人提出了率先探索、率先实践、率先示范，把开展幸福市（县）区建设作为落实科学发展观的实践载体，无锡市委书记杨卫泽强调要"率先探索科学发展之路的各项工作"。③ 常州人提出了要坚持科学发展，实现率先发展，创造全市人民更加美好的生活。④

率先发展，不能盲目，必须坚持科学发展；科学发展是和谐的，和谐发展是科学发展的基本前提。可以说，率先发展、科学发展、和谐发展，是苏南各市最基本的发展理念。那么，从哪些方面率先发展、科学发展、和谐发展呢？如何率先发展、科学发展、和谐发展呢？作为苏南率先发展的"第一方阵"，苏、锡、常各自根据自己的实际情况，展开了探索。

改革开放以来，苏州经过几十年的快速发展，不仅使苏州赢得了世人的赞誉，也累积了许多的矛盾与问题，在后经济危机时代，如何继续走在全省、全国发展的前列，苏州人在不断探索。

## 一、白发苏州的华丽转身

苏州是一座古老的城市。一万年前我们的先祖就在这块美丽肥沃的土地上辛勤耕耘；当年伍子胥"相土尝水，相天法地"建造的阖闾大城历经沧桑，已经在原址屹立了 2500 多年，是世界现存最古老的城市之一；苏州自古以来就是著名的鱼米之乡、丝绸之府、工商之都、园林之城，曾是世界十大城市之一，

---

① 王芬兰：《反对"推拖拉"杜绝"温吞水"》，《苏州日报》2010 年 2 月 21 日第 A01 版。

② 同上。

③ 杨卫泽：《把开展幸福市（县）区建设作为落实科学发展观的实践载体》，《无锡日报》2010 年 2 月 20 日第 1 版。

④ 《坚持科学发展，实现率先发展，为超前完成"十一五"目标努力奋斗》，《常州日报》2009 年 12 月 12 日第 A1 版；《高水平完成"十一五"目标任务，创造全市人民更加美好的生活——市十四届人大三次会议闭幕》，《常州日报》2010 年 1 月 25 日第 A1 版。

被称为"红尘中一二等富贵风流之地"。

晚清，由于战争的破坏，上海的崛起，苏州渐渐落魄为一个畸形的消费城市。改革开放后，苏州经济的快速发展，是以乡镇工业的大发展为起点的。乡镇工业的异军突起，不仅成为农村经济的重要支柱，集体经济的重要依托，转移劳动力的重要渠道，共同富裕的重要依靠和农业、农村现代化建设的重要后盾，而且成为区域经济的重要组成部分，促进了全市经济的飞速发展。1985年，乡镇工业产值已占据苏州经济的"半壁江山"。按 1980 年不变价计算，1978—1985 年，全市工农业总产值由 65.60 亿元猛增至 215.08 亿元，在全国仅次于京、津、沪三个直辖市。此后，苏州工农业总产值连续 6 年名列全国第四。

苏州经济再上新台阶则在于抓住了外向型经济发展的历史机遇。在一个地级市，截至 2010 年 9 月，苏州累计拥有外企 17131 家，外企投资突破 2009亿美元①。吸收境外投资超过了日本、中国台湾、马来西亚、巴西等国家和地区。苏州曾经创造了利用外资全国第一、工业总产值全国第二、进出口总额全国第三、地区生产总值全国第四的佳绩，荣登 CCTV 十大经济活力城市、CCTV魅力城市以及中国制造业十大最具竞争力城市榜首，被世界银行评为"中国投资环境金牌城市"，被美国《时代》周刊评为"世界九大新兴科技城市"，所辖5 个县级市全部进入全国综合实力百强县（市）前 10 各，其中昆山市名列首位。

## 二、苏州经济的发展困境

苏州经济的飞速发展，使得苏州在全国广为人知，"经济苏州"声名鹊起。但与此同时，苏州在经济、政治、社会、生态等各个方面也遇到了明显的发展瓶颈。

在经济方面，经济发展方式的转变步履沉重。长期以来，苏州在经济总量快速增长的同时，经济质量的提升之路走得并不顺利，发展方式的转变进程缓慢。苏州经济上存在的问题主要表现在以下几个方面：

1. 经济结构不尽合理。

首先，第三产业在三个产业中占比不高。世界经济发展的历史表明，经济

---

① 《外企投资突破 2009 亿美元》，《苏州日报》2010 年 11 月 3 日第 A01、A03 版。

增长和经济结构变化之间具有很强的相关性,经济发展过程也是经济结构变革与优化的过程,产业结构变动的一般规律是由以第一产业为主向以第二产业为主,再向以第三产业为主转变。改革开放以后,苏州地区生产总值中三个产业构成比已经由 1978 年的 28.2∶55.7∶16.2,变为 2009 年的 1.8∶58.6∶39.6,产业结构已经由原来的"二、一、三"演变成"二、三、一",产业结构层次趋于高度化。但第二产业占比偏高,第三产业占比仍然偏低。第三产业占比在全国 20 个大中城市中位居倒数第一,只有发达国家的一半,与世界平均水平也相差甚远。其次,"九五"以来三次产业比较劳动生产率逐渐扩大。产业经济学中通常用比较劳动生产率来衡量一个国家或地区产业结构的协调性。通过对历史数据的时序分析,我们发现:改革开放以来苏州三个产业比较劳动生产率差异总体出现缩小的趋势,但在 20 世纪 90 年代开始又重新扩大,2004年开始才重新趋于缩小,2009 年为 0.36,但这一数值与发达国家平均 0.2 相比差距很大,这主要是第一产业的比较劳动生产率下降所致,而第二、第三产业则因为竞争比较充分,比较劳动生产率比较接近。

2. 投资驱动比较明显。

投资、消费、出口三大需求是拉动经济增长的"三驾马车"。"九五"和"十五"期间,苏州最终消费支出占 GDP 的比重一直在 30% 左右徘徊,远远低于世界 77% 左右的平均水平,而投资率则居高不下,资本形成总额占 GDP 的比重接近 60%,而世界平均水平只有 20% 左右。这说明,我们的经济发展方式属于依靠大量投资实现经济快速增长的投资驱动型。进一步的分析表明,这种状况还有加剧的趋势。"十五"期间平均消费率比"九五"下降 3.71 个百分点,而平均投资率则比"九五"上升 1.02 个百分点。

3. 自主创新能力不高。

与发达国家相比,苏州全要素生产率仅与其 90 年代水平持平,科技进步贡献率远远落后于发达国家。20 世纪 50 年代,美国传统资本要素对经济增长的贡献度为 80%,科技要素仅为 20%,到 90 年代,科技贡献度已达到 70% 左右。日本 20 世纪 50 年代要素生产率的贡献度为 31.2%,到 90 年代初上升为 80.5%。美国、日本等发达国家在 20 世纪 90 年代,已实现经济发展的高度集约化,而苏州目前才基本达到上述国家 90 年代全要素生产率水平。更值得注意的是,苏州全要素生产率中科技进步的贡献率不仅远低于同期发达国家,而且很多先进技术是由跨国公司直接引进的,并非本地研发产生,自主创新能力有待增强。2009 年 R&D 经费占 GDP 的比重刚刚达到 2%，而创新型国家普遍在 2.5%—3%，美国、日本、韩国等少数国家接近 4%。由此带来的后果就是处于国际产业链的中低端，产品附加值不高。时任重庆常务副市长的黄奇帆称其为"只长骨头不长肉"①。

**4. 外向发展动力减弱。**

开放型经济是苏州的一大特色和优势，外资在增加资本供给、促进经济增长、助推产业升级、提高就业水平、提升政府服务等方面起到了明显的拉动作用。以 2007 年为例，苏州的外贸依存度高达 80.6%，在一些主要指标中，外资企业占比也非常高，其中进出口总额占 89.7%，规模以上工业总产值占66.4%，高新技术产品产值占 89%，税收占 46.2%。但这种高度依赖外资经济增长的发展模式存在不少问题，其增长有很大的不可持续性。一是外资对内资存在挤出效应，而长期以来外资企业所享受的超国民待遇则加剧了这种效应。这也是为什么以前会有戴着红帽子的私营个体企业，而今则有以假洋鬼子面目示人的内资企业。二是随着苏州人力和土地等成本的上升，大批处于价值链低端的劳动密集型加工贸易企业如同候鸟一般，会因寻找更低廉的人力与土地成本而再次迁移，引发产业风险。三是以各种优惠政策引进外资必然会造成地方财力的损失，导致地方金融运行中的流动性风险、银行信用风险、信息不对称风险等不确定因素增加。四是受国际市场影响较大。在国际金融危机冲击下，2009 年苏州净出口额比 2008 年减少 81.9 亿美元，按现价计算，下拉经济增长 8.4 个百分点，造成苏州经济增速回落 2 个百分点，幅度远大于全省 0.1、全国 0.3 的平均水平。

在政治方面，体制改革任重道远。作为全国改革开放的前沿地区，苏州在政治文明建设方面有很多创新，在推进党代表常任制、集中审批、政务公开等方面进行了有益的探索，形成了以张家港精神、昆山之路、园区精神等为代表的三大法宝，美国前总统卡特还曾经专门到苏州昆山考察村民民主选举。但政治体制改革相对滞后这一全国性的问题，同样也会在苏州有所反映，政府转型任务繁重。苏州历来有强政府的传统，这种模式尽管在经济发展的一定阶段有其合理性，在世界金融危机发生以后甚至被一些人当成"中国模式"的特

---

① 白红义：《"只长骨头不长肉"？苏州模式的"盛世危言"》，http://politics.people.cn/GB/1026/4406845.html.

点与优点加以推崇,但它也必然会带来效率下降、民众参与程度低、创新活力弱等一系列问题。目前苏州一方面有传统管制型政府、经济建设型政府如何加快向服务型政府转变的问题;另一方面也存在原来相对比较精简、高效的开发区管理体制向现有体制回归的问题。在后经济危机时代,如何建设适应时代要求、符合公众需求、促进经济社会发展的政府体制,尚需要不断探索、完善。

在社会方面,发展水平亟待提高。社会进步是经济发展的目的之所在,也是经济进一步发展的重要保障。在经济不断增长的同时,苏州在社会发展方面也取得了明显的进步,但也存在这样那样的问题。一是教育资源在城乡、区域分布上不够均衡,义务教育阶段时限较短,且没有覆盖所有人群,非义务教育阶段收费较高。二是卫生资源紧缺,分布过于集中。2009 年苏州每千人拥有医生护士 4.95 人,远远低于世界平均 9.3 人、欧洲平均 18.9 人、美洲平均 24.8 人的水平,且有限的资源主要集中在中心城区以及 5 个县级市城镇。三是在"经济苏州"声名远播的同时,"文化苏州"逐渐为人所淡忘,或者说在强烈的经济光环掩映下显得有些弱化了。四是人口大量集聚,结构性矛盾明显。表现为人口机械增长进入高峰期,户籍人口老龄化加剧,以普通劳动力为主的外来人口膨胀,以及由此引发的社会矛盾增多、管理成本上升。随着经济的发展,人口的集聚度不断增加,2009 年苏州平均每平方公里常住人口达到 1104 人,如扣除千亩以上水面,则高达 15375 人。户籍人口出现严重的老龄化现象,2009 年年底 60 岁以上老人比重达到 20.02%。公安登记外来人口数达 590.47 万人,已经与当地户籍人口大致相当。

在生态方面,可持续发展压力很大。虽然经过多年努力,但苏州经济总体上仍然没有摆脱"高投入、高消耗、高污染、低效益"的粗放型增长方式,严重影响苏州的可持续发展。一是能源消耗高,污染排放大。2008 年全市万元 GDP 综合能耗为 0.906 吨标煤,高于全省平均水平,是深圳的 1.7 倍、美国的 4 倍、日本的 8—9 倍;单位地区生产总值化学需氧量和二氧化硫排放强度分别是深圳的 2.4 倍和 5.5 倍,单位面积化学需氧量和二氧化硫排放量分别是全国平均水平的 9.4 倍和 8 倍。二是建设用地迅速膨胀,土地资源趋紧。1995—2008 年,全市耕地面积锐减 240 万亩,建设用地占比已经达到 27.9%,如扣除大型湖泊水面,这一比例高达 38.8%。建设用地占比是全国平均水平的 5—8 倍。参照国际上对城市生态环境的容量和承载力评估分析,苏州已达到了建设用地占陆地总面积1/3的警戒线。按照户籍人口计算的人均耕地面积不足0.6亩，按照常住人口计算不足0.40亩，远低于联合国粮农组织确定的人均耕地0.8亩的警戒线。三是生态环境面临挑战，环境总体恶化趋势尚未得到根本遏制。由于水环境纳污总量大大超过水环境容量的承载能力，全市地表水中Ⅴ类和劣Ⅴ类水所占比例逐年上升，湖泊富营养化程度加剧，闻名中外的江南水乡，已经成为水源型与水质型双缺水城市；随着机动车保有量的快速增长，机动车尾气排放污染已成为苏州空气污染的主要原因，空气污染特征已经由煤烟型污染向机动车尾气污染变化，酸雨污染加重，酸雨面积越来越大，酸雨频率越来越高，酸雨浓度越来越高；城市区域环境噪声本底值上升，高速公路、交通干线噪声超标情况仍然存在。环境污染造成的损失以及治理污染的支出仍在增加。

综上所述，加快转型升级，实现科学发展，不仅是党中央的总体步骤和战略要求，更是苏州解决深层次矛盾和问题的迫切需要。

### 三、智慧苏州的应对之策

应当说，苏州人是睿智的，他们很早就在正视面对的问题，探索破解瓶颈之法，实现新的跨越的路径。

2002年，苏州人提出，苏州必须在继续做强做大开放型经济优势的同时，大力培育具有自主知识产权的规模型企业，加快发展私营个体经济，尽快形成"三足鼎立"之势。2004年，苏州人强调：苏州的可持续发展已经面临人口压力加大、资源约束加剧、环境负荷加重等严峻问题，这些问题与目前的产业结构和经济增长方式相关。于是，《关于促进民营经济腾飞的决定》、《关于做大做强民营经济的决定》、《关于全面提升民营经济发展载体功能的意见》、《关于加快构建促进民营经济发展共性服务平台的意见》、《关于促进可持续发展的若干意见》、《关于苏州创建生态市的若干意见》等文件密集出台。

2004年年底，苏州市委、市政府响亮地提出了"立足于快，服从于好，着眼于新，致力于本"的十六字方针，制定并实施了"加强自主创新能力行动计划"、"推进经济结构调整和转变增长方式行动计划"、"建设社会主义新农村行动计划"、"提高市民文明素质行动计划"等四大行动计划。

2009年8月，苏州市委十届十次全会提出把建设"三区三城"作为苏州经济社会全面转型升级的总目标、总定位和总要求,之后不断结合贯彻落实中央和省委最新精神,不断进行丰富、完善。具体是:坚持以科学发展观为统领,以自主创新为主战略,以加快经济社会全面转型为主线,以发展创新型经济和战略性新兴产业为重点,推动经济发展方式加快转变,真正把苏州建设成为科学发展的样板区、开放创新的先行区、城乡一体的示范区,成为以现代经济为特征的高端产业城市、生态环境优美的最佳宜居城市、历史文化与现代文明相融的文化旅游城市,努力实现经济社会又好又快新跨越。

科学发展的样板区,就是要在以人为本、全面协调可持续发展上走在全国前列,更好地实现速度、质量、结构、效益相统一,经济与人口、资源、环境相协调,增长与富民、发展相一致,率先走出一条生产发展、生活富裕、生态良好的文明发展之路,成为全国的样板。

开放创新的先行区,就是用开放推动转型,进一步提升对外开放水平,同时增强自主创新能力,形成既借助外力、又以我为主,创新成果为我所有的有利格局,加快建设具有核心竞争力的国家创新基地。切实加大对经济建设、社会事业、城市管理等重点领域和关键环节的改革攻坚和先行先试力度,创出全国认可、以科学发展为特征的新苏南模式。

城乡一体的示范区,就是要率先在城乡发展规划、资源配置、产业布局、基础设施、公共服务、就业社保和社会管理"六个一体化"方面取得突破,为江苏乃至全国创造新经验、提供新示范。城乡一体化是有"同"有"异"的一体化,要保留江南水乡农村的田园风光。

以现代经济为特征的高端产业城市,就是要使苏州发展为拥有符合全球产业发展趋势,在世界产业分工中处于高端位置,具有产业国际竞争力的产业结构和产业体系的重要城市。

生态环境优美的最佳宜居城市,就是以生态环境优美为核心,经济环境、人文环境、自然环境相协调,在社会文明度、经济富裕度、环境优美度、资源承载度、生活便捷度、公共安全度等方面具有显著优势和特色,适宜居住、工作和发展,无愧"上有天堂、下有苏杭"的美誉。

苏州作为历史文化名城得到了充分的保护,并与现代文明相融形成新的文化优势,这是一笔宝贵的财富。历史文化与现代文明相融的文化旅游城市,就是历史文化与现代文明兼容并蓄、相得益彰,同时文化与旅游又相互作用、优势叠加。

"三区三城"建设是一个整体推进的系统工程,苏州市委、市政府提出,应当在"六个更加注重"上下工夫。

1. 更加注重处理好持续增长与加快转型的关系,大力发展创新型经济。

经济的持续增长与加快转型升级是内在统一、有机联系的,也是相辅相成、并行不悖的。从稳增长看,我们不仅要立足当前求速度,更要着眼长远求质量,这就包含了优化结构、转型升级的内在要求;从促转型看,它是一个系统工程,包括产业结构、城市发展、增长动力等全面转型,苏州经济社会只有实现真正的转型升级,经济增长才能更上层次、更有后劲、更可持续。苏州市委、市政府提出,不能因调结构而放弃增长,更不能因稳增长而忽视调结构,必须在稳增长中调结构、促转型,在转型升级中促进苏州经济的持续增长。在后危机时代,苏州市委、市政府提出,要抓住世界经济向好的契机,努力把握好两者的结合点,以创建国家创新型城市为抓手,加快发展创新型经济,更大力度培育发展具有苏州优势和特色的新兴产业,积极实施新能源(风能、太阳能)、医药及生物技术、新型平板显示和智能电网产业四大跨越发展工程;强化企业的创新主体地位,力争全市50%以上的本土大中型企业都建立研发机构,做大做强一批具有核心竞争力的地标型企业;实施服务业新一轮跨越发展计划,重点发展与先进制造业相配套的生产性服务业,提升发展与城市现代化、都市化进程相匹配的高端服务业,整合发展与苏州传统优势相协调的文化旅游产业,努力把苏州打造成长三角地区重要的现代物流中心城市及与上海互补的区域金融中心和国际一流旅游目的地。

2. 更加注重处理好拓展外需与扩大内需的关系,更好利用国际、国内两个市场,两种资源。

国际金融危机的冲击,凸显了单一的、以出口导向型为主的经济增长模式的不可持续性,必须在稳定外需的基础上,下大力气扩大内需,更好地利用国际、国内两个市场,两种资源。应当看到,外需与内需也是互动的,稳定、拓展外需可以带动、促进内需,有效扩大内需可以提升外需发展的水平。苏州出口需求规模大,而且外商投资占有很大的份额,苏州市委、市政府提出,必须继续把拓展外需、提升发展开放型经济放在重要位置,牢牢把握世界经济出现复苏迹象、出口环境有所好转的机遇,继续落实好稳定外需的各项政策,抢占先机拓展外需;加快集聚资金、人才、技术等高端要素,着力引进对结构优化起关键和引领作用的重大产业项目;加快"走出去"步伐,推动更多本土企业成长为跨国性企业,进一步强化开放型经济的领先优势。与此同时,积极扩大内需,加大以轨道交通为重点的重大基础设施建设投入,全面推进中心城市建设和县级市城区、重点镇建设,加快完善功能性设施,以城市发展助推经济增长;围绕开发区的转型升级,推进区区间的整合与联动,以更具竞争力的投资环境吸引央企和国内大企业投资落户苏州;加快发展富民经济,切实增加城乡居民收入,2010年努力实现城镇居民人均可支配收入和农民人均纯收入均增长10%以上,进一步提高全社会的消费能力和水平。

3. 更加注重处理好加快发展与深化改革的关系,创新建设城乡一体综合配套改革示范区。

在经济全球化进程不断加快、市场经济体制不断完善的大背景下,苏州市委、市政府提出,必须处理好加快发展与深化改革的关系。发展是硬道理,我们解决所有问题都要靠发展;改革是经济社会发展的强大动力,深化改革有利于进一步解放和发展生产力。后危机时代苏州的转型发展,不仅需要政策的支持,更需要发挥改革的力量,用改革的办法来解决发展难题,用体制机制的创新来推进转型升级。作为全省唯一的城乡一体化综合配套改革试点城市,苏州要率先在加快形成农民持续增收的长效机制、发展现代农业和农村新型集体经济的动力机制、城乡公共服务均等化的带动机制和城乡一体的管理机制等方面作出探索,努力走出一条具有苏州特色的城市反哺农村、工业带动农业的发展路子。同时更需要我们以此为契机,大胆解放思想,加快推进政府职能、城市管理、行业组织、投融资体制等重点领域的改革创新,切实消除各种体制障碍,全面构建起充满活力、富有效率、开放有序、促进发展的体制机制,进一步增强经济社会发展的内在动力与内生活力。

4. 更加注重处理好经济建设与社会建设的关系,努力把人民群众的利益维护好、实现好、发展好。

实现科学发展,必须处理好经济建设与社会建设的关系。经济建设是社会建设的前提和基础,也是社会建设的根本保证;社会建设是经济建设的目的,也为经济建设提供了必要条件。要建设更高水平的小康社会,要打造适宜人居与创业的城市,必须从把人民群众利益实现好、维护好、发展好的高度来推进社会建设,把保障和改善民生贯穿于社会建设各项工作的始终。要努力形成"党委领导、政府负责、社会协同、公众参与"的社会管理格局,探索建立各种利益协调机制、矛盾疏导机制、社会诚信机制、舆论引导机制和风险防范机制；大力推进国家创业型城市建设，在结构调整、转型升级中切实扶持就业，完善城乡一体的社会保障和救助体系，确保充分就业社区和行政村达标率均达90%以上；加快实施民生工程，加大老住宅小区、街巷综合整治力度，推进公交优先战略，打造全国最干净城市，解决好人民群众最关心、最直接、最现实的利益问题，努力提高城乡居民生活品质；加大公共财政投入力度，切实增加教育、卫生、文化、体育等公共产品供给，推动公共资源配置更多地向群众受益的方面倾斜，加快推进公共服务均等化；加强基层社区建设，拓宽社情民意反映渠道，扩大基层民主，大力推进政务公开，及时回应群众提出的意见和建议，进一步促进社会和谐与稳定。

5. 更加注重处理好推进发展与人才支撑的关系，积极构建高层次人才首选城市。

人才资源是发展的第一资源，区域经济的竞争根本上是人才竞争。苏州要加快实现转型升级、创新发展，通过集聚高层次创新创业人才来占领产业竞争和未来发展的制高点是关键。富有竞争力的产业可以吸引、集聚高层次人才，而引进高层次人才可以引领、催生新兴产业的发展。必须牢固确立"产业升级与人才集聚互动"的工作思路，强化经济转型升级进程中人才战略的引领，努力以人才高地建设支撑和推进产业高地建设，以产业优化升级带动劳动力素质的全面提升；继续深入实施"姑苏人才计划"，大力引进一批掌握自主技术、核心技术的高层次人才和创新团队，为创新型经济发展提供智力支撑；强化以企业为主体集聚人才，鼓励和支持企业特别是规模企业增加研发投入，建设技术中心和工程技术研究中心，力争全市50%以上的本土大中型企业都建立研发机构；探索高层次人才创新创业一站式服务，加快专业化人才市场建设，进一步加大对创新创业人才的财政投入、金融支持、知识产权保护和配套服务力度，加快形成鼓励创业、激励创新的社会氛围，让各类人才特别是高层次创新创业人才进得来、用得上、留得住、创大业。

6. 更加注重处理好科学发展与党的建设的关系，全面打造高素质的领导干部队伍。

经济建设、政治建设、文化建设、社会建设和生态建设全面推进，离不开党的建设这一重要保障，加强和改善新形势下党的建设，提高党建的科学化水平,促进经济社会全面协调可持续发展,对于苏州在后危机时代增创科学发展新优势、实现又好又快新跨越至关重要。苏州市委、市政府提出,必须以深入学习贯彻党的十七届四中全会精神为契机,适应时代发展要求,全面提升党建科学化水平,积极探索形成"三有效一增强"的党建新格局,即实现基层党组织的有效覆盖、党员队伍的有效管理、党员素质和能力的有效提升,着力增强基层党组织的创造力、凝聚力、战斗力。要坚持把加强学习摆在突出位置,引导广大党员尤其是各级领导干部崇尚学习、坚持学习、终身学习,不断提高思想政治理论素养和统揽全局、科学发展的能力和水平;以加强党内基层民主建设为基础,切实推进党内民主,充分发挥各级党组织和广大党员的积极性、主动性、创造性;深化干部人事制度改革,从培养、选拔、使用等多个环节上下工夫,推动干部工作的科学化、民主化、制度化;继续做好抓基层打基础工作,切实增强生机活力,充分发挥基层党组织推动发展、服务群众、凝聚人心、促进和谐的作用;进一步加强作风建设,深入推进反腐倡廉制度建设,确保权力在阳光下运行,为建设"三区三城"提供坚强有力的保障。

我们相信,创造了苏南模式,走出了"新苏州之路"的苏州儿女,在集聚新人才、发展新产业、建设新城市、推进转型升级、建设"三区三城"、实现科学发展的过程中,定会描绘出体现时代特色、富有苏州特点的"姑苏繁华图"。

# 第二节　无锡路径
## ——无锡的率先发展、科学发展与和谐发展

改革开放以来,无锡经济社会发展的历程,是一个创新发展的历程。在第二个率先,即率先基本实现现代化过程中,无锡面对国际金融危机与太湖综合治理的双重压力。以科学发展观为统领,化压力为动力、化挑战为机遇、化被动为主动,紧紧围绕"扩大内需保增长、创新创业促转型、政企合作维稳定"三大突出任务,科学谋划、沉着应对、积极作为,奋力将发展中遭遇的挑战与困难转化为加快转型发展的巨大动力,将国家应对金融危机的一揽子计划转化为加大有效投入的难得机遇,全市经济社会总体呈现平衡较快持续健康发展的势头。

2010年,无锡切实加快转变发展方式、创新发展模式步伐,着力在"内生增长、创新驱动"与"融入上海"、"普惠市民"上下工夫,求突破,以勇于超越的

志气建设创新型经济领军城市,以改革创新精神创全省党的建设模范区,加快建成国家历史文化名城群与国家生态城市群,不断促进社会主义经济、政治、文化、社会建设以及生态文明建设和党的建设协调发展,努力构筑无锡科学发展、率先发展、和谐发展新优势,率先攀登基本现代化新高峰。① 其新的发展路径与行动计划是:

## 一、"内生增长"

无锡的经济增长空间在哪里?无锡人首先是从扩大消费中寻觅。事实上,住房、汽车消费经过一轮增长之后,其空间显得有限了,而旅游消费、农村消费的增长空间则显得较大。无锡人将他们打造的历史文化街区、博览园等方面的旅游精品项目,视为无锡旅游业发展新的活力;于是,他们加快了旅游业发展的机制、体系的建立与完善。随着城乡一体化进程的加快,农村消费成为新的增长点,无锡人通过建立农村消费体系、改善农村消费环境等措施,满足不同消费人群的需求,释放出农村消费能力。

与此同时,由于外需萎缩导致的负向拉动,直接影响到经济"巨轮"的行驶速度。无锡人认为,要改变这一局面需要花大力气加快调整外贸结构,加大产品结构调整力度,鼓励具有自主知识产权、高附加值的产品出口,促进外贸出口增长"由负转正",从而对经济发展起到正向拉动作用。

## 二、"创新驱动"

五年前,"十一五"起始之年,可视作无锡"第三波转型"的滥觞。循着一条转型之路,无锡在展望未来和自我观照与反思中不断探索实践,论证自己的选择,完善自己的策略。一次次"敢为人先"甚至"有所争议"的突破之举,只为追求一种更完美的发展方式。

"转型"与"创新",相生相伴,如影随形,交织成无锡经济社会发展的一条主线。乡镇企业和开放型经济曾引领无锡发生过两次转型发展,并创造了各自的辉煌。在"第二波转型"遇到经济全球化以及城市间激烈竞争的大背景下,无锡产生了发展"红利"到期的焦虑,碰触到了发展的"天花板"。发轫于

---

① 《杨卫泽同志在市委十一届八次全会上的讲话》,《无锡日报》2009 年 12 月 19 日第 2 版。

"十一五"期间的"第三波转型",很快让城市决策者面临新的命题:如何摆脱对原有发展路径的依赖?未来往哪里走?怎么走更稳健?如果说,"十一五"初期人们对转型之弦还未拉紧的话,那么,2007年的无锡由太湖蓝藻事件引起的供水危机以及2008年的国际金融危机,这两大历史性挑战使无锡人对转型的理解和认同变得前所未有的深刻——转型,箭在弦上,刻不容缓。

在应对国际金融危机期间,无锡人将加快经济转型升级,视为主动突围的唯一出路。在国际金融危机期间,无锡市委、市政府审时度势,作出了"扩大内需保增长、创新创业促转型、政企合作维稳定"的决策部署,使积极应对国际金融危机的过程成为推动无锡"率先发展、科学发展、和谐发展"的过程。他们认为,只有加快转型升级才能真正保增长,而抛开转型升级,消极应对、片面简单的保增长只会是一厢情愿。正是不懈的创新与转型升级,使无锡走出了一条不同于其他城市的发展之路,在国际金融危机下尽显逆流而上的英姿,2009年实现地区生产总值5000亿元,同比增长11.5%左右,按常住人口计算人均地区生产总值达8.1万元左右;财政总收入1062亿元,增长16.8%。

如果说在应对国际金融危机期间,转型升级是被逼出来的;那么,国际金融危机之后,无锡的转型升级则是无锡人的自觉行动。

"敢为人先"的城市基因,使无锡以长远眼光对科技、人才舍得投入,舍得等待,也使这座江南名城进入了一个"创新活跃期"。按照国际惯例,R&D投入达到2%是进入"创新驱动期"的标志之一,也是一个城市成为"创新驱动城市"的重要门槛。2009年,无锡R&D投入已经超过2%。其中战略性新兴产业、"530"企业的研发投入成为拉动无锡研发投入提高的新生力量。

对科技与人才的重视和大胆投入,使产业结构得到了优化,三次产业占GDP比重结构正在悄然发生变化,服务业所占比重将逐步高于工业。

今日的无锡,尽管新兴产业、"530"企业群体还不够壮大,但其蕴藏的爆发力与"核动力",使人们有足够的理由相信:若干年后,它们将成为无锡建设创新型经济领军城市的主力军团。

创新驱动,已毫无悬念地成为无锡今后经济发展的引擎。"战略性新兴产业的首要属性就是高新技术产业"。无锡人认为,新兴产业的生命力就在于高新技术,他们确定了传感网、新能源、新材料、生物、环保、软件与服务外包等六大战略性新兴产业目标,力图在这些新兴产业上实现突破。目前,已形成了集成电路、生物医药、新能源等一批技术平台,现正在建设传感网等技术平台,为传感网产业的发展提供坚实的技术后盾。

### 三、"融入上海"

无锡人像苏州人一样,将"融入上海"提到了城市发展战略的高度。无锡市委主要领导认为,上海浦东至浦西,不堵车也需 25 分钟,而环境较优、成本较低、距离上海较近的无锡,不是简单地对接上海,而是要成为上海都市圈的副中心。

### 四、"普惠市民"

悠悠万事,民生为大。无锡市委、市政府着力办实事惠民生,市民生活质量持续改善。就业,是民生之本。目前,无锡全市居民工资性收入占总收入的80%。2009 年,无锡市政府安排再就业资金 4.1 亿元,全市新增城镇就业10.8 万人,城镇失业人员再就业 7.2 万人。无锡市谋划增强消费对经济增长的拉动力,对老百姓来讲,首先是要有干活的岗位,有稳定的收入,才可能去消费。其次是社保,没有后顾之忧,才敢于去消费。2009 年,无锡市企业养老、基本医疗、失业保险参保人数分别增加 3.7 万人、5.3 万人、5.9 万人,城乡养老保障覆盖总人数达 341.9 万人。41.9 万名企业退休人员月人均增加养老金 139.5 元。在前几年社保全覆盖的基础上,从 2010 年起建立社保金额自然增长机制,在财政中辟出更多资金,把"社保伞"撑得更好。

贫富差异,在国内是个普遍存在的问题,无锡也不例外。如何正视这一现实问题,关注并解决好弱势群体问题,是普惠大众的关键。无锡市从 2010 年起,将低保线以下及低保线边缘人群这一弱势群体,作为重点救助、帮扶对象,参照城乡居民收入,低保标准也随之建立自然增长机制,并对老年人、残疾人、少数民族的低保人群实行分类施保,比一般低保标准提高 20%。[1]

---

[1] 载于江山、周晓方：《倾听,来自城市'心脏'的声音——2010 年经济社会发展四大路径解析》,《无锡日报》2009 年 12 月 19 日第 1、3 版；《毛少平市长在市十四届人大三次会议上的政府工作报告(摘要)》,《无锡日报》2010 年 1 月 19 日 A2 版。

无锡市委以追求人民幸福为目标,把开展幸福市(县)区建设作为全市落实科学发展观的实践载体,在全市范围内广泛开展幸福市(县)区建设活动,开创具有无锡特色的科学发展新境界、新局面。① 无锡看江阴,江阴怎么办?江阴率先示范,展开了"幸福江阴"建设。

自加压力,改革创新,勇于超越,既是苏南人的精气神,也是无锡人的精气神。但这在各市的要求是不同的。最早提出自加压力的张家港人,是将自加压力与负重奋进、具有团队意识的团结拼搏精神、具有超越意识的敢于争先提出的。无锡人的自加压力,则是要求自己"振奋精神、珍惜形势,趁势而上、顺势而为,奋发有为、主动作为",明年的"发展速度高于今年、发展质量好于今年、民主改善优于今年",自觉施加压力、有效传递压力,在全市上下形成人人有压力、人人有动力的生动局面。无锡人的改革创新、勇于超越,就是要一如既往地保持和弘扬创新的优良传统,敢为人先,勇于超前,跨越发展。这种精神是与无锡人的行动计划一起提出并付诸实施的。尽管有人认为,苏南各市,有许多口号,是共同的。我们认为,这一方面说明,苏南人在许多问题上是有共识的,这些共识可以内化到苏南模式、苏南精神中;另一方面,各市将一些共识、一些大家都可以叫得响的口号,作为激励、鞭策本市人奋发有为的精神,且内化为自己的行动,有什么不可以,有什么不好呢?

在"十一五"期间,无锡人经过五年的努力,使无锡综合实力大幅提升,城乡面貌发生巨大变化,社会事业长足发展,人民生活大为改善;2010 年,人均地区生产总值突破 1.3 万美元,城镇居民人均可支配收入和农民人均纯收入分别突破 4000 美元与 2000 美元。无锡的发展跃上了新的平台,无锡的城乡居民收入跨上了新的台阶,无锡的对外影响显著提高,经济建设、政治建设、文化建设、社会建设以及生态文明建设取得了重大进展,开创了转型发展新境界,谱写了现代化建设新篇章。无锡跻身国家创新型城市和国家生态文明建设试点城市行列,成为唯一的国家传感网创新示范区和首批国家海外高层次人才创新创业基地,建成全省首个国家森林城市,实现了国家生态城市和国家历史文化名城全区域基本达标,为"十二五"发展创造了更加有利、更加良好的条件。

---

① 杨卫泽:《把开展幸福市(县)区建设作为落实科学发展观的实践载体》,《无锡日报》2010 年 2 月 20 日第 A1 版。

无锡提出,在"十二五"期间,深入贯彻落实科学发展观,按照胡锦涛总书记"让太湖这颗江南明珠重现碧波美景"和温家宝总理"建设生态城、高科技产业城、旅游与现代服务城、宜居城"的总体要求,以世界先进城市为标杆,把推动科学发展率先发展、建设创新"幸福无锡"作为主题,把"寓强于富、普惠于民"作为根本目的,全面推进科技创新创业,全面推进城乡一体化,全面加强生态文明建设,全面保障和改善民生,全面深化改革开放,为把无锡建设成为创新型、服务型、国际化、现代化,具有独特影响力和竞争力的区域性中心城市打造具有决定性意义的坚实基础。①

## 第三节　常州选择
### ——常州的率先发展、科学发展与和谐发展

### 一、加快发展:常州的当务之急

"知彼知己,百战不殆","不识庐山真面目,只缘身在此山中"。只有跳出常州看常州,比存量看大小,比增量看变化,才能更清醒地认识到形势的严峻性,才能感受到发展的压力,触发出发展的动力。那么,比什么看什么呢? 或者说,到底哪几项指标最能准确地反映经济发展状况呢? 历来仁者见仁智者见智。一般来讲,GDP、财政收入、固定资产投资和实际引进外资这 4 项最能说明问题,因为,前两项最能说明现状而后两项最能决定将来。下面,不妨考察一下这 4 项主要经济指标。

纵观"十五"以来的这四项指标,横观全省的 13 个省辖市,苏州是全能冠军;无锡和南京分别囊括了亚军和季军,无锡在 GDP 和实际引进外资上居第二位而在财政收入和固定资产投资上居第三位,南京则在 GDP 和实际引进外资上居第三位而在财政收入和固定资产投资上居第二位;常州和南通则几乎分别占据了第四位和第五位,常州的财政收入一直在南通(第五位)之上居第四位,固定资产投资一直(2003 年例外)在南通(第四位)之下居第六或第五位,GDP 则一直在南通(第四位)之下居第六位(前 3 年)或第五位(近两年),实际利用外资则前 3 年在南通之上居第四位后两年在南通之下居第六或第五

① 《中共无锡市委关于制定无锡市国民经济和社会发展第十二个五年规划的建议》,《无锡日报》2010 年 11 月 22 日第 2 版。

位。平心而论,常州在全省 13 个省辖市中无论人口和面积都仅比镇江大一些而居倒数第二位,小块头而能做出这样的大成绩已经相当难能可贵了:2009年,常州以仅占全省 4.3% 的面积和 4.7% 的人口,却创造了占全省 7.3% 的GDP 和 6.2% 的财政总收入。中国人的传统心理是:"小小的牛儿,大大的劲儿,少吃点草儿,多犁点地儿。"从世俗的传统的观点看,目前的常州已经做得很不错了,常州人不应该对常州有什么不满意。可是,对照省委要求常州成为"两个率先"先行区的殷切期望,对照目前常州在苏、锡、常板块中所处的尴尬地位,对照"标兵越来越远,追兵越来越近"的严峻形势,对照常州人不甘人后赶超先进的迫切要求,常州当然应该既有压力又有动力,扬鞭催马执著向前。

"苏锡常"的叫法在民间起于何时始于何人,已经无从考证了。是否可以这么讲,之所以叫"苏锡常"而不叫"苏常锡",并没有在经济上"排排坐,吃果果"的意思,而纯粹是从地理因素上去考虑的,总不能跳过中间的无锡就先标出常州吧? 至于叫"苏锡常"而不叫"常锡苏",除了出于音韵铿锵以及约定俗成的原因之外,或许还真的有些"排排坐,吃果果"的意思:毕竟,古往今来,常州的名气(也许还应该包括实力在内)都没有苏州的大。并不是常州不行,常州已经很行了,问题是苏州太行啦,行到了让常州只能感叹"既生亮,何生瑜"的地步。限于篇幅,在此就不对两个城市千百年间的文化辉煌和经济实力进行烦琐的比较了,仅举一个较能说明问题的例子:康熙六年(1667 年)初设江苏省时,江苏就是江宁府(今南京)和苏州府(今苏州)两府首字的合称,跳过去了常州府,不叫江常省,也不叫常苏省,而偏偏叫江苏省。可见,是苏、锡、常而不是常、锡、苏,常州人不想认也得认了。

当然,不应该顾盼自雄并不意味着就应该垂头丧气。然而,遗憾的是,今天有些常州人的心态却不好:有的是还持有"祖上比你阔多啦"那样的阿 Q 精神,认为无锡有什么了不起,历史上大多数时候无锡都只不过是常州的一个县,而且解放以后苏、锡、常一直差不多,有的年份常州还超过苏州无锡呢;有的则是干脆垂头丧气自怨自艾,觉得反正也赶不上苏州无锡啦,苏锡无常就无常吧。应该说,这两种心态都是不对的,都是要不得的。

先说第一种心态。说无锡在历史上大多数时候只是常州的一个县那是不假的,可认为解放以后苏、锡、常一直差不多,有的年份还超过苏州无锡,却是不对的,本身就是一种想当然的错觉。只要翻翻作为官方资料的《江苏经济五十年》，就会发现常州无论是 GDP 还是财政收入，自建国以来从未有哪一年超过苏州和无锡；就是比较一下人均 GDP 和人均财政收入，改革开放以来的30 多年间常州也从未有哪一年超过苏州和无锡；至于最能影响将来的固定资产投资和实际利用外资，除 20 世纪 80 年代末的个别年份常州曾一度超过苏州和无锡外，90 年代以来也一直排在苏州和无锡之后；虽然常州的块头没有无锡尤其是苏州大（尤其是 1983 年市管县之前），只比市区这一块常州也并未排在前面。可以说，常州并不是近年才落后于苏州和无锡的，祖上也并不比人家阔，常州人没有多少理由对过去自我感觉良好，也没有多少理由对现在妄自菲薄。

再说第二种心态。说苏、锡、常差距越来越大那是不错的，比如开始实行市管县体制的 1983 年，常州的 GDP、财政收入和固定资产投资在绝对值上跟苏州无锡比还相差无几，可到了 2005 年常州的这三项指标都仅大致相当于苏州的 1/3 和无锡的 1/2，甚至常州"十五"期间在财政总收入和实际引进外资上的 5 年总量还不及苏州 2005 年一年的多（常州这两项指标的 5 年总量分别是 679 亿元和 33.5 亿美元，而苏州的这两项指标在 2005 年一年的绝对值分别是 718 亿元和 51.2 亿美元），在 GDP 和固定资产投资上的 5 年总量也仅比苏州 2005 年一年的绝对值稍大些（常州这两项指标的 5 年总量分别是 4738 亿元和 2247 亿元，而苏州这两项指标在 2005 年的绝对值分别是 4026 亿元和 1870 亿元）。2009 年，常州的 GDP 分别是苏州的 34% 和无锡的 50%，财政收入分别是苏州的 27% 和无锡的 48%。另外，常州在全国和长三角地区的地位也有所下降。根据《中国城市四十年》中提供的数据，1978 年、1980 年、1985年、1988 年这 4 年常州的 GDP 分别排在全国的第 24、28、24、24 位，地方财政收入分别排在第 18、18、16、23 位。现在常州已排不到这个名次了，虽然近几年常州的综合实力还排在全国的 26、27 位，但综合实力有些说不清，而且各家有各家的排法，任何一家之言都不足尽信。至于在长三角 16 个城市间，2009年常州的 GDP 排在第 9 位，地方一般预算收入排在第 7 位，比原来的位次也下降了。所以，常州现在不是要居安思危，而是要"居危思险"了。但是，"沧海横流，方显英雄本色"，越是在这种严峻的形势面前常州越要稳住阵脚。今天的常州，迫切需要的是建设性的、理性的、精明全面的思想和行动，亟需减少的是破坏性的、浪漫的、浮躁片面的臆断和盲动，不应该互相埋怨、互相推诿、坐而论道、得过且过，而应该痛定思痛、沉着冷静、稳打稳扎、对症下药。

如果落后了跌倒了就一蹶不振了，一个地方还怎么发展？历史上，扬州曾是与江宁、苏州、杭州并列的江南四大城市，但随着徽商、盐商的消亡以及运河经济时代的结束，扬州便快速衰败下去了，以至于扬州人只落了个"扬虚子"的雅号；南通兴办工业比无锡还早，可20世纪80年代以后，它的工业却不仅在无锡之下，也在常州之下了；盐城在1975年以前经济总量一直是跟苏州、无锡、南京差不多的，但1978年以后就先后被南通、徐州、常州等超过了；既是副省级计划单列市又是省会城市的南京，GDP在"七五"和"八五"期间先后被苏州和无锡超过而由大哥变成了三弟，财政收入又在"十五"以来被苏州超过，今天在经济指标方面样样排在苏州后面，GDP和引进外资也都排在无锡后面；无锡的财政收入自从1989年被苏州超过后就再也没能扳过来。可见，"城头变换大王旗"、"你方唱罢我登场"历来都不是什么新鲜事，一个地方的兴衰沉浮本是很正常的事，掉队的地方应该做的就是要扬鞭催马而不能松劲退坡，毕竟，"亡羊应补牢，知耻近乎勇"，下一轮的竞跑还等着自己呢！

就拿常州来说，过去既非一无是处将来也非一团漆黑，相反，令人欣慰可圈可点的地方毕竟还是很多的：比如，跟过去相比较，常州在长三角的地位虽然略有下降但在全省的地位却还稳中有升；比如，改革开放以来，除1991和1992这两年外，常州的财政收入一直排在第4位；邓小平"南方谈话"前常州的GDP一直在第6、第7位间徘徊，而近十几年来常州一直未低于第6位过，2004—2009年这6年来更是超过徐州上升到了第5位（在GDP总量上，原来只有1993年超过徐州一次），另外南通和镇江近几年在财政收入上的差距又跟常州进一步拉开了。南通人口比常州多一倍还不止，GDP却仅比常州稍高一点。若从人均GDP这个指标考虑，南通跟常州差了一倍还不止。今后的趋势是看人均而不是看总量，几年前省委、省政府之所以把南通从苏南板块划到苏中板块也正是出于这样的考虑。常州是比不上苏州、无锡，但仍然只能是苏锡常而不可能是"苏锡通"，"苏锡通"的说法只是南通民间的一厢情愿。若比人均指标，南通在50年内也不会超过常州。所以说，爱切言苟是可以理解的，但求全责备却是不应该的：毕竟，苏州有离上海和海洋近的区位优势，而且人口比常州多，面积也大了一倍多，而且苏州的县域经济比常州强得多，所辖的5个县级市几乎都排在全国2800多个县中的前10名，而常州的金坛、溧阳却都是革命老区，可以说是"苏南的苏北"，如果单比市区一块，常州仍然不差多少。所以，常州人对现在没必要过分地妄自菲薄，没必要唉声叹气，手足无措。

但是,哪怕有再多的客观理由,常州也仍然应该冷静反思一下了:苏州尽管遭受着"苏州发展不经济,只长骨头不长肉"的讥讽,但其主要经济指标在2003年就"一二三四五"了(引进外资全国第一,进出口总额全国第二,工业总产值全国第三,GDP 全国第四,财政收入全国第五),近几年工业总产值又进而超过了深圳成了全国第二,这些骄人的成绩对常州来说不能不是个刺激。溧阳是革命老区,常熟难道就不是吗? 常州的溧阳有个水西村,苏州的常熟不是也有个沙家浜吗? 当年武进经济总量在全国 2800 多个县中排第二的时候,后来跟武进并称"苏南五虎"的另四虎不是还仅是小羊羔吗? 为什么对外开放以来武进的引进外资总量跟昆山、张家港等差那么多呢? 苏州虽然面积比常州大得多,但苏州的土地并不比常州多多少啊,水域面积不是占了苏州的44%吗? 虽说苏州、无锡比常州离上海近离海洋近,但国际产业转移不是有个梯度规律吗? 总也该轮到常州了吧? 虽然经济学上有个"让富有的更富有,让没有的更没有"的马太效应,但这个马太效应不至于会这么大吧?

## 二、投入不足:常州的严峻问题

那么,究竟是什么原因使苏、锡、常差距越拉越大了呢? 许多常州人都会罗列出一大堆原因:一是 20 世纪 80 年代常州作为全国综合改革试点城市并实行了财政包干,"出头的椽子先烂,肥壮的猪羊先宰",吃了大亏,伤了元气,使得后来的发展后劲不足了;二是由于区位和资源所限造成的城市功能单一;三是产业结构上的纺织业单兵突进,缺乏环境支撑和配套服务,最终未能跨越原工业化阶段,而且其他行业也因种种原因未能及时优化升级;四是国有企业和乡镇企业改制没有苏州、无锡快也没有苏州、无锡彻底;五是在交通建设上滞后于苏州、无锡;六是外向型经济的机遇没有抓好,不像苏州那样,虽然传统行业的"四大名旦"(长城、孔雀、春花、香雪海)成了"四大负担",但却因大量外资的注入而实现了"凤凰涅槃"占据了信息产业的制高点,等等。有的老常州人甚至把常州近年掉队的原因归咎于某几任领导身上,应该说也是偏激了。关键的原因,应该说,还是在投入不足上,投入不足的原因又在极大程度是由于没有抓好外向型经济机遇。不然,就没办法解释为什么近十年间才在绝对值上的差距越来越大。

大投入大产出,中投入中产出,小投入小产出,没投入没产出。昨天的投入就是今天的生产力,今天的投入就是明天的生产力。苏州的财政收入能够分别在 1989 年以后超过无锡和 2001 年后超过南京,跟它连续多年来在固定资产投资上的全省第一是分不开的;常州近 10 年来在 GDP 和财政收入的绝对值上跟苏州、无锡之所以拉这么大的差距,根子还是在固定资产投入上,比如从 2001 年到 2005 年 5 年间,苏州、无锡在固定资产投资总量上分别是常州的 2.5 倍、1.8 倍,在实际利用外资 5 年总量上分别是常州的 7.3 倍、2.9 倍。2009 年,常州的全社会固定资产投资才相当于苏州的 57% 和无锡的 71%(权重比前几年增加了,但绝对值进一步拉大了)。投入都靠外资当然是不应该的也是不现实的,但引进外资占固定资产投资的比重非常高却是苏南地区的一个特色,比如苏州 2003 年的引资额相当于当年固定资产投资额的 63%,而且外资绝大多数又是投在立竿见影的产业(尤其是工业)上而不是投在回报周期长的基础设施建设上,这就对当地直接产生了三个结果:一是工业投入占社会固定资产投资总额的比重大;二是大大优化了当地的产业结构提升了当地的产业层次;三是大量增加了当地的财政收入。也就是说,苏、锡、常差距越拉越大的原因固然有多种,但最关键的还在于引进外资上的差距。常州的引资工作曾经出现过两次大的掉队,一次是 20 世纪 90 年代初,一次是"十五"以来。上次掉队主要是因为浦东开发伊始使苏州、无锡近水楼台先得月以及常州的开发区出了问题,"十五"以来的掉队主要是因为苏州、无锡的县域引资工作比常州做得好以及常州的理念不够创新、措施不够得体、环境不够理想等。

引资不足导致了投入不足,投入不足影响了常州的经济总量,也影响到了经济的运行质量,可以说,结构失衡和产业层次不高在极大程度上是由大手笔投入(比如外资)不足导致的结果。当然,结构失衡和产业层次不高不仅是投入不足结下的果,也为被苏州、无锡拉开差距种下了因由。不妨以常州的经济结构为例作个说明:常州的产业结构虽然比全省平均情况要好一些,但产业结构调整的压力仍然非常大,同样存在着偏重的问题,跟科学发展观的要求还有相当的差距。截至 2008 年年底,全国平均第一、第二、第三产结构为比 11.3：48.6：40.1,江苏平均为 6.9：55.0：38.1,长三角 16 个城市总体结构为 3.3：53.5：43.2,常州的三次产业结构为 3：59：38,在优化度上仅比江苏平均水平略好,还未达到长三角 16 市的平均水平,跟周边的苏、锡、宁更有差距。无锡和南京的第一产业都比常州低且第三产业都比常州高,苏州的第一产业也比常州低,第三产业虽然比常州低但总量比常州大多了。常州的第一产业还有下调的余地。第三产业内部,批发零售、餐饮业占了三分之一,金融保险等现代服务业以及生产性服务业还不够发达。

当然，结构失衡的问题最严重的还是出在第二产业内部，尤其是第二产业中的工业。常州工业内部存在的问题主要有四个方面：一是经济增长主要依靠高投入、高消耗支撑，而增长方式尚未实现由粗放式经营向集约式经营的转变。"十五"期间，常州投资率（全社会固定资产投资额占地区生产总值的比重）分别为26%、33%、50%、54%、59%，呈现直线上升的趋势，并由"九五"期末低于全省7.8个百分点变为高出全省平均水平6.6个百分点；从工业投资效果看，虽然近几年投资规模得到迅速扩张，但工业投资效果系数（新增工业增加值与同期工业投资规模的比率，表明每增加一亿元工业投资所创造的工业增加值）却呈逐年下降的趋势，2001年至2003年，常州每增加一亿元工业投资当期所创造的工业增加值分别为0.453亿元、0.373亿元、0.323亿元，明显低于全省平均水平（2003年约为0.45）。2005年，常州工业增加值占工业总产值的24%，低于全省平均水平1.2个百分点，在苏、锡、常中排在最后一位。尤其值得引起关注的是，工业经济高增长、低效率的问题比较突出，综合反映工业经济综合效益状况的效益指数，已连续多年低于全国及全省平均水平且近年来又有继续走低的趋势，2005年，常州工业经济综合效益指数为155.6%，低于全省平均水平21.2个百分点，在全省13个省辖市中处于第11位，在苏南地区处于最后一位。二是经济增长主要依靠传统产业及高耗能行业强势增长牵引，而高新技术产业尚未成为常州产业结构升级换代的重要引擎。目前，在常州规模以上工业所涉及的33个行业大类中，化工、黑色金属冶炼及压延加工、纺织服装和通用设备制造业分列前4位，在全部工业总产值中所占比例分别为13.45%、11.97%、11.84%和10.61%。"十五"期间，常州工业扩张最大、比重上升最快的行业还是黑色金属冶炼及加工业，年平均增速达到了59.5%，比规模以上工业平均增幅高出36.1个百分点，在全市规模以上工业中的比例由3.3%上升到了12.2%。机械、纺织、化工、冶金等传统行业，在常州工业中仍然占居主导地位。而符合国家产业政策导向，污染低、耗能少、附加值高的高新技术产业，在常州工业经济总量中所占比重明显偏低，2005年，高新技术产业产值在全省高新技术产业产值中的占比仅为7.68%，而苏州、无锡分别占到了38.92%和16.55%。其中，通信设备、计算机及其他电子设备制造业仅占6.2%，分别比苏州、无锡低27和5.5个百分点。三是经济增长主要依靠面广量大的中小企业烘托，而支柱产业和大企业（集团）尚未真正成为引领常州经济快速高效发展的核心力量。2005年,全市规模以上工业企业共有4219家,其中纳入统计的共3593家,在工业企业总数中的占比不到1/10,产值超亿元的工业企业才458家,销售超10亿元的企业才27家。超百亿元的企业才1家,第一次实现零的突破,而此前常州是全省唯一没有超百亿元企业的地级市。根据2006年6月27日省统计局、经贸委、省统调总队联合公布的江苏省百强企业(按营业收入排)排行榜,榜上有名的南京有33家,苏州有25家,无锡有17家,常州和南通并列第四位各有5家,常州进入的5家是中天、红星、江苏输变电、常林集团、百兴集团。常州市进入50强的只有中天一家,仍然没有一家能问津30强,而且,进入100强的集团,其资产规模、经营业绩仍然与南京、苏州、无锡等城市企业存在着极大的差距。四是常州只有优势企业,没有形成优势产业,企业之间未能形成有效的产业集群和产业链,产业覆盖面宽、产业集中度低、与周边城市同构度高等问题比较突出。到底哪几个产业可以称得上常州的支柱产业?一直没有一个统一而规范的说法。在常州市"九五"计划纲要、"十五"计划纲要、工业经济"十五"发展计划、工业支柱产业"十五"发展规划纲要、常州现代制造业基地纲要(2002—2010年)、制造业升级三年行动纲要(2005—2007年)等诸多文件中,在表述上都互有出入,虽大同却小异,六大支柱、四大支柱、三大新兴、七大基地、五大基地、八大产业等,让人颇有莫衷一是的感觉。当然,四大支柱产业(农业机械、输变电设备、工程机械及车辆配件、新兴纺织服装)这个说法更为多数人所接受,而且,这个说法也是被同时写入《常州市"十五"计划纲要》和《常州市工业经济"十五"发展计划》这两个纲领性文件中去的。可是,事实上,就连"四大支柱"这个说法也经不起推敲,因为,我国在对支柱产业的评价体系中,其中最重要的一条标准就是该产业的工业增加值必须占到地区生产总值5%以上的比重。可是,2005年,增加值在GDP中占比超过5%的只有纺织服装业(占GDP的6%),农业机械的增加值占GDP的比重才1%多一点,另两个产业才分别仅占GDP的2%。可见,这支柱那支柱,其实(除了纺织服装业外)哪个也支不起来,远远未起到支柱产业应有的支撑作用。近两年来,常州才明确了"五大产业"的提法,发展思路越来越清晰了。

### 三、盘点现在:常州人倍感欣慰

新中国成立以后的前30年间,常州通过母鸡下蛋等6条基本经验打下了坚实的工业基础；改革开放以来的第一个十年，常州的发展特性是"由农转工"，通过发展城市工业和乡镇企业，双剑合璧地奠定了常州工业化的良好基础；改革开放以来的第二个十年，常州的发展特性是"内外并举"，通过大力发展外向型经济和民营经济，为新世纪的腾飞进一步夯实了基础；改革开放以来的第三个十年，即进入新世纪以来的这十年间，常州的发展特性是"增量提质"，经济发展注重科学，社会建设注重和谐，由原来的注重总量向质与量并举转变，由原来的更加注重经济建设，转变为经济发展、社会进步、文化繁荣、社会和谐、人民幸福并驾齐驱。

经济发展方面，市委、市政府以"科学发展观"为指导，以"两个率先"为目标，以"五大建设"为抓手，牢牢把握产业调整这条主线，明智地采取了先进制造业和现代服务业"双轮驱动"战略，提高第三产业在 GDP 中的比重，在第三产业方面又优先发展金融保险、仓储物流等现代服务业；在第二产业内部，在注重提升纺织服装、动力机械、农用机械、输变电设备等传统行业的同时，尤其注重发展电子信息、生物医药、新材料、新型涂料、动漫等新兴产业，大力发展循环经济，大力建设生态文明，认真践行"科技含量高、资源消耗低、环境污染少、经济效益好、人力资源得到充分发挥"的新型工业化道路，努力采取措施促进企业由"三高一低"（高污染、高投入、高消耗，低产出）向"三低一高"转变，2007 年、2008 年两年间就果断关闭了效益低污染重的印染化工企业 876家。"今天不调整产业结构，明天就会被产业结构所调整"，"发展是硬道理，乱发展是没道理"，"既要金山银山，又要绿水青山"，"既要经济的快速发展，又要碧水蓝天和人民群众的欢声笑颜"，"既要 GDP 的快速增长，又要 COD 的快速下降"，"既要达国标，又要达民标"，"金杯银杯，不如老百姓的口碑；金奖银奖，不如老百姓的夸奖"，"三调四严不欠新账，六治一绿还掉旧债"，这，如今已经成了常州上上下下的共识。

注重创新，是进入新世纪以来常州的一大特色。常州市委、市政府从常州的发展实际和长远出发，充分认识走创新之路的重要性，把创新作为鲜明的发展导向。进一步把创新提上重要议事日程，果断地将"千载读书地，现代创新城"作为常州的综合名片，在强化创新理念、创新投入、创新平台、创新体系、创新服务、创新能力等方面迈出了坚实的步伐。几年来，全市上下围绕建设创新型城市，坚持科技创新着眼长远、务求实效的方针，着力引导科技资源向重点企业、重点产业和重点平台聚集，扎实推进产、学、研结合，加速引进科技创新人才和机构,强力推进科技创新五大工程,创新型城市建设起步良好、成效显著,提前完成高新技术产业"三倍增"计划。目前,全市高新技术产业产值已经占到了全市规模以上工业比重的40%以上。

　　社会事业发展方面,改革开放30年来,尤其是进入新世纪以来,常州市委、市政府从讲大局、讲政治的高度,非常重视科学发展和和谐社会的构建,在经济又好又快发展的同时,时刻没有忘记社会的和谐、人民的幸福。他们深知,群众利益无小事,一切工作的出发点和落脚点都是人民的物质文化生活需要。市委、市政府努力做到"权为民所用,情为民所系,利为民所谋","常怀为民之心,恪守爱民之德,善谋富民之策,多办利民之事",在大力发展经济的同时,非常注重社会发展和人民幸福,在财力有限的情况下,在社会和民生事业方面做了很多实事,实现了多方面的"单项突破":清水造绿、公园敞开、公交优先、社保扩面、低保提标、肉价补贴、慈善救助、公厕改造、老小区整治、菜市场改造、住房制度改革方面"人有所居"的努力,等等。市内21个公园全部建好且免费向市民敞开,在全国都是独此一家;"慈善常州模式"全国知名,慈善基金模式全国大中城市中排在前几位,"爱心之城"、"慈善之都"已经成为了常州新的招牌;"公交优先"战略的实施后,常州的车辆增加了,线路优化了,票价降低了,车速提高了,城乡一体了,市民出行方便了;文体事业方面,"一场两馆四中心"①已成了常州这座城市的新地标,精品生产硕果累累,群众文化丰富多彩,社会体育和竞技体育发展迅速,15位世界冠军已从常州走出;教育事业方面,基础教育高质量、职业教育高水平、高等教育有特点、社会教育有成效,万人本科进线率已连续多年名列江苏13个省辖市中的第一位;卫生事业方面,医疗技术水平显著提高,医疗卫生条件得到较大改善,体现居民健康水平的三项主要指标已达到中等发达国家平均水平;社会保障方面,保障城乡各类社会群体的制度框架已初步建成,覆盖范围越来越大,保障水平不断提高;精神文明建设方面,"以身挡车勇救小学生"的好教师殷雪梅笑容宛在、常留心间;"中国知识型职工的领跑者"的高级技工邓建军笑意谦和、催人进取;30年来,常州获得的国家级荣誉称号,林林总总共有40项之多,远的如1993年11月9日被国家统计局评为"中国城市综合实力五十强(第28位)暨投资

---

　　① 一场两馆四中心:堪称常州新地标,2004年至2007年间建设,共投资30亿左右,一场:常州市民广场;两馆:博物馆、图书馆;四中心:行政中心、常州大剧院、文化中心、体育中心。

环境四十优城市"；近的如 2006 年入选 12 个"中国品牌经济城市"，2007 年入选"中国十大市场强市（县）"，2008 年入选"全世界 500 个最具发展潜力城市"和"福布斯中国大陆最佳商业城市榜"（列第 9 位）等。2006 年，常州继苏州、无锡之后，在全省率先实现了以市为单位的小康；2007 年，常州进而实现了以县为单位的小康；改革开放 30 年来，人口和面积都居全省 13 个省辖市倒数第二位的常州，财政收入一直位居全省第四位，常州农民人均纯收入都排在全省前三位。2008 年，常州完成地区生产总值 2202 亿元，是改革开放之初 1978 年 17.57 亿元的 125 倍；常州完成财政总收入 542.68 亿元，是改革开放之初 1978 年 6.2 亿元的 87 倍；常州城镇居民人均可支配收入为 21234 元，是改革开放之初 1978 年（330 元）的 94 倍；农民人均纯收入为 10171 元，是改革开放之初 1978 年（103 元）的 99 倍。2008 年常州每天创造的地区生产总值（6 亿元）相当于新中国成立之初 1949 年全年地区生产总值（2.5 亿元）的 2.4 倍。2009 年，常州市实现地区生产总值 2518.7 亿元，从分产业看，第一产业实现增加值 91.6 亿元，第二产业增加值 1429.7 亿元，第三产业增加值 997.3 亿元，三个产业比重结构由上年的 3.7∶58.1∶38.2 调整为 3.6∶56.8∶39.6，全市按常住人口计算的人均生产总值达到 56861 元，按现行汇率折算超过 8000 美元；按户籍人口计算的人均生产总值达到 70103 元，按现行汇率折算超过 10000 美元。全市地方一般预算收入首次突破 200 亿元大关，地方一般预算收入占 GDP 比重达 8.6%，全市水稻单产连续 7 年位列全省第一。全年完成规模以上工业产值 5978.7 亿元，全年完成全社会固定资产投资 1704.8 亿元，全市实际到账外资 22.6 亿美元。

### 四、科学发展：常州的必然选择

目前，常州经济发展面临着难得的机遇和有利条件。国际国内产业重组和生产要素转移步伐加快，为常州充分发挥综合优势、承接产业转移、推进自主创新、加快经济结构调整和产业升级，提升比较优势，发挥后发（相对苏州、无锡而言）优势，实现跨越式发展创造了条件；世界经济平稳增长，中国经济持续快速增长，后危机时代国家采取了刺激经济发展的积极的财政政策和适度宽松的货币政策，新型工业化、信息化、城镇化进程加快，消费结构升级，内需不断扩大，为常州提供了实现更大规模、更高水平、更广空间发展的大好时机；但同时也要清醒地看到，常州目前面临着三方面的压力：一是标兵越来越远,苏州、无锡加快发展的态势,使常州面临着在"苏、锡、常经济板块"被边缘化的严重危机;二是追兵越来越近,南通、镇江、扬州咄咄逼人的赶超浪潮,使常州面临着重新洗牌的严峻挑战;三是交通瓶颈制约作用明显,随着江苏现代化交通大格局的形成,常州的交通相对优势正在弱化,常州是江苏沿江八市中唯一一个目前还没有过江通道的城市,面临着越来越明显的瓶颈制约。对此,常州人必须高度重视,积极应对,既要振奋精神,坚定信心,充分利用有利条件加快发展,又要居安思危,未雨绸缪,把存在的问题和困难估计得充分一些,增强工作的预见性和主动性。下一步的努力方向,一言以蔽之,就是要继续努力在科学发展上下工夫。科学发展才能加快发展,道理浅显人人都懂。那么,就常州而言,如何才能做到科学发展呢?就现阶段情况而言,主要应做到"四个结合"并实现"五大突破"。

## (一)"四个结合"

1. 坚持落实科学发展观与做好常州人口资源环境工作相结合。

常州是一个"两头在外"、资源短缺的工业城市,随着工业化、城市化的推进,资源和环境的承载能力越来越脆弱,人口资源环境工作面临着诸多问题和挑战。常州决不能走边治理边污染、只顾经济发展不顾社会和谐的路子,而要按照围绕"两个率先"、富民强市目标制定的全面建设小康社会的四大类18项25个综合指标体系,全心全意搞建设,一心一意谋发展,既要有经济的快速发展,又要有碧水蓝天和人民群众的欢声笑颜。

2. 坚持落实科学发展观与实施"十二五"规划相结合。

落实科学发展观有一个现成的重要的载体,那就是要认真实施好"十二五"规划。计划规划的重要性自不待言,陈云同志曾经说过一段很著名的话:"搞活经济是在计划指导下搞活,不是离开计划的指导搞活。这就像鸟和笼子的关系一样,鸟不能捏在手里,捏在手里会死,要让它飞,但只能让它在笼子里飞。没有笼子,它就飞跑了。如果说鸟是搞活经济的话,那么,笼子就是国家计划。"陈云同志的"鸟笼论"在世界上很受重视。当然,计划规划定得过高了,往往导致虚报浮夸,常州在这方面有过沉痛的教训。"自己设一个菩萨自己拜",这是1959年7月10日庐山会议期间毛泽东同志在总结1958年工作失误时讲的话。长期以来,"五年计划"对于广大干部群众来说显得既抽象又遥远,在执行过程中并没有多少人因为它而补弊纠偏自我加压,有的人甚至形容计划规划是"纸上画画,墙上挂挂,讲完空话,送去火化"。

3. 坚持落实科学发展观与调整经济结构相结合。

加快经济结构调整，既是贯彻科学发展观的重要着力点，又是提升常州经济整体素质和竞争力的重要手段。继续加快工业结构调整。对国家明令禁止或限制的项目，继续采取严格的政策措施实行控制压缩，特别对那些资源能源消耗多、易造成环境污染的项目要坚决制止，对传统的纺织、服装等行业要继续加大技改力度，尽快提升产业层次。继续把发展壮大机电产业作为常州制造业基地建设的主攻方向，积极培育电子信息、生物医药、新材料等高新技术产业。努力走出一条"科技含量高、环境污染少、资源消耗低、经济效益好、人力资源得到充分发挥"的新型工业化路子。继续实施大企业大集团战略，通过体制创新、资本扩张、联合重组、科技进步、品牌建设、外向开拓等措施，继续促进优质资源向支柱产业、优势企业和名牌产品集聚。大力提升服务业的发展水平，继续发挥商贸流通业等传统服务业的优势，积极发展现代服务业和生产性服务业。

4. 坚持落实科学发展观与规范政府行为、依法行政相结合。

在市场经济条件下，政府的主要职能是经济调节、市场监督、社会管理和公共服务这四个方面。政府要当好裁判员，不当运动员，当好守夜人，不当管家婆。有的学者提出，政府对国有企业主要做到"四管四不管"就行了，即管董（事长）不管总（经理）、管（方）向不管项（目）、管外（部环境）不管内（部经营）、管税（收）不管利（润）；对民营企业，只要做到"你开业我办证，你盈利我收税，你亏损我同情，你破产我救济，你违法我处理"就可以了。常州认为这种观点有一定的道理。今后，政府不直接干预企业生产经营活动，不代替企业决策上项目，而是要把该管的事管好，不该管的坚决交给企业和社会中介组织，主要运用经济手段和法律手段，更多地发挥市场在资源配置中的作用。

（二）"五大突破"

1. 理念突破。

与苏州、无锡比，到底比什么，常州首先应该找准参照系。一要比规模，总量上要拉大与"追兵"的距离，缩小与"标兵"的差距；二要比特色，要形成区域发展特色和优势；三要比思路，经济发展的差距只是结果、是表象，思路决定出路，定位决定地位。谁的思路更新、措施更优，谁才会在竞争中笑到最后。常州就是要通过参照系的调整，更新理念和思路，找准发展的突破口。根据常州的实际,常州要确立四个发展理念:一是放大优势的理念。苏州在"搬家",无锡在"创新",常州该干什么呢?常州不可能在每个方面都与其他地区一争高下,重要的是放大常州的优势,让优势由点成面,占据绝对制高点,比如常州的装备制造业。二是重点超越的理念。常州既要放大优势,在差别不大的方面,也要勇于赶超。比如在服务业方面,苏、锡、常基本处于同一水平,苏州、无锡虽然在科技创新上快了一拍,但差距不大,常州要加速发展服务业,大力推进科技创新,通过这两个重点领域的赶超,营造新的竞争优势。三是做强功能的理念。与苏州、无锡相比而言,常州虽然有资源,但资源没有变成功能,有些方面已经制约了经济的发展,必须加速完善城市产业承载和生活居住功能。四是政策创新的理念。常州既要善于学习利用先进地区的政策,也要敢于政策创新,一方面要积极向国家争取新政策试点,另一方面要围绕扶持经济发展的需要,在国家允许的政策弹性空间内大胆创新,以适当超前的政策抢占经济发展的先机。

2. 产业突破。

常州必须尽快改变传统产业优势削弱、高新技术产业比重偏低、服务业发展滞后的不利局面,加大有效投入,加快调整产业结构,提升产业能级,形成以先进装备制造业为龙头、以新兴产业为骨干、以现代服务业为支撑的创新型产业体系。一是增强装备制造业发展优势。装备制造业是常州最大的优势产业,有专家预测今后5—8年是我国装备制造业发展的黄金时期,常州要抓住这次机遇,通过再培育再创新,使装备制造业的优势更加突出。要围绕农用机械、输变电行业、工程机械、车辆及轨道交通设备等制定产业集群发展专项规划,把孤悬的点状产业拉成链条产业,把产业链条变成产业板块,把单一产业变成产业群,把常州建成我国重要的装备制造业集聚区。同时,要出台资金支持、公共服务平台建设、投融资、人才引进、科技创新等方面的政策,为装备制造业的发展提供强有力的新政策支撑。二是壮大新兴产业发展规模。近几年,常州动漫业、软件、新材料、生物医药等新兴产业发展速度很快,但与先进地区相比规模还很小、实力还不强,要加大对龙头企业的培育和引进力度,完善产业链条,逐步壮大产业规模;同时促进新兴产业围绕技术与产品创新的核心目标,提高相关产业技术集成创新能力,增强产业竞争实力。三是提高现代服务业发展水平。现代服务业是常州经济的"短腿",突破发展现代服务业是常州区域竞争发展的战略选择。具体要做好"三个抓":抓规划,就是以科学的规划来引导生产性服务业、新兴服务业和传统服务业的发展方向、功能定位及空间布局,实现先进制造业和现代服务业"双轮驱动",实现服务业发展和城市化的有机融合。抓项目,加快实施业已确定的重点项目,以此带动服务业的快速发展;同时加大招商力度,引进一批影响深远的重大服务业项目。抓载体,就是抓好八大物流园区、18 个专业市场、六大旅游景区等产业集聚区和一批公共服务平台建设,全面提升服务业发展形态。

**3. 环境突破。**

环境欠佳一直是常州的"软肋",是造成区域竞争相对弱势的一个重要原因。常州经济发展要有大的跨越,必须实现环境优化的大突破。首先,要以更高的标准和要求来优化常州的软环境。一是政府服务要好。按照法制、诚信、效率、双赢的理念,加快转变政府职能,不折不扣地贯彻执行"五项规定",变程式化的服务为人性化的服务,变被动式的服务为主动式的服务,用发自内心的一腔热情服务投资者,真正做到想投资者之所想,急投资者之所急。二是区域政策要宽。常州要创造比其他地区更加宽松的政策环境,凡是其他城市能干的,常州也能干,凡是国家没有明令禁止的,常州也可以干。只要符合"三个有利于"的标准,常州都要解放思想,放胆去干。三是产业配套要全。常州不仅要追求完整的工业产业链,也要集聚起生产性服务业的产业链,以降低商务成本,最大限度地为企业发展提供优越的条件。其次,要创造具有比较优势的硬环境。一是开发区层次要高。虽然与先进地区相比,常州开发区发展相对滞后,但常州要发挥后发优势,按照一流园区的标准来建设,加快基础设施建设步伐,推进连片开发,放大产业集聚效应,全方位提升开发区的层次和形象。二是城市环境要美。要按照"民本、现代、文化、生态"的理念,不断加快城市现代化建设进程,力争通过几年的努力,把常州建设成为"常州人舒适满意、为之自豪,外地人流连忘返、不愿离开"的城市,努力形成"环境磁场"。三是功能性基础设施要强。长江港和奔牛机场是常州的两大抓手,要经过几年的努力使长江港跻身于长三角重要的区域性港口,使奔牛机场成为重要的区域性货运中心,通过港口和机场超强的物流功能,扭转常州被边缘化的尴尬局面,增强整体竞争能力。

**4. 资源整合突破。**

常州是一个"两头在外"的城市,交通瓶颈和资源短缺提高了企业的运作成本。高耗能、高污染、低附加值、低效益的发展模式已经没有出路,常州必须冲破要素制约,加快资源优化配置。一要紧紧抓住区划调整的机遇。常州城市化水平虽已达到59.2%,但分散不均的行政区划大大制约了各类资源的利用效率。无论是中心城区的辐射力,还是中心镇的规模都偏弱偏小,新北、天宁、钟楼、戚墅堰四个区的总区域面积、经济总量分别只有武进的57.3%、70.3%,市区范围内建制镇就有32个,难以适应产业集聚与企业扩张的需求。比如,前两年钟楼开发区、天宁开发区拿着项目分别去邹区、遥观镇买地,结果项目都半途而废。目前,钟楼和天宁开发区的可用空间已非常有限。没有空间项目就没有了载体。区划调整是个敏感的话题,更是市政府要敢于触及的敏感地带。继中心城区街道区划调整后,常州要适时探索新一轮行政区域调整、归并,整合各类发展要素,真正实现资源整合、优势互补。二要加快开发园区的优化整合。首先,要建立健全"退出"机制,对于开发区内产业档次低、效益差的企业,要及时"腾笼换鸟",对于已经变更土地性质,搞第三产业开发的企业,要及时按规定补足土地差价。其次,要把招商引资重点从一般加工型生产企业转向引进以知识经济为特征、高新技术为主导的跨国公司,尤其是跨国公司的研发机构和产品销售中心。再次,要将中心城区工业企业逐步搬迁入园,重点加快污染企业的搬迁步伐,积极实行企业搬迁奖励办法,将所有中心城区的企业搬迁到各级开发区,推进城区资源要素的集聚优化,为都市型产业和现代服务业腾出发展空间。三要有效推进产业转移。抓住省内南北经济对接的机遇,鼓励纺织服装、医药化工等劳动力密集、能耗大、占地多的企业利用常州高新区大丰工业园等载体向金坛、溧阳甚至苏北等地转移,从而降低生产成本,获取更大发展。对一些不符合产业结构优化的企业,要加快优化整合,该淘汰的坚决淘汰。比如,常州滨江化工区82家已建成投产的化工企业,产值1000万以下的就有37家,占用了一半的沿江岸线资源。四要加快实施"大企业大集团"战略。常州大企业、大集团在经济规模、竞争实力等方面,与苏州、无锡等都存在较大差距。常州共有近5万户企业,规模以上的还不足1/10;仅有1家百亿元以上企业,占全省的1/43。这种现状,仅有两家企业入围全国制造业500强,只占全省入选企业户数的3%,与常州制造业在全国、全省的地位极不相称。如今,已是一个工厂向公司、公司向现代企业制度升华的时代,家族式企业已远远不适应企业的发展。为此,常州要重点选择一批营业收入超10亿元的企业集团,实施品牌培育、技术中心建设、资金融通等支持,做强做大企业,立足企业资产优势互补,加快重组、兼并、联合,打造成梯次发展的"集团军"。同时，引导企业主开阔视野做强做大，由企业主变成企业家。另外，着力建好公共服务平台，突出抓好风险投资、担保业的发展，有效推进企业资本运作，实现企业跨越式发展。

**5. 创新突破。**

在今后一个较长的时期内，自主创新将成为区域竞争的主旋律，是继发展乡镇经济、开放经济后的新一轮发展机遇。常州只有抓住机遇，营造自主创新的核心竞争力，才能在新一轮区域竞争中站稳脚跟。根据市第十次党员代表大会确立的建设创新型城市的战略目标及科技创新的现状，常州在"创新突破"的进程中要突出"五个大"：一是培育"大主体"。企业是自主创新的主体，创新是企业竞争力的根本源泉。常州要集中政府所掌握的资源，全力扶持真正具有创新雄心和创新实力的企业，根据产业创新的需要和企业的实际，制定具有较强针对性和可操作性的扶持政策，培育一批创新能力强的"航母型"大企业和业有专攻的"巨人型"中小企业。二是实施"大项目"。常州的科技计划、科技专项要突出对区域发展有重大影响的科技项目；外资引进在注重数量的同时，突出牵引力大、对地区产业发展带动作用大的项目。通过大项目的实施与引进，提升产业创新和高新技术产业的发展水平。三是建设"大基地"。常州拥有轨道交通、软件、新材料等六个国家级特色产业基地，对这些特色产业基地常州要确立更高的目标，不仅要把它们建成国内一流的产业基地，也要建成国内一流的创新基地，使之发挥产业创新的先导和示范作用。四是集聚"大资源"。近几年特别是中央提出建设创新型国家的战略决策以来，各地区对科技资源的争夺愈演愈烈。常州高校少，职业技术为主，研发力量不足，常州必须要像抓外资一样抓科技资源的引进与集聚，以快速营造起科技创新的资源优势。充分利用"科教城"的载体优势，大力引进"国字号"的科研机构、外资研发机构及民营企业的研发中心。五是构建"大平台"。科技创新平台不仅有利于企业最有效地集成资源，对一个地区产业的跨越式发展也有深远的影响。常州要充分凝聚政府、企业、中介机构等各方面力量，大力建设公共创新平台、行业创新平台、企业创新平台，以及与产品创新相关的信息平台和管理平台。

"悟以往之不谏，知来者之可追"。今天，常州人提出，一定要保持平和良好的心态，清醒而不气馁，紧张而不慌乱，咬紧规划，科学发展，查找病根，痛下针砭，创新思路，奋起直追，努力在做大"两资"（固定资产投资和引进外资）、做强"两翼"（南翼武进区和北翼新北区）、扩大投入（有效投入水平要高，加快投入增幅要高，投入产出效益要高）、优化结构（投资结构和产业结构）、激活民资以及提高县域经济水平上下工夫，力争跟苏州、无锡的差距缩小些，让"苏锡无常"的议论成为永远不会出现的危言耸听。

# 第七章 目标选择：苏南经济发展战略目标的选择与经济发展方式的转变

【提示】当今时代，是一个战略制胜的时代。战略，是重大的、带全局性或决定全局的谋划，基本要素有发展条件、目标、矛盾与困境等。在战略制订过程中，涉及到战略分析、战略选择、战略实施三个环节。我们不必面面俱到。因此，我们从战略选择上突出了苏南战略目标的选择与定位。从战略目标上讲，苏南各市都是按照第二个"率先发展"——基本实现现代化的要求，实施新的跨越式发展。从战略定位上讲，苏南各市都将自己确立为创新型城市与"产业高地、创新高地、人才高地"。围绕这一总的目标与定位，苏、锡、常又在产业发展战略目标等方面各自提出了具体的实施目标。

在实现了"第一个率先"——全面建设小康社会后，苏南面临的突出问题，是如何按照世界形势、国情、地域状况的变化，转变经济发展方式？首先，苏南考虑的是怎么从数量型向质态型、粗放型向集约型转变；其次，苏南考虑的是，在传统产业集约发展的基础上，如何进行新兴产业的集约发展。由于各市情况不同，各自选择的新兴产业的发展重点也有所不同。

根据比较利益论，苏南各市在产业发展战略的选择上，都注重了比较优势的发挥。

从战略实施的具体路径看，苏南各市十分注重从三个方面做大做强：一是发展集聚经济；二是发展总部经济；三是抓大项目、大企业。对于第二、第三两点做法，在学术界是有争议的，但从苏南看，还是有实效的。

## 第一节 目标定位
——苏南的"第二个率先"发展目标与新的战略定位

当今时代，是一个战略制胜的时代；当今世界，是一个迅速发展、急剧变化的世界;世界各国、各地区,面临的是一个极不稳定的市场环境。在这样一个时代,无论是一个国家,还是一个地区的经济调整,都面临着各种风险,既有来自政治方面的风险,也有来自商业方面的风险还有来自文化方面的风险。比如,中国铝业公司并购力拓,之所以遭遇失败,虽然原因有多方面,但不能不说,中国铝业公司在澳大利亚,不仅遭遇了来自全球经济调整、全球市场行情变化方面的商业风险,也遭遇了来自澳大利亚的政治风险。如何应对各种不同类型的风险,这是一门艺术。从战略上看,无论是一个企业,还是一个国家、一个地区,首先是选准自己的发展目标。目标,既有战略目标与战役目标之别,还有总体目标与中间目标、具体目标之别。就战略目标与战役目标而言,战略目标是主要的,因为它关系全局、关系整体、关系长远、关系大方向;而一般战役目标虽不可小视,但它毕竟只影响局部,不影响或较少影响全局。就总体目标与中间目标、具体目标而言,首先是要确定好总体目标,然后才是中间目标与具体目标的确定。因此,越是面临复杂多变、险象环生的国际环境,越应选准自己的发展目标。其次是进行准确的战略定位。战略定位,对于一个地区来讲,是为该地区塑造一个符合该地区实际情况的,即不同于其他地区的,受公众欢迎的形象。一个地区,由于其发展的阶段不同,所塑造的形象也是不同的;其形象的塑造,有政治的、经济的、文化的、社会的、生态的形象塑造。就苏南经济的形象塑造而言,首先需要考虑的是,是苏南的区情,其次需要考虑的是苏南的发展阶段。

从苏南的区情看,地处长江以南的江苏南部,苏州、无锡、常州、镇江、南京(南京有一部分在长江以北),不仅是江苏,而且是长三角乃至是全国的经济发达地区。尤其是苏、锡、常更是位居长三角经济发展前列。

从发展阶段看,如果说全国仍处于工业经济中级阶段,那么,苏、锡、常则已进入工业社会后期阶段。

从发展战略目标的选择上讲,理应站在更高起点上,沿着现代化的发展大道,在实现了第一个"率先发展"——全面建设小康社会基础上,在新一轮经济发展过程中,按照第二个"率先发展"——基本实现现代化的要求,实施新的跨越式发展与率先发展。

从战略定位上讲,为了顺应新一轮经济发展的要求,苏、锡、常三市应该构筑现代产业发展新体系,各自将自己确立为创新型城市与"产业高地、创新高地、人才高地",走在全国发展前列,迈向新的发展阶梯。

以前，苏南人一直认为，自己是世界上最大的发展中国家——中国的一个地区，发展水平总要比发达国家低一些。现在，苏南人在认识上有了提高，看到自己在某些方面已经形成了与发达国家同发的优势，觉得在发展水平的战略选择与战略定位上，不应低于发达国家，即起点应高一些。当然，在具体实施的举措上应实一点。

之前，苏南抓住了二次重大的发展机遇，使苏南经济发展领先于全国。第一次是发展乡镇工业，加快了农村的工业化、城市化；第二次是发展开放型经济，加快了苏南经济国际化、全球化的发展步伐。现在，必须抢抓第三次发展机遇。第三次重大机遇是什么？是创新型经济。从苏南的"第二个率先"发展目标的战略选择讲，应着力抓住这一重大发展机遇。

目前，苏州、无锡、常州都已获准国家创新型城市试点。①

国家发展和改革委员会（以下称发改委）在推进深圳市创建国家创新型城市试点工作的基础上，扩大试点范围，旨在探索区域创新发展模式，培育一批特色鲜明、优势互补的国家创新型城市，形成若干区域创新发展增长极，增强国家综合实力和国际竞争力，为实现创新型国家建设目标奠定坚实基础。

国家发改委提出，相关城市要突出企业主体地位，通过增加教育和科技投入，建设和引进高水平教育与研究机构，增强区域创新人才和技术有效供给能力；鼓励和扶持创新公共平台和中介机构发展，增强创新服务能力；探索财政、税收和政府采购政策支持产、学、研合作创新的新模式，支持企业创新基础能力建设，强化企业技术创新主体地位，培育有国际影响力的行业龙头企业。

此外，发改委要求相关城市围绕城市主导产业发展需要，实施产业自主创新工程，加大创新能力建设投入力度，推进创新型城市主导产业升级；培育新能源、新材料、生物医药等战略性新兴产业，发展高技术产业和现代服务业，促进产业创新集群发展，加快高新技术改造传统产业进程，优化产业结构。

发改委还要求相关城市不断优化区域创新环境，形成创新友好型政策法律制度环境；围绕创新型城市建设总目标，弘扬科学思想，尊重首创精神，激发

---

① 继深圳市创建国家创新型城市试点之后，国家发展和改革委员会决定扩大试点范围，"原则同意"苏州、大连等16个城市申报创建国家创新型城市总体方案，支持这些城市开展创建国家创新型城市试点。这16个城市包括大连、青岛、厦门、沈阳、西安、广州、成都、南京、杭州、济南、合肥、郑州、长沙、苏州、无锡、烟台。常州在其后，即在2010年4月22日，收到国家科技部文件，被批准为国家创新型试点城市。

创造热情,营造鼓励创新、宽容失败的创新文化氛围,促进创新创业发展。苏州市成为第二批16个试点城市之一后,苏州人对自己的发展战略及其定位明确了,即确定为创建现代化的创新型城市。这一目标定位明确后,苏州人便从各个方面,着力创建创新型城市,集聚创新资源、创新政策和创新人才,全力打造国内一流的创新型经济发展高地,力争提升科技创新能力、壮大新兴产业规模、做大做强科技型企业、发展科教文化事业和产业、打造特色产业基地、优化创新型经济发展环境,并力争在这六大方面实现重大突破。苏州市委提出,以科学发展观统领"三区三城"建设,这一战略目标的确立,对于苏州在全球经济调整视阈下,加快经济转型升级,抢占新一轮经济发展的先机,实现"第二个率先"是很有必要的。

## (一) 苏州的战略目标

在产业发展战略目标的选择上,苏州市将工业经济、服务业、文化产业新发展这三个方面作为首轮转型升级的目标。

### 1. 确立服务经济强市。

从苏州服务业现状看,苏州跨越发展的服务业层次仍偏低。2004年苏州出台服务业跨越发展计划以来,第三产业快速发展。到目前,四大特征明显:一是总量规模不断扩大,2008年服务业增加值达到2437亿元,比2005年增长94%;服务业增加值占比从2005年的31.2%增加到2008年的36.4%;二是贡献份额不断提高,服务业税收占地方税收的比重达58.2%,年均提高1.5个百分点;三是对外开放不断加深,服务业注册利用外资占全市的比重从9.4%提高到23.3%;四是内部结构不断优化。投资领域由商贸、餐饮等传统服务业延伸到物流、软件和服务外包、金融、研发等现代服务业。

但是,与先进城市相比,苏州市服务业还有较大差距,突出表现在总量较大,但占GDP比重不高;门类齐全,但层次不高;门槛放宽了,但开放滞后;服务业利用外资比重不高,品牌型、规模型企业偏少,企业竞争力不强,而且高层次服务业人才偏少、创新型、领军型人才更是匮乏。

针对这一现状,苏州确立了这样一个新的发展战略目标:花3年时间,培育100家超亿元服务业企业。

新一轮服务业跨越发展的总思路是加速发展生产性服务业、提升发展消费性服务业、创新发展公共服务业,把苏州打造成现代服务业高地和服务经济强市。

具体目标是到 2012 年,服务业增加值达到 4370 亿元,年均增长 15% 以上,占全市生产总值的比重提高到 43% 左右,形成以现代服务业为主体的新型产业机构,占比 70% 左右,建成 60 个产业特色鲜明、集聚带动明显的服务业集聚区。形成 25 家省级服务业品牌企业 60 个市品牌企业,超 100 亿元的服务业企业 10 个,超亿元的服务业企业 100 个。服务业收入占地方税收的比重达到 60% 以上,吸纳新增就业人口超过一半。

根据上述发展战略目标,苏州市采取了从"四个结合"上提升服务业发展水平的重大举措,即一是将现代服务业和先进制造业配套融合;二是让服务业和城市化良性互动;三是让现代服务业和传统服务业联动发展;四是将政府推动和市场主导相结合。

在实施跨越发展过程中,苏州市突出了三大重点领域:一是加速发展生产性服务业,包括发展现代物流业、软件和服务外包产业、金融服务业、商业服务业、科技和信息服务业等;二是提升发展消费性服务业,包括做大做强旅游业,优化提高商贸业,创新发展文化产业,科学发展房地产业;三是创新发展公共服务业,包括加快发展教育和培训业、卫生和社保业、体育康体业和居民服务业。

2. 发掘深厚文化底蕴,迸发产业光芒。

苏州是个山温水软似名姝的地方,很有文化底蕴。但从苏州文化产业现状看,苏州文化产业增加值在经济总量中的占比仍偏小。

目前,苏州市文化产业企业达 8167 家,从业人数 21.45 万人,去年实现营业收入 964 亿元,文化产业增加值约 200 亿元。电影票房收入去年增长超过 35%,动漫游戏产业去年增长 97%,产值约 4 亿元。

印刷复制业年产值 282.6 亿元,在全国大中城市中位居前列。会展业中电博会展会规模等指标居全国第一。

尽管发展较快,但是苏州文化产业增加值在经济总量中的占比毕竟不大,对经济推动力量还比较有限。2008 年文化产业增加值占地区生产总值 3% 左右,与上海 5.7% 的占比有较大差距。

针对这一现状,苏州市确立的文化产业发展战略目标是:实施跨越发展,锁定"十大行业"。

苏州发展文化产业有悠久历史传统、丰富资源禀赋、较好经济基础和有力科技支撑等明显的比较优势。高附加值的文化产业,将成为苏州加快产业转型升级和发展创新型经济的一大重点。

实现文化创意产业新的跨越发展,苏州市从 2009 年至 2012 年重点发展十大行业,包括创意设计业、数字内容和动漫业、印刷复制业、新闻传媒业、出版发行业、文化旅游业、演艺娱乐业、会展广告业、影视制作业、工艺美术业。

根据上述发展战略目标,苏州市采取的重大举措是:以创新引领、集群发展、品牌提升、人才高地、外拓合作和走出去这"六大策略"实现集群发展策略。以创意引领文化产业发展,大力鼓励自主创新,促进文化产业和高新技术产业的高度融合,着力打造 30 个文化产业集聚区,使文化产业质量、规模、效益在国内同类城市中居于领先地位。同时,抓住与利用文化产业国际转移的机遇,提高承载较高层次国际外包业务的能力,积极参与高端分工。

3. 构建从制造到创造的现代产业体系。

从苏州工业转型升级的三个主攻方向看,作为全国第二大制造业城市的苏州,工业的转型升级瞄准了产业结构调整、高新技术发展、科技创新三个方向。为此,苏州人采取的做法是,通过激发企业创新活动、完善创新载体建设、打造自主创新品牌、凝聚创新创业人才等来调强创新能力。主要目标是到 2012 年,4 年的工业投入累计超过 5000 亿元,高端制造业产值占比达到 54%,高新技术产业产值占比达到 36%,全社会研发投入占 GDP 比重达到 2.5%,拥有自主知识产权的高新技术产业产值占高新技术产业产值的 35%。

从苏州近年内着力提高的新能源产业、医药及生物技术产业、新型平台显示产业、智能电网产业这"四大工程"产业层次看,苏州市新能源(风能、太阳能)产业已经形成了较好基础,呈现加速发展态势。目前苏州市共有风能整机及零部件制造企业 40 多家,太阳能光伏及其配套企业 60 多家,2008 年实现产值分别为 20 亿元和 106 亿元。目前正在围绕新能源应用、装备制造与系统集成三大重点,迅速做大产业规模,加快培育一批核心竞争力强的大企业集团,逐步形成完整产业链,在技术创新和自主知识产权方面取得新突破,力争到 2012 年产值突破 600 亿元。

目前,苏州市拥有医药及生物技术企业 536 家,占全省总量的 24.6%。医药经营企业超过 3000 家,企业总数位居江苏省第一,实现产值超过 160 亿元。苏州市将抓住国家启动新一轮医疗卫生体制改革、全球医药及生物技术产业蓄势待发的良好机遇,以生物制药、现代中药为重点,积极开展重大技术项目攻关和科技成果转化,培育一批具有国际竞争力的"小巨人"企业,力争到 2012 年产值超 400 亿元。

目前，苏州市新型平板显示产业也已形成相当的产业规模，正处于加速提升期。现正依托骨干企业和核心项目，实施三个转变，即在完善平板显示产业链的基础上，产品结构向高技术、高附加值转变；在扩大合资、合作的基础上，技术结构向自主开发、自主知识产权转变；在扩大应用的基础上，市场结构向企业主导和政府引导转变，力争 3 年内产值突破 2000 亿元。

从苏州市智能电网产业发展情况看，光纤光缆、传感器件、专业软件、通信产品以及电能服务平台等五大产业领域，已在全国具有较强的竞争优势。现正把握国际、国内智能电网发展与建设机遇，以通信技术、并网发电及储能、输配变电以及相关服务平台为突破口，积极抢占智能电网产业制高点，力争从 2009 年至 2012 年产值超过 200 亿元。[1]

隶属张家港市的沙钢集团成为世界 500 强后，该市便掀起了"学沙钢、上规模、促转型"的热潮，确立了重点培育规模企业"五个一"与八大发展战略目标。"五个一"即：到 2012 年，培育销售收入超 2000 亿元的企业 1 家，超 100 亿元的 10 家，超 50 亿元的 10 家。这些目标全部实现后，张家港工业销售收入可以实现翻一番，达到近 8000 亿元。这一发展战略目标是建立在现实可能性与可行性基础上的，绝非 1958 年的大跃进。规模经济是张家港市区域经济的一大特色。在 20 世纪 90 年代，张家港市就走上了规模经济之路，通过市场、企业、政府互融联动，成功打造了以沙钢为代表的一批大型骨干企业。统计数据显示，在张家港规模以上企业中，有 10 亿—500 亿元的企业 32 家，去年销售收入达 1256 亿元，占该市总量的 34%。尤其是以沙钢为龙头的十大企业集团，2009 年产品销售收入、利税和利润，分别占张家港全市总量的48.1%、64.1% 和 69.1%。特别是沙钢，2008 年实现销售收入 1452 亿元，利税 148 亿元，实现了挺进"世界 500 强"的战略目标，2009 年 1—8 月，沙钢实现销售收入 852 亿元，在全国钢铁企业效益大面积下滑、产品出口严重受损的情况下，实现利税 40 亿元，其中利润 24 亿元，出口创汇 2.22 亿美元，企业生产经营保持了产量同比持平、效益逐月向上提升、产销基本平衡的发展态势。

张家港人认为，规模是什么？规模，就是做大做强；做大做强又是什么？

---

① 吴秋华、王芬兰：《现代服务业 先进制造业融合提升——从工业经济、服务业、文化产业新发展看苏州首轮转型升级》，《苏州日报》2009 年 9 月 13 日第 A02 版。

就是增强竞争力,能够抵御更多、更大的风险。当然,规模经济有经济的一面,也有不经济的一面,关键是看如何经营。张家港人在确立"五个一"再造规模新优势的同时,确定了到2012年在企业规模、功能布局、产业结构、产业水平、创新能力、品牌建设、企业上市、节能减排这八个方面的具体目标。张家港人认为,确立这些目标,就是要在科学发展观引领下走新型工业化道路,以保增长、调结构、抓创新为主线,以调高、调优、调强为基本取向,切实加快传统产业高新化、传统产品高端化、高新技术产业化步伐,进一步形成特色鲜明、布局合理、开放包容、环保高效的现代产业体系,这是难能可贵的。我们无论是对此进行热情赞扬,还是冷静思考,都是应该加以肯定的。

"十一五"时期,苏州市重点实施的科教兴市、新型工业化、经济国际化、城乡现代化、可持续发展这"五大战略",对经济社会发展起到了巨大的推动作用。根据科学发展新要求和苏州发展新阶段的实际,市委在原"五大战略"基础上,将苏州的发展战略提炼拓展为全面实施创新引领、开放提升、城乡一体、人才强市、民生优先、可持续发展的"六大战略",目标锁定"第二个率先"。

改革开放30多年来,苏州经历了"农转工"、"内转外"的重要发展阶段,当前,已进入"量与质并举"的发展新征程。30多年间,苏州经济社会发展形成了"六大协调"的鲜明特征,即经济发展与文化繁荣互助互推,工业化、城市化加快推进的同时古城保护卓有成效,外资规模领先全国的同时民资蓬勃发展,城乡统筹协调发展,经济发展与生态保护同步进行,经济发展与社会治安协调共进。从发展阶段来看,2005年苏州已率先完成省定全面小康社会建设指标;2010年,按常住人口计算,苏州市人均GDP突破13000美元。这些都为苏州市"十二五"发展提供了有利环境和条件。

但对照科学发展的新要求,苏州至少面临着"五大矛盾",即产业结构不够合理、自主创新能力不足、城市综合竞争力不够强、社会事业发展水平与人民群众需求还有差距、城乡居民收入与经济发展水平不相适应等。到2015年,苏州要力争率先基本实现现代化,必须加快实施"三大转变",即加快实现由主要依靠物质资源消耗向创新驱动转变、粗放式增长向集约型发展转变、城乡二元结构向城乡一体化发展转变。

从宏观形势分析,开放度较高的苏州已融入经济全球化大环境,而全球化范围内的经济波动和震荡将是一种常态,苏州经济不可能"独善其身"。

牢牢把握国际国内重大发展机遇,苏州必须立足自身优势和现实基础,进一步增强科学发展的紧迫感和责任感。

在"十一五"五大战略的基础上，苏州作了"三大调整"、"一个保持"、"一项创新"，提出"六大战略"。

在"三大调整"中，其一是把"科教兴市"拓展成"创新引领"和"人才强市"，由此更凸显创新和人才的重要性。把创新发展提升到战略层面，意在强调以创新引领和推动经济发展方式加快转变、新型工业化加速提升。"创新引领"，狭义上是指科技创新，但广义上包括了发展思路、发展观念、体制机制等的全面创新，而创新的所有动力来自人才。"人才强市"战略则突出了以人才为第一资源的战略地位，以高素质人才引领高水平发展。其二，把"经济国际化战略"上升到"开放提升"战略。改革开放30多年来，苏州形成的最大优势就是开放，且在对外开放中，苏州经济国际化程度较高，在新一轮发展中，苏州要进一步把领先优势提升为竞争优势，在开放提升中进一步提高开放型经济的竞争力、发展层次和发展水平，同时在开放提升中推动创新、引进人才。苏州的开放同时也是对国内市场的开放，犹如一把折扇的两边，苏州的对外、对内开放要同时展开。其三，把"城乡现代化"战略调整为"城乡一体化"战略。一体化是现代化基础上的一体化，是现代化的更高提升一体化，突出城乡协调、互动、融合，强调要以更高水平破解城乡二元结构，提高城乡统筹发展水平。

"一个保持"即保持"可持续发展"战略。这一战略是连贯和延续的，贯穿于科学发展的始终，这意味着苏州将继续促进经济与人口、资源、环境、社会协调发展。这也是苏州建设"三区三城"①的题中要义。

"一项创新"即新增了"民生优先"战略。"十一五"期间，苏州虽然没有将"民生"列入发展战略，但所有发展的落脚点还是改善民生。"十二五"期间，苏州把民生改善摆到更加突出的战略位置，以进一步发展为民、以人为本的根本要求；更加突出了民生。这既是科学发展的特征，也是苏州构建和谐社会的必然要求。

"六大战略"，即以"创新引领"为主导，"人才强市"为关键，"民生优先"为落脚点，将"可持续发展"贯穿始终，以"开放提升"为主要特征，以"城乡一体化"为最大优势。通过实施这"六大战略"，实现苏州未来的美好蓝图："今

---

① 见第六章。

后5年,苏州的经济发展将是高效优质的,城乡发展是和谐一体的,百姓生活品质是大大提升的,社会是和谐有序的。到'十二五'末,苏州将呈现安定有序、生动活泼、充满活力的发展局面"①

### (二) 无锡市的战略定位

以制造业见长、工业经济规模居全国第十位的无锡市,在战略目标的选择及其定位上,作出了建设创新型经济领军城市的战略抉择,无锡人对无锡市的产业发展推出了"四个链",即:打造"产业链"。一是大力提升高新技术产业的规模化、集约化水平,打造电子信息、新材料、新能源、生物医药等产业集群;二是大力提升现代服务业的高端化、特色化水平;三是大力提升现代高效农业的集约化、标准化水平。培育"创新链"。一是加强科技自主研发;二是加快科技成果转化;三是推进产业基地建设,提升自主创新能力,实现创业链与产业链的高度融合。推升"价值链"。一是大力推进"中间分离、两端延伸";二是大力开发自主知识产权,培育自主品牌,奋力抢占价值链的高端环节。构筑"环保链"。一是注重源头控制。坚决淘汰"三高两低"(高消耗、高污染、高危险、低产出、低效益)与"新五小"(小钢铁、小水泥、小化工、小电镀、小印染)行业(企业),以最严格的环境准入制度坚决防止落后产能回潮复燃;二是加强过程控制;三是强化末端控制,努力打造资源节约型、环境友好型的产业体系。②

当无锡市成为第二批16个全国创新型城市试点之一后,无锡人便着力推进城市转型。作为百年工商名城的无锡,虽然曾经让几代无锡人为之骄傲;但是,省委常委、无锡市委书记杨卫泽认为,无锡的产业结构"太重太低",出现了制造能力很强与创造能力很低、流出人口受教育年限很高与流入人口受教育年限很低、自然环境很美与环境污染很重三个强烈反差,随着土地供应趋紧、环境压力加大、制造业成本趋高,"两头在外"的低端制造业已走到尽头,必须走中间(制造环节)剥离、两头(研发、销售)延伸的路子,像当年的伦敦、巴黎、纽约那样,实现城市的根本转型。舍弃以往的荣耀是十分困难的,无锡

---

① 王芬兰:《"六大战略",目标锁定"第二个率先"——市委"十二五"规划建议解读系列(一)》,《苏州日报》2010年12月13日第A01、A02页。
② 摘自《杨卫泽同志在全市经济工作会议上的讲话(摘要)》,《无锡日报》2009年7月18日第2版。

人认为,这恰恰是无锡新一轮解放思想要解决的问题。伦敦、纽约历史上都是工商业城市,后来都转型了,伦敦现在只搞金融和创意。在后工业时代,发展不能再陶醉在貌似有功却没什么用处的统计数字中。

实现城市转型关键在产业。无锡将自身定位为国际先进制造技术和创意中心,彻底向"世界加工厂"告别。2008年,无锡关闭了800多家低端制造企业,2009年还在继续关闭。2008年关闭800多家企业,这些企业总共不到两亿元税收,在全市300亿元税收总额中可忽略不计,但却占用了大量的土地,增加了大量的排放。产业太低也留不住人才,无锡人才辈出,却并非人才荟萃,近十年走出13万大学生,仅有5万返乡,而初高中可能都未毕业的打工仔却涌进200多万,太不划算。为打造"设计名城",无锡市投资20多亿元创建无锡(国家)工业设计园,现已初步形成以IC、自动控制、产品造型设计等为内涵的设计产业格局,2009年实现工业设计及相关技术贸易收入近20亿元。2010年,无锡不仅着力推进"530计划",而且根据无锡发展战略的需要,大力培育、引进、重用各种不同类型的人才,使无锡跨入了"创新活跃期"。

"十二五"期间,无锡把加快转型发展作为主线,把"科教兴市、人才强市、质量与知识产权立市"作为主战略,突出人才第一资源、科技第一生产力、教育第一基础的作用,坚持建设科技强市、教育强市与人才强市紧密结合,"三位一体"统筹推进,实施知识产权战略,有力推动质量、标准和商标、品牌建设,全面加强知识产权创造、运用、保护和管理,提出了在"十二五"期间,要勇于超越历史、超越先进,始终走在长江三角洲和全国城市发展的前列,大力提升无锡在长江三角洲和全国城市中的战略地位,努力提高城乡居民的幸福感和满意度,不断增强无锡综合实力、自主创新能力、国际竞争力和可持续发展能力,让无锡人民安居乐业、城乡长治久安、社会公平正义。经过全市人民的努力奋斗,推动科学发展、率先发展、加快转型发展取得更大突破,率先实现基本现代化新目标。

### (三) 常州市的战略目标

常州,虽然不是我国创新型试点城市,但常州不仅创新理念不亚于苏州与无锡,而且在发展战略目标的选择及其定位上,也是以科技创新为核心,将加快建设创新型城市、增强经济发展的内生动力,作为常州率先实现基本现代化的战略目标与战略任务。

为了实现这一战略目标、完成这一战略任务,常州市政府在2010年提出:

第一，推进以企业为主体的创新体系建设。①大力发展高新技术产业。以企业牵引、产品带动，加快高新技术产业集聚扩张。年内重点培育省级高新技术产品 150 种，通过新标准认定省高新技术企业 80 家以上，全市规模以上高新技术产业产值增长 18% 以上。②突出企业自主创新。完善增强企业自主创新能力的政策体系和激励机制，激发企业创新热情，重点支持 100 家创新型试点企业，全市企业研发投入达到 110 亿元以上。③推进产、学、研合作。充分发挥常州本地高校的积极作用，大力引进大学、大院、大所来常州设立研发机构，鼓励支持企业建设产、学、研合作基地，促进科技成果转移转化。全年引进研发机构 5 家，建立 50 家企业产、学、研合作基地和研发中心，实施产、学、研合作项目 200 项。④加强知识产权工作。专利申请量和授权量分别达 10000 件和 3200 件，其中发明专利申请 1600 件。

第二，构建三级创新研发平台。①加快科教城建设。加快科教城二期及三期国际创新基地建设，科教城研发及孵化用房实现翻番，累计引进研发机构及高科技企业 420 家、研发人才 8000 人。②加快孵化器建设。全市孵化器面积累计达 250 万平方米，在孵企业 3000 家，1—2 家孵化器进入国家级加速器试点。③加快企业研发机构和公共科技服务平台建设。新增企业创新平台 60 家，其中省级以上"两站三中心" 15 家。培育市级以上科技公共服务平台 10 家，新增 3—5 家重大公共技术服务平台。

第三，大力度引进高层次人才。①实施新一轮千名海外人才集聚工程。②为高层次人才营造良好发展环境。加大政策优惠力度，加快领军型创新创业人才融资平台和特色孵化器等载体建设，为海内外人才创新创业提供良好的条件。

第四，全面推进创新型科技园区建设。①科学制订园区发展规划。充分利用国家高新区、武进高新区和常州科教城的创新资源，以五大产业为重点，努力建设创意、光伏、风电设备、生物医药、新能源汽车、机器人及智能装备、半导体照明和功能材料等创新产业集群，使创新型科技园区成为常州可持续发展的创新动力源和经济增长点。②整合资源形成合力。整合全市科技、教育、人才和产业资源，调动"两区一城"的创新积极性，力争通过 5 年努力，创建成国家创新型科技园区。③促进全市园区加快发展。①

---

① 载于《常州市人民政府工作报告》，《常州日报》2010 年 1 月 28 日第 A2 版。

在"十二五"期间,常州提出以科学发展观统领经济社会发展全局,围绕率先基本实现现代化的总目标。集中力量实施科教与人才强市、创新驱动、城乡一体化、经济国际化四大战略,以加快转变发展方式为主线,以改革开放和科技创新为动力,以保障和改善民生为根本,着力提升产业竞争力、创新竞争力、生态竞争力和文化软实力,在率先发展、科学发展、和谐发展上走在全省前列,努力把常州建设成为创新创业城、现代产业城、生态宜居城、和谐幸福城。

由上所述可见,苏、锡、常三市战略目标的选择及其定位,都是十分明确的,关键是如何实施并在实施过程中根据客观变化了的情况及时进行调整。

## 第二节　方式转变
### ——苏南转变经济发展方式的战略选择

### 一、当代中国经济发展方式的转变

经济运行是有规律的,从这次国际金融危机看,即使美国也未能幸免违背客观经济规律的惩罚。产业结构的调整也是有规律可循的。经济运行有周期性,与此相应,产业结构的调整也有阶段性。自20世纪70年代新技术革命以来,美国产业结构的调整经历了20世纪90年代以来的新经济的发起、繁荣与衰退。最典型的,莫过于IT产业在美国的兴起、繁荣与衰退了。

我国产业结构的调整,自改革开放以来,也经历了20世纪80年代的起步阶段。当时,重点发展的是粗放型的乡镇企业。到了90年代,进入第二阶段,重点是"三资企业"的粗放型发展。尽管在90年代中期,我国提出了两个根本性转变(即在计划经济向市场经济转变的同时,经济增长方式由数量型向集约型增长转变),但粗放型的经济发展势头仍然很猛,并未得到遏制。因此,当我国进入21世纪,出现了几乎全国性的产业结构重型化趋势,有相当多的省份都提出要实现重工业化。特别是传统的粗放型经济增长方式没有发生根本性变化。因此,单位产值的资源消耗远远高于发达国家。据世界银行2002年报告分析,中国每创造1美元GDP所消耗的能源是西方7个发达国家的5.9倍,是美国的4.3倍,法国的7.7倍与日本的11.5倍。中国的能源利用率仅为美国的26.9%与日本的11.5%。2006年,我国单位GDP能耗虽然实现了近几年来的首次由升转降,但是,这个问题至今仍很突出。所以,温家宝总理强调,要"毫不松懈地加强节能减排和生态环保工作"。

由于重工业建设与传统的粗放型经济增长方式没有根本变化,导致自然资源与生态环境遭到严重破坏。新中国成立以来,我国人口增长一倍,可居住土地减少了一半。据国家林业局 2004 年 6 月统计,全国荒漠化面积已达 267.4 万平方公里,占全国面积的 27.9%;全国沙化土地 174.3 万平方公里,已占全国土地面积的 18.2%。由于全国 70% 以上的江河湖泊遭受不同程度污染,全国已有 3.2 亿人饮水不安全。2007 年,太湖蓝藻爆发,洞庭湖鼠灾泛滥……国内生态环境危机频频出现。大量现实情况告诉我们,当代中国传统经济的粗放型经济增长方式到 2007 年已经走到尽头,从而在 2007 年发生重大的转折,于是我国产业结构的调整进入第三阶段,即新一轮产业结构调整与转型升级阶段。在新一轮产业结构调整过程中,旧的经济增长方式不得不转向新的经济发展方式,不能不强调:当代中国必须走出一条科技含量高、经济效益好、资源消耗低、环境污染少、人力资源优势得到充分发挥的新型工业化与现代化道路。正是这一缘故,中国共产党才顺应时代发展的要求,在十七大报告中将经济增长方式的转变改为经济发展方式的转变,强调要按照科学发展观要求,"建设生态文明,基本形成节约能源资源和保护生态环境的产业结构、增长方式、消费模式。循环经济形成较大规模,可再生能源比重显著上升。主要污染物排放得到有效控制,生态环境质量明显改善"①。这表明,当代中国经济发展方式的确到了必须进行重大转变的时候了。于是,新一轮经济发展,或新的经济运行周期,便在我国由此开始了。

党的十七大召开后,国内学术界通过讨论,得出这样一个看法:经济增长不等于经济发展。那么,什么是发展?什么是经济发展方式?我国国内学术界通过讨论普遍认为发展是一个哲学概念,讲的是事物由小到大、由简单到复杂、由量变到质变、由低级到高级的变化,是连续性与间断性的统一。经济发展方式,不仅仅讲的是经济增长的方法和模式,还对经济发展的理念、战略和途径等提出了更高要求,强调的不仅是提高经济增长效益,还包括促进经济结构优化、经济增长与资源环境相协调、发展成果合理分配等内容。党的十七大提出转变经济发展方式,实质是要求我们采取综合措施,加快形成与贯彻科学发展观,实现经济社会全面协调可持续发展相一致的方式。这是党的十七大

---

① 胡锦涛:《高举中国特色社会主义伟大旗帜,为夺取全面建设小康社会新胜利而奋斗——在中国共产党第十七次全国代表大会上的报告》,人民出版社 2007 年版,第 20、22 页。

召开后我国国内学术界已经讨论清楚了的问题，这里不必再探讨了。

2008 年下半年，在国际金融危机冲击下，党中央、国务院采取了果断举措，保增长、保民生、保稳定，由政府主导救市。当世界进入"后危机时代"，中国经济率先企稳回升。但在"后危机时代"初期，对于是否已经恢复经济危机前靠民间投资与进出口推动中国经济高速增长的动力，还是一个未知数。到 2009 年 7 月，借助政府 4 万亿的财政刺激方案与十大产业振兴计划，中国 GDP 增长依然处于高位，这是欧、美、日等经济体系做不到的。这些国家或地区的政府面临巨大的财政赤字，无法像中国这样，直接通过增长投资与消费来抗衡危机。于是，欧、美、日等国靠政府单纯向金融体系注资的方式救市，虽然到 2009 年 8 月初情况已有明显的好转，但是，经济复苏的步伐依然缓慢而又艰难。

至于中国经济发展企稳回升向好后，政策取向如何，关键看中国经济是否已经走出了由政府主导的"输血型"经济复苏阶段，而开始进入了一个富有市场经济活力的"造血型"的经济发展阶段。有鉴于此，一方面中国经济政策虽作了调整，但未作大的调整。另一方面，由于在"后危机时代"中国经济发展方式的压力加大、要求日趋提高。因此，在 2009 年 7 月，温家宝在江苏考察时强调："宏观经济政策的导向不能改变。要把保持经济平稳较快发展与调整经济结构结合起来，以平稳较快的经济发展为结构调整提供基础，创造条件，通过转变发展方式。调整经济结构使经济发展更具有可持续性和竞争力。"[①]

2010 年 2 月，胡锦涛在省部级主要领导干部深入贯彻落实科学发展观加快经济发展方式转变专题研讨班上发表的重要讲话强调："党的十七大提出了加快转变经济发展方式的战略任务，强调要促进经济增长由主要依靠投资、出口拉动向依靠消费、投资、出口协调拉动转变，由主要依靠第二产业带动向依靠第一、第二、第三产业协同带动转变，由主要依靠增加物质资源消耗向主要依靠科技进步、劳动者素质提高、管理创新转变。国际金融危机使我国转变经济发展方式问题更加突显出来，国际金融危机对我国经济的冲击表面上是对经济增长速度的冲击，实质上是对经济发展方式的冲击。综合判断国际国内经济形势，转变经济发展方式已刻不容缓。我们必须见事早、行动快、积极

---

① 赵承、郭奔胜：《温家宝在江苏考察时强调让经济发展更具有可持续性和竞争力》，《光明日报》2009 年 8 月 10 日第 1、3 版。

应对,为我国加快转变经济发展方式、保持经济平稳较快发展增添推动力。

胡锦涛指出,加快经济发展方式转变是适应全球需求结构重大变化、增强我国经济抵御国际市场风险能力的必然要求,是提高可持续发展能力的必然要求,是在后国际金融危机时期国际竞争中抢占制高点、争创新优势的必然要求,是实现国民收入分配合理化、促进社会和谐稳定的必然要求,是适应实现全面建设小康社会奋斗目标新要求、满足人民群众过上更好生活新期待的必然要求。我们只有加快经济发展方式转变,才能实现我们党对全国各族人民作出的庄严承诺,更好地满足广大人民群众日益增长的物质文化需要。

胡锦涛强调,加快经济发展方式转变是我国经济领域的一场深刻变革,关系改革开放和社会主义现代化建设全局。全党全国必须增强主动性、紧迫感、责任感,深化认识,统一思想,加强规划引导,突出战略重点,明确主要任务,兼顾当前和长远,处理好速度和效益、局部和整体的关系,调动各方面积极性,推动经济发展方式转变不断取得扎扎实实的成效。胡锦涛指出,转变经济发展方式,关键是要在"加快"上下工夫、见实效。他就加快经济发展方式转变重点工作提出八点意见。

第一,加快推进经济结构调整,把调整经济结构作为转变经济发展方式的战略重点,按照优化需求结构、供给结构、要素投入结构的方向和基本要求,加快调整国民收入分配结构,加快调整城乡结构,加快推进城镇化,加快调整区域经济结构和国土开发空间结构,既着眼于化解过去积累的矛盾和问题,又为经济不断迈上新台阶、长期保持平衡较快发展创造条件。

第二,加快推进产业结构调整,适应需求结构变化趋势,完善现代产业体系,加快推进传统产业技术改造,加快发展战略性新兴产业,加快发展服务业,促进三次产业在更高水平上协同发展,全面提升产业技术水平和国际竞争力。

第三,加快推进自主创新,紧紧抓住新一轮世界科技革命带来的战略机遇,更加注重自主创新,加快提高自主创新能力,加快科技成果向现实生产力转化,加快科技体制改革,加快建设宏大的创新型科技人才队伍,谋求经济长远发展主动权、形成长期竞争优势,为加快经济发展方式转变提供强有力的科技支撑。

第四,加快推进农业发展方式转变,坚持走中国特色农业现代化道路,加快构建粮食安全保障体系,加快构建现代农业产业体系,加快推进农业科技创新,加快推进农业经营体制机制创新,大幅提高农业综合生产能力,大幅降低农业生产经营成本,大幅增强农业可持续发展能力,全面提高农业现代化水平,扎实推进社会主义新农村建设。

第五,加快推进生态文明建设,深入实施可持续发展战略,大力推进资源节约型、环境友好型社会建设,加快推进节能减排,加快污染防治,加快建立资源节约型技术体系和生产体系,加快实施生态工程,推动整个社会走上生产发展、生活富裕、生态良好的文明发展道路。

第六,加快推进经济社会协调发展,针对社会发展和民生领域的突出问题,大力推进以改善民生为重点的社会建设,加快提高教育现代化水平,加快实施扩大就业的发展战略,加快社会保障体系建设,加快发展面向民生的公益性社会服务,更好推进经济社会协调发展。

第七,加快发展文化产业,在重视发展公益性文化事业的同时,坚持经济效益与社会效益相统一,深化文化体制改革,加快公共文化服务体系建设,加快发展经营性文化产业,加快开拓文化市场。

第八,加快推进对外经济发展方式转变,坚持对外开放的基本国策,坚持互利共赢的开放战略,统筹好国内发展和对外开放,加快调整出口贸易结构,加快调整进口贸易结构,加快提高利用外资质量和水平,加快实施'走出去'战略,不断提高开放型经济水平。[①]

2010 年 10 月,党的十七届五中全会通过的《中共中央关于制定国民经济和社会发展第十二个五年规划的建议》,把全面深入贯彻落实科学发展观作为"十二五"时期发展的指导方针,突出科学发展的主题,以加快转变经济发展方式为主线,提出了在坚持发展中促转变、在转变中谋发展,在党的十七大提出的"坚持走中国特色新型工业化道路,坚持扩大国内需求特别是消费需求的方针,促进经济增长由主要依靠投资、出口拉动向依靠消费、投资、出口协调拉动转变,由主要依靠第二产业带动向依靠第一、第二、第三产业协同带动转变,由主要依靠增加物质资源消耗向主要依靠科技进步、劳动素质提高、管理创新转变"[②],即在"两个坚持"与"三个转变"基础上,又提出了转变经济发

---

① 孙承斌、李亚杰、谭浩:《紧紧抓住历史机遇承担起历史使命 毫不动摇地加快经济发展方式转变》,《光明日报》2010 年 2 月 4 日第 1 版。

② 胡锦涛:《高举中国特色社会主义伟大旗帜 为夺取全面建设小康社会新胜利而奋斗——在中国共产党第十七次全国代表大会上的报告》,人民出版社 2007 年版,第 22—23 页。

展方式、实现经济社会又好又快发展的五点基本要求：一是"坚持把经济结构战略性调整作为加快转变经济发展方式的主攻方向"①，二是"坚持把科技进步和创新作为加快转变经济发展方式的重要支撑"②，三是"坚持把保障和改善民生作为加快转变经济发展方式的根本出发点和落脚点"③，四是"坚持把建设资源节约型、环境友好型社会作为加快转变经济发展方式的重要着力点"④，五是"坚持把改革开放作为加快转变经济发展方式的强大动力"⑤。

加快经济发展方式的转变，对于当代中国来讲，既是一场攻坚战，也是一场持久战。一段时期以来，一些地方脱离实际，为追求一时的增长速度，单纯靠投资拉动、规模扩张、资源推动，发展低端产业，给地方发展造成了长期的包袱与隐患。这些都是不可持续的。资源禀赋是不可改变的，发展阶段是不可逾越的，这就要求我们转变发展理念、创新体制机制，推进现代化建设的进程。加快经济发展方式的转变，是我们党探索社会主义市场经济规律所取得的重大成果，是应对国际金融危机冲击，促进经济发展、实现全面建设小康社会目标的重大举措。无疑是一场深刻的革命，是一场攻坚战，它关系到我国改革开放和社会主义现代化建设的全局，关系到我们党的执政能力的提升，关系到我国国际竞争力能否不断得到提高，说是形成了倒逼机制。从 2003—2007 年看，我国经济连续五年保持了 10% 以上的增长速度。在这五年间，企业生产的东西，能顺利地销售出口，投资回报率也高、利润大幅度增加，政府财政收入也高速增长，城乡居民收入增长也快，大家日子好过，缺乏调整经济结构与转变经济发展方式的压力与动力。2008—2009 年，面对国际金融危机，中央不得不出台了一些举措保增长、保速度，使一些本来应该破产的企业又活了过来，虽然现在我国经济发展已经好转，但不能不看到，现在的投资与消费结构趋向恶化了。一方面调整经济结构与转变经济发展方式的成本加大了；另一方面多年来转变经济发展方式的压力累积了下来，越来越大了，加上我国第一产业不稳、第二产业不强、第三产业不足问题的凸显，在节能减排应对全球气

---

① 本书编写组：《中共中央关于制定国民经济和社会发展第十二个五年规划的建议》，人民出版社 2010 年版，第 6 页。

② 同上。

③ 同上书，第 7 页。

④ 同上。

⑤ 同上。

候变化方面履行的国际庄严承诺与国际上的压力,等等。的确给调整产业结构与转变经济发展方式形成了巨大压力,使人们对此产生了紧迫感,诚如一些学者所讲:它不仅是一场攻坚战,而且是一场持久战。

## 二、苏南从粗放型经济增长方式转向集约型经济发展方式的战略选择

我国区域经济发展是不平衡的,有的地区(如北京、上海等)已经实现了工业化,有的地区(如江苏、浙江、天津)已经进入了工业经济后期阶段,有的地区处于工业经济中期阶段(如辽宁、重庆等),有的地区仍处于工业经济初级阶段(如广西、云南等)。对于处于不同发展阶段的地区来讲,各自经济结构调整与经济发展方式转变的任务与要求是不同的。苏南是当代中国制造业高地;苏南的经济发展走在江苏的前列,是长三角的排头兵,其经济结构调整与经济发展方式转变的要求,当然比其他地区要高一些。根据江苏省委、省政府要求,苏南要在转变经济发展方式上发挥先导作用,以“脱胎换骨”的勇气与魄力加快产业转型升级、“腾笼换凤”,形成现代服务业和高端制造业为主导的产业发展新优势。

那么,作为当代中国制造业高地的苏南,是如何根据省委、省政府要求,在转变经济发展方式上发挥先导作用的呢？苏南各市作出的抉择是:率先从数量扩张型、粗放型经济增长方式向质态型、新兴产业集约型经济发展方式转变。

经济增长一般是指一个国家或地区在一定时期内的产品、产值与劳务总量的增长,即数量型增长或扩张。我国的传统经济增长方式就是数量扩张或称数量增长型的。这种增长方式,只讲国内生产总值(GDP),不算所花费的资源、环境、人力等方面的代价,GDP是上去了,环境牺牲了,资源耗费了。更可笑的是,有些地方,为了制造GDP,就将刚刚建的路拆了修、将刚刚造的房屋拆了重建,美其名曰创造环境,实则是耗费资源,创造GDP这种发展方式是不可持续的。苏南在这方面留下的教训也是不少的。

过去,“经济增长”与“经济发展”是作为相同的概念使用的。现在,把两者的含义区分开了。经济发展的内涵更广阔,经济发展不是不讲经济增长,不是不讲数量,不是不讲GDP,但它除了以经济增长为基础外,还包括经济结构的优化、升级、产业价值链的延伸、生态平衡的保持、环境污染的治理、能源消

耗的降低、生产成本的下降、资源的合理开发与利用,文化、教育、卫生事业的发展,人民生活水平的提高,落后、贫困状态的减少与消除,整个社会经济生活与生产质量的提高,等等。

苏南地处长三角,长三角地区在多年的发展中取得了举世瞩目的成就,经济增长势头强劲,综合实力大幅跃升。苏南作为长三角的排头兵,更是如此。然而,从国际角度审视当前全球经济发展格局中的苏南,仍然存在着各地比较优势与整体特色发挥不充分问题,重复建设、无序竞争现象较多、产业结构趋同与层次不高、行政壁垒亟待打破,交通、能源、通信等重大基础设施配套衔接不够等一系列迫切需要解决的矛盾与问题。

这些问题既包括全国共性的问题,又有苏南地区率先发展过程中遇到的问题,尤其是对发展瓶颈的制约更加明显地凸显出来。作为我国参与国际竞争、与国际先进发展水平最接近的地区,苏南在新的历史时期率先转变发展方式,全面提升发展水平,既是国际形势所逼,也是国家利益所系。

那么,苏南如何根据世界形势、国情、本地情况的变化,转变经济发展方式?苏南在经济发展方式转变的战略选择上,应该考虑些什么问题、解决些什么问题?

1. 怎么从数量型向质态型、从粗放型向集约型转变,这是苏南首先考虑的。

我国原工业和信息化部部长李毅中认为,企业有五大"卡脖子的地方"——质量品种、物耗能耗、环境保护、装备水平、安全生产。企业应在这些地方重点发力,发挥潜能提高效益。其中,质量是企业的生命,是国家生产力综合水平的集中体现。在国际金融危机的冲击下,有些企业销售额可能受到影响,但仍然立住了,而有的企业则退出了市场,破产关闭,最关键的因素之一就在于产品的品种质量。现在需求下降了,人们对产品的品种质量更加挑剔,质量不好、品种老旧的产品就会被淘汰。在某种意义上,品种质量和节能减排、安全生产是同等重要的。[①] 无论是从我国出口产品看,还是从国内销售情况看,近年来的产品质量与安全问题频频发生。虽然,有问题产品占总数的比例不大,属于"做多必有失"的范围,但正如俗话所说:"一粒老鼠屎坏了一锅

---

① 刘菊花:《推动中国工业由大变强——李毅中讲述中国工业化信息化发展之路》,《光明日报》2009年8月29日第2版。

汤"、"好事不出门,坏事传千里",现在不是传千里,而是在全球传万里。质量问题的特征就在于必须追求完美。因为,对于生产者来讲,可能只是"百分之零点几"的问题,但对于特定的消费者来讲,就是百分之百的问题。人家就会为此诉诸媒体与法律、闹得沸沸扬扬。国外有调查显示,质量问题正在使"中国制造"失去吸引力,这就说明中国制造的产品质量问题忽视不得了,亟须实行从重视"量"到重视"保质保量"的转变了。正是基于这一认识,苏南人首先强化产品质量、服务质量观,注重从数量扩张型向"保质保量"型转变,视质量为公司的生命,苏南各市各级政府部门严把质量关,不仅发文,而且根据各种不同行业,有针对性地采取各种不同方式的检验。譬如,阳澄湖的鱼、蟹,不仅在国内,而且在世界上都是出了名的。养鱼、养蟹的水质是非常重要的。阳澄湖沿湖的各级地方政府对该湖水质就非常重视,经常进行检测,确保水色清纯,养殖区的水氮、磷含量低于非养殖区,养鱼、养蟹的地方水质好于非养殖区,这才确保了阳澄湖大闸蟹的品牌。

吴江的永鼎集团是全国光缆生产企业第一家上市公司,为了保证产品质量,该公司建立了严格的质量检验体系。多年来,该公司凭借其光缆制造方面的领先技术与建设国家干线工程与信得过的产品质量,迈上了良性的持续发展轨道。

张家港的永钢集团,为了确保产品质量,建立了一整套完善的生产、检测体系。在原材料、产品检测检验上,永钢拥有先进的化学、物理设备测试中心,保证原料进厂和成品出厂的质量;在操作上,实现电脑控制钢温,关键岗位全流程电脑监控,稳定熟练技工队伍;在质量管理组织建设上,全厂建立起质量网络组织,专门负责解决新出现的质量问题,适应新的技术标准;在制度建设上,夯实基础,严格制度,建立质量保证体系。特别值得一提的是:永钢从严格要求出发,建立了84种质量记录,使质量流程可倒流、可追溯,每一批、每一件产品不论销售到何处,时隔多久,都能凭着标志追溯到生产班次与主要负责人,甚至可以追溯到原料的来源,由何人经手。

当然,讲质量不是不要数量,苏州人认为:"没有'量'就谈不上质,'量'越多,质的升级才越多,但这个'量'不是粗放的'量',而是能够为转型升级提供着力点的有效的量",因此,通过扩大有效投入推动经济发展方式转变,仍然是现阶段的重中之重。

为了加快基础设施投入,苏州大力推进重大基础设施项目建设,加快推进

80万伏超高压换流站、京杭大运河航道整治、学院路大桥等涉及电力、交通、市政、环保等方面共72项重点项目建设。

无锡国盛精密模具有限公司创建人戴品荣,是从事模具行业的。早在20世纪80年代,他就被公司派往日本东芝公司学习精密模具制造先进技术。3年的国外学习生涯让他深深感受到中国精密模具产业与世界先进水平的巨大差距。当时,精密模具的精度已达到微米级,世界上精密模具的最高精度为正负0.001毫米,即1微米,这一数字相当于头发直径的1/70。但中国的精度只能达到正负0.002毫米,即2微米,两者相差1微米。为了这1微米的竞争,戴品荣萌发了自主创新的念头。1999年,他与志同道合的朋友凑了200万元,注册了"国盛模具"。头发直径的1/70,如此精细程度的模具,绝非人人都能涉足。"要做,就要做到世界顶尖!"戴品荣从创业起始就用"精益"的发展观来经营企业,精益生产,精益管理,精益求精,他把国盛定位为世界最高精度模具加工企业,产品的精细程度瞄准世界一流。创业之初是很艰辛的,但经过多年钻研,国盛产品的精度终于达到正负1微米,达到世界最高水平,尤其是,在日本引起很大震动,日本同行对比两国精密模具生产技术后,普遍认为日本的水平已落后于国盛。

常州人,则是既要数量与速度,也要质量。常州市委书记范燕青,在一次全市开放型经济工作会议上讲到速度,就是要保持开放型经济发展的增幅。他要求常州在2010年要确保完成到账外资和工商注册外资增长10%,外贸出口力争增长10%,继续在全省保持增速领先,不断缩小与先进地区的差距,确立苏南第一方阵的应有地位,进一步提升开放型经济对常州地区经济发展的贡献份额。范燕青认为,质量,就是要提升开放型经济发展的内涵。他提出五个特别重视:一是要特别重视利用外资中龙头基地型项目的引进,围绕轨道交通、输变电、新能源、新光源等优势产业,加快产业链招商,形成产业集聚。二是要特别重视研究国内外产业发展新趋势,注重新材料、新传感、汽车、航空等战略性产业的项目招商、引进,发掘和培育产业后劲。三是要特别重视到账外资中设备投入的比例。四是要特别关注项目成熟度,切实提高资金到账、项目开工、企业投产率。五是要特别重视出口品牌建设,增强出口企业和出口产品的竞争力。①

---

① 崔奕:《既要速度又要质量,奋力拼搏再开新局》,《常州日报》2010年1月16日第1版。

经济发展包括数量增长与质量提高这两个方面，应该"保质保量"，确立质量第一的发展理念。今后我国经济发展的主要问题不是数量增长的快慢，而是经济发展质量的高低，作为走在我国经济发展前列的苏南更应如此。

2. 在传统产业集约发展的基础上，如何进行新兴产业的集约发展，也是苏南人重点关注的。

传统产业的集约发展，在苏南各市发端于20世纪90年代，至21世纪初的今天，已形成一定规模的板块；新兴产业的集约发展，发端于近几年，已形成一定规模的有电子产业、新能源、新医药、新材料、生物、环保、软件与服务外包等。由于各市的情况不同，各自选择的新兴产业发展的重点也有所不同（详见本章第三节）。

## 第三节　比较优势
### ——苏南发展新兴"比较优势"产业的战略选择

日本著名国际经济学家小岛清所创建的比较利益论，是建立在李嘉图、赫克歇尔·俄林理论基础上的。

李嘉图（1772—1823年）是英国古典经济学中劳动价值论的集大成者。在李嘉图的理论体系中，除了劳动价值论，还有一朵绚丽的奇葩，那就是对国际贸易理论具有重要影响的"比较成本论"。该学说认为，在自由贸易条件下，各国不必生产它所需要的一切商品，只需要生产其占有比较优势的某些产品，然后互相交换就能获得利益。李嘉图假定英国生产一定量的毛呢需要100人1年的劳动，酿造的葡萄酒需要120人劳动同样长的时间；并假定葡萄牙生产同量葡萄酒需要80人1年的劳动，生产同量毛呢则需要90人1年的劳动。在这种情况下，英国在毛呢与酒的生产上都落后于葡萄牙。但权衡轻重，可以两劣取其轻，集中劳动与资本生产毛呢以换回所需葡萄酒。葡萄牙虽在毛呢与酒的生产上都较英国先进，但也不必都生产，即可以两优取其重，集中资本与劳动生产葡萄酒以换取毛呢。这样，对两国都有裨益，都可节约社会劳动，得到更多的产品。英国可得到它所需的毛呢与葡萄酒，节约20人1年的劳动，葡萄牙也可得到它所需的毛呢与葡萄酒，节约10人1年的劳动。因此，按比较成本原理进行的生产与国际贸易，对各国都是有利的。

瑞典经济学家俄林（1899—1979年）认为，在国际贸易中，要注意生产要素禀赋的比例问题,而不是其比较劳动成本。在国际贸易体系中,各国都从事于生产与出口那些生产要素相对充裕的产品,进口那些生产要素相对不足的产品。这就是生产要素禀赋比较论。由于俄林的这一概念最早得自于瑞典经济学家、俄林老师赫克歇尔,所以被称为赫克歇尔·俄林理论。

小岛清的比较利益论认为,赫克歇尔·俄林理论中的劳动与资本要素可以用劳动与经营资源来替代。经营资源是生产要素,包括实物资产、技术、劳动力等。如果两国的劳动与经营资源的比率存在差异,则将导致比较成本差异。比较利润率与比较成本的差异有关。凡是具有比较成本优势的行业,其比较利润率也较高,亦即比较成本与比较利润率是相对应的。因此,应当根据比较成本与比较利润来分析一国的对外贸易与对外直接投资。国际分工原则与李嘉图的比较成本原则是一致的,即国际分工既能解释国际贸易,也能解释对外直接投资。日本的对外直接投资应当根据比较利益的原则进行。

小岛清认为,可以将国际贸易与对外投资的综合理论建立在"比较优势原理"的基础之上。在国际贸易方面,根据既定的比较成本,一国应大力发展拥有比较优势的产业,并出口该产业的商品;缩小拥有比较劣势的产业,并进口该产业生产的产品,就可获得贸易利益。在对外直接投资方面,投资国应从处于或即将处于比较劣势的边际产业依次进行投资。这样,就可以将东道国因缺少资本、技术与管理经验而没有发挥的潜在比较优势挖掘出来。因此,可以扩大两国间的比较成本差距,为双方进行更大规模的进出口贸易创造条件。国际贸易是按既定的比较成本进行的,国际直接投资则可以创造新的比较成本。虽然有这种差别,但两者都是以比较成本原则为判断标准的,从这一点来讲,可以将两者建立在一个综合理论基础之上。

一个国家也好,一个地区也好,都应该结合本国国情、本地区区情,大力发展并拥有比较优势产业。20 世纪 90 年代以来,苏南各市都注重了这一点,形成了各自的比较优势产业与一些生产要素相对充裕的产品。

长期以来,我们的经济发展战略,都是建立在资源、环境、劳动力的传统"比较优势"基础上。从苏南看,首先在"天时"上,不仅在长三角,而且在国内获得发展先机,走在全国的前列;其次在"地利"上,苏南在国内具有区位优势;一句话,苏南无论是在硬环境上,还是在软环境上,都具有比较优势。苏南经济的快速增长,可以讲,其成就在于此;然而,其存在的问题也在于此。

苏南凭借其天时、地利、人和,先是在 20 世纪 80 年代快速发展了乡镇企业与集体经济,后是在 20 世纪 90 年代快速发展了外向型经济与加工、制造业。现在看来,天时、地利、人和都发生了很大转变。首先,天时变了。无论是 20 世纪 80 年代,还是 20 世纪 90 年代发展起来的集体经济、外向型经济,都存在着加工型的制造业所占比重过大,资源、能源消耗过大、环境代价(尤其是污染所造成的代价)太高,经济发展中的创新能力不足、核心技术缺少、原创性不强,尤其是一些关键性产业缺少竞争力,有的甚至出现竞争力下滑等问题。其次是"地利"没有了。在城市化与工业化的浪潮冲击下,苏南现在缺地了,没有一个市的农业超过 GDP 的 2%,即农业所占的比重极小了,风调雨顺对不上号了,天下粮仓、鱼米之乡不复存在了。互联网与海陆空交通运输的发展,不仅使苏南交通运输更为方便了,也使周边地区、国内其他区域的交通运输业方便了,苏南的这一比较优势也相对下降了。最后,人力资源遇到了瓶颈。一是人力资源成本上升了,目前操作工含加班费月薪平均都在 1600 元,高的可以达到 2000 元以上。二是面临两大问题:一个问题是苏南企业用工紧张面临拐点,突出表现在企业的跳槽者增加,结构性矛盾突出,企业需要的学有所长的技能性人才供不应求;还有一个问题是,由于苏南房价较高,人才引进的成本增加了。来苏南的人才,不能不面临高房价问题。这给人才引进带来瓶颈,而苏南现在做大了,各行各业都需要各方面人才,尤其是领军人才,引进一个,费用是不低的。这不能不说,对苏南是一大制约。

上述三个方面的因素,使得苏南的"加工工厂"、"制造工厂"的传统比较优势呈现出下降趋势。苏南要扭转这一下降趋势,必须转变发展方式与发展理念,走出传统的"比较优势"的思维局限。

在人类经济发展史上,不同时期发挥关键作用的生产要素与生产条件是不同的。亚当·斯密在 1776 年出版的《国民财富的性质和原因》一书中提出"比较优势"原理时,产业层次还比较低,产品还比较粗糙,科学技术也不发达,还没有成为经济发展中至关重要的因素,起重要作用的是分工以及决定分工的自然资源的比较优势。在 20 世纪八九十年代,苏南的工业尽管发展起来了,并且门类较多,但产业链处于低端,为了改变这一状况,苏南各市大量招商引资,发展了外向型经济。但鉴于种种原因,大量引进的是加工制造业,在科学技术发达的当代,没有让科学技术这一在当代经济发展中起着关键作用的因素发挥关键作用,缺乏创新能力与核心技术,造成资源环境代价太高、不少引进的企业大而不强,使得苏南成为名副其实的加工制造基地,而不是创造基地,GDP 虽不低,但竞争力不足,陷入"比较优势陷阱",只能是人家创新创造拿丰厚的专利费,我们拿低廉的加工费,耗费的环境资源、人力资源代价,实在是太高、太大。20 世纪八九十年代,这些企业是发挥了作用的,给苏南人带来各种荣耀。但在今天,这些企业,一部分顺应了转型升级,顺势而上了;一部分却顺势而下,成为转型升级的阻力,继续消耗大量的环境资源与人力资源。

原先,环境资源与人力资源便宜,具有传统的"比较优势"。与这一"比较优势"相联系的,是劳动密集型产业受劳动力素质的限制,通常难以创新,缺少核心技术,因而处于产业链的低端,利润率低,受国际波动的影响大;劳动者工资低,消费能力有限,直接影响启动内需;现在,环境资源成本高了,仅仅以土地价格一项核算,在苏南,一亩地要卖上几百万的,可不是 20 世纪 80 年代只要花上几万元就能买到一亩地的;劳动力的工资成本也上升了,其便宜优势正在逐渐失去,先前的投资者还能在苏南游走在低端产业链上吗?如果不能游走,就必须撤走,这对于苏南各市来讲,形成一个转型升级的现实需求,迫使苏南人必须走出传统"比较优势"的思维局限,发展新兴的"比较优势"产业,即必须转型升级。

问题在于,苏南应该发展哪些新兴的"比较优势"产业,怎么发展?从哪些方面发展?

无锡市市委书记杨卫泽就提出了要在"加快由工业经济向服务经济转型"、"加快由外源依赖向内生增长转型"、"加快由投资拉动向创新驱动转型"、"加快由项目引领向人才引领转型"、"加快由粗放增长向文明发展转型"、"加快由城镇带动向中心城市带动转型"、"加快由经济大市向富民强市转型";尤其是,应大力发展物联网、新能源等战略性新兴产业、淘汰落后产能、鼓励加工生产型企业向两端延伸,引导生产性服务业集中集聚发展,形成新兴产业的比较优势。

## (一) 必须打造新兴产业"比较优势"发展基地,规划好新兴产业的发展格局

比如,苏州工业园区,为了发展新兴产业"比较优势",就打造了四大省级创新园区。

1. 独墅湖科教创新区,在独墅湖畔崛起"苏州剑桥"。

对于苏州独墅湖科教创新区,有人说,她是苏州的剑桥、牛津式的教育、科研高地。独墅湖科教创新区里,湿地公园景色优美,但不收门票,公交车免费

乘坐,学生食堂、羽毛球馆、健身馆、跆拳道馆以及室内篮球场、游泳馆、网球场、攀岩馆、壁球馆等,供各学校共享。这里的人们,78%为本科以上学历,是苏州人才会聚的高地。

苏州经济总量处于全国第四、工业经济处于全国第二,但苏州的高教资源、科技创新资源偏少。于是,苏州决定选址苏州工业园区独墅湖畔,通过改革创新打造一个以高教为基础的科教创新区。苏州工业园区独墅湖高教区管理办公室主任兼独墅湖科教创新区工委副书记、管委会常务副主任叶峰认为,这里将是苏州未来科教创新的主力军、主阵地。

2002年启动时,这里叫研究生城,主要是招校引院;2005年改名叫高教区,重点是招生引师;2008年改名科教创新区,重点是招才引智。目前园区已引进中国科学技术大学苏州研究院、南京大学苏州研究生院以及苏州大学独墅湖校区等16所高校在区办学,区内全日制在校生规模为3.4万人,公共数字图书馆、公共体育馆、影剧院等约200万平方米建筑设施已全面投入使用,建成区6平方公里范围内交通便捷、设施先进、环境优美。

区别于传统意义的城区,科教创新区布局独特:一是为教育留下载体,今后这里将要容纳20家高校或其研究院、研究生院;二是要为科技创新平台留下空间,这里已成立五家大学科技园,以后省部级以上科研机构要超过200个,每年知识产权申报超过2000个,其中发明专利要在60%以上;三是这里要成为科技创新产业化的发动机,三年后海外留学生回国创业企业300家,高新技术企业的总部和研发机构要达500家,上市企业约10家。

2. 中新生态科技城,打造现代化节能"新天堂"。

近年来,园区在加快开发建设和经济发展的同时,注重建筑节能降耗和生态环境保护,结合创建生态工业示范园区,通过加强政策引导、绿色宣传和示范项目带动,在建筑节能及绿色建筑方面做了一些有益的尝试,取得了初步成效。

园区管委会高度重视建筑节能和绿色建筑的发展,在国家《绿色建筑评价标准》出台前,已在借鉴美国绿色建筑委员会LEED绿色建筑评分系统标准和新加坡绿色建筑标准的基础上,针对园区的具体情况,研究制定园区关于绿色建筑的推动计划,并在2006年6月31日颁发了《苏州工业园区绿色建筑评奖办法》。

中新生态科技城位于园区北部,南靠沪宁高速公路和沪宁城际铁路园区站,北依阳澄湖旅游度假区,规划总面积 4 平方公里,规划居住人口 3 万人。规划居住用地 139 公顷,规划产业用地 138 公顷。围绕"打造园区最具特色的生态环保节能示范新城"的目标,建设了一批生态环保亮点工程,如中新湿地公园、水源热泵、生态公厕、太阳能路灯等。此外,中新生态科技城内的住宅将达到中国建筑节能两星及以上标准,商业及写字楼将达到中国建筑节能三星标准,充分体现环保节能理念,为整个区域生态环保产业集聚创造了独具特色的外部环境。

对于这个现代化节能"新天堂",园区提出了"五字方针"。一是突出"准"字,明确定位。大力引进培育生态环保、绿色节能等产业,把生态环保理念贯穿于基础设施建设、产业发展、房地产开发、生产生活等各个领域,努力打造成为具有国际水准、国内领先、体现园区特色的低碳经济区、循环经济区和生态示范区。二是突出"好"字,完善规划。学习借鉴新加坡的先进经验,研究完善生态科技城的产业发展规划和生态环保规划,制定详细的实施方案。三是突出"快"字,加快招商加大全区招商引导与聚焦扶持力度,组建生态科技城专业招商服务队伍,重点突出对生态环保产业链上优势突出、作用关键、潜力巨大的项目招商。四是突出"优"字,加强扶持。加大财政与风投聚焦投入力度,加强与高校的合作,加快建设各类公共服务平台,加快推进人才公寓、邻里中心、酒店、公交等建设,不断优化生态科技城综合功能配套。五是突出"活"字,繁荣人气。充分利用北部地区路网发达的优势,加大公交开通对接力度,加快建设各类文娱及商业设施,带动集聚生态科技城人气商气。

3. 国际科技园,让苏州人感受现代科技的魅力。

一个喷满涂鸦的厂房里集中了大量的动漫、游戏、广告、传媒等创意产业公司,员工以 80 后为主。工作氛围自然、时尚、活力。每个办公室内或贴着卡通人物,或摆着汽车模型,或喷着涂鸦,或搭起了颜色各异的台阶楼梯。只有在玩偶模型间露出的几位不断敲击键盘的青年人,以及旁边的公司名称,才让人"醒悟"这里原来是个办公室。拥有激情一切皆有可能,"创意泵站"让在这里创业的年轻人激情无限。来自东北的荣红军在园区内的一家手机搜索引擎公司担任管理工作,他所在的公司由留美博士回国创办,公司的总架构和算法专家组在美国硅谷,拥有硅谷几个世界一流搜索引擎公司工作的经验,而他所在的分公司的街区环境正是按照欧美国家工作生活标准而设计的。

"创意泵站"只是苏州国际科技园内的一角风景。在家中客厅就能挥动球杆打高尔夫球,对照真人发音闭合口型的数字虚拟人,游动在地上的小鱼儿被来客的脚步惊扰……这些看似不可能的在苏州国际科技园内都成为了可能。

苏州国际科技园是苏州工业园区科技创新、知识创新和企业孵化的重要载体,拥有着"国家级科技企业孵化器"、"中国软件欧美出口工程基地"、"国家动画产业基地"、"国家软件产业基地"、"中国服务外包示范基地"和"中国留学人员创业中心"等多个名号,目前已成为江苏省乃至全国重要的软件外包和集成电路设计基地、创新型人才、研发机构和高科技企业的集聚和辐射地。截至2009年年底,国际科技园注册企业超过850家,入驻企业363家,吸引高科技人才两万多名,集聚了苏州地区60%的软件开发企业、80%的集成电路设计企业和江苏省70%的中国软件欧美出口工程试点企业。销售额超千万美元企业达到5家;经认定的国家软件企业累计已达90家,国家认定软件产品84个,通过CMM认定的软件企业9家。涌现出了浩辰科技等一批在全国同行业位居前列的龙头企业和行业"单打冠军"。

2010年,苏州国际科技园迎来了开发建设的第一个十年。科技园以创建科技创新示范区和国家创新型科技园区为契机,努力培育新的经济增长点和产业制高点,加快塑造自主创新品牌,争做园区"二次创业"先锋队。

4. 生物纳米科技园,凸显群聚效应。

苏州生物纳米科技园是苏州工业园区为了实施科技跨越计划,发展生物医药这一新兴产业而斥巨资建设的科技载体。生物纳米园位于独墅湖科教创新区内,占地面积86.3公顷,规划建筑面积100万平方米。依据产业方向和专业需求,园内划分为研发孵化区、中试生产区、代建项目区、行政办公区、生活配套区等功能区域。既可向创业者提供灵活分隔的孵化单元或中试厂房,又可按其需求量身定建厂房设施,体现"孵化器+加速器"的全面功能。

2010年4月6日,冷泉港亚洲会议在江苏苏州工业园区独墅湖会议中心揭幕。当日,诺贝尔奖得主、DNA双螺旋结构发现者之一的詹姆斯·沃森博士亲临现场为该会议揭幕。在此后的11天时间里,冷泉港亚洲会议先后举行詹姆斯·沃森癌症研讨会和朗西斯·克里克神经科学研讨会两个系列会议,近50名全球著名癌症领域的科学家做学术报告。

多年来,苏州工业园区投入巨资支持生物医药产业发展,累计投入已超过20亿元的生物纳米科技园就是该区培育生物科技与纳米产业的创新载体。

为满足企业研发需求,生物纳米科技园建成了药物分析测试平台,抗体公共技术服务平台,利用美国麻省理工学院的技术建立的药物传导技术服务平台,与中国医学科学院分子肿瘤实验室合作设立的创新生物医药平台。2009年公共技术服务平台提供分析测试服务超过11000次。此外,生物纳米园还为进驻企业提供政策申报、商业发展、人力资源、实验保障等全方位的配套服务,以帮助和促进企业加快从实验室研发到成果商品化的步伐。

近3年来,生物纳米科技园聚集了各类高科技研发企业159家,帮助园内企业获取各类资金超过4.7亿元人民币,已形成新药研发、诊断试剂、医疗器械、CRO服务外包等四大产业集群,聚集了1500余名拥有国际视野和自主知识产权的科技人才,产出了一批令人瞩目的产业化成果,多个项目入选国家新药创制重大专项,多人入选国家、省市人才工程。

### (二)必须规划好新兴产业的发展格局

当今世界科技发展迅速,新技术、新工艺、新产品和新产业层出不穷,由此带来对新兴产业的认知日新月异。近年来,苏州先后出台了新能源、新材料、医药及生物技术产业提升发展计划和服务外包跨越发展计划,新能源(风能、太阳能)、医药及生物技术、智能电网、新型平板显示等四大产业跨越发展工程,确定了发展节能环保、物联网和新能源汽车等新兴产业的基本思路,还发布了苏州市战略性新兴产业重点领域技术指引。

1. 苏州的新兴产业。

2009年,是苏州市工业实施新能源产业、医药及生物技术产业、新型平板仪产业、智能电网产业这"四大产业跨越计划"开局之年。

2009年,中国平板显示产业,在苏州迈出一大步。这一年12月10日,在昆山举行的康佳液晶电视模组基地落成投产仪式上,中国第一块自主研发制造的最大尺寸液晶模组——55寸液晶模组下线,这标志着目前国内最大的液晶模组生产基地正式投产。康佳昆山液晶模组生产基地总占地面积285亩,固定资产投资8.86亿元,共建设8条液晶模组生产线。预计项目全部建成后,可年产模组820万片、电视整机410万台,实现年产值128亿元,是目前国内最大的液晶模组自主研发、生产、配套整机生产一体基地。

国内首家通过国家正式批准的TFT-LCD高世代线项目,现也在江苏昆山光电产业园开工建设。该项目总规划用地1500亩,总投资33亿美元,产品涵盖大尺寸液晶电视显示屏和模组,建成后玻璃基板月处理能力达到9万片,年生产 1277 万台液晶电视产品，年销售收入约为 23 亿美元。TFT-LCD 高世代线项目是我国平板显示产业转型升级的标志性项目。

苏州近几年来引入大批平板显示上下游企业及相关配套企业，发展后劲逐步显现。液晶显示前道线有昆山龙腾光电五代线，总投资 15.69 亿美元，月切割玻璃基板能力达到 11 万片，在国内首屈一指；产业链中游有三星液晶显示、友达光电、日立显示器件、华映视讯等一批国际知名的 TFT-LCD 模组生产企业；产业链下游有瑞中电子、大同电子、冠捷、佳世达电通、仁宝电脑、仁宝光电等液晶显示器及液晶电视生产企业。台湾几大背光模组企业在苏州均有规模较大的生产工厂，如璨宇光学、辅祥光电、瑞仪光电、福华光电、科桥光电等，背光模组年产量超过 8000 万套，为国内最大的液晶显示背光模组生产基地。

目前，全市共有新型显示企业 300 余家，其中省级高新技术企业 50 余家，实现工业总产值约 1000 亿元。从产业发展态势来看，随着康佳、龙飞光电、彩虹集团等一批新型平板显示大项目相继在苏州落户，苏州平板显示产业的竞争力和发展后劲将更为明显。

2009 年上半年，苏州首家光伏科技学院——阿特斯光伏科学院揭牌，该学院由常熟理工学院和常熟阿特斯阳光电力科技公司合作建立，主要培养适应光伏产业发展需求，具有研发、生产或管理、市场推广能力的光伏科技应用型人才。

学院揭牌后不久的 7 月，苏州市 10 家太阳能光伏企业发起成立"苏州市光伏产业协会"，首批会员企业共有 38 家；同年 11 月底，苏州市光伏产业协会正式揭牌成立。据介绍，协会成立后将积极构建企业和政府联系的桥梁，努力为企业、政府、大学和研究机构之间搭建沟通平台，贯彻国家发展太阳能光伏产业政策，实施苏州市能源产业科技示范工程，引领太阳能光伏产业的技术创新，引导太阳能光伏产业的生产协作，促进太阳能光伏产业的待业自律和诚信建设，推动我市太阳能光伏产业快速、健康发展。

2009 年，苏州市的新能源产业，特别是太阳能光伏产业得到了长足的发展，目前苏州已形成了较为完整的产业链，形成了太阳能光伏电池及组件生产、光伏生产设备制造、光伏材料制备、光伏发电系统集成、光伏应用产品及相关配套产品等配套能力较强的 5 大板块，并在太阳能光伏产业链的若干关键环节和节点上，拥有较强的自主创新能力和一批专利技术。全市现有光伏及其配套企业 60 余家，其中省级高新技术企业 8 家，母公司上市企业 3 家，年光伏电池和组件产量达 300MW, 总产值 100 多亿元。

2009 年苏州市风电装备制造产业呈加速发展态势。全市现有风电整机及零部件制造企业 40 多家, 风电装备制造产业年产值大约 20 亿元, 涵盖了整机制造、风力发电控制系统、风机回转轴承与支承、齿轮箱等关键零部件, 以及叶片、叶片模具、塔筒、锻铸件等制造的各个领域, 其中, 苏州能健电气有限公司的叶片变桨系统的研发与制造在国内居领先地位。

2009 年 7 月底, 总投资 8500 万美元的苏州药明康德新药开发有限公司在吴中区正式开工投产, 该公司是一家以新药研发及安全评价服务为主的企业, 拥有 3000 平方米的亚洲规模最大药物安全评价研究中心, 将提供国际标准的药物安全性评价、药理药效研究等服务。目前, 吴中区内医药产业基地拥有生物医药类骨干企业 9 家, 医疗器械及医用材料生产企业 65 家, 医药研发外包服务企业 10 家, 还有数家省级以上工程技术中心和研发机构, 构筑了一个从研发、中试、测评、生产到成药的完整生物医药产业链, "吴中药港"的金字招牌越发亮丽。

2009 年 12 月 9 日, 中国科学院苏州纳米技术与纳米仿生研究所顺利通过了中国科学院、江苏省、苏州市以及科技部专家的正式验收, 标志着中科苏州纳米研究所已高质量完成筹建任务。自 2006 年 9 月筹建以来, 苏州纳米研究所在科研工作和人才队伍建设等方面已初步形成了自己的特色和优势, 纳米所在填补苏州国家级应用型研究机构空白的同时, 开启了院地合作的新历程。在科技规划和领域布局方面, 该所瞄准信息、能源、环境和生命医学领域, 确定了纳米器件及相关材料、纳米仿生、纳米生物医学、纳米安全、系统集成与IC 设计等重点发展方向, 初步形成了基础研究到产业化的完整创新价值链。3 年来, 研究所共培养和引进高层次研发人才 470 人, 其中 47 人被评为地方科技优秀人才; 承担各类科技计划项目, 其中主持或参与"973"计划项目 4 项; 申请专利 73 项, 其中发明专利 69 项; 转移技术和成果 51 项, 获得地方和企业经费支持 7 万元; 吸引近 30 家纳米领域的企业入驻, 使纳米产业呈现出集群发展的良好态势。

由于医药及生物技术产业属于民生产业, 拥有相对稳定的市场需求, 在国际金融危机蔓延、经济衰退的背景下, 仍呈现了良好稳健的增长态势。2009年, 苏州医药及生物技术产业投资增长, 表现出新的扩张势头。目前, 我市医药工业年总产值 160 多亿元, 年均增长 14% 以上。全市共有医药及生物技术生产企业536家,占全省24.6%,医药经营企业超过3000家,医药企业总数位居江苏省第一。医药产品门类齐全,有药品品种约2200个,涵盖药品所有剂型,药品类别完备程度全省第一,生产医疗器械产品约2000个。

同时,园区、吴中区和高新区等地聚集了一大批医药及生物技术研发机构,科技人员数量和科技开发水平均位于全省前列,形成了较强的医药及生物技术研发创新能力,各地研发平台特色日益显现,产业集聚度不断增强。

2010年,在全市加快转型升级现场交流推进会上,苏州又提出了下一步苏州市将力推"八大新兴产业",即新能源、医药和生物技术、新型平板显示、智能电网、新材料、物联网、节能环保、新能源汽车。据市经信委提出的数据,2010年前10个月全市战略性新兴产业经确认的规模以上企业达到了1223家,产值占全市规模以上工业的比重达到了27.7%。苏州市委提出:"力争在'十二五'期末战略性新兴产业占规模以上工业总产值比重达50%"①。

在此之前,即在2009年,苏州市委、市政府不仅明确了产业转型升级的要求,而且提出要"转得快,转得准,转得好",加快打造一批新兴产业集群。这两年,苏州各地新兴产业发展"风生水起",2009年,苏州市战略性新兴产业经初步界定的318家规模以上企业实现工业总产值突破2000亿元,占了全市规模以上工业总产值的10%;到2010年1—4月,八大战略性新兴产业经确认的525家规模以上企业实现工业总产值已达1090.5亿元,占全市规模以上工业总产值的比重为14.6%,同比增长了28.4%。根据当前新兴产业快速发展的实际情况,苏州为八大战略性新兴产业发展确定的目标任务是年均增长30%以上,到2012年,全市战略性新兴产业的产值突破5000亿元,到2015年产值超过1万亿元,从而把战略性新兴产业逐步培养成我市的支柱产业。

谋定而后动。苏州人认为发展新兴产业,我们和发达国家之间不存在"时间差",苏州应该紧贴技术和产业发展的最前沿,靠前更靠前,立足自身基础和比较优势,放眼全球抢占新兴产业发展制高点。

从动态发展的角度看,以2010年上半年为例,苏州工业经济呈现"三个增长、三个明显"向上态势。"三个增长"即:其一,工业经济稳步增长。2010年上半年,苏州市完成规模以上工业产值和增加值均创历史最高,分别完成

---

① 《中共苏州市委关于制定苏州市国民经济和社会发展第十二个五年规划的建议》,《苏州日报》2010年11月27日第A02版。

11634 亿元和 2560 亿元,同比增长 26% 和 19.4%。其二,支柱行业全面增长。改革开放 30 多年来,苏州抓住发展机遇,形成了六大支柱产业,成为全国第二大工业城市,为发展新兴产业打下了良好的基础。2010 年上半年,电子信息、装备制造等六大支柱产业全面增长,产销良好,六大支柱产业累计产值 11146亿元,占规模以上工业产值比重 96%。其三,新兴产业迅猛增长。新能源、新材料、生物技术和新医药、节能环保、软件和服务外包、智能电网和物联网、新型平板显示、高端装备制造八大新兴产业实现规模以上产值 2453.4 亿元,占规模以上工业产值比重 21%。

"三个明显"即:百强企业支撑明显,全市百强企业累计产值 4823.2 亿元,同比增长 26.4%;工业投入增幅明显,全市工业累计投入 721.5 亿元,增长 15.9%,增幅同比提高了 19.1 个百分点,其中民资完成 307.2 亿元,同比增长 32.4%;节能降耗和淘汰落后成效明显,在"十一五"期间,前 4 年的万元GDP 综合能耗累计下降了 17.77%,成效十分明显。

2. 无锡的新兴产业。

无锡人将最富创新内涵的战略性新兴产业视为无锡转型升级的突破口。近几年来,无锡紧紧抓住 IC、太阳能、生物医药等能够引发新一轮增长的产业,通过加快产业的更替速度来加速经济转型升级;以培育战略性新兴产业为重要突破口,大力发展创新型经济,提出发展八大战略性新兴产业,实现六年"双倍增"目标,在建设创新型经济领军城市的征程上坚定前行。

"八大战略性新兴产业"之一:物联网。

2009 年 8 月 7 日,温家宝总理视察无锡,提出在无锡加快建立"感知中国"中心。也是在 2009 年,物联网明确被列为国家战略性新兴产业。作为国家传感网创新示范区,无锡在国家物联网产业中具有重要的战略地位。2010年,无锡已初步形成自己的物联网产业发展路径,在标准建设、研发核心技术、推动示范应用上取得了突破。[1]

"八大战略性新兴产业"之二:软件与服务外包。

历经 3 年跨越式发展,无锡的软件外包业务已站到新的起点,现正谋求新一轮发展。为了发展该产业,无锡针对本市只有江南大学一所综合性大学,在

---

① 高颖、王琴:《"感知中国",无锡发力"领跑"——八大战略性新兴产业调研行"之一》,《无锡日报》2010 年 8 月 9 日第 1、2 版。

人力资源上弱于许多城市的情况,通过引进印度国家信息技术学院(NI-IT)、美国埃长内基学院、北大软微学院等国内外教学资源,加强实训,有效解决了产业发展初期的人才紧缺问题。有了"人"的支撑,以及一系列强势政策的扶持,爬坡起步的无锡软件与服务外包产业开始实现"弯道超越"。

目前,无锡已累计引进日本 NTT、墨西哥萨孚凯等全球服务外包 100 强及软通动力、海辉软件、软国际等国内服务外包 50 强企业。2010 年上半年,无锡新注册软件企业 183 家,嵌入式与行业应用、出口外包、物联网等正成为无锡软件产业的主打产品。[1]

"八大战略性新兴产业"之三:微电子。

无锡的微电子产业产值占全国的 22.5%,其中晶圆营心总值以 40.78%的比重居全国第一,封测、设计业分别列全国第三、四位;国家发改委发布的 2009 年鼓励的集成电路企业名单中,无锡有 16 家名列其中,占总数的 11.6%。如今,有 160 多家各类集成电路企业会聚无锡,形成了一条涵盖设计、制造、封装、测试等领域的完整产业链,成为无锡最具代表性与区域竞争优势的新兴产业。2009 年,国内唯一一条依靠自有资金、技术、市场投资建设的 8 英寸晶圆生产线在华润投产,从而奠定了其中模拟集成电路的领先地位。以海力士、英飞凌等为代表的具有国际水平的集成电路制造、封装企业,在无锡新区形成了高度集聚的局面。海力士不仅晶圆工艺从 90 纳米到 66 纳米、54 纳米一路升级,而且将后道的封装工艺也移到无锡,延长了产业链。[2]

"八大战略性新兴产业"之四:节能环保。

据有关统计显示,无锡以 5.38%的单位 GDP 能耗降幅,超额完成省下达的 2009 年度节能目标。无锡新兴产业"双倍增"计划提出,到 2012 年和 2015 年,节能环保产业规模分别达到 720 亿元和 1200 亿元。

节能环保产业是节能减排、防治污染、改善生态的重要物质基础和技术保障,也是先进制造业和生产服务业紧密结合并极具发展潜力的新兴产业,被称为绿色产业和朝阳产业。

---

① 姚建华、朱雪霞:《奋力加速,追赶"班加罗尔"——"八大战略性新兴产业调研行》之二·软件与服务外包篇》,《无锡日报》2010 年 8 月 10 日第 A1、A2 版。
② 英洁、尹晖:《微电子产业,期待再次腾飞——"八大战略性新兴产业调研行"之三·微电子篇》,《无锡日报》2010 年 8 月 12 日第 A1、A2 版。

无锡的节能环保产业经过30多年发展,产业总体规模不断扩大,运行质量和效益不断提高,成为无锡国民经济中新的经济增长点。

说到无锡的节能环保产业,不能不提宜兴的环科园。宜兴是中国环保产业发祥地——20世纪70年代初,宜兴以原有的机械加工业为基础,逐步向生产污水处理设备转型,到20世纪80年代末,宜兴已成为全国环保装备制造业的领头羊。1992年,第一个国家级环保科技工业园落户宜兴,这是全国首个以"环保产业"为主题的国家级高新技术产业开发区。①

"八大战略性新兴产业"之五:新材料。

在无锡,新材料产业作为一个专门的产业概念进入人们视野,大致是从"十一五"规划开始的。

经过多年的共同努力,无锡新材料技术的自主创新能力已有了显著提高,形成了江阴、宜兴、锡山、惠山四大国家级特色新材料基地。2009年,全市新材料产业规模990亿元,占全市新兴产业的比重为34.5%。目前已有规模以上新材料企业570多家,其中145家产值过亿元。

在新材料产业领域出现了一批骨干企业,例如江阴兴澄特钢是全国特钢行业的龙头,江阴法尔胜是国内最大的高性能金属制品和光纤预制棒生产企业,江苏三木集团是全国最大的涂料用树脂生产企业。

材料是一切产业的基础,更是高新技术产业的发展之"根"。目前,无锡新材料产业发展面临比较有利的机遇。一方面无锡的制造业正面临转型升级,新材料在各行各业大有用武之地,一批龙头型、基地型的新材料巨头有望脱颖而出;另一方面,随着新能源、物联网、节能环保、微电子、生物等新兴产业的蓬勃兴起,无锡可以在这些重点领域加大对自主新材料产品和技术的应用,这是支持新材料产业发展的最佳途径之一。②

"八大战略性新兴产业"之六:生物产业。

面对强大的传统产业,无锡的生物产业终究还是微不足道。截至2009年,全市生物医药产业产值仅170亿元,其中甚至已包括生产纱布、药瓶企业

---

① 刘纯、李伟、梁彦:《绿色产业,顺势入佳境——"八大战略性新兴产业调研行"之四·节能环保篇》,《无锡日报》2010年8月18日第A1、A2版。

② 温文、荣倬翊:《新材料,产业升级急先锋——八大战略性新兴产业调研行之五·新材料篇》,《无锡日报》2010年8月20日第A1、A2版。

的产出。

无锡土地上，曾经有过传统种养业的辉煌，却从来没拥有过自己的种子。种子，恰恰才是农业的"老大"，是"命脉"。

一位海归，做了这样的产业演绎："生物，是一个存在无穷可能性的产业，甚至能变更人的发展路径。"生物产业，无论过去多么弱小，甚至一片空白，现在已进入无锡产业的视觉中心。无锡人认为，生物产业研发基地和产业群体，将成为未来持续高速发展的巨大引擎。要想在生物技术领域占有一席之地，必须依托产业的整体崛起。

2007年，以专业园区的崛起和"530"人才的引进为标志，无锡踏上了生物产业新的发展征程。从国际干细胞联合研究中心、单克隆抗体研制基地、药明康德生物技术的进驻，到研发孵化、科技加速、产业化的成长路线，日新月异的生物产业呈现勃勃生机。来自政府部门的统计显示，预计2010年实现收入200亿元，2012年达300亿元，再往后将是裂变式增长。由于生物研发投入大、周期长，因此，它是一个需要耐得住寂寞的产业。虽然它目前个子还小，如同一个婴儿嗷嗷待哺，一旦成长起来，将爆发让人惊叹的能量。[1]

"八大战略性新兴产业"之七：工业设计与文化创意产业。

作为经济发展的新鲜血液，文化创意产业在无锡迅速崛起。目前全市共有文化创意产业企业4600多家，涉及工业设计、动漫网游、广告会展等领域，一个多层次、多门类的文化创意产业体系日趋成熟。如动漫产业，在金融危机中逆势而上，呈现出一派生机。

创意园区是创意产业的孵化器，北仓门文化艺术中心、广益家具创意设计园、N1955南下塘创意产业园、国家动漫产业基地……近年来如雨后春笋般出现的各种园区，让无锡人看到了创意产业蓬勃兴起的美好前景。目前，无锡共有文化创意产业基地（园区）23个，其中年产值超10亿元的"航母级"园区有5个，产业集聚效应开始显现。

值得一提的是，无锡诞生了全国首个，也是唯一一个以"工业设计"为主题的"国家级"园区——无锡（国家）工业设计园。如今，这里已成为会聚技术和产品研发、汽车设计、轻工产品设计等相关工业设计产业

---

① 陈宗安、高美梅：《"细胞"正在分裂生长——"八大战略性新兴产业调研长"之六·生物产业篇》，《无锡日报》2010年8月22日第1、2版。

的专业性园区。①

"八大战略性新兴产业"之八：新能源及新能源汽车。

新的发展，在无锡重点在光伏与风电。

"中国光伏看江苏，江苏光伏看无锡"——在无锡的产业史上，这样的定位还是非常难得的。在不到8年的时间里，无锡已发展成一个初步具有产业集聚效应的太阳能光伏产业基地，形成了较完整的光伏产业链，光伏产业总产量与产能均居全国首位，一批骨干龙头企业脱颖而出，拥有了一批自主创新的专利技术。

风电装备产业堪称"后起之秀"，无锡的风电零部件在国内市场已具竞争力，全市风能企业研发和生产的风能设备零部件种类齐全，电机设备配套率达70%以上。2010年，无锡新能源产业有望实现销售收入850亿元。到2012年，实现销售收入1800亿元。

然而，无锡的这种领先优势正面临新的挑战。各地追兵发展势头强劲，如常州的天合发展迅猛，出口规模已逼近尚德。潜在的挑战是，随着政府大力度支持政策的出台以及"与电网同价"目标的逼近，新巨头将很快出现，实力强大的进入者将极大地改变现在光伏产业的竞争格局。

挑战不仅仅来自同行。光伏产业激烈的同质化竞争，以及全球金融危机造成的国际市场需求相对疲软，使这一产业出现了严重的产能过剩，许多企业陷入困境。目前国内在建或拟建的多晶硅项目产能高达14万吨，而全球2010年多晶硅的需求预计仅为8万吨左右。不容乐观的外部环境对无锡光伏产业的发展造成了极大的压力。

技术瓶颈也有待突破。国内光伏产业技术研发实力偏弱，主要依靠市场驱动而非技术驱动，缺乏强大的内在竞争力。无锡除了尚德等少数几家企业具有研发实力外，多数企业依然缺乏研发能力及投入。此外，无锡光伏产业集群的整体实力并不强。产业链的整体结构也仍然是以劳动密集型的组建封装为主要业务的低附加值加工制造业。面对激烈竞争，拥有先发优势的无锡光伏产业，必须进一步整合现有产业集群资源，壮大无锡光伏产业集群的优势。

---

① 杨明洁、春芜：《智慧产业，冉冉升起的朝阳——"八大战略性新兴产业调研行"之七。工业设计与文化创意产业篇》，《无锡日报》2010年8月25日第A1、A2版。

如此激烈的竞争以及瓶颈问题,同样也在风电这一新能源产业中显现。[①]
要在这场博弈中取胜,唯有创新。

战略性新兴产业,在国民经济中具有战略地位,对经济社会发展与国家安全具有重大而长远的影响;它关系到产业结构优化升级,具有全局性、长远性、导向性和前瞻性等特征,是"领导型产业",具有一定的"行业话语权",选准战略性新兴产业,无论对于一个国家,还是像苏南这样一个地区,如何形成"比较优势"产业,是极为重要的。无锡确定的上述八大新兴产业,不仅完全符合战略性新兴产业的特征,而且对于无锡能否在新一轮经济发展过程中,形成无锡的"比较优势"产业,实现无锡的产业转型升级,是至关重要的。

在上述八大战略性新兴产业中,无锡以传感信息中心为战略重点,定下了力争到2012年实现传感网产业销售超千亿元,建成具有全球影响力的传感网技术创新中心、产业创新中心和应用示范中心的目标。

沿着选定的八大战略性新兴产业与认定的转型升级路径,无锡坚毅前行。目前,无锡的集成电路制造技术和能力已跃升至全国第一,实现营业收入占全国的25%;太阳能光伏产业位居世界前列,产出分别占全国、全球的50%和10%左右。软件和服务外包产业合同执行金额、原创动漫作品量均居全国城市第二位。2009年,无锡高新技术产业实现4750亿元产值,高新产业增加值占全市规模以上工业增加值比重达到43.6%。[②]

尽管无锡在传感网、新能源、环保等方面取得了一定的先发优势,但加快产业转型升级的要求,无锡人是很迫切的。他们要以超越的勇气、超前的规划,推动战略性新兴产业跨越式发展。

新能源、传感网、集成电路……这些新兴产业使无锡找到了产业转型的突破口。培育和发展新兴产业,无锡采用了超常规的政策扶持。以新兴产业规模化和高端化为核心,2010年无锡市本级安排5亿元,各市(县)、区配套11亿元,共同建立重点产业发展专项资金,超过80%的资金用于战略性新兴产业项目。

围绕上述八大战略性新兴产业的发展,无锡已在2010年上半年着手制定

---

① 江山、高琼玲:《逐日追风,"无锡军团"立潮头——"八大战略性新兴产业调研行"之八·新能源及新能源汽车篇》,《无锡日报》2010年8月27日第A1、A2版。

② 杨建、江山、英洁:《产业转型,痛并快乐着——"探寻无锡转型发展路线图"系列报道之一》,《无锡日报》2010年4月11日第1、2版。

其基地规划,以及新兴产业扶持政策、新兴产业发展指导目录、新兴产业倍增计划等。在"十二五"期间,无锡将全力打造物联网、新能源与新能源汽车、节能环保、微电子、软件与服务外包五个世界级特色产业基地,新材料与新型显示、生物、工业设计与文化创意三个国家级特色产业基地。①

3. 常州的新兴产业。

常州人力推装备制造业、电子信息、新能源和环保、新材料、生物医药五大新兴产业。2009 年 3 月,常州市委、市政府出台了《常州市振兴五大产业行动计划(2009—2011 年)》;常州市还专门发布实施《常州市振兴五大产业信用保扶政策操作办法》,专门设立了"五大产业信用担保奖励资金和补贴资金",对于担保机构为解决五大产业企业融资需求发生的担保业务予以支持。

2009 年,常州市企业投入技术开发费 93.7 亿元,获省级以上项目支持 304 项。全市拥有高新技术企业 311 家,民营科技企业 1600 家。全市高新技术产业规模以上企业实现产值 2887 亿元,占全市规模以上工业总产值的 48.3%,其中五大高新技术产业实现产值 2718 亿元,占全市规模以上高新技术产业产值的 94% 以上。全年新增高新技术产品 383 项,全市总数达到 2385 项。全市申请专利 12116 件,同比增长 32.5%,其中发明专利申请 1749 件,同比增长 25.8%,专利授权 4857 件,同比增长 91.5%。

振兴五大产业,是常州市委、市政府的重大战略决策,2009—2011 年常州将安排总额 18 亿元的五大产业扶持资金。2010 年 5 月,常州市政府在对 2009 年扶持政策落实情况全面梳理的基础上,又公布了 2010 年各项扶持政策的具体操作办法。

2010 年修订的扶持政策,主要涉及"支持五大产业做强做大专项资金"、"支持五大产业科技创新专项资金"、"支持国家创新型科技园区建设专项资金"、"支持五大产业对外开拓专项资金"等方面。

与 2009 年相比,这次修订完善的五大产业扶持政策,具有四个显著特点。

一是操作办法简明。2009 年五大产业扶持政策有 12 项、操作办法 12 项,2010 年五大产业扶持政策压缩为 4 项、操作办法 6 项,简化了操作程序。

二是支持方向明确。扶持政策集中用于奖励支持五大产业龙头企业、重

---

① 《中共无锡市委关于制定无锡市国民经济和社会发展第十二个五年规划的建议》,《无锡日报》2010 年 11 月 22 日第 2 版。

大项目和设备投资、重大科技成果转化、重大创新创业平台和重点园区建设、领军型创新创业人才培养等。

三是政策聚焦加强。虽然年度资金总预算没有变化，但扶持资金集中度进一步提高，个别重大项目补助额度可达2000万元。

四是带动效应提高。扶持政策以"后奖励"为主、逐步转向对新增项目和增量投入的带动激励。如对产业龙头企业重大项目设备投入的补助资金，采取一次核定金额、分次拨付的办法进行兑现，项目通过审核并签订实施合同后，可先拨付补助资金的60%，待项目验收合格后再拨付40%的余额。

常州的这一战略举措，使得五大产业在常州迅猛发展。其中，新能源产业已在常州初步形成了以太阳能光伏和光热综合应用为主导，风力发电设备制造和生物燃料生产等协同并进的发展格局。太阳能光伏产业的产业链已从高纯硅提炼、单晶硅拉棒（多晶硅铸锭）到切片、电池、组件封装、系统集成、应用和专用设备制造等各个环节实现垂直一体化覆盖，配套齐全。其中电池和专用设备生产技术与能力国内领先。龙头企业常州天合光能有限公司是国内第二家在美国纽交所上市的太阳能光伏企业。

常州新材料产业近年来也得到了较快发展，在塑料及制品、新型建材、新型涂料、稀土材料、反光材料等方面已经形成了常州的产业特色和优势。常州全市涂料总产量占全国的1/10，其中新型涂料占全国的1/5，被评为国家级新型涂料特色产业基地。以涂料化工研究院、兰陵化工、晨光涂料等为代表的常州涂料研制、生产企业，在国内同行业中占有重要地位。常州天马集团是较大规模的国内老牌不饱和树脂生产企业。常州华日升反光材料有限公司目前是国内最大的反光材料生产企业。常州安德利聚酯有限公司等企业生产的致辞酯切片在国内占有较大市场份额。目前，在常州新材料企业中，已拥有1个中国名牌产品，建有6家省级以上企业技术中心，有很强的技术和产品研发能力。

电子信息产业在常州也有了扎实的产业基础，已经形成了以行业龙头企业为支撑，大批中小企业相配套的产业发展格局。产品涵盖以DVD、车载AV及导航系统、EVD、液晶电视为代表的数字视听产品，以讯响器、液晶显示器、电感器、微电机为代表的新型元器件，以笔记本电脑、显示器为代表的计算机及网络产品，以集团电话、无线电接收机、数据集中器、通讯机柜为代表的通信产品等。龙头企业新科电子集团公司是国内移动DVD、液晶电视和车载卫星导航设备的主要生产厂家,新科牌影碟机和空调均被评为中国名牌产品;江苏远宇电子集团公司是全球最大的手机发声、受话器件等配套件的生产企业,产品主要为摩托罗拉、西门子、高通和阿尔卡特等国际性大公司配套,在国内是厦新、迪比特、海信和康佳等公司的主要配套供应商。常州在电子信息产业方面已拥有国家博士后科研工作站和国家级企业技术中心各1个,有17只产品在国内同行业中居领先地位。

在"十二五"期间,常州将"深入实施新兴产业倍增计划,加快发展新能源、新材料、高端装备制造、生物技术和新医药、节能环保、软件和服务外包、物联网等具有优势和发展潜力的战略性新兴产业,新兴产业年均增长28%,形成亿万元以上产业规模,支撑和保障常州实现长时期可持续发展"[①]。

苏南各市要构建新兴产业的"比较优势",就必须有其衡量标准与考核标准。

经济发展不同于经济增长,经济增长更多的是数量的增长,经济发展不仅包括数量的增长,而且包括经济结构的改变和提升,以及生态环境、文化卫生、生活状况、社会公平正义等各方面的内容。基于经济增长与经济发展不同,转变经济发展方式,构建新兴产业"比较优势",必须有其不同于粗放型增长的衡量标准与考核标准。这项工作苏南各市至今仍未着手抓,有待于研究如何着手抓、如何做。按照转变经济发展方式的要求,产业转型升级,考核和衡量标准,首先要有利于提升产业、产品的结构,有利于构建不同传统的"比较优势"产业的新兴产业的"比较优势",由此提升 GDP 的技术含量;其次要能够反映老百姓的总福利水平和幸福指数,比如分配的公平、健康状况、政府的服务水平等。

从苏南各市经济发展路径看,普遍存在着通过引进外资、发展外源型经济,推动内湖型经济,实现进出口"破冰效应"的问题。在当前这场还没有摆脱的经济危机发生前,曾呈现优势,并形成比较优势产业。这场经济危机发生后,苏南各市这一发展路径的问题也凸显了,不得不从外源型向内源型转变。尤其是,这种发展路径与模式,显示的是属于生产要素相对充裕模式的发展,

---

① 《中共常州市委关于制定常州市国民经济和社会发展第十二个五年规划的建议》,《常州日报》2010 年 12 月 16 日第 A2 版。

对于经营资源模式的发展则明显不足。

尽管经营资源也属于生产要素，它包括实物资产、技术与劳动力等，但它不同于一般的生产要素。从总体上看，苏南各市都缺乏如何经营实物资产、技术、劳动力的总体规划。尤其是，现在苏南的廉价生产要素已经失去，在新一轮经济发展过程中，如何构建不同于 20 世纪 90 年代以来的新的经营资源发展模式，到了该提上议事日程，进行认真研究的时候了。

最后，须指出的是，苏南各市发展新兴产业，不仅要形成比较优势，而且必须关注天下大势，即必须关注国际市场与国内市场的走势，预防新兴产业经济过热，即防止产能过剩与产能极限，如上述光伏产业已出现产能过剩，这是不可忽视的。

## 第四节　做大做强
### ——苏南产业发展与实体做大的路径

### 一、发展总部经济

做大，即发展规模经济。尽管规模经济既有经济的一面也有不经济的一面，但苏南人还是喜好做大，喜好发展规模经济。可以这么说，一部 30 多年的改革开放史，对于苏南来讲，就是一部不断做大的历史。当然，对于今天的苏南人来讲，不仅要做大，更要做强。如何做大做强？从改革开放以来苏南人的做法看，有三点是值得探索的。一是发展集聚经济，苏南人称为板块经济，搞一镇一品、一村一品，集聚发展，注重的是区域经济的整体效应。这无论是过去的传统产业，还是今天的新兴产业的发展，在苏南都是一大特色。如吴江的丝绸纺织产业、光缆电缆产业、电子资讯产业，无锡的传感（物联）网技术产业，搞的都是集聚产业。由于这在苏南的新兴产业、创新发展等方面已有论述，于此就不赘述了；二是发展总部经济；三是抓大项目、大企业。

上述三点做法，在苏南各市不仅已形成共识，而且采取了同一发展思路。于是，在学术界引起争议。有人认为，同一发展思想，容易引起重复建设。因此，不能肯定。要肯定的是，苏南各市的错位发展，即有差别的发展。有人认为，都抓大项目、大企业，怎么解决土地问题？苏南耕地已经被挤占了，难道还要再蚕食吗？如果都像苏南这么搞，全国 18 亿亩耕地的底线如何守得住？对于这一看法，主要看苏南是否按照国家发改委《长江三角洲地区区域规划》与有关土地法规办。如果苏南各市照办了,自然无话可说。如果违反了,当然应追究。如果采取了值得推广的做法,如苏南普遍采取了腾笼换鸟的做法,就值得提倡。至于新批新占的用地,关键看是否严格按法定程序办,是否依法用地。对于前者的看法,即不要提倡同一思想,应提倡各市错位发展,提倡有差异的发展,这一意见无疑是正确的。但问题在于,从苏南各市的实际情况看,既有错位发展,也有与错位发展相对应的"同一思想"的发展。至少从发展总部经济与抓大项目、大企业这两个方面看,在苏南各市是同一思路,且从下述情况看,都很有成效。这就不能不引起我们关注了。

先看苏南是如何发展总部经济的? 这是近几年来苏南各市发展规模经济的一大特色。

为了发展总部经济,苏州市在 2010 年 3 月专门出台了《关于加快总部经济发展的若干意见》、《关于进一步推进姑苏人才计划的若干意见》和《关于鼓励制造业企业分离发展现代服务业的若干意见》三项新政,对新引进总部企业的资助额度、姑苏创新创业人才奖励标准和制造业企业发展现代服务业的扶持政策等进行了量化。其中,根据《关于加快总部经济发展的若干意见》(以下简称《意见》)苏州各县(市)、区每年新引进总部企业分别不少于 3 家,有条件的力争 5 家以上。到 2015 年,力争入驻苏州的国内外知名总部企业达 200 家以上,把苏州建设成为在国内乃至全球有重要影响力的总部经济品牌城市。

根据《意见》,苏州市认定的总部企业是指其核心营运机构、职能机构或省级以上分支机构设在本市。引进企业总部是指国际性、全国性和大区域性的企业运营总部或分公司,以及国内外大企业的管理中心、研发中心等职能性总部。本地现有企业在苏州市范围内重新变更注册地的,不享受新引进政策。

具体资助为:意见实施后在苏州市新注册设立、经认定为总部企业的,分三个档资,按注册资金分别给予 1%—3% 的一次性开办补助,补助金额最高不超过 6000 万。补助资金分 5 年支付。经认定的本地现有总部企业,增资超过 3000 万元的,就增量部分分类参照享受补助政策。①

"研发在无锡,生产在外地;总部在无锡,企业在全国;生活在无锡,创业

---

① 钱怡:《"三项新政"密集出台,新落户总部企业最高补助 6000 万》,《苏州日报》2010 年 3 月 25 日第 A02 版。

在全球"。这是无锡市市长毛小平参加 2010 年全国"两会"发言时讲的,也是无锡人的发展思路。

以纺织业为例,目前该行业正在国内实行战略转移。在这个产业转移过程中,中国要实现纺织业的可持续发展,必须促进产业升级,使中国的纺织业在全球价值链中占据更有利的地位。

就目前而言,中国世界工厂的地位虽然举足轻重,但在产业价值链的高端,基本上没有中国的位置,中国企业在全球纺织品价值链中仅能获得 10% 的利润,90% 的利润都属于品牌拥有者、批发商、分销商、零售商等,而这些环节大多被进口方垄断。

作为中国纺织业重镇的无锡,曾经将纺织业视为该市实体经济的"传统强项",但近年来暴露出产业链高端化发展不足,自主创新、品牌经营能力较弱,环境保护和节能减排压力大,以及劳动力资源缺乏和商务成本高等"软肋"。2008 年纺织行业规模以上工业总产值增幅仅为 2% ,增速同比回落 8.6 个百分点,两成企业出现亏损。2009 年是无锡经济受国际金融危机冲击最为严重的一年,纺织行业更是遭遇了前所未有的困境。

调整行业结构和产品结构,无锡纺织业适时进行"梯度转移"。一批高能耗、高污染、粗放经营的纺织企业被淘汰、兼并、转移和关停,原先处于价值链最低端的中小型纺织加工贸易企业纷纷退出市场,取而代之的是一些电子产品及新兴产业的企业,后者占全市加工贸易企业部量份额已超过 80% 。

知名大型纺织企业纷纷寻找升级之路,太极股份有限公司与韩国海力士公司合作投入微电子新兴产业,同时加大技术创新力度,对帘子布、帆布、工业丝等老产品进行升档升级,实现高档化、差异化和低成本战略,2010 的第一季度实现利润超过 2000 万元;协新、协联、太平洋、双毛创意等纺织企业,则在转型中更加关注节能减排。

总部经济在加快产业转型的脚步声中渐行渐近。一棉、太平洋纺织等重点纺织企业,纷纷将低附加值的加工生产项目转到劳动力资源相对过剩的苏北等地,将总部向纺织工业园区集聚。农民工减少了,科研人才增多了,再加上设备更新和产品档次提升,企业人数从最多时的 3200 多人骤减到 500 多人。该公司过去接国际一线大单的质量达标难度很大,如今却轻而易举;现在,该公司的订单排得满满的,下订单的几乎都是欧美一线客户。向总部经济转型,是无锡纺织企业求存和发展之路,今后还将向成衣品牌高价值链延伸。

通过创新发展模式,无锡纺织产业将建成拥有核心竞争优势的纺织产业基地和全国新型面料、高档服装的研发设计中心、生产制造中心、展示推广中心、批发集散中心和长三角信息发布中心。①

应该说,向总部经济转型,是无锡纺织业升级之道的有益探索。从单纯的纺织制造业基地,向总部基地升级,并不是凭空想象,而是相关各方审时度势,考量了无锡在整个中国纺织业中所处的地位,以及纺织业未来的发展方向后,作出的正确及时的判断。而事实也证明,这个判断已经带来了良好的收益。

纺织工业向总部经济转型,表明传统产业并不甘于"湮没"在新兴产业的大潮中,而是积极转身,从基础加工向自主设计、自有品牌等高端产业链进发。这样的态度和作为,是包括纺织业等传统产业获得新生的重要基础和升级成功的必要条件。②

无锡的阳山镇,以发展特色农业而出名。提到阳山镇,人们就会想起桃花、水蜜桃。但该镇的工业是条"短腿"。如何在不破坏环境的前提下提升经济规模,这是阳山人一直思考的问题。

值得一提的是,该镇目前保留有 2/3 土地为绿地、林地,这笔弥足珍贵的"绿色财富",可谓得天独厚。阳山镇人很看重这一点,他们决定用这笔"绿色财富"来吸引工业企业将总部放到阳山,发展"总部经济",弥补阳山镇工业经济这条短腿。在阳山镇看来,"总部"一般是企业用作科研、商务、休闲之所。这既不会产生污染,又能产生经济效益,可谓一举两得。

优美的生态环境,磁铁般地吸引着企业精英到阳山"安家落户"。首个"移师"阳山的企业来自千里之外的深圳,深圳清华大学研究院不惜花 1000万元打造出一个近千平方米的会所。这个会所用作企业高端人才下江南开展学术交流、产品研发以及休闲度假基地,会所内不仅有研发新品的机器人实验室,还有一个大型会议中心。

截至 2010 年 4 月,"总部经济"已在阳山雏形初具,并逐步释放出强劲的辐射力。从已落户阳山的 10 多家总部企业年销售额看,达到了 2 亿多元;从

① 高颖:《纺织业加快向总部经济转型》,《无锡日报》2010 年 5 月 13 日第 A1 版。
② 星火:《升级之道的有益探索》,《无锡日报》2010 年 5 月 13 日第 A1 版。

2010 年全年看,伴随着企业总部的陆续入驻,这个数字可达 10 亿元。[1]

在无锡,不仅传统产业,而且新兴产业的总部经济发展态势也是不错的。如中国传感(物联)网技术产业联盟总部就于 2010 年设在无锡高新技术开发区无锡国家传感信息中心。传感(物联)网联盟是一个以企业为主体、政府引导、用户牵引、研究所与大学深度参与的技术产业联盟。这个联盟涉及的面很广,由运营商、科研院所、民间机构组成,共同推动我国物联网产业发展。联盟的主要目标之一是推进技术标准的制定,促进应用和产业化,推进技术创新集群与产业集群的融合,将自主创新能力转化为新的经济增长点。

不管是跨国公司、在锡投资外商企业,还是中央企业和大型民企,只要把企业总部落户在无锡,从 2010 年起就可在设立、租购办公用房以及运营的全程享受多项政策扶持。

随着长三角一体化进程加快,尤其是京沪、宁杭高铁和沪宁城铁的建成,给无锡发展总部经济带来了重要机遇。从无锡于 2009 年出台的加快总部经济发展扶持政策看,无锡发展总部经济的总体目标是:建立较完善的总部企业发展环境、政策框架和服务体系,总部企业数量明显增加,总部企业的持续发展能力明显增强,总部经济的规模效应明显提高,总部经济集聚区初具规模。到 2012 年,总部企业增加值年均增长 15% 以上。

为实现这一目标,无锡出台了鼓励总部经济发展的政策"组合拳"。2010 年起,对新设立并经认定的总部企业给予开办奖励,其中对综合型总部的奖励最高可达 1000 万元,对职能型总部的奖励最多可达 500 万元。新设立并经认定的总部企业自建办公用房,可视作城市综合体项目给予扶持;自购办公用房的,每平方米给予 500 元一次性补助,每个综合型总部最多可获 500 万元补助,每个职能型总部最多可获 250 万元补助。新设立并经认定的总部企业租用办公用房,按同地段租金市场指导价的 30% 给予一次性 12 月的补助,每个综合型总部的租房补助最多可达 200 万元,每个职能型总部最多可获 100 万元补助。对经认定的总部企业所形成的在无锡新增地方财力部分(增值税部分除外),前 2 年给予 50% 发展奖励,后 3 年给予 25% 发展奖励。已享受相关政策的企业按就高原则不重复享受。扶持政策还鼓励本地企业设立综合型总

---

[1]　杨明洁:《阳山桃花园引来总部经济》,《无锡日报》2010 年 4 月 31 日第 A1、A2 版。

部及研发、销售等职能型总部。①

发展总部经济,在苏南各市,可以说,是同一发展思路。苏州、无锡是这样,常州也是这样:通过打造总部经济,形成新的经济发展亮点。从常州看,在已经出炉的2010—2015年天合光伏产业园产业规划中,天合光能就是按照世界500强标准在常州高新区打造总部。至2015年,4.35平方公里的核心区将形成6GW的光伏电池和组件的生产能力,形成一个千亿级产业集群。

从常州高新区创业起步、影响遍及世界的天合光能,拥有从硅料、切片、电池、组件,到系统集成的完整产业链,是国内光伏产业中的领袖级标杆。

2009年,天合光能顶住了世界金融危机的严重影响及冲击,不仅保持了现有光伏行业的领先优势,而且取得了可喜的成绩。这一年,全球光伏组件的销售市场几乎没有扩张,但在"蛋糕"不变的前提下,天合光能光伏组件的全球市场占有率,却由3.3%增加到6.5%左右,增幅远远超过同行。全年太阳能组件出货量近400MW,较2008年增长98.5%,净利润为9760万美元,同比增长59%,成为金融危机以来美国纽交所唯一发行后持续增长的股票。

2010年,天合光能将继续实施东南片500MW垂直一体化扩产项目,总投资5亿美元,预计到2010年年底,太阳能电池和光伏组件总产能达到1000MW,实现销售收入100亿元。同时计划2011年实施东北区2GW电池组件生产规划项目,在2012年整个3.5GW项目顺利完成后,预计销售收入翻番;争取进入全球太阳能行业前三位,为未来几年形成太阳能光伏产业城,进入世界500强行列打下坚实基础。

今后,天合光能总部的建设,将依托天合强大的品牌优势,对接国际领先理念,形成整体集聚和规模效应,最终开创出一个立足常州高新区、面向全中国、辐射全世界的盛大产业版图,为天合光能奋力冲刺世界500强的宏伟目标提供全方位的支撑。②

## 二、将大项目、大企业作为经济发展的重要支撑

GDP总量、外向型经济发展水平等在全国名列前茅,这是苏州过去的亮

---

① 景明:《多项政策利好力促总部经济发展》,《无锡日报》2009年9月第A1、A2版。
② 秀荣、小莉:《天合光能按"世界500强"标准在新区打造总部形成产业集群》,《常州日报》2010年5月4日第A1版。

点。但是,苏州人不能"吃老本",新的亮点在哪里? 如何着力培育新的增长点? 苏州市委提出了大项目、大企业是地区经济发展水平的重要支撑与标志,要着力策划储备、报批争取与落实推进一批高起点、高水平的大项目,切实提高产业层次与城市综合竞争力。

1. 做大做强融资平台。

首先是继续引进外资、扩大民资。由于这一套路众所周知,于此不必赘述。其次是与央企保持密切的合作关系,实现与央企的互利共赢、共同发展。这是苏南各市近几年的一个发展套路。如2010年2月,围绕"携手创新、合作共赢",苏州与中央企业在人民大会堂一次就签下36个项目,协议总金额达602亿元。另获金融支持苏州发展新兴产业、科技创新、文化产业、旅游产业与城乡一体化建设资金达790亿元。[①] 又如常州为了探讨与央企合作发展新机制,在2009年8月,与央企洽谈期间,大力推进双方全方位、多层次、宽领域合作,务求实现优势互补、共同发展。当时,央企在常州投资项目已有27个,完成投资116亿元,其项目主要集中在装备制造产业、新材料产业。

2. 建立项目储备库。

以苏州为例,建立项目储备库的目的是为了确保投资持续增长,从而有利于整合全市项目资源信息,及时获得国家、省一系列重大项目支持资金。项目储备库分两级,一级项目入库标准由市发改委制定,二级项目入库标准由市有关行业主管部门、各市、区制定。

一级库的标准分行业确定,比如农业方面,主要储备现代高效农业生产和农产品加工项目,大中型水利、防洪、除涝设施,长江、太湖等治理项目,农业公共基础设施改造和防灾减灾体系建设项目,项目总投资在5000万元及以上;高新技术产业(工业)方面,重点储备加快推进做大做强主导产业、传统特色产业、骨干企业和品牌产品的建设项目以及延伸产业链、填补产业链空白的项目,项目总投资在1亿元及以上;服务业方面,主要储备服务外包基地,软件园、创意产业园、现代物流园、科技创业园、中央商务区、区域性专业批发市场、旅游以及公共服务业重大项目,项目总投资在5000万元及以上。交通能源方面,重点储备国家及省、市中长期规划、专项规划内的交通能源建设项目,主要包括民航机场、综合交通枢纽工程、高速铁路、城际铁路、高等级公路,沿江港

---

① 《苏州拿下600亿央企大单》,《苏州日报》2010年2月24日第A01、A04版。

口、航道码头、管道运输、装机 60 万千瓦及以上火电、燃气发电抽水蓄能电站、油气管网等。项目总投资在 2 亿元及以上。①

至 2010 年 1 月,苏州已完成第一批市级重大项目储备库建设,入库项目累计 1338 项(2010—2012 年),总投资 1.2 万亿元。2010 年,苏州着力抓的是 220 项重点项目建设,计划在 2010 年内完成投资超过 960 亿元。同时,根据新兴产业跨越发展工程和服务业新一轮跨越发展计划,在新兴产业、高科技产业、现代服务业、旅游业、生态环保等方面,策划和包装一批对未来经济发展具有较大影响力的重大项目。

苏南人认为,大的项目、好的项目可以带动有效投入、提升产业层次、完善产业链,同时对提升城市竞争力至关重要,培育大项目也是推动转型升级的重要举措,"有了大项目,转型升级才能转得快、转得好"。苏州提出,"要在培育 500 亿元(产值)以上、1000 亿元以上的大项目、大企业上实现突破"。

**3.做好重大项目的计划安排。**

如无锡在 2010 年计划安排市级重大项目 170 项,计划总投资 2852 亿元,其中 2010 的计划完成投资 719 亿元。突出有效投入,把保持投资稳定增长与调整优化结构紧密结合起来,通过投资结构的优化加快推进经济结构的调整。无锡市委、市政府将保障新兴产业必然成为重大项目投资的重要使命。从数字上看,2010 年,无锡共安排重大产业项目 104 项,比去年增加 17 项,其中 90% 以上为传感网、新能源等新兴产业项目。

发挥政府性资金"四两拨千斤"的作用,深化投资主体多元化格局,也在 2010 年的重大项目中得到更充分体现。在这些项目中,社会投资项目共 97 个,比 2009 年增加了 20 个,计划投资额超过了全年计划投资额总量的一半,占 51%。从中不难发现,无锡的投资着力点正逐步从主要依靠政府投资带动转到更多的依靠社会投资拉动上,投资的内生增长机制不断增强。②

与此同时,无锡市 2010 年的政府投资项目,还贯穿"普惠市民"的主线,重点投向城乡基础设施、功能载体、民生工程、生态环境建设等方面。

又如常州市委、市政府把 2010 年确定为"有效投入提升年",对有效投入的水平、增幅、产出效率、服务发展素质提出新要求。项目建设,特别是重点项

---

① 吴秋华:《我市将建重大项目储备库》,《苏州日报》2009 年 8 月 20 日第 A01、A10 版。
② 晴生:《今年 170 个重大项目敲定》,《无锡日报》2010 年 3 月 4 日第 A2 版。

目建设,对促进有效投入具有支撑、导向和带动作用。2010 年,常州确定 160 个市重点建设项目,①涉及高新技术及工业、现代服务业、农业产业化、基础设施、社会事业等五个方面,总投资 1741 亿元,年度计划投资 515 亿元。

4. 着力培育大企业。

以苏南工业经济并不显眼的金坛市为例,截至 2010 年 2 月,有工业企业 5385 家,与苏南发达县(市)和周边兄弟县(市)相比,数量并不少,但缺少支柱性的大企业,企业发展速度与有效投入也有一定差距。针对这一情况,该市采取各种举措,培育大企业,要求该市企业结合实际制定年度目标、3 年跃升目标、5 年战略规划,做强做大企业。其中,亿晶光电 2010 年提出开票销售超 40 亿元,3 年打造百亿企业。亿晶光电电池组件生产能力向 1000 兆瓦进军,力争 3 年进入全国同行业前三位。

张家港市则把规模企业培育作为经济转型升级的支撑点、持续发展的增长极。

2010 年,作为张家港规模企业典范的江苏沙钢集团的一"出"一"进"两大战略,引起业界广泛关注。同年 1 月 24 日,沙钢与江苏锡兴集团的兼并重组尘埃落定,重组后沙钢集团的整体产能可达 3500 万吨,并壮大了优特钢管坯和高端钢材生产能力。沙钢集团对锡兴集团进行联合重组,标志着沙钢集团落实《钢铁产业调整和振兴规划》又走在了同行前面,必将对全国民营钢铁企业的联合重组,提高产业集中度产生积极的促进和示范作用。

一个月后,沙钢再次推进重大战略举措。在 2 月 23 日举行的"中央企业·苏州市合作发展恳谈会暨合作项目签约仪式"上,沙钢集团与宝钢集团签订战略协同合作意向协议,双方将在技术与管理、产品与市场、资源与物流、人才培育和交流等方面,开展战略协同合作。宝钢集团董事长徐乐江和沙钢集团董事局主席沈文荣均表示,双方战略合作有利于共同打造中国钢铁企业的整体竞争力,有利于提升钢铁行业应对挑战的能力,有利于为中国钢铁企业探索出新的合作模式和发展道路。

近年来,"走出去"和"引进来"已经成为支撑沙钢加快转型升级的两条"飞毛腿",而沙钢也在快速持续的转型升级中变得更大更强。

在转变发展方式中,张家港提出要通过"三个结合"进一步放大规模经济

---

① 蒋逸琦、陈慕春:《我市推进 160 个重建项目》,《常州日报》2010 年 2 月 28 日第 A1 版。

的传统优势。一要坚持新兴产业培育壮大与传统产业改造提升相结合。加快实施规模企业培育"五个一"工程,在 2010 年完成新增超 10 亿元企业 19 家的目标;加快发展以新能源、新材料为主的新兴产业,完成引进建办 20 个以上投资超 5000 万元项目的目标。二要坚持"走出去"与"引进来"相结合。一方面,支持有条件的企业加大"走出去"步伐,实施兼并重组;另一方面,大力引进世界 500 强和大型央企,实现攀强附优。在日前举行的对接央企活动中,张家港市与央企签订的协议总金额高达 193 亿元,约占苏州市的 1/3。三要坚持政府外力扶持与企业内生动力激发相结合。重点落实好规模企业培育领导挂钩联系制度;积极帮助企业健全内部管理机制,建立现代企业制度;大力培育现代企业家队伍,提高企业家整体素质。

从上述苏南各市普遍将大项目、大企业作为经济发展重要支撑的路径看,一方面因在短期内是切实可行的,并且取得了显著成效,所以苏南各市对此形成共识。但另一方面,从长期看,如果继续推进这种优先发展大项目、大企业的经济增长方式,与贪大求洋、"铺摊子工程"、传统的粗放型经济增长模式有何区别?国内有不少学者认为,如果决策者继续保持"优先发展大工业、大企业、大资本和大项目"的经济增长模式,"中国陷阱"就会逼近。苏南各市对于这一问题,不能不深思。

这样下去可持续吗?

这样下去是否也会产生"苏南陷阱"呢?

我们企盼苏南各市对这一问题引起重视,并加以认真研究。尤其是,财政资源是有限的,往哪里倾斜需要好好认识。把钱都投到了项目上,项目是做大了,但很可能仍然是粗放型的,而且,老百姓的收入增长被拉下了。现在,有的地方就提出了"宁少上项目,低保也要提高",这不是没道理的。如何正确处理好上项目与群众收入增长的关系,是苏南各市在选择经济发展战略目标时,必须认真考虑、妥善处理的问题。

最后,须指出的是:一个地区经济发展战略目标的选择,必须基于当地人民的幸福生活上。如果不是这样考虑、不是这样选择的话,是很难得到人民群众赞同的。

# 第八章 转型升级：苏南产业的转型
# 升级与外向型经济的发展

【提示】当代中国经济转型是由当代中国经济发展的历史进程所决定的。当代中国在由计划经济向市场经济转型的进程中，必然要求与其相适应的经济发展方式也随之转变。产业转型升级，是经济发展方式转变中极为重要的环节。从苏南产业转型升级看，主要表现在"十大转型升级"上。

在苏南有着特别重要地位的外向型经济，在这次国际金融危机发生后，呈现出新的转折、新的发展与转型升级。

在苏南产业转型升级中，开发区的表现尤为突出。苏南抓经济发展，首抓开发区；苏南促转型升级，首推开发区。作为苏南开放型经济主战场、经济社会重要支撑的苏南各级开发区，如何引领转型升级与科学发展？这是时代赋予苏南各级开发区的新命题。苏南各级开发区顺应世界格局的变化、全球的经济调整与国情、本地情况的变化，以产业升级为首要目标，打造完善的主导产业链，推进支柱产业集群；将创新型经济视为重中之重，锻造最强的创新能力；在危中寻机，危中转型，推进"二次创业"。

在苏南产业转型升级进程中，还有一个突出的表现，就是苏南各类城市的开放创新与功能提升。在推进城市开放创新与功能提升上，可以说，苏南各市成绩与问题同在，如国内出现的各类"城市病"，在苏南各市也都存在，且至今仍未拿出医治良方。这是需要我们进一步探讨的。

## 第一节 "十大转型"
### ——转型升级的科学内涵与苏南产业的"十大转型升级"

转型升级是苏南各市近几年最热门的话题之一。那么，何谓转型升级呢？转型与升级不是一回事。

转型（Transition）一词，自古有之，其原意是指从一种形态转变成另一种形态的进程,具体到社会进程,则意味着从一种社会经济和政治形态向某种其他的社会经济和政治形态的转变。转型,不仅有社会经济和政治形态的转变,还有模式的转变与方式的转变。与转型同义的词,还有过渡、转换、演变、进化等。

关于经济转型,国内学者的见解大致有三种。第一种见解,将经济转型理解为从较低层次的经济发展阶段向较高层次发展阶段的转变过程。第二种见解,将经济转型理解为从计划经济向市场经济体制的转变过程,我国现在仍处于从社会主义计划经济向社会主义市场经济转变或过渡的时期。其起点是原先以计划手段作为配置经济资源主要方式的计划经济,终点是以市场手段为配置经济资源主要方式的市场经济。第三种见解,是综合了上述两个方面的内容,把转型经济既理解为生产方式的转变过程,又理解为经济体制的转变过程。

恩格斯曾经指出:"一切社会变迁和政治变革的终极原因,不应当到人们的头脑中,到人们对永恒的真理和正义的日益增进的认识中去寻找,而应当到生产方式和交换方式的变更中去寻找;不应当到有关时代的哲学中去寻找,而应当到有关时代的经济学中去寻找"①。经济转型是建立在一定的客观条件基础上的,当代中国之所以必须从计划经济转向市场经济,究其原因,就是由当代中国经济发展的历史进程所决定了的。

一个独特的、耐人寻味的重大历史事实和社会现象摆在我们面前:虽然任何一种制度变迁是一种公共选择的过程和结果,但在 20 世纪的东欧和东亚(包括当代中国)出现的社会主义经济形态,发生了两次在走向和形态上迥然不同的过渡和转型。一次是从市场经济向计划经济过渡,另一次是从计划经济向市场经济过渡。

实践证明,有什么样的经济体制模式,就有什么样的经济发展模式。传统的高度集中的计划经济模式,必然造就外延型、粗放型、速度型、数量型、低效型的经济发展模式,国民经济长期处于一种非良性循环状态。中国的发展历程就验证了这一点。在传统的高度集中的计划经济体制下,中国经济长期处于高速低效的状态,外延型和粗放型是其基本特征。这种发展模式曾经使中国经济走向几乎濒于崩溃的边缘,如果不对其进行彻底的改革,中国的生产力

---

① 《马克思恩格斯选集》第 3 卷,人民出版社 1995 年版,第 741 页。

就不可能获得进一步的解放与发展。这是当代中国之所以要由计划经济转向市场经济的根本原因。

当今的中国，在由计划经济转向市场经济的进程中，从市场机制作用的发挥上看，必然要求与其相适应的经济增长方式也随之转变。于是，在2007年，党的十七大不失时机地将"经济增长方式转变"改为"经济发展方式转变"。2010年，党的十七届五中全会又提出了转变经济发展方式的五点基本要求①。苏南的经济发展方式的转变与产业的转型升级，就是在这一背景下展开的。产业转型，是经济发展方式转变中极为重要的环节，它要求按照市场机制，调整粗放型的、低效型的产业结构，将粗放低效的产业发展方向转向集约高效的产业发展方向。升级，则是素质的提高、品味的提高；针对产业而言，就是在本产业内建立独特的竞争优势，巩固自己的产业地位，做到长期生存。转型升级，即既转型又升级。

从总体上讲，转型升级，既有经济的转型升级，还有文化、社会、政府的转型升级，如从管制型政府向服务型政府的转变，等等。据此，无锡市政府提出了产业升级、城市发展、社会建设、政府管理四大转型，在构建现代产业体系、城市化和城市现代化、生态文明建设、改善民生这四个方面加快转型，取得"高明"增长的新突破。围绕"产业高度发达、城乡一体融合、社会和谐有序、人民生活幸福安康、生态持续优化"的总要求，以更大力度全面加快产业、城乡、社会、政府转型，众志成城打好转型发展这场攻坚硬仗。这既表明了无锡人对什么是转型升级、转什么型、从哪些方面转型，也表明了无锡人对向何处转型，即转型升级方向等问题的认识。

就产业的转型升级而言，国内有学者认为，有两个方面的含义：一是产业的升级，要采取新技术、新工艺，节约资源，重视环境保护和环境治理，走低碳经济、绿色经济道路；二是劳动力素质的提高，要符合产业升级、自主创新的要求。从苏南产业转型升级看，主要表现在下述"十大转型升级"：

---

① 党的十七届五中全会提出的转变经济发展方式的5点基本要求是：（1）坚持把经济结构战略性调整作为加快转变经济发展方式的主攻方向。（2）坚持把科技进步和创新作为加快转变经济发展方式的重要支撑。（3）坚持把保障和改善民生作为加快转变经济发展方式的根本出发点和落脚点。（4）坚持把建设资源节约型、环境友好型社会作为加快转变经济发展方式的重要着力点。（5）坚持把改革开放作为加快转变经济发展方式的强大动力。

1. 由传统的"比较优势"产业向新兴的"比较优势"产业转型升级(详见第七章第三节)。

2. 由工业经济向服务业经济转型升级。

由工业经济向服务业经济转型升级,使产业结构由"二三一"转向"三二一",突出发展现代服务业、提升传统服务业。

在这方面,无锡走在了苏南各市前列,其服务业占 GDP 比重已突破43%。

与传统产业的"厂房经济"相比,现代服务业更多地以"楼宇经济"的形态立体式呈现。无锡亿唐动画设计有限公司位于商业大厦东方广场 B 座16楼。在这层不起眼的楼面里,2009 年完成了近8000分钟的原创动画片,成为全国最大的原创动画制作公司之一。从无锡市近年来服务业占 GDP 比重的提升看,主要得益于新兴服务业的迅速发展和优势服务业的稳步发展。从无锡市创意动漫产业发展看,2009 年完成动漫加工 2.5 万分钟,产值同比增幅高达53%。在服务外包产业领域,2009 年无锡市服务外包企业接包合同签约金额超过20亿美元,执行金额超过16亿美元。全市成交额超过100亿元的商品市场达到8家,旅游业全年接待国内游客4300余万人次,入境游客超过66万人次。在"十二五"期间,无锡市将突出发展新兴服务业,加快发展现代服务业,巩固发展传统优势服务业,使全市服务业的规模总量全面超越制造业,使无锡市的产业结构由目前的"二三一"升级为"三二一"。这既是无锡市产业结构调整与产业升级的目标,也是苏南各市的目标,只不过是苏南各市的做法各异、有所不同罢了。

在经济结构中,第三产业比重过低,现代服务业不发达,不仅是苏南问题,也是我国各地普遍存在的问题。这一问题如不着力解决好,就业问题就不能很好解决,内需也会因服务消费不足而不易扩大。因此,研究苏南各市如何由工业经济向服务业经济转型升级,如何在苏南发展现代服务业,其意义已经超出了苏南范畴。

3. 由外源依赖向内生增长转型升级。

应对国际金融危机的实践,让人们深刻地领悟到一个现实问题,即把经济增长的基础放在外源推动上是不可持续的,也是不可靠、不稳定、不安全的。

摆脱"外源依赖",走向"内生增长",无锡人在这一轮转型升级过程中,采取了积极的姿态。无锡人认为,增强消费拉动,是无锡必须做好的一篇文章。因此,无锡人提出,在这一轮转型升级过程中,无锡要进一步培育消费热点、引导消费升级,充分激发社会消费的巨大潜力。与此同时,无锡人认为,民间投资接棒政府投资,将是激发经济增长内生动力的新引擎。

作为社会的一个细胞单位,无锡尚德太阳能电子有限公司对此有着深刻的体会。目前,尚德面临的市场可以用"火暴"来形容,所以在扩大自身产能的同时,尚德尝试通过参股控股等投资方式,锻造一条更加牢固的产业链;并希望通过金融创新,吸引更多的民间资本注入。

经济发展方式的转变和产业结构的调整,绕不开民间投资。无锡市委、市政府提出:进一步优化市场环境,放开准入领域,完善政府服务,千方百计为民间资本扩大投资创造公平、开放的市场环境和便捷、高效的政务环境,力争到2015年民间投资占全社会固定资产投资的60%以上。

4.由投资拉动向创新驱动转型升级。

随着物联网、新能源、大规模集成电路等战略性新兴产业的崛起,无锡推开了一扇通向未来、有着无限发展前景的大门。

无锡市科技局局长吴建亮援引美国硅谷和中国深圳的经验,认为转型发展要注重企业的作用,注重引导企业加大研发投入,加强科技创新,鼓励更多骨干企业、龙头企业依靠科技创新向全国前列进发。

作为无锡电缆产业集聚区的宜兴官林镇,同样将科技创新视为未来发展的力量之源。官林镇党委书记朱晓晔表示,对于创新驱动战略,基层干部必须转变发展理念,因为一项新兴产业不一定马上就能带来现实的效益,思路要超前,眼光要长远。

2012年,无锡高新技术产业增加值将占规模以上工业增加值的比重达到48%,全社会研发投入占地区生产总值的比重将达到2.7%以上;2015年这两项指标将分别提升至50%和超过3%。

5.由项目引领向人才引领转型升级。

从招商引资到招才引智,从海力士到尚德,从施正荣到刘海涛,无锡新区培育出许多全国第一。新区管委会主任稽克俭说,科学技术的发展归根到底要依靠人才资源,建设好中央"千人计划"基地,新区将努力打造创业者的创新乐园、幸福家园、生态花园,加大各类高层次创新创业人才的引进。

新一轮的经济转型,人才"第一资源"的核心地位牢不可撼。未来几年,无锡每年都将确保引进并重点支持200名以上海外高层次人才来锡开展科技创新创业,到2020年,让无锡真正成为集聚高层次人才、培育高新技术产业、发展高端服务业、具有高品质人居环境的"东方硅谷"。

对人才的重视,在无锡已成共识。江阴临港新城管委会主任薛良深有感触地说,加快产业转型,就是要引进一批有理想、有研发能力、有产业化前景的人才,并为其提供优越的政策、优良的环境和优质的服务,以领军型人才带动相关优势产业的成长。远景能源的生产用房包括公共配套设施,都是临港新城代建的,累计投入7000多万元。

6. 由粗放增长向文明发展转型升级。

在科教产业园里,"绿色GDP"的时代强音已经奏响。山水城科教产业园主任崔荣国说,死守"零污染"底线,D-Park锁定创造产业、优先高智项目。园区里布局合理、不见烟囱的一幢幢现代化办公楼群,述说的正是从粗放型向集约型转变、追求可持续发展的理念。

2006年的太湖蓝藻事件引发的"供水危机"发人深省,以牺牲环境为代表的发展老路,必须喊停!这几年来,无锡以生态改善为反向动力,把生态是否良好作为衡量转型发展成功与否的根本标志,生态产业体系、生态环境体系、生态制度体系和生态文化体系正在积极构建中。

为率先实现从工业文明阶段向生态文明阶段的跨越,无锡市委、市政府提出,2012年全市单位GDP能耗要在2009年基础上累计再下降12%,COD和二氧化碳排放总量分别累计削减15%和10%,单位GDP二氧化碳排放量要下降15%,到2015年率先建成低碳经济城市。

7. 由城镇带动向中心城市带动转型升级。

在过去相当长的一段时间内,无锡走的是一条以小城镇建设带动城市化之路,结果导致每个乡镇规划单独看都是好的,然而放在整个无锡版图上,就会出现很多问题。最大的问题是布局分散,道路、供电、供水等市政基础设施不成体系。现在,无锡从城镇带动向中心城市带动转型了,这是无锡发展思路上的一大转变。根据这一发展思路,无锡现在着力培育中心城市功能,建设五大新城。

在长三角加快建设"亚太地区重要的国际门户"背景下,无锡在今后一段时期内将着力增强中心城市高端要素集聚功能和综合服务功能。随着功能完善、能级提升、布局合理、结构协调的城市发展体系的建立,一个区域城市化水平达到80%以上的城市将出现在人们面前。

8. 由经济大市向富民强市转型升级。

单一专注经济增长的"重物"不"重人"思维，因其局限性早已被无锡丢弃。

以往的发展中，推动经济持续调整增长，几乎是一切工作的出发点和根本目的；如今，满足人的需求，促进人的自由全面发展已取而代之。

"要以民生需求推动转型，以民众幸福衡量发展"，滨湖区区长袁飞表示，坚持政府主导，确保基本民生性服务普及化十分重要，政府理应在发展经济的同时，切实担负起改善民生的重要职责，全力构建覆盖全民的就业保障体系，确保人人都有理想的工作和基本的社会保障。同时，还应立足城乡一体，推进公共事业性服务均衡化，契合区域定位，促进公益基础性服务优质化，尽力为群众提供安全、舒适、便捷的城市环境。

无锡人认为，在新阶段的发展中，要科学把握发展手段与发展目的的辩证关系，大力加强就业、社会保障、教育、医疗卫生、民政等社会事业建设，不断增进人民群众的幸福感、满意度，使无锡迈步走向国际有名、国内领先的幸福安康、和谐宜人的首善城市。①

上述 2—8 这七个方面，是无锡市在产业转型升级过程中提出来的。我们课题组于此补充 3 点。

9. 由"苏南制造"向"苏南创造"、由"低端产业"向"高端产业"转型升级。

（1）由"苏南制造"向"苏南创造"转型升级

齐白石曾经说过一句名言："仿我者死，学我者生。"也就是说，机械地模仿别人最后只能是死路一条，学习别人的长处，才是生路。其实，还可以加一句："超我者达。"也就是说，要想达到理想的境界，就要知己知彼，最终争取比别人做得更好。

苏南人这几年讲得最多、研究得最多的是，怎么从已经发展起来的"苏南制造"转向"苏南创造"。

苏南制造，其实是苏南加工，利润很薄，属于自己的品牌极少。要改变这一现状，由苏南加工、"苏南制造"转向"苏南创造"是势在必行的。问题在于，

---

① 载钱英洁、周晓方、尹晖、高琼玲：《率先开辟发展新路径——全市加快转型发展工作会议侧记》，《无锡日报》2010 年 6 月 10 日第 A1、A3 版。

这一转变如何实现。由于苏南各市存在的问题不同,其做法、思路、理念也有很大的不同。

①苏州的做法:

苏州近几年一直是我国第二大制造业城市,其特点是"三资"企业占的比重大,给自主创新能力的提升带来一定的制约。针对这一情况,苏州采取了两大做法,一是尊重现实,积极完善科技与产业发展机制,坚持以"科技跨越计划"统领苏州创新工作,以国际科技园、生物纳米园、创意产业园、中新科技城等为主要载体集聚创新主体,以中科纳米所、纳米国际创新园等重点平台引领创新实践,不断加快从投资驱动向创新驱动,从资源依赖向科技依托,从苏州加工、制造向苏州创造发展。与此同时,推广苏州工业园区的"精简、统一、效能"管理与"亲商、亲民、亲环境"的服务理念,政府管理部门推行"一站式服务",经济转型上推动从苏州加工、制造业向苏州现代服务业与新兴产业发展转变。二是针对本地知名科研院所、高校较少,应用基础研究实力不强,尤其是内资科技型企业规模偏小、实力偏弱、自主知识产权不多这一现实情况,大力推进民营经济转型升级,促进民营企业成为发展服务外包与信息技术等新兴产业的主体与苏州新一轮经济的脊梁。

2004年以来,苏州先后实施了两轮民营经济腾飞计划,给以全球最大的超亮光丝生产企业恒力集团、在日本神户市人工岛新开发区建立了日化产品研发机构的隆力奇集团等苏州民营经济插上了"腾飞的翅膀"。迅猛发展的全市民营经济呈现出"总量不断增长、质量不断提升、贡献不断提高"的良好发展态势。2008年以来,尽管受国际金融危机的不利影响,但在国家和地方一系列扶持政策的刺激下,在当前经济复苏转好的大环境下,苏州市民营经济保持了平衡较快的发展态势。

民营经济在苏州国民经济中,现已"三分天下有其一",在经济社会发展过程中占有举足轻重的地位。据统计,民营企业为苏州提供了2/3以上的就业岗位,创造了苏州1/3以上的GDP和财税收入,完成了苏州全市企业50%以上的技术创新和产品开发。据有关数据显示:至2009年9月底,苏州全市共有15.1万家私营企业和31.9万个体工商户。私营个体经济累计注册资本达到4344.2亿元,比2003年年初增加了6.7倍。2009年1—9月份,私营个体经济完成固定资产投资634.44亿元,同比增长了7.8%,占全社会固定资产投资的比重达28.5%;规模以上民营企业完成工业总产值4595亿元,同比增长3.3%，占规模以上工业总产值的比重达到31.7%。

民营企业的健康发展，现已直接决定着"创新苏州"、"和谐苏州"建设的活力和实力，对拉动经济增长、扩大社会就业、增加财政收入和繁荣城乡市场起着不可替代的作用。民营经济的转型升级，直接影响到全市经济的转型升级。经过改革开放30多年的发展，苏州的民营经济总量得到了很大提升，在一些传统行业的产业聚集效应闻名全国，苏州也一跃成为全国著名的民营经济大市。但对比科学发展的要求，站在"后危机时代"的门槛前，苏州民营经济原有的竞争优势在弱化，在发展中存在的问题和缺陷也正在逐步暴露。

民营经济转型升级之路，目前在苏州正面临着历史的拐点，遭遇着"五多五少"的现实尴尬。第一，民营企业数量多，规模型企业少。到2008年年底，苏州市收入超亿元的民营企业数为500多家，进入全国上规模民营企业前500家的仅有28家。第二，制造型企业多，具有自主研发能力的企业少。全市共有民营科技型企业4000余家，民营科技型企业在全市民营企业总数中的占比不到3%，远低于深圳、南京、无锡等领先城市和周边城市。2008年，全市民营科技型企业获税收减免总额不满8个亿，在GDP中的占比相当低。第三，一般类型的公司多，建立起现代企业制度的少。苏州市民营企业中95%都是一般公司，民营上市企业累计仅有30多家。家族式、封闭性和股权单一制的经营模式成为制约民营企业进一步做大做强的瓶颈。第四，民营企业代加工品牌多，自主品牌少。许多世界一线品牌，如耐克、阿迪达斯等在苏州都有生产加工基地，而本地民营企业中叫得响的品牌却不多。至2008年底，苏州市民营企业中获中国驰名商标的累计为80件，中国名牌累计63件。第五，传统产业多，新兴产业少。苏州市的新能源、新材料、生物制药和服务外包等新兴产业刚起步，目前还没有完全形成规模集群效应。全市产业集群中主要为传统产业，主要聚集在钢铁、纺织、服装、光电缆和机械加工制造等行业，在新兴产业中所占的比重很小，普遍存在着规模小、资金少、研发力量薄弱、生产设备老化、产业层次偏低、产品结构单一、产品附加值低和单位产值能耗大、生产效率低下等问题。

目前，可以说苏州是民营经济的大市了，但还不是强市。国际金融危机迫使苏州企业转型升级，创新型经济的发展，为苏州民营经济的发展带来了新机遇。

抢抓新一轮发展机遇，苏州民营企业如何通过转型升级、培育壮大新兴产业,来提升抗风险能力?目前,苏州的民营经济发展已进入了转型升级的关键期,只有一手抓新兴产业的培育壮大,一手抓传统产业的改造升级,才能有效提高发展的质量,实现在更高平台上的新发展。苏州人认为,从"苏州制造"到"苏州创造",民营企业需要跨越五大步:

一是传统产业加快技术改造,提高产品附加值,降低消耗,提高劳动生产率。运用高新技术和先进适用技术改造提升传统产业,推动制造业向研发设计和营销服务的两端延伸。传统的外向型民营企业可以通过科技研发、技术创新、品牌建设,积极参与产业链上游的国际竞争。

二是创造条件,加快民营企业新一轮产权制度改革,从体制机制上进一步激发活力。市工商联调研发现,产权不够明晰等以前国有企业的弊端正逐步显现在中等以下民营企业中,制约着民营企业的发展,急需加快改革步伐,建立起现代企业制度,从体制机制上为民营企业的发展提供保证。

三是强化与大专院校、科研机构的合作,加大研发投入。企业是创新的主体,科技创新是民营企业转型升级的重要手段和表现形式。借助外力与"借脑"的发展,则将成为民营企业提升自主创新能力的有效法宝。企业应大力走产、学、研相结合的发展道路,把研发机构和研发中心设到高校和科研院所中。

四是大力引进和培养人才。广大民营企业要善于从自身发展的实际出发,对适合本企业的优秀人才从招聘、使用、保留等方面采取强有力措施,大力引进和储备优秀人才,为实现转型升级和在更高平台上的发展积蓄力量。

五是政府及各部门应在加强引导和强化服务等方面下工夫,创造有利于转型升级和技术创新的良好氛围;同时全市各级工商联组织要着重做好宣传引导工作和调查研究、参政议政工作,配合政府推动有关政策措施的出台。

②无锡的做法:

无锡的情况不同于苏州,无锡的民营企业占比大于苏州。改革开放以来,无锡的每一次发展都得益于创业,无论是"天下第一村"华西,还是江阴、宜兴、无锡市区,都积极鼓励创新创造,从农民企业家创业到民营企业家创业,再到科技企业家创业的不断提升,依靠科技成果、科技人才、科研单位,提高自主创新能力,使科技创新成为无锡新一轮发展的主力。无锡从"无锡制造"转向"无锡创造",突出表现在:一是建立以企业为主体,市场为导向,产、学、研相结合的技术创新体系。突出集成创新与引进消化吸收再创新,努力掌握核心技术与关键技术,形成高新技术产业发展的技术基础。法尔胜就是采取引进与自主创新两条腿走路的方针,一方面引进、消化、吸收国外先进技术再创新,另一方面不断增强自主创新能力。该公司与全球最大的钢筋及钢筋制品专业制造商贝卡尔特集团合作过程中,主动从技术、管理、产品质量、人力资源方面找差距,确立法尔胜创造的目标。为了实现这一目标,法尔胜集团与澳大利亚、意大利、美国、加拿大、新加坡、日本、比利时等国的 20 多家企业合资合作,不仅引入资金 2 亿多美元,而且在合资合作过程中,大大缩短了与世界先进技术之间的距离。世界 500 强之一的新日制铁有全球领先的桥梁缆索技术,它与法尔胜合资成立的公司,法尔胜控股 75% ,现已拥有世界上最先进的大桥缆索生产技术,世界第一跨度斜拉桥——苏通大桥全部选用法尔胜的缆索产品。二是政府引领,利用财税、金融、产业政策、人才培养、政府采购、知识产权保护、进出口、鼓励企业自主创新等手段,实现政策“四两拨千斤”的作用,加强科技规划、制度建设、环境建设、提供服务,形成有利于从“无锡制造”转向“无锡创造”的政策环境、法制环境、市场环境与社会环境。

③常州的做法:

常州近些年来则以名牌产品为龙头、骨干企业为核心、支柱产业为支撑,构建了现代工业体系,成为长三角地区重要的现代制造业城市。2007 年,常州各级企业技术中心 116 家,拥有中国名牌产品 25 种,中国驰名商标 11 种,信息化示范企业 70 家,较为充分地体现出“常州制造”的技术含量与质的内涵。目前,100 多种产品国内外市场占有率排名第一。看世界,摩托罗拉手机以及戴尔电脑的发声器件 30% 是常州制造,激光打印机每 10 台就有 9 台伺服电机是常州制造。看中国,每 10 条牛仔裤中 5 条布料是常州生产,每 10 台中小型拖拉机用的柴油机中 5 台是常州制造;城市里豪华大中型客车、乡村时尚轻便的摩托、田间高效实用的农机,随处可见“常州制造”。尤其是装备制造业,“常州制造”的影响力更为突出。在输变电、轨道交通、工程机械与车辆、农业机械、基础设备及关键零部件等生产领域,常州制造能力与产品质量保持着国内领先地位。常州的单缸柴油机市场占有率长期以来雄踞全国第一,是常州的形象产品。常州还是全国最大特高压输变电制造基地、重要的输变电设备生产基地,其变压器产销量、船用电力电缆市场占有率等连续多年全国第一,高低压控制柜覆盖全系列品种,同类产品国内市场占有率也全国第一。2009年,中国机床产值超过日本,成为世界第一,常州功不可没。尤其是,在数控机床及基础装备、纺织机械装备产品、冶金成套设备及轧辊等关键零部件制造方面,常州在国内有较高的知名度。

在建设长三角地区现代制造业基地的战略构想的同时,常州人认识到:常州能否实现工业腾飞的关键是拥有多少自主知识产权、能否实现由"常州制造"向"常州创造"的转变。

近几年来,常州人重点在加大机制转变、环境改善、产业体系创新、科技开发等方面,为由"常州制造"转向"常州创造"做了大量的工作。在这一重大战略选择上,常州突出表现在:一是建设与"常州创造"相应的发展协作平台,创建常州科教城,建设创新创业人才招聘市场,建设创新业融资平台,建设产、学、研成果转化平台,建设国际先进制造业产业转移平台。二是提出与"常州创造"相应的发展跃升纲要,制定《常州制造业发展纲要》、装备制造业和新能源产业"三年跃升计划",制定增强创新与核心竞争力的科教城"321计划",研究产业集中区与产业集群发展方案。提出创新型人才的凝聚、引进、使用意见。三是实施与"常州创造"相应的五大创新工程,即创新企业培育工程、创新项目带动工程、创新平台建设工程、创新人才集聚工程与创新环境优化工程。四是完善与"常州创造"相应的发展推进体系,健全以企业为重点,市场为导向,产、学、研相结合的技术创新体系,建设支持自主研发、促进成果转化的科技服务体系,建设以特色产业基地为主干的创新型产业体系。

从上述苏南各市由"苏南制造"向"苏南创造"的战略选择上,各有特色,但也存在着一个共性的问题,对技术改造考虑不够,尽管如前所述,苏南人对此是有所认识的,但普遍存在重创新轻改造问题。而技术改造对于我国工业发展来讲,却是非常宝贵的推动力、传家宝,是轻视不得、忽视不得的。我国前工业和信息化部部长李毅中讲:"我的工作经历使我深信要走内涵为主的发展道路,技术改造是我国工业发展非常宝贵的推动力。"李毅中记得,20世纪50年代,各地工厂就普遍鼓励、奖励"小改小造""合理化建议","现在看都没有错,那些都是中国工业创新的萌芽。"

以前在李毅中的印象中,美国的炼油厂应该都是高起点、现代化的大炼油厂。但改革开放后到美国一看,年头很老的旧炼油厂比比皆是,甚至有二战时期修建的。虽然新建厂起点很高,但旧厂也并不轻言废弃,经过一轮又一轮技术改造和更新,到现在还在发挥作用。"显然,通过改造和创新提升生产能力,技术新,投资省,工期短,见效快,效益好。"①

　　苏南各市是"三资"企业的大本营,因而在战略选择上,注重引进国外技术,进行消化、吸收、创造,从而实现由"苏南制造"转向"苏南创造",这是无可厚非的,但这仅是由"苏南制造"转向"苏南创造"的战略选择之一;技术改造,对于苏南各市由"苏南制造"转向"苏南创造"来讲,也是一个不可或缺的重大战略,而且苏南各市,如常州,在技术改造方面,有着非常出色的传统与十分丰富的经验,应在新的历史时期将这一传统继续发扬光大。

　　(2)由低端产业向高端产业转型升级

　　苏州市委书记蒋宏坤认为,"国际金融危机的不期而至,让转变发展方式、优化经济结构的重大课题提前来临。苏州要实现可持续发展,转型升级这道槛不得不迈,并且必须迈得稳、迈得顺"。② 苏州是这样,无锡、常州、整个苏南都是如此。

　　产业结构调整、优化、升级,离不开人才的引进。2009 年,苏州引进各类人才 10.4 万人,其中引进高层次人才 4495 人,引进海外人才 1411 名,回国留学人员 980 名,外国专家 431 名。目前,苏州大专以上人才总量已突破 90 万人,高层次人才达 5 万人,回国留学人员总数已近 5000 人,外国专家总数1800 人。③

　　为了产业转型升级,无锡市顶住了各种舆论压力,采用超常的优惠政策,引进海归领军人才施正荣,结果因为一个人才,培育了一个企业,做大了一个产业。2009 年,施正荣领军的"尚德"的销售额超过 100 亿元,成为世界光伏产业三强,无锡收获了 9 倍的投入回报。受此启发,无锡大力推进了"530"计划的实施,即前述 5 年内引进 30 名海归领军人才,并实行了"三个百"和"三个三":一次性资助不少于 100m² 的寓所并免租金一年;给予不少于 300 万元的风险投资和不少于 300 万元的担保资金,不少于 30% 的科技入股。新型人才的引进,带动了产业由低端层次向高端层次的提升,产业层次提升使得无锡对尖端人才的吸引能力又大大增强。

――――――――――

　　① 刘菊花:《"推动中国工业由大变强"——李毅中讲述中国工业化信息化发展之路》,《光明日报》2009 年 8 月 29 日第 2 版。

　　② 王芬兰:《带头转型升级,领跑创新发展——蒋宏坤接受本报记者专访苏州科学发展之道》,《苏州日报》2010 年 1 月 28 日第 A01、A04 版。

　　③ 钱怡:《苏州"海归"近 5000 人》,《苏州日报》2010 年 2 月 28 日第 A01 版。

目前,苏南各市都正在淘汰处于低端、附加值低、产业链短、效益差、资源耗费大的企业,进行腾笼换凤,大力引进新技术、新型人才,促进低端产业向高端产业发展。而就产业的转型升级来讲,有两种方法、两个途径。第一种方法,或称第一个途径是,在同一产业链上的升级,增加技术的含量,提高附加值的升级。比如上述技术改造、引进国外的先进技术与设备,进行自主创新、延伸产业价值链与转型升级等,都是采用的这种方法、这个途径。第二种方法或称第二个途径,是产业转移,即把低附值的产业转移到其他国家、其他地区去。在20世纪八九十年代,西方工业发达国家把一些低附加值的产业转移到苏南,苏南抓住了这个机会发展了。今天,发展起来的苏南人,也使用这一招了。他们面对土地、原材料、环境、劳动力等资源的制约,运用空间经济学原理,盘算起同样使用一块地,搞什么产值最大。经过盘算之后,玩起了腾笼换鸟,一方面,采取第一种方法,将产业由低转高,如"常州第一镇"湖塘,就采取腾笼换鸟,将低、散、小企业退出,腾出空间,转型升级,向设计、研发、营销攀升,将浙江理工、苏州大学等推出的竹炭纤维染色技术、多功能纳米材料技术、复合球状活性炭防化面料技术引进。另一方面,采取第二种方法,在"引进来"的同时"走出去",搞产业转移。2007年10月,苏州市政府专门出台了《关于鼓励企业走出去、进一步推进国内经济合作的意见》,明确提出:实施"走出去"发展战略,是转变经济发展方式的重要途径,是促进科学发展、协调发展的重要措施。

近年来,苏南有一批企业利用自主知识产权、市场占有率和资本积累等优势,"走出去"设厂或并购得以扩张与提升。

虽然还是一个"泵",还是那个厂房,但设在原格兰富水泵(苏州)有限公司厂房的"创意泵站"内,已不是昔日的机器与技术工人,而是电脑与软件人才。作为苏州工业园区金鸡湖西20万平方米厂房"退二进三"、腾笼换鸟"的试点,2006年,效益很好的格兰富水泵(苏州)有限公司因扩产而整体搬迁,园区回购后,由苏州国际科技园按国际通行的"挑高空间"概念对2万平方米厂房重新进行创意设计改造。"创意泵站"2007年8月竣工后,已引进动漫游戏、工业设计等创意企业30家。宽松的环境与较低的租金,使中国网络游戏的龙头企业蜗牛电子把研发中心也迁入"创意泵站",研发人员增加到700人。

苏南不少开发区按产业升级要求做了新的规划,开发区内一些劳动密集型企业和一些小企业整体转移"走出去",对这些"走出去"企业所占用的土地,由政府按现时市场价采用一项一议的方式回购,回购价远高于企业入驻时的价格，"走出去"的企业满意，而政府实现了"腾笼换鸟"，把回购的土地用于发展现代服务业与国际先进制造业。

早在2001年，江苏省委、省政府，曾作出苏南5市（苏州、无锡、常州、镇江、南京）与苏北5市实行南北挂钩，促进区域共同发展的重要决策，苏北作为苏南企业"走出去"实施产业转移的重点。恒力、红豆、波司登、梦兰等一批知名企业和著名品牌，纷纷投巨资将劳动密集型产业转移到苏北发展。如今，江苏省委、省政府实施南北挂钩，实现了优势互补、合作双赢。苏南"走出去"的企业大多形成了总部在苏南、加工在苏北，苏南搞研发、苏北搞生产。一方面，加快了苏北的工业化进程，解决了苏北劳动力的就地就业问题，增加了苏北的财政收入。另一方面，苏南企业在不断占用苏南资源的情况下得到了扩张与提升，发展了总部经济。

按照江苏省外经贸厅的部署，江苏的对外经贸合作，苏南、苏中、苏北分别以投资、工程承包、劳务输出为主。苏南以拥有高科技与著名品牌的民营企业为主力军，"走出去"在境外投资，近年呈现跨越式发展趋势，其投资的门类相当多，有沙钢集团等资源开采型投资，有隆力奇、吴中集中等研发设计型投资，有苏州胜利精密技术等加工配套型投资，还有苏州工业园区创投公司等高科技企业参股型投资，等等。由苏南企业实施的柬埔寨西哈努克港经济特区、尼日利亚莱基自由贸易区、埃塞俄比亚东方工业园项目，为形成苏南企业"走出去"集聚效应奠定了基础。

当然，任何事物都有两面性，我们不能只看到好的一面，也要看到潜在的问题，或称存在隐患的一面。在20世纪八九十年代，西方一些工业发达国家，曾犯了一个很大的错误。这些国家在没有找到新的产业之前，把大量的制造业转移到了其他国家，包括中国、印度等发展中国家。这种产业转移一方面大大推进了全球化进程，使得发展中国家成为这个世界经济体系的一部分。但是，另一方面，制造业转移出去之后，这些西方国家本身做什么呢？他们把重点转向了服务业。服务业是以金融业为主的，这就失去了均衡，即制造业与服务业之间失去了均衡。因为，在过去20年间，金融业是这些西方国家获得财富的最主要领域，也是这些西方国家国内经济最为繁荣稳定的产业。所以，我们看到，凡是把制造业转移出去的西方国家，尤其是美国、英国，受这次国际金融危机的影响就大一些。

现在，苏南也在搞产业转移，而且搞的是全球化，尽管从产业转移本身讲，并没有错。但是,在没有找到新的产业之前,不能随意地把原来的产业转移掉。否则的话,就有可能犯上述西方国家的错误。尤其是,苏南是在20世纪八九十年代,利用西方一些国家与地区搞产业转移,发展了加工制造业,其利润很薄,能源消耗相当大。在新一轮产业结构调整过程中,势必首当其冲。即便如此,急需腾笼换鸟,对产业转移升级的苏南人,还是应找到新的产业新的行业,权衡利弊后再对产业转移升级,千万不能急于求成、盲目蛮干。否则的话,如果应对不当,很可能会面临产业竞争优势断档的风险。一些有竞争优势的传统产业在其他国家、其他地区的冲击下会推动竞争力,新的具有优势的产业一时难以形成,这样在竞争优势上,就会形成一个人们不愿意看到但又不得不面临的"真空期"。如丢掉加工业,干服务业,服务业也未必能干起来,更别讲干好了。这是苏南各市必须注意的。

当然,对于上述两种方法、两个途径,不管怎么采用,只要能够转变苏南的粗放式经营,都是应该加以肯定的。从这次国际金融危机对我国的冲击看,不少企业亏损、倒闭,表面看是受了这次国际金融危机的冲击,实质却是其粗放型经营所致。

中国许多企业,包括苏南不少企业,长期处于全球价值链分工的低端,产品附加值低,自主创新能力不强,导致自己在世界上有竞争力的领域只能集中在劳动密集型与资源密集型行业,对外贸的依存度很高,因而也就经受不住这场国际金融危机的冲击。目前,全球经济正面临一场大的调整。一方面,美国等发达国家正在对自身的负债消费模式进行调整,减少消费、增加储蓄,这对出口导向型经济是有冲击的,而苏南的外向型经济就属于出口导向型经济,不可能不遭遇这一冲击。另一方面,国际贸易保护主义迅速抬头并愈演愈烈,甚至在欧美一些国家出现了"再工业化"的主张,即前述"回归实业",这对于出口导向型经济来讲,是增加了竞争的压力,加大了出口的难度。有鉴于此,我们认为,苏南根据江苏省委、省政府的要求,迅速转变粗放式经营方式,进行产业转型升级,无论采取哪一种方法,哪一个途径,对于苏南顺应全球经济的调整与自身的发展来讲,都是很有必要的。

10.由工业文明向生态文明转型升级,突出由资源能源消耗向资源节约型、环境友好型的生态经济、绿色经济、低碳经济、循环经济转型升级。

仅仅从产业的转型升级看,它就是一项系统工程,涉及各个方面,上述

"十大转型升级"，仅仅说的是，苏南的产业转型升级，方向如何把握，应从哪几个方面转型升级，具体应怎么抓，尚需进行进一步探讨。

于此，值得一提的是：常州的产业转型升级过程，有两点理念是很宝贵的。

（1）空间不在大小，关键在于产业结构。

常州市钟楼开发区以建材行业最大上市公司——中国建材集团为代表的新型环保建筑材料基地、中国最大的软塑包装材料合资企业——钟恒新材料有限公司、欧洲最大的电工绝缘材料生产企业——奥地利依索沃尔塔公司、中国科学院聚酯纳米材料基地兆隆新材料等企业为代表的新材料产业；以新加坡上市公司、生产汽轮机涡轮叶片的三维成套设备有限公司，日本著名的精密齿轮生产企业冈本工机等企业为代表的精密机械产业；以国家一级软件开发企业国光集团、"神六"监控探测器生产企业裕华电子，园内激光测距仪领军企业华达科捷为代表的电子信息产业，都成为了钟楼开发区乃至常州市经济发展的重要增长极。

作为江苏省最年轻、最小面积的经济开发区，钟楼经济开发区清醒地认识到，空间不在大小，关键在于产业结构。想要展翅高飞，唯有贯彻高起点规划、高标准建设、高水平管理这一个"三高"理念。园区坚持"一区多园、差别发展、主题招商、成片开发"宗旨，明确了"新材料、电子信息、精密机械"的现代制造业定位。在随后的发展中，"三高"理念又增添了产业结构高层次、土地利用高水平、项目投入高强度的新内涵。

围绕产业转型升级、产业集聚差别化发展，开发区加大科技招商和项目管理力度。所有进区项目必须符合国家支持和鼓励的产业目录，必须具有较高的技术含量、投入密度、产出强度、环保水平和税收贡献。项目投资密度要达到每亩35万美元以上，销售产出密度每亩350万元。通过努力，目前开发区已建成国家火炬计划常州输变电特色产业基地、江苏省常州钟楼特高压变压器科技产业园、江苏省国际服务外包示范区、江苏省功能复合材料产业园等，江苏省感知信息科技产业园正在加快建设中。

以"娇小之躯"，凭借科学的产业结构，钟楼经济开发区成就了发展速度最快、发展效益最好的业绩。

（2）不要只看眼前利益，关键在于目光长远。

三年前，钟楼经济开发区成为江苏省首家省级生态工业园，很快，他们又瞄准了更高的目标，开始全力争创国家级生态工业园区。

建园之初,面对园区土地上遗留的不符合环保治理要求和产业定位的落后产能,钟楼经济开发区拿出"壮士断腕"的勇气,持续进行"大洗牌",对这些老企业进行了政府收购,不仅圆满解决了员工的社保问题,还解决了污染痼疾、调优了产业结构,并给优质项目腾出了土地空间。去年,他们斥资1200万收购了原来的电镀厂土地,将之盘活为服务业用地,在寸土寸金的园区内又上演了一出"零地招商"的好戏。

历数当前钟楼经济开发区内,没有一个项目是污染项目,园区内甚至没有配套污水处理厂。在政府的引导下,园区企业对于污染治理、清洁生产、循环经济建设都舍得花血本。

岩松金属公司内原本有个煤气发生炉,这也是当下不少企业普遍使用的一个设备。但是,在争创国家级生态工业园区的过程中,公司斥资数百万元进行了环保无害化治理,为园区切除了一个污染源;江苏省汽车零部件行业中唯一的环境友好企业——常州昌瑞汽车产品制造有限公司,厂区内所有的原材料都实现回收再利用,达到了真正的"零排放";在常州商隆产业用纺织品有限公司,无论是生产、生活废水还是雨水,都被纳入了污水回用的范畴,企业循环用水率达到了100%……

国家环保部在对钟楼经济开发区的检查评价中,称钟楼经济开发区以优化循环经济功能,强化生产工业技术研发和向低碳经济转型为重点,着力在低碳生产、低碳产业、低碳产品、低碳生活等方面下工夫,为建设国家生产工业示范园区奠定了较好的基础。[①]

## 第二节　外向发展

### ——苏南外向型经济的发展与开发区的"二次创业"

**一、苏南外向型经济的发展及其转型升级**

改革开放以来,苏南各市的经济经历了"第一次创业"到"第二次创业"。"第一次创业",先是靠发展乡镇企业,后是靠发展外向型经济。苏南各市的外向型经济,包括外经、外贸、外资,在20世纪90年代,苏南人的口号是"三外

---

① 卞燕、顾克琦、朱雅萍:《型怎么转? 级怎么升? ——写在钟楼经济开发区获得"中国最佳投资环境开发区"之后》,《常州日报》2010年8月21日第A1、A2版。

齐上"。因此,外向型经济在苏南有着特别重要的地位。如果没有 20 世纪 90 年代的"三外齐上",也就不可能有苏南今天的经济地位。

国际金融危机发生后,中国的外向型经济到了一个新的转折点。苏南的外向型经济也随之获得新的发展。具体地说:

1. 中国正从出口导向转向拉动内需,但这绝不是说可以放弃外贸,苏南人对此把握得很好。

过去几年,中国经济从出口导向型转向了消费主导型。目前,消费主导型仍是我国经济转型的核心政策目标之一,但转型不是一朝一夕的事情,消费主导也绝非放弃外贸,急功近利的做法很可能适得其反。稳定出口仍然紧迫必要。一些地方盲目排斥出口导向型经济,动辄以低水平为由将此类企业打入另册,这不仅无助于经济转型,而且还可能导致经济震荡。特别是从中国"三资"企业的大本营苏南各市看,稳定出口尤为必要。对于这一点,苏南人是看得很清楚的。

因此,他们对此极为重视,不敢有半点松懈。

以昆山人为例,他们面对国际金融危机,根据昆山自己的实际情况,步步为营、环环相扣,走稳了三大步。

首先是见微知著,转型升级早一步。早在 6 年前[①],昆山就要求全市上下在经济转型升级方面"醒得早、起得早、跑得早"。"早一步"让昆山在面对国际金融危机时沉着应对。

其次是临危不惧、应对措施快一拍。昆山抓住 IT 等产业受危机冲击相对较小的机遇,提前抢占新型笔记本电脑市场。政府和企业合力针对市场最新变化快出手、早调整,在加速开发"上网本"等应市新产品的同时,主动出击,吸引各企业总部将全球订单转移到昆山。昆山笔记本电脑 2009 年产量突破 6500 万台,占全球总量的 50%。仅仁宝、纬创这两大"龙头"企业 2009 年产值就分别达 1111 亿元和 1000 亿元,出口规模分居全省第一、第二。仁宝(昆山)公司营运处处长林仁亮感慨地说:"没有政府及时的扶持政策,没有快捷的一条龙服务,就没有今天我们的成功。"

最后是危中寻机、创新发展上一层。世界经济发展实践表明,经济波动会

---

① 指 2010 年的 6 年前,见本报北京专电:《总书记首肯"昆山作为"》,《苏州日报》2010 年 3 月 10 日第 A01 版。

使国际资本加速向优势地区、优势产业集聚。这为昆山大力发展创新型经济创造了难得的历史机遇。2009 年,昆山创新型经济投入再创新高。包括配套在内、总投资约 100 亿美元的 TFT-LCD 高世代平板显示项目开工;世界轴承巨头 NSK 中国区总部和研发中心落户花桥;仁宝集团增资 1.8 亿美元建设区域总部和研发中心。

2009 年,昆山市外贸进出口一枝独秀,包括进入前十位的 3 家企业在内,该市共有 15 家企业入围 2009 中国外贸 200 强,其中出口企业 10 家,进口企业 5 家。昆山飞力仓储服务有限公司是昆山外贸增长的一个缩影,该公司的业务主要是为制造型企业提供进出口仓储服务,他们订单多、周转快、实行"零库存",公司的业务量也上得快。①

作为全国 2500 多个县(市)之一,昆山 2009 年进出口总额为 618.6 亿美元,占全省 1/5,同比增长 0.8%。

在 2010 年全国两会期间,"昆山作为"引起胡锦涛总书记的高度关注,称赞昆山"不简单"!

受到胡锦涛总书记赞扬的"昆山作为"在苏南各市是具有代表性的,尤其是"危中寻机、创新发展",在苏南各市都是耳熟能详的。

但与此同时,也必须看到:当前这场国际金融危机,对苏南各市的出口影响确实是很大的。尤其是,中国的确正在由出口导向转向拉动内需、由"世界工厂"变为"世界市场"、"以外促内"促进内需扩大。这是大势所趋,苏南也不例外。

2. 中国吸收外资进入新阶段。苏南外向型经济的发展也随之转变,并不失时机地进行转型升级。

新中国利用外资的历史,可以从 1949 年算起。但 1949—1978 年,中国利用外资数量较少、规模较小。在 20 世纪 50 年代,主要是利用政府贷款方式引进外资,即从苏联贷款。20 世纪六七十年代,主要是利用商业贷款引进外资,即从西方国家贷款。1979 年至今,中国政府将对外开放确立为基本国策,中国利用外资进入一个崭新的历史阶段。如果将 1979 年至今中国利用外资的情况再细分的话,又可以分为两个阶段。其中,第一阶段即从 1979—1991 年,外资流入中国的主要形式仍然是贷款。1979 年,中国第一批外资企业成立。

---

① 燕冰、姚喜新:《25 苏企进中国外贸 200 强》,《苏州日报》2010 年 5 月 20 日第 A01 版。

同年,比利时、日本、科威特等国政府及世界银行、国际货币基金组织等也开始向我国提供贷款。虽然两种利用外资方式同时使用,但当时的条件决定了对外借款成为中国利用外资的主要方式。

第二阶段即从 1992 年至今,外商以直接投资取而代之,在我国实现了利用外资的第一次战略转移。从有关统计资料看,在我国直接投资存量中,大部分是 1992 年以后在"市场换技术"战略下流入的,即大部分进入我国的外商直接投资都属于"市场寻找型"投资。苏南各市的"三资"企业就是在这样的背景下迅速发展起来的。2001 年,中国加入 WTO 后,中国利用外资经历了第二次战略重心的转移与方式的转变。中国利用外资的第二次战略转移,从重心看,根据外商投资新动向,由强调生产型投资,即投资于工业的同时,转向第三产业(商业、服务业)、金融、保险、电信等的投资。这在苏南的表现,尤为突出。如一些大型超市、外资银行等,基本上都是在 2001 年后进入苏南各市的。从方式看,外商选择直接对中国出口方式替代现有投资,或以增资扩股,或以提高现有投资的规划、技术、设备、管理水平,进行投资。从苏州的情况看,就是如此。从苏州新登记的外资企业数量看,受国际金融危机的影响,自 2007 年以来,虽然呈逐年下降态势,2009 年苏州辖区内新登记外商投资企业数量同比减少了 23.9%,但与此相反的是,投资总额和注册资本却上升较快。

2009 年,苏州新增外商投资企业 917 户,其中,投资额在 5000 万美元以上的有 27 户,户均注册资本比 2008 年增加了 212.5 万美元。昆山龙飞光电有限公司以外方认缴 7.96 亿美元成为苏州单体投资规模最大的外企。

同时,2009 年新设外企中外商独资企业和外商投资股份公司上升明显,分别比上年增加 7 户和 13 户,但总量中,中外合资、中外合作企业户数出现下降。2009 年全市新增外资制造企业数量比 2008 年下降 3%;新增外资科研、信息、金融等高端服务业企业同比增长 2%,新增外资批发、零售、餐饮等服务业企业同比增长 30%。

近年来,西方一些媒体对中国投资环境时有指责,认为中国投资环境恶化了。其实,不是中国投资环境恶化了,而是发生了四大变化。

第一,当前这场国际金融危机发生后,世界上主要发达国家的经济增长出现明显放缓,这已经影响到其海外投资,特别是对中国等发展中国家的投资;加上中国的一些贸易伙伴,有的陷入衰退,有的采用了贸易保护主义,使得中国吸收外资的外部环境发生了极大的不确定性,但中国的内部环境不仅没有恶化,而且有了改善。最能说明问题的是,中国按国际惯例办事,承诺对在中国注册的外企实施国民待遇。许多外商都是切身感受到这一点的。因此,即使在国际金融危机的 2009 年,中国 FDI 同比也仅下降 2.99%,远远低于全球平均水平;2010 年 5 月,中国 FDI 同比增长 27.48%,至 7 月,FDI 达到 69.2 亿美元,同比增长 29.2%。这是我国企业对中国经济增长投下的信任票,它表明中国对外资的吸引力是在增强,中国的投资环境并未恶化。

第二,中国吸收外资的政策有所调整,首先是加大了服务业对外开放力度。"承接服务外包"、"现代物流"等被列入鼓励类项目。原禁止外商投资的"期货公司"、"电网的建设、经营"现被纳入对外开放领域。

第三,鼓励外资企业投向新兴产业,将外商投资由低端产业引向高端产业。就现阶段的中国来讲,外资的确使中国现在经济有了很大的发展,国际地位也有了很大的提高,但并不是说我们到了这个程度就可以少关注外资甚至不要外资。世界上引进外资最多的国家是美国,美国恰恰是世界上经济最发达的国家。从这个角度上来讲,我们也要考虑一个问题,就是要对利用外资的结构做一些调整。要有选择地进行招商引资。比如,无锡近几年就在产业转型升级的过程中,积极地将外资引向高端产业,将"智慧外资纷纷引进无锡。这一战略的选择,现已收到很好的效果。外资总资近 5000 万美元的无锡思凯达生物技术有限公司就于 2010 年正式落户锡山,主要从事酪酸梭菌、动物疫苗的研发及技术转让。仅 2010 年前 4 月,通过正式报批的落户无锡外资独立研发中心就有 3 家,正在办理的还有 5 家。跨国公司在无锡设立研发中心始于 8 年前①,近几年更是掀起热潮。截至 2010 年 4 月底,全市累计设立各类外资研发中心 230 家左右,除去内设、分公司以外,独立外资研发中心达 38 个,总投资 4.7 亿美元,单体投入规模超过 1000 万美元。

外资研发中心此前以机械、化工等传统行业为主,近几年则向新材料、新能源、生物医药、软件开发等新兴产业靠拢。来自美国的博慧斯医药科技园有限公司投运,实现了欧美外资研发中心加盟的零突破,国际顶级研发中心越来越多地向无锡伸出"橄榄枝"。GE、博世在无锡建立了全球性研发中心,卡特彼勒等公司则将亚太区域研发中心移至无锡。华夏计算机有限公司目前是无锡最大的 ITO 类服务外包企业,主要对计算机软件、硬件进行设计开发并提供

---

① 指 2010 年的 8 年前。

系统集成服务,其投资方日本电报电话公司是世界500强企业。

一掷千金,干的就是技术领先的活,"技术溢出"效应日益显现。日本普利司通几年前在无锡新区设立了除美国、意大利和日本以外的第四家独立研发中心,主要对轮胎原材料进行研发。"现在轮胎业的原材料国产率已达70%,而当年仅为30%!"现在,很多本土企业在研发中心帮助下,原材料品质大为提升,不仅跻身普利司通供应商行列,而且增强了国际竞争的话语权。

外资大举进入,带来了国际先进技术,而其"裂变"效能又反过来带动了高端产业的集聚。卡特彼勒机械公司在本埠建成零部件工业园后,又投资近4000万美元在无锡成立亚太地区研发中心,重点从事产品研发、验证及人员培训等技术服务,该中心成为集团内仅次于美国本土研发机构的第二大研发机构,该机构设立后又"牵"来了卡特彼勒最先进的发动机产业。

第四,中国由单一的在国内招商引资,或单一的到境外招商引资,转向通过全球配置资源,提高全要素生产率。与此相应的是,中国由单一的对外开放,转向全面开放与全方位"走出去"相结合,力求形成"引进来"与"走出去"的良性互动,从而从根本上提升外向型经济水平。对此,苏南人是看得很准的。比如,在2010年,常州一方面派经贸代表团远渡重洋,到芝加哥、休斯敦等地举行双边投资贸易洽谈会;到华盛顿、波士顿、旧金山、洛杉矶等地拜访跨国公司,推进重大招商引资项目,不仅使得当地一些企业慕名来常州投资,而且使得一些已在常州投资的美国公司增资扩股、开建新厂。如总部设在芝加哥的美国腾晋集团是全球最大的硅钢片铁芯制造商,年销售额4亿美元,员工超过1800名。作为全球战略布局的重要组成部分,腾普集团于2004年4月在常州设立腾普(常州)精机有限公司,目前该公司已有员工210人,年销售达额2.2亿元人民币,与芝加哥、墨西哥公司并称为腾普全球三大工厂,近年来主要经济指标增长率稳居增长极。为此,腾普集团董事长、总裁文森特·伯纳诺骄傲地说:"投资常州是我的主意,事实证明这是个无比正确的决定!"为扩大战果,腾普集团又于2010年启动常州公司二期工程,并建占地46亩的新厂区,力争尽快建成投产。

另一方面,常州将"引进来"与"走出去"相结合,扩大对外投资。比如,在非洲的坦桑尼亚,近几年来,常常可以看到来自常州的品牌产品,处处可以发现常州企业家奔忙的身影。

坦中友谊纺织有限公司是常州在坦桑尼亚的援建项目。在毛主席和坦桑尼亚首任总统尼内尔的共同关心下,中国在达累斯萨拉姆援建了坦中友谊纺织厂。1996年,在朱镕基总理的直接关心下,工厂实施改制,成立了坦中友谊纺织有限公司。

作为中坦两国领袖共同缔造的结晶和两国友谊的象征,坦中友谊纺织有限公司备受两国政府及领导人的关注,为经济社会发展和两国友谊发展、扩大合作,作出了积极贡献。但随着世界经济一体化的推进和国际竞争的日益激烈,尤其是国际金融危机的影响,企业的经营和发展遇到了困难。

经过实地调研和深入探讨,常州市市长王伟成与坦桑尼亚工贸部部长娜姑达成共识,商定采取切实有效措施,帮助企业走出困境。双方决定发扬传统友谊,发挥地方优势,开发合作领域,提升企业的国际竞争力;扩大合作领域,探索引进战略投资者、加强技术改造、实现多元化经营,将企业做优做强;尽快制定深化改革方案并加快启动改革,通过股份制改造、引进战略投资者、妥善解决劳资关系,帮助企业走出困境,健康发展,让友谊纺织公司"友谊永在,发展永远",成为中非人民经济合作的旗帜。

中国(坦桑尼亚)投资中心是常州在坦桑尼亚的开放窗口。作为我国的"对非经贸桥梁",投资中心围绕"服务国内企业,拓展两个市场"的宗旨,为国内企业提供工商信息、仓储周转、法律咨询、金融投资、商旅考察等相关服务,成为中坦企业界的"服务站"和"中转站";积极组织国内企业参加坦桑尼亚达累斯萨拉姆国际博览会,为企业了解非洲市场、促进成交提供有利条件;连续成功举办中国江苏产品坦桑尼亚展览会和江苏名优产品长期展示会,宣传江苏品牌产品、开拓东非市场、推进经贸合作,树立了江苏产品"国货精品"的良好形象,有力推动了常州、江苏省乃至我国与坦桑尼亚的经贸合作关系。今天的中国(坦桑尼亚)投资中心年销售额超过1000万美元,已成为洞悉非洲市场信息的窗口、展示销售江苏名牌产品的舞台和推动对坦投资合作的基地。

在坦桑尼亚,常州的产品广受欢迎,为深度拓展市场,并以此为基地,进一步进军广阔的非洲腹地,常州在达累斯萨拉姆投资建立了工程机械组装生产线,年生产能力超过300台套,经营管理、生产制造等由常州派驻管理与技术人员指导服务,主导产品及关键零部件由常州制造并运送至坦桑尼亚组装。这里还配备了符合工况的各类试验场及先进的检测设备,以确保可靠的产品质量,为扩大市场夯实基础。①

　　苏南企业的"走出去",既是应对土地、原材料、环境、劳动力等资源制约的积极举措,也反映了苏南企业的成熟、实力与自信。政府鼓励企业"走出去",则无疑是苏南发展战略的新选择。

　　有"天下第一村"美誉的江阴市华西村,在当前这场国际金融危机中捕捉到了一个重大机会,依靠其庞大的资金量,制定了对原有产业链进行整合的计划,开辟了华西新的"蓝海"。

　　"华西海工"、"华西远洋",是华西对传统钢铁产业上下游产业链重组后诞生的两个国际海运品牌。在对传统钢铁产业进行"高效"、"低碳"锻造之时,华西村围绕成本控制,在供应链上找到了突破点。2008年底,港口业一片惨淡,华西村却在此时成立了"江苏华西远洋船舶公司"。利用尚未退役的"废船"拓展海洋运输业,在钢铁业市场萎缩之时,进军现代海运物流业。目前,公司已拥有5艘远洋运输散货船,总载重量达45万吨,年运输能力超300万吨,运输品种已经从铁矿延伸至煤矿、铝矾土等大宗物资,航线遍布巴西、南非、印度、印尼、孟加拉等多个国家与地区。

　　"行情不好就拆船供给钢铁企业需求,行情好就海运。这种模式在钢铁企业中极为罕见。""华西海工"负责人龙晋说,"华西海工"是国家十二五规划中开发海洋资源的"武器"。未来2—3年内,还要配套900吨全回转起重支持船、50米水深多功能挖沟船、5000匹全回转三用工作船等重量级海工船队,基本具备近海300米水深以内大型桥梁运输、安装、维护、拆卸的整套工程能力;逐步由国内走向国外,从近海驶向深海。

　　"海陆并举,通江达海",陆上有仓储、江边有码头、海上有巨轮,华西逐步走出了一条以"棉花、煤炭、铁矿石、化工原料"为主的商贸物流业发展之路。②

　　由苏南企业实施的柬埔寨西哈努克港经济特区、尼日利亚莱基自由贸易区、埃塞俄比亚东方工业园项目,为形成苏南企业"走出去"集聚效应奠定了基础。一向"恋家"的苏南企业,近几年来,"走出去"的步伐迈开了。以"引进来"为主导的苏南各级政府,也作起了"走出去"文章,2007年10月,苏州市政府就出台了《关于鼓励企业走出去,进一步推进国内经济合作的意见》,该意

　　①　崔奕、汪和平、季斌:《走进非洲的"桥头堡"》,《常州日报》2010年4月6日第A1版。
　　②　王琴:《"第一村"创富再远航》,《无锡日报》2010年6月15日第A1版。

见明确提出,实施"走出去"发展战略,是转变经济发展方式的重要途径,是促进科学发展、协调发展的重要措施。在苏州市委、市政府鼓励下,苏州企业在境外投境外投资门类相当齐全,有沙钢集团等资源开采型投资,有隆力奇、吴中集团等研发设计型投资,有苏州胜利精密技术等加工配套型投资,有苏州工业园区创投公司等高科技企业参股型投资等。

近几年来,随着我国外向型经济的发展,苏南各市不仅抓住新的发展机遇,获得新一轮发展,而且在转型升级过程中,形成了自己独具特色的产业优势,以苏州工业园区为例,从外源经济看,招商引资是苏州工业园区发展的龙头和生命线。园区一开始就围绕建设国际一流高科技工业园区的目标定位,精研细分外源型经济的各种类别,聚集拥有较强自主创新能力与品牌优势的市场指向型外资企业,先后引进英国"葛兰素"、荷兰"飞利浦"等一批欧美知名企业,欧美企业占到园区项目总数的48%,这一引资结构在国内开发区可谓罕见。全区注册外资累计379亿美元,世界500强企业已有82家在园区建办131个项目,中新合作区项目平均投资额达3000万美元,每平方公里投资强度超过17亿美元,在国内长期高居首位。

为了推动外资企业"落地生根",园区人以各类技术密集、资本密集的基地型、旗舰型项目为龙头,带动吸收大批关联度高、上下游延伸配套紧密的中小企业和项目进驻园区和周边地区,特别注重吸引外资将研发、销售等生产链高端环节转移园区,推动"世界工厂"变身"世界办公室"。园区现有跨国公司研发机构上百家,美国"艾默生电器"、德国"博世汽车"、日本"松下电器"、韩国"三星集团"在园区专门设立研究开发有限公司,全区软件和IC设计企业达150多家,其中5家入选"江苏省软件服务外包十强"。

从经济发展的动力源看,既有外源型经济,也有内源型经济。伴随着外源型经济的空降崛起,短短10多年,园区内源型经济的主体——民营企业也呈几何级增长。目前园区累计注册民营企业1.3万多家,注册资本总额496亿元,40%在制造业,30%从事贸易,其余是服务业,提供就业岗位40多万个,上缴税收占全区17%左右、占各镇60%左右。

民营企业发展如此之快,主要依靠外资"老大哥"的带动和辐射。大批外商的到来,不仅为园区带来税收和就业,更重要的是带来产业链。嗅觉敏锐的园区人创新性地组织各类中外配套协作会,推动中外"联姻",让民营企业啃到摆在家门口的"蛋糕",练就搏击市场风云的强壮筋骨。迅速崛起的民营企业既有"铺天盖地"的群体规模，更有"顶天立地"的超能巨人，涌现出"金螳螂"、"新海宜"等8家民营上市企业，"金龙客车"、"宝时得"等10家自主创新拳头型民营企业，"江南嘉捷电梯"甚至成为"中国第一家以中华民族品牌和技术跨出国门办企业的电梯制造厂商"。

外资企业、民营企业大发展，离不开基础环境的建设营造。在园区16年"垦荒"、"开园"、"辟城"的创业历程中，作为内源型经济又一支生力军的园区国资国企，始终扮演开路先锋和主力军角色，在外资和社会资本初始不愿进入的基础设施、公共服务等领域，发挥着引领示范的中流砥柱作用。

1994年，国资率先投入成立中方财团，作为园区开发建设的投资主体，与新方财团共同成立中新苏州工业园区开发有限公司(CSSD)，主要进行基础设施建设、土地和房产开发、提供市政公用服务等。同时，以建屋公司、国控公司为代表的园区国资企业从无到有，共同参与完成首期8平方公里的开发建设。2001年，园区拉开大开发、大建设、进军湖东的序幕，对国资布局作出调整，建立或重组地产、置地、物流、商旅、圆融、教投等一批国资企业，为大规模开发提供主体支撑和资源保证。2005年至今，在转型升级过程中，国资企业更多地担当起满足园区城市化形态发展需要的功能性开发和科技载体建设任务，几年间就托举起"三大板块"和"两大门户"，奇迹般地营造出繁荣繁华的人气商气。尤其在当前"二次创业"的新阶段，万国数据、方正科技等一批具有国资背景的产业高端型企业抢滩园区，更加促进内源经济与外源经济的双轮驱动，进一步形成外资、民资、国资"三足鼎立"协调发展的良好态势。①

目前，苏州工业园区不仅形成外源型经济与内源型经济的双轮驱动，而且实现了"外源内用"与"内源外用"的良性互动。

然须指出，改革开放以来，外资企业在中国的直接投资，一方面，由于经济的外部性，产生了技术的非自愿性转移与扩散，提升了中国制造能力；另一方面，由于外商来中国投资的目的，是为了占领中国的市场与获取尽可能多的利润，因此在技术上对国内企业、科研机构保持了相对的封闭。即使是在中国技术投入、技术转移、设立研发机构，也是以其内部转移为主，实行的是技术封锁。不仅如此，从当前情况看，外资企业及其研发机构，还通过运用其优越的

---

① 崔广全：《外源经济与内源经济双轮驱动——苏州工业园区东西方文明对接的轨迹透视(二)》，《苏州日报》2010年4月23日第B03版。

条件吸引了大量中国高级科技人才,甚至还从国有企业、科研院所搜索人才和技术,并积极活跃在中国的技术市场和专利市场上,从而导致中国国内企业的逆向技术扩散与中国本地技术产出一定的"挤出"效应。中国社会科学院的王春法(2003年)在北京、上海、苏州、东莞四个城市,对近400个FDI企业进行了调研,结果发现FDI带来的大量国外技术,实际上是对本地技术产生的一种"挤出"效应。在苏南,不仅仅是苏州,其他各市也都不同程度地存在这一问题。

如何通过引资政策与产业布局的调整、市场环境与竞争环境的改善,加速培育中国的模仿与自主创新能力,吸引高质量的外资进入,提升技术吸引力,提高在苏南的技术外溢效应,将"引进—落后—再引进—再落后"转变为"引进—消化、吸收、模仿—提高与创新—本土化",这是当前在利用外资与苏南外向型经济转型升级问题上,值得我们认真探讨的。

## 二、苏南开发区的转型升级与"二次创业"

苏南抓经济发展,首抓开发区;苏南促转型升级,首推开发区。作为苏南开放型经济主战场、经济社会的重要支撑的各级开发区,如何引领转型升级与科学发展大潮,这是时代赋予苏南各级开发区的新命题。苏南各级开发区顺应世界格局的变化、全球经济的调整与国情、本地情势的变化,以转型升级为首要目标,打造完善的主导产业链,推进支柱产业集群;将创新型经济视为重中之重,锻造最强的创新能力;危中寻机,危中转型,推进"二次创业",务求将开发区打造成为新兴产业的领跑区、新城市的样板区、新人才的集聚区、体制创新的示范区。

苏州下辖5个县级市(张家港市、常熟市、昆山市、太仓市、吴江市)全部位居全国百强县前十位。作为全国开发区最为密集的地区之一,苏州的开发区建设水平较高且发展均衡,省级以上开发区实际利用外资、进出口总额、地区生产总值在全市的占比分别为86%、88%、68%。2010年,苏州正采取一系列措施,促进开发区加快转型升级,进行"二次创业",实现开发区从产业集聚向功能提升转变,从政策优惠向体制优化转变。一流的硬环境需要有一流的软环境与之匹配。为此,苏州不断提升政府服务水平和效率,努力打造一流软环境。

苏州原有苏州工业园区、苏州高新技术开发区、昆山经济技术开发区、张家港保税区、苏州太湖国家旅游度假区 5 个国家级开发区。2010 年 9 月，经批准，昆山高新区升级为国家高新技术产业开发区其后，吴江经济技术开发区、常熟经济技术开发区、太仓港经济技术开发区、张家港经济技术开发区，都获国务院同意，晋升为国家级开发区。这样，苏州总计有 10 个国家级开发区，这在全国是唯一的。截至 2010 年 9 月底，苏州全市累计拥有外资企业 17131户，投资总额达 2009.3 亿美元。

### （一）苏州工业园区

苏州工业园区，由中新两国政府签约，于 1994 年 5 月 12 日正式启动，至今已有 16 年。

2010 年，苏州工业园区围绕苏州建设"三区三城"的总体目标与"实践科学发展、塑造国际品牌"的任务要求，提出"争先率先、聚焦转型、突出创新、改善民生"的目标，率先打造转型发展的先行区、高端产业的样板区、现代服务业的集聚区、文明和谐的现代化新城区，努力实现开发建设的"二次辉煌"。具体点讲：

**1. 以产业优化升级为首要目标。**

在提升主导产业竞争力上，园区以东部高新产业区为主阵地，以引进大项目为突破口，持续推进电子信息、机械制造等主导产业做大做强。为此将加快推进"十百千工程"：引进一批投资超十亿美元的项目、培育一批产值超百亿元的企业、发展一批规模超千亿元的产业。用 3 年左右时间加快打造液晶面板、集成电路、机械制造、软件及服务外包 4 个千亿级产业集群。针对已有产业链，园区将瞄准产业链的关键缺失环节和急需引进的行业、产品和技术，积极实施"补链工程"，开展有针对性的择商选资，努力聚集上下游产品、降低综合配套成本，鼓励区内企业、研发机构、高校组建产业联盟，开展技术合作、股权合作、配套协作，推动"产业集聚区"向"产业生态圈"发展。

园区将大力集聚高端项目，加强与跨国公司新一轮战略合作，鼓励跨国公司本土化深耕发展，大力推进驻区企业增设研发、销售机构，加快向"微笑曲线"两端延伸。同时着力引进研发中心、工程技术中心、采购中心、销售中心、财务结算中心和区域性总部项目，逐步提高高端项目在新增项目中的比重。同时园区也将加大与央企、民企的合作力度，尤其在新技术、新能源、新材料、金融、物流等领域。

在新兴产业上，园区将着力培育新的增长点，关注物联网、智能电网等热点产业,着力发展生物医药、纳米光电、新能源、融合能信、软件及动漫游戏和生态环保等六大新兴产业。加快国际科技园、创意产业园、生物纳米园、腾飞苏州创新园、中新生态科技城、中节能苏州环保科技产业园、2.5产业园等重点特色产业园区建设。加快打造一批载体功能平台,加快中国科学院苏州产业技术创新与育成中心、东大、西交大、苏大、南大、中科大等大学科技园建设。加快纳米技术、生物医药、综合数据中心等公共技术平台和高校公共实验室建设,完善"政府扶持、企业(高校)共建、社会共享、优惠开放"机制,提高各类平台的使用效能。要扶优扶强,加快打造一批重点产业项目,力争全年新增新兴产业项目超350个,用3年左右时间形成6—8个规模上百亿元的新兴产业集群。

2. 以双轮驱动完善产业结构。

坚持先进制造业、现代服务业双轮驱动是园区一直坚持的产业优化政策。在2010年,园区以环金鸡湖金融商贸区为重点,着力发展金融服务、总部经济等高端服务业。加快城市地标项目和商务楼宇建设步伐,提供更多优势载体资源,不断完善金融、商贸、会展、办公、文体等功能设施,力争全年CBD新增各类重点项目100个,加快打造金融机构和总部经济集聚区。

同时以"一区十二园"为重点发展服务外包产业,园区将制定完善服务外包产业发展规划,引进和培育一批示范带动作用明显的国际服务外包及软件出口龙头企业,推动服务外包向高端化发展。在现代物流业上则以综合保税区为重点,推进综保区二期基础设施和信息平台二期建设,加快药品进口口岸、种苗进境指定口岸建设步伐。完善虚拟空港、虚拟海港、"沪苏直通放行"等快速通关模式,逐步扩大"免纸通关"试点范围,提高通关便利水平。综合保护区还将拓展贸易业务类型,引进和培育税源性贸易企业,加快发展供应商库存管理中心、产品分拨中心等业务。

3. 将创新型经济视为重中之重。

近年来,园区积极实施"科技跨越"计划,带动营造区域内创新创业氛围。随着二次创业的不断推进,发展创新型经济成为重中之重。未来园区将以独墅湖科教创新区为主阵地,推进开放优势、产业优势向自主创新优势转变,加快建设创新型园区。

园区提出,新一轮经济发展要"聚焦转型升级,加快二次创业",全区干部群众都要强化"五个意识"(转型意识、率先意识、创新意识、机遇意识、项目意识）、处理好"五个关系"（保增长与调结构的关系、开放型经济与创新型经济的关系、城市建设与城市繁荣的关系、经济发展与民生改善的关系、各项工作与加强党建的关系）、推进"五个调整"（调整工作重点、调整招商方式、调整政策体系、调整考核导向、调整服务内涵），努力实现从开放型经济跨越赶超向创新型经济领跑示范转变，率先打造转型发展的先行区、高端产业的样板区、现代服务业的集聚区、文明和谐的现代化新城区，力争在新一轮发展中赢得主动、抢占先机。①

### （二）昆山开发区

创办于1985年的昆山经济技术开发区，在党中央、国务院批准沿海港口城市建立开发区之初，并没有引起多少人的注意，但该开发区一是"依托老城，发展新区"，走了一条多快好省建设开发区的有效途径；二是走了一条独具魅力的自费开发之路，被世人誉为"昆山之路"。1992年经国务院批准，昆山经济技术开发区成为国家级开发区。

在新一轮经济发展过程中，昆山经济技术开发区如何转型升级，走出一条新路；如何根据实际情况，实现该区所确定的新目标：将昆山经济技术开发区建成转型升级的示范区、新兴产业的引领区、低碳经济的试验区、城市建设的先导区。该区从下述三个方面着手，打造核心竞争力，务求实现新目标。

1. 打造最完整的主导产业链。

翻开昆山开发区产业发展历程，一条自我进化、不断伸展的"产业链"浮现眼前。

这条产业链，发端于电脑零部件。20世纪90年代，昆山开发区先后引进沪士、富士康、仁宝和南亚等企业，并吸引了一大批中小配套企业，形成笔记本电脑零部件供应体系；2000年以后形成终端整机制造能力，2003年开始向上游核心元器件攀升。到今天，一台笔记本电脑除了CPU以外，2600多个零部件、超98%的配件都能在开发区方圆50公里内找到配套生产商。

昆山开发区按照产业链的自身演变、提升过程来打造主导产业，发展该区经济。从最初做显示器、电脑接插件、线路板，之后做终端整机，再到核心元器件，该区电子信息产业实现垂直发展。

---

① 万志卉：《以"二次创业"精神点燃转型升级引擎》，《苏州日报》2010年4月2日第B01版。

这条产业链，在光显示领域又"长"出一片新天地。2005年，电子信息产业在昆山开发区已经高度集聚，上下游一共900多家企业，只缺CPU和显示面板，而这两者占了电脑总价值的七八成，转型升级之举就此萌芽。在昆山开发区规划建设的12平方公里光电产业园内，龙腾光电应运而生，为笔记本电脑和液晶彩电提供显示面板，光电产业成为又一主导产业，并带动电子信息产业整体提升。

TFT-LCD高世代线顺利开工，康佳液晶模组基地当年开工当年投产——两个重磅项目的落户，使昆山开发区光电产业发展实现战略"卡位"。2010年初，昆山光电产业园被列入国家产业战略规划，在工信部评出的首批62个国家新型工业化产业示范基地中排名第二。与国内同类基地相比，昆山光电产业园已形成最完备的平板显示产业链，以龙腾光电为核心，目前有西钛微电子、元盛电子、太极能源、奈普光电、琉明光学等16家企业入驻区内，投资总额超55亿美元。

沿着产业链"顺藤摸瓜"，做完了电脑、手机、数码相机、GPS，下一步做什么？昆山开发区集成电子信息和精密机械两大产业，又大力发展液晶面板装备制造业、数字医疗设备产业、工程机械装备制造业；紧盯可再生资源利用的产业发展趋势，大力发展循环经济，打造笔记本电脑回收再利用中心。这些产业链延伸带来的新机遇，将创造新的市场。

可能有倒闭的企业，绝没有倒闭的行业。昆山开发区在摸索中形成产业链意识，认准一根筋，不争论，唯实干，编织出电子信息、精密机械、光电、装备制造等主导产业，始终走在发展前列。一条条生生不息、经纬交织的产业链，根植于开发区这棵经济大树，成为提高区域竞争力的"利器"，抗击国际金融风暴的"坚盾"。

转型升级不能好高骛远，不能转到空中楼阁，昆山开发区坚持以制造业立区，做大做强主导产业，不仅引进资本、技术和项目，更重视培育产业配套和循环的产业链，强调"以我为主"、"为我所用"，实现内外资项目和产业链的融合发展。产业链的裂变，最终聚变成一条科学发展的"信心链"。

2.锻造最强的创新能力。

创新铸造核心竞争力，创新滋养内生动力。转型升级，主要推力在创新。

近年来，昆山开发区积极构建政府引导，企业主体，市场导向，产、学、研紧密结合的区域科技创新体系，把提高科技创新能力作为推动新一轮发展的中心环节,取得明显成效。研发芯片核心技术,开发出具有自主知识产权的数码相机,彩晶光电实现"出口代工"向"自创品牌"转型;微盟电子组建千人研发团队,开发出拥有自主知识产权和自有品牌的笔记本电脑……创新的基因植入"昆山制造",正在开创"昆山创造"时代。

目前,开发区拥有规模以上高新技术产业企业 130 多家,占全区规模以上工业企业数的 1/4 以上;拥有省级以上高新技术企业 65 家,其中国家级检测实验平台 5 个,国家级、省级企业技术中心和省级外资研发机构、工程中心 20 多个;累计申请专利近 9000 件,授权 5000 多件;已有 10 个国家级、省级博士后科研工作站及其分站。

在后开发区时代,开发区的身份优惠、区域优惠逐渐消失,资源消耗型增长进入爬坡阶段,发展的任务也从单一的经济向经济、政治、文化、社会和生态建设"五位一体"转变。开发区要实现可持续发展,惟有创新求突破。

创新是一项系统工程,需要有企业主体的创新、支撑体系的创新、体制机制的创新。但是,创新更需要的是解放思想,面对新形势、新挑战、新任务,开发区应具有全球视野和"以世界为师,走自己的路"的雄浑气魄,用超前的眼光、开放的胸襟,在经济全球化大环境中找定位、作决策、谋出路,走出一条符合实际的率先、科学、和谐发展之路。

**3. 塑造最好的政府服务品牌。**

优质服务,无论在过去、现在还是将来,始终是昆山开发区的特色品牌。

建区初期,开发区牢固树立"服务是第一投资环境"的理念,落实亲商、安商、富商举措。"政策不足服务补,硬件不足软件补","人人都是投资环境","寓招商于服务之中",外商投资审批一条龙服务、项目建设过程全方位服务、企业开工投产后经常性服务"三个服务体系",受到外商普遍欢迎。

一场国际金融危机袭来,开发区快速应变,彰显了政府服务的"昆山速度"。行政审批流程再造,海关、国检、银行、交通等部门通力合作,仁宝、纬创实现当天下单当天出货。"一个键盘一个螺丝,都不能影响电脑出货",企业不论大小,服务一视同仁。昆山开发区坚持"中小企业也是产业链上的关键",在服务中小企业方面本着零阻碍、低成本、高效率的原则,全力以赴帮助中小企业解决配套和人力资源问题。"一个招商人员就是一个投行经理",招商工作理念的变化,折射出政府服务内涵的与时俱进、不断升华。过去招商,主要谈土地、税收,现在招商,主要谈产业政策、区域配套。昆山开发区给有意向投资的企业做投资建议书,做市场分析,提供周边产业集聚情况调查等。这是开发区成功的一个重要原因。

在应对危机中,2009年,昆山开发区44个重点项目获得国家、省、昆山市和开发区四级科技研发、稳定就业、市场拓展等项促进资金8.49亿元,为89家外资企业发放扩大生产和稳定就业专项奖励4003万元,减免各类规费6902万元,缓收各类规费1897万元,营造了相对宽松的区域发展环境。

十几年过去了,昆山开发区中小企业长大了,产业集群壮大了,而政府的细心贴心服务,也成为一张"金名片",在五洲四海越传越广。

从一个苏州排名末位的农业县发展成为全国百强县之首、全国改革开放18个典型地区之一、电子信息产业的全球重镇,昆山的领先,也许有其偶然性,但更有其必然性。改革开放以来,昆山走出了一条独具特色的"昆山之路","敢于突破、敢于负责、敢于争先","竭尽心智、竭尽所能、竭尽全力"的发展精神,都指向一个真理:服务也是生产力。①

2009年12月20日,经国务院批准,昆山出口加工区成为全国第八个综合保税区;12月25日,捷安特中国区总部落户昆山开发区。在积极应对国际金融危机不利影响的2009年,昆山开发区逆势勇进,产业转型升级很快,产业链不断延伸。昆山应对经济危机的措施,可以总结为:

(1)危中奋进,在国际经济风云变幻中率先突围。

"昆山就是开发区,开发区就是昆山",多年来昆山始终坚持这一理念。在这样的理念指导下,昆山开发区在国际风云变幻中克难求进,2009年在由《经济观察报》和中国区域经济学会主办的全国开发区投资潜力评选中,昆山开发区入选"十强",继续保持在国家级开发区中的领先地位。

面对2009年以来企业订单减少、资金紧张等严峻现实,昆山开发区把全力协助企业渡过难关作为各项工作的重中之重,紧盯龙头企业,政府官员主动当好"公关员",全力协助企业争取新客户,在海外招商活动时跑企业总部和企业合作伙伴,传递信心、争取订单。昆山开发区实行"稳大、扶中、帮小"策略,及时落实各项扶持政策,出台了促进企业发展、促进现代服务业发展、促进企业自主创新和出口等多项举措。2009年落实上亿元专项资金支持企业开

---

① 王晓宏、孟海龙、姚喜新:《力量来自何方——解析昆山开发区"不简单"之道(下篇)》,《苏州日报》2010年4月16日第A1、A10版。

拓市场、融资和科研创新，为企业减免各类规费 6902 万元，缓收各类规费 1897 万元，发放各类科技创新扶持资金 8700 万元。

2009 年这一年的危中奋进，昆山开发区主导产业稳健提升，外贸率先突围。9 月份单月出口止跌回升，率先正增长；11 月份进出口全面实现正增长，为昆山进出口在全省率先实现正增长提供有力保障。

（2）危中寻机，锁定先进制造业和现代服务业。

2009 年，昆山开发区在逆境中抢到了三个重大机遇。

一是新兴产业发展方面，TFT–LCD 高世代线项目率先通过国家审批、率先启动建设，这个江苏省单位投资规模最大的 IT 项目，总投资达 33 亿美元，投产后年销售收入将超过 23 亿美元。

二是重大载体建设方面，昆山出口加工区转型为综保区后，将从原来出口加工区单一保税加工功能向保税物流、货物贸易、展览展示、研发检测、维修等功能拓展，成为区域经济新一轮增长的强劲"引擎"。

三是总部经济方面，仁宝集团增资 1.8 亿美元新建区域总部、研发中心和 4 个工厂，3 年可以再造一个新"仁宝"。随后又有捷安特中国区总部的跟进客户。

机会只给有准备的人。1 年里，昆山开发区加强经济运行的监测和分析，抢抓政策机遇、市场机遇和区域合作机遇。在遭遇国际金融危机影响的 2009 年，开发区实现了"四区一商圈"发展载体和产业布局的调整提升，全力打造出三大"两千亿元"增长极。

第一极，随着国家级综合保税区获国务院批准及 C 区的启动建设，未来 5 年里，保税加工、保税物流、仓储、检测、维修、保税贸易业务将带动区内 1000 亿元内销、5000 亿元保税物流和 700 亿美元进出口。

第二极，随着两岸光电产业合作示范园区建设取得重大进展、光电产业园通过国家级产业园区认定、TFT–LCD 高世代线项目启动建设，昆山光电产业链不断向高端延伸。产业链上游，世界著名的玻璃基板生产厂商跟进落户；下游，有国内自主创新技术最高、设计产能最大的康佳液晶电视模组生产基地投产运营，这些将聚合成 2000 亿元产出的增长基地。

第三极，东部新城区、中央商贸区、中华商务区和景王路现代商圈的规划、建设和招商全面运作，"三区一圈"的城市经济综合增加值将超 2000 亿元。

（3）趁危转型，在科技创新中推进"二次创业"。

当前,昆山开发区正处于转型攻坚期,在国际经济格局发生重大变化、全球经济进行调整的新形势下,产业结构、资源主导、外向依赖、抵御风险能力等问题愈加凸显。

暴露问题并非坏事,形势严峻也不可怕。这次国际金融危机恰恰给昆山开发区转型升级形成了巨大推力,回过头来看,也许是契机大于危机。

在转型升级过程中,昆山开发区把着力点放在"创新"上,集聚创新资源,提高自主创新能力,增强国际竞争力。2009年,全社会研发投入占GDP比重达到2%,区内龙头企业通过并购、增资、重组等形式整合全球资本、技术和项目,创新能力明显增强。仁宝增资新建区域总部、研发中心和4个工厂,提高了昆山笔记本电脑、液晶电视整机制造在全球的影响力;神达集团并购美国麦哲伦公司,提升了昆山GPS产品在全球的竞争力;三星入主顶伦公司,联坤完成资产重组,麦格纳合并了苏州英特林克公司,捷安特增资建设新材料自行车研发和制造基地及区域总部。引外,纬创集团、丰田公司也纷纷增资扩张产能,布局研发和销售。

人才是转型升级的关键要素,"要让人才生根"。2010年,开发区高层次人才引进和培育力度进一步加大,共引进博士硕士25名、博士后6名,新设博士后工作站1家,引进博士团队3个,1人入围"国家千人计划"。

昆山开发区在二次创业过程中,坚持抓增量把握质量、调存量把握节奏,坚持产业第一,项目为本,企业为主,以科技创新为主要动力推进经济的转型升级,努力实现5年再造一个开发区。

昆山出口加工区,从单一保税加工向保税物流、货物贸易、展览展示、研发检测等功能拓展,转型为综合保税区。

中国大陆首家封关运作的昆山出口加工区,2009年12月20日经国务院正式批准,转型为国家级综合保税区,这是全国第八个综合保税区。昆山综合保税区将从原来的出口加工区单一保税加工功能向保税物流、货物贸易、展览展示、研发检测、维修等功能拓展。

2000年10月正式运营的昆山出口加工区,是我国重要的出口加工贸易基地和衡量对外贸易的"晴雨表",建区以来,累计创造了1697亿美元的进出口额和7368亿元的工业产值,综合发展实力连续多年位居全国出口加工区榜首。2009年,区内93家生产企业创造了2065亿元的工业总产值,同比增长29.9%。区内笔记本电脑的年产销量超过6000万台,增长20%,占2009年全球总产量的"半壁江山"。

2006年12月，经国务院批准，昆山出口加工区在保税加工的基础上试点拓展保税物流、仓储、配送、分拨、研发、检测、维修等功能。未来5年，按照建设"转型升级示范区"、"新兴产业引领区"、"低碳经济实验区"的规划，昆山综合保税区有望建成全球笔记本电脑、数码相机、手机、GPS摄影仪等电子产品的重要制造中心、研发基地、供应分拨和营销中心、全球售后服务和维修中心，内销额将超过1000亿元，保税物流业务将超过5000亿元，工业产值将突破4000亿元，进出口将超过700亿美元。

### （三）无锡新区

无锡，曾是中国民族工商业的摇篮。1984年，无锡被国家列入沿海开放地区，从此打开了无锡走向世界的大门。进入20世纪90年代，以邓小平南方谈话与浦东开发为契机，无锡提出改变"螺蛳壳里做道场"的旧观念，开辟经济腾飞的"第二战场"。无锡有了"开发区"——外商投资规划区锡南片区，后建设成为无锡经济技术开发区，1992年底被国务院批准为国家高新技术产业开发区。当时，无锡外向型经济发展呈现出多种模式共同发展、相互促进、互为补充，对外贸易、引进外资、对外投资齐头并进，综合发展的态势。

经过20世纪八九十年代的探索、积聚与发展，进入21世纪后，无锡终于站到了中国对外开放城市的前列。目前，无锡有4个国家级开发区、11个省级开发区、12个重点开放园，形成梯度推进、各具特色、错位发展的格局。

无锡新区，自"二次创业"以来，在发展大规模集成电路产业方面创造了世界半导体建设的"无锡速度"，树立了海归人才创新创业全国层面重大典型"尚德神话"，诞生了写进2010年国务院政府工作报告的物联网战略性新兴产业。近几年，无锡高新区先后成为江苏省唯一国家火炬计划实施20周年先进开发区，与北京中关村、上海张江一起成为首批中央海外高层次人才创新创业基地，在全省率先建设部、省、市共建国家创新型科技园区，部、省共建知识产权试点园区，在成功创建国家生态工业示范区基础上在全省率先争创国家生态文明试点园区。在国家高新区和江苏省开发区综合排名中，无锡高新区连续保持前列，特别是在创新型经济、战略性新兴产业、领军人才创新创业方面先发优势明显。无锡新区转型发展得到了中央、省市领导的充分肯定和较高评价。2009年，无锡新区经济运行主要指标增速高于全市平均水平、高于全省先进开发区、高于苏南五市（苏州、无锡、常州、镇江、南京）平均水平，对市贡献份额进一步提升。实现地区生产总值 806 亿元,同比增长 12.8%;一般预算收入 69.6 亿元,同比增长 14%;全社会固定资产投资 436.4 亿元,同比增长 28%;社会消费品零售总额 129.2 亿元,同比增长 19%。

**1. 实施 6 大功能分区开发。**

无锡新区坚持把优化资源配置作为转型发展的根本手段,对全区 220 平方公里实施 6 大功能化空间开发,提高资源利用集约化、专业化水平,为转型发展提供资源载体支撑。无锡新区转型发展 6 大功能分区是:高新技术产业开发区、无锡(太湖)国际科技园、无锡空港产业园区、中国(无锡)工业博览园、中国吴文化博览园、国际教育生活社区。

在 6 大功能分区基础上,无锡新区全面构建功能分区—专业科技园区—优化发展片功能开发体系,功能分区突出空间主体功能开发,专业科技园区突出科技创新综合营运、优化发展片区突出腾笼换凤,"三位一体"实现功能开发立体化、精细化、配套化,实现全区域资源转型升级的联动效应。

**2. 推进"6 个千亿级"支柱产业集群。**

无锡新区转型发展坚持以高新技术产业为根本驱动力,坚持有所为有所不为,突出在长三角城市中的差异化核心竞争力,集中力量、集中资源、集中政策打造新能源、大规模集成电路、电子信息产业、机电装备产业、软件和服务外包产业、现代商贸物流产业"6 个 1000 亿"支柱产业集群,实现调高调轻调优的产业发展目标。

2009 年光伏新能源产业产值超 282 亿元,占全国 50%,太阳能电池组件产量世界第一,成为全国光伏产业的制造中心、标准中心、研发中心和人才培训中心;大规模集成电路产业产值达 230 亿元,产能、制造技术位居全国开发区前列,成为全国最大半导体生产基地,已形成 IC 设计、掩膜制造、芯片、测试、封装较为完整的产业链条;软件和服务外包产业产值超 270 亿元,连续三年保持 80% 以上增长,引进中国服务外包前 10 强企业近 20 家,产业综合排名升至全国第五位,已形成研发、生产、销售、人才实训一整条软件与服务外包产业价值链。同时,无锡新区格外注重打造全价值产业链,形成了"1+6"产业链结构(制造+研发设计、采购、物流、订单、销售、服务),实现产业从微笑曲线低端向微笑曲线高端延伸,把转型发展建立在产业价值链提升之上。

被写进 2010 年国务院政府工作报告的物联网新兴产业正是诞生在无锡新区,这里是国内最早发展物联网产业的开发区之一,也是产业要素集聚度最高的开发区之一。培育了在美国纳斯达克上市的科技创新企业美新半导体，无锡新区物联网产业化水平全国领先。规划面积10.8平方公里的国家传感信息中心，目前已成为国内规划水平领先的物联网专业产业园区。

3.建设国家一流创新型园区、中央海外高层次人才创新创业示范基地。

无锡新区坚持以高层次人才创新创业为转型发展的根本突破口，把人才竞争作为区域竞争和赶超的决胜砝码。作为第一批中央海外高层次人才创新创业基地，无锡新区已有6位海归创新创业领军人物入选"千人计划"，居全国高新区前列；3年落户新区的"530"企业数达到270家，引进20多家院士工作站，引入澳大利亚工程院院士施正荣、中国最年轻的中科院院士王曦和最年轻的工程院院士邓中翰等10余名院士及中国物联网领军专家、CCTV2009年度经济人物创新奖获得者刘海涛等来新区创新创业；形成了北京大学、清华大学等"985"高校政、产、学研合作知识集群，麻省理工大学、加州大学等美国常青藤高校人才创业团队群落；形成了具有特色的"530"计划、"后530"计划区域政策体系。

在无锡新区，逐步形成了一套相对完善的高层次人才工作路线图：以科技金融支撑人才创新创业、以创业保姆服务人才创新创业、以"三创"载体承载人才创新创业、以公共技术平台催化人才创新创业、以树立重大创业典型营造创新创业氛围。

4.实施蓝海战略，争创开放型经济新优势。

开放型经济是苏南经济的重要支撑，无锡新区始终坚持把推进开放型经济的转型发展作为重要课题，把开放型经济作为转型发展的基础资源之一，大力实施引进消化吸收再创新，把开放型经济优势转化为国际化创新型经济优势，探索开放模式创新之路。

启动与跨国公司新一轮战略合作，推动从引进资金向引进科技全要素转变，从成本取向向市场取向转变，从先进制造业向现代服务业转变，从微笑曲线低端向微笑曲线高端转变。高校技术企业集群、跨国公司研发机构集群、外资金融机构集群、风险投资机构集群和区域性总部机构集群相继在无锡新区排兵布局。目前，已有150多家国家级高新技术企业落户无锡新区；GE、博世在区内建立了全球性研发中心，卡特彼勒等公司建立了亚太区域研发中心，无锡新区已成为江苏外资研发中心最密集的开发区之一。

5.建设幸福宜居新城区。

无锡新区坚持把幸福宜居作为转型发展的内在要求和价值取向,把转型升级和民生工程统筹规划建设,实现开发区开发建设"共建共享、共享共建"的目标。2009年,无锡新区农民人均纯收入1.6万元,连续7年保持无锡市第一,是全省平均水平的2倍;初步构建了社会保障、住房保障、医疗保障、养老保障、就业保障"五位一体"的新市民保障体系,新市民社会保障水平领跑全市;高水平的城乡一体化社会保障网、环境生态安全网、社会治安防控网全面织就;本地户籍人口新社区、外来就业人口青年公社、高层次人才公寓、外籍人士国际社区让各阶层人士安居乐业。①

开发区,这个改革开放的产物,现已成为推动中国经济快速增长的强大引擎。常州,作为改革开放的前沿阵地、苏南模式的创造者之一,全市开发区的建设者们在改革中探索,在创新中发展,展示了"开发区大有希望"的历史画卷。

1984年,邓小平视察深圳,对兴办经济特区的决策给予充分肯定。他提出:"除现在的特区之外,可以考虑再放几个点,增加几个港口城市,这些地方不叫特区,但可以实行特区的某些政策。"于是,作为继经济特区之后、中国对外开放第二个层次的开发区应运而生并迅速发展。

### (四) 常州开发区

常州的开发区建设源于城北工业村建设。1990年,全市累计开业投产合资企业54家,实际利用外资1.5亿美元,而城市发展局限在39平方公里的中心城区。此时,具有时代紧迫感和责任感的常州人,勾勒出"一城四翼"和"控制东西,发展南北,重点向北,开发江边"的城市发展构想,并于7月16日向省政府申报了《关于建立常州市城北工业村的请示》。同年9月,省政府正式批准建设常州开发区的雏形——城北工业村。

城北工业村的建设,拉开了常州开发区建设的序幕,为两年后工业村转型发展为国家级高效技术产业开发区打下了坚实基础,带动了全市开发区建设的热潮。

1992年,邓小平视察南方并发表重要谈话,掀起了对外开放和引进外资

---

① 丛林:《无锡新区:争当经济转型开发先导示范区》,《无锡日报》2010年4月9日A11版。

的新一轮高潮。正苦于寻找更高、更好发展平台的常州，抓住了这一难得的历史机遇，迅速在城北工业村的基础上，申报建立国家级常州高新技术产业开发区。同年 8 月 28 日，常州高新技术产业开发区宣告成立；同年 11 月 9 日，经国务院批准，常州高新区成为国家级高新技术产业开发区，面积为 5.63 平方公里。2002 年 4 月，在高新区的基础上，设立了常州市新北区，地域面积扩大至 439.16 平方公里，现下辖 3 个街道、6 个乡镇。

在抓住机遇、成功建成国家级开发区的同时，常州又开始积极筹建省级开发区。1993 年，全市先后争取并被批准成立了溧阳经济开发区、金坛经济开发区、常州东南经济开发区和常州戚墅堰经济开发区，完成了除全市主城区以外、所有建有独立城区的县域都建有省级开发园区的布局；1994 年至 1997 年，常州又抓住了开发区多元拓展发展种类的机遇，申报批准了全市唯一一个旅游度假型省级开发区——溧阳天目湖旅游度假区和两个农业综合开发性质的开发区——常州外向型农业综合开发区和武进外向型农业综合开发区。1996 年，常州抓住武进县 1995 年撤县建市的历史机遇，抢批了省级武进高新技术产业开发区。至此，全市多层次、多类型、全覆盖的开发区布局框架基本形成。

1997 年起，常州把开发区建设作为经济工作的重中之重，提出了"以园区建设为抓手，整体推进开放型经济快速发展"的战略部署。其间，常州高新区内部确立了高新区、新龙区和新港区三个规划组团，建立了国家环保产业园、国家火炬计划三药产业基地、国家火炬计划软件产业基地、电子科技产业园、留学人员创业园等特色产业园区和产业基地；武进高新区实施"南扩发展"战略，专门聘请著名规划设计大师编制了南区总体发展规划，启动了 9 平方公里的先期建设，金坛、溧阳开发区合并了周边的部分乡镇，使园区可开发面积扩大了四至五倍；武进农发区按照"建设花园式现代化综合性园区"的思路，重新编制开发区总体规划；天宁开发区坚持走差别化发展道路，确立以发展纺织、印染为主体的特色产业定位，规划建成了全市最大的纺织印染工业园区；常州农发区及时转型，与市纺织国有资产经营公司联合打造市区纺织印染企业集中迁建的专题园区。值得一提的是，钟楼区抓住区划调整的重要契机，批准建成了全省在国家清理整顿开发区之前最后一个省级开发区，在"生态建区"方面走在了全省前列。

2004 年开始，中央倡导科学发展观，对开发区进行清理整顿，常州开发区进入了一个创新转型的新阶段。常州坚持以"集约发展、统筹协调、差别竞争"和"可持续发展"为原则,以"整合、集聚、提升、提速、扩容"为总体思路,加快提升新型工业化和经济国际化水平,全面增强开发区的综合竞争力。

2008 年,全市开发区共完成地区生产总值 943.63 亿元,占全市地区生产总值的 42.85%。其中,常州高新区在 2008 年完成地区生产总值 324.2 亿元,同比增长 25.7%。该区坚持走产业强区之路,现已形成"一城(高新区)三带(滨江产业带、通江路产业带、黄河路产业带)多园(出口加工区、新北工业园、环保产业园、机电工业园等)"的产业布局形态,各专题园区配套完善、形象优美、功能互补,可以随时承接各类项目落户与产业集聚发展。

如果说,以前的常州高新区是"工厂+宿舍"式厂房经济,那么,现在的常州高新区正在致力培育的四大新兴产业则是创新型经济。

2010 年 7 月 5 日,中共常州市十届九次全体会议通过了《关于加快建设国家创新型科技园区,促进经济转型升级的决定》。正在全力打造四大新兴产业的常州高新区,根据这一《决定》,进一步整合资源、创新机制、提升平台,扎实推进,力争到 2015 年,创意、光伏、生物医药、新能源车辆四大新兴产业总规模突破 1700 亿,形成 1—2 个国内领先、世界一流的新兴产业集群,确保建成国家创新型科技园区。

对于常州来讲,常州开发区不仅促进了常州的对外开放,为常州工业化、城市化与现代化作出了积极贡献,而且在发展理念、发展模式、发展形态等方面对全市经济建设和社会发展产生了全方位的影响。

1. 开发区成为带动全市经济快速发展的"火车头"。

近几年,开发区利用外资保持了经济发展高速增长。截至 2009 年年底,开发区累计实际到账注册外资近 94 亿美元,利用外资总量的扩大促进了经济实力的增强。2009 年,在常州,省级以上开发区以 3% 的土地面积,创造了全市 50% 的地区生产总值、54% 的地方一般预算收入、80% 的实际到账外资、53% 的进出口总额和 56.2% 的固定资产投资,成为支撑全市经济发展的重要力量。同时,开发区通过辐射、示范和拉动作用,带动了全市经济的快速发展。

2. 开发区成为全市集聚先进制造业和现代服务业的重要载体。

开发区以特色产业园区为依托,以大项目为龙头,大力引进先进制造业,集约利用资源,促进产业集群发展,大大提升了全市的产业结构和在国际分工中的地位,走出一条在开放条件下实现新型工业化的道路。2000—2009 年,开发区在装备制造、电子信息、新能源、新材料、生物医药五大产业的实际利用外资接近 30 亿美元，引进了 46 家世界 500 强企业的 66 个项目，输变电设备、太阳能光伏等产业领域迈入全国一流行列。随着先进制造业和现代服务业"双轮驱动"战略的深入推进，开发区在发展现代服务业方面也取得了很大成绩，累计引进各类现代服务项目数百个，通过外资独立研发中心、销售中心、地区总部等高端项目，以现代服务业推动制造业的优化升级。常州高新区软件园、动画基地被认定为"江苏省国际服务外包示范区"，软件园、动画基地、津通国际工业园等成为省级现代服务业集聚区。

3. 开发区成为全市集约发展、科学发展的示范区。

近年来，开发区主动顺应宏观调控的新要求，高度重视土地的规划、管理和使用，严格限定产业类别、环保要求和投资密度，单位土地的产出效益不断提高。开发区十分注重通过科技创新增强发展后劲，通过发展高新技术产业促进产业升级，逐步建立起科技孵化、公共研发服务平台、风险投资等完善的科技创新服务体系。截至 2009 年年底，各类开发区内高新技术企业（新标准）443 个，引进和建设研发中心超百家，区内高新技术企业实现工业产值 816 亿元。与此同时，开发区坚持环保优先方针，加快发展循环经济，积极创建生态园区，园区环境得到明显改善。全市所有开发区均通过 ISO14000 环境体系认证。钟楼开发区作为省内首家生态工业园，通过评审已步入国家级生态工业示范区创建验收程序，开创了省级开发区通过创建国家级生态园区的先河。武进高新区、武进经发区成为全省第二、第三家通过验收的省级生态工业园。

4. 开发区成为全市规划建设和体制创新的先行区。

常州开发区自成立以来，就始终把创新作为发展的不竭动力，积极借鉴国际经验和先进开发区经验，在规划、管理、招商、服务等方面都进行了积极的探索，不断推进管理体制和运行机制创新，为全市深入推进改革开放作出示范。武进高新区等通过引进和借鉴新加坡、台湾等国家和地区先进园区的规划和管理经验，高起点、大手笔开发建设。尤其是武进出口加工区作为全国最年轻的出口加工区，从批准设立到封关运作仅半年时间，创造了国内第一速度。同时，开发区内部体制坚持"小机构、大服务"原则，内设机构和人员配备精简高效，实践了管委会主抓经济、乡镇街道服务社会事务的运作模式。

5. 开发区成为全市城市化和城市现代化的重要推动力。

常州高新区的设立直接诱发了第一次行政区划调整，当时隶属武进市的三井、龙虎塘等几个北部乡镇划归市区成立常州高新区,打通了城市向北发展的通道。随后,武进市决定在南部湖塘镇建设自己的城区及武进高新区,结束了市县同城的局面。2002年武进撤市设区,城市向南发展空间也全部打开。加上西部的钟楼开发区、东北部的天宁开发区、东部的戚墅堰开发区,市区各开发区都处在城市向外扩张的最前沿,在实践中走出了一条在开放环境下利用国际资金、利用市场机制高效率推进工业化与城市化良性互动的新道路。

针对常州高新区的发展现状,常州市委书记范燕青对常州高新区,提出了六个方面能力提升的要求:

一是提高解放思想的能力。高新区要有干大事、创大产业的勇气和志气,要通过大力宣传各项发展成绩和举办有影响的活动,打造产业的品牌效应,进一步鼓舞士气,形成发展合力;要在寻找差距中,看到产业发展的巨大潜力和后劲;进一步创新理念,做到新思想、新思维、新理念层出不穷,不断激发全区发展的新活力。

二是提高机制体制的创新能力。要在加快创新产业、光伏产业等高新技术产业的发展中,加快建立起新的机制体制,使管理体制更精细,服务体制更灵活,自身体制更有效。

三是提高招商引资能力。要努力开辟招商引资的新领域,迅速提升招商引资队伍的素质、能力和水平,争取在特色产业园区的项目引进、民资外资到账上实现新突破,形成招商引资的制高点。

四是提高资源整合的能力。要动员全区的力量,通过政策聚集、项目聚集、服务聚集,进一步提高全区资源整合的能力,把民资、外资、央企的资源更多地吸引、集聚到常州高新区来。

五是提高市场思维、产业思维的能力。集聚产业、培育产业是高新区的一项重要使命,一定要按照市场经济的要求、市场化的办法,从市场思维、产业思维的角度出发,制定出常州高新区未来3年滚动发展的计划,围绕目标强力推进实施,形成投入产出的强度,加快促进重点产业的裂变扩张。

六是提高争先进位的能力。高新区的干部群众要有真抓实干的紧迫感,负重厉进的精气神,要紧紧抓住二次创新创业的机遇,主动出击,加快创新型科技园区建设,努力开创高新区生生不息、蓬勃发展的大好局面。①

---

① 姜小莉:《全力提升六个能力,实现二次创业突破》,《常州日报》2010年6月16日第A1版。

这六个能力提升要求，反映出常州人在"后经济危机时代"，新一轮创业的理念，尤其是表明了常州人对提升产业、科学发展、开发区"二次创业"的发展思路、要求与理念，值得总结、提升。

## 第三节　开放创新
### ——苏南城市开放创新与功能提升

在苏南产业转型升级的进程中，还有一个突出的表现，就是苏州、无锡、常州各类城市开放创新与功能提升。

### 一、创建国家级创业型城市与"全国创新型城市试点"的苏州

作为全国发展最快、经济最发达的城市之一，苏州在新一轮创新发展中，核心竞争力在哪里？未来的城市建设以及可持续发展所关注的重点是什么？这是苏州人必须考虑的。事实上，苏州人对此也是做了认真考虑与明确回答的。

在新一轮经济发展过程中，苏州资源约束加剧、环境负荷加重、人口压力加大，明显的发展瓶颈迫切要求苏州转变发展方式，简单的 GDP 增长已不能代表经济社会进步的全部，必须走上以人为本、全面协调可持续的科学发展之路。

苏州既是历史文化名城，也是经济发达的现代化城市，无论老城、新城，人们都给予这座城市很高的期待。在城市新的规划和建设中，苏州如何满足这样的期待？苏州市政府在苏州城市发展过程中规定了"三条线"：第一条是"红线"，即规划靠前；第二条是"绿线"，苏州一直致力于加快生态文明建设；第三条是"紫线"，苏州实施了最严格的古城保护措施。苏州制定了历史文化保护规划，强调古城保护的神圣性、综合性、全面性和完整性，并通过立法对各类重要历史遗迹实行绝对保护。在保护古城的同时，苏州在古城外，积极拓展新的城市空间，以创新赋予城市生命与活力，并形成了古城居中、组团发展的城市架构。总而言之，在保护和利用文化特色中，苏州将努力建成人与自然和谐、传统与现代相融合、东方与西方相对接、经济与文化相协调的经得起实践、人民和历史检验的城市。①

---

① 王芬兰：《"红绿紫"描出"新天堂"》，《苏州日报》2010 年 7 月 25 日第 A01、A04 版。

2010 年,中国社会科学院发布的《2010 年中国城市竞争力蓝皮书:中国城市竞争力报告》,苏州入选"最具竞争力城市"之一。在该报告中,有 24 个城市入选未来最具竞争力城市,其中,一线城市 4 个、二线城市 10 个、三线城市 10 个,苏州以强劲的内生增长动力、强烈的创新意识等成为 10 个入选的二线城市之一。

自 2003 年发布第一份报告,此次已是正式发布的第 8 份报告。该报告根据过去 5 年全国城市发展的格局,以及未来全球、中国发展的主导力量及趋势,比较各城市内外环境,从 294 个城市中按城市规模分三类同时考虑省区因素等,遴选了 24 个城市进行深入的案例研究分析,内容涉及人才、企业、产业、公共部门、生活环境、商务环境、创新环境、社会环境等方面,反映的数据不仅对于政府提升城市竞争力有帮助,而且对投资者、创业者选择城市也有重要的参考借鉴价值。

在此次入选的 24 个城市中,二线城市包括了台中市、成都市、沈阳市、南京市、合肥市、武汉市、长沙市、南昌市、宁波市和苏州市。报告特别指出,10 个二线城市中,中部、东北、西部的城市占了不小比例,预计这些城市会像前 10 年沿海城市那样有一个跨越式的发展。而苏州和宁波被认为是中国对外开放 30 年来发展最迅速的城市,作为中国外向型经济的成功典范未来依然充满竞争力。其中,报告指出,"官民齐心促发展,古韵今风新姑苏",苏州不仅有深厚的人文底蕴,还有着强烈的创新意识,外资和民企发展创新、充满活力,内生增长动力强劲,五个县级市全部进入全国百强县前十名。此外,政府管理不断完善,力求中心与周边均衡发展,未来继续有跨越发展的可能。

城市竞争力来自功能升级、创新与高端产业的发展,这是一个硬币的两面,相互依存、相互促进。一个城市要长期保持活力,必然需要城市功能创新与产业升级同步。苏州人认为,根据苏州现代城市化特点和要求,城市发展服务业重点就是生产性服务业,苏州必须做强做大金融服务、企业服务、信息服务、市场服务等,使城市具有强大的生产服务功能。这是由城市最基本的经济发展规律决定的。

在现代经济中,城市化水平的差别已不取决于城市人口的比重,而是吸引和集聚生产要素的能力,其主要表现为对先进生产要素的集聚与创新能力,以及能否提供新的软实力,它是苏州未来经济持续发展的重要支撑。这就要求苏州在发展模式上应该考虑:一是产业重组,城市由工业中心转向现代服务业中心、文化和创意产业中心。二是城市企业调整，由工厂林立转向公司林立，集聚公司总部、研发机构、服务外包企业、科技企业、文化企业。三是要素重组，科教、金融、创投、高端高科技人才、国际创新要素、聚合重组并激发出创新因子。

在苏州城市功能转型升级过程中，苏州市委、市政府十分重视创建国家级创业型城市与中心城市的做大做强。

1. 大力推进创建国家级创业型城市。

2009 年 1 月，苏州被国家人力资源和社会保障部确定为首批国家级创建创业型城市之一，确定创建工作时间为两年，即 2009 年至 2010 年。创建目标是：促进 2.3 万人实现创业，带动 16 万人实现就业，创业培训人数不少于 1 万人。全市创业服务、创业培训和自主创业等参与创业活动的人数占城乡劳动者的比例居全国领先水平，使全市个体私营经济新登记开户数有较大幅度增加，私营企业每年净增 1 万户左右。创业带动就业的比例要达到 1∶7 左右，使全市个体私营经济新增从业人数大幅增加。

在 1998 年苏州就被列为全国创业培训首批三个试点城市之一。2003 年和 2004 年，先后被原国家劳动和社会保障部确定为"国家创业示范基地城市"和"国家创办和改善企业项目实施城市"。苏州积极贯彻落实各级创业扶持政策，2007 年以来，"政策减免各类经济体税金"已达 26 亿元。两年多来，市本级与县级市、区二级财政共投入 2 亿元左右，主要用于创业引导、现代农业创业、人才开发及科技创业等，其中建立了约 5000 万元创业引导性资金。截至目前，全市累计发放小额担保贷款两亿元，惠及 4000 多人。各级工商部门都实施了"大学生创业零首付"服务措施。私营企业和个体工商户吸纳的就业人数超过全部就业人数的 30% ，达 168.46 万人。[①]

调整经济结构，加快转型升级，根本目的是为了使经济发展与富民惠民更趋一致，使经济结构与劳动就业结构得到同步优化，苏州全力推进创建国家级创业型城市活动，正是优化提升经济结构与就业结构的重要途径。

2. 加快做大做强中心城市。

苏州中心城市范围包括平江、沧浪、金阊三个老城区，吴中、相城两个新城

---

① 周建越：《全力推进创建国家级创业型城市》，《苏州日报》2010 年 10 月 30 日第 A01、A03 版。

区和工业园区、高新区(虎丘区)两个开发区。近年来,市委、市政府十分重视中心城市发展,在推进中心城市转型升级方面做了大量工作,并先后出台了一系列相关文件。2001 年,市区实施新一轮行政区划调整,吴县市撤市设立吴中和相城两个新城区,市区面积由 392 平方公里扩大到 1650 平方公里。通过区划调整和规划优化,中心城市的发展空间得到迅速扩大,中心城市地区生产总值、地方财政收入分别占全市比重由 2000 年的 21.8%、36% 提高到 2008 年的 40.6%、43%,但这一比重相比周边城市仍然偏低。并且,中心城市产业层次相对偏低。在 2008 年全市完成的服务业增加值中,中心城市占比为 40%,虽略高于全市水平,但仍低于南京、无锡、杭州和宁波等地。特别是平江、沧浪、金阊三个老城区,面临着发展空间小、管理权限少、可用财力少等发展难题。

加快中心城市经济转型升级,是全面贯彻落实科学发展观,推进苏州经济发展方式转变的重大举措;是破解发展难题,引领苏州在新一轮发展中继续走在前列的战略选择;也是促进中心城市做大做强,进一步提高经济首位度的根本途径。为了进一步激发活力,加快推进中心城市转型升级,苏州市委、市政府在深化完善近年来出台的相关文件的基础上,起草了关于加快中心城市做大做强的若干政策意见,并拟定了具体要求与实施意见。

明确提出了:

到 2015 年,苏州基本建成创新体系健全、创新资源聚集、创新效率高、创新辐射面广和引领示范作用强的国家创新型城市。

到 2020 年,创新成为全市经济社会发展的主要推动力、高新技术产业成为经济发展的支柱产业、创新文化成为城市精神,全面建成国家创新型城市。

苏州应建成什么样的城市,创新型城市有哪些特征?

从创新前提看,以独创性的创新思维规划城市经济社会发展的未来走向,始终将城市发展的不竭动力锁定在自主创新的基础之上,依靠自主创新,实现城市经济社会发展模式从粗放型向集约型的根本转变。

从创新过程看,有较为理想的创新机制和比较显著的集聚效应,创新资源得到有效整合。城市各方面的力量形成合力,共同参与创新型城市建设,形成具有鲜明特色的城市创新机制与创新文化。在人才、知识、技术、资金、环境、基础设施、组织机构等创新资源的整合上,形成持久性较强的创新能力。注重加大对自主研发以及高新技术领域创新的资金投入,研究与发展资金投入占城市国内生产总值的比重一般在 2% 以上。政策、法规、网络、科研设备等软硬环境能满足创新功能的需要，并发挥其促进创新的功能。

从创新能力看，在某一方面上，比如技术、制度或者管理方面，要有卓越的创新能力，而且这种创新能力本身具有系统性特征。企业、大学、科研院所、中介组织、政府等创新机构协同互动，具有较为完善的以企业为主体，产、学、研结合的创新体系。拥有自主知识产权、自主创新能力、全球知名品牌的重点企业数量不断增加。

从创新结果看，能够通过激励、竞争、评价和监督等手段，提高科技成果转化的速度与效率，实现从资金到技术、技术到转化、转化到更高层次技术的良性循环，使科技进步在城市经济社会发展中的贡献率上升到 70% 以上，引进技术的依存度下降到 30% 以下。科技成果直接或间接推动产业创新，增强相关产业的市场竞争优势，从而产生显著的经济效益和社会效益。这是创新型城市的共同特征。

从以上四个创新型城市的特征来看，通过近几年来坚持不懈的努力，苏州基本具备了创新型城市的基本要素与主要特征。苏州，因此而成为国家批准的第二批 16 个"全国创新型城市试点"城市之一。苏州根据自身条件，明确提出：要以此为契机，敢闯敢试，推行以发展模式的创新，突出科技创新、文化创新、人才创新、环境创新为主要内容的创新建设，以创新来促进产业结构优化，以产业优化来带动城市创新建设，真正把发展调整到创新驱动、内生增长的轨道上来，为全国创新型城市试点作表率、作探索。这实际上是一种复合型创新型城市创建模式，而不是某一种类型的或称单一型的创新型城市创建模式。

其具体路径，即通过新兴产业培育工程、现代服务业跨越工程、重点产业提升工程、创新人才集聚工程、创新载体建设工程和融合创新推进工程六个突破口，发展创新经济引领创新型城市建设。

（1）2015 年新兴产业产值超 1 万亿。苏州将在突破核心关键技术的基础上，大力发展以新能源、新材料、医药及生物技术、新型平板显示、智能电网、传感网、油电混合动力汽车等资源能耗低、带动系数高、就业机会多、市场需求大、综合效益好的新兴产业，力争 2015 年，上述新兴产业产值超过 1 万亿元，高新技术产业产值占规模以上工业总产值的比重提高到 40%，拥有自主知识产权的高新技术产业产值占高新技术产业比重达 38%，加快培育一批对产业链延伸与完善具有引导作用的龙头型、旗舰型、科技型企业,逐步使战略性新兴产业成为支撑城市可持续发展的主导力量。

(2)打造长三角重要物流枢纽城市。苏州将积极发展为制造业配套的金融、物流、服务外包、科技和信息服务等生产性服务业,促进现代服务业与先进制造业融合互动。

首先要大力发展现代物流业,建设区域性物流基地,把苏州打造成长三角地区重要的现代物流枢纽城市之一。其次要大力发展金融业,引进银行、保险和各类投融资机构,拓宽金融服务领域;三是要大力发展软件和服务外包业,以国家级服务外包示范基地和中国金融 BPO 示范区为抓手,加快发展软件开发、研发设计等;四是要大力发展信息服务业,重点培育数字化音视频、高性能计算机网络等产业群;五是要大力发展商务服务业,吸引科技研发中心、实验室、重大平台落户;六是要大力发展文化旅游业,紧抓内容创意和交易传播两大产业链环节。

(3)重点发展光电等四大类产业。苏州将培育电子信息产业新优势,以光电及集成电路产业、现代通讯产业、计算机及网络产品制造业、软件产业等四大类产业为重点发展方向,按照骨干产业稳定增长、关键技术重点突破、着力培育新增长点的发展思路、提升产业能级;将提升发展主导产业,用高新技术和先进适用技术改造传统产业、用信息化提升工业化水平,提升发展装备制造、冶金、纺织、轻工、石化等具有传统产业优势和市场前景的主导产业;要鼓励劳动密集型、资源依赖型企业将营运、研发总部留在苏州,将制造环节转移到劳动力价格低廉、资源供应充足、环境承载力大的地区。

(4)2015 年,万人拥有 2500 名人才。发展创新型经济,必须聚集大量创新型人才,要把苏州打造成创新创业人才首选地,各类高层次人才集聚的智慧型城市。

苏州将加大姑苏英才计划实施力度,精心策划国际精英周等活动,确保5年引进 600 个创新创业团队。建立创新人才的柔性流动机制,吸引更多海内外高级人才参与苏州重大科技项目,加强对企业家的教育培训,打造一支具有创业能力、战略眼光的企业家队伍,通过教育改革、职业教育、继续教育,增强和提高青少年创新意识和实践能力;完善人才的评价、使用、考核、激励制度,力争到 2015 年,万人拥有人才数达到 2500 名以上,实现人才数量与质量的大幅提升。

（5）引导各类创新资源加速集中。苏州要将各个国家级和各个省级开发区作为发展创新型经济的重点区域，支持各级各类开发区特别是省级以上开发区加快转型升级，引导各类创新资源加速向开发区集中。

苏州将加强国家级研发基地建设，支持中国科学院纳米所、医工所以及苏州大学现代丝绸国家工程实验室、江苏省新型平板显示技术研究院等重点研究机构的建设。苏州还将进一步加大科技创业园建设，强化创新技术平台建设，鼓励在苏高校提高办学水平和研究实力，吸引更多国内外著名大学来苏开办研究生院，设立研究机构。苏州还要以公共数据平台、社区信息化、信息安全保障为重点，大力推进宽带无线网络、物联网、3G 网络以及"三网合一"建设等。

（6）引进 200 家以上著名企业总部。未来苏州将加快外资企业"本土化"进程，通过政策扶持、产业配套等途径，引导外资企业由加工装配向价值链高端延伸，实现核心技术研发从异地化到本地化、融资服务由境外为主到境内外并重的转变，积极吸引跨国公司总部或地区总部落户苏州，实现营运管理的本土化。

苏州同时将提高民营企业的自主创新能力，鼓励民营企业沿着产品的材料供应、生产和销售等上下游环节，强化与外资企业的合作配套，鼓励有实力的企业收购国外品牌，在境外设立独立研发开发机构和产业化基地，与境外企业和研究机构建立联合实验室和研发中心。

苏州将加大总部经济引进力度，力争到 2015 年，引进 200 家以上国内外著名企业的总部，总部经济对地方财政增量的贡献率达到 25%。[①]

到 2015 年，苏州基本建成国家创新型城市。

## 二、建设创新型经济领军城市的无锡

外向型经济与创新型经济的发展，要求苏南各市城市功能创新与升级。苏南各市地处长三角区域。长三角是我国最大的经济核心区之一，它自然条件优越，区位优势明显，经济基础良好，科技和文化教育事业发达。

近年来，长三角以其良好的基础设施、发达的科技教育和日趋完善的投资环境，成为国内外投资者关注的热土。2009 年长三角 GDP 超过 1 万亿美元，

---

① 钱怡：《苏州路径 六大突破》，《苏州日报》2010 年 3 月 25 日第 A02 版。

若把长三角看成一个经济体,2009 年其 GDP 总量排在全球第十一位,位列俄罗斯后、韩国之前;若按照 2009 年核算的中国国内生产总值 300670 亿元计算,长三角 GDP 生产总值约占全国的 21.4%,其经济总量领先于我国另两大城市群珠江三角洲和京津唐地区。

国家区域经济的主轴是沿海发展轴和沿江发展轴。沿江轴和沿海轴的交汇点就是长三角,以上海为龙头、以苏南为核心之一的长三角经济区的发展,可以带动沿海地区的发展,同时也带动沿江地区的发展。两大优势发展轴带动两个我们国家最核心的区域经济发展中心。所以,长三角经济区经济的发展在很大程度上决定着我国经济发展的速度和质量,也是我国经济发展最快的地区,应该说长三角经济区具有国家战略地位。

处于这样一个具有国家战略地位核心区之一的苏南各市,如何在城市竞争中亮出创新特色,同样要在城市功能转型升级上闯出一条新路。

对于这一点,无锡人的观念是很强烈的。2009 年,无锡建设国家传感网创新示范区(国家传感信息中心),获得国务院正式批复,无锡人就以建设国家传感信息中心为契机,提出了加快建设创新型经济的领军城市。

2010 年 4 月 28 日,无锡市第十四届人民代表大会常务委员会第十九次会议通过了《关于加快建设创新型经济领军城市的决议》。该决议提出,建设创新型经济领军城市,是决定无锡发展前途的历史抉择。当前,国际金融危机正孕育新一轮科技革命浪潮,长三角一体化还催生转型发展的内生动力,无锡正处在重要的战略转型期,面临前所未有的挑战,也面临前所未有的机遇。经过改革开放 30 多年的发展,无锡积累了坚实的经济基础和综合实力,但日益受到资源、环境人口容量和城市承载能力的约束,原有的经济结构和粗放的发展方式已经难以为继,必须进行根本性的调整、升级和转型。唯有审时度势,勇于创新,大力实施"科教兴市、人才强市、质量与知识产权立市"的主战略,使科技、知识、人才、文化、体制等创新要素成为驱动城市发展的主要力量,使高新技术产业、高端服务业、高层次人才、高品质人居环境成为支持城市全面、协调、可持续发展的主要依靠,无锡才能在新一轮的发展中抢占制高点,形成具有高端辐射与引领作用的综合竞争优势。无锡已经具备建设创新型经济领军城市的基本条件。尤其是"十一五"以来,在无锡市委、市政府的领导下,举全市之力进行建设创新型城市的重大实践和探索,加快"三创"(创新、创业、创优)载体建设和政、产、学、研联盟,深入推进"530"计划,重点实施科技领军型人才"千人计划"和新兴产业培育计划,加快建设各类促进科技创新的公共服务平台,战略性新兴产业发展态势良好,取得了重要成果和宝贵经验。无锡人提出,在"十二五"期间,无锡应瞄准全球创新型经济先进城市,力争通过努力至"十二五"期末,基本建成经济与环境良性互动、人与自然和谐发展的生态城,科技创业和高新技术产业发展在国内具有领先优势的高科技产业城,服务经济、旅游经济发展水平位居全国前列的旅游与现代服务城,人文、生活品质、社会管理、法治等综合环境高度满足居民需求的家居城,使无锡的自主创新能力、国际竞争力和可持续发展能力大幅提升,成为全国、全省创新型经济领军城市,建成生态文明先驱城市和低碳经济城市。

无锡市委、市政府提出,把太湖治理成效作为建设创新型经济领军城市的基本标志;把科技和人才作为加快建设创新型经济领军城市的根本动力;把培育和发展战略性新兴产业作为建设创新型经济领军城市的主要抓手;把建立和完善创新体系作为建设创新型经济领军城市的坚强保障;积极调整经济结构,转变发展方式,加强环境保护,发展低碳经济,构建"资源节约型、环境友好型"社会;把科技和人才作为根本动力,集聚科技和人才资源,依靠科技和人才,建设创新高地和人才高地,实现由投资拉动向创新驱动、资源依赖向科技依托、生产制造向设计创造的转变;把培育和发展战略性新兴产业作为主要抓手,大力发展传感网、新材料、生物医药、服务外包、环保装备、现代旅游、现代金融和物流、工业设计和文化创意等产业,用现代高新技术改造和装备传统优势产业,积极抢占制高点,建设产业高地,使战略性新兴产业作为无锡经济社会发展的主导力量;把建立和完善体系作为坚强保障,建立强有力的领导体制和工作机制,严格督查考核,保障各项决策措施的执行和落实。

1.将城区提升与产业升级有机统一起来,为发展生产性服务业"留白",为转型升级腾出更多空间。

无锡南长区在近几年的转型发展中找到了一个崭新的定位:从传感网产业集群和软件服务外包产业集群两大发展方向,打造"感知节点高端制造"和"感知技术创新应用"两大产业基地,把南长科技创新及服务外包集聚区建设成国内一流的国家传感信息中心核心区。而实现这一巨大的跨越,需要从规划、建设、投融资模式等方面进行一次全面的谋划、定位和提升。

一批传感网研发和制造企业在园区内落地开花,并集聚了30多家相关企业。无锡市同舟电子实业有限公司研发生产的天花嵌入式空调微电脑控制器等产品,可接入楼宇控制系统实现自动化控制功能,企业自主研发的智能无线计费系统正在积极申报江苏省物联网示范工程。中科怡海高新技术发展股份公司依托中国科学院计算所强大的科研平台,逐步形成产业化规模。基于物联网的"感知太湖·智慧水利"、"感知环境·智慧环保"、"感知文化"、"感知校园"等项目已具备领先的研发能力。①

2. 选准特色产业,加快产业更替。

无锡人在建设创新型经济领军城市过程中,认为无锡的老城区转型升级,关键在于实现产业更替,而选准产业、走出一条富有特色的转型之路,对于受到工业企业"退城进园"、"退城出市"倒逼的北塘区来讲,显得尤为重要。

位于兴源路上的北创科技园,是北塘区重点打造的科技孵化器。这里已集中入驻 16 家"530"企业,引进了一批软件与服务外包、电子信息、新能源新材料等高新技术企业。从这里"毕业"的企业将被转移到金山北科技园,目前6 个"530"产业化项目已入驻金山北科技园。

从传统工业转向高新技术产业,从生活性服务业转向生产性服务业,北塘区踏准了产业转型的节拍。近几年,北塘区通过加快"三创"载体建设,吸引高层次人才集聚,推动高科技项目研发孵化,不断增强企业竞争力和产业竞争力。2010 年上半年,全区高新技术产业总产值增幅预计达 40% 以上,以北创科技园为研发主体、以金山北科技园为产业化基地的城北科技创新创业服务体系初步形成。与此同时,北塘区正在规划建设的总部商务园、智慧城、绿色化工物流服务园、山北现代物流产业园将撑起一个城北生产性服务业集聚区。

以制造业起家的无锡,要实现路径突围,从"世界工厂"向"世界办公室"跃进。敢想才能成功,坚持才能发展。迈入经济转型关键期的无锡一直在苦苦找寻发展新路径。当年的太湖供水危机令决策层意识到:"发展,必须依靠创新驱动!"作为一种全新的"智力"出口,无污染、低能耗、少投地、少占地、高产出、高效益的服务外包产业,成了无锡满足内生需求的一种战略选择。2007年,无锡启动服务外包产业的发展。2008 年,无锡提出了"打造中国服务外包高地、世界服务外包基地"的目标。2009 年,无锡服务外包的各主要指标已在全国 20 个服务外包示范城市中入围"前三"。其中,面向国际市场的离岸合同执行额达 13.78 亿美元,占全国总量的 14.4%。

---

① 江山:《城区提升要与产业升级有机统一》,《无锡日报》2010 年 6 月 23 日第 A1 版。

服务外包"无锡模式"令人瞩目，也使城市发展跃上了更高的层次。经过3年快速发展，无锡服务外包产业逐步由低端向中、高端攀升，项目集聚软件研发、工业设计、生物医药研发外包等研发类项目，使产业竞争力得到了大幅提升。

2010年3月，无锡已累计引进日本NTT、美国大展、墨西哥萨孚凯等全球服务外包100强以及软通动力、海辉软件、中软国际等国内服务外包50强投资企业共24家。这些企业在无锡落户后都实现了快速发展。2010年3月15日，中国软件业龙头企业海辉软件正式启动世界一流的无锡软件园区建设，这是该企业在无锡设立华东总部基地后的又一大动作。在服务外包人才保障上，虽然存在高校少、在校生不多等问题的制约，但由于无锡坚持扩大实训，三年来"人才洼地效应"日益明显，仅2009年，培训、实训服务外包人才就达到3万多人，较上年增加了1万人，服务外包从业人员已达6.24万人。

要实现超越，仅有复制是不够的，还必须要有新的突破。国家传感信息中心落户无锡，则给无锡带来了全新的契机。无锡人抓住了这一契机，加快了建设创新型经济领军城市的步伐。

无锡将自身的定位确定为现代化区域中心城市，并全力推进转型发展，发展路径和趋势。在发展新兴产业上，无锡已具备一定优势。首先，无锡拥有良好的产业基础，产业门类齐全。其次，近年来无锡通过"530"计划、"无锡千人计划"、政、产、学、研合作等，为发展新兴产业创造了良好的政策环境。此外，改革开放以来，特别是近年来，在体制机制、行政效能作风等方面进行了大刀阔斧的改革，进一步优化了发展环境。以太湖治理为重点的长三角环保一体化工作，几年前已在江、浙、沪地区启动。无锡将为实现这一目标注入强劲的新动力。

据无锡市环保部门介绍，太湖流域水环境综合治理省部际联席会议制度确立以来，流域内治理太湖的步调更加一致。环湖"两省一市"也签订了合作协议，在提升区域环境质量和提高污染物排放标准等方面的合作更加紧密。今后，无锡不仅要在水环境治理上与长三角各城市展开合作，还会在大气环境污染控制、统一区域环境经济政策、加强区域环境监管与应急联动等方面有更多的一致行动。

加速实现长三角环保一体化，无锡还肩负着做好先导示范工作的重任。通过对三次产业实施生态化、低碳化改造，全新的生态产业体系将在无锡加快构建。在环境保护上，无锡将积极推进太湖保护区建设，推进水环境、大气环境的综合治理，控制和减少主要污染物排放量，淘汰落后产能，提高环境准入门槛，实现固体废弃物处置规范化和资源化利用，完善环境监测和环保执法体系，持续改善无锡全市域生态环境。作为国家生态文明建设试点城市，无锡编制的生态文明建设规划已通过环保部论证，预计到2020年，无锡将建成低碳和循环经济高度发达、生态环境质量较高的生态型城市。

根据长三角地区的发展，需要世界级城市，无锡则需要与世界级城市相匹配的社会建设和公共服务能力。

近几年，无锡社会建设和公共服务水平的不断提高，为无锡经济社会全面协调可持续发展奠定了坚实基础。当前，无锡经济社会发展已到了一个转折的关口，在经济列车高速飞奔的同时，政府更加关注经济社会发展的协调性，更加重视社会建设和民生改善，让更多的人共享改革发展的成果。目前，无锡社会发展程度滞后于经济发展水平的问题依然存在，如社会事业水平、群众收入水平、社会管理和公共服务水平等，比对发达国家相应发展阶段的相关标准和人民群众的期望，还有不小的差距。

依托已经积累起来的雄厚的经济实力，未来无锡将不断增加社会建设、公共服务投入，建立城乡一体的公共服务体系，重点在就业、社会保障、教育、医疗卫生、民政、人口、文化体育等社会事业方面，实现基本公共服务均等化，提升城市公共服务能力，适应世界级城市群的新要求。

长三角历来是国内旅游和入境旅游的黄金通道，在长三角区域旅游从同质化竞争转向差异化竞争的转型期，无锡利用资源、政策等多方面的优势，努力打造具备城市旅游综合体功能的旅游与现代服务城。

如位于火车站北广场的无锡旅游咨询服务中心，已经把整个长三角旅游圈的游客集散功能纳入规划设计，这一举措将使无锡成为长三角区域内重要的旅游枢纽城市。此外，无锡旅游公共服务体系建设在国内也属一流，大大提升了城市旅游形象和服务功能。"在新一轮区域发展中，无锡旅游将不再拘泥于一个景点、一个景区的规划和发展，而是入林观光游览、门票经济向"城市即旅游"、"旅游即城市"这一方向转型升级，从而实现旅游资源效益最大化。"[1]

---

① 本报记者集体采访：《"群"雄逐鹿意风流》，《无锡日报》2010年5月26日第A1、A2版。

由上述可见，无锡所要创建的也是复合型创新型城市，而不是单一型的创新型城市。

### 三、创建"全国创新型城市试点"的常州

伦敦突出金融创新，巴黎突出文化创新，纽约突出服务创新，上海打造世界金融与航运中心……世界上主要城市都有其独特的创新点。现在，随着全球经济调整与世界格局的变化，许多城市又在制定新的创新计划，如纽约打造世界新媒体中心，伦敦制定创新战略与行动计划，东京建设创新型学院城市计划……而这一切，无不仰仗于城市功能的转型升级。

苏州已经是"全国创新型城市试点"城市，现在又在同时打造国家级创业型城市，无锡也已经是国家创新型城市试点之一，现又着力建设创新型经济领军城市，这两个城市的城市功能正在发生显著的转型升级。作为苏南经济"第一方阵"的常州怎么办？这是常州人不能不考虑的。事实上，常州人对此不仅有考虑，而且有行动。

从创新型城市的创新资源来讲，常州市是一个创新资源贫乏的城市：驻常州科研院所较少，科研型高级人才极度缺乏；高等院校不多，高级学术人才寥寥无几；创新型企业家、企业中高级专业人才严重不足；常州原有的地方文化缺少创新要素；常州作为一个典型的工业城市，资源在外，市场在外，缺少足够支撑产业发展的金融资本。这些决定了常州不可能成为单一的文化创新型城市、服务创新型城市与科技创新型城市。根据常州的现实与实际，常州人认为，常州应打造成以产业创新为主，与科技文化、服务创新相结合的复合型创新型城市，这一发展思路与苏州、无锡是一致的。

目前，常州经济发展正走在一个结构转换、体制转轨、社会转型、城市化水平不断加速的历史阶段。这一时期既蕴含着巨大的机遇，也潜藏着各种问题和矛盾。为了牢牢抓住这一战略机遇，化解城市发展中的各种问题和矛盾，推进常州经济社会持续快速健康发展，常州市第十次党员代表大会明确提出，要通过10年左右的艰苦努力，将常州建成创新特色明显、创新能力强大、创新资源汇聚、创新氛围浓厚的创新型城市。

2010年4月22日，常州收到国家科技部文件，常州被批准为国家创新型试点城市。

近几年来，常州一直坚持走创新之路，把自主创新提升为城市发展的战略

要务,大力推动创新型城市建设,在创新型企业培育、创新平台建设、创新项目带动高新技术产业发展、高层次创新创业人才集聚和创新环境优化等方面取得了显著成效,连续 10 年被评为全国科技进步先进市,2009 年《中国城市竞争力蓝皮书》评价常州政府创新能力全国第一。

一组数据表明:2009 年常州共获省级以上各类科技项目立项 304 项,获得上级科技经费 3.43 亿元。2009 年完成高新技术产业投入 375.9 亿元,比上年增长 21.8%。目前,已有 18 个专业化的创业投资基金,基金规模近 18 亿元,基金数量和规模均位居全省前列。"十一五"前 4 年全市"一站两中心"数量是"十五"期末的 2.9 倍。围绕创新型城市建设,科技创新人才加快集聚,2007 年以来,常州共引进 1023 名海外优秀人才,其中领军型创业人才 200 多人,"千名海外人才集聚工程"5 年目标 3 年完成。在落实好"国家 60 条"、"江苏省 50 条"促进自主创新政策的基础上,我市又制定了鼓励创新的 40 条实施意见,以及 27 项具体操作细则,为科技创新创业营造了良好的政策环境。

独特的区位优势和先进的装备制造业优势,鲜明的产、学、研特色,适合市情的科技创新模式,使常州在创新型试点城市的建设中"个性突出"。尤其是以企业为主体,市场为导向,产、学、研结合的区域创新体系,探索出一条产、学、研合作的"常州模式"。几年来,共有 5000 多项科技成果在常州落地生根。

在此基础上,常州市政府以创新为主,以文化创新、服务创新和科技创新相结合的综合性、开放式创新型城市,形成企业为主体、市场为导向、政府为推动、大学与科研机构为依托的创新机制。创新的重点聚焦在引进、消化吸收后再创新和集成创新方面。坚持"创新驱动、需求导向、集群发展、重点突破",把提高自主创新能力作为科技发展的战略基点、调整产业结构和转变经济发展方式的中心环节、建设创新型城市的核心内容,进一步提升常州现代制造业基地在国际市场中的竞争力。

在建设创新型城市进程中;常州实行"两步走"战略:

第一步战略目标是:到 2010 年年末,以引进、消化吸收再创新为主,基本构建起以企业为主体,市场为导向,产、学、研紧密结合的技术创新体系,为建设长三角现代制造业基地构建起强有力的科技支撑和产业体系。

第二步战略目标是:从 2011 年到 2015 年,以原始创新和集成创新相结合、集成创新为主,力争创新型企业和具有自主知识产权的核心技术及产品大量涌现,高新技术产业产值占工业总量的比重达到50%,全社会研发投入占GDP比重达3%左右,基本实现创新型城市建设的各项目标任务。①

为了建设创新型城市,常州市委、市政府强调:

第一,抓住机遇快速壮大新兴产业,要求企业在质量上下工夫,在特色精品上做文章,并注重寻求最合适的商业模式,在激烈的市场竞争中立于不败之地。

在产业选择上以优势产业的科技创新为突破口。加快培育先进装备制造、新材料、电子信息、新能源、生物技术及制药五大高新技术产业,加大"科技创新五大工程"的实施力度,以提升产业综合竞争力为目标,选择重点突破方向,并按照前瞻性关键技术研究——战略性目标产品开发——拳头产品群培育及相应研发、服务、经营等平台建设的技术路线进行纵深部署。

第二,强调坚定不移推进科技创新,锲而不舍狠抓有效投入,不断增强企业自主创新能力,促进产业集聚、人才集聚、资金集聚。

市委书记范燕青要求常州企业家切实做到"五个一如既往":

一是要一如既往重视科技创新。通过持续深化产、学、研合作,不断促进工艺创新、技术创新和管理创新,调整优化产品结构,提升信息化水平,加快建设省级、国家级工程技术研发中心,实现从卖产品向卖技术、卖标准的高端攀升,不断增强竞争实力,抢占创新发展制高点。

二是要一如既往加大引进人才力度。坚持人才优先引进、优先投入,大力培养和引进高层次创新创业人才,以高层次人才引领和支撑高水平发展,抢占人才制高点。

三是要一如既往加快有效投入。在保质量、保安全、保工期的前提下,抢抓发展先机,加快推进项目建设进度,争取早竣工、早投产、早见效,用大投入实现大发展。

四是要一如既往推进体制机制创新。要加快推进合资合作、上市融资和股权改造的步伐,通过引进现代化的管理理念和运作模式,打造百年企业、长寿企业。

五是要一如既往提升企业文化。围绕和谐主题,牢固确立"企业和谐则社会和谐"的核心价值观,让员工感到企业好,则大家好、社会好,用和谐的企

---

① 姜小莉:《常州成为国家创新型试点城市》,《常州日报》2010年4月27日第A1、A7版。

业文化支撑企业的跨越发展。①

在创新主体上,常州以企业为主体,政府推动,大学、科研机构积极配合,大力推进各级各类科技企业孵化器建设,促进创业要素集聚、科技成果转化和科技型企业和企业家成长;大力培育具有地方特色的产业集群和促进产业模块化发展,创新产业组织方式;加快科技创新环境建设,营造创新氛围。

在创新支点上,常州以高新区和重点区县为增长极带动全面创新。以高新区的科技创新撬动整个市区的科技创新建设;以重点区县为基点驱动整个市域的科技创新建设。

在创新方法上,常州以应用为导向,以大型项目为载体。从常州高新技术产业化、高新技术改造传统产业和农业先进适用技术、新品种的示范和推广三个层面上展开,不断提高技术成果产业化能力;围绕省、市科技发展规划,组织实施特色产业科技等 7 个市级科技专项和五轴联动数控机床等 100 个重点项目,实施项目带动工程,重点培育能体现国家、省水平的高新技术产品群。

在创新载体上,常州大力加强创新平台建设。进一步推进科教城、软件园和动画基地建设,突出利用国际科技资源,加快培育新兴高科技产业;将数字城市建设作为创新型城市的重要发展方向,并作为"引领工程",重点提供强大的技术支撑与保障;依托优势企业,建设各类研发机构;加强产业技术共性平台建设和科技信息服务平台建设。建设创新型科技园区,是常州建设创新型城市的重要抓手。2010 年,常州市把创新型园区和科技产业园建设列入市委、市政府的头号工程强力推进。计划通过几年的努力,在各辖市、区形成产业鲜明、形态明确、创新要素富集的科技产业园。形成从专业孵化—企业加速—园区产业化的企业成长生态链,形成终端龙头企业带动、企业相互协作的完整产业链,形成以生产型服务业为代表的现代服务业的集聚。

近年来,常州市各科技创新园区在建设发展过程中,分别做了有益的探索。2008 年 4 月成立的常州天合光伏产业园,2009 年实现销售收入 78 亿元。园区计划通过 5 年发展,形成以天合光能为龙头,集产业上下游、设备、配件和辅料于一体的千亿级区域性光伏产业集群,打造了一个产值 600 亿元的光伏产业,新增 5 万就业岗位。

---

① 崔奕:《坚定不移推进科技创新,锲而不舍狠抓有效投入》,《常州日报》2010 年 6 月 8 日第 A1 版。

科技创新园区是常州产业结构调整、转型升级的重要载体，而"一核八园"则是常州建设国家创新型科技园区的重要载体。"一核"是指常州科教城；"八园"是指创意、光伏、生物医药、新能源车辆、风电、半导体照明、机器人及智能装备、功能新材料等八大新兴产业专题园区。以"一核八园"为重要载体的常州科技创新园区建设，是常州建设国家创新型试点城市的重大战略之举。

常州为了建设创新型城市，通过产、学、研合作提高自主创新能力，通过发展创新型经济来转变增长方式。

常州中小企业、传统产业比重较高、科技资源相对紧缺，创新是常州经济社会发展的必由之路。近年来，常州一手抓招商引资，一手抓创新创业，高举高等职业教育大旗，按照"资源共享、土地集约、内外开放"的理念，建成常州高等职业技术教育园区，并努力将其打造成全市最大的创新创业平台，集聚国内外一流创新资源，通过差距化竞争、错位式发展，走出了一条具有自身特色的产、学、研结合道路。通过打造科技创新的三级平台，探索"经科教联动，产、学、研结合、校所企共赢"的新机制，形成一个以企业为主体，以市场为导向，产、学、研合作的区域创新体系，以此推动创新型城市建设；全力推动先进装备制造、新能源、信息产业、新材料、生物技术及医药等五大产业振兴，全市上下树立创新理念，让企业真正成为创新的主体、研发投入的主体、直接受益的主体；大力引进人才，通过全面实施"千名海外人才聚集工程"和"金凤凰人才引进计划"，加快引进培养发展创新型经济急需的高层次人才，2009 年引进高层次海归创业人才突破 1000 名，抢占人才战略制高点，自主创新之路越走越宽，动力越来越大，前景越来越好，对经济转型升级的作用越来越明显。

产、学、研合作，是国际性难题。常州大力加快科技创新和产、学、研结合，加快制造业转型升级，加快以创新为动力推动发展方式转变，逐步形成具有核心竞争力的现代产业体系和支撑永续发展的区域创新体系，经济社会发展迈上新台阶，综合实力明显提升，城乡面貌发生了巨大变化。①

## 四、苏、锡、常城市开放创新与功能提升分析

从苏州、无锡、常州城市开放创新与功能提升看，有三大共同特征：

---

① 崔奕：《如何提高城市自主创新能力？中央党校课题组来常调研》，《常州日报》2010 年 4 月 8 日第 A1 版。

1.在创新视野上,都是立足长三角、面向全球,实行的都是开放型经济。

苏、锡、常三市无一不在大力吸引世界著名公司、国内大型企业前来建立总部、研发机构,务求提高技术起点;无一不在鼓励自己的骨干企业为提高研发水平,在发达国家、发达地区设立研发机构,积极参与新技术研发的国际分工,加入到跨国公司研发全球化的进程中,努力获得相关的国际技术支持和服务;无一不在主动接轨上海,发展与长三角地区的技术合作,充分利用长三角的技术、人才等优势,多渠道吸引高新技术成果在本市实施产业化。

2.多维建设,不单打一。

苏州在推进国家级创业型城市的同时,就在大力推进创新型城市、文明城市、生态城市等的建设。苏州人提出:让文明成为苏城第一名片。为了建设文明城市,苏州市委、市政府提出要以"五大工程"助推"八大环境"建设。"五大工程"即:

(1)实施"政务效能工程",打造"效能苏州"。

实施"政务效能工程",建设廉洁高效的政务环境,苏州着力做好三项重点工作。其一,全面推进学习型党组织建设,开展基层党组织"创先争优"活动,推进党员干部学习教育的科学化、制度化、规范化。其二,深入开展规范政务行为活动,建立科学高效的民主决策制度,规范政务行为和行政审批事项,依法开展行政监督,提高公务人员的服务能力。其三,大力抓好反腐倡廉建设,建立健全惩防体系,推进廉政文化建设,开展行业作风建设和民主评议行风活动,努力提高群众对反腐倡廉工作的满意度。

(2)实施"权益保障工程",打造"法治苏州"。

实施"权益保障工程",建设民主公正的法治环境,就要切实加强法制宣传教育与法律援助,推进法制宣传教育进机关、进乡村、进社区、进学校、进企业、进单位的"六进"活动;着力维护公民合法权益,建立维护公民权益的协调机制和监控制度,完善弱势群体的社会救助与服务机制;加强基层民主政治建设,积极推进社区居委会民主建设,形成社会事务的民主决策、民主管理和民主监督制度。

(3)实施"放心消费工程",打造"诚信苏州"。

实施"放心消费工程",建设规范守信的市场环境,主要围绕三个方面开展工作。其一,加快政府诚信体系建设,加强公务人员诚信教育,健全重大事项咨询、公示、听证、评估制度,增强政务透明度和公信力。其二,广泛开展"诚实经营"实践活动,建立企业与重点人群的信用信息公开和共享机制,积极推动行业自律和服务承诺制的建立,开展"百城万店无假货"活动。其三,狠抓市场监管工作,形成打击假冒伪劣违法行为的监督、投诉和处置机制,切实维护市场公平竞争。其四,深入开展"窗口"行业和执法部门的文明创建活动,定期开展行业服务质量满意度调查。

(4)实施"素质提升工程",打造"文化苏州"。

提升市民素质,就是要建设健康向上的人文环境,尤其是建设有利于青少年健康成长的社会文化环境。为此,在"素质提升工程"实施中,苏州市将进一步深化市民的思想道德建设,继续大力弘扬"张家港精神"、"昆山之路"、"园区经验",深入开展阅读节活动,积极倡导全民学习和终身学习;加强市民公共文明意识和文明规范的教育力度,逐步建立社会道德风尚引领机制;着力完善志愿者工作队伍和机制建设。发挥苏州历史文化名城优势,扎实开展"我们的节日"主题活动。

与此同时,苏州将把优秀文化资源转化为健康生动的教育资源,大力推进文化苏州建设。积极保障人民群众的基本文化权益,公共文化体系要全覆盖,继续走在全国前列;文化产业要大发展,满足人民群众多层次的文化消费需求。进一步优化有利于青少年健康成长的社会文化环境,为青少年提供优秀的文化产品和文化服务,继续保持青少年工作在全省的领先地位,打造更多的全国品牌。

(5)实施"环境提升工程",打造"宜居苏州"。

实施"环境提升工程",就是要建设舒适便利的生活环境、安全稳定的社会环境和可持续发展的生态环境。

为此,苏州将加快推进城市公共设施建设,努力构筑生活便利的功能型、现代化城市综合服务体系。切实维护好公共场所秩序,进一步完善对城市公共空间的规范管理,实现城市管理精细化、专业化、综合化。

切实维护公共安全,完善食品、药品放心工程体系,严厉打击制售假冒伪劣的行为;完善安全生产监管体系,落实安全生产责任制;大力加强社会治安和社会稳定工作,强化市民维护社会治安的意识,继续巩固提升全国社会治安综合治理优秀城市成果。加强城市生态环境建设,以巩固全国绿化模范城市和国家级环保模范城市为抓手,丰富绿化建设内涵,提倡节能减排和"低碳经济"，努力争创国家生态城市。

客观地讲，文明城市、生态城市、创新型城市与创业型城市建设，是相互促进、相辅相成的。

正因为如此，无锡在建设创新型经济领军城市，常州在建设创新型城市的同时，也都同时开展文明城市、生态城市等的建设。

3. 在提升城市功能上做法也是共同的。

这与三市之间的频繁交流、相互切磋是有关系的。比如，无锡为了提升城区，很注重"城市综合体"的发展，并且措施扎实。如在2010年年初，无锡市市区规划的50多个"城市综合体"，现已纷纷"落子"。这些综合体，犹如珍珠镶嵌在市区版图中，形成双核联动、一环镶嵌、三区协同的集聚区空间布局，构建起市级、区级、社区级三级服务体系，打造交通枢纽型、科技研发型、旅游休闲型、商务商贸型等多种功能的综合体，进一步推动无锡服务产业向高端化发展。

在2010年1月，无锡市正在推进建设的城市综合体项目已有22个，总建筑面积约1000万平方米，总投资约600亿元，主要分布在三个老城区。茂业城、金太湖国际城等综合体落户无锡后，已成为加速城市现代化建设和优化产业结构的有力引擎。新规划的50多个综合体项目，将在1622平方公里市区范围内均衡"布点"。以解放环路内、太湖广场地区的中心城区和太湖新城为双核，36公里岸线的环蠡湖地区为一环，锡山高铁商务区、东亭商务区、惠山新城、惠山城铁新城、新区空港商务区、太科园三区协同，进一步优化城市综合体的空间布局。

按服务水平和层次，新规划的50多个综合体分高端型和中档型。以此为标准，划分为市级、区级、社区级三档。如工艺路地块、朝阳广场地块、振新路地块等规划为市级高端型综合体；江南工具厂地块、公交三场地块等规划为区级生活型综合体；社区级生活综合体主要以睦邻中心为载体，各自辐射不同的服务半径，形成级差互补的服务体系。

与在建的综合体多局限在酒店、办公、商业和住宅的"3+1"模式不同，新规划的城市综合体注重功能的导向性，凸显交通枢纽、科技研发、城市功能、都市生活、旅游休闲、商务商贸等多种功能。在谋划综合体的新增理由时，规划人士考虑了结合轨道交通建设、配合旧城改造和补足公共服务功能、缓解区域交通压力、居住压力等综合因素。如盛岸地区居住较为密集，缺乏核心的商业、酒店等配套服务业，石门路两侧地块这次就规划了一个区级都市生活型综合体，利用惠山森林公园石门景区公共空间优势打造商业、商务办公区域，补充现在缺失的功能。如南长区的杜巷地块，毗邻轨道交通 1 号线太湖广场站，将规划为一个市级商务商贸综合体。①

在常州，2010 年也出现多处"城市综合体"。56 万平方米的"凯悦中心"将投 50 亿巨资，打造"常州最大城市商业综合体"；同时，"万博国际广场"也正在施工，将建造常州第一个精品室内全景 Mall，提供包括休闲、时尚、享受、活力等元素在内的一站式消费服务；位于钟楼开发区的"宝龙城市广场"也已在"城西商业中心"动工；丰臣国际广场则将以新北商务中心区内首个大型城市综合体形象出现。

尽管人们对"城市综合体"有各种不同的看法，但它的确不同于一般的商住楼，不是以往底部商铺加楼上住宅的概念。城市综合体这种房地产开发模式源于西方，发达国家对始于 20 世纪初的高楼崇拜进行反思后，更集约、更高效的"都市综合体"模式，渐渐成为世界中心城市的全新发展方向。这是伴随城市化进程所出现的一种更高级的城市建筑群，作为全新的城市形态，它创造了一个将居住、商务、办公、出行、购物、文化娱乐、社交、游憩等城市功能高度集约的空间。

在发达国家，"城市综合体"已经是一个相对成熟的产业，其中佼佼者，如美国的洛克菲勒中心、日本的六本木等，均是集酒店、办公、商场、住宅甚至会展等众多功能于一体的代表性项目，已成为各自所在城市的心脏和地标。在国内，这种集各类城市功能于一体的综合体建筑群，正成为中国商业地产发展的主流模式。万达集团、华润集团、宝龙集团等行业先锋，甚至已经提出只做"城市综合体"的发展战略。

为什么业界如此看好"城市综合体"这一发展模式，以致常州开发企业也纷纷引进效仿呢？因为，在开发商看来，这种模式对于地方经济发展和地产开发运营者都有诸多益处，如多种商业功能聚集的综合体建成运营后，不仅提升城市形象与城市功能，而且可以创造大量就业机会，从而促进区域经济发展。同时，综合体模式不仅可以凸显中心区域稀有地块的商业价值，而且可以通过住宅等物业的出售，减轻开发资金压力，保证整个项目的成功开

---

① 周晓方：《50 多个城市综合体"落子"市区》，《无锡日报》2010 年 1 月 13 日第 A1 版。

发运营。①

但这种模式在中国造成"大跃进"风潮,大兴土木,也会带来一些负面作用,潜伏城市大规划风险。如果说,这是一个问题的话,那么,这个问题在苏南各市都是不同程度存在的。尤其是在新建商业地产过剩的城市,这个问题尤为突出。全国目前有 655 个城市正"走向世界",苏、锡、常更是走在"走向世界"前列;全国有 183 个城市要建国际大都市,苏、锡、常也不例外。在常州,"城市综合体"四处充斥人们眼球之一的就是:

"以国际大都会生活理念为蓝本,打造常州最大城市商业综合体项目"。②

看来,对于这一问题我们不可小视。苏南各市开放创新与功能提升,确有不少可圈可点之处,但对于其存在的问题也不能忽视。

于此,须指出的是:苏南各市在推进城市开放创新与功能提升上,可以说,成绩与问题同在,如国内出现的城市"贵族化",求新求大求洋,建设洋了,特色没了;档次高了,生活难了;城市大了,"空间"小了;尤其是,小饭店、小商店的限制,使普通群众的谋生空间变小了。偌大的城市,可以摆下无数高楼大厦,却难摆下一些莱摊。又如国内出现的看病难、交通拥挤等各类"城乡病",在苏南各市也都存在,且至今仍未拿出医治的良方。这是需要我们进一步探讨的。

尤其是,苏南各市在"十二五"期间要创新驱动、转型发展,建设创新型城市,首先有个很重要的问题:我们要建设什么样的创新城市? 这是需要我们认真研究的。比如,一个创新城市应该是高度开放与包容的,一个多元化的城市更能创新。改革开放以来,苏南各市与我国其他城市一样,逐步提高了开放度,国内与国际迁入人口不断增加。但在目前常住人口中有许多是非本地户籍的外来人员,其中作为主体的农民工的规模越来越大,更有越来越多的在苏南各市出生或长大的新生代农民工,他们拿不到市民身份,形成在国内其他城市也出现的"浅城市化"或"新二元结构"这一共性问题。这是需要苏南各市通过深化改革来加以解决的。

又比如,缺乏城市的科学发展观,不能正确地认识城市发展规律、城市功

---

① 周瑾亮、芮曼菁:《全新的城市形态——关于我市将一举出现多处"城市综合体"的先探(1)》,《常州日报》2010 年 5 月 21 日第 A1 版。

② 同上。

能、城市效率及其对于加快转变经济发展方式,促进区域经济协调发展的特殊规律。其结果是,由于没有遵循城市发展规律,城市建设超过现实需求,一味贪大求快,甚至仿洋,规划失控。不仅大量占用土地,造成生态破坏,而且由于大范围拆迁,损害了百姓利益,影响了社会的稳定,使城市发展失去了对经济社会发展的促进作用。如果在苏南各市走走看看,就会发现,这一问题在苏南各市也是存在的,只不过各市的存在程度不同罢了。苏南各市对此绝不可视而不见,必须引起高度重视,并拿出如何解决的方案。

# 第九章　创新驱动：苏南的创新
# 理念与创新之路

　　**【提示】**创新，是探索一个未知领域的创造性活动。创新驱动，对于苏南来讲，是推动经济发展方式转变与转型升级的一大动力与途径。那么，苏南是如何确立创新发展战略与创新发展理念的？是如何实施创新驱动，推动创新发展的？苏州将加快转型升级与发展创新型经济作为当前和今后一个阶段的发展主旋律，将增强自主创新能力为主的创新战略作为苏州发展的主战略。无锡将确立创新驱动的发展战略，视为不仅是应对国际金融危机、抢抓第三次发展机遇的重大举措，而且也是推动无锡转型升级、调整经济结构的战略选择。常州面对这次国际金融危机的严峻挑战，高扬"创新、发展、提高"主旋律；在"十二五"规划中，常州提出了加强创新平台建设的具体目标。

　　苏南确立的创新发展理念，主要有：以思想领先创新型经济的发展；加大研发，创新经营，创造品牌；营造创新创业氛围；呼唤新一代企业家群体的不断壮大。

　　苏南创新发展的举措，较为突出的是引进境内外研发机构与创意发展。

　　苏南创新发展的思路，是以企业为创新主体，大力推进政、产、学、研合作创新。

## 第一节　创新发展
### ——西方人创新理论的借鉴与苏南人创新理念的确立

### 一、西方创新理论的借鉴与当代中国创新型国家的构建

　　创新，尤其是技术创新，对于一个企业来讲，是赖以生存与发展的必要条件；对于一个地区、一个国家来讲，也是振兴与发展的必要条件。西方人讲，"不创新，即死亡"，创新了，就发展了。何谓创新？美籍奥地利经济学家、哈佛大学经济学教授约瑟夫·阿罗斯·熊彼特（Joseph Alois Schhumpeter，

1883—1950)讲：经济发展是"来自内部自身创造性的关于经济生活的一种变动"①，这种变动是生产要素、生产条件的"新组合"。创新，就是企业家对生产要素新的组合，包括：①引入一种新的产品或提供一种产品的新质量，例如计算机的升级换代；②采用一种新的生产方法，例如由原来的机械化生产转而实行自动化生产；③开辟一个新的市场；④获得一种原料或半成品的新的供给来源；⑤实行一种新的企业组织形式。因此，熊彼特认为，"创新"是一个经济概念，它与技术上的新发明不是一回事。一种新发明，只有当它被应用于经济活动时，才成为"创新"。发明家也不一定是创新者，只有敢于冒风险，把新发明引入经济的企业家，才是创新者。企业家是从事"创造性破坏"的创新者。

弗里曼(Freeman)与丹麦奥尔堡大学(Aalborg University)的革新、知识与经济动力研究组(IKE-group)在研究计划中认为，国家创新体系是内在的。他们将创新定义为一个连续积累的进程，这个过程不仅包括基础创新和增量创新，还包括传播、吸收和使用创新，除了科学之外，还有发生在生产和销售过程中的相互学习。

创新，是探索一个未知领域的创造性活动。熊彼特认为，要实现创新，必须依赖两个条件：一是银行信贷；二是企业家履行其职能。企业家是创新活动的倡导者与实行者。创新，是要冒风险的企业家具有寻找自我王国的理想与意志，他们是敢于冒风险的。他在提出"创新"概念的基础上，提出了他的"纯模式"说，并以此来解释资本主义发展的周期性。他认为，资本主义经济及其发展过程不外乎是企业家体现不断破坏和创新的过程，是企业家不断打破现有的经济均衡的过程。企业家之所以不断地这样做，是因为创新给他们带来种种的好处和乐趣。例如，他们通过对新产品、新市场、新的生产方法和组织以及对新的材料来源的控制，在市场竞争中处于优势地位，新产品价格大大低于生产费用，因此创新者可以据此获得超额利润。但创新者同时也为其他企业开辟了道路。一看有利可图，其他企业就会纷纷模仿，形成一股"创新"浪潮，而"创新"浪潮的出现，造成了对银行信用和对生产资料的扩大需求，引起经济高涨。当"创新"已经扩展到较多企业直至在同行业中普遍推广的时候，赢利机会趋于消失，对银行信用和对生产资料的需求减少，于是经济就收缩。如果排除了其他各个影响经济活动的因素，那么资本主义经济活动实质上就

---

① 熊彼特：《经济发展理论》，商务印书馆1990年版，第75页。

是由"繁荣"和"衰退"两个阶段构成的周而复始的重复活动,"创新"使这两个阶段定期地调换位置。

熊彼特的"纯模式"包括由于"创新"所引起的两阶段重复出现的周期。但熊彼特认为,资本主义经济周期实际上包括四个阶段:繁荣、衰退、萧条、复苏。四个阶段的周期是如何形成的?熊彼特仍然用创新理论和所谓的"第二次浪潮"加以解释。

在"第一次浪潮"中,"创新"引起了对生产资料的扩大需求,同时,由于银行要为"创新"提供资金,所以"创新"引起了信用扩张。但这种对生产资料的扩大需求促成了新工厂的建立和新设备的增产,从而也就增加了对消费品的需求。在物价普遍上涨的情况下,社会上出现了许多投资机会,投资活动盛行,善于钻营的人也搞起了投机活动,于是整个社会经济就出现了普遍繁荣。这就是第二次浪潮,它是第一次浪潮的反应。

与第一次浪潮不同,第二次浪潮中的许多投资机会与创新无关,这时的信贷扩张也与创新无关,只是为一般企业和投机活动提供资金。它没有或很少有本身的推动力,它的推动力来自第一次浪潮。一旦第一次浪潮中促使经济高涨的推动力消失,第二次浪潮将直接受到影响。因此,从某种程度上说,第二次浪潮是虚假的经济繁荣。

熊彼特认为,在"纯模式"中,创新引起经济自动从衰退走向繁荣,又从繁荣走向衰退,从一个均衡到另一个均衡,是由经济活动的性质所决定的。然而,在第二次浪潮中,一旦虚假的繁荣消失,经济出现收缩,社会立即陷入衰退。在衰退之后,又不能像第一次浪潮那样,经济能够依靠创新的自行调整,重新走向高潮,而是进入一个病态的失衡阶段——萧条,在这一阶段,不仅投机活动趋于消失,而且许多正常的状况也会遭到破坏。萧条发生后,第二次浪潮的反应,例如过度投资、物价上涨等逐渐消失。经济需要从病态中恢复过来,这就需要新一轮的创新活动。随着创新活动的出现,经济进入必要的调整、恢复阶段——复苏阶段,并随着创新的逐步推行,进一步走向繁荣。

在熊彼特看来,无论是两阶段的周期即"纯模式",还是四阶段的周期(第二次浪潮的作用),关键都在于创新活动。企业家的职能就是创新。创新的主体是企业家。没有企业家的创新活动,就没有资本主义经济的发展。

一般认为,国外在国家创新体系的研究领域中,除了熊彼特外,最富有成就的三位学者是:弗里曼(Freeman)、郎德威尔(B. A. Lundvall)与尼尔森(R.

R. Nelson）。弗里曼于 1987 年在关于日本的创新研究中发现，日本大企业相当重视与政府合作。他在 1987 年在《技术政策与经济业绩：来自日本的经验》一书中指出："国家创新体系……是由公共部门和私营部门中各种机构组成的网络，这些机构的活动和相互影响促进了新技术的开发、引进、改进和扩散。"弗里曼认为，"国家创新体系是政府、企业、大学、研究院所、中介机构等为了一系列共同的社会和经济目标、通过建设性地相互作用而构成的机构网络，其主要活动是开发、引进、改造与扩散新技术，创新是这个体系变化和发展的根本动力"。

尼尔森对国家创新体系的研究，着重关注科技政策，他分析的焦点是企业的研发努力，科技组织、大学以及公共政策之间的体系关系。他的分析包括知识市场、知识产权以及金融市场的风险资本。他认为，"这些因素相互作用决定着一国企业创新实绩的一整套制度"，而这种企业的创新能力又将影响一国国际竞争力，因此他认为国家创新体系"是一套机构，它们之间的相互关系决定该国企业的创新性能"。

郎德威尔则认为，"国家创新体系由一些基本单元和相互关系组成，这些组成和关系对生产、传播和使用新知识非常有用"。这些基本单元或者机构是企业、公共实验室、高校，也包括金融机构、教育体系、政府调节机构和其他有相互影响的实体。他还指出，"所有有关测评国家创新体系性能的指标都将表现在生产、传播和开发出经济学的有用知识上。现在这些指标并没有被很好地使用。"

西方经济学家关于创新的诸种理论，是值得我们认真借鉴与汲取的。创新，从根本上看，是观念上的突破。我们之所以要借鉴上述西方人的创新理论，目的就是为了从观念上获得较大的突破。但观念的突破，不是凭主观想象那么简单。它要求人们必须从现实情况出发。那么，现实情况如何呢？现实情况正如国内学者张曙光所讲，中国目前最稀缺的不是资金、人才和技术，而是一种能够促进和激励创新的环境条件和制度规则。企业家生存和成长的基础和前提是商业领域和企业活动的独立存在和发展。① 如何为企业家的创新提供环境条件与制度规则呢？首先要解决的还是对创新的认识问题，认识问

---

① 载张曙光：《为什么中国缺少像样的企业家》，郑州大学出版社 2004 年版；参见张曙光：《经济自由与思想自由》，台海出版社 2004 年版。

题解决了,如何为创新提供环境条件与制度规则的思路也就有了。

党的十七大提出,要提高自主创新能力,建设创新型国家。这是国家发展战略的核心,是提高综合国力的关键。历史上很多国家,干得不多,拿得不少。为什么?因为这个国际分配体系是他们强力打下的。生产创造财富,但获取财富的多少则取决于国家在国际分配体系中的地位。天下都是"造食"(自主型)的主宰"找食"(依附型)的。美国人就是走了一条"造食"即自主发展的道路,结果是曾经让欧洲人最看不上眼的美国人,后来竟成了欧洲人的保护神。

道路问题,至关重要。有人认为,西方是想让中国放弃社会主义,走资本主义道路。其实,西方人不仅是要中国放弃社会主义,而且要中国做其附庸,要中国走拉美式的"找食"即依附型资本主义,而不是欧美式的"造食"即自主型资本主义道路。美国当年的南北战争,实质上是美国要走自主型的资本主义道路,并为此与当时的欧洲霸权发生冲突。退一步讲,即使中国要放弃社会主义,走欧美式的自主型资本主义道路,西方人,尤其是美国人,也不会让中国轻轻松松地走。当代中国要复兴、要振兴、要自强自立,必须走有中国特色社会主义自主创新之路,构建创新型国家。

创新型国家,一般来说,是指科技创新作为国家基本战略,大幅度提高科技创新能力,从而形成强大的国家竞争优势。然而,对于科技创新与思想理论创新来讲,如果人们仍然被禁锢在旧的思维窠臼与旧的思想框框之中,是不可能创新的。有人认为,中国不是一个创新型社会,尽管中国企业蓬勃发展,积极进取,但它缺乏创新;尽管科研正成为中国企业投资的重要部分,但它们并不轻易冒险向科研领域投资。此外,如果有人只是想靠窃取他人的设计来生产产品而无需投入科研成本,谁还在乎创新?你不得不承认,这样的说法看似有道理。只有在知识产权保护有保障的情况下,创新才有空间。[①] 这一看法,不管你是否赞同,但有一点是肯定的,当代中国要构建创新型国家,就必须从旧的思维窠臼与旧的思想框框中摆脱出来,着力构建创新型社会,就必须加大制度创新、思想理论创新与知识产权保护的力度。作为创新的主体企业家的创新,主要是在制度创新与思想理论创新方面,科技创新不过是实现其制度创新与思想理论创新的一种手段。并且,创新既是一种对旧事物与旧制度、旧秩

---

① [英]葛尔勤:《中国并非创新型社会》,《环境时报》2010年2月22日第15版。

序的破坏,也是对一种新事物与新制度、新秩序的创造。

## 二、当代中国的自主创新与苏南人创新战略、创新理念的确立

党的十七大报告强调,要坚持走中国特色自主创新道路,把增强自主创新能力贯彻到现代化建设各个方面。坚持"自主创新、重点跨越、支撑发展、引领未来"的指导方针。怎么坚持自主创新?有人认为,既然是"自主",那就什么都应当自己干,完全由自己来创新,"百分之百的知识产权"。似乎只有这样,才能真正体现自主创新的"可贵"。

这样的理解是片面的。确实,一些关键技术需要我们自力更生。但我们强调的自主创新,是原始创新、集成创新、引进消化吸收再创新的有机统一。人类的创新活动有"破坏性创新"与"持续性创新"。"破坏性创新"大多是原始性创新,追求突破原先的知识结构与思维定势、标新立异、跨越发展。"持续性创新"是集成性的,追求在原有基础上的消化吸收、精益求精、不断进步。从我国目前状况看,原始性创新很弱,但原始性创新极为重要。1993年,美国人由于另辟蹊径,实施破坏性创新,搞了个数字化电视,一举突破日本模拟式电视机的强项,从而挟信息技术之东风,保持了将近十年的经济增长强势。如果一个国家、一个地区、一个企业固守原有的技术与生产方式,缺乏破坏性创新,就不可能带来生产力的突飞猛进,就不可能实施跨越式发展。现实告诉我们,尽管人们总是希望能够搞成功原始性创新,尤其是能够搞成功破坏性创新,但这是很少的,较多的是集成创新与消化吸收再创新。

何谓集成创新?简单地讲,集成创新就是使各种相关技术有机融合,形成具有竞争力的产品与产业。具体地讲:一是应从综合上加以分析。譬如芯片,是否仅仅运用于电脑?除了电脑外,飞机、汽车、家用电气等,都可用到。这就有个综合运用的问题了。二是应将整合视为集成创新。比如我国的军用与民用的科研体系就要整合。世界上先进国家军事实力强大的一个很重要原因,是利用了社会资源。发达国家军民技术有85%的通用率,我国过去在这方面比较保守,军工体系完全靠自己的人才、技术,因此资源有限。现在,该改变这一做法了。三是应将综合创新视为集成创新。日本冶金、日本炼油、精细化工成套设备,为何高于中国?不能不归之于日本在这些方面的集成创新比中国搞得好。在这方面,日本有不少经验与做法,值得我们借鉴。

还有,何谓引进消化吸收再创新呢?顾名思义,即在引进消化吸收国外先

进技术的基础上,再进行创新。国际社会发展的历史表明,技术引进通过消化吸收再创新,其技术水平往往高于技术诞生国或发明国。十八九世纪,英国工业化的经济支柱是纺织工业,其技术是从德国引进的,但超过了德国。19世纪,美国从欧洲大量引进了技术与技术人才,利用丰富的自然资源,使自己在20世纪成为了世界上第一个经济大国。第二次世界大战以后,德国与日本都充分利用了技术引进并改进手段,实现了现代工业化。尤其是日本,获得成功的经验,就是采用了"引进—消化—开发"战略。据有关统计资料,1955年至1970年,日本几乎引进了世界半个世纪开发的先进技术,仅1960年至1975年,日本就购置了25700项专利与技术,其花费仅相当于美国研究开发费500亿美元的1/4。最典型的是日本的钢铁技术:1955年开始大量引进,1960年开始向发展中国家出口技术,1963年开始向发达国家出口技术,到1974年其技术出口额已超过进口额,成为举世公认的拥有最先进钢铁技术的国家。

我国呢?目前,存在着两大问题:一是"以市场换技术"虽是我国引进外资一直奉行的一个原则,但实际上却变成了"以市场换资本"、换设备与生产线,因而技术没有换到多少;二是不少企业引进了人家的技术,但没有注重消化吸收,更谈不上再创造,即在消化吸收创新上没有下工夫,结果品牌还是人家的,其教训不能说不深刻。

由于"重引进、轻吸收",改革开放以来,我国虽然实施了大规模的技术引进战略,奠定了工业化基础,对提高我国技术水平发挥了重要作用,在这方面,苏南可谓典型。但我国的自主创新能力提高不快,我国的对外技术依存度一直处于高位,没有实现真正意义上的"赶超"。比如,据世界银行报告披露,在2008年、2009年,中国的信息化建设对国外技术依赖过大,面临"技术陷阱"。由于中国缺乏自主创新技术,被动高价引进国外信息技术;由于长期忽视国际技术标准化,使得中国技术难以在他国市场上生根;由于采取"轻消化的技术引进,导致中国企业不得不生存在国外技术标准的阴影之下,自主创新战略的实施严重受阻。苏南在这方面的教训尤为深刻。

如何改变这一状况,在新一轮经济发展过程中,苏南各市根据自己的情况,提出了自己的创新发展战略,确立了自己的创新发展理念。其创新发展战略,择其要,分述于下。

### (一) 苏州的创新发展战略

改革开放30多年来,苏州大体经历了十年一轮的"三个周期",依靠"三个驱动"、突破了"三种制约"。20世纪80年代,苏州以农村改革为驱动,开始突破计划经济的制约,迎来了乡镇企业的蓬勃发展。这也是农村工业化快速推进、经济总量快速增长的阶段,这阶段全社会固定资产投资扩大了31倍。进入20世纪90年代,以开发开放为驱动,苏州重点突破资本制约,造就了开放型经济的先发优势,从而带动了全市经济的又一轮加快发展。1989年至1999年,全市进出口总额扩大了65.7倍,实际利用外资扩大41.3倍。苏州经济继续保持快速增长的势头,1999年至2008年,苏州全部财政收入扩大了12.4倍。

改革开放30多年来,苏州经过的三个阶段,是一个不断自我否定、自我扬弃、自我超越的历程,但每一次创新,每一次驱动主要集中在改革和开放方面,科技创新特别是自主创新的作用并不十分明显,或者说科技作为第一生产力的作用还没有得到充分发挥,而且原有的动力已显不足。与此同时,过去的30多年,苏州经济发展消耗多、代价大、中心城市首位度低的问题也比较突出。因此,进入新时期,苏州如何推进经济社会可持续发展,如何抢抓机遇、主动突围?

苏州将加快转型升级与发展创新型经济作为当前与今后一个阶段的发展主旋律,将增强自主创新能力为主的创新战略作为苏州发展的主战略,力争在发展创新型经济上获得更大突破。市委书记蒋宏坤认为,从宏观层面上看,苏州虽然指标总量靠前,但增幅明显靠后;尽管投资规模不小,但产业投入增长不快;经济运行总体状况有很大改善,但还没有完全摆脱困境;产业结构偏重,自主创新能力偏弱,经济对外依存度偏高;中心城市辐射带动能力比较弱,财政的自主调控能力比较弱,是苏州发展面临的严峻挑战。基于此,他提出,苏州的发展进入了一个重大拐点,到了一个加快转型升级、发展创新型经济的关键时期。面对复杂多变的形势,苏州必须更加注重经济增长的质量和效益,进一步调整完善原有的出口导向战略。转型升级、发展创新型经济是个系统工程,需要从体制机制、构造平台、资源配置等全方位来实施。苏州是经济大市、开放大市,强调在创新上下更大工夫,并不等于放弃开放优势和其他优势,相反,我们还要依托原有优势,巩固放大开放优势、扬长避短,尤其要以开放带动结构调整,以开放促进自主创新,以开放引进高层次人才,为发展创新型经济提供动力和支撑。

中国百强县(市)排名第五、"中国最具幸福感城市"、"中国十佳休闲宜居

生态城市"、隶属苏州的吴江,力推创新型经济,提出下述理念:

要在后危机时代的竞争中迅速培育出新的经济增长点,形成新优势。吴江人认为,吴江必须分秒必争,迅速推进九大产业计划,并不断取得新的突破。

吴江人认为,推进经济结构战略性调整是转变经济发展方式的重要途径。创新是企业发展的灵魂,而企业创新的关键是要能够破解人才缺乏、技术攻关等各种难题。吴江人讲,只要有利于企业科技创新,问题再大、再难,我们也要千方百计帮助解决。为了推进自主创新,吴江提出研发投入占比要达 2.5%。

吴江,与整个苏州一样,为了加快人才强市步伐,以优先投入、各种优惠政策,引进高层次的领军人才、拔尖人才和创新团队。引导企业增加研发投入,鼓励企业与高校院所合作建立研究院所,培育一批具有较强自主创新能力和竞争力的重点创新骨干企业、高新技术企业、科技型企业。

苏州市沧浪区则将创新驱动视为该区结构调整、转型升级的核心。这次国际金融危机给该区的一个重要启示是:拥有创新能力的企业受损较小,生命力也强。以传统商贸业为例,该区的商贸布局比较分散,服务业企业大多数处于小规模、分散化的经营状况,不仅仅是缺乏地标性企业,更多是缺乏创新意识与能力,千店一面,万品雷同,造成社会资源的极大浪费,严重制约了全区商贸业进一步提档升级。因此,该区区委、区政府针对本区产业发展现状与存在的问题,提出了加快"三大转变",即:在结构优化上,从以传统服务业并举,更加突出现代服务业的产业格局转变,加速产业转型升级,实现传统服务业现代化,现代服务业高端化。在产业集聚上,从引进一般性企业实体向引进集聚集约的企业总部和区域性总部转变,充分利用城区各种要素资源集聚优势,加速发展总部经济,逐步形成总部和区域性总部集聚区。在载体开发上,从注重发展一般性住宅地产向注重发展商务、商业地产转变,在城区发展资源有限的情况下,为充分提高土地资源的利用水平,必须调整房地产的发展,加速商务、商业地产的发展,鼓励发展文化、旅游地产。

通过加快"三大转变",切实提高沧浪区企业的创新意识与创新能力,依靠创新驱动,实现企业战略转型与发展。

**(二)无锡的创新发展战略**

无锡将确立创新驱动的发展战略,视为不仅是应对国际金融危机、抢抓第三次发展机遇的重大举措,而且也是推动无锡转型升级、调整经济结构的战略选择。科技创新是经济增长的巨大引擎,世界上几次产业革命浪潮无不是由科技的创新发明率先引发。在后危机阶段，尤其要发挥创新驱动的优势，以科技创新带动产业升级，促进经济良性发展、可持续发展。

确立创新驱动的发展战略，有助于我们走集约经济、低碳经济之路。创新驱动，就是提高科技创新在经济发展中的比重，这就需要依靠创新创造，依靠智慧头脑。科技和智慧是取之不竭的优质资源。发展创新型经济，一方面促进产业积聚，促进各类资源向创新型骨干企业集中，利用最少的土地资源产出最高效益；另一方面能推动低碳产业发展，加快能耗少、低污染的新技术推广应用。

战略性新兴产业是创新驱动这个发动机中最为强劲的芯，代表着一定时期科技的最高水平，也是引领创新型经济的主导力量。无锡人认为，无锡当前要着重抓好传感网、新能源、新材料、生物、环保、软件和服务外包、文化创意等战略性新兴产业的创新，这是优化内部经济结构、争夺国际产业链尖端的关键。无锡人十分注重抢抓国家大力发展传感网等产业的政策机遇，牢牢抓住国家传感信息中心这一国家战略工程在关键核心技术和应用示范领域取得的阶段性、突破性成果。无锡人认为，谁能在第三次信息革命浪潮中博得先机，谁就能在未来发展中更胜一筹。[①]

如果说战略性新兴产业是创新驱动的领头羊，传统产业则关系到整个羊群的前进。建设创新型经济领军城市，要积极提升传统产业自主创新能力，积极推动现有企业运用高新技术进行改造升级，提高产品附加值和企业竞争力。传统制造企业要向研发设计和营销服务两端延伸，形成微笑曲线。

科技和人才是创新驱动的两个车轮。发展创新型经济，要有一批科技领军人才，要孵化出一批高端科技产业。只有培育高新技术产业、集聚高层次人才，才能实现双轮驱动。不管是战略性新兴产业，还是传统产业，同样需要科技和人才。无锡人很注重"创新、创业、创优"这"三创"的载体建设，无锡人认为，应重点支持战略性新兴产业的技术研发，培养高端人才与团队，同时鼓励企业进行技术开发，增强自主创新能力。

1. 科学技术是第一生产力，自主创新是科技进步的根本途径。

科技创新是要投入的，在无锡这个倡导创新的城市中，R&D 投入占 GDP

---

① 清风：《让"创新驱动"引领转型升级——"抢抓机遇、加快转型"系列评论之二》，《无锡日报》2010 年 2 月 1 日第 1 版。

比重正在逐年攀高。2009 年,无锡市 R&D 投入首度跃上了百亿元高点,占 GDP 比重超过 2.3%,居全省第二。目前,无锡已进入了"创新活跃期",而战略性新兴产业、"530"企业的研发投入已成为拉动无锡研发投入提高的新群体、新力量。

根据驱动力的不同,国际上将一个国家或地区的社会发展分资源驱动、资本驱动和创新驱动三类。按照国际惯例,R&D 投入强度达到 2% 是进入"创新驱动期"的标志之一,也是一个城市成为"创新驱动城市"的重要门槛。目前世界发达国家的研发投入强度达到 2.5%—3%,芬兰等国家已到达到 3.6%。

研发投入曾是无锡的"软肋",持续 7 年低于全省平均水平。此后,随着创新意识日益增强,无锡 R&D 投入快速上升,从 2002 年开始,研发投入占比逐年提升:2003 年 1.38%,2005 年 1.65%,2007 年首次突破 2%,2008 年为 2.1%。2010 年确定的 2.5% 的目标已写进了无锡市《政府工作报告》中。

即便是在经济最困难的 2009 年,无锡的研发投入上升势头依然不减,并跃上了百亿元的高点。在 100 多亿元的研发投入中,大中型企业尤其是科技创新型企业占 90% 以上。一向在研发方面舍得花钱的法尔胜,2009 年的研发投入依然达到 4% 的高比例,投入金额近 8000 万元,设立工程技术研究中心。加大研发投入为公司带来的好处很多,除了能耗下降了 25% 外,产品附加值也大大提高,销售价格比同行的同类产品高出 20%—30%,经济效益增长 20% 以上。远景风能是一家科技创新型企业,该企业注重实施"研发优先"战略,2009 年的产值达 10 亿元左右,研发投入比例高达 5%。高投入为企业带来强劲的后续动力,2011 年远景风能的产值预计将达到 30 亿元。尽管目前无锡的新兴产业、"530"企业的群体还不够壮大,但若干年后,这一新群体将成为无锡建设创新型经济领军城市的主力军。

2. 科技创新要积极实施人才、专利与技术标准三大战略。

一是确立人才建设高地。人才是科技生产力最核心、最活跃的要素,也是科技创新与科技创业、科技创优的决定性因素。无锡与苏州、常州等市把人才作为增强自主创新能力的关键,实施"人才强市"战略,加强科技人才的培养、引进与使用,重点引进与造就一批创新、创业、创优的领军人才。为了加快引进无锡产业发展所需的国内外高层次人才,实施以智力交流为特征的"人才柔性流动"办法,根据不同层次的人才分别给予与兑现不同的优惠政策。大力实施"科教兴市、人才强市"战略,加快人才国际化步伐,计划在 5 年内引进 30 名领军型海外留学归国创业人才(简称"530"计划)。2010 年,无锡市又在 "530"计划基础上展开了"无锡千人计划促进年"、"新兴产业培育年"。业以 才兴,无锡以培养壮大科技领军人才,推动创新创造;以创新带动转型升级,为 建设创新型领军城市提供动力。二是逐步完善知识产权体系,先后成立了无 锡市、江阴市、宜兴市、锡山区、惠山区、滨湖区等市、区级知识产权局,建立了 无锡市知识产权联席会议制度,实施了"知识产权万人培训计划",初步形成 了市、市(县)、区专利专项资金资助体系及驱动科技创新的激励机制,自主知 识产权创造在科技创新中的先导作用明显增强。三是开展国家技术标准试点 工作,制定与实施了《无锡市国家技术标准试点城市三年行动纲领》,试点工 作以纺织、环保与新材料产业领域为重点,加大技术标准公共服务基础平台建 设,组建了无锡市技术标准研究发展中心,建立了"技术标准公共信息服务平 台"、"技术标准咨询服务平台等,培育了一批技术标准示范企业。

### (三) 常州的创新发展战略

常州面对这次国际金融危机的严峻挑战,高扬"创新、发展、提高"主旋 律,常州市委、市政府高度重视科技创新,将此视为常州发展的"最后一次机 会"。

以先进装备制造业为例,几年来,先进装备制造成果洽谈会始终围绕常州 的特色产业做文章。经过一次次创新的洗礼,常州的特色产业越来越鲜明,规 模越做越大,科技含量越来越高。

为了锻造明天的脊梁,建设创新型经济,常州与苏州、无锡一样,抓住各种 机遇,积极引进人才,尤其是十分看重领军型海归创业人才的培育与吸纳。

2007 年,常州高水平全面实现了小康,开启了向基本实现现代化进军的 征程。常州经济社会的发展已经达到了一定的高度,经济结构亟待转型,同时 具有相对强烈的科技创新愿望,也具有相对较强的创新要素和创新能力。

城市国际化要求常州加强领军型海归创业人才建设。随着经济国际化、 城市国际化的趋势日益增强,各种生产要素参与国际分工、国际竞争的程度日 益加深。经济国际化、城市国际化必然要求人才国际化,人才国际化又是推进 经济国际化、城市国际化的强大动力和源泉。近几年来,随着常州经济结构、 产业结构的调整和转变经济发展方式步伐的加快,市政府大力推进和实施人 才强市战略,并把推进人才国际化战略作为增强我市人才综合竞争实力和城市核心力的重要举措,有力地推动了新时期新阶段人才国际化工作的改革创新和发展。领军型海归创业人才在国际化人才领域处于高端部分,领军型海归创业人才的引进与使用必将极大推动常州经济社会的发展,对常州经济结构的调整与转型、产业的升级与集聚、经济更好更快发展起到很大的推动作用。

常州经济的转型要求常州加强领军型海归创业人才建设。改革开放以来,常州经济社会发展大致经历了以下发展历程:第一阶段是改革开放到20世纪90年代,以乡镇企业发展为主要内容,实现了经济社会的工业化。第二阶段是20世纪90年代到本世纪初,以开放型经济、外资企业为主要内容,实现了经济社会国际化。第三阶段是近几年开始的,以创新型经济、科技型企业为主要内容,以实现经济社会科技化。常州在第一阶段紧紧把握住了经济社会发展的脉搏,造就了常州乡镇经济飞速发展,创造了全国城市学常州的辉煌;第二阶段是以外资企业为主体,常州虽然在全国来看仍然走在经济国际化的前列,但是与周边城市的国际化程度比,还是落后了;第三阶段,是以科技创新企业为主体。创新型经济是体现资源节约和环境友好的需求,以知识和人力为依托,以创新为主要推动力,以发展拥有自主知识产权的新技术、新产品为着力点,以创新产业为标志的经济。强调的是科学技术,强调的是高层次人才,强调的是制度创新,强调的是产业结构,其中高层次人才在创新型经济中起着举足轻重的作用。在这个发展的关键时期,常州需要加强领军型海归创业人才建设,以先发的优势,占领创新型经济的高点,以期在创新型经济发展过程中,合理调整经济结构,优化产业集聚,促使经济更好更快发展。

在"十二五"规划中,常州提出了加强创新平台建设的具体目标,突出专业化、特色化、品牌化,加快三级平台建设。

### (四) 苏南各市创新发展理念的共同点

1. 以思想领先创新型经济的发展。

实践证明,唯有思想的领先,才有发展的领先;唯有创新的率先,才有跨越的率先。

每一个创新性的举措,都是以思维的开放、思想的解放,发展理念与价值体系的解构与重组为基础的。国际金融危机影响了苏南产业发展,同时也唤起了苏南人科技意识的觉醒。近年来,苏州就开始了对创意经济的全新探索。创意可以产生价值,在知识经济的背景下,在突破制造业高能耗、高污染、低附加值发展瓶颈过程中,创意经济无疑是一个方向。苏州仓街 140 号,是原振亚丝织厂金工车间,现变身为蜗牛游戏研发创意园,旧厂房被改造成游戏产品的发布会现场,旧砖瓦依然保持着陈旧原样,厂房里已是一片新世纪创意产业的天堂。如今,这片产业园专攻动漫游戏产业,主要进行游戏蜗牛虚拟世界的研发。不仅蜗牛电子这一家,目前,苏州国家动画产业基地已聚集了 30 多家颇具实力的动漫游戏企业,呈现出良好发展势头。目前,苏州共有动画企业 19 家,游戏企业 12 家,手机内容企业 6 家,数字技术企业 4 家,教育培训机构 6 家,从业人员超过 5000 人,2008 年动漫游戏产业产值约 4 亿元人民币,苏州工业园区国际科技园成为全国 15 个国家级动画产业基地之一。

思想的领先,更要体现在决策层上的思想领先。

苏州市委书记蒋宏坤向苏州各级干部提出了这样的要求:

一是做到"五个始终保持":始终保持勇于创新的精神,始终保持奋发有为的状态,始终保持顾全大局的风格,始终保持真抓实干的作风,始终保持廉洁奉公的本色。

二是练成"五种本领":理论武装的本领、服务大局的本领、科学发展的本领、执行制度的本领、狠抓落实的本领。

这样的要求落到实处,必将为苏州创新型经济提供思想保证。

2. 加大研发,创新经营,创造品牌。

这在苏南,已形成共识。如在常州,市委书记范燕青要求常州科技企业,要加大有效投入,加快科技创新,做产业转型升级的引领者。① 常州市武进区五洋纺织机械有限公司集科研开发、制造销售为一体,生产系列经编机、数控机床、纺织面料,生产制造各种高中低档三大类 30 多个机型,每年有 3—4 个新产品问世,拥有包括 6 项发明专利在内的总计 48 个专利,产品出口日本、西班牙、俄罗斯等 17 个国家,尝到了不断加大研发,创新经营、创造品牌的甜头。2007 年,被评定为国家重点高新技术企业;2009 年底,"五洋"商标荣获"中国驰名商标"。为了加大研发、创新经营,抢占传感网产业制高点,无锡市大力引进全球传感网产业的高端人才,提出要"汇全国之智、聚全球之才"的口号,在实施无锡"530"计划、"无锡千人计划"中出台了专门的招才引智政策,并依

---

① 引自《范燕青节前深入科技企业调研勉励企业家——加大有效投入加快科技创新 做产业转型升级的引领者》,《常州日报》2010 年 2 月 1 日 A1 版。

托科研院所广揽人才,无锡人提出,要围绕自主核心技术、培育企业、应用项目三个重点,坚持市化、产业化的方向,明确企业为主体的战略,努力推进各类项目的落地、生根、开花和结果,开创出传感网产业发展的全新局面。①

### 3. 营造创新创业氛围。

创新创业,需要有良好的氛围。近年来,苏州工业园区为了产业优化升级,积极实施"科技跨越"计划,带动营造区域内创新创业氛围。2010年,园区以实施第四届"科技领军人才创业工程"为抓手,大力引进具有自主知识产权和自主品牌的领军型、成长型、孵化型科技项目。对行业前景好、产业化成熟度高、初具发展规模的科技企业,园区给予"一企一策"的重点扶持。发展创新型经济需要营造好创新企业氛围。在2010年,园区着力优化中小企业服务,加强对中小企业的分类指导,量身定做不同扶持方案,在市场、管理、融资、技术、人才等不同方面与孵化期、成长期、壮大期不同阶段,提供全过程、多层次、个性化服务。这一做法是值得肯定的。

### 4. 呼唤新一代企业家群体的不断壮大。

如何通过创新发展,保持苏南经济的可持续发展,是苏南各市普遍关注的问题。苏南各市在探讨苏南经济创新发展过程中,普遍热切呼唤创新主体——新一代企业家群体的不断壮大。

新一代企业家应该是什么样的?苏南人认为,新一代企业家应是掌握高科技知识的科技型人才与苏南本土民营资本相结合而产生的企业家,即是一个"知识+资本"范式的企业家。

如果把苏南经济的发展分为三个阶段,第一阶段当属蓬勃发展的苏南集体企业。在这个阶段,企业家还只是一个模糊的概念。随着改革开放,苏南进入第二个阶段,这时大量的外资企业进入,苏南本土的民营经济虽然也获得迅速发展,但对引进的技术等,没有能够很好地进行消化吸收。苏南在这一阶段的民营经济属于"草根"经济,这批"草根"经济的企业家目前正在经历大浪淘沙,这就迫使他们不得不进行自我调整,以求顺应新一轮经济发展的潮流,而不被时代所淘汰。

新一轮经济的发展,使苏南经济进入第三阶段,要求苏南经济转型升级,

---

① 载《无锡国家传感网创新示范区规划建设领导小组会议要求——汇全国之智聚全球之才 抢占传感网产业制高点》,《无锡日报》2010年2月23日第A1版。

转变经济发展方式,正如胡锦涛在2010年"两会"期间参加江苏代表团审议时强调的,要"打好转变经济发展方式这场硬仗",①调整产业结构,发展创新型经济。发展创新型经济,必须通过集聚资源创新、人才创新与服务创新来实现,苏南在这方面做了许多有益的尝试,如采取各种方式,引得高端"海归"人士纷至沓来,其中有不少是"知识+资本"型人才,这正是苏南人呼唤、期盼的苏南第三阶段经济发展所需要的新一代企业家。当然,作为新一代企业家这一创新的主体,在苏南,还有大量的是本土的"知识+资本"型的企业家。

国家发展战略的核心与提高综合国力的关键是提高自主创新能力。自主创新的主体是企业,苏南人虽然确立了自主创新的理念,但至今仍是企业不少创新不多。尤其是,企业作为市场经济的主体与自主创新的主体,其作用如何凸显出来,仍待探索。比如,党中央已经明确提出,要建立以企业为主体、市场为导向,产、学、研相结合的技术创新体系。在发达国家,自主创新唱主角的都是企业。100多年来,世界产业发展史表明,真正起巨大推动作用的技术几乎都是来自企业。比如,汽车领域中的福特,发明了生产流水线;航空领域中的波音,将金属疲劳知识应用于新飞机的开发,使喷气式飞机投入商业化运营;化工领域中的杜邦,发明了尼龙;计算机领域中的微软,发明了视窗操作系统⋯⋯这些公司都是技术创新中的领头羊。现在,发达国家80%的科研工作都是在大企业中完成的。

而我国,包括苏南,目前的自主创新如何实现以企业为主体,仍在探索过程中。苏南的做法,苏南人的理想,与全国大致相同,以企业为主体与高校研究所构建产、学、研一体化机构。然而,高校、研究所,尤其是高校科研成果转化率至今仍很低。北京师范大学副校长葛剑平讲:高水平的科技成果成批"躺"在实验室却无法应用于生产,是科研资源的极大浪费。"目前我国高校从事科研开发的人员占全国科技力量的22%,每年完成的科技成果和论文占全国70%以上。然而,科研成果转化率却很低,据统计普遍不超过10%,与美国、日本等发达国家科技成果转化率达70%左右的水平有相当大的差距"。②这一问题如何解决,固然需要高校着力解决,包括对高校现行的科技成果评估

①　引自《胡锦涛在参加江苏代表团审议时强调　打好转变经济发展方式这场硬仗,努力实现经济社会又好又快发展》,《光明日报》2010年3月6日第1版。

②　王斯敏:《改革高校科技成果评估转化机制》,《光明日报》2010年3月5日第3版。

转化机制等进行改革。但这仅是解决这一问题一个方面,还有一个更为重要的方面是,如何发挥企业在产、学、研一体化中的主体作用。比如,能否让一些企业,尤其大型企业,直接办大学、设专业、办研究所、办研究基地、培养企业自己所需的各类人才。现在的一些大学、研究所,也完全可以交给企业来办,让企业根据自己的实际需要办。我们课题组曾经建议在产、学、研方面搞得有一些特色的常州,在这方面先搞点试办。至今为止,苏南还没有哪一家企业按照市场经济的要求办自己的大学。现在,到了该探讨这一问题的时候了。如果这一问题解决了,即在苏南,如果有越来越多的企业不仅自己办研究所、研究基地、研究中心,而且也有企业办有自己特色的专业大学,我国在自主创新方面,包括苏南在自主创新方面,包括创新理念方面,至今仍存在的重引进、轻消化吸收再创新的问题,也许会得到较好的解决。

## 第二节　创新做强
——苏南经济实体的创新做强

### 一、创新:苏南科学发展的核心引擎

苏南经济发展到今天,是在原有的老路上徘徊还是另辟蹊径,探索出一条新的发展途径,这是苏南经济在转型升级、进一步做大做强过程中,必须面对的问题。具体操作起来究竟应该怎么干? 苏南人认为:路径决定结局。回顾苏南经济发展的历程,苏南人感到在新一轮经济发展过程中,苏南应在原有的基础上进一步突出创新发展,将创新视为苏南科学发展的核心引擎,这一核心引擎的作用如何发挥出来? 苏南各市有一个共同做法,即为了增强自主创新能力,花大力气引进国内外研发机构,构建好的创新实体。

以苏州为例,改革开放以来,苏州经济得到了很大的发展,综合经济实力不断增强,尤其是随着苏州工业园区的建设和苏州高新技术区的建设,吸引了国内外众多的企业进驻苏州,其中,既有世界500百强的企业,又有小型的高科技企业,由此又带动了研发机构进驻苏州,无疑,他们都给当地经济带来了活力,使苏州市经济在江苏省处于领先地位。认真分析苏州市的现状,我们认为,苏州在引进内外资研发机构中有以下几个有利的方面:

第一,苏州高新技术产业门类齐全,IT、机械、生物医药、新材料等支柱产业迅猛发展,这给研发机构的投资提供了广泛的选择空间。苏州市东边是国

家级的中新苏州工业园区,西边是国家级的高新技术开发区,按照国家中长期科技发展规划重点,结合苏州产业发展现状和趋势,苏州确定集成电路与软件、现代通信、纳米技术、生物医药、节能环保、汽车零部件等十大关键领域,这些领域都是在本地基础好,产业关联度强,带动辐射面广,成长性好的优势产业。苏州还根据各区不同的产业领域,对全市的产业进行合理布局,一方面使得相同的行业在同一个区域,以保证充分竞争,另一方面以扩大产业集聚激发"雪球效应"。如,苏州工业园区,将打造成国际先进的制造业基地,发展、壮大电子信息、精密机械、新材料等主导行业。

第二,苏州市推行产、学、研合作的方式,为国内外研发机构的研发活动提供了源泉,而公共服务平台的建设,为研发成果的转化提供了条件。目前,苏州企业已与全国100多家高等院校、科研院所建立了250多个产、学、研联合体,并在技术转化、成果推广、人才培养以及研发中心、产业基地建设等方面实施了1000多个合作项目。如,江苏梦兰集团与中国科学院计算机所合作共建龙芯产业化基地,"清华紫光产、学、研基地"和中国科学院青年科学家创新基地落户苏州工业园区,中国科学院苏州生物医学工程技术研究所、信息产业部第五研究所、中国电子科技集团公司第22所、信息产业部软件与集成电路服务平台江苏分中心等50家知名科研机构、设计开发企业进驻苏州新区,其领域涉及电子通讯、集成电路、生物医学、新材料、汽车和汽车零部件等众多高新技术领域。苏州东部已建成了独墅湖高教区,许多国内外著名的高校已经落户苏州,如,苏州大学、东南大学、中国人民大学,西交利物浦大学等,它除了招收本科外,还招收了大批的研究生,可谓是一个人才高地。苏州市西部已经建成高等职业教学区,它将为地方上培养高级技术工人,这将为研发机构的科技成果转化为生产力提供高级技工的人力资源。目前为止,累计建成公共技术开发服务平台25家,这些都为引进内外资研发机构提供了有利条件。

第三,苏州市自主创新企业大量涌现,为研发机构的成果转化提供了产业环境。苏州科技创新投入逐年增加,全社会研究与试验发展经费占地区生产总值的比重超过2.5%,高新技术企业、民营科技企业研究与开发经费投入占销售收入的比重超过5%,市、县(区)两级政府科技投入占本级财政支出的比例分别达到7%和5%左右,每年实施自主创新重点扶持项目100项以上,其中省级以上项目大约50项,累计认定省级以上高新技术企业1500家、民营科技企业3000家,新增驰名商标和中国名牌产品30个左右,具有自主品牌的产品销售占 30%，形成一批拥有自主知识产权和知名品牌、国际竞争力较强的优势企业群，产业科技水平不断提高。高新技术产业产值占规模以上工业总产值的比重达 40%，其中拥有自主知识产权的高新技术产业产值占全市高新技术产业产值的比重达到 30%，专利申请年均递增 15%，而发明专利年均递增 20%。苏州中小企业的发展也为引进研发机构、推进研发成果变为真正的生产力提供了广阔的市场。

第四，随着苏州经济的不断发展，环境的不断改善，苏州在所处的长江三角地区地理位置的优势将更加突出，尤其是它低成本的居住环境，更是长三角其他地区无法比拟的。苏州周边地区的上海、杭州、南京等地方，是我国科技文化人才的高地，这些地方高校、研究机构密集，人才济济，苏州居住成本远远低于这些城市，苏州可以利用这些资源为本地的研发机构服务；可以吸引更多的人才到苏州工作。这些年来，上海、杭州、南京的房价远远高于苏州，在全国来说也是处于高价地区，这对于年轻人来说，购房压力很大，也就是说，这些地方居住成本偏高，而研发机构是以年轻人为主。相对而言，苏州的房价尽管与前几年相比已经有了很大程度的提升，但对于上海、杭州、南京来说，是一个价值洼地，这对年轻的研发人员来说有很大的吸引力。

然而，苏州在引进研发机构、实现科技创新方面任务却是相当艰巨的。那么，苏州市在引进研发机构实践中到底存在哪些不足？遇到了哪些急需解决的问题？引进研发机构与苏州科技创新体系布局的关联究竟如何？政府部门应该如何决策？带着这些问题，我们于此从引进境内外研发机构与苏南发展的创意产业这两个具体问题入手，进行考察、探索。


## 二、境内外研发机构的引进

20 世纪 90 年代以来，跨国公司研发机构不断向发展中国家扩展，不少新兴工业化国家已成为跨国公司新一轮的海外研发投资的热点地区，这些新兴工业化国家和地区如何应对跨国公司在本土设立研发机构，如何利用它来为本国的经济服务，成为这些国家在经济发展中所面临的一个重大课题。

从苏南各市引进境内外研发机构看，以苏州为例，苏州市政府为了吸引境内外研发机构入驻苏州，积极出台了一系列文件。如，2003 年 168 号文件《关于鼓励和吸引国（境）内外研发机构的意见》中，对研发机构的性质、设立的形式、设立的范围和设立的条件都作了明确的规定。苏州市科技局又根据上述文件,下发了苏州市科技局文件——苏府2004年191号,即《苏州市吸引国(境)内外研发机构专项资金管理办法》,对符合条件的研发机构给予一定的资金资助。具体资助的原则如下:根据当年度安排的资助引进研发机构专项资金数额,对经市级以上科技部门确认的引进研发机构实行择优资助,资助总额为30万至100万元,按苏州市同研发机构所在地的市、区以1∶1匹配资助的办法实行。对符合苏州市产业发展方向、高新技术重点发展领域、投资额超过200万美元,具有独立法人资格的外资研发机构给予优先资助;对国内院校、科研院所的国家级重点实验室、工程技术研究中心、工程中心来苏州设立研发分支机构,也给予优先资助,2007年又针对苏发2006年36号《中共苏州市委苏州市人民政府关于加快创新创业人才队伍建议的意见》制定实施意见,如,全市每年扶持10名左右创新、创业领军人才,来苏州落户给予10万至100万元的安家费等优惠政策,以充分吸引人才。

目前,在苏州设立的研发机构中,既有实力雄厚的世界500强中的企业,又有科技创新的小企业。如在苏州的省外资研发机构中,就有飞思卡尔、佳能数码复印研发中心、明基逐鹿科技园、博世技术中心(苏州)有限公司、三星半导体(中国)研究开发有限公司、艾默生环境优化技术(苏州)研发有限公司、英飞凌科技咨询(苏州)有限公司、松下电器研究开发(苏州)有限公司等一批世界500强企业设立独立的研发机构。在建立开放型的科技创新体系中,由于苏州十分重视国外中小科技型企业的作用,目前在苏州各类开发区中就有不少这类公司,如在苏州高新区,就有德国美名软件、日本超微科技等企业。苏州雪樱汽车科技有限公司,进驻苏州高新区后,使汽车零部件产业成为苏州高新区未来的支柱产业。该企业是国内首家汽车研究开发公司,致力于本地化发展、具有自主知识产权的汽车和汽车电子设计开发能力,从而打造一个以汽车整车设计开发服务为龙头,以汽车高科技产品研发生产为核心的雪樱汽车苏州科技城基地,业务由整车产品开发设计、整车试制、量产工装和汽车高新技术零部件四大部分组成,它全面提高汽车零部件产业的产品档次和配套能力。像佳能数码复印研发中心进驻苏州带动了苏州地区整个数码复印产业兴起和发展一样,该企业是佳能在华的独资研究开发机构,致力于面向全球的新技术和新产品的研究开发,结合本地化的需求,开发更适合全球化的产品,主要侧重打印机技术、数码影像技术、系统软件和应用支撑软件技术等方面的产品研究开发,同时为同在高新区投资的佳能(苏州)有限公司的产业化生产提供技术产品,是该公司年销售额超百亿人民币的技术支撑。

境内外研发机构的引进,在苏南各市的成效都是很显著的。于此,我们从无锡新区可窥见一斑。如跨国企业研发中心在该区的纷纷落户,不仅给该区带来了国际最新技术课题,而且其本身所具备的"智库"以及与国内外高校合力构筑的产、学、研平台,也为该区汇聚高端人才创造了良好的条件,如日新电机与上海交大"牵手",柯美与同济、华东理工、江大等高校结成长期合作战略联盟,由此形成的"研发中心—人才—更多的研发中心—更多的人才"格局,为该区进一步推进创新型国际化科技新城建设注入强大动力。

苏南经济无论是在长三角还是在我省经济发展中的地位,都是显而易见的。无论是研发机构的引进,还是创意产业的发展,都为长三角、为我省经济发展增强了活力,如何进一步做大做强苏南经济,需要回顾总结探讨。

第一,苏南经济在自身的发展过程中,由于各市在不少方面具有"同一思路",因此同质化现象十分严重。为了更好地利用各自自身资源,很有必要克服同质化现象,做好各自的经济实体,将各自的强项很好地发挥出来。比如,从苏南创意产业发展看,一方面,苏、锡、常各自都有自己特色的创意产业,如苏州既有古老的苏绣,又有时尚的动漫,无锡的三国城影视基地名扬全国,常州的恐龙园更是吸引了大量的游客,带动了常州的服务业发展。这些成绩有目共睹。另一方面,这三个城市又都有同一类型的工业园、高新区,在同一类型的工业园、高新区内,许多企业同质化现象十分明显,这很容易为以后经济的恶性竞争埋下隐患。追溯历史,以前我国小而全同质化的高耗能的企业很多,苏、锡、常也不少。在提倡节能环保的今天,这个问题值得管理层高度关注。否则,后果十分严重。

第二,苏南地区对辖区内引进的研发机构给予一定的资金支持是必要的,但是在资助研发机构的规定上,无论是倾向于资助该研发机构的投资额还是级别,都没有体现出对支柱产业予以倾斜的政策。以苏州为例,其规定如下:对在苏州新建的纳入中编办编制和中央财政预算、具有独立法人资格的科研院所给予不低于5000万元的重点支持。对国家级科研院所、重点高等院校在苏州新建的独立研发中心、重点实验室,由市科技局根据市政府《关于鼓励和吸引国(境)内外研发机构的意见》确认后,给予200万元以内的资助。与此同时,也积极鼓励和支持国外及港澳台地区的组织和个人设立研发机构,经省科技厅认定在我市设立的国(境)外独立研发机构由市科技局按照市政府以上两个文件分别给予一次性200万元以内的资助，非独立研发机构实行独立核算的，择优给予一次性100万元以内的资助。苏州市政府自2005年以来，给予内资研发机构565万元、外资530万元资助，呈逐年上升趋势。

从苏州市政府出台的资金资助计划规定看，主要立足于研发机构的级别，是属于国家级还是省级，是国家认定的还是省里认定的或是市里认定的，即资金的资助是根据级别的不同给予不同金额的资助，没有体现出对支柱产业的倾向性支持。当然，支柱产业中也有问题产业。不过，这是更深层次的问题，如新兴产业相对于问题产业（如房地产业）来讲，竞争实力还偏弱。如何让新兴产业（尤其是高端产业）成为苏南各市支柱产业，就既需要政府的政策倾斜，也需要相当的资金支助与市场的导向。

第三，尽管苏南研发机构的数量在全省处于领先地位，但相对于高新技术企业而言，其比例很低。以研发机构的数量占据首位的苏州为例，虽已拥有了190家研发机构，但这对于众多的高新技术企业而言，其比例实在是太低了。根据统计，苏州市研发机构的数量只占高新技术企业数量的9%，如此低的比例无法满足本地产业结构转换的需要。因此，引进研究开发机构，对于苏州来讲，仍是一项艰巨的任务；而在研发机构中，独立研发机构则更少，其中，内资12家，外资10家，其余都是非独立的研发机构。非独立的研发机构的设立，常常是为了更好地满足本地化的市场需求，为自己的企业提供技术支撑，这种研发机构的研究成果具有明显的垄断性和保密性，他们会把"溢出效应"降到最低。如，上述佳能数码研发中心，主要为自己即佳能（苏州）有限公司的产业化生产提供技术产品，为企业提供技术支撑。一般而言，独立的研发机构其溢出效应更加明显。

第四，苏南各市制定的吸引研发机构进驻的优惠政策是不统一的，存在着对本地经济不仅没有产生倍增的效益，反而增加了引进的成本。与此同时，对外企更多的优惠政策又使内、外企业处于不同的起跑线上，造成不平等的竞争。如，凡在国家高新技术产业开发区内并经省有关部门认定属于高新技术企业，减15%税率征收企业所得税，并从获利年度起，第一年和第二年免征企业所得税，第三年至第五年减半征收所得税，两免三减半期满后，属于先进技术企业的可延长三年减按10%征收企业所得税。设在"两区"并经省科技厅确认高新技术企业的内资研发机构可减按15%的税率征收所得税，新办的研发机构，从获利年度起，免征所得税两年，从第三年度起减按15%的税率征收所得税,上面税收政策的优惠,使得外资研发机构更愿意落户苏州,从某种程度上讲,使得外资研发机构和内资研发机构又处于不平等的起跑线上。

第五,尽管苏南各市已经看到了研发机构进驻苏南对苏南经济发展的重要性,并为此制定了一系列政策,但作为一个公共部门,对扩大"溢出效应"的关注度是不够的,尤其是对内资研发机构与跨国公司研发机构的技术人员之间交流的扶持度是不够的。设立研发机构的目的是为了开发产品、技术,使一些企业领先于别的企业,获得更高的利润,因此,任何一个研发机构对于自己的成果都会尽最大的力量保密,从而长时间获得超额利润,防止"溢出效应"是研发机构保护成果的重要手段,当然,要绝对做到可能性不大,因为随着人员的流动,管理方式、部分成果都有可能被溢出,因此技术人员间的交流极其重要。政府作为一个公共部门,支持、鼓励研发机构的设立,无疑是为了"溢出效应",如何围绕研发机构的"溢出效应"制定出鼓励研发机构人员间进行交流政策是需要进一步研究和探讨的。

# 第三节 创新主体
## ——苏南以企业为创新主体的发展思路

## 一、鼓励与扶持创新主体

创新是当今时代的主题,特别是生产力、生产方式、生活方式、经济社会格局发生着深刻变革的时代背景下,培育新的经济增长点、抢占科技创新的制高点,已经成为世界各国发展的大趋势。创新,在苏南已成为经济发展的主战略。创新依靠谁,以谁为主体,是一个不能不搞清楚的问题。

在本章前文中,我们已经对创新主体是企业这一看法,作了论述。现实告诉我们,创新主体虽然离不开高校、研究所,但创新主体既不是高校,也不是研究所,而是企业。苏南各市对于这一点,是认识得非常清楚的。对于企业来讲,不创新即死亡。这是一个严酷的现实。苏州电瓷厂是一家主要生产用于输变电线路上的瓷绝缘子产品的企业。在20世纪90年代,曾是国家电网输电线路瓷绝缘子定点供应商之一。至2003年,因技改失误等因素,陷入破产困境。2003年2月,国家有关部门同意该厂破产的批复下达。当时,该厂有两种意见。一种意见认为,应请浙江电瓷厂来收购,其理由是7年中每年换一个厂长也未能搞好,发展无望;一种意见认为,应改制重组,其理由是该厂历史悠久，是苏州市属工业的一块牌子，技术沉淀基础好，又恰遇中国电力事业步入蓬勃发展期，起死回生不是没有可能。最终，改制重组成为选择。

2003年10月，拥有10余年企业管理经验的褚德伟被委以苏州电瓷厂总经理一职，褚德伟手持老厂"退城进区拆迁补偿金"，在苏州工业园区春晖路重起炉灶"建新厂"。当时，业界普遍认为该厂撑不了多长时间。有位同仁老总当面对褚德伟说："你再能干，要赶上来也得3年时间。"当时，该企业已被逼入了绝境，除了自主创新，不断研发适应市场的新产品外，已别无出路。世上没有救世主，要救企业只有靠自己。

为此，从2003年年底开始，该企业确立了通过技改来提升产品档次、增加门类、拓展市场覆盖率的战略。并且紧盯国内外市场变化和世界瓷绝缘子制造前沿技术，大力研发具有自主知识产权的新产品，积极培育新的经济增长点，从而使得该企业终于"绝处逢生"，重新获得市场的认可，从2005年起，有了明显起色。

这几年，苏州电瓷厂有限公司在全国同行中迅速脱颖而出。其诀窍就在于该企业通过自主创新抓住了市场需求。

从2004年起至今，国家电网升级和铁路电气化改造全面展开，大型电气设备制造行业好转。围绕着这些需求，该企业开展了三轮技改，实现了三次飞跃，进而确立了行业"龙头"地位。

第一轮是2004年至2005年。这一阶段国家电网升级改造全面拉开，苏州电瓷厂借新厂重置设备之机，对产品提档升级，以满足电力设备发展需求。其中，提升适超特高压盘形悬式瓷绝缘子产能成为重点。由于产品性能稳定，产能又高，自20世纪90年代末从国家电网定点供应商中"退出"后，又一跃回到了原来的行列。2005年实现销售1亿元，比上年增长20%。

第二轮是2005年至2006年。2005年国家铁路电气化改造步入实质性阶段，各地城市轨道交通项目纷纷上马。抓住这一机遇，苏州电瓷厂又上马高新区生产基地，专门推出与这些项目对应的中、小棒形瓷的绝子等产品。当年下半年，产品就被铁道部"相中"，用到了京沪铁路的电气化改造上，由此打开通往各地城市轨道交通项目之门。2006年，企业销售达1.4亿元。

第三轮是2006年11月以来。随着经济快速发展，各地掀起了建设大型变电站高潮。而随着集成电路事业迅猛发展，国内外电气设备制造行业也全面转好。其间，苏州电瓷厂又在相城区建厂，生产适合这些项目的大型支柱瓷绝缘子等产品,既成功打入各地变电站,又敲开了 ABB、阿海法、西门子三个世界上著名的电气主机设备制造商大门。2007 年销售实现大飞跃,达 2 亿余元。此后每年以超出 6000 万元的速度递增。2008 年、2009 年连续两年,企业的地铁、铁道瓷绝缘子等主导产品销售量居全国第一。目前,该企业瓷绝缘子生产规模已在全国达到第三。①

一个企业,如果只有制造而没有创新,其制造是不可能具有生命力的。要在市场上,尤其是要在世界市场上长久立足,就必须要有自己的"拿手绝活"。近年来随着我国国民经济的快速发展,能源结构调整和环保需求,张家港的沙钢集团敏锐地发现市场上高强度级别船板、大口径长输管线用钢、高强度高韧性结构钢和高强度冷镦钢等的巨大缺口。为此,沙钢充分发挥先进工艺装备和科技人才优势,加快研发高附加值的新品,不断满足金属制品业、造船业、制管业等下游用户的市场需求。"十五"期间,自主研发新工艺、新技术 34 项,取得具有国内先进水平的技术成果 40 项,从中实现经济效益超过 14 亿元,开发高新技术线材、板材产品 61 个,新产品销售收入累计达到 427 亿元,新产品销售率达 38.56%。任何一个地区的崛起,虽然都与制造业有关,但是,究其奥秘,如果品牌与核心竞争力以及自主创新都做到完美契合,就一定能够实现制造向创造的飞跃。

苏南,要从"苏南制造"转向"苏南创造",如果没有苏南企业的创新,那是不可想象的。那么,作为苏南的各级地方政府来讲,如何鼓励与扶持企业创新,如何为企业提供创新环境呢?

1. 围绕创新解放思想,为企业创新提供良好的金融生态环境。

创新,需要以思想领先来引领创新型经济发展。于此,我们探讨创新路径,则需要解放思想,不解放思想,是不可能做到思想领先的。常州人对此深有感触,他们在构建创新型经济过程中,提出了要勇于冲破传统思想的束缚,着力培育争创一流、超越自我的创新气魄。从根本上破除传统发展模式的束缚,着力培育精心策划、整合资源的创新思维。传统的发展模式是低成本发展模式,历史的经验告诉我们工业革命相对于农业社会而言是高成本的;"苏南创造"相对于"苏南制造"而言,许多技术发明与科技创新都是成本更高的。

---

① 苏菁:《从濒临破产到全国第一——苏州电瓷厂自主创新"绝处逢生"的启示》,《苏州日报》2010 年 2 月 24 日第 A01、A11 版。

这就提出了是走低成本的粗放型制造模式，还是走高成本的集约型创新模式或称创造模式的问题，这是摆在苏南人面前的一个严峻挑战。当然，从低成本走向高成本，是一个漫长的历史过程。创新也好，创造也好，都无捷径可走。最近，科学出版社出版了《科技金融》一书，该书作者从一个全新的视角创新性地解释了"工业革命为什么没有发源于中国"的"李约瑟之谜"。作者认为，科学技术是财富创造的决定因素。科技的财富创造效应主要表现在每一次科技革命之后生产工具的变化，劳动对象范围的变化，以及劳动者素质的变化。金融的财富创造效应主要体现在金融制度对财富创造以及经济增长等方面不可替代的重要作用。作者认为，中国传统社会是一个典型的农耕社会，而农耕社会金融制度的欠缺正是工业革命没有发源于中国的决定性原因。作者指出，工业革命的本质是持续不断的技术进步和先进技术在生产中长期、大规模的使用，技术创新机制及技术扩散机制非常重要。从技术创新机制看，与农业社会低成本的偶然发明不同，工业革命所要求的许多技术发明成本很高，不是一种生产过程中的"副产品"，而是一种类似于当代企业的 R&D 投资行为；从技术扩散机制看，从偶然的科学技术发明到先进技术在生产过程中被大规模地使用，也需要巨大的资金投入。今天，苏南要从"苏南制造"走向"苏南创造"，没有巨大资金的投入，是不可想象的。这不仅是各级政府，包括苏南各级政府，目前都在普遍采取的，仅仅给创新企业、创新者、发明创造者一点奖励所能奏效的。尽管这是必须的，但却是远远不够的。苏南人对此也是非常清楚的。一方面，他们深知创新不是一件容易的事，急不得；二是该花的钱，还是必须花的。钱从哪里来，靠自己生财是一个方面，但如果没有金融业的配套发展，是解决不了根本问题的。因此，苏南各市对金融业的发展十分重视。如苏州就提出了要高点定位提升金融产业，为企业创新提供良好的金融生态环境。截至 2010 年 9 月，苏州银行类金融机构已达 41 家，其中包括 24 家中资银行、1 家专营机构、两家村镇银行、11 家外资金融机构，基本形成了广覆盖、多层次的银行业金融机构体系。无锡近年来也提出了要率先建设科技金融创新区，从 2010 年起，花 3 年时间，发展以创投为代表的直接投资主体，发展信贷跟进的间接融资主体，以及创业板上市为主的上市培育主体；在无锡市区两级发展具有创业投资、投资管理、融资担保和小额贷款等功能的科技金融服务公司；发挥无锡产权交易所功能，从而形成"三大主体、两级平台、一个所"的科技金融服务体系。

2. 围绕创新优化环境,为企业创新完善服务体系与现代产业体系。

创新,需要营造良好的氛围,即提供良好的环境。如何提供?苏南人采取这样的做法,选择了这样的路径:

其一,强化创新考核,树立"不抓创新不促转型是失职"的考核导向。

其二,由政府搭台,以政策推动发展,让企业唱戏,为企业创新完善管理服务体系与现代产业体系。

首先是政府推动激发企业技术改造的热情。如无锡在 2009 年年初安排了 1.2 亿元资金,作为企业技改项目及新建固定资产工商领域投资项目引导资金,至 2009 年年底,带动 176 个项目启动实施,拉动社会投资达 180 亿元。[①]

苏州,于 2003 年开始实施名牌带动战略,确立了 3 年规划。2006 年,出台"苏州推进经济结构调整和转变增长方式行动计划"和《知识产权战略实施纲要》等文件,每年从财政中列出专项资金奖励创新企业。2010 年 3 月苏州又出台《苏州市知名商标认定和保护办法》文件。

2009 年 6 月,吴江七宝集团以"七宝"商标权作为质押,从银行获得了首期 1000 万元的贷款。这是江苏省首笔商标专用权质押贷款。至今,苏州已有包括梦兰、隆力奇等企业,利用商标权质押实现融资近 10 亿元。

在实施商标战略中,帮助企业增强拓展商标应用领域的能力,成为工商部门的一大工作重点。针对企业融资难的问题,工商部门与中国人民银行苏州市中心支行在全省率先推出了《苏州商标专用权质押贷款实施意见(暂行)》,为商标变现为"真金白银"打开了一条新途径。

在政府部门的引导下,苏州企业运用商标的能力在不断提升,据苏州工商局商广处的工作人员讲,在 2010 年 1—5 月份,接到的两种企业咨询电话特别多,一种是打算利用现有商标向银行融资的;另一种是已经在国内市场站稳脚跟,要打自主品牌,或计划进入国际市场,需进行国际商标注册的。这一现象背后正是苏州企业商标运用能力的提升。

据 2010 年统计,苏州全市拥有中国驰名商标 40 件,省著名商标 399 件,苏州知名商标 483 件,马德里国际注册商标 170 件。中国驰名商标和省著名

---

① 姚小:《政府助推一把,产业升级迈大步》,《无锡日报》2009 年 12 月 7 日第 1 版。

商标、马德里国际注册商标数，均列全省首位。

大批知名品牌企业的崛起，让更多苏州企业看到了品牌战略所带来的巨大经济效益。

走进好孩子集团展厅，这里既有公司的自主品牌"Goodboy"、"Goodboy EU"等，也有公司与国际合作伙伴的共建商标。好孩子集团现有国内注册商标643件，在40多个国家和地区注册商标327件，已形成了一套完整的自主品牌体系。依靠这个品牌体系，目前在中国、北美和欧洲市场上，每1000辆婴儿车中，有435辆是好孩子集团生产的。

在2010年举行的苏州"实施商标战略推进示范市建设会议"上，江苏通润、信益陶瓷等6家单位成为中国驰名商标的同时还分别获得了由市政府颁发的100万元重奖，至今全市已有40家企业获此奖励。据了解，2006年苏州开始对获得中国驰名商标、省著名商标的企业给予100万元和20万元奖励，对获国际注册商标给予5000元至1万元补贴等。至今，已兑现1.24亿元。

为了给企业创造更好的品牌发展环境，苏州工商部门出台了多种商标注册保护措施。针对有知名字号企业商标被抢注的情况，2010年上半年，工商部门推出了企业字号与商标一体化战略，引导已有知名字号的企业，申请注册同名商标。工商部门还将印刷行业列为重点监管对象，在印刷企业中确定一批联络员，及时掌握企业商标印制动态。

近年来，苏州各类专业市场迅速发展，成为假冒伪劣商品的主要"寄生"场所。工商部门在各大专业市场建立了一个高密度监管网，并持续展开专项整治，让假冒伪劣商品无处藏身。

政府资金奖励，加上良好的品牌保护氛围，极大地激发了企业创立品牌的热情。自2003年至今，苏州年均新申请注册商标9000件，目前已拥有有效注册商标5.04万件。①

其次是促使重大成果转化加速企业升级。如自2004年省重大科技成果转化专项资金计划实施以来，无锡市至2009年年底，有73个项目获得立项支持，共获得省拨款7.9亿元，并带动企业和社会资金的投入60.39亿元，财政资金效能放大了近8倍。通过项目实施，迅速转化了一大批具有自主知识产

---

① 苏菁：《无形资产"换"来真金》，《苏州日报》2010年7月11日第A02版。

权的重大创新成果,提升了高新技术产业的核心竞争力。①

再次是为企业构建良好的知识产权体系。如苏州工业园区为了给企业构建良好的知识产权体系,就在管理与服务体系上花了很大力气。知识产权公共服务平台就是最好的体现。2007年10月,园区知识产权公共服务平台正式建立。如今的知识产权公共服务平台,已经集信息查询、举报投诉、中介服务和成果转化四大功能为一身,成为了园区企业在知识产权方面的全方位好帮手。

知识产权公共服务平台的专利信息服务平台,在国家知识产权局的支持下,引进了全套中国专利数据库和涵盖"七国两组织"的专利文摘,建立了IC专利专题数据库。园区企业可以通过网络直接检索和查询,也可以来服务平台自行检索或由专业人员帮助检索,极大地方便了企业检索和查询专利文献。2007年年初,园区就率先在全国经济开发区内设立了知识产权举报投诉中心,接受区内企业知识产权侵权或纠纷的举报和投诉。该平台还引进了4家知识产权服务机构,为园区企业带来了优质高效的知识产权代理、咨询和维权等服务。2008年,园区加大了推动专利技术成果转化的力度,"国家专利技术(苏州)展示交易中心"获得国家知识产权局的批准并落户园区,为各类专利技术成果转化提供了快捷通道。

除了公共服务平台,园区还专门设立了知识产权法庭。苏州工业园区法院可以受理部分知识产权民事纠纷案件。在知识产权管理部门的组织构建上更是深入到了园区所属3个乡镇。

为了鼓励企业和科研机构知识产权创造、管理、实施和保护,园区设立了知识产权专项资金。这项资金已经由最初的400万元上升至2008年的1500万元。此外,为了让企业无后顾之忧地拿起武器捍卫自己的知识产权,园区还设立了1000万元的知识产权维权基金,给"打官司"的企业给予一定的经济补贴,一定程度上也提高了企业创新与企业维权的积极性。②

最后是为企业创新着力打造区域现代产业体系。如苏州高新区就为企业创新提升竞争力,花了很大气力,打造现代产业体系。2009年,苏州高新区出台了2009年至2013年的"2+3"产业振兴发展规划,确定电子信息、装备制造

---

① 朱敏:《重大成果转化加速企业升级》,《无锡日报》2009年12月5日第1、2版。
② 宗文雯:《环境好创新劲头更是》,《苏州日报》2009年7月17日第B01版。

业 2 个主导产业调整振兴，新能源、生物医药、服务外包 3 个新兴产业提升发展。该规划明确了"2+3"各个产业的发展目标与重点领域，提出电子信息产业年均增长 12%，保持其在苏州高新区第一支柱产业地位，重点发展平板显示产业集群、计算机及网络设备产业集群、新型电子元器件产业集群、通信设备产业集群四大产业集群。苏州市委书记蒋宏坤提出，苏州高新区要在精神状态、规划建设、创新发展、自主创新、城乡统筹、应对危机六大方面实现创新，提升科技、产业、开放、城市、和谐、体制六大竞争力。[①]

3. 围绕创新振兴园区与崛起创意，为企业创新做强创新载体。

为此，苏州、无锡、常州都十分重视国家创新型科技园区与创意板块建设，十分重视人才高地与人才特区建设，甚至将研发中心建到了专业市场上。

苏州工业园区过去通过开发建设，实现了开放型经济的跨越发展。如今，又抓住科学发展、创新发展的契机，着力构建创新型经济，踏上创新发展的新征途。一方面，加快先进制造业升级，在大产业、大项目上求突破。以东部高新技术产业区为重点，推进制造业向高端攀升，大力引进总部机构、研发中心。力争年内新增总部项目 20 个，用 3 年左右时间初步打造液晶面板、集成电路、机械制造、软件及服务外包等 4 个千亿级大产业，形成 5—6 个年产值超百亿的大企业、大集团，加快构筑具有国际竞争力的先进产业体系；另一方面，即在自主创新方面，园区以独墅湖科教创新区为主阵地，聚焦科技跨越计划，实施"领军人才创业工程"，加快建设生物纳米园、光电产业园、创意产业园、服务外包产业园、环保产业园等一批新兴产业基地，力争（从 2009 年起）用 3 年左右时间形成 500 万平方米创新创业载体、6—8 个百亿级新兴产业，培育成功 20 家左右自主创新型领军企业、10 家左右科技上市公司，加快打造创新型科技园区。

太仓 LOFT 工业设计园，是江苏首个工业设计创新与孵化基地，也是太仓市政府确立的首个创意产业项目，由成功创办了深圳设计之都创意产业园的深圳灵狮文化产业投资有限公司（以下简称灵狮）打造。

在欧美，有人作过统计，用一项成功的工业设计，把知识产权变成受市场欢迎的销售品牌，1 美元的投入能产出 1500 美元产值。可想而知，在设计创新、产品创新还相对滞后于科技创新的苏南，在追求由"苏南制造"向"苏南创

① 王芬兰：《实现六大创新提升竞争力》，《苏州日报》2009 年 8 月 26 日第 A01、A04 页。

造"的过程中,让"工业设计"与实体经济尽快对接,是十分重要的。

从创意产业看,不仅包括动漫,更大的分支是工业设计。工业设计的大致流程是设计企业接到任务,先要确定创新目标,然后分步实施。第一步是市场调研,市场上有哪些同类产品?缺少哪些?第二步是具体分析,现有产品存在哪些优缺点?要开发的新产品怎样才能做到讨人喜欢?第三步是概念设计,要画出二维图、三维图,并就颜色、材料等与客户反复推敲,锁定几套方案;第四步才能推出样品,再就是批量生产,推向市场。当然,这还不算完,接下来的跟踪调查、门店选择、样品摆放、包装效果、广告投放等都要负责到底,不可小视。换句话说,这是一种整体设计、战略性设计,设计内容能够延伸至产品从研发到销售的无数个点上。

"灵狮模式"的成功,在于建立了中国工业设计产业链高端运行平台,在于形成了中国工业设计与中国制造进行集群化、专业化、市场化对接的商业模式,在于创立了中国工业设计服务输出的标准。其平台有六个:

一是市场交易平台。工业设计公司的最大短板,是只善于做设计,不会做生意。灵狮通过建立专业化的营销团队,为入园企业提供"设计经纪人"式的统一市场交易服务,在不进入企业原有市场的基础上,为企业开辟新的、稳定的业务通道,寻找新的业务委托,让企业有更多的精力专注于设计创新与研发。

二是金融服务平台。工业设计公司的又一大弱项,是实力不够,往往只有"人脑加电脑,最多再加一辆车",针对设计企业的融资困境,灵狮建立起从创意、研发、专利转化、生产、销售一体化的资金供应链,以项目和企业孵化的创业投资形式,解决设计企业在为制造业提供外包服务过程中的资金需求。

三是知识产权转化平台。知识产权保护是当今创意产业的最大困惑之一。灵狮通过建立专利转化服务中心,整合政府、设计及制造企业资源,为企业专利的市场转化提供一站式服务。

四是人才培训平台。创意产业就是"人脑产业",为打破工业设计企业面临的人才需求瓶颈,灵狮以产、学、研的方式,与工业设计、工商管理专业院校、制造企业研发中心及国际知名协会、机构合作,一方面为设计企业管理者提供侧重于企业经营与战略设计的培训,补上他们在企业运营管理方面以及在为制造企业提供整体设计方面的不足;另一方面针对设计人员,侧重提供岗位素质培训,提升设计师的设计理念与技能,不断适应新的设计需求。

　　五是共性技术研发平台。工业设计，绝不是只画一张图纸，而是做一个产品，快速成型一个创意产品，所需工具往往动辄数百万上千万元，势单力薄的设计公司想都不敢想。灵狮投资5000万元建立起共性技术平台，让企业在不走弯路的条件下缩短产品研发过程，从而降低了企业创新设计产品的研发测试成本。

　　六是品牌推介平台。创意人员最大的心理障碍，就是叫卖自己的创意。灵狮切中这一要害，依托产业集聚，通过专业会展、产品用户体验、产品品牌发布、电子商务等为主要形式和通道，建立园区统一的品牌形象与资源共享平台，为园区企业叫卖创意，让一个个原本单打独斗的设计公司找到市场。①

　　以人文历史而著称的苏州古城区平江区，近年来，从桃花坞文化的创意产业园的"一花独放"，到如今博济科技创意园、苏州婚庆创意产业园等10多家产业园竞相争艳，创意产业在平江区蓬勃兴起。其中，位于娄门路的原电镀厂，1万多平方米的老厂家，经过苏州博济堂科技园的投资发展有限公司上千万元巨资改造，以"博济科技创意园"的新身份全新亮相。产业园主要以建筑规划设计、环境艺术、装饰等创意产业为"主打"。原白塔东路26号苏州电容器厂址，如今建起了容·创意产业园。"容"，取自"电容"，延续了它与历史的联系。该园偏重于引进具有一定知名度的设计、品牌营销、景观设计等公司。

　　无锡市锡山区近年来着力发展创新型经济，围绕新兴产业发展需要，加快推进锡山科创园、S-Park、V-Park和Office-Park等"三创"载体的建设，累计建成各类"三创"载体建筑面积超过100万平方米。锡山区把2010年定为"园区建设年"，按照高点定位、彰显特色、加速转型的要求，聘请了一批具有较高专业水准的机构专家制定园区产业发展规划，全面编制完成了12个园区产业发展规划。2010年上半年，全区各级部门投入近10亿元。专业园区已开工建设了超千万投资新办项目67个，总投资约84亿元，其中超亿元项目24个，16个超千万项目已竣工投产。截至2010年8月，美新微纳、伊顿汽车、中地钻探、杰事杰等一批大型高端项目成功入驻，为推动园区的建设发展奠定了基础，增强了后劲。

　　作为国家传感网创新示范区的无锡，现正向物联网产业技术制高点稳步

---

　　① 王晓宏、徐允上：《用智力提升GDP——从"灵狮"工业设计新模式探析"创意苏州"走向》，《苏州日报》2009年9月9日第A01、A09版。

前行。由传感网创新园、大学科技园和产业园、信息服务园、感知博览园构成的无锡新区太湖国际科技园,与滨湖经济开发区、南长传感网高新园,形成了15平方公里的全市物联网发展核心区。截至2010年6月,无锡市共签约物联网项目125项,总投资近百亿元,主要落户在核心区。依托"530"人才计划和千人计划,无锡有物联网企业200多家,初步形成了物联网人才和项目在无锡的集聚式发展态势。

常州人提出:"产业先进,则常州先进。"围绕前述常州的五大产业,常州人着力组建产、学、研技术创新联盟,通过共同努力,实现更多科技成果率先在常州产业化,让大学、大院、大所在常州培育更多成长型企业。与此同时,常州人以园区大提升,来推进创新型城市建设大突破,推进创新型经济大发展。以前述"一核八园"格局建设国家创新型科技园区,力争到2015年创新型科技园区研发投入占销售收入比重达到5%,成为面向全球引领未来的创新高地、产业高地、人才高地①。

在具体做法上,常州人提出了建设五个平台。

一是建立科技研发的公共平台。为了有效利用科技研发资源,降低创新创业企业研发成本,调动企业加大研发投入的积极性,必须由政府出资建立一个可供企业进行科技与产品研发的公共研发平台。常州人认为常州科教城作为"一核八园"的核心,要成为提供攻克关键的共性技术、瓶颈技术、高端技术的实验和加工基地,成为实现技术突破的支撑。

二是建设三级科技成果转化平台。科技企业孵化器是实现科技成果产业化的重要平台。近几年常州在建立科技企业孵化器方面做了大量工作,并取得了丰硕成果。截至2009年年底,常州共建成有国家、省、市三级科技企业孵化器36家,本年在孵企业1350家,已孵化企业343家。在政府为主导建立科技企业孵化器的基础上,引导有能力的企业、金融机构、外资财团以及社会团体发展各种产权组织的综合孵化器、专业孵化器以及大学科技园、留学生科技园等科技创业孵化组织。

三是构建科技项目融资平台。多层次的资本市场、完善的金融体系是创新型城市不可或缺的重要推动力。科技项目融资平台需要将各种金融资源要

① 崔奕:《坚持创新新发展提高不动摇,推进产业转型升级新跨越》,《常州日报》2010年5月18日第A1、A2版。

素纳入其中，既包括传统的商业银行、信托公司、担保公司、证券公司、保险公司等，也包括新型的金融机构，如 VC（风险投资）、PE（私募投权基金）、贷款公司、租赁公司、典当公司。政府可通过建立科技创投基金，将财政扶持企业发展的相关资金通过财政投融资的市场化运作，将其变性为新型科技创投基金，用于科技项目的融资需要。同时通过设立金融创新基金，鼓励商业银行对具有较高效益的科技型企业发放长期贷款，引导商业银行对自主创新企业提供差别化、标准化的金融支持，或用于支持创新型企业信用担保建设。

四是科技成果信息平合。通过互联网信息技术，整合政府、企业、科研院所、科研人员、科研成果的信息资源和科技成果供求信息。通过建立科技成果信息平台，为科技创新企业提供国内外科技成果信息、科研机构专家信息、科技人才交流信息、专利技术转让信息等，达到科技信息供需双方共享的目的。

五是科技成果转让交易平台。加大对技术产权交易市场的建设，加快科技成果的市场化。常州市产权交易所作为常州市唯一的产权交易平台，应加快与国内外产权交易市场的对接。通过科技成果转让信息发布、成果评估、价值认定、产权转让、融资担保等服务，促进科技成果市场化和科学技术价值的实现。①

如果上述"五个平台"在常州都能够建设好的话，常州有望创建成功国家创新型城市，常州的创新主体也必然在苏南、在全省乃至全国名列前茅。

## 二、推进政、产、学、研合作创新

大力推进产、学、研合作，是党中央为增强我国自主创新能力、建设创新型国家作出的重大决策。党的十七大强调，要加快建立以企业为主体、市场为导向，产、学、研相结合的技术创新体系，引导与支持创新要素向企业集聚。

产、学、研合作的本质，是科技、教育与经济的结合。改革开放以来，中国特色产、学、研合作先后经历了"产、学、研联合"到"产、学、研结合"再到"产、学、研用紧密结合"三个发展阶段。

第一阶段是产、学、研联合。以邓小平为核心的第二代中央领导集体提出要解决科技与经济结合的问题，为建设中国特色产、学、研合作体系打下了坚实基础。1985 年，邓小平提出要解决科技与经济结合问题。就在这一年，产、

---

① 武军、朱志洪、蔡建兴等：《我们的选择》，《常州日报》2010 年 8 月 8 日第 A2 版。

学、研合作被纳入科技体制改革。中共中央在关于科学技术体制改革的决定中提出,要促进研究机构、设计机构、高等院校、企业之间的协作与联合。1992年,原国家经贸委、国家教委和中国科学院推出产、学、研联合开发工程,这是我国第一次在部委层面组织实施产、学、研合作计划。1993年,鼓励企业、高等院校、科研机构开展联合和协作,被写进了新出台的中华人民共和国科学技术进步法。我国产、学、研合作在这一阶段发展的主要特点是鼓励企业、高等院校、科研机构开展联合与协作;合作的主要方式是,产、学、研联合进行科技攻关。

第二阶段是产、学、研结合。以江泽民为核心的第三代中央领导集体提出科教兴国战略,为中国特色产、学、研合作体系的发展提供了新动力。1995年,党中央召开全国科学技术大会,作出实施科教兴国战略的重大决策。党中央、国务院在关于加速科学技术进步的决定中指出,科技工作要把解决经济和社会发展中的重大问题作为首要任务,要继续推动产、学、研三结合,鼓励科研院所、高等学校的科技力量以多种形式进入企业或企业集团。1997年,江泽民在党的十五大报告中指出,"要深化科技和教育体制改革,促进科技、教育同经济的结合","有条件的科研机构和大专院校要以不同形式同企业合作,走产、学、研结合的道路"。2000年,党的十五届三中全会进一步强调,要深化科技体制改革,形成符合市场经济要求和科技发展规律的新机制,加强产、学、研结合,优化科技资源配置。我国产、学、研合作在这一阶段发展的主要特点是推动产、学、研三结合、走产、学、研结合的道路;产、学、研合作方式的新发展,是联合创办高新技术企业和共建研究开发中心。

第三阶段是以企业为主体和市场为导向的产、学、研用结合。以胡锦涛为总书记的党中央提出建设创新型国家,为中国特色产、学、研合作体系的进一步发展带来了新契机。2006年,国务院颁布的国家中长期科技发展规划纲要(2006—2020年)提出,要推进中国特色国家创新体系建设,并且把建设以企业为主体、产、学、研结合的技术创新体系,作为全面推进国家创新体系建设的突破口。2007年,胡锦涛在党的十七大报告中指出,为了把我国建设成创新型国家,要"加快建立以企业为主体、市场为导向、产、学、研相结合的技术创新体系,引导和支持创新要素向企业集聚",进一步指明了产、学、研合作的方向,丰富了中国特色产、学、研合作体系的内涵。在这一阶段,中国特色产、学、研合作,由"产、学、研结合"走向了"产、学、研用紧密结合",其主要特点是,以企业为主体、以市场为导向、产、学、研用紧密结合，强调构建产、学、研用相结合的产业技术创新战略联盟。

从苏南产、学、研合作现状看，不仅仅是进入了产、学、研用紧密结合阶段，而且凸显了地方政府的介入，形成以企业为主体、以市场为导向的政产、学、研用的紧密结合。

如苏州市吴中区木渎镇镇党委、镇政府就以企业为主体，以市场为导向，以产业转型升级为契机，以科技创新为突破口，大力发展创新创意产业，形成了金枫路创新创意街区。这一街区的形成，是政产、学、研合作创新的结果。金枫路创意街区的形成首先在于政府创新理念，木渎镇从本地区产业发展实际出发，着力打造金枫路创新创意产业街区，专门聘请了全球著名的咨询公司作了产业发展规划，计划用3—5年时间，打造100万平方米以上规模的产业孵化载体。街区在为企业科技创新提供各类公共服务。与此同时，着力推进产、学、研合作创新，为推进高校科技资源与木渎高新科技产业的有效结合，金枫路创新创意街区先后引进了同济大学苏州研究院、南京信息工程大学苏州数字城市研究院等，为本地高新科技企业的发展提供了智力支撑。

与上海理工大学签订了长期合作协议的江苏利康医疗用品公司，是吴江百强企业之一，有着20多年医用材料的生产历史。近年来，劳动力成本增加、劳动密集型产业和低附加值产品的竞争优势逐渐减弱，制约了公司快速、持续发展，产品研发能力不足已成为公司转型升级的瓶颈。在了解了企业的困难与需求之后，吴江市科技局主动找到该公司商议谋划，并与目前国内专门培养医疗器械和药剂设备工程技术人才的高等院校——上海理工大学进行多次交流互访。在校企之间充分了解的基础上，从双方的利益出发，由政府搭台，最终成功签约。为了这次牵手，吴江市科技局前前后后七八次走访该公司。

先由单一的项目合作入手，再到以高新技术项目技术入股的形式建立长期紧密的合作方式，最后建立"技术开发研究中心"，江苏利康找到了清晰的转型升级路径：从自身有资金、无技术的实际情况出发，依托高校的科研资源、人才资源优势，以最快最有效的方式掌握关键技术，最终形成核心竞争力。

在这过程中，该企业强烈地感受到企业对技术、对人才、对科研的迫切需求。在吴江，有17000多家中小型民营企业，他们不可能都像大企业一样有能力、有途径寻找到可以合作的科研院校。在这种情况下，政府出面"做媒"至关重要。正是出于这样的考虑，吴江市政府、吴江市科技局努力通过各种途径,引导吴江的企业和高校开展形式多样的产、学、研合作。比如组织企业参加产、学、研合作成果展示洽谈会,填写《企业技术需求信息登记表》,与省内外高校院所分学科领域的专场对接交流等。

在政府的引导下,吴江的产、学、研合作现已逐步形成了多种方式:单个企业与高校的点对点对接;多个企业与高校的点对面对接;科技人员创业园以及博士进企业挂职等。企业与高校通过技术培训、人才培养、成果转让、联合开发、专项委托开发、技术服务等多种形式展开合作,双方通过协商签约保持稳定、长期的联络关系等。

在常熟经济开发区、常熟东南经济开发区(即"两区")、常熟高新技术产业园、常熟新材料产业园(即"两园"),近年来,把技术创新作为转型升级的一项重要内容,通过建立政产、学、研合作的新模式、创新创业载体、企业内部科研中心等一系列措施,推动企业加快创新步伐,园区产业层次不断提升,在高平台上实现转型升级。

第一,政、产、学、研创新模式。

引入高校科研力量推动开发区与园区企业的创新发展,已成为常熟的"两区"与"两园"转型升级的重要路径。2010年,常熟新材料产业园与材料化学国家重点实验室共建常熟产业技术创新中心。常熟产业技术创新中心主要围绕特色产业发展过程中的技术需求,开展技术集成创新与转移转化研究工作;同时,高校也以常熟产业技术创新中心为基地,构筑人才和自主创新高地,实现科技成果与市场需求的长效对接,努力提升创新中心在常熟的辐射强度,从而推动科技成果在党旗的高效转化。

常熟产业技术创新中心对接和引进创新团队、科技项目取得成效,2010年新增产、学、研合作项目5个,省级工程中心1个,新申报各类各级科技项目7个,省级服务平台1个。常熟东南经济开发区通过与几所国内知名大学的合作,分别成立了南京大学文化创意研究院、东南大学常熟应用技术研究院、南京艺术学院常熟艺术设计研究院等5家研究院。研究院作为一个政产、学、研基地,充分发挥科研和人才优势,结合常熟产业基础和优势,从行业前段收集信息,将已有科研成果以技术或产品的形式向当地企业转化,为企业提供技术服务,提升相关企业的层次。

第二,载体创新助推转型。

只有拥有先进的创新载体,才能为高层次人才在创业创新、技术攻关中大显身手提供广阔的舞台,同时也为传统产业加快技术改造、促进转型升级注入源源不断的动力。常熟新材料产业园2010年被省科技厅确认为首批江苏省科技产业园,园区还计划利用预留500亩土地,建设科技企业孵化器或创业中心,进一步发挥园区内企业的原料和市场优势,引进一批科技型材料加工企业,打造科技型绿色示范创业园区。

科技产业园的建立为企业申报科技创新项目搭建了良好平台,常熟经济开发区科创园成为开发区招才引智、科技创新及领军型人才创业的重要载体和平台。目前,常熟经济开发区科创园已初见雏形,通过这一创新载体,常熟经济开发区今年吸引了智能排痰机、卫星移动通信系统、纳米金属陶瓷刀具等6个创业创新项目来常熟落户,其中5个被列入市领军型人才计划。此外柔性显示器、高精度LED固晶机等10个在谈创业项目正全面推进。常熟经济开发区科创园之前引进的第一批创业创新项目进展喜人,生物细胞修复剂项目已进入产业化阶段,智能助听器、LED路灯年内将实现销售。

第三,企业创新加快升级。

常熟"两区两园"通过创新载体,推动相关产业、产品的转型升级,园区内企业通过设立创新中心、研发中心,推动企业自主创新能力的提升,带动整个园区创新水平的提升。

对位芳纶是一种超高强度纤维,长期以来,美国杜邦、日本帝人公司垄断生产。常熟新材料产业园苏州兆达特纤科技有限公司经过长期技术攻关,研发出了性能与国外产品相同价格却便宜不少的对位芳纶,成功填补了国内空白。欧盟《氟气法令》明确,2011年以后新型汽车不得再使用GWP超出150的制冷剂,四氟丙烯是唯一符合这个要求的新型汽车空调制冷剂替代品。近日,常熟三爱富中昊与杜邦合作,利用杜邦公司先进的技术与科研能力,投资2.2亿元生产四氟丙烯,成为目前世界上唯一生产该制冷剂的公司。

常熟经济开发区苏州诺华制药科技有限公司研发中心,主要开发用于大规模生产的原料药和其中间体的化学工艺,它的建成将成为常熟经济开发区生物医药产业提升能级的一支强力"催化剂"。[①]

在无锡,市委、市政府针对该市科技与教育资源不足的情况,瞄准八大战略性新兴产业,大力推进政府主导的"三创"(创新、创业、创优)载体建设,深

---

① 商中尧、一民:《新材料产业园打破外国垄断》,《苏州日报》2010年7月23日第A07版。

化政产、学、研合作,打造一流创新、创业、创优平台,为科技企业产业化提速,加快建设创新型经济领军城市。

首先,近年来,无锡的"三创"载体数量迅速扩张。截至 2009 年年底,全市由政府主导新建成的"三创"载体建筑总面积 446 万平方米,这些"三创"载体已集聚了创业企业近 2983 家,集聚了 2428 名博士、硕士研究生创业,营业额 92 亿元、利税 20 亿元。截至 2010 年 7 月,无锡已有省级以上孵化器 32 家,其中国家级孵化器 8 家,在省内名列前茅。全市"三创"载体相继引进和设立了 44 个公共技术服务平台。与此同时,无锡已引进 70 个院士团队来无锡工作,院士工作站的建设,"嫁接"式地提高了无锡企事业单位在高新技术领域、民生领域的自主创新能力。

其次,无锡的政产、学、研合作成效明显。在无锡,现已形成政府、开发区、企业三个层次的政产、学、研合作模式,有力地促进了无锡创新体系建设与创新型经济领军城市建设,增强了企业综合竞争力。

无锡的政学产研用合作模式,还表现于政府与政府、政府与企业、高校、研究所合作上。2010 年 8 月,无锡市政府就与江苏省教育厅签署了合作协议,按照该协议,双方从 2011 年至 2013 年,开展研究生培养合作与政产、学、研合作,以促进江苏全省高等教育改革发展与无锡经济社会转型,加快无锡创建创新型经济领军城市步伐,培育物联网、新能源与新能源汽车、新材料与新型显示、节能环保、生物、微电子、软件与服务外包、工业设计与文化创意等八大战略性新兴产业。

按照该协议,一是无锡市政府应积极支持江苏省教育厅推进研究生培养机制改革,推动研究生培养与科学研究、科技创新实践的结合,以及产、学、研联合培养研究生示范基地建设。积极支持高校在无锡市建立毕业生实习基地、研究生培养基地和研究生工作站、博士后工作站。积极为省内高校研究生培养创造良好的科研条件。通过有关优惠政策,欢迎和支持省内高校博士、硕士来无锡就业和创业。无锡市政府还将积极参与省内高校研究生的培养过程,积极动员组织无锡与战略性新兴产业相关的"530"企业和国有大中型企业、民营企业、外资企业吸引省内高校研究生前来无锡从事科研实践、技术创新、毕业实习,由企业提供相应的助学金,硕士研究生每人每年不少于 2 万元,博士研究生每人每年不少于 3 万元。

二是无锡市政府与省教育厅以市场为导向、企业为主体、政府作引导、院校为依托、各方要素联动的原则开展政产、学、研合作，建设产、学、研培养研究生示范基地和研究生创新与学术交流中心，共建应用技术产品研发平台、产业成果转化与孵化平台—新兴产业研发与管理人才培训平台。依托高校的人才和智力资源优势，在无锡设立研发中心；将高校现有科研技术和产品，采用多种投资方式，来无锡进行成果转化或孵化，催生一批极具市场潜力的新兴行业或企业；发挥高校人才教育培养优势，打造新兴产业研发、技术和管理人才培训基地。江苏省教育厅将支持省内高校扩大与无锡八大战略性新兴产业相关专业研究生的培养规模，实施必要的政策倾斜，并指导协调相关高校做好研究生到无锡进行科研实践、技术创新、毕业实习和就业创业的推荐组织工作等。①

将培育创意、光伏、生物医药、新能源车辆这四大新兴产业，作为"十二五"期间经济工作主线的常州高新区，目前，也已集聚了一批成长性好、具有一定规模的高新技术企业。如创意有 OKI、新科软件、星北软件、安利动画、宏图动车、久通动漫等；光伏产业有天合光能、有则科技、协鑫光伏等；生物医药产业有常茂生化、千红生化、方圆制药、太平洋美诺克等；新能源车辆产业有黄海客车、高博能源等。

在这些企业中，建有市级以上研发机构 34 家。目前，全区已吸引 69 名领军型海归创业人才签约落户，海归人才总数达 435 人，其中 2 人入选国家"千人计划"，19 人入选江苏省"双创千人计划"，全区各类人才总量达 8.86 万人。到 2015 年，高新区将引进 150 个领军型创新创业人才团队，1500 名创新创业人才。

近年来，常州高新区不断加大政策扶持力度，每年从土地出让金中提取 3 亿元科技创新投入，发挥企业创新发展扶持资金等财政资金杠杆作用，加大对创投、风投、担保机构和投融资平台支持力度，引导民间资本、社会资金和外商资本投向科技企业，扶持企业通过知识产权质押、担保和仪器设备租赁等方式与投资机构合作，力争每年撬动社会创新投入 30 亿元，为创新创业提供有力的资金支持。目前，常州高新区已先后成立了常州赛富、常州德丰杰等 5 家创

---

① 赵晖：《为创新型经济发展注入新动力》，《无锡日报》2010 年 8 月 4 日第 A1 版。

投、风投基金公司,募集资金规模达 26 亿元。①

尤其是,常州市湖塘纺织城研发中心,不仅跟着市场走,而且难能可贵的是主动引领市场,将研发中心建到了专业市场上。

在专业市场内建起研发中心,不仅让人看到市场的实力和服务,更让人看出一个产业的兴盛。作为湖塘镇传统支柱产业,纺织产业发展较为迅速,现已形成各类纺织企业 3000 余家,年生产各类纱线 5 万余吨,布匹 12 亿米,纺织工业产销双超 200 亿元的产业集群。其中,很多企业在纺织城内设立形象窗口。为更好地服务市场内的商户和企业,促进产业持续健康发展,纺织研发中心应运而生。

纺织城于 2007 年 6 月正式营业,9 月份研发中心便投入运行。纺织城最大的投资方——百兴集团,截至 2010 年 3 月,已累计投入 1200 余万元,用于研发中心的各项技术创新、设备投入。仅 2009 年一个设计出样,中心就投入150 万元。

把科研机构办到市场最前端,这在全国同类市场中还是首家。

专业市场有了自己的研发中心,如同一个人有了大脑,市场长期发展就注入了持续的动力和竞争力。

世界纺织品一有最新动向,研发中心立即就紧跟这一潮流,和商户或企业紧密结合,进行设计出样,由此开发新品。这样,商户的竞争力增强了,就可快速争取市场订单。从这个意义上说,研发中心为市场内商户提供的,其实是从新产品研发、设计,到生产、销售为一体的全程服务。

研发需要企业长期的坚持、深入和巨额的投入。运行之初,研发中心就与浙江理工大学、苏州大学等 6 所大学院所联手,把他们的 50 余个最新纺织类科技项目向商户免费提供展示和咨询,受到商户强烈关注。研发中心还先后组织高校专家到市场与商户、企业进行科技对接和交流,并建立了由 100 多名纺织类专家组成的专家库,长期为商户提供纺织专业技术支持。

在研发中心近千平方米的展示大厅,设有先进的多媒体展示设备,结合专业的展厅设计、情景模拟、实物展示等多种手段,轮流对商户经营的纺织品种、湖塘纺织产业升级、新产品开发等进行全面介绍。外来客户跑到研发中心,根

---

① 新轩、小莉:《培育四大新兴产业　建设国家创新型科技园区》,《常州日报》2010 年 7 月10 日第 A1、A2 版。

据要求搜索，很快能找到相关商户，方便又快捷。①

常州，是中国科学院进行院地合作的重点战略城市。当前，常州的科技资源竞争已到了如火如荼的程度。在中国发展制造业强国的过程中，常州要争当率先发展的领头羊。近几年来，常州在探索产、学、研合作的道路上展现出了自己的特色，尤其是，常州科教城建设，成效显著。科教城入驻机构已达220家，科技人才总人数6778人，其中具有高级职称或博士学位的2039人。中国科学院对科教城的建设和发展功不可没。目前，中国科学院常州先进制造技术与产业化中心有14个分中心。中国科学院合肥研究院先进制造技术研究所的成立，不仅使中国科学院合肥所的发展跨上更高的台阶，而且证明常州产、学、研合作的这条路走对了。

在产、学、研合作中，常州进行了有益的探索，机制体制不断完善。除了中国科学院以外，清华、南大、东大、大连理工、哈工大等设立的研究机构都在常州科教城健康成长，这就证明，常州在中国科学院的带领下与大学、大院、大所共同探索产、学、研合作道路的选择是正确的，操作方式是对的，实施政策是有效的。

从苏南各市政产、学、研用紧密结合的情况看，既有产、学、研联合开展科技攻关、合作创办高新技术企业与科技园区、共同建立联合平台，也有联合培养创新型人才、校地合作、共同构建产业技术创新战略联盟等。这一做法，是值得推广的。

---

① 夏军、孙东青：《为何把研发中心建到专业市场上？——关于湖塘纺织城研发中心跟着市场走、领着市场走的透视》，《常州日报》2010年3月15日第A1版。

# 第十章　朝阳初起：苏南文化产业的发展战略与发展图景

【提示】对于经济发展来讲，文化发展战略是极为重要的。在苏南各市的"十二五"规划中，都写上了各自的文化发展战略。苏南文化有着深厚的历史底蕴，苏南之所以能够在中国经济与社会发展的大格局中长期处于领先地位，是与吴文化的支撑分不开的。

无论是一个国家还是一个地方，文化发展战略都是不可忽视的。以美国的发展为例，就不能不说，与它的"三片文化战略"——大片、薯片和芯片有关。大片控制了人们的视觉娱乐，薯片控制了人们的胃，芯片控制了人们的创造性与文化安全感。我们的文化战略，落到实处的是什么呢？苏南，作为当代中国经济发展的前沿阵地与长三角的一个核心区域，其文化战略又是什么呢？

## 第一节　历史底蕴
### ——苏南文化的历史底蕴与当代价值

在苏南，改革开放以来，一直流行着"文化搭台、经济唱戏"的说法，而现在看来，文化所起的作用，不仅仅是为经济搭台。这一点，苏南各市的决策者是认识到了的。

对于文化的作用，可以有各种不同的说法，比如有人说，文化是黏合剂；也有人说，文化是一个国家客厅里的字画。对于苏南来讲，文化不仅是苏南的"第一优势"，而且是苏南竞争力的核心元素之一。但苏南文化产业的发展，对于苏南来讲，实在是太重要了，我们不得不在这里单独设立一章作专门的论述。需要说明的是，这里的文化产业是一个大的概念，而且是一个动态的概念。随着文化和经济的进一步发展，也许在不远的将来，经济发展将越来越多地建立在文化发展的基础上，经济与文化、文化与经济将走向全方位、宽领域、深层次的渗透和融合。

文化产业,顾名思义,文化是其根,产业是其干。提到苏南文化产业的发展,自然需要了解苏南文化。文化又是一条流动的长河,今日之波澜壮阔出自于昨日之初源细流。在这里,我们首先把目光投向过去及现在,追溯苏南文化深厚的历史底蕴,展示苏南文化卓越的当代价值。

## 一、苏南文化深厚的历史底蕴

苏南文化,源远流长,如苏州太湖三山岛的文化遗存,距今约在1万年左右。苏南文化,底蕴深厚,早在春秋战国时期,吴文化、越文化、楚文化在此纷纷登台;宋代以后,苏南经济文化的发展领跑全国;明清之际,苏南更是中国文化的重镇,苏南文化是中国文化的杰出代表;近代以来,海派文化、外来文化对苏南影响甚大;改革开放至今,苏南文化得到了创造性的转换与发展,在现代化的道路上快速前进。

经过几千年的锻炼,苏南特别是苏州形成了以吴文化为底色调和主题曲的稳定局面。在相当程度上,苏南文化也可称为吴文化。以今天的眼光观之,吴文化是一种特色鲜明、功能卓著的文化。若以苏州为例,则可谓:

首先,从吴文化的自然特性看,吴文化主要是一种水文化。学界公认,越是在人类文明的初期,地理环境对人类文明的影响就越大。吴地地处东海之滨、长江南岸和太湖流域,境内四季分明,降水丰沛,河流湖泊纵横密布,为典型的江南水乡。从文字角度看,"吴"本身就是指鱼类这种水生动物,就是与水相关联的。而且,吴地之水并非体内循环,而是内连河湖,外接江海,是通江达海的。吴文化得水之便利,因水而生,依水而成,水是吴文化的灵魂。在此意义上,吴文化既具有大陆文化的某种因素,又具有海洋文化的某种因素,因而是一种大陆文化和海洋文化的结合体。正因为如此,吴文化是非常灵活和富于变化的,能很好地完成小与大、内与外、静与动、刚与柔、进与退等的相互转换。吴文化的诸多特性皆由水文化这一自然特性所引起。

其次,从外部特征看,吴文化主要是一种崇尚文明和文化的柔性文化。吴文化在其前期,确实有刚性的一面。《汉书·地理志》载:"吴、粤(越)之君皆好勇,故其民至今好用剑,轻死易发。"东晋时期,此风开始发生变化,此后历经南朝、隋、唐至宋代,终于化刚为柔,化硬为软,化尚武为崇文。是时及以后的苏州,佛、道教盛行,"南朝四百八十寺,多少楼台烟雨中",吴侬软语传于天下。苏州评弹众流争唱,苏州府学、私学甚是发达,状元在明清之际成为苏州的土特产。据史料记载,清代共有 112 位状元,苏州一地就有 25 人。由此,江南文化渐重于北方文化。化刚为柔、化硬为软、化尚武为崇文是人类社会发展的必然趋势和社会文明进步的必然结果。在这一点上,吴文化是切合人类社会发展的方向的,是符合人类社会发展规律的。

再次,从思想方法上看,吴文化是一种精密精细型的文化。宋代以来,由于经济、文化和社会的发展,吴人思想每每求其精细周密。其用心之深之细,尤为他人所难以企及。若苏州园林、苏州丝绸、苏州刺绣、苏州雕刻、苏州乐器、苏州饮食、苏州服饰、苏州戏曲、苏州书画等,皆精雕细琢,极为讲究,可谓匠心独运,美艳绝伦。无可否认,苏州园林甲于天下,苏州丝绸曾经代表了世界最高的水平,苏州刺绣为中国四大明绣之一,苏帮菜为中国一大菜系,昆曲为"百戏之祖","吴门画派"、吴中医学、"香山匠人"闻名遐迩。在很长的一段时期,苏州工艺等同于上乘之作。可以毫不夸张地说,江南之好,难以胜数。我生最忆是江南!

又,从行为方式看,吴文化是开放融合型的文化。吴文化是本土先吴文化和中原商周文化融合的结果,开放融和是它的天性。此后,在唐宋以前,吴文化主要是和南方的越文化、西方的楚文化、北方的中原文化、晋文化、齐鲁文化等相互开放融合;在唐宋以后,吴文化和海外文化的联系日渐加强,唐时鉴真东渡,明时郑和下西洋,皆从苏州出发(鉴真东渡曾起航于张家港鹿苑,郑和下西洋曾起航于太仓刘家港),吴文化的信息在日本文化中更是清晰可见;在明清之际,苏州的海外贸易甚是发达,苏州的丝绸、茶叶遍及天下,这其实是一种以经济的形式所进行的文化交流;近代中国开埠以后,吴文化也受到西方文化很大的影响。

最后,从价值取向看,吴文化是重经济重创新的文化。中国传统文化的主流是儒家文化,儒家文化在价值取向上是重义轻利的,甚至主张"舍生取义"。吴文化则不同。宋代以降,"天下赋税,江南居十九","茧税鱼盐,衣食半天下",吴地生产的物质财富,无论在数量上还是在质量上,都居全国之首。其商品经济的水平,亦居全国之首。元末明初,昆山周庄人沈万三主事国际贸易,终成中国民间巨富。明清之际,苏州丝织业中还出现了资本主义的萌芽。这个资本主义萌芽,就是时代的创新,在当时就是先进生产力的代表。

吴文化的上述特点,表明在当时的中国,吴文化已经成为一种先进的文化,而只有先进的文化,才是能够推动社会发展的文化,才是真正和谐的文化。

没有先进的文化，就没有社会的发展。没有和谐的文化，就没有和谐的社会。

值得一提的是，苏、锡、常的长江文化、太湖文化、运河文化、近代工商业文化、农业文化、城市文化和教育文化；苏州、无锡的工艺美术文化、旅游文化；苏州的园林文化、消费文化；无锡的华西文化，宜兴的陶瓷文化；常州的红色文化；都是颇为发达和颇具特色的。

## 二、苏南文化卓越的当代价值

作为人类社会的一个基本方面，文化是有价值的。联合国教科文组织在《文化政策促进发展行动计划》中提出："发展最终以文化概念来定义，文化的繁荣是发展的最高目标。"由此可见，文化与发展在本质上是一致的，文化的最大和最终价值在于促进人类社会的发展。据实来看，苏南之所以能够在中国经济和社会发展的大格局中长期处于领先地位，是与吴文化的支持分不开的。当前，苏南正处于科学发展、和谐发展、率先发展和转型升级的关键时刻，吴文化恰逢其时，有其卓越的当代价值。

首先，吴文化的价值功能在于追求发展，发展是其第一位的价值蕴涵和首要功能。发展是事物不断进步的过程及其结果，是人类的第一需要，是人类社会永恒的价值目标和价值追求。在当今世界，和平与发展是时代的主题。在当代中国，发展是硬道理，是解决所有问题的关键，是党执政兴国的第一要务。对于当代中国来说，发展具有头等重要的意义，必须高扬发展的旗帜，围绕发展的主题，聚精会神搞建设，一心一意谋发展。同时，一切发展归根到底是人和人类社会的发展，发展必须以人为本，必须以文化作为底蕴和价值支持，如果说："发展最终以文化概念来定义，文化的繁荣是发展的最高目标"，那么文化，特别是先进文化的天职就在于促进并实现真正的、科学的发展。

其次，吴文化的价值功能在于追求和谐。不言而喻，文化的力量就是人类的力量，文化的面貌就是人类的面貌，文化的命运就是人类的命运。对于人类社会而言，文化是空气和水分，是联接人与人、人与社会、人与自然、人与自身的纽带。吴文化作为一种先进的文化，自然也是和谐的文化。和谐是事物之间或事物内部一种良性的、积极的、动态的、建设性的关系和状态。俗话说，"和则两利"，和谐有利于事物的发展。只有着力实现人与人的和谐、人与社会的和谐、人与自然的和谐、人自身的和谐，才能推动经济和社会的健康发展。因此和谐与发展在某种意义上是同义语。和谐推动发展，发展促进和谐，没有和谐就没有发展,没有发展也就不可能出现和谐。

最后,吴文化的价值功能在于勇于争先,追求先进。先,相对于后而言。在社会发展的进程中,先进就是优势,先进才有主动,而落后必然被动,落后就要挨打。敢不敢于争先,善不善于争先,能不能够争先,反映出来的首先是一种心态和精神。当然,追求和保持先进是一个艰苦而辉煌的过程,它需要汗水更需要智慧,它需要热情更需要科学,它意味着要承担更大的风险,作出更大的努力,付出更大的牺牲,当然也一定能收获更大的成功。鲁迅先生说过:"其实地上本没有路,走的人多了,也便成了路。"在苏南,我们看到了"团结拼搏、负重奋进、自加压力、敢于争先"的张家港精神,"不等不靠、埋头苦干、抢抓机遇、开拓创新"的昆山之路,"亲商、安商、富商"的苏州工业园区经验。所有这些,都是奋勇争先的生动写照。

改革开放 30 多年来,苏南地区以马克思列宁主义、毛泽东思想以及邓小平理论和"三个代表"重要思想为指导,全面落实科学发展观的要求,积极秉承吴文化深厚的历史底蕴,抓住机遇,面向现代化,面向世界,面向未来,坚持走科学发展、和谐发展、率先发展的道路,争当江苏"两个率先"的先行者和排头兵,经济社会取得了又好又快的发展,这也充分证明了吴文化卓越的当代价值。而且,吴文化自身在此过程中也得到了极大的发展。新世纪之初,苏、锡、常在已有吴文化的基础上,进一步提出了"崇文、融和、创新、致远"的苏州城市精神,"尚德务实、和谐奋进"的无锡城市精神,"好学善思、谦和人本、明德尚义、弘毅进取"的常州城市精神,从而把吴文化推进到一个新的发展阶段。

在苏南地区科学发展、和谐发展、率先发展的伟大进程中,转型升级是一个重头戏。两年前,面对世界金融危机的冲击,苏南地区率先提出了化危为机、转型升级的发展要求。两年后,苏南地区经过艰苦的努力和痛苦的转变,已取得了初步的成效。2010 年上半年,苏南地区所在的长三角发展速度已恢复到 2008 年的水平。长期跟踪、统计分析长三角经济数据的无锡市统计局披露,2010 年上半年长三角地区生产总值、规模以上工业总产值、固定资产投资、地方财政一般预算收入等增速基本恢复到国际金融危机前水平。数据对比显示,长三角地区生产总值高于 2008 年同期 0.8 个百分点,规模以上工业总产值增长 28.4%,高于 2008 年同期 6.9 个百分点;全社会固定资产投资高于 2008 年同期 1.9 个百分点;地方财政一般预算收入增加 27.1%,高于 2008 年同期 0.1 个百分点;进出口总额、出口总值增速更是远远高于 2008 年同期。

我们有理由相信,在苏南地区转型升级、创新发展的伟大进程中,吴文化必定能够发挥更大的作用,显示出更为卓越的价值。

# 第二节　战略选择
## ——苏南文化产业发展战略的选择

吴文化深厚的历史底蕴,给苏南文化产业的发展以充足的底气。吴文化卓越的当代价值,给苏南文化产业的发展以强大的力量。这样,下有底气,上有力量,再加上如今时代的要求,苏南文化产业必将插上腾飞的翅膀,续写新的发展辉煌。

### 一、把握文化经济时代降临的发展机遇

人类社会是不断发展和不断进步的自然历史进程。如果从经济形态的角度讲,人类社会自诞生到 20 世纪 80 年代,已经经历了原始经济、农业经济、工业经济三种形态,分别形成了原始生产力,农业生产力和工业生产力。

20 世纪 80 年代,作为一种新的经济形态,知识经济首先在美国产生并向整个世界扩展。目前,美国已成为世界上第一个知识经济的国家。在美国,知识密集型产业方兴未艾,科技进步对经济增长的贡献率达到 90%,出口最多的是文化产品。继美国之后,欧盟、日本等国也奋起直追,在知识经济的道路渐行渐远。学者普遍认为,知识经济是人类社会经济发展的必然趋势和必由之路,是 21 世纪人类社会占主导地位的经济形态。

那么,何谓知识经济呢? 所谓知识经济即"以知识为基础的经济",是建立在知识和有效信息的生产、存储、传播和消费之上的经济。知识经济化、经济知识化和知识产业化是知识经济的基本特征。在知识经济时代,知识是最重要的资源和生产要素,知识就是力量,知识就是财富,科学技术就是第一生产力。而知识是什么呢? 知识其实就是文化,就是一种文化的成果。毫无疑问,知识经济就是文化经济,我们正在迎接着文化经济时代的降临。

文化经济时代的降临,对我们既是挑战,更是机遇。说它是挑战,是因为文化经济是一种全新的经济,而我国正处于社会主义初级阶段,经济文化不发达,工业化的任务还没有最终完成,与世界发达国家的差距很大! 说它是机遇,是因为文化经济是当今世界最为先进的经济形态,未来具有无限风光,只

要我们应对得当,搭上文化经济的快车,就能实现跨越式的发展。

发展文化经济,必须具体落实到发展文化产业之上。"文化产业作为文化与经济相互交融的集中体现,具有科技含量高、资源消耗低、环境污染少、发展潜力大的优点。文化产业发展主要依靠精神成果和智力投入,而不以消耗物质形态的资源为主。文化产业所满足的文化消费是一种可持续的消费,它将消费和人类自身的发展有机结合起来,不仅对环境、资源的破坏作用小,而且能提高人们的生活质量,满足精神文化需求,符合可持续发展的基本规律。"①正因为如此,文化产业成为社会经济发展新的引擎和新的经济发展方式的重要载体,在经济发展中发挥着越来越大的作用。普遍认为,文化产业是21世纪全球最有前途的产业之一。目前,全世界创意经济每天创造220亿美元产值,并且在以5%的速度递增。

当前,转变经济发展方式对于中国而言是当务之急。发展文化产业在转变经济发展方式中具有重要的地位和作用。

第一,在我国计划经济体制下,没有文化产业之说,所有的文化生产和服务都属于文化事业范畴,由相关部门指令和管理。新中国成立以来,我国社会主义文化事业得到繁荣发展,但是文化本身所蕴藏的巨大生产力价值一直未被认可。文化的意识形态属性得到应有的重视,对文化的经济属性和价值发掘不够。随着我国文化体制改革的不断深入,文化的经济属性和产业属性已充分显现,文化与经济的交融日趋紧密。大力发展文化产业,能极大地解放和发展文化生产力,充分释放文化本身所蕴涵的经济能量。当今世界,文化与经济一体化的趋势日益明显,没有文化力量支撑的经济缺乏创意,是没有持续发展后劲的。另外,随着电信网、广电网和互联网"三网融合"加快和3G时代、Web3.0时代的到来,CMM8、IPTV、网络广播电视、手机广播多媒体等新兴文化业态风起云涌。科技的发展和文化的交融,不断创造出新的文化产品形态,催生新的文化业态,文化与科技的结合将产生中国文化产业发展的强大推力。

第二,文化产业作为正在成长的产业形态,正呈现巨大的发展潜力,是现代经济发展的新的增长点。在发达国家文化产业已经成为国民经济的重要支柱产业。英国文化产业创造的年产值超过了任何一种传统制造业所创造的产

① 耿乃凡:《文化产业在转变经济发展方式中的地位和作用》,《新华日报》2010年8月24日第B7版。

值；日本文化产业的产值早在 20 世纪 90 年代就已经超过本国汽车工业的年产值，目前已成为仅次于制造业的第二大产业，占 GDP 的 18%；作为世界公认的文化产业大国，美国的文化产业已占本国 GDP 总量的 18%—25%。我国文化产业增加值也在逐年大幅度攀升，北京、上海、广东、湖南、云南等省市的文化产业增加值占 GDP 的比重已突破 5%，成为区域经济的战略性支柱产业和产业经济的新增长点。

第三，在现代经济中，商品中的文化含量、文化附加值越来越高，商品的文化内涵、文化个性和文化特色，不仅构成了产品生产中的创意、特色，也成为商品流通和布局的内在依据。根据当代经济学家的研究，在人均 GDP 达到 1500 美元以上阶段，人们对精神生活质量和生活环境的要求大力提高，进入追求时尚和个性的需求阶段，要求现代商品不仅要有实用性，还要有美观性、趣味性，要求多品种的生产方式与之相适应，促进以满足人们精神文化需求为目标的文化产业的大发展。当前，文化、科技在经济发展中的贡献率越来越大，智力优势正在取代传统的自然资源优势。商品市场的发展也要求企业更加重视消费者的心理和审美要求，现代经济发展中文化纽带、精神纽带、道德纽带与产权纽带、物质纽带、利益纽带起着相辅相成、不可或缺的重要作用。文化、精神、道德作为"一只看不见的手"，成为经济社会发展的直接动力。

第四，我国人均 GDP 在 2008 年已超过 3000 美元，社会对文化的需求已出现"井喷"趋势。江苏作为东部沿海发达省份，2009 年全省人均 GDP 已超过 6400 美元。随着人们物质生活水平的不断提高，人们对精神文化生活的需求也日益强烈，文化消费的市场需求不断增长，城乡居民的消费结构发生了很大的变化，用于文化教育、文化消费的支出越来越多，文化消费呈现出多元化的趋向。目前，我国文化消费总量在 7000 亿元左右，而实际的文化消费应该在 4 万亿左右，增长空间极大。

第五，文化产业是一个新兴产业，它涉及新闻、出版、广播影视、动漫、游戏、网络文化、旅游、艺术表演、休闲健身、工艺美术、广告、书法、绘画、教育、娱乐等众多行业领域，是一个有巨大增长空间的新兴产业形态。随着当前中国经济转型加快，制造业、建筑业、旅游业、农业等产业的发展越来越需要注入高科技产业和文化产业的内涵，增加文化附加值，使其重新焕发经济活力，实现"中国制造"向"中国创造"的转型，这就给文化产业创造了用武之地，提供了广阔市场。

第六，我国文化产业持续调整增长，增速明显高于 GDP 与部分新兴产业的增长速度，近年文化产业平均增长速度高达 17% 以上，比同期 GDP 增速高出 10 个百分点左右，不仅高于传统产业的增长速度，而且还高于同为朝阳产业的电子信息等产业的发展速度。[①]

新世纪以来，我国越来越重视文化和文化产业的发展。2002 年，党的十六大明确将文化事业和文化产业区分开来，提出要完善产业政策，支持文化产业发展，增强文化整体实力和竞争力。2005 年，我国颁布《关于深化文化体制改革的若干意见》纲要，文化产业在各项政策的指引和扶持下迅猛发展，2007 年，党的十七大报告要求坚持社会主义先进文化前进方向，兴起社会主义文化建设高潮，激发民族文化创造活力，提高国家文化软实力，推动文化社会主义大发展大繁荣。2009 年，《文化产业振兴规划》出台，首次将文化体制改革和大力发展文化产业上升为国家战略。2010 年，《关于金融支持文化产业振兴和发展繁荣的指导意见》出台，为金融与文化产业的深度合作提供了政策支撑。我国文化和文化产业的发展，已经到了最好的时机。

总之，人类正在步入文化经济时代，国家发展及民族振兴，不仅需要强大的经济力量，更需要强大的文化力量。我们必须把握机遇，牢牢把握文化发展的主动权，大力发展文化产业。

## 二、苏南发展文化产业的战略选择

大力发展文化产业，对于苏南而言，不但更为迫切，而且更加重要。

更为迫切的是，苏南经济发展已处在突破人均 GDP10000 美元的关口，原有发展模式的既有空间被开拓殆尽，新的发展必经依赖于新的突破。环顾四周，不难发现，苏南资源短缺、环境承载压力不断加大的矛盾，外向带动渐趋减弱的矛盾，"苏南制造"渴望成为"苏南创造"的矛盾，现代服务业比重偏低的矛盾，人民群众进一步提高生活水平和生活质量的矛盾，建设和谐社会提升幸福指数的矛盾，又好又快发展的矛盾等一日甚于一日。要克服这些迫在眉睫的矛盾，就必须大力发展文化产业。文化产业可谓低碳产业、绿色产业、创意产业、朝阳产业、高端产业和希望工程、生命力工程，大力发展文化产业能有效

---

① 耿乃凡：《文化产业在转变经济发展方式中的地位和作用》，《新华日报》2010 年 8 月 24 日第 B7 版。

地缓解苏南目前面临的种种矛盾。可以说，大力发展文化产业是苏南自身新的突破，必将引来苏南新的发展，是苏南继续发展的必由之路。若非如此，苏南就无法破关，停滞不前！

更加重要的是，苏南要实现第二个率先，大力发展文化产业不可或缺。2004年，江苏提出了"两个率先"奋斗目标，即在全国率先全面建设小康社会，率先实现基本现代化。苏南作为江苏的发达地区，必然要做江苏"两个率先"的先行者和排头兵。目前，苏南已经实现了第一个率先的发展目标，正在全力奔赴第二个率先。而现代化是一个全面的概念，涉及社会的方方面面，自然包括文化的现代化；而且文化的现代化还为经济和政治的现代化提供重要而强大的思想保证、精神动力和智力支持。可以说，没有文化的现代化，就没有社会整体的现代化。文化现代化的一个重要内容和重要标志，就是文化产业的高度发展。苏南要率先在江苏及全国基本实现现代化，大力发展文化产业是其中的主要战场和关键一役。若非如此，不但苏南第二次率先危矣，苏南第一个率先也难以持续和巩固！

苏、锡、常，地域相邻，文化相近，经济相通，既是一条地理带，又是一条文化带，还是一条经济带。苏、锡、常所在的长三角，是中国经济最具活力、发展最为强劲的地区之一。苏、锡、常，又是长三角经济最具活力、发展最为强劲的地区之一。比如苏州，"中国十大最具经济活力城市"评委会如此评说："一座东方水城让世界阅读了2500年，一个现代工业园用10年的时间磨砺出超越传统的利剑。她用古典园林的技巧，布局出现代经济的版图；她用双面刺绣的绝活，实现了东方与西方的对接。"比如无锡，不但是中国近代民族工商业的重镇，而且是中国现代乡镇企业的发源地。小小一个江阴，不但诞生了"华夏第一村"——华西村，而且上市企业高达10多家。比如常州，不但拥有"全国中小城市学常州"的辉煌，而且是现代高等职业教育的摇篮。再比如昆山、张家港、常熟、江阴，皆名列中国县域经济百强之列。毫无疑问，苏、锡、常已经进入了中国经济发展的第一方阵。它们因而也承担了"逢山开路、遇水搭桥"的战略先锋任务。

在中国历史上，宋代以后的苏南，从来都是先进的苏南；改革开放以后的苏南，从来都是率先发展的苏南。同样的问题，同样的使命，发展文化产业是苏南新时期继发展乡镇企业和外向型经济之后第三次大的机遇。沧海横流，方显英雄本色。面对文化经济时代的大挑战和发展文化产业的大机遇，苏、锡、常不约而同地知难而上,迎难而进,主动出击,全力以赴。最近,苏、锡、常正在编制国民经济和社会发展的第十二个五年计划,文化产业的发展,不仅被纳入其中,而且已成为"十二五"期间国民经济和社会发展新的生长点和战略重点。

### (一)苏州的文化产业战略

苏州,曾为吴国之都,是吴文化的核心区域,是一座历史文化名城,自古以来即以文化发达、文明昌盛著称于世。改革开放以来,苏州全心倾力打造"文化苏州",弘扬苏州精神。国际金融危机爆发后,苏州迅速走上了优化经济和产业结构、实现转型升级的道路,并确立了建设"三区三城"的总体目标。江苏省委常委、苏州市委书记蒋宏坤多次明确指出,文化是苏州最大的优势,苏州有条件将文化产业发展得更好更快。为此,苏州毅然决然,下定决心,志在实现文化产业的跨越式发展。2009 年至今,苏州先后出台了《关于推动苏州文化产业跨越发展的意见》、《关于加快苏州文化产业发展的若干政策意见》、《苏州市文化产业投资指导目录及说明》等文件,全面启动苏州文化产业的跨越发展。苏州提出了,到 2012 年文化产业增加值要力争实现年均增长 25%左右,占全市 GDP 的比重达到 5% 的战略目标。2010 年,苏州正式将文化产业列入新兴产业的发展战略。2010 年 6 月,苏州市召开了加快文化产业发展推进会,对苏州文化产业发展作出了总体部署和工作安排。目前,全市有 75个文化产业重点项目,总投资 783 亿元,2010 年计划完成投资额 94.87 亿元。其中欧瑞动漫大厦、太仓 loft 工业设计园等 17 个项目已建成运营,中国工艺文化城、昆山文化创意产业园等 40 个项目已开工建设,胥江一号、张家港软件动漫创意产业园等 18 个项目已完成规划。下一步,苏州将以创意设计业、文化旅游业、演艺娱乐业、工艺美术业、出版印刷业、会展广告业为发展重点,形成以一批文化产业示范基地、示范区和骨干企业为支撑的文化产业基本格局,打造区域特色鲜明、具有较强竞争力的文化产业体系。

其一,苏州将进一步优化产业结构,加大政策和资金扶持力度,大力发展文化创意产业为代表的新兴文化产业,比如,平面设计、动漫设计、工艺美术、影视制作、网络游戏、文化应用软件开发、建筑与工业设计等为主要门类的产业发展,把文化与经济融合起来;同时,规划建设一批功能定位准确、拥有优势和特色并具备研发、投资、孵化、制作、培训、交易等功能的文化创意产业园,吸引国内外的创意企业和创意人才,形成创意创作要素的空间集聚效应,努力打造文化创意产业园区、创意企业和创意产品三大品牌系列,推出一批具有自主知识产权、在国内外有影响的文化品牌和文化精品,增强产业的核心竞争力。

其二,文化产业要发展,人才培养势在必行。"近两年来苏州文化产业发展的增幅全省第一,势头很好。但是,缺少高层次的文化产业领军人才"。苏州市委书记蒋宏坤说。这就要求我们搭建好平台,引进和培训专门的文化产业人才。下一步,苏州将制订中长期文化产业专门人才培养计划,实施"姑苏文化产业人才计划"。围绕创意设计、动漫游戏、数字印刷、影视传媒、会展广告、工艺美术、演艺娱乐、体育健身休闲等产业,培育、引进一批产业规模、效益在本行业列前三名的文化产业领军人才和列本行业前十名的重点文化产业人才。目前,苏州已与北大、清华等国内一流大学联手建造培训基地,建立苏州文化产业人才培训基地,对苏州文化企业负责人进行专题培训。与此同时,优化文化人才环境,营造有利于发挥聪明才智的舆论环境、工作环境、生活环境、人文环境和政策法规环境。

其三,重大项目往往具有很强的带动作用,在加快发展文化产业上同样也是。苏州将对重大文化产业项目实行特事特办、一项一策,开辟重大项目审批绿色通道。在发展重大项目上,苏州市将落实"五个聚焦",即聚焦政策、聚焦载体、聚焦项目、聚焦团体、聚焦品牌,坚持集约用地、节约用地的原则,用好存量资源发展都市文化产业,提高土地资源利用效率。文化产业基地和特色产业园区在建设过程中要跳出"房东"的理念,实现从"开发物理园区"到"文化产业集群"的转变,提供完善的配套支持和强大的知识支持体系,力争每个主体产业园区要有1—2个特色主导产业,发挥示范效应和拉动作用。

由中国工艺(集团)公司与苏州市政府共同打造的"中国工艺文化城"项目一期工程建筑面积达32万平方米,该项目将成为中国工艺美术的研发创意基地、中外工艺美术的交流平台以及中国工艺美术生产贸易的重要基地。此外,中国光华(苏州)文化创意博览中心、现代传媒大厦、胥江一号文化创意产业园、金枫路文化创意街区、张家港经济开发区动漫产业园等一批投资20亿元以上的重大项目也在切实推进中。

欧瑞创意大厦是工业园区的龙头动漫企业,目标是打造一条创新、完善、突破性的动漫产业链,将动漫产业与旅游、科普、教育、演艺、零售等多种产业相结合,同时实现动漫赢利的全新模式。

像这样的创意产业集聚中心,苏州应该发展更多。苏州的目标是成为

"创意设计之都"、"中国工艺之都",苏州将利用中国工艺(集团)公司、中国青旅集团等央企的行业"旗舰"引领优势,加强产业联动、延伸文化产业链。最直观的就是把文化与旅游结合起来,以文促旅,以旅兴文。发挥工艺门类广、品种全、国家级工艺大师多的优势,建设一批集商贸、展示、信息、加工、旅游,研发于一体的专业市场,使苏州成为我国工艺美术交流展示中心、艺术品拍卖重点市场。与此同时,规范开放文化娱乐业,积极振兴文艺演出业。

其四,苏州在政策引导方面建立了市级文化产业发展专项引导资金,每年从财政预算中安排3000万元,重点引导扶持发展势头好、经济和社会效益明显的文化单位及具有高增长性的重点文化产业项目。接下来,苏州将通过实施政府引导、风险投资机构和中介机构等联合推进的发展模式,逐步建立政府投入与社会投入相结合、内资与外资相结合,多渠道多元化的投融资机制。力争通过3年左右的时间,建立较为完整的"苏州文化产业发展资金"体系,包括专项扶持资金、信用担保基金、投资引导基金等内容,解决中小文化企业贷款融资难的问题,助推文化产业发展。[1]

苏州市委提出,在"十二五"期间,要"打响'文化苏州'品牌,构建文化产业体系,发展一批文化优势产业门类,形成一批文化骨干龙头企业,塑造一批知名文化品牌,建设一批高水平的文化产业园区和产业基地,力促文化产业与相关产业联动发展"[2]。

### (二)无锡文化产业战略

无锡,是泰伯、仲雍初奔之地,是吴文化的中心区域,是国务院新批准的历史文化名城,近代以来工商业甚为发达,曾有"小上海"之称。改革开放以来,无锡大力弘扬吴文化,进一步锻造无锡精神。国际金融危机爆发后,无锡逆流而上,勇立潮头,打出了"率先觉醒、自觉转型"的大旗,确立了打造创新型经济领军城市的奋斗目标。江苏省委常委、无锡市委书记杨卫泽强调,建设文化强市是无锡建设创新型经济领军城市的战略选择,必须围绕文化强市的目标,深化文化体制改革,统筹各项文化建设,推动文化产业发展升级。

2010年2月,无锡召开推进文化体制改革,加快文化建设工作会议,号召

---

① 杨敏、张洁:《783亿助推文化产业新跨越》,《城市商报》2010年6月22日第02版。
② 《中共苏州市委关于制定苏州市国民经济和社会发展第十二个五年规划的建议》,《苏州日报》2010年11月27日第A01版。

全市上下兴起文化建设新高潮,全面提升文化软实力,为无锡经济社会又好又快发展提供强有力的文化支撑。会议提出,培育一批具有较强竞争力的骨干文化企业,建设一批特色鲜明的文化产业基地,力争全市文化产业增加值年均增长24%以上;培养引进一批在国内外有影响力的文化拔尖人才和领军人才,建设一批历史文化名街区、名村(镇),力争在2012年城乡居民人均文化娱乐和消费支出占全部消费性支出的比重达到18%以上。会议明确了建设文化强市和具有文化影响力、文化核心竞争力、文化创新发展力的区域性文化中心城市的目标。

2010年8月,无锡市召开全市文化创意产业工作推进会。这次会议指出,必须强化市场导向,通过培育市场主体,实施重大项目牵引,加强园区载体建设,加大创意推介,推动文化创意产业发展提速。与此同时,优化产业结构,在文化创意产业发展增效上下工夫,利用资源禀赋,发展新生业态,打造文化品牌,在挖掘历史文化内涵,推进文化与科技融合,扩大文化影响力、竞争力中争效。这次会议提出,2010年文化创意产业营业收入实现80亿元,文化产业增加值占GDP比重达6%,到2012年翻一番达到160亿元,到2015年再翻一番达到320亿元。在这次会议期间,共有20个文化创意产业合作项目当场签约,中信银行等7家国内金融机构综合授信100亿元,以支持无锡文化创意产业的发展。

无锡文化强市建设,目标明确,定位精准。这座江南历史文化名城,以"加快文化强市建设"为目标,推动文化事业、文化产业、文化人才队伍的全面发展。以体制改革为动力,以产业发展为重点,谋求文化强市发展新突破。

文化事业繁荣是文化强市的重要标志。满足群众文化需求,改善群众文化民生,保障群众文化权益,进一步提高文化事业发展水平,便成为文化强市建设的重要内容之一。

从2010年起,无锡花3年时间,实施一批重大公共文化服务工程,在2010年全市形成15分钟群众文化生活圈,到2012年建成覆盖城乡、网络健全、运营高效、服务优质的公共文化服务体系,加快公共博物馆、纪念馆、科技馆、图书馆等向社会的免费开放,确保每年组织公益性演出不少于500场次,送戏送电影下基层每年不少于3000场次,不断满足群众精神文化需求。

与此同时,无锡正在着力建设一批历史文化名街区、名村(镇),在2010年基本完成5个历史街区的保护修复,力争全市有1—2个村镇成为国家历史文化名村镇,国家级文保单位新增 8 个,国家级非物质文化遗产增加至 10 个,到 2012 年全市国家级非物质文化遗产增加至 15 个,2012 年基本完成 10 大古村落的保护修复工程,打造一批广受关注、影响较大的文化品牌。

目前,无锡正在着力培育一批具有较强竞争力的骨干文化企业,力争到 2012 年形成年产值超 10 亿元的规模文化企业 5 家以上,产值超 5 亿元的企业 10 家,以大企业支撑大产业,以大项目拉动大发展。建设一批特色鲜明的文化产业基地,力争到 2012 年全市文化创意产业营业收入达到 1200 亿元,原创动画片产量名列全国前茅;确保全市文化产业年均增加值占地区生产总值的比重达到 7% 以上。

从 2010 年起,无锡将花 3 年时间培养引进一批在国内外有影响力的文化拔尖人才和领军人才,力争到 2012 年全市引进高层次急需文化人才 30 名以上。①

无锡人提出,要让文化软实力成为无锡战略转型的硬支撑,实现文化自强。

一座城市的觉醒,首先是文化上的觉醒;是否率先实现文化觉醒、具有高度的文化自觉,不仅关系到文化自身的振兴和繁荣,而且决定着一座城市的前途命运。"十一五"期间,无锡实现了文化觉醒,推动了文化自觉。

文化觉醒和文化自觉,是对文化在历史进步和社会生活中地位作用的深刻认识,对文化发展规律的正确把握,从文化觉醒到文化自觉,从文化自信到文化自强,是对发展文化历史责任的主动担当。文化自信,是对自身文化价值的充分肯定,是对自身文化的坚定信念。自信,才会拥有坚守的从容;自信,才会鼓起奋发的勇气;自信,才会焕发创新的活力。增强文化自信,方能更好地继承、发展和创造。无锡人自信,是因为人文优势是无锡的一大突出优势,6000 多年人类生活史,3000 多年文字记载史,2500 多年建城史,历史人文底蕴滋养着这颗太湖明珠,文化星空璀璨夺目。

文化自觉、文化自信,最终要立足于实现文化自强上。"自",就是立足自身实际,依靠自身力量,彰显自身特色,走出自己的文化发展道路;"强",就是要使我们的文化具有强大的引力影响力、强劲的活力创造力、强壮的实力竞争力,就是要建设文化事业强、文化产业强、文化人才队伍强、文化综合实力强的

---

① 单红:《市化强市:转型发展的"助推器"》,《无锡日报》2010 年 2 月 5 日第 A1、A3 版。

文化强市。

腹有诗书气自华。城市的发展，绝不是钢筋和水泥的堆砌，而是要同步提升城市的精神气质与文化内涵，将文化融于经济发展、科技创新、城市建设和社会进步之中，使之成为城市之魂。

无锡市委提出，在"十二五"期间，无锡要"大力实施'文化强市'战略，创新文化发展机制，推动文化大众化、社会化发展，努力满足人民群众不断增长的多元化、多样化精神文化需求"①。

### （三）常州文化产业战略

常州，古称兰陵，是一座历史悠久、文明灿烂的城市，是吴文化的中心区域，20世纪80年代曾是全国闻名的"工业明星"城市。改革开放以来，常州高度重视文化建设，一方面继承吴文化的优秀传统；另一方面打造常州精神。这次国际金融危机爆发后，常州大大加快了建设文化常州、发展文化产业的步伐。常州市委书记范燕青指出，大力发展文化创意产业，使常州以"工业明星"变身为创意"梦工厂"，这不仅是常州经济转型的有效路径，也充分发挥了常州历史文化底蕴深厚的优势。

2009年，常州制订了"加快文化建设三年行动计划"。该计划指出：以邓小平理论和"三个代表"重要思想为指导，深入贯彻落实科学发展观，牢牢把握社会主义先进文化前进方向，抓住应对国际金融危机、调整优化经济结构的机遇，以加强社会主义核心价值体系为主线，以满足人民群众日益增长的精神文化需求为导向，以深化文化体制改革为动力，以科技进步与创新为支撑，以实施重大项目带动为途径，推动文化事业和文化产业繁荣发展，为又好又快推进"率先基本实现现代化"作出积极贡献。计划要求，深化体制改革，加快文化常州建设，全面提升常州文化的整体实力和竞争力，满足人民群众多方面、多层次、多样性的文化需求。具体目标是：2010年上半年，全市经营性文化事业单位转企改制到位，公益性文化单位"三项制度"改革到位，政事分开、管办分离到位；到2012年，全市文化产业增加值占地区生产总值的比重达5%以上，成为支柱产业；形成与经济社会发展相适应的文化优势，与常州经济地位相适应的文化实力。该计划强调，大力发展广播影视、工艺美术、出版发行等

---

① 《中共无锡市委关于制定无锡市国民经济和社会发展第十二个五年规划的建议》，《无锡日报》2010年11月22日第2版。

传统产业；积极扶持文化旅游、演艺娱乐、广告会展等现代文化产业；努力培育创意设计、新兴媒体、动漫、游戏等新兴文化产业，提高产业层次，优化产业结构，促进区域文化产业协调发展。

2010 年 4 月，常州召开的文化产业培育暨重点工作推进会提出，2010 年，常州主要在产业规划、网络、项目、招商、资金、宣传、统计、人才、协会等方面提出八大重点任务，重点扶持和引导金坛茅山宝盛园道教文化产业基地、武进淹城春秋文化产业园、蓼莪山孝道文化产业园、西太湖国家动漫基地津通园区、常州梳篦博物馆、运河 5 号创意特区等 80 多处文化项目，抢占先机发展文化产业。常州还决定，成立由市委书记任组长的创意产业发展领导小组，出台《关于鼓励和扶持创意产业发展的若干意见》。自 2009 年起，5 年内，常州每年安排资金 5000 万元用于扶持创意产业发展。

常州市委提出，在"十二五"期间，常州要"加快文化强市建设"，"提高全民文明素质"，"加快发展文化事业"，"大力发展文化产业。重点发展动漫游戏、影视传媒、文化旅游等优势行业，积极培育演艺娱乐、创意设计、出版发行等行业，形成以重点文化行业为主导、相关行业联动发展的格局"，"积极推进文化创新。继续深化文化体制改革，巩固文化体制改革成果"①。

# 第三节　宏伟图景
## ——苏南文化产业的发展图景

根据江苏省建设"文化大省"、"文化强省"的总体要求和"文化事业强、文化产业强、文化人才队伍强"的宏伟蓝图，苏南再一次出发，走上了文化产业的率先发展之路。

经过几年的拼搏，苏南文化产业在原有基础上得到了快速发展和提升，诸多文化产业业态百花齐放、百舸争流，呈现出一派生机蓬勃、欣欣向荣的景象，据介绍，截至 2009 年年底，苏州已拥有 8700 多个文化产业法人企业，总计有 28 万人正在从事文化产业，文化产业增加值 279.6 亿元，规模和增速位居全省第一，约占全省文化产业增加值的 30%，占全苏州 GDP 的比重为 3.6%；以

---

① 《中共常州市委关于制定常州市国民经济和社会发展第十二个五年规划的建议》，《常州日报》2010 年 12 月 16 日第 A2 版。

IT、动漫、影视等为首的无锡文化创意产业涨势喜人，2010 年上半年营业收入超 54 亿元，现有各类文化创意产业基地 23 个，聚集千余文化企业；常州努力"做强重点文化行业，做优特色文化园区，做大骨干文化企业"，文化创意产业蓬勃发展，2010 年创意产业产值将突破 100 亿元。在此，我们撷取苏南文化产业发展的几朵浪花，以点代面，初步展示苏南文化产业的发展图景。

### 一、老树新枝：传统文化产业的发展图景

苏南之地，传统文化产业颇为发达。当今之时，苏南在发展现代文化产业的同时，亦非常注意用现代手段改造传统文化产业，使之实现创造性的转换与发展。镇湖刺绣业的崛起，便是一例。

8000 名绣娘，300 余家乡庄，遍及全国 270 多个刺绣工艺店，年销售额 4.98 亿元，有着 2000 年历史的苏绣在苏州高新区镇湖镇形成了文化产业集群。文化产业以低消耗、少污染、高效益越来越受到青睐，而苏州镇湖，则创造了一个将文化资源变成文化产业的成功范例。

2006 年，镇湖镇刺绣业从业人员 11000 人，占全部劳动力的 2/3。其中绣娘 8000 多人，另有 3000 多人从事绣品销售、设计及原料供应等，形成了完整的产业链。镇上 1670 米的绣品街汇集 320 多家绣庄，陈列着大量绣品供顾客选购。此外，镇湖在全国 70 多个大中城市开设了绣品销售点，当地绣品远销海外几十个国家。2005 年，镇湖苏绣入选第一批国家非物质文化遗产保护名录，2006 年镇湖再度进取，兼收并蓄其他绣种和绘画、摄影等艺术形式的技艺，将传统工艺与时尚元素相结合，在题材、设计、针法及装帧等方面推陈出新，从单面绣到双面绣，从飞禽走兽、百花异草到山水风景、人物肖像，从仿国画到仿油画，许多作品甚至比原画更有特别的韵味。现在镇湖刺绣品种繁多，既有十多米的巨幅绣品，也有数厘米的精微绣品；有用红木几架配制的各种绣片、册叶，也有配置在镜框中的风景、人像，成为市场上的畅销货。近年来，镇湖创作出一批精品名人绣，如《江泽民与联合国秘书长安南》、《孙中山》、《邓小平》、《董建华》、《杨利伟》、《戴安娜》等，有的被作为国家礼品赠送外国贵宾。政府扶持，培育文化产业高地。千百年来，镇湖刺绣以家庭作坊形态存在，口传身授。然而在市场经济中，单靠个人和家庭作坊的力量形不成大气候，政府必须为产业发展创造氛围和环境，培育文化产业集群。近年来，苏州高新区在发展高新技术产业的同时，积极弘扬和创新传统文化，打造经济、

"文化"双面绣。早在十多年前,当时的镇湖镇政府便调整经济发展思路,规划建造绣品一条街,制定优惠措施,鼓励农民走出田间,入驻绣品街,从事刺绣的生产和销售。在宣传方面,政府也积极投入,在全国打响镇湖刺绣的整体品牌。2002年,绣品街建成,300多家乡庄开业,当年实现刺绣销售额3亿多元。近年来,镇湖在全国开设了270多家刺绣工艺店,不光带来了巨额销售额,更重要的是收集市场信息、预测市场走向。目前,镇湖刺绣已经走上产业化道路,苏州新区正着手推进四大战略,打造中国刺绣产业中心。首先是推动创意研发。苏绣做工精细,艺术表现力强,未来绣品的价值将越来越多地体现在艺术创意上。镇湖将筹建刺绣创意研究中心,提高绣品的艺术价值,实现刺绣产业的可持续发展。其次是兼收并蓄,融合其他刺绣流派技艺,并探索高新技术在刺绣产业中的应用,开发广阔的日用刺绣品市场,使镇湖成为全国刺绣产品的生产制作中心。再次是依托当地新落成的中国刺绣博物馆,集精品展示、名人绣馆、艺术交流、产品交易和人才培训于一体,使之成为中国刺绣文化的"圣地"。最后是与艺术院校合作培训技艺精、知识博、眼界广的"新绣娘",并培养引进与刺绣业相关的设计、策划等创意类人才和管理、营销、服务类人才。[①]

## 二、乘风破浪:新兴文化产业的发展图景

新兴文化产业的发展,是发展文化产业的重要内容和重要方面,也是苏南文化产业发展的一大亮点。从全局看,苏、锡、常发展新兴文化产业你追我赶,一着不让,一着不松。从局部看,无锡市崇安区可谓苏南新兴文化产业发展的一个缩影。

无锡中心商务区崛起文化产业高地,推动经济发展。[②]

登上东方广场B座16楼,亿唐动画公司的情景与下面商场的热闹形成了强烈反差。整个楼层内,一群年轻人与一台台电脑组合,他们有的在构思,有的在画图。公司总导演近日披露最新创作时说,《两只老鼠的生活意见》已立项,另有六七部片子也已上报。今年完成原创动漫制作达到了500集。这幢大楼从8层到25层,集聚了相关的创意设计企业20多家。无锡中心商务区,

---

① 《苏州刺绣产业群》,http://www.中国产业群.com。

② 《无锡中心商务区崛起文化产业高地,推动经济发展》,载人民网苏南频道,2009年9月24日。

如今已不仅仅姓"商"。据最新统计，无锡崇安区文化产业占 GDP 的比重已超过 7%，高于该市平均值 2 个百分点。

文化张力，是区域经济结构转型的强大推力。在崇安区，环境容量的压力与文化底蕴的丰厚同时并存。17.6 平方公里，常住人口达 25.7 万，人口密度比全市平均数高出 10.5 倍。同样在崇安区，各类历史文物和名人故居多达 43 处，文化元素遍布全区，其中东林书院、阿炳故居、薛福成故居，均为全国重点文保单位。环境容量的挤迫，倒逼着崇安区寻找新的发展之路。文化资源优势，如何变成文化产业优势？区委书记蒋伟坚说，崇安区的选择，是培育产业集群，彰显产业特色，从而把文化产业抓精做强。

主题园区和主题楼宇纷纷兴起，成为文化产业发展的沃土。崇安区通过政府投资、合作共建、整体租赁等途径，已建成广瑞路创意产业园、北仓门文化创意园、广益家居创意设计园、东方广场 B 座创意产业主题楼宇，目前正在推进留学生创业园、东鹏建材创意设计园等载体建设。北仓门园区由 20 世纪 20 年代江南最大的蚕丝仓库改建而成，一期 6000 平方米已投入使用，二期 7000 平方米改造工程即将开工。广益家居创意设计园 4 万平方米竣工开园，首批企业已经入驻。广瑞路创意园被认定为中国服务外包示范区、国家动画产业基地崇安园区。545 家文化企业在崇安"扎堆"发展，形成了创意设计、动漫制作、文化产品销售及服务等相互依托、相互支撑、相互涵养的产业链。

作为无锡市文化的发源地，崇安区注重"特色"的培育。商业和文化，历来都是"孪生兄弟"。该区一手挖掘传统商业文化资源，集聚了全市 80% 的名特优老字号企业；一手培育高成长高附加值的龙头型动漫企业，成就了响当当的"动漫崇安"。亿唐动画公司已成为全国最大的原创动画制作公司之一，今年预计完成原创动漫 8000 分钟，相当于去年全市原创动漫产量总和，力争实现原创产量单体企业全省之冠，亿唐创作的《水木宝宝看看世界》，已被国家广电总局推荐为 2009 年度优秀国产动画片。澳视东方则运用传统水墨表现技法，与高科技三维动画相结合，创作出了极具中国文化底蕴的大型水墨三维系列动画片。

崇安经济中的"文化因子"充满了活力。2009 年上半年，文化产业完成销售收入 25.4 亿元，实现增加值 9.9 亿元，同比分别增长 29% 和 25.3%。在这些数据的背后，一个文化强区正在迅速崛起。

### 三、扬帆启航:苏南旅游休闲业的新发展

随着国民经济和社会的发展,旅游业已经成为我国的战略支柱产业,发展旅游业恰当其时。苏、锡、常是我国经济文化最为先进的地区之一,也是我国重要的旅游城市和旅游目的地,旅游休闲业一直比较发达。近年来,在转型升级、大力发展文化产业的大背景下,苏南旅游休闲业呈现出新的发展态势和发展前景。

大而言之,转型升级是指整个产业结构和经济结构的转型升级,自然包括旅游休闲业;而在一个文化经济的时代,文化已经成为经济发展的强大推动力和核心竞争力。在这种情况下,苏南旅游休闲业必须以文化发展求转型升级,做足做好文化的文章;大力提升文化含量和文化品质。

小而言之,苏南旅游休闲业的发展,原本就主要依靠苏南丰富而深厚的文化资源。据统计,江苏全省70%的旅游资源是文化资源,苏南也不例外。这些年来,率先发展的苏南旅游休闲业也率先开始了转型升级。当前,苏南已按照"旅游即城市、城市即旅游"和"旅游即生活、生活即旅游"的观念,进一步发掘、创造和整合旅游文化资源,进一步完善旅游休闲产业链和打造旅游休闲产业群,进一步加快旅游休闲业的发展,从而构建大而强的旅游新格局。在此过程,苏南旅游业快步走向立体旅游、深度旅游和文化旅游。

十年前说到旅游,人们一般会点数自己去过的城市和景点;如今说到旅游,答案则会五花八门,有时是偶遇的风景,有时是入住酒店的环境,有时甚至只是异乡一杯悠闲的下午茶。

#### (一)苏州旅游

生活的理想,无非是理想的生活。如果不能一生理想,那么,暂时理想一下也差强人意。而旅游,就是暂时理想生活的一个好载体。旅游,是换个地方生活。让游客从"看"苏州,到慢慢"生活"在苏州,苏州旅游的转型升级正悄然进行。

从苏州旅游热线12301的统计数据看,2010年6月份,12301共计接到旅游咨询电话264个,其中有约40%咨询景点情况,还有近60%的来电是咨询苏州有什么新的、富有特色的旅游线路,以及苏州地方小吃、工艺品等。不难看出,人们对旅游的需求已不仅仅停留在景点本身,看的、玩的、吃的、买的,都是想要了解的。

这一特点并非苏州独有。来自世界旅游组织的统计资料显示,欧美各主要旅游接待国的散客市场份额达到了70%—80%;而在国内,人们的旅游目

的正从相对单一逐渐转向多样化，传统的观光旅游之外，休闲旅游、度假旅游、特种旅游正成为时尚，自主旅游方式渐成主流，个性化趋势明显。

散客化、个性化，带来的必然是对旅游产品的多元化需求。苏州的对接从近几年兴建的旅游项目中便可见一斑，休闲度假类产品占比逐年攀升，从2006年的不到50%，提高到了现在的70%以上。2010年4月28日，苏州工业园区成为国内首个"商务旅游示范区"，它的成功实践，更是苏州旅游业转型升级的一个鲜活注解。

商务旅游又叫商业旅游，是全球发展最快的旅游细分业态之一。资料显示：全球每年旅游业收入的35000亿美元中，商旅支出的比例为12%，商务旅游人数约占游客总数的1/3。苏州工业园区依托发达的外向型经济，将商务旅游的多种元素串联起来，在环金鸡湖近10平方公里的区域内，将会展、餐饮、文化娱乐、休闲、购物等旅游资源串珠成线，形成了现代、时尚的旅游产品体系。2009年，园区共接待境内外游客500万人次，增幅在全市中名列前茅，其中，酒店接待境外游客17.87万人次，实现创汇5282.27万美元。①

"旅游即产业"，是常熟确立的一个理念。

常熟市委书记王翔提出："把整个城市作为最大的景区、最好的旅游产品、最美的旅游目的地来建设和经营，不断提升城市的旅游功能和旅游特色。中国休闲名城，旅游度假基地的发展目标，就是为了更好地满足游客的多元化需求，让游客出行的节奏慢下来，从旅游到休闲，让人感觉到，整个常熟城就是一个大景区。

正是这个"慢下来"的想法，激发了常熟人要把旅游发展全方位地融入常熟城市整体发展的思路。

城市要成为一个"大景区"，定位很高。

常熟市在发展旅游业过程中，站在经济社会发展全局的高度，思考旅游业与相关产业的融合发展，认真研究和寻找旅游业与相关产业的交叉点，科学合理地确定旅游业与相关产业的融合点。他们选择了"统筹协调"的方法，尝试让旅游与文化、生态、商贸、工农业和城市建设高度融合。

---

① 徐蕴海：《让游客"生活"在苏州——我市旅游转型升级纪实》，《苏州日报》2010年7月26日第A01、A09版。

旅游是个综合产业,要积极融合到其他产业之中,建设综合体,构筑综合产业,形成综合形态,才能发挥综合效益。

以产业融合来推进旅游业的快速发展,以旅游业的快速发展来促进产业融合,常熟走出了一条特色发展之路。旅游业的发展,不仅促进了常熟吃、住、行、游、购物、娱乐等旅游要素的迅猛发展,而且也加快了旅游资源的进一步整合和产业链的发展。相辅相成的就是沙家浜的"红色游"、虞山尚湖"山水游"、常熟古城"文化游"、服装城"购物游"和蒋巷村的"乡村游"日趋旺盛,常熟旅游品牌效应显著。[①]

到2012年,苏州要力争创建成国家旅游标准化示范城市,为国家和省在推进旅游标准化工作方面作出积极有益的探索,发挥好典范作用。

截至2010年9月,苏州已制定和实施旅游标准16个,其中省级标准4个、行业标准12个,标准数量在同行业中处于领先地位。

苏州市旅游标准化建设经历了三个重要发展阶段。第一阶段是改革开放之前,当时旅游业尚未形成统一标准,苏州实行的是传统服务业自定自律的行为规则。第二阶段,是20世纪80年代中期到90年代中期,苏州认真贯彻国家颁发的《旅游饭店星级的划分与评定标准》,实现了旅游星级饭店数量和质量的同步提升。第三阶段是20世纪90年代中期至今,苏州在执行国家旅游标准的同时,及时制定并修改了多种标准,基本建立了以"结构合理、重点突出、对接国标、面向国际"的旅游标准体系。

其中,20世纪90年代后期,苏州在全省率先制定了《苏州市旅游管理条例》,成为指导旅游发展的地方性法规。此后还陆续出台了《农家乐旅游服务质量等级划分与评定》、《社会旅馆等级划分及评定》、《乡村景区点评定标准》和《滨湖旅游风景区服务标准》等法规文件,对推动全市旅行社规范经营、规模发展发挥了重要作用。其中《农家乐旅游服务质量等级划分与评定》这一法规文件成为省级标准,并在全省推广执行。[②]

在2012年以前,苏州旅游业总收入年增长要达到20%以上,游客人数年

---

① 商中尧:《常熟旅游"华丽转身"的奥秘——从品牌塑造看区域旅游的创新发展》,《苏州日报》2010年9月9日第A01、A11版。

② 徐蕴海:《苏州"旅游标准化"要当典范》,《苏州日报》2010年9月10日A01、A10版;徐蕴海:《"苏州标准"业内领先》,《苏州日报》2010年9月10日A03版。

增长 20% 以上，同时拥有 3 家以上获得国家荣誉的旅游企业，旅游投诉量要年下降 20% 以上，而游客满意度需要达到 90% 以上。

### （二）无锡旅游

以"文化强市"来推动城市发展的无锡，近年来，在吴地风情游上，搞得有声有色。如鸿山，是吴文化的圣地，且有着"江南吐鲁番"的美誉，"泰伯鸿山"鲜食葡萄自 20 世纪 80 年代中期引进以来，经过 20 多年的种植，已形成了 5000 多亩的种植基地，品种早、中、晚熟合理搭配，多达 35 个以上，总产量达 5000 多吨。2002 年经国家食品安全检测认定为国家级无公害食品，多个品种获得江苏省农林厅颁发的金质奖和银质奖。鸿山葡萄经过 20 多年的发展已形成一个产业链，每年通过此产业链让大批的苏、锡、常地区的市民品尝到了优秀的"泰伯鸿山"葡萄，也在市场上形成了良好的口碑。

"泰伯鸿山"葡萄不仅是远近闻名的夏季美食，更有整洁的采摘环境。近年来无锡新区和鸿山大力发展科技农业、特色农业、生态农业和文化农业，以生态、生活、生命等"三生理念"为核心，以都市农业理念为立足点，打造鸿山生态观光旅游农业，为城市居民提供休闲场所，为区内农民提供就业和增收，为新区构建完善的绿色系统。

鸿山是吴文化的圣地，江南文明始祖"泰伯"长眠于此，无锡市徽"玉飞凤"出土于此。在这片富饶的土地上，勤劳的鸿山人民，不断继承和发扬着"吴文化"。近年来鸿山大力发展旅游休闲产业，先后建成了"吴文化广场"、"鸿山都市农业生态园"、"鸿山遗址博物馆、中国吴文化博物馆"、"怀海义庄"和"梁鸿湿地公园"等大批文化旅游景点，将鸿山独特的自然资源和文化资源有机结合，打造了以"吴文化"为基础的吴文化博览园。

鸿山生态休闲旅游资源丰富，2008 年争创为全国农业旅游示范点，在全国 125 家农业旅游示范点中位列前茅，受到了各级领导的高度肯定。本届鸿山葡萄文化旅游节主题是"江南水乡吐鲁番，吴地风情游鸿山"，旨在打造鸿山品牌，弘扬吴地文化之旅，发展生态旅游，全面展示鸿山乡村休闲游景区，通过丰富多彩的互动活动，促进消费，拉动内需，以葡萄为媒宣传鸿山旅游资源，全面展示旅游产品；全面启动自驾游市场，打造自驾游目的地。本次葡萄文化旅游节将集中反映鸿山悠久的历史文化、浓郁的民族风情、独特的自然风光和引人入胜的旅游产品和精美线路；旅游节内容丰富多彩，把民间活动、节庆、赛事、文化交流融为一体，力争将鸿山葡萄文化旅游节办成新区乃至无锡旅游一个特色品牌。①

### （三）常州旅游

旅游是经济，旅游是文化，旅游是环境，是常州人确立的理念。近年来，常州不断加快旅游项目建设步伐，加快旅游要素发展。2010年，常州投资打造13项旅游重点项目，包括：环球恐龙城迪诺创意园、库克苏克峡谷区东入口区、养生天地一期（环球恐龙城剧场、温泉酒店）、太湖湾旅游度假区环球数字狂欢谷、中华孝道园、姬山古镇景区、茅山风景旅游区金沙湾五星级度假村、宝盛园、天目湖广场、南山竹海御水温泉项目二期、瓦屋山4A级景区一期、运河五号创意街区等。其中较为重要的有：

库克苏克峡谷：总投资4亿元的中华恐龙园三期——库克苏克峡谷城作为恐龙园最大的一个主题区域，占地面积达60000平方米，由旱谷和湿谷两部分组成，从美国、德国、加拿大、意大利等国引进"金刚""暴风眼"、"灵翼穿梭"、"迷幻魔窟"、"圣灵通天塔"、4D过山车等16套大型游乐项目与配套设施，其中不少是惊险刺激的高空项目。库克苏克峡谷区项目建成后，中华恐龙园预计将实现游客接待量翻番。

淹城春秋园：中国首家全面展示春秋文化的大型人文主题景区——淹城春秋园，取材于春秋时期的政治、经济、军事、文化，通过"诸子百家园"、"春秋文化演艺区"、"春秋游乐主题区"、"春秋民俗文化区"等载体，建设"4D动感影院"、"孙武点将台"、"烽火连天"、"伍子胥过韶关"等游乐设施，用现代科学技术展现中国传统文化，集静态观赏、互动演艺、体验游乐于一体；不久还将推出国内首台大型实景水影秀——"烟雨春秋"，生动演绎"小淹城、大春秋"的文化内涵。

紫荆公园：作为中国第四届月季花展暨2010年世界月季联合会区域性大会的主会场，以"东经120"与月季花为主题的紫荆公园正在加紧建设。公园占地20.15公顷，以"一轴五区"为特点布局，其中"一轴"即120景观轴，包括"时光广场"、"时来运转"摩天轮、"认知走廊"等，"五区"即参赛城市展区、常州7个辖市区展区、国际月季园、常州展区、体育活动区等。

"三河三园"水上游：总投资6.6亿元的"三河三园"水上游线通过关河、北塘河、东支河3条景观河将红梅公园、东坡公园、中华恐龙园三个各具特色

---

① 《江南水乡吐鲁番，吴地风情游鸿山》，《无锡日报》2010年8月10日第C7版。

的公园景观连成一体。

恐龙城大剧场：总投资超过 1 亿元。以树干造型构成整体建筑，上演融音乐、舞蹈、魔术、杂技、高科技声光电等于一体的大型多元体音乐歌舞秀《美丽新世界》，给游客带来一场异彩纷呈的视听盛宴。①

目前，在常州已经形成了以主题公园、文化旅游、休闲度假三大旅游产品为特色，城乡旅游互动发展，服务设施配套齐全的旅游产业新格局，初步实现了从旅游客源地向旅游目的地的转变。

---

① 崔奕：《我市 7 大旅游新景观 1 个半月内建成迎客》，《常州日报》2010 年 3 月 17 日第 B1 版。

# 第十一章　城乡统筹：苏南城乡 一体化的发展

【提示】改革开放以来,尤其是近几年,苏南各市一直坚持城乡协调发展的战略,勇于开拓创新,善于抓住机遇,转变城乡二元经济结构,苏南城乡一体化改革发展始终走在江苏省乃至全国前列。

苏南城乡一体化,采取城乡统筹的方式、综合配套改革。苏南城乡一体化发展综合配套改革究竟如何?概言之,就是围绕破除城乡二无结构、打破城乡二元分割体制、促进城乡一体化发展所进行的一系列制度性、综合性、配套性的改革措施。主要围绕以下几个方面展开：

(1)以"三集中"为抓手,统筹城乡土地资源;

(2)以规划为龙头,逐步推进城乡一体化;

(3)实施"三大合作";

(4)加强小城镇建设;

(5)转变农业发展方式;

(6)改善农村公共基础设施;

(7)建立城乡就业与社会保障统筹新机制;

(8)推进城乡生态文明一体化。

苏南城乡一体化发展到今天,既有值得总结、推广的经验,也面临着严峻的挑战。

## 第一节　城乡巨变
——苏南城乡二元经济结构向城乡一体化的转变

### 一、苏南城乡一体化的序幕

城乡关系是经济社会发展中最为重要的一个关系,城乡关系是否协调,是反映国家或区域发展是否协调的一个关键标志。党对城乡关系的认识是在城乡发展的实践中不断深化的。党的十六届三中全会首次提出"五个统筹"的发展理念，并将城乡统筹放在首位。此后，城乡经济社会一体化发展，开始广泛地进入全国各地的实践领域。2004 年的中央经济工作会议作出一个重要判断：我国现在总体上已进入了以工促农、以城带乡的发展阶段。在党的十六届四中全会上，胡锦涛总书记提出"两个趋向"的论断："纵观一些工业化国家的发展历程，在工业化初始阶段，农业支持工业，为工业提供积累是带有普遍性趋向的；但工业化达到相当程度以后，工业反哺农业、城市支持农村，实现工业与农业、城市与农村协调发展，也是带有普遍性的趋向"。随后，党的十六届五中全会提出了推进社会主义新农村建设的历史任务。党的十七大报告明确指出："统筹城乡经济社会发展，就是要充分发挥城市对农村的带动作用和农村对城市的促进作用，实现城乡一体化发展"，把统筹城乡发展放到了全局的高度。党的十七届三中全会提出，新形势下推进农村改革发展，要"把加快形成城乡经济社会发展一体化新格局作为根本要求"。党的十七届五中全会通过的《中共中央关于制定国民经济和社会发展第十二个五年规划的建议》中，提出"按照城乡经济社会发展一体化的要求，搞好社会主义新农村建设规划"①，这是一个重大的战略决策。

　　改革开放以来，苏南顺应城乡关系发展规律，立足实际，在全国较早进行了统筹城乡发展的探索。乡镇企业的发展、小城镇的建设自发地推动了城乡一体化的进程。十六届三中全会之后，城乡经济社会的一体化发展由自发普遍走向自觉，苏南各地积极探索、大胆尝试、全面规划，着力从制度和政策层面，打破城乡二元结构，促进城乡共同繁荣，加速了城乡一体化的进程，取得了显著的成效。如今苏南的城市化率已经超过 65%，在中国可以说是最高的地区之一，城乡居民收入差距也是最小的（如苏州连续多年均为 2∶1，明显低于全国的 3.33∶1），很多农民的收入和生活水平是城里人都难以望其项背的，他们中的一部分人已经成功地转为市民，有的虽仍从事农业工作，但其生活方式与生活环境与市民一样，他们只是农业工人而已。苏南尤其是作为苏南领头军的苏州，其城乡一体化水平更是走在全国的前列，于 2008 年 9 月被江苏省委、省政府正式批准为江苏省城乡一体化发展综合配套改革试验区，并被国家

---

　　① 本书编写组：《中共中央关于制定国民经济和社会发展第十二个五年规划的建议》，人民出版社 2010 年版，第 13 页。

发改委列为城乡一体化发展综合配套改革联系点、中澳管理项目四个试点城市之一。

综观30多年来苏南城乡发展的历程,苏南农村经济体制改革的成果可以概括为"三大突破",即20世纪80年代初全面实行家庭承包制、90年代中期以后全面实施乡镇企业产权制度改革、进入新世纪以后全面推进农村"三集中"、"三大合作"改革;苏南农村经济社会发展的成就可以概括为"三次历史性的跨越",即20世纪80年代,乡镇企业异军突起,加快了农村工业化的进程;20世纪90年代,开发区和开放型经济蓬勃发展,加速了农村城镇化步伐;进入新世纪,新农村建设整体推进,加快了城乡一体化步伐。

城乡一体化又称城乡融合,即在社会发展战略上把城市、农村视为一个整体,使城乡协调发展、共同繁荣、城乡差别逐渐消失,最终融为一体的过程。城乡一体化实质上是城市化发展的一个过程,是随着生产力的发展而促进城乡居民生产方式、生活方式和居住方式变化的过程,是城乡人口、技术、资本、资源等要素相互融合,互为资源,互为市场,互相服务,逐步达到城乡之间在经济、社会、文化、生态上协调发展的过程。城乡一体化就是要把工业与农业、城市与乡村、城镇居民与农村居民作为一个整体,统筹谋划、综合研究,通过体制改革和政策调整,促进城乡在规划建设、产业发展、市场信息、政策措施、生态环境保护、社会事业发展的一体化,改变长期以来形成的城乡二元经济结构,实现城乡在政策上的平等、产业发展上的互补、国民待遇上的一致,让农民享受到与城镇居民同样的文明和实惠,使整个城乡经济社会全面、协调、可持续发展。城乡一体化,是一项重大而深刻的社会变革。不仅是思想观念的更新,也是政策措施的变化;不仅是发展思路和增长方式的转变,也是产业布局和利益关系的调整;不仅是体制和机制的创新,也是领导方式和工作方法的改进。

以苏南为代表的中国很多地方的城乡一体化的发展进程,并没有表现为传统西方理论上描述的非农化、城市化和市民化三位一体、共同推进的理想过程,而表现为一种特有的时序模式,即先有非农化,再有城市化,最后落脚到市民化[①]。非农化是以发展乡镇企业为起点,首先是实行职业转变,即离土不离

---

① 孙志军、洪银兴等:《以科学发展观统领全面小康社会建设》,南京大学出版社2006年版,第198页。

乡,将人口从农业转向非农产业;城市化包括两个方面的内涵:"城镇城市化"和"城市现代化";最后的落脚点是相同的即农民市民化。这是由中国的国情所决定的,与很多发展中国家的二元经济结构相比,中国的二元经济结构更为明显、突出,而且有不同的特点,这就形成了中国独特的工业化和城市化道路。

　　苏南是中国乡镇企业的摇篮,苏南地区位于太湖之滨,临江近海,水陆交通便利,发展农、牧、副、渔业生产的条件得天独厚,农业的良好基础为农村非农产品的发展提供了重要的前提条件。早在宋、明时期,苏南的商品经济就已经比较发达,近代苏南则是中国民族资本主义工商业的发祥地之一。长期的商品生产与商品交换,商品经济的意识成为苏南文化传统的重要组成部分,而且被传承下来。苏南乡镇企业起源于计划经济时代的社办工业或村办工业,萌芽于20世纪50年代,起步于六七十年代,80年代后突飞猛进。苏南乡镇企业之所以能在计划经济的夹缝中起步,除了历史传统外,人多地少、劳动力资源严重过剩且无法向城市第二、第三产业转移的现实,以及计划经济时代产品严重短缺,使得社队企业的产品有了广阔的市场。应当是苏南乡镇企业发展的最主要原因。当然,苏南地区地理位置优越,靠近上海、南京等大中城市,加之"文化大革命"期间,城市里工厂停产闹革命,工厂、企业间的合作关系被搅乱,生产受到严重影响,为苏南社队企业"拾遗补缺"提供了可能。"文化大革命"时期,苏南农村下放了大批的城市老工人、"右派分子"、知识青年等,为苏南社队企业的发展增加了技术力量。但在计划经济体制下,由于政策空间狭小,社队企业只能以半公开或"地下经济"的形式出现,时生时灭。1979年,中央提出"社队企业要有一个大发展"的口号并放宽了相关政策。江苏尤其是苏南地区紧紧抓住这次重大机遇,以集体经济为载体,以加工工业为主导产业,冲破种种束缚,乡镇企业迅速崛起。从1977年至1982年,江苏省全省乡镇企业实现了工业总产值翻一番。1987年乡镇工业总产值占全省工业总产值的比重由1978年的18.4%上升为43.3%,标志着乡镇工业经济成为江苏国民经济的重要支柱,苏南乡镇工业经济在国民经济中则拥有"三分天下有其二"的地位。1987年,苏、锡、常三市的农村社会总产值中,工业占73.6%,农业(含副业)占19.3%,第三产业(含建筑业)占7.1%,苏南农村工业的格局基本稳固。乡镇企业的发展使大量农村富余劳动力得到安置,江苏尤其是苏南地区的就业结构发生了根本性变化,1987年,苏南农村劳动力的38.7%在乡镇企业就业,在33.6%的农业就业劳动力中,由于"离土不离乡"的原因,有相当一部分人同时在工业或服务业就业,因此非农劳动力就业估算已超过50%。①

乡镇企业的蓬勃发展,不仅极大地提高了农民的收入水平,而且开创了中国工业化的新模型,形成了人们熟知的"苏南模式"。乡镇企业在推动江苏经济,尤其是苏南经济上了一个大台阶的同时,使得苏南的经济社会结构也发生了重大变化。乡镇企业改变了"农副产品进城,工业品下乡"的传统城乡关系,形成了城乡双向交流的新格局,苏南走出了工业化统筹发展的第一步。乡镇企业的兴起与发展,为小城镇建设创造了条件,苏南小城镇在此期间获得很快发展,自发地拉开了城乡一体化的序幕,推动了中国的城市化进程。

## 二、苏南城乡一体化的推进

以开放为基础的外资、民资、股份制经济共同推进的"第二轮工业化"、以开发区、园区为载体的城镇化形成了城乡一体化的第二轮冲击波,进一步推动了苏南城乡一体化的进程。

工业化和城市化是人类社会自工业革命以来社会现代化进程中的核心内容。伴随着工业化和城市化过程中的两个主要转变就是劳动力在产业间与城乡间的转移。工业化带动劳动力的转移,同时劳动力的转移又带动工业化和城市化的发展。工业化与城市化的互动带动了农村居民收入的提高并最终实现城乡收入的均等化,城乡一体化就是建立在工业化和城市化有了一定基础,整个社会进入以工补农、以城促乡的阶段,再进一步通过工业化和城市化的发展最终实现城乡差距缩小、协调发展、城乡融合的过程。在城乡一体化的进程中要实现农民市民化、实现城乡在社会保障、基础设施、公共福利等方面均等化都需要巨额的投资,没有产业的支撑是不现实的,因此,没有工业化的进一步提升和城镇化的发展、城市化的提高作为立足点,城乡一体化只能是空中楼阁,以工补农、以城促乡的前提是工业发展、城镇发达,要不然是带不动的。因此,城乡一体化总是以工业化为动力、以城镇化为载体。农村、农业的现代化其内涵非常丰富,本身就包含了第一产业向第二、第三产业的转移、渗透、拓展,农民向市民转移的过程。

---

① 孙志军、洪银兴等:《以科学发展观统领全面小康社会建设》,南京大学出版社2000年版,第208页。

以"离土不离乡"为特点的"苏南模式"在推动农村工业化、城镇化、现代化方面发挥了很大的作用,成为全国很多地方学习的榜样。但进入20世纪90年代后,这种模式自身的缺陷也逐渐凸显,人们逐渐认识到乡镇企业事实上是一种低水平的工业化,具体表现在:以劳动密集型为主的乡镇企业规模结构普遍较小,难以形成规模经济,导致资源浪费、环境污染等问题;基于规模和产业结构,乡镇企业实现的工业化,技术水平总体也是比较低的;乡镇企业产权不够清晰、经济增长方式粗放等。另外,由乡镇企业带动起来的小城镇规模不大,难以形成规模经济,导致了土地资源利用率不高。以至于出现了"走过一村又一村,村村像城镇,走过一镇又一镇,镇镇像农村"的现象。对此,苏南人民和各级政府在困难面前没有气馁,坚持实事求是的精神,通过向温州等地方学习、取经,成功地推动了企业的产权改革,为企业做大、做强、走向国际化奠定了产权基础。

90年代中后期,苏南抓住发达国家制造业资本转移带来的机遇,加大改革的力度、市场开放的程度,走外向型经济发展之路,同时实施结构调整战略,优化内源经济的规模结构(由中小企业向大中型企业转换)、产业结构(由机械、纺织等传统产业向医药、电子、新材料等高新技术产业转换)、制度结构(普遍建立起现代企业制度)等,大力推进信息产业发展,以信息化带动工业化。经过十多年的努力,一个以高新技术产业为主导、优势产业为支撑、特色产业相配套的现代工业体系已初步形成,可以说,苏南已经走上了新型工业化道路。

在苏南推进工业化升级换代的同时,城市化也得到了提升。在苏南推进新型工业化道路的进程中,一个重要的载体就是开发区和园区的建设。开发区和园区的建设在吸引外资提升工业化进程的同时,也使城市发展找到新的突破口。20世纪90年代后,苏南城市化战略的实施主要有以下几种途径:

一是通过开发区建设,使城市发展找到突破口。目前,苏、锡、常三市开发区的开发,为加快城市发展提供了充足的舞台。如中新苏州工业园区和苏州新区的建设,就使苏州这座具有2500多年历史的古城焕发了青春,形成了"东园西区"、"一体两翼"的新格局。

二是通过行政区划调整拓展城市发展空间。2001年1月和2002年4月通过先后调整苏州、无锡和常州三市的行政区划,撤销了吴县市、锡山市和武进市并分别设立区建制,大大拓展了城市发展空间,促进了城市建设和经济发展。

三是通过择优培育中心镇使城镇质量发展得到提高。从 90 年代末开始,苏南地区从经济、社会各方面发展需要出发,开始撤乡并镇,重点选择、建设中小城镇,不断提高城镇发展质量,近几年,为了进一步推进城乡一体化,又有选择地在中心镇中培育重点作为城乡一体化的试点地区,同时,通过重点发展县城镇,使中小城市的能级得到进一步的提升。

四是以科学、有效的政策措施为支撑,实现城市化的战略转移与多元选择。通过改革不合理的户籍制度、农村土地制度、审批制度等,加速推进城市化进程。

总之,经过十多年的调整、改革、创新,苏南在原有工业化的基础上又进行了一次"工业化",城市化水平也得到很大的提高,老百姓的生活水平也不断提高,由此形成经济增长又快又好的发展模式,苏南模式获得了凤凰涅槃似的新生,新苏南模式重新引起世人的关注。

虽然,20 世纪 80 年代苏南的城乡一体化就已起步,90 年代后期得到进一步的发展,但从总体上看,基本上是一种自下而上的自发式演进路径,从城乡一体化的动力来看,主要是靠发挥市场机制在一体化进程中的内生动力。当然,苏南模式的一个典型特点就是充分发挥政府的作用,但实事求是地看,"这里的社区(乡镇)政府与其说是履行政府职能,不如说是利用政府职能全力发展乡镇企业……其实,中国的政府,从中南海到江阴的华士镇,是一个长长的等级体系。不能想象乡镇政府与县级以上的政府有同等性质的权力和功能。实际情况是乡镇政府在当时与其说是政府,不如说是社区组织。乡镇政府是中国最基层的政府,国家对社区很少下经济计划,乡镇政府所能动员的经济也不可能是国有经济。社区政府的利益与乡镇企业是密切联系在一起的。因此,社区政府的行为在发展乡镇企业方面要更多地从市场行为方面去理解。作为早期苏南模式主角的苏南基层政府(乡镇政府),更多的是作为乡镇企业的总代表行事,与通常意义上的政府组织相去甚远。乡镇政府的企业家行为,在苏南地区表现得最为淋漓尽致"①。确实如此,尽管乡镇政府在发展乡镇企

---

① 孙志军、洪银兴:《以科学发展观统领全面小康社会建设》,南京大学出版社 2000 年版,第 21—22 页。

业、建设小城镇方面发挥了很大的作用,但仔细分析,不难看出,实际上这种由基层政府推动的城乡一体化实际上只能是市场的自发行为而不能算是政府的自觉行为。当然,到90年代后期,苏南地方政府通过园区、开发区的建设推动工业化的转型升级、城市化的提高,以及积极发展小城镇的措施,确实是政府的自觉行为。苏南城乡一体化的演进已经由市场机制自下而上的自发推进转变成由市场自下而上与政府自上而下相结合的"双力"推进。但此时,城乡一体化还没有提升到战略高度,无论是从理论还是从实践来看,城乡一体化还处在初始阶段。城乡经济社会的一体化发展由自发普遍走向自觉,基本上还是在十六届三中全会之后。

2008年9月,苏州被江苏省委、省政府确定为江苏省城乡一体化综合配套改革试点。其后苏州市委、市政府作出了具体的决策部署,提出了2009年为"重点突破年"、2010年为"整体推进年"、2011年为"全面提升年",到2012年基本建成城乡一体化发展的体制机制,如期完成"一年一个样、三年像个样"的目标任务;明确了劳动就业制度、社会保障制度、户籍制度、土地管理制度、财税金融体制、规划管理、基础设施建设、公共服务、农业支持保护体系、城市管理体制等10个方面的改革内容,以及分年目标任务、牵头落实的负责部门,并规定了推进改革的保障措施。

## 第二节 综合配套
——苏南城乡一体化统筹发展与综合配套改革

近年来,在中央和江苏省委、省政府的指导和要求下,苏南积极通过城乡统筹、以工补农、以城带乡,加快城乡结构转型、产业转型和社会转型,以创新的精神在城乡规划、产业布局、基础建设、公共服务、就业保障和社会管理一体化方面进行了积极探索。作为苏南领头军的苏州至今已经出台了90多个关于推进城乡一体化的文件,创造性地推出了23个城乡一体化改革先导区,按照不同类型,鼓励大胆创新,尊重基层和群众的首创精神,只要是有利于城乡一体化发展的改革创新,都鼓励支持,放手放开。23个先导区进展状况良好,"苏州经验"已经成为很多地方学习的榜样。概括而言,以苏州为代表的苏南城乡一体化统筹发展战略与综合配套改革,主要是围绕着以下几个方面展开的:

### 一、以"三集中"为抓手,统筹城乡土地资源

苏南在城乡一体化进程中,以"三形态"、"三集中"、"三置换"或"双置换"、"三沿战略"等为统筹城乡土地等资源的根本方针,建立健全节约、集约利用土地资源的新机制,推进经济格局一体化。

随着工业化和城市化的推进,苏南人均耕地越来越少,人多地少的矛盾日渐突出,在城乡一体化的进程中必须把节约集约利用城乡土地资源放在突出的位置。围绕建设现代农业和新农村建设,苏州提出了"把空间让给城市,把利益留给农民"的优化土地思路,即以土地利用总体规划、园区、城镇以及村规划为依据,以确保耕地面积不减少为前提,统筹安排城乡土地资源,实行城乡建设用地增减挂钩政策,积极稳妥地根据"三形态"推行"三集中、三置换"工作,以此来进一步推动城乡之间土地要素的流动,优化土地资源,提高土地利用水平,促进城乡一体化发展。

"三形态"是苏州将城乡精心规划为三种形态,进行地区产业分工。一是地处工业和城镇规划区的地方,加快融入城市化,像园区的唯亭镇、吴中区的木渎镇等;二是地处工业基础较好、经济实力较强、人口规模较多的地方,加快就地城镇化,昆山的千灯镇就是按照中心镇的模式加速推进城乡一体化;三是地处农业规划区、生态保护区的地方,加快农村现代化,像相城区的阳澄湖镇,一方面发展现代农业,一方面把节约下来的建设用地置换到其他地区搞工业和三产,取得收益发展"三化"、反哺"三农"。

"三集中",是通过资源整合,实行土地节约、集约用地的重大措施。即一是引导农村工业企业向规划区(园区)集中。农村新办工业一律进入工业规划区,不符合土地利用规划和镇村建设规划的原工业企业、通过采取投资、税收分配、财政补贴等优惠政策措施,鼓励其逐步向工业规划区集中。二是引导农民居住向新型社区集中,实行分类指导。对于地处工业规划区、城镇规划区的农户以及被拆迁农户,加快改造步伐,建设与城镇建筑风格相融合的新型社区;对于地处农业发展区、生态保护区的农户,加强环境综合整治,建设具有江南水乡特色、适合生产和人居的新型村庄;积极引导分散居住农户、新建及翻建农户以及已向非农产业转移的农户向城镇及其周边地区的新型社区集中居住。三是引导农业用地向适度规模集中,鼓励农户间规范流转,组建土地股份合作制,发展规模现代农业。

据统计,目前苏州市82%的农村工业企业进入了工业园,承包耕地实现

规模经营面积的比例已由 2009 年年底的 56% 提高到现今的 61% ,35% 的农户实现集中居住,分别比去年有不同程度的增长。①

早在 2003 年,江阴市就把全市 28 个镇撤并为 20 个镇,524 个行政村撤并为 338 个村。农民住宅拆迁后都安置住公寓房,统一规划,集中居住,彻底改变"单门独户"的传统居住方式,节约了大量占用住地。然后分若干年将那些土地建成 20 个特色农业园区,其中包括 3 万亩生态林基地,1 万亩无公害蔬菜基地,1 个万亩优质畜禽基地,3 个万亩优质果品基地,3 个休闲观光农艺基地。另外,还有 19.3 平方公里工业区和商贸、居住功能区,从而使全部农业人口集中到镇上居住。②

"三沿战略"是无锡提出的,借助于"三个集中"来实现的,只不过这里所讲的"三个集中"内涵稍有变化。所谓"三沿战略"就是加快实施大型基础产业向沿江集中,高新技术和 IT 产业向沪宁高速公路沿线集中,教育、科研和旅游等产业向沿湖集中,加快推进农业、工业、居住集中。目前,全市农业适度规模经营面积比例达到 65.3%;工业开发园区和工业集中区产出占乡镇工业经济总量的比重达到 80.3%;共有 2512 个自然村集中到城镇或新型农村社区。③

要实现"三集中",就必须通过制度创新设法使土地流转起来,对此,苏、锡、常三市早就自发提出了"双置换"的办法,即农民住宅置换安居房、土地承包经营权置换城镇社会保障。近年来,苏州进一步在"双置换"的基础上提升为"三置换"。就是在尊重农民意愿和维护农民合法权益的基础上,一是以农业用地区的农户宅基地面积及住宅面积置换城镇商品房。2009 年 11 月,苏州市委、市政府正式下发《苏州市农村住宅置换商品房实施意见》(以下简称《实施意见》),确定了农村住宅置换商品房的适用范围、基本原则以及拆迁安置补偿政策措施等,以此来进一步推动城乡之间土地要素的流动,优化各类用地布局,提高土地集约利用水平,促进苏州城乡一体化发展。《实施意见》中规定,对置换农户的安置补偿将采用现房安置、货币补偿、全部或部分到工业

① http://jsnews.jschina.com.cn/sz/201007/t445286.shtml.

② 凌岩:《城乡一体化:冲击城乡二元结构的进军号》,上海社会科学院出版社 2005 年版,第 91 页。

③ file:///D:/My%20Documents/城乡一体化/无锡/2009/zz2009%208%203 无锡江苏省发展和改革委员会.htm.

集中区置换标准厂房三种形式。具体按照"规划先行,总量平衡;统筹兼顾,分类指导;农民自愿,鼓励创新;先建后拆,先拆后得"四个基本原则。对符合规定的住宅条件并已提交住宅申请的置换区(拆旧区)内农民,自愿放弃宅基地申请的,可安排一套面积约 120 平方米的商品房作为政策性补偿。宅基地置换新增的建设用地指标,由各县(市区)统一调配使用。二是以农村土地承包经营权流转置换土地股份合作社股权和城镇社会保障。鼓励农民逐步将承包地、自留地通过流转置换农保为城保,探索土地利用收益共享机制,加快构建农民转为市民的社保体系,加上社区股份合作社股份,鼓励农民带股、带保、带房进城镇,促进农民实现居住空间和社会身份向市民的"双转换"。三是以分散经营置换规模化经营。即按照农民自愿原则,鼓励通过土地合作化经营、集体组织经营、种养大户经营,发挥规模化、集约化,推动传统农业向现代农业转变从而提高农业的效益。

据统计,实施宅基地换商品房改革前,苏州市农村居民点用地为 89.57 万亩,人均占地为 0.34 亩,户均占地 0.9 亩。到 2009 年,全市近 35 万户农户实现了集中居住,户均占有宅基地由 0.9 亩减为 0.3 亩左右,节约建设用地大约为 21 万亩。腾出的土地 50% 走向市场进行拍卖,用于第二、第三产业发展,所得收益用于建设集中居住区和对农民的补偿;20% 作为村集体资产,通过在城镇建设标准厂房或店面,让农民通过入股参与分红长期获得土地收益;30% 复垦为耕地,用于置换农民集中居住区建设用地。[①] 另据统计,苏州市 2009 年全年共完成土地开发复垦整理面积 6 万多亩,新增耕地面积 6515 亩;全市合同出让金总额 604.6 亿元,比上年增长 61.7%,其中经营性用地合同总金额 525 亿元,比上年增长 70%。[②]

2010 年年初,苏州太仓出台了"加快城乡经济社会发展一体化进程的实施意见",5 月 1 日起施行。具体目标是到 2012 年,全市 50% 以上农户进城进镇进区集中居住,再用 5 年至 8 年时间,基本实现全市农民集中居住。太仓市明确指出,对农民进城进镇、农房拆迁安置的,凡本市市、镇规划区、太仓港经济开发区、科教新城开发建设需要和市、镇规划区以外因社会公益事业、经济建设需要成片开发所涉及被拆迁的农民住宅,采取拆迁或预拆迁办法,并以公

---

① 王卫星:《对城乡一体化发展模式的思考》,《中国软科学》2009 年第 12 期,第 24 页。

② http://www.chinalands.com/showNews.aspx? ID=62610.

寓房进行安置。对本市市、镇规划区、太仓港经济开发区、科教新城区域外的农户自愿放弃宅基地使用权、土地承包经营权进城进镇落户的，采取"土地换保障"办法，实行"拆一还一"公寓房安置，也可实施货币安置。本市无农村居民户口的家庭，目前在农村仍有宅基地和房屋的，对自愿拆除房屋、原宅基地交回集体的，享受"拆一还一"政策，实行公寓房安置，也可实施货币安置。

对该市市、镇规划区、太仓港经济开发区、科教新城区域外无"三置换"意愿的农户，符合改建、新建住房条件的，由农户提出申请，经村委会审核，并报镇人民政府批准，可以在规划的集中居住区内安排建联体或联排住房，集中居住区的基础设施由市、镇、村三级投资建设；对涉及农民集中居住区项目建设的行政性规费，除上缴国家、省、苏州市外，予以免收。

在切实保障农民权益方面，该市明确提出，对拆迁或预拆迁安置入住公寓房并自愿放弃宅基地使用权、土地承包经营权进城进镇的农民，实施向城镇居民身份的转换，按常住地办理户籍登记手续，在教育、文化、卫生、体育等方面享受城镇居民同等待遇；加大对进城进镇农民的就业创业支持力度，实行统一的就业失业登记制度、城镇就业困难人员援助制度和职业培训制度。劳动年龄段人员进城进镇后半年内免费介绍岗位，确保一户有一人以上就业。有创业愿望的农民，优先解决小额信贷。农民进城（镇、区）集中居住后，在原村集体经济组织中已拥有的集体资产所有权不变，按社区股份合作社章程享有股份和收益分配的权利。

太仓对进入集中居住区建房落户的农户，土地承包关系保持稳定并长久不变，农户进入集中居住区流转出来的承包土地、进城进镇放弃承包经营权的土地和复垦的宅基地，由村集体经济组织发起组建合作农场，实行专业化生产、企业化管理、规模化经营；农户以土地承包经营权入股于合作农场，合作农场的可分配收益按股分红，也可采取保底分红。吸纳农民资金入股，发展合作项目，获得股金分红。[①]

最后还要说明的是：实行"三置换"、"三集中"后，农民变成股民，收入渠道进一步走向多元化。2009年苏州市农民人均纯收入达12987元，其中财产投资性收入达33.2%[②]，农民走上了"家家有物业、户户有资本、人人有股份"

---

①　徐允上：《太仓全面推进农民集中居住》，《苏州日报》2010年4月28日第A27版。

②　http://finance.sina.com.cn/roll/20100415/12287756700.shtml.

的共同富裕之路。

通过"三集中",优化了城乡资源配置,拓展了城乡发展空间,凸显了城乡统筹发展的成效。

### 二、以规划为龙头,逐步推进城乡一体化

苏南城乡一体化是以规划为龙头,因地制宜、由点到面地逐步推进的。

城乡一体化是一项艰巨、复杂的系统工程,千头万绪,涉及城乡产业布局、基础设施布局等许多方面,涉的部门涵盖了几乎所有的政府组成部门,规划是龙头,抓住规划就抓准了牛鼻子。苏南地区都把编制统筹城乡发展的规划体系作为统筹城乡发展的基础工作。"规划即法",这是苏州工业园区的建设发展理念,如今被所有的苏州干部奉为圭臬。领导可以换,规划不能动。苏南地区的规划以"三集中"为主线,以市(地区)、县、镇各级为单位,层层规划,内容全面,涉及城乡空间布局、产业规划、基础设施各方面,相互配套,可行性强,具体表现如下:

#### (一)苏州

作为全省唯一城乡一体化试点地区的苏州,坚持把城市和农村作为一个整体来规划,细致到了具体的点。仅仅对于农民集中居住点,苏州就设计了五种模式:现代社区型、集中居住型、整治改造型、生态环境型和古村保护型,按照这五种模式在将农村居民点从原来的近 2.1 万个缩小到了 2517 个农村集中居住点后再规划编制[1]。最近几年,苏州累计投入近 200 亿元,按照这五大类型建立了 459 个市级示范村和 19 个省级示范村[2]。在规划过程中,苏州坚持产业协调发展,形成了优质粮油、特色水产、高效园艺、生态林业四个"一百万亩"的空间布局。坚持工业企业向规划区集中与新型工业化同步推进,坚持农业用地向规模经营集中与农业现代化同步进行,坚持农民居住向新型社区集中与富民工程同步实施。

遵循"三集中"的原则,在农业产业的规划布局方面,苏州坚持农业布局规划与城镇、新农村规划相结合,将优势主导产业不断向农业保护区集中,逐步形成城镇建设区、农民集中居住区、工业发展区、农业保护区"四位一体",

---

① 陆晓华、顾玲:《逾半承包耕地实现规模经营》,《苏州日报》2010 年 2 月 22 日第 A02 版。
② 姜圣瑜等:《城市更像城市,乡村更像乡村》,《新华日报》2010 年 6 月 5 日第 A2 版。

既分又合的城乡一体化规划格局。2006 年，苏州又提出"四个百万亩"（百万亩优质水稻、百万亩特色水产、百万亩高效园艺、百万亩生态林地）农业空间布局规划，制定实施了《苏州市农业布局规划》。2007 年，全市先行启动了"百万亩规模化示范区"建设，总面积达到 131 万亩。其中，市级规模化示范区 30 个，面积 22 万亩；市、区、镇级规模化示范区 250 个，面积 51 万亩。全市实施农业面积达 21.9 万亩，综合机械化水平达到 80%。同时，积极探索建立保护与占补机制，强化政策扶持。到 2009 年底，全市农业规模经营面积 134.8 万亩，占全市承包土地面积的 56%；全市已建成千亩以上高标准现代农业示范区 64 个，其中万亩以上 14 个①。涌现了吴中区现代农业园区、相城区现代高效渔业园区、太仓现代设施农业园区、海峡两岸（昆山）农业合作试验区、阳澄湖现代农业产业园等一批高标准、大规模的现代农业园区的典型。2010 年，将加快落实"四个百万亩"农业产业空间布局规划，把不少于 100 万亩的水稻种植面积的规划落实到县级市、镇和相关田块，加快实现"水稻规模化、蔬菜设施化、水产标准化、营销现代化"，加快"百万亩现代农业规模化示范区"建设。对目前基础较好、规模大、实力强、特色显著、水平较高的现代农业园区，按照城乡一体化发展要求，探索"区镇合一"管理方式，在更高水平、更大规模、更广领域推进现代农业发展。

2009 年 9 月份，苏州市委、市政府根据省委、省政府的要求，研究制定的《苏州城乡一体化发展综合配套改革三年实施计划》出台，计划三年跨出三大步，率先在城乡发展规划、资源配置、产业布局、基础设施、公共服务、就业社保和社会管理等"六个一体化"方面取得新突破。具体分成"三大步"，2009 年为"重点突破年"、2010 年为"整体推进年"、2011 年为"全面提升年"。

2010 年初，《中共苏州市委、苏州市人民政府关于全面推进城乡一体化改革发展的决定》（以下简称《决定》）正式印发。作为 2010 年苏州市市委一号文件，该《决定》明确，苏州城乡一体化发展综合配套改革要坚持富民优先、制度创新、尊重实践、统筹兼顾四大原则，更加注重八个方面的工作，到 2012 年基本建立城乡一体化发展的体制机制。《决定》又指出，到 2020 年全市农村改革发展的主要目标任务是：①到 2012 年基本建立城乡一体化发展的体制机制；②全市农民人均纯收入在 2007 年突破 1 万元的基础上，2012 年达到全省

---

① 　陆晓华、顾玲：《逾半承包耕地实现规模经营》，《苏州日报》2010 年 2 月 22 日第 A02 版。

平均水平的 1.5 倍、全国平均水平的 2 倍以上,2017 年突破 2.5 万元;③村均集体经济收入 2012 年达到 450 万元;④到 2012 年高效农业面积占种养面积(不含粮油作物)比重达 60%,高效农业种养面积亩均效益 5000 元以上的占 1/3;⑤城乡公共服务均等化基本实现,城乡社会保障基本并轨,城乡社会管理体系及防灾减灾体系基本完善;⑥农村基层组织建设全面加强,农民民主权利得到有效保障;⑦经济与人口资源环境协调发展,农村生态环境和人居环境显著改善,2010 年全市陆地森林覆盖率达到 23%。

张家港市按照"以工业化为动力、以城市化为途径,以人的素质和生活质量的全面提高为内涵"的城乡统筹发展思路,科学规划城乡发展布局,为构筑城乡一体文明打下坚实基础。一是对市、镇实施统一规划,把全市 8 个镇规划为"一城四片区"市域城镇体系。着力打造包括"大杨舍"、"大锦丰"、"大金港"三个千亿级产业基地。中心城区规划面积由 16.8 平方公里扩展到 80 平方公里,对全市的辐射带动作用明显增强。二是构建大交通体系,缩短农村和城市的距离。"五纵五横一环一高一连一接"的市域现代化交通网络,把分散各地的保税港区、经济开发区、冶金工业园和各类工业集中区连接成一个有机整体,极大地增强了经济社会发展的承载力和可持续发展的后劲。三是完善镇村布局规划,农村有限的资源趋于集中。全市通过连续四次的行政区划调整,城镇数由 26 个减至 8 个,行政村数由 436 个减至 178 个。在此基础上,参照城市社区的模式,在 8 个镇全部建立镇级社区,在村一级推行"社区全覆盖工程",使城乡布局更趋合理,呈现出较强的区域带动力。①

昆山市于 2003 年率先提出了"城乡规划全覆盖"理念,把 927 平方公里市域作为一个整体,进行总体规划和控制性详细规划、专项规划、镇村布局规划,规划建设 73 个新型社区,70% 左右的农民实现集中居住。在规划过程中,昆山市因地制宜,非常注重古典与现代的结合,注重对江南水乡自然村落的保护,确立了中心城区、城市副中心、小城市和特色镇、新型社区、自然村落等 5 个层次,让工业文明与传统文明和谐并存。例如,在明末著名思想家顾炎武的故乡、"百戏之祖"昆曲的发源地——昆山市千灯镇的规划上,10 年前昆山在全域概念性规划中就进行了总体设计:全镇 87 平方公里分为 4 个区域,北部

---

① 光明日报专题调研组:《城乡一体文明建设的探索和实践》,《光明日报》2010 年 6 月 24 日第 11 版。

35平方公里为现代工业园,东南部6平方公里为现代商务物流园,中部和东部16平方公里为城镇建设区,中心是古镇旅游区,西部30平方公里为现代农业园,如今,这一规划思想已经基本实现。得益于城乡统一规划,千灯镇大潭村等作为自然村落被保留和进行整理,使之保持了江南水乡风貌。

苏州工业园区开发建设进程中最值得称道的就是规划,这在园区推进城乡一体化改革发展中,同样得到了很好的验证。与其他开发区"先区内、后区外"的做法不同,苏州工业园区从1994年建区一开始,就对各项规划实行了区内区外全覆盖。苏州工业园区规划总面积288平方公里,其中中新合作区80平方公里,下辖娄葑、唯亭、胜浦三个镇,全区户籍人口33.94万,常住人口81.76万。根据区域发展总体目标,中新双方专家融合国际城市发展的先进经验,联合编制了科学超前的区域总体规划和详细规划,科学布局工业、商贸、居住等各项城市功能,先后制定和完善了300多项专业规划,并确立了"先规划后建设,先地下后地上"的科学开发程序,形成了"执法从严"的规划管理制度。

根据规划,园区产业采取"3+5"的结构布局,电子信息制造、机械制造、现代服务业"三驾马车"继续做大做强;另一方面积极发展纳米技术、生物医药、半导体照明、融合通信、环保五大新兴产业。这些产业均采取"产业链"招商、上下游配套的方式,从中新合作区直接延伸到区外三个镇,通过规划引领他们配套协同发展。娄葑镇发挥近城靠区优势,大力发展城市经济、商贸经济、楼宇经济、创意经济;唯亭镇发挥交通临湖优势,以城铁、高铁建设为契机,大力提升城市形象、产业能级和服务功能,加快建成现代化、生态型北部门户;胜浦镇发挥园区昆山双向辐射优势,推进呼叫中心特色产业基地和金光、东方光纤等重大项目建设,完善功能配套、产业配套和服务配套,加快建成规划科学、建设精致、环境优雅、配套完善的城市副中心。

为了节约、集约用地,高标准地营造良好的人居环境,苏州工业园区根据不同地段土地利用的不同经济和景观价值,设置相应的用地类型和住宅类型。住宅用地分为高密度、中密度、低密度三个层次,商业设施按城市级、分区级、邻里级三级配套。16年来,区外三个镇按照"中新合作区—三镇副中心—新型社区"的规划体系,根据城市级标准不断配套建设商业设施,如今均已成为具有地标建筑、拥有繁华街区的城市副中心;而每个居住区均以邻里中心的方式集中设置社区主要的配套设施,集商业、文化、社区服务于一体;工业区以综合性便利中心的形式为外来务工人员设置集中宿舍区和商业便利服务设施。

截至 2009 年年底，813 个自然村庄全部完成拆迁，累计建成动迁小区 88 个；86% 的被征地农村居民入住小区；133 个行政村全面撤村建居，共建成 49 个社区，农村行政村管理体制向城市社区管理体制转变迈出关键步伐。①

### （二）无锡

进入本世纪初，无锡就开始着手实施城乡统筹规划。一是加强农村发展研究，以理论研究指导城乡统筹规划。有选择、有定向地邀请清华、北大、南大、东大、同济等知名院校及专业机构，承担两市四区农村发展的规划专题研究，为后续城镇布局规划、镇村布局规划及村庄建设整治规划提供理论指导和技术支撑。二是在无锡城市总体规划修编中实现空间范畴的城乡一体全覆盖。2000 年，无锡城市总体规划修编，城市总体规划把规划区范围扩展到包括广大农村地区在内的整个无锡行政区范围，首次在空间范畴上实现了城乡一体的全覆盖。农村地区的建设也被纳入到规划管理范畴，有利于城乡功能互补和空间资源整合，有利于城市和乡村的共同有序发展。三是超前编制城镇布局规划和镇村布局规划，实现城乡一体化空间格局的历史性创新。

近年来，无锡以规划建设为先导，从区域经济发展全局的角度，统筹考虑区域整体协调发展。一是实施以城带乡发展战略，形成"七区一体，一体两翼"的区域城市化发展格局。按照"区域城市化、城市现代化"要求，完善了市域城镇体系规划，深化了主城区的空间布局，明确了"一主六副"的特大城市空间布局形态、"城市南进、工业北移"的发展方向、"南拓北展、东联西优"的空间管制策略以及打造湖滨山水名城的发展目标，着力推进"五城、五片、五园"为重点的功能性载体布局建设，城市空间布局实现了从"运河时代"走进"蠡湖时代"再迈进"太湖时代"的巨大变化。"打造山水名城、共建美好家园"被列为城建行动纲要的主题。在"靓山、亲水、扬名、筑城"的总体要求下，城乡规划实现了整体化、全覆盖。目前，无锡的城市建设规划有着十分清晰的思路和方向：

"一个特大城市、两个大中城市和 12 个新市镇"，构建"七区一体、一体两翼"的大格局，建设"五个中心"、打造"五个名城"。

---

① file:///D:/My%20Documents/城乡一体化/苏州/2010/7 月/10% 207% 2015 苏州市工业园区率先基本实现城乡一体化—苏州企业在线.htm。

"一体两翼"：无锡 7 个行政区和江阴、宜兴两个县级城市。

"五个中心"：构建国际先进制造技术中心、区域性商贸物流中心、创意设计中心、职业教育中心、旅游度假中心。

"五个名城"：将无锡打造为最适宜投资创业的工商名城、最适宜创新创造的设计名城、最适宜生活居住的山水名城、最适宜旅游度假的休闲名城、最富有人文特质的文化名城。

"五城"：建设江阴临港新城、宜兴环科新城、太湖新城、蠡湖新城、锡东新城。

"五园"：建设太湖国际科技园、工业设计园、太湖新城科教产业园、藕塘职教园、空港产业园。

"两区"：建设马山旅游度假区、太湖山水城旅游度假区。

二是完善城乡规划体系，实现城市和农村规划无缝对接。按照城乡统筹发展的要求，编制完成了城乡融合、相互衔接、全覆盖的镇村布局总体规划、12个新市镇的城市设计及重点地区控制性详细规划、50 个新型农村社区集群和351 个居住点的建设整治规划，形成了覆盖全市城乡区域范围的"新城—新市镇—新型农村社区"的三级城镇空间布局结构。

三是调整优化镇村行政区划，合理布局镇村规模。针对过去总体城市化水平不高、城镇布局分散、集聚能力不强、对农村地区辐射带动能力差的问题，无锡在充分调研和论证的基础上进行了镇村行政区划调整。

在江阴，规划已经实现了城乡全覆盖。除中心城区外，各镇以新农村建设为契机，基本完成了新一轮总体规划的修编报批，完成建设用地控制性详细规划，全市域城镇建设用地控规覆盖率达 100%。同时，加强对城镇重点地区修建性详细规划的编制工作，全面完成了农村居民点村庄建设规划的编制。

一是科学编制城乡统筹规划，将全市域作为一个整体。在城市总体规划指导下，江阴市于 2005 年开始组织编制《江阴市城乡统筹规划》。规划将江阴城乡全市域 988 平方公里作为一个整体，整合城镇空间结构，优化布局形态，协调产业分工，明确第一、二、三产业的空间布局；合理框定近远期城镇用地规模，明确划定城镇外围生态空间，维持区域可持续发展；统筹协调区域交通、市政等重大基础设施的落实，保证区域长远稳定发展。城乡统筹规划为各镇开展规划编制工作提供了依据，使各片区之间、各镇之间实现了规划的无缝对接。

二是实现城乡规划的全面覆盖,积极推进社会主义新农村建设。2006年—2007年,江阴市规划局全面完成城乡规划全覆盖工作,认真落实城乡规划全覆盖任务,积极推进社会主义新农村建设。加快了各镇总体规划的修编和报批工作,各镇以社会主义新农村建设为契机,开展了新一轮总体规划的修编,完成了总体规划模型。加强了对城镇建设用地控制性详细规划的编制,目前各镇已完成建设用地控制性详细规划,全市域城镇建设用地控覆盖率达100%。

三是高度重视城市设计和城镇风貌特色规划,妥善处理好城镇发展与保护之间的关系。在编制规划过程中,他们通过城市设计的手法,编制风貌特色规划,进一步优化、提升城镇形象,避免千城一面,统筹与突出城镇建设特色。组织编制了《江阴整体风貌研究》《江阴历史文化各城保护规划》《青阳镇南北街等区保护与整治规划》等规划,对保护江阴独具特色的历史文化名城风貌景观、挖掘历史文化名城内涵、处理好城镇发展与保护之间的关系起到了积极作用。

四是切实加强村庄建设规划,合理布局农村居民点。在城乡统筹规划中,他们针对农村居民点的分布现状和近期新建居民点的成功经验,在农村居民点规划时充分考虑了耕作半径、耕作面积和历史文化遗存以及特色村庄保留等,合理地确定了农村居民点的规划布点。全市域共规划农村居民点集群203个,其中,城镇建设用地范围内102个,规划建设用地范围外101个,包括徐霞客镇北渚村、月城镇桥村等14个有历史文化遗存和特色的村庄。

（三）常州

常州市坚持城乡一体、规划先行的思路。近年来,不断优化城镇、工业、农业、居住、生态规划布局,积极推进农民居住向城镇和社区集中、工业企业向园区集中、农业用地向规模经营集中,完善了由1个特大城市、2个中等城市、7个重点中心镇和若干一般镇组成的四级城镇体系,完成了镇村布局规划编制、近500个村庄居民点建设及1100多个一般规划保留居民点的平面布局规划,基本实现镇村布局规划确定的保留点的规划全覆盖,城乡规划一体化得到显著提升。在做好规划的基础上,按照发展现代农业的要求,坚持"因地制宜、发挥优势、相对集中、形成规模"的原则,进一步完善产业布局,基本形成了洮滆平原花木、洮滆两湖特种水产、武进东部应时鲜果、金坛食用菌、丘陵山区特色茶果及优势畜牧业6大产业带区,培育了一批农业龙头企业和规模经营的产业基地。目前，全市高效农业面积达 85 万亩，已建成 1000 亩以上农业示范园区 43 个，其中 5000 亩以上的 9 个；农业工业企业 75% 进入集中区。[①] 与此同时，还大力推进乡镇工业园区建设，让特色优势产业得到集聚发展。

常州市武进区坚持把科学规划作为推进城乡一体化的前提。近年来，《武进发展战略规划》、《武中分区规划》、《西太湖生态休闲区概念性规划》等一大批重大规划相继"出炉"。制定《新农村建设三年行动纲要》，编制完成 70 个集聚点村庄、120 个保留村庄布局规划。各项规划相互衔接，全区 1242 平方公里内，实现规划全覆盖，使每一块土地都列入规划，不留空白；每一个项目都按规划实施，不盲目建设。

经过长期的广泛调研、精心谋划，2009 年年初，一张行之有效的推进武进区城乡一体化"路线图"终于出台。具体可以概括为"34568"：

"3"，就是指武进的城乡规划布局到 2012 年，基本形成城乡人口相对集中、功能分区科学合理，以中心城区为核心、以"两区两湖两城两园"为亮点、以重点镇为支撑、以特色镇为优势、以中心村为节点的新型城乡空间布局。城乡一体化将分"三步走"，即以 2010 年、2012 年和 2020 年为时间节点的"三步走"发展战略。

第一步，到 2010 年，为重点突破、梯次推进阶段。全面建设新农村，精心打造重点镇，继续加快中心城区建设，现代化城镇体系逐步健全，城乡体制基本接轨，城市现代化、农村城市化和城乡一体化取得明显进展，全区城市化水平达到 60%，并率先基本实现现代化。

第二步，到 2012 年，为整体推进、全面达标阶段。武进区城乡一体化的推进机制和政策体系进一步健全，城市现代化、农村城市化和城乡一体化取得重大进展，体现全国领先水平、具有武进特色的城乡发展一体化格局基本形成，全区城市化水平达到 65%。

第三步，到 2020 年，为巩固提升、全面深化阶段。城市现代化、农村城市化和城乡一体化的形态全面形成，全区城市化水平达到 80% 左右，人均 GDP 超过 3 万美元，发展水平跻身世界发达国家的行列。

"4"是指形成"主导在区、主抓在镇、主动在村、主体在民"的"四为主"新

---

① 程湘、陈荣春、韩晖：《"五个一体化"让农民共享发展成果》，《常州日报》2010 年 6 月 12 日第 A1 版。

农村建设工作机制。

"5"是指在推进城乡一体化过程中,始终坚持"解放思想、开拓创新;'三化'推动、'三农'并进;规划先行、城乡互动;以人为本、富民优先;统筹兼顾、有序推进"这五大原则。

"6"即明确了城乡规划布局、产业发展、基础设施、公共服务、就业保障、社会管理等武进版本的"六个一体化"发展内涵。

"8"指针对推进中的重点难点,明确要在"城乡规划的覆盖提升、基础设施的完善延伸、农民收入的持续增加、农村改革的积极探索、农村经济的培育振兴、公共服务的优质均等、社会管理的有效组织和基层组织的全面加强"这8个方面予以重点突破。

溧阳市在推进城乡一体化的过程中注重规划引领,按照"三集中"的思路制定了《溧阳市优势农产品产业化发展总体规划》,努力形成南部山区以桑、茶、果、林为重点,西北部山区以果、茶、食草畜禽、中药材为主体,平原圩区以优质粮油、特种水产、花卉、蔬菜、瓜果为骨干的农业产业体系。坚持"科学规划、统筹协调、合理分工、错位发展"的原则,制定了《溧阳市工业产业布局规划》,加快整合镇工业集中区资源,重点推进"二区五园"建设,集聚生产要素,构建合理的产业布局。加强各镇控制性详细规划的编制,科学确定乡村居民点的布局和数量,全市 291 个行政村所属的 3097 个自然村,规划保留点为766 个。①

### 三、实施"三大合作"

苏南在城乡一体化进程中,大力发展创新型经济,实施"三大合作",建立富民强村新机制。

由苏南模式转向新苏南模式,既体现对原有苏南模式的路径依赖,又体现了发展模式在新的发展阶段的创新。新苏南模式在很大程度上保留了原有的苏南模式的传统,例如立足本地发展实业,注重发展共同富裕,地方政府和市场机制共同作用等。即使在 20 世纪 90 年代国有企业和乡镇企业的产权改革中也并不都是"私有化",更不是"一卖了之"。在企业中,保留不同比例的国

---

① file:///D:/My%20Documents/城乡一体化/常州/溧阳/江苏农业网 http--www_jsagri_gov_cn-.htm。

有或集体股份,并吸收私人股份进入和进行公司制改造。正是循着这样的思路,自从 2000 年 6 月常州市武进区郑陆镇牟家村,在全省率先成立了第一家社区股份合作社后,苏南农村普遍推进"三大合作"改革,在农村集体资产、农村承包土地、农村生产经营方面通过合作制或股份合作制,发展新型合作经济,包括社区股份合作制改革、土地股份合作制改革和农民专业合作经济组织建设。"三大合作"改革是苏南模式的升级、丰富和完善。社区股份合作制改革把集体的资产、资源用于发展工业化、城镇化,加强了社区的民主管理和社会服务,有利于促进现代农业发展。农民变成股民,设立监事会、董事会,人人享有经营权、决策权和股利分红,增强了农村基层的经济实力。

农村土地股份合作制是在坚持土地集体所有的前提下,把土地产权分解为土地股权、经营权和使用权,让农民拥有土地资产的股权,集体经济组织掌握土地经营权,土地租赁者享有土地使用权。这种权力制衡关系可实现土地股份制与土地经营租赁制的结合。土地量化为股权,均等分给农民,这样,农民成了土地的所有者;集体经济组织变成了经营者。所有权主体和经营权主体互相换位。过去集体所有、农户经营的双层体制被改良更新为农户所有、集体经济组织经营的新双层体制。农民凭集体成员身份分享股权这一制度安排,使土地的社会保障功能与其生产要素功能分离开来。集体组织把土地作为资产来经营,适应了农村市场经济的发展要求,也是农村土地市场得以发育、成熟的起点和基础。这一新型的土地制度,具有产权清晰、利益直接、风险共担、效益明显、操作简便等特点。因此,以股份制改造后的"集体",不是对土地集体所有制的否定,而是"集体"的新生,是土地集体所有制在新的历史条件下的实现形式。股份制改造后的土地集体所有制,不同于目前的土地集体所有制。因为农民的集体成员权益或者农民作为土地集体所有者的身份以股权的形式得到了明确表达和实现,集体的每一个成员都在价值形态上对集体土地享有可以辨认和流转的份额。股份制改造后的土地集体所有制,实现了集体土地的社会保障功能与生产要素功能的分离。在此基础之上,促进了农业规模化、高效化、社会化、市场化。

在社区股份合作制基础上派生出的物业股份合作社,被称为富民合作社,它是苏南近年来农村改革的亮点,与国际上倡导的新一代投资型合作社有异曲同工之处。富民合作社积极引导农民进行资本联合,集体资金和村民认股共同参与投资二、三产业的经营和开发,为扩大合作领域和促进农民增收开辟了新的途径。

资源资产化、资产资本化、资本股份化是"三大合作"改革的目标。2009年底,苏州市农村集体总资产达787亿元,村级集体总资产达330亿元。村均收入389万元,相城区渭西村等13个村超过3000万元。"三大合作"组织累计达到2821家,持股农户占90%以上。① 2009年无锡市新组建各类农民合作组织317家,参加各类农民合作组织的农民总数达累计达47.39万户,占全市农户总数的61.1%。② 常州所属的溧阳市于2003年成立了第一家农民专业合作社。2007年,溧阳市《农民专业合作社法》正式实施,溧阳市农民专业合作组织的发展步入春天。截至2010年6月底,全市已在工商部门注册登记的各类农民专业合作社达248家,其中2010年上半年新增45家。目前,全市农民专业合作社资产总额达9.26亿元,参加农民专业合作社的成员有26516人,带动农户12万户,占全市农户的63.8%。15家合作社被省农业委员会命名为省级"四有"农民专业合作社,其中2家被评为全省100家"四有"示范合作社。37家合作社获得常州市规范化建设达标合作社称号。③

## 四、加强小城镇建设

加强小城镇尤其是中心镇建设,是苏南城乡一体化的切入点。

小城镇是连接城乡的最重要节点,也是农民变市民的主要载体。苏南历来重视小城镇的建设和发展,20世纪90年代末,苏南地区开始撤乡并镇,重点选择、建设中小城镇,不断提高城镇发展质量。近几年,又有选择地在中心镇中培育重点作为城乡一体化的主要试验区,把加强中心镇建设作为"双轮驱动"战略的重要内容、解决城乡二元结构矛盾的重要途径。苏南在加强中心镇的建设过程中首先是坚持科学规划。高起点、高标准制定中心镇的镇域总体规划、镇区建设规划和其他专项规划,严格按照规定程序对规划进行审批。其次就是盘活用好土地。按照"盘活存量、争取增量、提升质量"要求,全面开展闲置土地清理工作,整合项目用地,确保实现土地资源利用的最大化。再次是积极融通资金。坚持政府适当投入引导、市场运作为主的原则,采取多

---

① 陆晓华、顾玲:《逾半承包耕地实现规模经营》,《苏州日报》2010年2月22日第A02版。

② http://www.jsdpc.gov.cn/pub/jsdpc/tzgg/ztgg/201003/t20100304_177982.htm.

③ http://www.cz001.com.cn/2010—07/30/content_1378683.htm.

元化的融资方式,引导社会资金投资城镇建设。又,加强城镇镇容管理。建立健全城管队伍,把城镇的保洁工作抓好,做好中心镇的美化、绿化和亮化工作。最后是促进城镇聚集发展。积极增加城镇人口,推进集中居住,不断提高城镇人口承载力和就业容纳能力。

　　1983 年以前苏州共有建制镇 162 个,历经变动,尤其是 1998 年的大规模撤并,到 2008 年年底,纳入市统计部门统计口径的建制镇为 61 个(纳入市建设部门统计口径的建制镇 44 个,不包括城关镇和已划入城市统计范围的镇),平均建成区面积 6.4 平方公里,建成区平均户籍人口 2.08 万。全市 600多万外来人口中约有 350 万分布在各个城镇。经过多次调整,苏州市目前初步形成了以市区为核心、以五个县级市市区为节点、10 个重点中心镇为骨干、40 多个一般镇为基础的城镇布局体系。小城镇的基础设施逐步完善,综合功能不断加强。30 多年来,全市累计共投入资金 400 多亿元,实现了镇镇、村村通公路、通程控电话,自来水普及率达到 99% 以上,有线电视网络普及镇区,覆盖农民小区。全市 88% 的村建立了功能配套的社区服务中心。教育、文化、体育、科技、医疗、保健、商业、金融和集贸设施覆盖率达 85% 以上。居住条件逐步改善,环境质量不断提升。居民住宅建设由过去的分散无序状态,逐步向相对集中、综合配套的方向转变,由过去传统的独立式住宅向公寓式住宅转变。2008 年年末,全市镇区人均住房使用面积已达 45.24 平方米,农民人均住房使用面积已达 78.57 平方米。承载能力逐步提高,集聚效应不断增强。通过区划调整,尤其是通过城乡一体化各项政策的出台和"三置换"、"三集中"的推进,75% 的农村工业企业进入工业园,56% 的承包耕地实现规模经营,33% 的农民进入集中居住区。2009 年,全市乡镇(街道)实现地方一般财政预算收入 350.8 亿元,占全市总量的 47.1%;接纳了全市约 60% 的就业人口,创造了约 70% 的 GDP,小城镇正在成为城乡经济发展的重要增长极。①

　　常州市将把重点镇(中心镇)建设成为新一轮产业和人口集聚地,现代化主城区的特色功能区和卫星城,一改以往小城镇建设投入不集中、政策不聚焦、人口不集聚的状况。目前,金坛的薛埠、尧塘等镇将大力推进新市镇建设;溧阳的天目湖镇也以"天目湖"为品牌,坚持工业强镇、旅游兴镇、生态美镇;

---

① 辛歆:《小城镇正在成为苏州城乡经济发展重要增长极》,《苏州日报》2010 年 5 月 14 日第 A1 版。

武进区率先确定了 5 个现代化小城镇建设示范镇;新北区大力推进薛家中心镇建设,以万顷良田建设工程为抓手,加快推进孟河、西夏墅的人口集聚化。

在推进镇村建设方面,武进区着力提升城镇形象和集聚功能,一批体现武进区特色、代表常州形象、展现苏南水平的一流名镇呈现于眼前。中心城区内,5.6 平方公里重点核心区基本建成,16.6 平方公里核心区框架拉开,一座现代化新城已初步展现。在中心城区的带动和辐射下,小城镇建设步伐不断加快,全区现有 2 个全国重点镇、8 个省级示范小城镇,所有镇均创建成省级卫生镇和全国环境优美镇。新农村建设有效推进,全区 400 多个行政村基本实现自来水、天然气、公交车等 10 个"村村有"。

近年来,伴随城市化的快速推进,一些镇经济快速发展,人口急剧增长,在社会管理和公共服务方面面临许多新情况、新问题,影响和制约了经济发达镇的进一步发展。苏南地区尤为突出,以吴江市盛泽镇为例,目前,盛泽 30 多平方公里镇区内,集聚了 2300 多家纺织企业、5300 多家纺织商行,已成为一个常住人口达 30 万人、其中外来人口 17 万人的特大型乡镇,2009 年实现地区生产总值超过 190 亿元。[1] 但限于镇级行政编制,镇内公安、国土、工商等单位作为吴江市的派出机构,极少的人员配备与需要承担的大量经济社会管理职能相比显得捉襟见肘。

2010 年中央 1 号文件指出,当前和今后一个时期的城乡一体化推进要把握两个要点:一是要将中小城市和小城镇的发展提到更加重要的战略位置;二是要把符合条件的农业人口转变为城市居民作为重要任务。2010 年 4 月份,中央编办、国家发改委等部门联合下发有关通知,明确在 13 个省的 25 个经济发达镇进行行政管理体制改革试点,我省吴江市盛泽镇、昆山市张浦镇、江阴市徐霞客镇、兴化市戴南镇被列入试点范围。根据省委书记梁保华关于"镇一级改革要加大力度,省里要扩大试点范围"的指示精神,省有关部门又选择了张家港市凤凰镇、太仓市沙溪镇、常熟市梅李镇、宜兴市丁蜀镇、溧阳市天目湖镇等 16 个镇开展省级试点。

此次我省确定的 20 个改革试点镇,是从全省 999 个乡镇中筛选出来的,选择的主要依据是经济总量、财政收入、人口规模和辖区面积等。在 20 个试点镇中苏南地区就占据了 8 个名额(苏州 5 个、无锡 2 个、常州 1 个)。此次

---

① 陆晓华:《我市五镇"强镇扩权"》,《苏州日报》2010 年 8 月 8 日第 A01 版。

"强镇扩权"的试点内容：一是创新管理体制；二是扩大管理权限；三是强化公共服务；四是增加发展活力；其主要目标就是通过两年左右努力，使扩权的小城镇发展成为现代新型小城市，与现有大中小城市"分工有序、优势互补"。相信经过这一次"强权扩镇"的改革，"车大马小"的现象将会得到一定程度的改善。城乡一体化的进程会加快发展。

## 五、转变农业发展方式

农业是国民经济的基础，苏南很多地方在实施城乡一体化的过程中始终坚持工业与农业、城市与农村共同发展，以工补农，以城带乡。但随着工业化与城市化的推进，作为鱼米之乡的苏南，人多地少的矛盾更显突出。为此，苏南各地区积极探索，转变农业的发展方式，坚持集约经营、规模经营、产业化经营；创新金融机制，多方筹资，加大投入改善农业基础设施，提高农业科技水平，在实现农业高产出水平的同时拓展农业的产业链，发展观光农业、生态农业，走出了一条现代农业之路。①

## 六、改善农村公共基础设施

城乡一体化的一个重要方面就是实现城乡在基础设施、社会事业、公共服务等方面的一体化。苏南地区经济的快速发展为地方政府积累了一定的财力，也为政府实施"以工补农、以城带乡"，加快发展农村社会事业、改善基础设施，实现城乡公共服务均等化提供了现实基础。在推进城乡一体化的过程中苏南各级政府充分发挥公共财政的作用，积极调整财政支出结构，加大"三农"投入，建立健全财政对"三农"的稳定投入机制，一是加大对农村基础设施、社会事业、现代农业等公共服务和社会保障力度，改善农民生活水平、农业发展条件；二是加强财政支农管理制度创新，注重发挥财政资金公共效益；三是建立支农金融平台，完善政策性农业金融保险制度。探索政策性保险商业化运作模式，拓展农民需要险种，推进农业担保体系建设，切实解决农民和农业企业贷款难现象。

苏州通过统筹推进城乡生态环境和基础设施建设，推动了城乡基础设施一体化。城镇基础设施加快向农村延伸，城乡交通、水利、电力、电信、环保等

---

① 详见第十二章。

重大基础设施建设形成了统筹推进的格局。全市行政村班车通达率99%，城乡公交一体化覆盖率89%，所有乡镇都能在15分钟内上高速公路；区域集中供水入户率超过95%，农村自来水普及率超过99%；56%的村实现生活污水集中处理，90%以上的村实现生活垃圾集中收集。[①]

在公共服务方面，教育、文化、卫生、体育等各项社会事业和公共服务设施加快向农村覆盖。近几年来，苏州市投入近200亿元建设示范村和新型社区，着力推进示范村和新型农村社区建设，建立了459个市级示范村、19个省级示范村。到2009年年底，全市有近33%的农户搬迁到860个集中居住点居住，88%的村建成了集党员活动、就业社保、商贸超市、卫生计生、教育文体、综治警务、民政事务、环境保护等功能于一体的新型社区服务中心。农村小学、初中全部达到教育现代化评估标准，所有公办高中达省三星级办学标准；城乡医疗卫生加快联动，90%以上乡镇和村建成卫生服务中心（室）[②]；农村公共文化全覆盖，图书设施、数字电视、文化活动室在镇村建成。同时，一批新型小城镇活力增强、功能完善，为吸纳农民进镇落户、享有公共服务创造了条件。去年，苏州已成立了80家劳务合作社，入社农民4710人；每个社区服务中心都设有职业介绍所，农民只要"不挑不拣"，保证"一周上岗"。

昆山市千灯镇炎武社区和华强社区是两大农民动迁小区，这里入住了该镇20多个村的7000户拆迁农户。新的社区里，社区服务中心、教育中心、活动中心、便民服务大厅、医务室、便民超市、阅览室、篮球场、门球场、棋牌室、老年活动室、喜事中心等一应俱全。这里的居民不出社区，就能办妥很多事情。

2010年，苏州市卫生局、财政局、人口计生委下发《关于促进基本公共卫生服务逐步均等化的实施意见》（以下简称《意见》），确定城乡居民可免费享受9类基本公共卫生服务项目和4个重大公共卫生服务项目。9类基本公共卫生服务项目分别是：建立居民健康档案、健康教育、预防接种、传染病防治、儿童保健、妇女保健、老年人保健、慢性病管理、重性精神疾病管理。4个重大公共卫生服务项目分别是：逐步对困难人群中的重性精神病、高血压病、糖尿病患者进行基本药物免费供给；开展职业病控制项目以及循证医学肿瘤防治、

---

① 姜圣瑜等：《公共资源下乡，"城里有的乡下也有"》，《新华日报》2010年6月3日第A2版。

② 陆晓华：《苏州后年实现城乡养老并轨》，《苏州日报》2010年2月2日第A03版。

脑卒中康复指导等慢病服务项目；加强流动人口的公共卫生管理，公共卫生服务逐步覆盖全市常住人口；母婴阳光工程。该《意见》明确，到 2011 年，基本公共卫生服务项目和重大公共卫生服务项目将在苏州市得到普及，城乡、地区和人群之间享有公共卫生服务的差距明显缩小；到 2020 年，基本公共卫生服务均等化运行机制更加完善，重大疾病和主要健康危险因素得到有效控制，城乡居民健康水平进一步提高。[①]

针对农村金融服务品种和方式比较传统，农民、农村企业贷款难的现象，苏州近年来加大了农村金融创新力度，通过政、保、银三方创新农村金融服务新模式，2009 年，全市政策性农业保险领域和规模继续扩大，累计投保农户210 多万户次，承保风险 40 亿元。农业担保带动效应也不断放大，累计担保金额达 40 亿元。[②] 同时，农村小额贷款公司试点取得新突破，17 家试点方案获得批准，其中 13 家已正式挂牌营业。还制定出台了《"农贷通"小额担保贷款管理办法》，开发了"农利丰"、"农贷通"农村金融产品，实现农村集体资产产权抵押贷款新的突破，已经发放和即将发放的"农利丰"和"农贷通"担保贷款近 6 亿元，为破除镇村集体经济发展的资金"瓶颈"找到了一条有效途径。

近年来，无锡市从城乡一体化高度出发，不断提高农村基础设施、教育、医疗、文化等公共服务均等化水平。无锡市充分发挥政府主导作用，大力加强和改善农业农村基础设施建设。一是引导社会和民间资本投资城乡基础设施建设。充分发挥全市城市化水平高、工业带动能力强的优势，坚持政府引导与市场化运作相结合，让大量社会和民间资本进入这一领域，"谁投资、谁受益"，从根本上改善农业农村基础设施长期投入不足的问题。二是坚持把基础设施建设和社会事业发展的重点转向农村。调整国民收入分配格局，扩大公共财政覆盖农村的范围，加大农村水、路、气、电建设的投入力度，加快农村教育、医疗和文化等基本公共服务设施建设，尤其突出交通设施建设，使农村的生产生活条件得到明显改善。2006 年无锡在全国率先开启的城乡公交一体化之旅，如今被专家称为公共服务的"无锡模式"，去年江阴市、无锡市在全省率先实现城通镇、镇通村、村村通公交的无缝对接，全面实现城乡公交一体化。三是

---

① 李晓：《城乡居民免费享受 9 类基本公共卫生服务》，《苏州日报》2010 年 7 月 15 日第A03 版。

② 陆晓华：《苏州后年实现城乡养老并轨》，《苏州日报》2010 年 2 月 2 日第 A03 版。

大力推进"七位一体"的农村新型社区服务中心建设。2009 年,4000 人以上行政村建成农村社区服务中心的比率达到 95.7%;无锡市农村义务教育学校装备条件达省级 II 类标准比例达 85.7%;镇文化站、村文化活动室达标率为 99.5%;农村人口和计划生育优质机构覆盖率达到 82.3%;新建为农服务社 259 家。农村金融服务业得到创新发展,融资渠道得到拓宽。全市累计组建村镇银行 2 家,农村小额贷款公司发展到 14 家,实现全覆盖,吸收民间资本 26.2 亿元,全市共组建或确定 36 家农业贷款担保机构。①

近年来,常州市大力推进农村基础设施建设,开展以"三清一绿"(清垃圾、清粪污、清河塘,绿化村庄)、"五化三有"(道路硬化、村庄绿化、卫生洁化、河塘净化、环境美化和有公共服务中心、有长效管理机制、有乡村文化)等为主要内容的小康家园建设和农村环境提升工程,累计有 966 个村完成"三清一绿"整治任务,450 个村达到"五化三有"整治标准,村庄环境整治 3 年任务 2 年完成;农村道路建设基本实现城区通镇二级公路,镇通镇三级公路,镇通村四级公路,武进全面实现村组道路硬化。2008 年、2009 连续两年各有 10 个村被评为"常州市小康家园示范村",今年有 7 个村被评为"江苏省社会主义新农村建设示范村"。在基础设施得到明显改善的同时,农村交通、教育、文化、医疗、卫生等公共服务建设得到大力推进,基本实现了供水、供电、电讯、网络、数字电视一体化,市域范围内实现村村通公交;独立建制中小学办学条件均达省二类标准以上;每个镇都有一个社区卫生服务中心和若干个社区服务站,农村居民社区门诊费用比市级医院低 50%;基本实现"镇有达标文化站,村有文化室";建成镇级社区公共服务平台 32 个、村级社区公共服务平台 423 个。

常州市武进区在科学规划、城镇联动下,制定实施了"城乡三年行动纲要",持续加大基础设施投入。重点推进交通设施建设,强化与常州主城区、周边地区的有效衔接和互联互通,目前各镇行车半小时便到中心城区,15 分钟到高速公路道口,"村村通公交"全面完成;进一步完善天然气、供水、污水处理、精品楼盘、大型超市等城市公共设施建设和综合服务体系,使城市生活更加井然有序、丰富多彩。按照"十个一"的要求,大力推进小城镇建设,迅速

---

① 童海华、李论:《"一二三四"构建城乡一体美景》,《中国经济导报》2010 年 3 月 20 日第 A02 版。

提升小城镇对农村的辐射和带动能力。以经济发展型、村庄优美型、自然生态型和特色文化型 4 种类型为模本，因地制宜确定 30 个村作为现代化示范村，着力建设一批全市率先、全省一流、全国有影响的新农村建设典型。重点加快全区 364 个村级规划居住点的基础设施建设，严控非居住保留点建房审批，促使分散居住的农民加快迁入居住点。

### 七、建立城乡就业与社会保障统筹新机制

农村劳动力素质的提高、农村社会保障制度的建立以及农村土地制度改革是打破城乡二元结构，推进城乡一体化的几个关键因素，只有实现城乡就业社保一体化，才能改变乡下人"低人一等"的状况，也才能让农民进城后成为能够立足的市民。

早在前几年，苏南地区就把农村劳动力素质培训、促进农民就业，作为推进城乡一体化的必要前提和重要举措来抓，并着力建设城乡一体化的劳动就业服务体系和管理体系。主要采取下述措施：

一是建立农村劳动力资源和就业状况数据库以及服务网络。2005 年前后，苏州各县(市)对农民就业和收入状况进行了大调查。昆山市自 2004 年起，就启动了"家家有物业、个个有技能、人人有工作"的三有工程，财政为此安排专项资金 2000 万元，建立了农村家庭资料数据库，该数据库涵盖了该市 10 多万户农村家庭和 41 万多农村居民，具体指标包括家庭基本情况、技能培训、劳动力就业、物业经营和家庭收入五大类 82 个指标，数据库每年都要进行更新，每户农村居民情况在此一目了然[①]。2004 年，无锡提出农村劳动力就业率概念，确定劳动报酬达到和超过当地最低工资标准的(宜兴市 500 元/月，其他市(县)区 620 元/月)，为充分就业；劳动报酬低于当地最低工资标准、高于当地城镇居民最低生活保障标准(宜兴市 220 元/月，其他市(县)区 260 元/月)，本人愿意从事更多工作的，为不充分就业；低于当地城镇居民最低生活保障的视做失业(无业)。并按照此标准，对农村劳动力资源和就业状况进行普查，建立数据库。在此基础上，对农村劳动力的培训进行分类指导和有针对性的服务。[②]

---

① http://www.jsxnw.gov.cn/newsfiles/4/2005—07/12789.shtml.

② 段进军、蔡全记：《长三角与苏南》，苏州大学出版社 2006 年版，第 111 页。

二是加大对农村劳动力的培训力度。2004 年以来,苏南地区各市对农村劳动力进行了"拉网式"排查和培训,保证 45 岁以下的青壮年劳动力通过培训掌握一两门专业技能,全年共培训农村劳动力 100 多万人,投入资金 5000 万元,其中省财政投入 4000 万元以上,形成了"培训主体多元化、培训专业品牌化、培训方式多样化、培训就业一体化"的培训就业新格局[1]。苏州市近年来建立了城乡统一的社会就业失业登记制度、失业保险制度,出台了一系列促进创业带动就业政策和扶持政策,基本实现城乡劳动者就业政策统一、就业服务共享、就业机会公平和就业条件平等。农村劳动力非农就业率达到 85%,建立创业孵化基地(园)60 多个,青年创业见习(实训)基地 32 个。

三是为了让老年农民养老不再依赖土地,近年来,苏南各地都把建立健全农村社会保障制度,扩大农村社会保障覆盖面,作为统筹城乡发展的一项重点工作和推进"三集中"的一个保障措施来抓。各地根据各自的经济实力,量力而行,有重点、有步骤地推进农村社会保障制度的建设,目前,苏南地区已建立了包括最低生活保障、被征地农民生活保障、农村合作医疗、农村养老保险、五保户集中供养、特困家庭子女免费入学、农村医疗救助等社会保障体系,有的地方已初步实现农保与城保的接轨。具体来讲,苏南的社会保障主要是从以下两方面展开的。一方面,建立新型农村基本养老保险制度。根据农村劳动力就业渠道不同,实行一个社会保险体系、两种社会养老办法。即将农村企业及其从业人员纳入城镇企业职工社会保险,分步过渡、逐步并轨;对从事农业生产为主的农民建立农村基本养老保险制度。另一方面,率先建立农村居民医疗保险制度,并不断提高农村医保水平和覆盖率。2005 以来,苏州市推进新型农村合作医疗向居民医疗保险制度过渡,建立了农村居民医疗保险制度,农民看病拿同样医保卡。此外,建立健全工伤保险制度。将所有用人单位纳入工伤保险范围,并规定凡在本市行政区域内从事建设项目施工的所有建筑企业都要为农民工办理工伤保险等。

2004 年苏州市全市农村基本养老保险参保覆盖率和享受农村养老待遇的老年农民覆盖率都达到 78%;全市农村合作医疗保险行政村覆盖率达到 96%,人口覆盖率达到 93.4%,人均基金标准为 108 元。[2] 近年来苏州加快农

---

① 段进军、蔡全记:《长三角与苏南》,苏州大学出版社 2006 年版,第 111 页。
② 同上书,第 112 页。

保向城保并轨的进程，农村劳动力参加基本养老保险覆盖率达98.5%，其中133.5万人参加城镇职工养老保险，占比达65.1%；老年农民社会养老补贴覆盖率99.5%。新型农村合作医疗保险制度向基本医疗保险制度过渡进展良好，农村基本医疗保险参保率达97%以上，人均基金由2009年年底的347元，提高到2010年上半年的400元，最高的镇超过500元，基本实现农民持医保卡就诊看病。农村低保应保尽保，昆山、吴江、吴中、园区、高新区、相城等地已实现城乡低保标准并轨。其中，吴中区是全国首个把失地农民全部纳入城保体系的地区。今年，城乡一体的社会保障要逐步接轨，农村劳动力进城保的比例争取提高到70%，其中失地农民进城保比例由82%提高到90%，城乡低保标准尽快接轨。①

按照已经制定的时间表，到2012年，苏州市将被征地农户和在非农产业就业的农村劳动力纳入城保体系，基本实现城乡养老并轨。推进新型农村合作医疗制度向城镇居民基本医疗保险制度过渡。建立城乡统一的最低生活保障制度，健全自然增长机制，逐步提高保障水平。特别是逐步提高老年农民养老金及失地农民补偿水平，加大贫困农民扶贫帮困力度，增加他们的收入，提高他们的生活水平。

近年来，随着经济社会改革和转型，针对不同群体的实际情况，无锡市切实加强制度安排，逐步实现城乡就业和社会保障制度全覆盖。围绕"人人享有养老保障"的要求，建成以城镇企业职工基本养老保险、新型农民基本养老保险和被征地农民基本生活保障为主要内容，城镇老年居民养老补贴为补充的"三基本一补充"的养老保障体系。围绕"人人享有健康保障"的要求，建成以城镇职工基本医疗保险、城镇居民医疗保险和新型农村合作医疗为主要内容、慈善医疗救助为补充的"三基本一救助"的医疗保障体系。不断完善社会保障各项制度设计，重点是建立制度相互衔接机制，畅通制度转换渠道，提升社会保障层次。在"新农合"建立之后，积极引导原"老农合"参保农民参加"新农合"；2003年1月起，建立了农村养老保险转换城镇养老保险的机制；2008年，调整和完善了被征地农民基本生活保障办法，建立健全了"政府保障"置换"城保"机制，完善了被征地农民生活保障的长效机制。到目前为止全市38个街道、43个镇、4个开发区、631个社区和681个行政村全部建立了

---

① http://bbs.news.163.com/bbs/country/178760806.html.

劳动保障所(站),社区(村)全部建立了专兼职劳动保障协理员队伍,1400多人获得劳动保障部劳动保障协理员职业技能培训鉴定中级证。新型农村合作医疗覆盖面不断扩大、保障水平不断提高。目前,全市农民参合率达到99.86%。2009年,市区参保病人住院个人平均负担率降至21.73%,为历年最低。斥资702万元资助困难农民6.5万人免费参加新农合,医疗补助3844人次共345万元。①

2010年5月,无锡市政府第二十五次常务会议讨论通过《2010—2012年无锡市就业和社会保障城乡一体化实施方案》该方案明确了今后3年无锡在就业和社会保障方面的计划目标。一是加快推动就业城乡一体化。"十二五"期间,坚持"就业优先"策略,全面实现各项就业管理、服务、帮扶等政策措施全面接轨,建成城乡一体、信息联网、资源共享的人力资源市场。二是加快推动养老保障城乡一体化。今年,要整合"新农保"、"地保"、"城镇老年居民养老补贴",制定出台城乡统一的居民养老保险办法,从而形成企业职工养老保险和居民养老保险为主的养老保障制度体系。到2012年,城乡养老保障综合覆盖率达到98.5%以上。三是加快推动医疗保障城乡一体化。今年要整合"城镇居民医保"和"新农合",制定出台城乡统一的居民医疗保险办法,从而形成职工医疗保险和居民医疗保险为主的医疗保障制度体系。2010年,市区、县市各统筹区完成新农合与城镇居民医疗保险的制度整合。2012年,城镇职工医保、居民医保参保率达98.5%以上。

常州市近年来积极推进城乡居民基本养老保险、最低生活保障和基本医疗保险提标、扩面和转换接轨,完善"三大保障",城乡标准差距逐步缩小。全市新农保参保人数达41.4万,覆盖率达78%,金坛、溧阳、武进、新北全面实施农村老年居民基本养老保障制度,城乡低保实现应保尽保;2010年7月1日,武进全面实现城乡低保一体化。46.6万被征地农民全部纳入基本生活保障体系;新农合覆盖面达99.3%,农民人均筹资标准提高到240元。②

---

① 江苏经济报编辑部:《无锡推进城乡一体化的实践与探索》,《江苏经济报》2009年11月20日第B01版。

② 程湘、陈荣春、韩晖:《"五个一体化"让农民共享发展成果》,《常州日报》2010年6月12日第A1版。

### 八、推进城乡生态文明一体化

改革开放后,苏南地区在工业化和城市化快速发展和推进的同时,土地资源尤其是耕地和湿地资源不断减少,水资源也严重遭到污染,生态环境遭到破坏,环境承载能力下降。这些在 20 世纪八九十年代尤为突出。但在 90 年代后期随着工业化的转型、城镇化的调整、提升,旧苏南模式向新苏南模式转换,苏南地区普遍加大了环保的力度,逐步走可持续发展之路。尤其是在党的十六届三中全会后,在科学发展观的指引下,苏南各地落实环保优先理念,把城乡生态文明一体化作为城乡一体化的一个重要环节去狠抓落实,取得了一定的成效。

苏州城区西边,灵岩山、天平山、穹窿山、天池山等蜿蜒起伏,当地很多老百姓长期靠开山采石来发财致富,但采石使得植被遭到破坏,环境不断恶化。早在 1998 年,为保护生态环境,苏州市政府就明令禁止开山采石,并给开山村等沿山 9 个村发放了 1000 多万元"停山补贴",山不能再"吃"了,"吃补贴"过不了多久 1000 多万元也会被吃光。正在这时,苏州高新区规划利用这里的自然资源建设白马涧生态园。于是,"停山补贴"集体入股搞生态园开发。大山重披绿装,被称为"水中活化石"的"桃花水母"再现龙池;昔日炮声隆隆的采石场变成了 4A 级风景区。当地的老百姓成了生态园里的工人,和城里工人一样每月按时领取工资,享有各种社保和补贴,还拿到股份红利。同样是靠山吃山,只不过是换了个吃法,但吃得更好,更主要的是能长久吃下去。因为采石头总有一天会坐吃山空;农民入股生态园,股份只会越滚越大,城市发展给这里带来的增值效应和后续的发展空间也会越来越大。

为了防止城市化对乡村的过度"侵害",苏州在全国率先以人大立法的形式出台古镇、古村保护法规,同里、周庄、木渎等一批古镇和东山陆巷、西山明月湾等一批古村得到严格保护。在保护中让农民分享"古村古镇"红利,村民以其所有的古建筑入股,参与保护、经营和收益。

2008 年,苏州市明确要构建"三大格局",着力统筹改善城乡生态环境。一是构建城乡同步的水污染防治格局。推进中心城市和县城镇污水处理新建、扩建和除磷脱氮改造工程,提高生活污水收集率、处理率。加大农村建制镇和居民集中居住区生活污水处理工程的建设力度,并向周边行政村辐射、延伸。进一步实施城乡河道畅流工程,加快湖泊水体循环交换。二是构建城乡同质的垃圾无害化处理格局。启动建设日处理规模 1600 吨的七子山垃圾填埋场扩建工程,探索建立更加有效的"村收集、镇运转、市(县)处理"的长效机制,加快形成一体化管理格局。三是构建城乡一体的生态绿化格局。加快推进沿路、沿河、沿城镇生态防护林建设,将城乡空间连接为完整的生态网络。举全市之力推进环太湖、阳澄湖及沿江生态林建设工程,力争到2010年形成具有苏州特色的现代生态绿化。

为了让乡村更像乡村,让为生态保护作出贡献的人不吃亏,2008年,苏州就把"建立健全生态环境补偿制度"确立为苏州城乡发展一体化综合配套改革的十大改革重点之一。仅阳澄湖围网养殖一项,就从最高峰的14万亩压缩到现在的3.2万亩,但洗脚上岸的渔民没吃亏,他们用补偿款组建富民合作社,有的人家成了"百万富翁"。

作为苏州全市城乡一体化综合配套改革先导区重要组成部分的苏州西部生态城,位于苏州高新区230省道以西,规划总面积42平方公里,其中15平方公里区域为建设区。西部生态城将以太湖湿地公园为"绿心"、生态廊道为"绿链"、滨湖景观带为"绿环",建成一座集旅游休闲、文化创意、民间工艺及高品质居住、办公于一体的低碳生态型山水新城。2010年2月21日,苏州西部生态城建设指挥部揭牌暨太湖湿地公园开园仪式在苏州高新区举行,标志着总投资250亿元的西部生态城建设正式拉开帷幕。今年,西部生态城将全面启动建设130万平方米动迁安置房,并着力通过推进传统种植业现代化、规模化发展,积极创设刺绣、缂丝等创新工艺创意园区,试行"房权换股权"组建物业合作社等村民创收增收手段,努力增加动迁农民的财产投资性收入。[1]

据统计,"十一五"期间,苏州种绿投入135亿,城市绿化每年新增450万到500万平方米绿地,农村绿化每年新增绿地10万亩。到2009年年底,在水域面积占总面积42%的特殊条件下,苏州全市森林覆盖率达20.33%、城市建成区绿地率36.5%、绿化覆盖率42%、人均拥有公共绿地面积14.3平方米。[2]

近年来,无锡大力推进生态农村建设。一是以深入开展现代化新农村建设示范镇、示范村争创活动为龙头,着力推动环境优美乡镇、生态示范村等创

---

① file:///D:/My%20Documents/城乡一体化/苏州/2010/1--2/苏州太湖湿地公园环太湖地区 NO_1%5B 图%5D. htm。

② 徐蕴海:《"十一五"苏州种绿投入135亿》,《苏州日报》2009年11月12日第A01版。

建活动。2007年建成环境优美乡镇比例为88.6%。二是以开展"6699"行动(六大应急对策、六大工作机制、九大清源工程、九大治污措施)全面治理太湖为契机,实现农村生活污水的无害化处理。针对村庄布局分散、城镇污水处理厂难以覆盖到村庄的现状特点,全市各地积极开展农村生活污水处理试点工程,探索出了一套适合无锡农村分散村庄推广的生活污水处理方案。三是以创建国家生态园林城市为目标,推进"绿色无锡"建设。以沪宁高速公路、312国道为主段的市重点造林绿化工程,增绿18000多亩,构筑了城市外围重要的生态屏障。结合村庄环境整治、河道清淤、农业结构调整等深入开展村庄绿化,全市去年农村环境面貌进一步改善,建成绿色家园示范镇6个、绿色家园示范村157个。

现在,无锡建设思路与以前相比,最大的转变就是:一切建设项目都必须无条件地服从太湖保护区建设的各项优化、控制、限制和禁止规定。太湖综合整治作为重中之重,在调水引流、打捞蓝藻、生态净水、执法监管等措施全面展开之后初见成效。水源地水质明显提升。惠山青龙山显山透绿工程,新增城市绿地3697万平方米。数据显示,从2003年开始,无锡市平均每年造林10万亩,共新增造林面积60多万亩,超过了过去30年的总和,森林面积从2002年底的105万亩增加到2008年底的166万亩,森林覆盖率达35.2%,成为江苏省第一个国家森林城市。初步形成了以城市绿化为核心,城郊森林为依托,太湖生态防护林为屏障的城市森林生态网络。空气良好天数达93%,环境质量综合指数达82。[①]

常州近几年为了建设国家生态市,坚持"国标"、"民标"相统一;坚持治水、治气、治污、治绿多管齐下;坚持生态修复和环境建设创新务实求实、真抓真干真投入;坚持部门地区联动、城乡联动、人民群众齐参与,全市的城乡环境面貌发生了巨大变化。

针对下一步的整改提升,市委书记范燕青提出了下一步的整改方案:

一是全力以赴提升环境面貌。打好镇容村貌大会战、污染整治攻坚战,大力改善城乡生态环境。

二是集中力量解决突出问题。注重环境信访调处工作,深入开展环保找

---

① 沈原、刘梦雪:《无锡森林覆盖率达35.2%》,《扬子经济时报》2009年6月12日第WX01版。

差活动,逐一解决群众关注的、身边的突出环境问题;加强环境信访的分析排查,对苗头性、倾向性问题,做到早发现、早介入、早处置,力争把问题控制在萌芽、化解在基层、解决在源头。

三是锲而不舍促进经济转型。针对目前减排任务重、压力大的实际,一方面要花大力气加强监管、强制减排;另一方面更要靠产业自身的科学发展加以解决,通过产业的结构调整、科技创新和转型升级,推动环境的不断优化和改善。加快发展节能环保、循环经济、现代信息技术产业,大力发展低碳经济和创新型经济,不断提高新兴产业的比重,最大限度地减少对资源的消耗和对环境的破坏。紧紧抓住常州建设国家创新型试点城市、国家创新型科技园区的契机,突出推进"一核八园"建设,通过科技创新的"惊人一跃"实现发展方式的"脱胎换骨",从而走出一条具有常州特色的集约发展、和谐发展、可持续发展之路。①

## 第三节 经验与挑战
### ——苏南城乡一体化的经验与面临的挑战

### 一、苏南城乡一体化的经验

应当肯定,近年来苏南城乡一体化发展整体良好,苏州作为江苏的试点,在推进城乡一体化改革的过程中思路清晰、目标明确、重点突出,取得了一系列重大突破。综观以苏州为代表的苏南城乡一体化发展的实践探索,其经验集中表现为:

第一,在目标定位上坚持率先发展、全面发展与科学发展。调整城乡关系,改变城乡分割的体制机制,逐步消除城乡二元结构,缩小城乡差别,构建平等公平、和谐共富的城乡关系,使现代工业与现代农业共同发展,工业化、城镇化与新农村建设同步推进。

第二,在思路和理念上坚持"三农"与"三化"互动并进,以"三化"带"三农",以"三集中"为方针,把空间让给城市,把利益留给农民,较好地把握住城乡一体化的推进路径。

城乡一体化并不是简单的把农民转变成市民的问题,其内涵非常丰富,具

---

① 马浩剑:《全力冲刺60天,加快建成生态市》,《常州日报》2010年9月3日第A1、A2版。

体工作千头万绪,牵涉农村户籍制度的改革、土地的流转、基础设施的改善、小城镇的建设、农保与城保的转换对接等。把握城乡一体化的重点、难点、突破口、切入点等才能找到其演进路径。

　　苏南在推进城乡一体化的过程中清醒地意识到城乡一体化的焦点、重点、难点都在农村。始终坚持把发展农村经济作为推进城乡经济社会一体化发展的第一要务,积极实施强村战略,千方百计壮大村级集体经济实力;始终坚持把促进农民持续增收作为推进城乡经济社会一体化发展的根本要求;始终把农业放在重要位置,注重现代农业发展与生态环境保护的有机结合;注重把加强农村人力资源开发和新型农民培养、农业增效、农民增收紧密结合起来,加快了传统农业向现代农业转变的进程,建立起三次产业协调发展机制和城乡统筹就业机制。

　　制定并坚持"三集中"的战略方针作为实现城乡一体化的奠基石。要实现农村城镇化、城乡一体化,"三集中"是唯一的必然选择;要实现城乡空间布局、基础设施建设、产业发展、社会发展一体化目标的一个共性要求和前提也必然是"三集中"。就从基础设施来讲,现代化的交通、通信、宽带网、煤气、自来水、电力、污水治理项目等,是不可能通向分散的千家万户,也无法实现经济管理。要改变城乡的二元结构,"三集中"也是唯一的选择,这是因为只有实现了农村人口向城镇集中,才有可能实现农民身份的战略转型。除了相当一部分农民向大中城市转移,融入城市市民社会之外,转移到城镇的农民,也可实现亦工亦农的"两栖人",可以做到"人人有工作,家家有产业,个个有技能"的新型农民或农业工人。只有实现了工业向园区集中,才有助于提高乡镇企业的产业升级,才有可能做到集约化生产,也才有可能做到文明生产,防止环境的污染和被破坏。只有实现了土地向规模经营集中,才有可能实现农业产业的技术转型、农业产业的结构转型和农业产业的组织转型,大幅度地提高农业劳动生产率和土地的产出率,提高农产品的技术含量,按照市场的需要不断地调整农产品的供给结构,并把农业产业的生产、加工、储运、销售、服务等环节,通过专业性的组织分工协作去完成,充分发挥专业分工的优势,以提高农业产业的组织化程度和市场竞争力,逐步形成规模效应。

　　苏南地区人多地少,"三集中"显得更为必要,自从 20 世纪 90 年代苏南地区提出"三集中"以来,得到社会各界的广泛认同,因为它是实现城乡一体化的唯一可选择之路。苏南地区城乡一体化的很多规划和措施都是围绕着

"三集中"而展开和制定的,如"三形态"、"三置换"、"三沿战略"等。"三集中"促使"三置换","土地魔方"转起来了,解决了农民与土地的关系,找准了城乡一体化制度创新的逻辑起点,才使得"资源资产化、资产资本化、资本股本化、股份市场化"变为现实。可以说:"三集中"是苏南城乡一体化的突破口,是苏南城乡一体化成功的奠基石。

第三,在发展动力上坚持以市场机制为基础、以政府调控为指导,"双力合璧"共同推进城乡一体化。

理论分析与实际情况表明,统筹城乡发展,实现城乡一体化目标,既需要发挥市场机制这只"看不见的手"的作用,又离不开政府这只"看得见的手"的作用。坚持"两手"结合的调节原则,才能使城乡在统筹发展中共进共荣,有利于促进城乡一体化。[①]"政府之手"的功能主要是辅助"市场之手"引导资源与要素流动,并发挥政府在政策创新、体制改革、政策修正等一系列制度安排中的核心推力作用。"苏南模式"的一个典型特点即是所谓的"强政府","新苏南模式"同样继承了这个特点,但"强政府"未必就是"弱市场","苏南模式"之所以能取得成功,一个重要的原因就是充分发挥"市场之手"与"政府之手"的合力作用。

苏南在推进城乡一体化的进程中,充分遵循市场经济规律,发挥市场机制在一体化进程中的内生动力作用。

首先是以市场机制优化城乡资源要素配置,为一体化发展提供效率保障。城乡经济社会一体化发展的必要条件之一是利用市场化机制促进城乡资源要素的流动,优化资源配置效率,从而由内而外、自下而上地积蓄起城乡一体化的内生推动力量。苏、锡、常三市充分利用市场力量,尊重农民的个人意愿选择、创新精神,推进"三集中","双置换"(苏州现在已调整为"三置换")和谋求规模化发展,增加农民财产投资性收入,苏州本着"允许先试先行、允许试了再说、允许只做不说、允许错了改"的原则,以及"资源资产化、资产资本化、资本股本化、股份市场化"等改革政策实践证明是一条以市场经济手段推进城乡一体化发展的有效路径。

其次,以市场机制引导城乡内部产业集聚,为一体化发展提供产业支撑。城乡一体化并不单纯是一个农民变市民的问题。近几年来一些地方打着城镇

---

① 周琳琅:《统筹城乡发展:理论与实践》,中国经济出版社 2005 年版,第 284 页。

化或城乡一体化的旗帜,大肆圈占土地搞工业园区或开发区,扩大城镇规模,但是由于没有产业的支撑,得不偿失,农民在成为市民的同时也就成了无业游民,引发了一系列经济社会问题。苏南在推进城乡一体化的过程中,非常注重把产业发展和产业聚集放在突出位置,加强都市区、乡村内部经济支点的培育,形成城乡一体化发展有力的产业支撑,实现"三化"带"三农"战略。把更多的农民吸引到城镇的各个产业链条上来,其具体途径有三条:一是通过城市"龙头"企业带动,通过工业企业向农村布局、延伸,建立生产基地或配套加工园区,促进产业配套本土化和企业外协配件本土化,培植本地产业发展基础。二是通过园区辐射。在市场机制作用下因势利导,努力把开发园区建成统筹城乡发展、加速农村城市化进程的新城区,引导社会主义新农村建设的示范区,转移农村剩余劳动力的吸纳器,提升农民知识技能的大学校,提高农民生活水平的先行区。三是推行"一村一品"工程,实施村企挂钩。一方面把发展农村经济、增加农民收入这个首要任务落到实处;另一方面为企业寻找新的增长点,发展新型产业和产品。江阴华西村、张家港永联村等都是村企合一的典型。

城乡一体化在起步阶段,往往多以民本自发演进路径为主,此时市场机制发挥了较大的作用,但随着时间的推移、进程的加深,逐步演变成民本自发与政府自觉两条路径共同推进,尤其是在加快推进阶段,更加需要通过"政府之手"辅助"市场之手"引导资源与要素流动,在我国由于仍然存在较强的城乡二元分割体制,比如在行政管理体制上,目前仍保留着城乡分割、城乡分治的格局。同样是绿化,园林局只管城市绿化,农林局只管农村绿化。同样是非农建设用地,国有土地和农村集体建设用地还没有实行同地同价同权。苏州、无锡等地虽然已在2003年实行了城乡统一的户籍登记制度,但是附加在城乡户口上的种种限制和利益因素还没有完全剥离。这是一个制度性的障碍,必须通过改革来解决。城乡一体化,首先要打破城乡分治;体制机制改革,首先要从政府机构自身改革做起。尤其需要政府在政策创新、体制改革、政策修正等一系列制度安排中发挥核心推力作用,促进城乡经济社会一体化更好更快向前推进。

苏州在城乡一体化发展综合配套改革试点中,创造性地推出了众多职能部门"大联动"机制,有效消除了行政"壁垒",加速推进了一体化进程,切实改变了"管城的不管乡、管乡的不管城"的二元管理体制。2009年《苏州城乡一体化发展综合配套改革三年实施计划》中，十项主要任务都详细分解到各责任部门。像"加快推进城乡基础设施建设和管理一体化"，就明确由市发改委、经贸委、建设局、交通局、水务局、环保局、旅游局等单位负责牵头落实，如"加快推进城乡公共服务均等化"，则涉及市委农办、教育局、民政局、卫生局、人口和计生委、体育局、文广新局、贸易局、供销社等众多单位，再有如"推进城乡一体化社会保障制度改革"，明确由劳动和社保局、民政局、财政局、卫生局、人口和计生委等单位牵头落实。同时，还成立了以党政主要领导任组长的领导小组，健全市四套班子全体领导、市级机关各部门与先导区、示范村的挂钩联系制度，形成城乡联动、整体推进的领导体制和工作机制。市和各市（区）都建立集中办公制度，强化对改革试点工作的综合协调、政策指导和督促检查。一个城乡一体化发展综合配套改革试点工作领导小组办公室，就集中了财政、发改委、国土、公安、规划、建设、农林、农办8个部门的工作人员。苏州还建立完善了体现科学发展观要求的城乡一体化发展综合配套改革试点工作绩效考核体系，把推进城乡一体化发展的工作实绩作为考核干部政绩和工作水平的重要内容。

在制度改革创新方面，苏州通过股份合作制改革、土地使用制度改革、户籍制度改革、就业和社会保障制度改革、投融资体制改革等"五大改革"奠定共同富裕之路。

第四，在工作方法上坚持典型示范与全面推开有机结合、经济建设与生态保护统筹兼顾。

城乡一体化，没有现成经验，更多要靠实践探索和不断创新。创新的基础是实践，实践就要发扬因地制宜、实事求是、具体情况具体分析的科学态度。在城乡一体化试点中，苏州创造性地推出了23个城乡一体化改革先导区，按照不同类型，鼓励大胆创新，尊重基层和群众的首创精神，只要是有利于城乡一体化发展的改革创新，都鼓励支持，放手放开。对23个改革先导区，更是给出了"允许试、允许闯、允许错了改"的政策空间，"凡是政策上没有明令禁止的要允许探索实践，政策上允许做的要更加灵活多样"，支持其加大改革力度，充分发挥示范引导作用，力争"一年一个样，三年大变样"，对一批规模大、标准高、功能优、特色明、实力强的先导区则要求率先建成省级示范园区。

苏南在城乡一体化的进程中坚持眼前工作与长远目标的统筹兼顾，始终坚持把改善生态环境作为推进城乡经济社会一体化发展的重要内容。打破城乡二元环保机制,注重城乡环境共同改善,实行城乡一律的严格污水排放许可制度,城乡共同承担环境责任。以村庄整治为抓手,大力改善农村生态环境,提高政策扶持强度、加大工作力度,全面提升生态文明水平,使广大城乡居民在工业化与城市化迅速推进、生活水平不断提高的同时享受到美好的生活环境。

江苏省委书记梁保华把苏州城乡一体化的经验概括为四个结合,就是加快新型工业与发展现代农业相结合,推进城市化和建设新农村相结合,生产方式转变与生活方式转变相结合,经济建设与社会建设、生态文明建设相结合。并将苏州城乡一体化的思路归纳为四句话:就是让更多的农民转为市民,让更少的农民种更多的地,得到更多的收入,过上更好的生活。[①]

国务院发展研究中心党组成员、农村经济研究部部长韩俊总结了苏州城乡一体化发展体制创新方面的十条经验,认为十条"苏州经验"可给全国其他地区提供启示和借鉴。第一条,苏州在推进城乡一体化过程中,注意探索建立三次产业协调发展的机制,注重加强农业的深度开发,注重不断创新农业的经营方式。第二条,苏州在城乡统筹发展的过程中,注重建立城乡就业统筹机制,城乡一体化必须以增加农民的就业为支撑、为导向。第三条,苏州在推进城乡一体化过程中,注重逐步建立城乡统一的社会保障制度。第四条,苏州在推进城乡一体化过程中,注重建立起城乡改革协同推进的机制。第五条,苏州在推进城乡一体化过程中,建立了一个县域经济、小城镇和新农村协调发展的机制,努力实践城镇化和新农村建设的"双轮驱动"。第六条,苏州在推进城乡一体化过程中,注重建立城乡规划的统筹机制。第七条,苏州在推进城乡一体化过程中,注重建立城乡资源一体化的配置机制,推动资源配置向农村倾斜。第八条,苏州在推进城乡一体化过程中,注重建立农民市民化的机制,切实大力提高人口城镇化的水平。第九条,苏州在推进城乡一体化过程中,注重探索建立有农民参与的新的农村议事机制。第十条,苏州在推进城乡一体化过程中,注重探索城乡环境治理、公共服务共同推进的机制。[②]

---

① 姜圣瑜、高坡等:《苏州城乡一体化改革取得新突破》,《新华日报》2010 年 6 月 1 日第 A1 版。

② 韩俊:《十条"苏州经验"可资借鉴》,《苏州日报》2010 年 4 月 14 日第 A03 版。

## 二、苏南城乡一体化面临的挑战

以"三集中"、"三置换"或"双置换"、"三大合作"等为特色的苏南城乡一体化模式，需要高度工业化发展带来的雄厚地方财政实力提供支撑，苏南特殊的自然地理条件、经济区位优势和土地资源稀缺等特点为城乡一体化提供了重要契机，其他地方在参照学习时要注意不能简单地照搬照抄。就是在苏南内部不同的地区也要因地制宜，量力而行。城乡一体化是一项长期而又艰巨的系统工程，不可能在短期内解决，一蹴而就。苏州作为江苏省城乡一体化的唯一试点地区，取得了很大的突破，但仍然面临一些有待解决的难题。而这些难题也是苏南乃至于全国很多发达地区所共同面临的。

1. 资金瓶颈。

目前，苏州城乡一体化改革先导区的运作模式的主要特征，是以推进村民集中居住为抓手，改善农村居住环境，提高村民生活质量。与此同时，节约和整理出的新增非农建设用地，既为推进村民集中居住提供财力支撑，又为当地第二、三产业提供发展空间。当前苏州改革先导区试点政策比较明确（如：开发贷款是由市政府担保），而非先导区运作政策不甚明确、不接轨，起动资金获得较难。就目前而言，部分试点单位农民集中居住建设资金平衡也存在一定问题，整理出来的第三产业用地出让收益，少则每亩 100 万元以上，多则要达到 200 万以上，资金才能平衡。关键问题是，即使试点先导区整理出来的非农建设用地指标能拍卖到 100 万元以上，但当农民集中居住全面推开后，面上整理出的土地全都做第三产业用地是否可行？届时还能拍卖到那么高的价格吗？① 资金问题困惑着很多基层干部，经济发达的乡镇家底雄厚、资金充足，可以通过财政补贴来解决集中居住问题，但一些经济欠发达的地区怎么办？部分农村干部对农村居民集中居住的整体推进顾虑很大，很多。恐怕还要政府在政策空间、金融创新上多做文章。

2. 土地瓶颈。

苏南地区人多地少的现实始终是其经济发展的一大硬伤。苏州自古以来就是中国的粮食生产基地，"苏湖熟，天下足"，但随着工业化与城市化的迅速推进，作为"鱼米之乡"的苏州，耕地急剧减少。据统计，1978 年苏州全市耕地

---

① 包宗顺：《苏州城乡一体化发展中的几个难题及对策》，《新华日报》2010 年 6 月 8 日第 B7 版。

面积为565.5万亩,到2008年减少到346.7万亩,30年时间减少了218.8万亩,年均减少耕地7.3万亩。[①] 土地资源日益稀缺,外来人口却越来越多,人多地少的矛盾更显突出。既要确保国家农田保护红线不动摇,又要为工业化和城市化发展腾出空间,这是当地政府要始终面临的难题。据测算,按照苏州市目前推进的"三置换"工作,如果将农民居住点从目前的近2.1万个调整到2517个,可相应增加建设用地48万亩左右,按照前30年的耕地减少速度,也只能保证7年建设用地需要。不管怎么说,土地资源约束已经成为苏州等地城乡一体化发展的瓶颈制约。

2010年4月30日,江苏省国土资源厅与苏州市政府在苏州签署了《关于支持苏州城乡一体化发展综合配套改革试点的合作协议》(以下简称《协议》),根据《协议》,省国土资源厅将大力支持苏州市政府在推进城乡一体化发展中积极探索集聚资源统筹发展的新路径,重点是围绕做好城乡建设用地增减挂钩工作和"万顷良田建设工程"试点工作,从用地计划、专项资金及业务指导等方面对苏州给予倾斜和支持。苏州市政府则将严格按照国家和省有关要求,科学编制专项规划,做好一体化改革推进中的城乡建设用地增减挂钩和"万顷良田建设工程"等工作,妥善使用并按期归还挂钩周转指标,确保挂钩指标优先用于农民安置项目用地。无论如何,苏州今后在城乡土地规划上要进一步通过制度创新提高节约集约水平。

3. 农村产权与农民资产市场化有待进一步明晰。

当前城乡二元经济结构的一个重要特征,是城乡居民不动产产权的明晰度和市场化程度有巨大的差别。城市居民的不动产产权流转方便,交易顺畅。而农村尽管承认农民拥有"三大产权",即宅基地与房屋的使用权、集体资产所有权、承包土地经营权,"三大产权"事实上也已成为很多农民收入新的增长点。但美中不足的是"三大产权"的法律地位还未得到确认,不能进入市场进行自由交易或流转。推进城乡一体化,需要发挥市场在城乡资源配置中的基础作用,实现真正意义上的集体土地与国有土地同地同权,让农民从中获得更多的财产收益。因此,必须把明晰农村产权这项基础工作作为一项重大的惠民工程来抓,通过确权、颁证,赋予农民财产所有权,使其可以根据自己的意愿去流转、继承。可以说,这是农村产权制度改革主要目标,是实现农村资产

---

① 王卫星:《对城乡一体化发展模式的思考》,《中国软科学》2009年第12期,第27页。

资本化的核心环节。而建立农村产权交易市场和农村产权交易担保体系,则是实现农村产权有序流转的载体,为农村产权流转和农业产业化项目投融资提供专业化服务。

2010年省委、省政府一号文件已明确提出,开展土地承包经营权登记工作,分别不同情况采取确地、确权、确利相结合的办法,依法保障农民对承包土地的占有、使用、收益等权利。做好农村集体土地所有权、宅基地使用权、集体建设用地使用权的确权登记发证工作,力争用两年时间把农村集体土地所有权确认给具备土地登记发证要求的农村集体经济组织,并完成具备土地登记要求的宅基地使用权证和集体建设用地使用权证的登记发证工作。

苏州目前已在全国率先完成农村集体资产确权证发证工作,建立了56个镇级土地流转服务中心。现在正在探索建立了农村产权交易市场,希望苏南其他各地也能尽快跟上,把这项惠民工作做好。

**4.小城镇建设问题多多。**

应当来讲,经过多次调整以及近年来的加大力度建设,苏南地区已初步改善了原来城镇规模小、分散广、聚集度不高、资源利用不充分等缺点。但正如通常所说的积重难返,存量资产的调整不可能在短期一蹴而就。苏州乃至整个苏南的小城镇建设中仍存在诸多方面的问题。

一是认识上存在偏差,没有能真正地把握"小城镇,大战略"的内涵。有些地方单纯地认为小城镇建设就是搞基本建设或房地产开发,一味强调要土地、要资金,忽略了资源的优化配置和软实力的提升;有些地方大拆大建,拼土地、拼资源,片面追求速度和规模。对如何发挥中心镇的辐射带动作用和妥善解决被撤并镇的一系列相关问题,认识还比较模糊,思路不够清晰。

二是规划上缺乏科学性、严谨性。一些地方由于对区域发展的整体性和城乡发展的协调性把握不够,仅站在本镇的小范围内思考问题,镇的规划与城市总体规划及专项规划,尤其是土地利用和生态保护规划衔接不到位。有些被撤并镇的规划定位和发展方向不明确。一些镇的规划缺乏个性,普遍存在雷同现象,个性特色不够鲜明。再者就是缺乏严肃性。有些地方规划的随意性较大,变动比较频繁,造成不必要的浪费。

三是行政管理体制不够配套,"车大马小"的现象虽有改善,但仍然存在。苏州现有市61个建制镇中有38个镇财政收入超过5亿,有11个镇的户籍人口超过10万,人口和经济总量已达到或超过中西部地区中、小城市的规模,但目前行政管理建制仍为镇级,经常面临有责无权、有事难管的窘境,束缚了小城镇的发展。省政府将盛泽镇等 5 个镇的权限扩大,但其余的镇面临的窘境仍然存在。另外,就是目前城镇设立的各类机构虽多,但大部分属上级部门垂直领导,且各自为政,镇政府难以有效地组织实施城镇的经济社会发展和建设规划。管理体制的不顺畅制约了小城镇的建设。还有一个比较突出的就是对被撤并镇的建设管理不到位。原建制镇被撤并以后,由于新成立的"办事处"是一个临时机构,经济和社会管理功能明显弱化,基础设施陈旧,公共服务不到位,资源不能有效整合利用,而管理成本却没有降低,群众意见较大。这不仅是苏州、苏南存在的现象,全省乃至全国很多地方恐怕都面临这样的难题。

四是有些政策落实不够到位。"三置换"的相关政策的宣传不够广泛深入,基层干部在理解和执行上还有些偏差;生态补偿机制不够健全,发展三大合作组织的优惠政策还未完全落实;农村金融体制不适应发展需要,融资渠道比较狭窄,贷款难的问题仍然比较突出。

种种情况表明,今后苏州在小城镇建设上还需进一步提高认识、科学规划、创新思路、完善体制、深化改革。小城镇建设,任重而道远。

# 第十二章　特色农业：苏南现代农业与高效农业的发展

【提示】苏南现代农业与高效农业的发展，是苏南统筹城乡发展、推进城乡一体化的极为重要的环节。

苏南是如何发展现代农业与高效农业的？跳出苏南，即从全国看苏南，由于在20世纪80年代，苏南就发展了"离土不离乡"的乡镇工业，因而是全国最早从"工农分离型"向"工农结合型"的地区之一。

苏南是如何推进农业现代化的？是通过实施产业化与集约化，来推动土地规模化经营，即体现农业现代化的"三化"的。

苏南的特色农业，不仅体现在都市农业与高效农业的发展上，而且体现在观光休闲农业的发展上。

苏南农业是很有特色的，其经验也值得总结、推广。可惜，随着工业化与城市化的推进，土地越来越少了。从科学发展的角度看，该如何讲呢？是否工业化与城市化推进到今天，也该有个限度呢？

## 第一节　特色整合
——苏南现代农业与特色农业的发展

### 一、从"工农分离型"到"工农结合型"的转化

中国作为"世界工厂"，在世界上的地位已经奠定了。如果说，在20世纪90年代末，人们对此还议论纷纷的话。现在，则无论在国内还是在国际上，都已形成共识。如果说，还有异议的话，只不过是中国究竟是"世界加工厂"还是"世界制造厂"问题罢了。但无论是"世界加工厂"还是"世界制造厂"，讲的都是中国的工业。中国的工业，从现状上看，至今仍是"工农分离型"的"世界工厂"。然而，随着科学技术的进步、经济的发展，工业与农业的界限越来越模糊，工业与农业的融合越来越深化，"工农结合型"的"世界工厂"已经到

了呼之欲出的发展阶段。正如马克思所指出：社会主义国家要"把农业和工业结合起来，促使城乡对立逐步消灭"。我们要建设现代化的新农村，促进城乡结合和工农结合，使农村的基础设施逐渐接近城市的水平，使相当部分的农民乐于在自己家乡安居乐业，承担众多"工农结合型"产品的部分产业链。

随着流通科技的发展，食品加工工业正在成为典型的"工农结合型"产业，从农地到工厂再到商家，流水线式的"一条龙"食品企业大量涌现，有些"一条龙"食品企业已经超越国境、跨洋过海，将中国的农地与国外消费者的餐桌连接起来。为了满足消费者对食品安全的强烈要求，应考虑结合农业的特点，对工业生产中发展起来的全员质量管理方法（TQC）和品牌战略按照农业的特点加以改造，使之移植到农副食品的生产过程中，以提高中国的食品安全水平。

苏南人多地少的矛盾相当突出。以苏州为例，在苏州的8488平方公里的土地上，承载了将近1300万的人口（本地人口与外地人口）。无锡、常州等市，与苏州一样，在水资源、土地资源环境支持能力等各个方面，发展的空间都比较小，资源与环境承载力趋近饱和，城市规模都不宜再扩大了。

从产业结构看，苏、锡、常三市都存在着第二产业偏高、第三产业偏低、农业所占比重不大的问题。以苏州为例，第二产业所占比重约60%，第三产业2011年年初才突破40%，明显发育不足。第一产业所占比重极低，耕地与城市化、工业的矛盾十分突出，亟待协调、化解。如何发展苏南各市的农业问题，已不仅仅是农业本身的问题，而是涉及整个苏南生态文明建设的系统工程问题。当然，从整个长三角看，生态安全的现状很不乐观，苏南各市是长三角重镇，自然不能独善其身。发展苏南农业，既要考虑经济效益，发展高效农业、特色农业，更要从城乡一体化与"工农结合"、"农贸结合"等角度，考虑苏南各市的城市"绿肺"与城乡的生态平衡与协调发展。这是制定苏南农业全面、协调、可持续发展战略的基本出发点。

## 二、中国农村发展的三个"黄金时代"与苏南现代农业的"三化"①

新中国成立以来，农村发展经历了三个"黄金时代"。第一个黄金时代，

---

① "三化"即产业化、规模化与集约化。

是 1949—1954 年。全国解放,农民翻身做主人,实行土地改革,农民生产积极性空前高涨,政通人和,带来了连年的增产增收。这一时期,粮食从 1949 年的 2264 亿斤增加到 3679 亿斤,平均每年增加 283 亿斤,每年递增 10.2%,农业总产值从 326 亿元增加到 575 亿元,平均每年增加 50 亿元,按可比价计,每年递增 9.9%。

第二个黄金时代,是 1978—1984 年。当时,农村率先改革,实行家庭联产承包责任制,农民获得土地的经营自主权,得到了实惠,重新调动了农民的生产积极性,党群干部关系改善,社会安定和谐,促进了农业和农村经济的快速发展。1978—1984 年,粮食从 1977 年的 5655 亿斤增加到 8146 亿斤,平均每年增加 356 亿斤,每年递增 5.4%。农业总产值从 1339 亿元增加到 3755 亿元,按可比价计,平均每年递增 9.6%。

第三个黄金时代,是 2004 年至今。[1] 2008 年,我国粮食总产量突破一万亿斤(10570 亿斤,人均 796 斤),国家粮库有 4500 亿斤储粮(据有关部门测算,现在人均年消费粮食在 760 斤左右)。

粮食安全是一个国家长治久安的物质基础。由于我国是一个人多地少的国家,现在又面临水资源短缺、恶劣气候频发等自然条件的约束,粮食价格、购销与储运体制还没有理顺;加之,年轻人到城市打工,农村里留下来的是老人、儿童与妇女。尤其是,我国大量精壮劳动力流出农村,我国农业的女性化现象成了不争的事实。据中国农业大学"中国农村留守妇女研究"课题组的调查,丈夫外出务工后,翻地、播种、施肥、浇水、打农药、收割,留守妇女承担了种植业 94.6% 的劳动,可以说,形成了一种女性主导的农业。[2] 针对这一情况,怎么办?近几年来学术界各抒己见,发表了不少很有见地的观点。

国内学者陆学艺认为,要坚守 18 亿亩地红线不动摇。根据我国现在农业生产水平和科技水平,要增产粮食,至少有 30%—40% 还要靠扩大播种面积来实现。不能保证一定的粮食播种面积,也就不能保证一定的产量。现在,不仅城市扩大在占耕地,村镇建设和农民的住宅建设也在占耕地。现在,有些人鼓吹可以突破 18 亿亩耕地这条红线,是很不负责的,是在为商人的钱袋说话,

---

① 这三个"黄金时代"的划分,是国内学者陆学艺提出的,参见陆学艺:《农村发展的三个"黄金时代"和粮食安全问题》,《中国社会科学报》2010 年 1 月 12 日第 11 版。

② 金一虹:《农业女性化:影响及前景》,《中国社会科学报》2010 年 7 月 6 日第 11 版。

是在鼓动一些人继续向农民抢地、夺地。

国内还有学者针对当前我国大量精壮劳动力流出农村，使得农业产生令人担忧的空心问题，提出了解决这一问题的关键，在于以机械化生产取代传统低效的人畜耕种模式，抵补日渐萎缩的农业产出，并增加农民收入。①

于此，有几个问题是要探讨的。一是坚守18亿亩红线，是国家规定的。究竟如何才能坚守？二是要实现农业机械化，前提是规模化。在苏南，土地紧缺，人均耕地只有几分？由一家一户耕种，是不可能形成规模的。如果形成不了一定的规模，农业机械化便是空话。那么，如何形成规模呢？苏南各市目前所采取的做法是：通过农业产业化与集约化，来推动土地规模化经营。

1. 常熟的做法。

历史上因"年年丰收年年熟"而得名的常熟，稻米产业历来是其优势特色产业。2008年10月，常熟针对原有80多万亩水稻田，现只剩下35万亩，由13万多农户种植，户均不到3亩。大部分处于分散经营、传统种植的状态，急需转变生产经营和发展方式这一情况，提出并实施了"关于深化农村综合改革推进水稻产业化发展的实施意见"（以下简称"大粮仓计划"），用三年时间建设一个20万亩的高产、优质、高效、生态、安全的永久性保护利用的水稻产业化基地。

这一"大粮仓计划"，明确提出了实现水稻生产"布局区域化、种植规模化、生产专业化、服务社会化、管理企业化、经销产业化"的产业发展目标，到2011年规划建成相对连片的水稻产业化基地20万亩。这一"大粮仓计划"的出台，目的是为了在常熟实行土地承包经营权流转，发展规模农业经济，让"农户不想种的田有人种，想多种田的大户有田种"。

实行土地承包经营权流转，怎么流转？常熟遵循"依法、自愿、有偿"的原则，采用"先易后难、突出重点"的方法，实行有组织、有计划、有条件、有标准的统一、成片流转，不搞自由流转和分散流转。

为确保水稻产业化基地建设的永久性和流出土地承包经营权农民经济收益的稳定性，常熟明确规定，承包户缴纳的土地承包经营权流转费不低于每年每亩300元；补偿流出土地承包经营权的农户不低于每年每亩600元。配套

---

① 马红漫：《缓解农业空心化先推广机械化》，《环球时报》2010年7月15日第15版。

出台了生态保护调节补助政策,常熟财政对水稻产业化基地内规模流转的粮田,给予村每年每亩 200 元的生态保护调节补助,镇财政同时配套每年每亩 100 元补助。

同时,按照"依法、自愿、有偿"的原则,常熟制定了一套以"两份合同四张表格"为标志的程序。

以古里镇坞坵村为例,该村先挨家挨户上门发动,再由村民小组长上门签字,同意的才签订流转协议,协议是统一规范的"两份合同四张表格"。流出承包经营权农民不直接与流入大户签协议,而是双方分别与村里签合同,以保障双方利益;四张表格涵盖了意向承诺、面积核定等多个细节。也有少数农户比较"恋地",如坞坵村有近 100 户农户要求保留约 100 亩的农田自己种植,村里就通过田地置换的方式予以保留,同时保证了 2875 亩水稻田的连片发展。

据统计,2009 年,常熟完成水稻产业化流转承包经营权土地面积 9.6 万亩,涉及 98 个行政村、429 个承包种植大户。其中 17 家村办农场或新型集体经济组织,累计承包经营的水稻种植面积超过了 1 万亩。①

2.昆山的做法。

在昆山,由于率先实施了现代农业经营规模化,因而机械化水平也较高。该市农机站立足提高生产效率、降低劳动强度、提高农产品产量,围绕昆山优质粮油、高效水产、果蔬等经济作物 3 个"10 万亩"建设,研发适合本地区农业生产需要的技术和机型。

相比其他地方以农机推广应用为主,昆山农机站围绕"特色"两字做文章,从满足实际需求出发,大力加强研发、创新能力,自 20 世纪 70 年代建立以来,已获得国家发明专利 1 项,实用新型专利 7 项,这在全省乃至全国县级市中凤毛麟角。

到 2009 年年底,昆山主要农作物生产机械化水平已达 89.5%,2010 年超过 90%,基本实现粮食生产机械化。

在 20 世纪 80 年代,昆山农机站成功研制螺旋开沟机,比起刀盘式开沟机来,效率更高,也更适合昆山地区的黏性土,受到农民普遍欢迎。到了 90 年

---

① 商中尧:《建设 20 万亩现代"大粮仓"——常熟推进水稻产业化发展路径解析》,《苏州日报》2010 年 2 月 20 日第 A01、A07 版。

代,他们又开发出与中拖配套的机动泵站,较好地解决了在一块规模适中的土地上,建泵站不经济、用潜水泵满足不了需求的矛盾,该项目获得江苏省科技进步三等奖。

农作物生产"耕、种、收、植保"四大环节,实现机械化难度最大的在于"种",进入新时期以来,水稻种植基本采用手撒直播,这导致水稻根系比较浅、生长无序、容易倒状,不利于稳产高产。

对此,昆山农机站一方面大力推广机插秧;另一方面又着手研发创新。他们在国内首创带式水稻精量插秧机,不仅克服了手撒直播的各种弊端,而且让农民省时又省力。目前,这种插秧机在六省一市累计销售 1200 多台。[①]

### 3. 无锡现代农业。

按照"在保护中开发,在开发中保护"的方针,无锡市锡山区以政府为主导,由国土部门牵头,农林、水利、规划、建设等部门配合,大力推行土地整理项目建设。近几年来,先后完成了 3 万亩国家投资土地整理、现代农业展示中心土地综合治理等项目,建成了无锡现代农业博览园,规划建设了全省首个台湾农民创业园,探索开展两岸农业合作,引领高效农业发展。

其中,无锡锡山台湾农民创业园,是由农业部、国台办于 2008 年 2 月批准设立的,是江苏省首个台湾农民创业园。在空间定位上,该园区以无锡现代农业开发试验区为基础,规划总面积 33.5 平方公里,建设区域为 18 平方公里,其中核心区以高科技农业示范园、无锡现代农业博览园、太湖水稻示范园为依托,面积 5 平方公里,其余 15.5 平方公里为辐射区。在功能定位上,主要是台湾农业高新技术的引进、吸收、推广及培训,台湾精致农业、休闲观光农业的示范推广,台湾现代农业发展理念特别是经营、管理、运作理念的引进推广;在产业定位上,重点发展高档花卉、设施蔬菜、精品水果、功能水稻等种植业,以及农产品物流业和农业旅游业。在该园区中,规划面积 2 平方公里的高科技园是华东地区最大的高档花卉生产基地,其蝴蝶兰组培中心规模和水平在国内领先,凤梨供应能力全国第二。农博园规划面积 1 平方公里,已建成农业博览中心、展示中心、科技孵化中心、生态餐厅等目录,初步形成了一个集博览展示、科技推广、生产交易、信息平台、休闲观光等新型业态于一体的现代农业综合经济区,是江苏最大的农业博览展示园区。水稻园规划面积 8 平方公里,研

---

① 姚喜新:《昆山粮食生产机械化水平超 90%》,《苏州日报》2010 年 7 月 19 日第 A05 版。

发了高钙米、巨胚米、富硒米、低水融性蛋百米等功能大米,引进推广了锡御糯、鸭血糯、黑梗、绿宝等彩色大米,已成为国内最大的高钙功能保健大米生产基地。

按照规划,该园区的核心区在整合现有资源的基础上,将规划农业博览展示中心、农业科技孵化中心、海峡两岸农业科技培训中心、农产品交易中心、农业观光休闲中心等"五大中心",构建资源共享、配置优化、功能耦合的空间结构体系。

依托锡山对台经贸合作的良好基础和区位、资源、产业等优势,锡山台创业园将进一步强化规划引导,深化锡台合作,努力建设成为具有"台湾特色、无锡特色、国内一流、国际先进"的无锡现代农业示范区、台湾科技展示区、两岸合作样板区。

在现代农业发展过程中,宜兴市一大批特色鲜明的农业龙头企业快速成长,它们外连市场、内接农户,既能帮助农民把产品推向市场,又能将市场信息和新技术、新品种及时带给农民。目前,该市的各类农副产品加工企业已达到430多家,其中18家省市级龙头企业去年实现销售收入逾30亿元,带动了14.57万户农户,基地农户从龙头企业获得收入5.53亿元。

宜兴农业加工企业突出科技创新,加强新产品研发,注重产品质量,以现代化的技术、设施装备农业,提高农业科技含量和发展水平。同人科技等农产品加工龙头企业,充分利用现代信息平台发展电子商务,通过现代智能大棚的运用,使现代农艺在生产实践中得到充分应用,大大提高了劳动生产率和投资收益率。

在大力引进工商资本的同时,宜兴的龙头企业也将先进的现代经营管理理念引入高效农业生产与经营,农业产业化经营水平显著提高。兴望循环农业示范园采取"公司+基地+农户"的经营模式,扶持带动了1220户农户发展规模养殖和种植,并采取农牧结合、林牧结合、渔牧结合的方式,建成了全省循环农业的示范点,去年实现销售收入达1.28亿元。

4. 常州现代农业。

2010年,常州市将"万顷良田建设工程",确定为这一年全市60项重点工程之一。万顷良田建设工程的重要载体是通过流转土地发展规模农业,建设现代农业园区。常州市委、市政府对这项万顷良田建设工程十分重视,认为这将推动常州的现代农业规模发展、推进千年古镇新农村建设;同时强调工程中的成本控制、风险防范与规范管理。目前,该工程正在全市范围内积极推进。截至 2010 年 7 月,新北区一期工程区范围内土地委托流转协议签约率达 100%,同时还引进了菜根香、大娘水饺、怡泰食品等特色农业产业化项目;武进项目区内已有 7 家农业产业化龙头企业进驻;金坛项目区内 1200 亩土地流转给江南春米业,将进行优质稻米的规模种植。

在第一批项目进展顺利的基础上,按照常州市下达的第二批项目编制任务,各地在规划调研、情况摸底的基础上,初步选定了第二批项目规划区范围并初步编制了规划方案,初定规模 26.5 万亩,其中金坛 5.7 万亩、溧阳 5.3 万亩、武进 10.2 万亩、新北 5.3 万亩。

常州市新北区,在孟河镇、西夏墅镇境内,连片建设 23000 多亩现代农业产业园区,该项目将建成农田集中、居住集聚、用地集约、效益集显的民心工程。农民不仅成为产业工人,而且是股东,每年参加分红。

根据规划,新北区采取拆迁与安置、基础设施建设与产业布局、土地流转与招商引资、规范操作与提高效率四个结合,工程指挥部靠前指挥,挂图作战,全力推进。

良田连成片之后,如何取得最大收益呢?

答案是:流转、招商、规模经营。

目前,菜根香公司已流转土地 3100 亩,建蔬菜基地;怡泰公司流转 200 多亩,建无花果出口基地;常沪草坪公司流转 200 多亩,生产高档草坪。大娘水饺、红谷粮食公司等项目也在洽谈。全区已展开大规模农业招商。

为提高工作效率,新北区采用了全新的机制,出资 1.5 亿元组建常州新希望农业投资发展有限公司,作为万顷良田工程投资、融资、建设、运营主体,负责项目建设和资金调度等工作。同时,上市公司黑牡丹也通过定向增发,把所筹资金 8 亿元投入这一工程。①

隶属于常州的金坛市,围绕耕地保护,依据境内"二山二水六分田"自然造化而成的丘陵与平原圩区两个不同地理区域特征,坚持"科学划定作基础、严格保护是关键、全面建设成核心、合理利用为目的"理念,规划设立基本农田保护示范片 15 个,涉及 6 镇 43 个行政村,总面积 15.33 万亩。

---

① 震言、程湘、荣春:《我市全力推进万顷良田建设》,《常州日报》2010 年 3 月 22 日第 A1 版。

该市坚守红线,严格管护,确保全市耕地和基本农田面积不减少、用途不改变。2009 年,该市获得"全国基本农田保护先进单位"。该市国土资源部门将城乡建设用地增减挂钩,注重有效盘活存量建设用地,在保障重点和基础设施项目用地的同时,坚持最严格的耕地保护制度和集约节约用地制度,实现全市耕地总量和建设用地总量双动态平衡。

现代农业与特色农业的发展,有多种途径,粮食生产尽管是最基本的,但不能说是唯一的;除了粮食生产外,对于农民来讲,养殖业也是一个重要方面。以金坛市为例,养殖业,在该市也是很有特色的。近几年,该市将现代高效渔业发展与"一镇一品"特色产业相结合,进行科学规划,现已形成几大水产养殖区:以长荡湖区域为主的 14.8 万亩河蟹养殖区,以集体渔场和城郊为主的 6 万亩常规鱼养殖区,以镇广线为主的 1 万亩龟鳖、小龙虾、泥鳅、牛蛙等小特种水产养殖区,以金城镇为主的 1.5 万亩鱼蚌混养区,等等。

近几年,由于龙虾大受市场欢迎,该市就主动对接省渔业科技入户主推品种——小龙虾养殖模式试验示范,在朱林开展水芹套养小龙虾试验,亩产龙虾 110 公斤,亩净增效 2000 元以上;在指前开展河蟹套养小龙虾试验,亩产龙虾 300 公斤、河蟹 80 公斤,亩净增效 3000 元以上。

摆擂台,是一种传统做法。该市的渔业养殖业就运用这一传统的做法,让渔业养殖户有机会在养殖擂台赛上"露一手"。儒林镇南社村胡和中是首届大赛万元奖金获得者,2007 年,他的 14 亩成蟹养殖池塘平均亩产河蟹 123.5 公斤、青虾 33 公斤,全年总收入 16.97 万元,剔除各种成本,亩净效益 9300 元。正是这一年,金坛渔业产值首次超过 10 亿元,成为常州农业的"单打冠军"。①

发展,不仅有多种途径,而且可以将各种途径综合起来,进行集约化。现代农业集约化的发展,不仅表现在规模化、机械化上,而且表现在农产品的多样性上。据美国学者保罗·罗伯茨讲,在日本南部的九州岛上,有一位叫古野隆雄的农民,经营着一个仅 7 英亩(约合 28327.6 平方米)的水稻农场。每年 7 月,古野隆雄都要将数以百计的小鸭子赶到他刚插完秧的水稻田中;这些小鸭子对那些秧苗完全视而不见(对它们来说,秧苗含有过多的二氧化硅等矿物,口味不佳),却狼吞虎咽地吃着稻田里的虫子和杂草。它们的排泄物是水

---

① 曹建军、赵鹤茂:《金坛形成五大水产养殖区》,《常州日报》2010 年 5 月 27 日第 A1 版。

稻极好的肥料。这些小鸭子在稻田的土床上来来回回地搅动，刺激了秧苗的根部，从而使水稻更快地成长。

随着季节的变换，古野隆雄还在稻田中放养了像泥鳅这样的淡水鱼类。

浮萍——一种水中的蕨类植物——可以阻止那些贪吃的鸭子对淡水鱼的危害。浮萍利用太阳能将氮固在稻田的土壤中，从而为水稻的成长提供天然的养料。它同时会滋养出一种叫做蓝绿藻的植物去喂养一种虫子，而这种虫子恰恰是这些泥鳅的食物。这些泥鳅的粪便也是水稻的养料。

秋天，古野隆雄将鸭子赶到一个粮仓中（否则它们将会把成熟的稻子吃掉），这些鸭子在那里产蛋，在被喂养到一定重量时，拿到市场上出售。等丰收后，古野隆雄又在田地里种植水稻并轮种十几种蔬菜。最后，他将大米、鸭子、蛋和鱼类卖给他的邻居。

古野隆雄的系统被冠名为"湿地稻田养鱼、鸭复合生态系统"，它利用太阳能，省了除草剂和杀虫剂；除了用来饲养鸭子及供农业工人生活所用的一些粮食，不需要其他任何投入。

像这样的系统，由于对环境的影响较小而备受赞誉，但更重要的是，它的生产力是惊人的。古野隆雄单位收获的大米量，与那些用传统模式耕作的邻居的收成相当。古野隆雄的系统还能生产出足以供应100个家庭一年所需的蔬菜、鸭肉、鸭蛋和鱼。这样的丰收验证了在古野隆雄名片上的一句话："当今世界，一只鸭子就能带来无限财富。"

换句话说，古野隆雄的农业模式正在有力地反驳着传统的观点：农业的高产出必须在坚持单一农业模式的条件下才能产生。

对于古野隆雄和其他混养模式的拥护者来说，答案是清楚的：只有将农业模式转变为一种更为多元化的方式，才有希望在资源稀缺的世界里，使农业生产在不额外增加成本的前提下，生产出能自给自足的食物。[①]

这种密集型、多样性的农业集约化，用于小规模农场与苏南一家一户小规模家庭联产承包责任制农业经营，是适合的。可给苏南在一定范围内提供借鉴。当然，这对于上述苏南各市正在从事万顷良田建设工程来讲，就不一定适合了。但对于苏南各市来讲，从事现代农业，应有多种选项，而不应是一刀切

①　［美］保罗·罗伯茨著，胡晓娇、崔希芸、刘翔译：《日本新农业模式为未来指路》，《青年参考》2008年12月19日第17版。

式的规模化、机械化与集约化。总之,应因地制宜,不能搞一刀切。

# 第二节　高效农业

—— 苏南现代都市农业与高效农业的发展

## 一、苏州现代都市农业与高效农业的发展

2010 年中央一号文件指出:要把发展现代农业作为转变经济发展方式的重大任务。现代农业是相对于传统农业而言的,建设现代农业的过程,就是改造传统农业,不断发展农村生产力,转变农业增长方式,促进农业又好又快发展的过程。都市农业作为我国农业发展进入新阶段出现的一种现代农业形式,已成为我国各地探索加快农业现代化、农村工业化、城乡一体化的重要途径。都市农业与高效农业的健康发展,对加快城乡一体化发展,推动我国全面建设小康社会和社会主义现代化建设具有重要意义。

改革开放以来,江苏农业生产全面发展,特别是苏南地区是我国经济发达地区之一,已进入工业化中后期,由工业化推动的城市(镇)化趋势正在加速。传统农业已限制了当地农业经济发展,发展都市农业与高效农业是其必然选择。

都市农业是指处在大城市及其周边的地区,或延伸地带,充分利用大城市提供的资本资源、科技成果及现代化设备进行生产,并紧密服务于城市的现代化农业。都市农业是一种与城市经济、文化、科学、技术密切相关的农业现象,是城市经济发展到较高水平时农业与城市、农业与非农业等进一步融合过程中的一种发达的现代农业。都市农业作为一种崭新的现代农业形态,具有城乡融合性、功能多样性、现代集约性、高度开放性等特征。

从都市农业的作用分析,具有多方面的功能。一是具有推进资源优化配置和农业产业化进程,促进农业产品结构调整,不断提高农民收入的经济功能;二是具有为城市居民提供接触自然、体验农业以及观光、休闲的场所与机会的社会功能;三是具有营造优美宜人的绿色景观,保持清新、宁静的生活环境的生态功能;四是具有依托大城市科技、信息、经济和社会力量的辐射,带动持续高效农业乃至农业现代化发展的示范功能。都市农业有净、美、绿的特色,建立了人与自然之间和谐的生态环境,而绿色食品生产和生态环境建设是作为经济中心的城市高速发展不可缺少的两个重要的支撑点。

苏州位于长江中下游"金三角"地区，是历史上著名的"鱼米之乡"和商品粮基地。改革开放的 30 多年来，随着苏州经济的转型，工业化、城市化和经济全球化的推进，苏州都市农业与高效农业的发展，借鉴国外成功的经验，充分利用苏州的区位优势，发展与上海都市农业互补、又有苏州特色的高效农业，在服务长三角地区方面，发挥了很好的示范、导向作用。

1.认真做好规划，确定分步实施战略。

规划遵循如下原则：一是整体性。发展都市农业与高效农业是一个系统工程。规划时既要注意对基本农田的保护，又要通过适度调节，使各区域内具有整体性，既要兼顾工业与农业的协调布局，又要科学安排好农业内部的空间布局和产业，把现代都市农业与高效农业纳入各级社会经济总体规划和各类区域规划之内，使现代都市农业与高效农业的规划与其他规划相衔接配套，既要考虑地方的优质资源，又要考虑交通等设施建设。二是科学性。产业的布局要按照科学性的要求合理安排，既要照顾各地的传统优势，又要从建设大都市农业圈的目标来进行考虑，要有所取、有所舍，一个地方要突出一个地方的重点。三是生态性，都市农业是全方位为城市居民配套服务的农业，要按照建立起人与自然、都市与农业高度统一和谐的生态环境的要求进行规划。开辟城市森林、公园绿地，建设环城绿带，开辟旅游观光、休闲度假的胜地，以生态农业进一步净化苏州的水质、土质和空气。四是因地制宜。搞都市农业与高效农业不能千篇一律，要根据各地的实际情况在坚持发挥传统优势，突出重点、显示特色方面逐步突出主导产业的区域化发展。

2.积极培育项目资本市场，建立市场化的都市农业与高效农业运作机制。

发展都市农业与高效农业需要较大的投资，因为都市农业与高效农业与一般的农业相比组织化程度高、技术上先进、资本投入集约化，更要发挥工商资本、民间资本和外商投资的积极性，用好融资手段，对都市农业、高效农业的发展具有十分重大的影响。首先通过政府支持，鼓励本地农民投资都市农业，重点是搞好基础设施建设，筑巢引凤；其次加大招商引资力度，确定一批重点都市农业项目向外招商，使其获得长足的第一推动力。

例如，未来农林大世界，被称为现代化的农业硅谷，苏南的最新农业科技精萃，就是由这里走向祖国各地的。中国农业领域的万千商家也借助这个绿色的信息平台、技术平台和商务平台迈向世界。由新加坡维信集团为主要投资方的未来农林大世界,落户在苏州吴中区太湖边的浦庄镇。这里濒临太湖,山水毓秀,土地肥沃,十分适宜农业项目的拓展。自项目开发以来,得到了海内外农商界的积极响应,素有全球苗圃先锋盛誉的美国 Speeding 公司、生产世界 60% 以上草种的美国俄勒冈 TMI 草种公司、以灌溉设备、温室大棚等为主从事农业科技开发的以色列前卫企业——寰宇农业发展有限公司、世界畜牧业领先水平的新西兰 EXCELL 企业、国际知名的比利时维他麦公司等已先后进驻,向中国农林界展示、推广他们最优良的科研成果。国内农林界的知名院所南京农业大学、中国农业科学院、中国水稻研究所等也陆续落户园区,使未来农林大世界真正成为一个名副其实的大橱窗和资讯会聚中心。现已形成了农业科技博览园、国际农商园、电子商务与销售代理、农业科技项目孵化等平台,融展示、交易等诸项功能于一体。开发建设以来,未来农林大世界已引进了 60 多项国内外最新科技成果,成功地转化了一批市场前景看好的高新科技。与美国维生种苗公司合资兴建的苏州维生种苗公司的工厂化穴盘育苗及栽培技术已领先世界水平,以新西兰畜牧胚胎育种中心的胚胎技术为基础形成的小型奶牛场全套模式,市场广阔也吸引了一些客户前来洽谈连锁加盟事宜。

"三资"投资农业不仅提升了农业产业结构,提高了科技含量,加快了农业的现代化进程,而且还培育了一批具有国际水准的农业竞争主体,造就了一批现代农业企业家,他们以"经营农业"的新理念,推动着农业可持续发展。特别是它还优化了农业资源配置,增加了就业机会和农民的收入,促进了农民素质的提高。

3. 因地制宜规划都市农业与高效农业产业布局,优化城乡环境,提高都市农业与高效农业综合生产力。

粮食产区大集中小分散。渔业产区主要集中在大小湖泊和水域。其中,比较集中的是昆山、吴江、吴中区和相城区的太湖、阳澄湖、澄湖等大小湖泊地区。形成名牌产品沿湖(太湖、阳澄湖)、沿江的特种水产养殖区,重点是本地特种水产太湖三白(白鱼、白虾、银鱼)、阳澄湖大闸蟹和长江出海口特种水产(长江刀鱼、鲥鱼、河豚,俗称"长江三鲜")的养殖。

蔬菜瓜果主要布局于中心城区或城镇周边的城乡结合部,在中心镇、县级市和苏州中心城区,因地制宜地建立了各具特色和品种的蔬菜瓜果基地。沿江高效经济作物区、沿丘陵地带的花卉苗木区以及阳澄淀泖优质稻米区,以洞庭碧螺春、优质蔬菜、果品、花卉、稻米生产为主,加速具有地方特色的优质种质资源的开发、创新和利用。如苏御糯、优质香粳稻,苏州青、白沙枇杷、西山杨梅等,以满足城镇居民需要。

以美化绿化为基础,开发生态功能,建设绿色苏州。以自然保护区、风景名胜区、植物公园、花卉苗木基地、农业公园等为依托,实现生产与绿化的有机结合。发展有城镇园林景观和乡村田园风光的美化绿化技术,选择适宜的草、灌、乔品种种植,做到草地、水面、林带、湿地、花园类型多样,合理搭配,作用互补,形成一个环境友好型的良性生态圈,使"都市之肺"制造出更多、更清新的氧气,使"都市之肾"更好地发挥降污、解毒之功效,净化、美化、绿化都市城乡生态环境。

种子生产能够提高单位土地面积的产值,有利于消化农村劳动力,加速农业升级换代。荷兰瑞克斯旺种苗集团公司一小袋新品的樱桃番茄种子卖几十元,平均一粒种子要几元。因为种子生产技术含量高,对人的素质要求高。种子、种苗生产需要严格的质量监督,要求人们有规范化生产程序,严格的质量意识,有利于增强人们的法制观念和竞争意识。种子、种苗生产还需要一定的设施、设备,有利于现代农业设施化。这种能够以源头带动为手段,发展种子产业,提高都市农业综合生产力。此外还以农产品安全为准则,发展标准化生产,提高农产品质量。

苏州市吴中区西山国家现代农业示范园区地处自然资源丰富、湖光山色秀丽的中国内湖第一大岛——太湖西山岛,开发规划陆地面积82.36平方公里,太湖水域面积153平方公里。现代农业示范园区开发建设充分利用了西山现有的各种自然条件、资源优势,以当代科学技术为基础,以高产、高质、高效、优化生态环境的"三高一优"为宗旨,设有优质高产粮油作物、良种畜禽繁殖、特种水产养殖、设施蔬菜栽培、花卉苗木种植等10个功能示范区。与同济大学、南京农业大学、扬州大学、苏州大学、中国科学院南京中山植物园、上海生命科学院实验动物中心、珠海市农业科学院、省农科院、省海洋渔业局、省科技厅以及日本大山町农业组合、美国格特曼国际芦荟产业集团、韩国惠田物产流通公司、台湾皇达花卉有限公司、台湾华信科技有限公司等单位联合开发建设了9个重点项目和示范基地。包括4000亩标准集约化的粮油作物优质高产示范基地;5100亩特种水产的现代渔业科技示范园;600亩新果精品、珍奇瓜果、设施蔬菜、蝴蝶兰花的高科技农业园;国家珍稀一级保护麋鹿的太湖麋鹿园;世界湖羊良种畜禽养殖基地恒河猕猴、毕格犬等大型实验动物养殖供应基地;300 亩花卉苗木示范种植基地;森林生态珍稀植物园展示景点;500 亩日本优质梅园。初步形成了科技领先,设施优良,生态环境雅趣,经济效益和社会效益都显著的现代都市农业示范园。

太仓是中国"月季夫人"蒋恩钿的家乡,出生于太仓的蒋恩钿曾以一生的精力,潜心研究月季的培育和推广,有力推动了世界月季事业的发展。为纪念蒋恩钿的杰出贡献,在 2009 年蒋恩钿女士百年诞辰之际,太仓专门在现代农业园区内,建起了一个占地 230 亩,总投资达 1.8 亿元的恩钿月季公园,公园由月季品种集中展示区、月季研发中心、恩钿纪念馆、玫瑰庄园四部分组成,目前已引进法国、日本、美国等世界各地优秀月季品种 700 多种,拥有各类月季 4 万余株。太仓成立月季协会,主要任务是协助和参与月季事业的规划实施,推进太仓恩钿月季园、月季中心、月季育苗及生产基地的建设,积极开展月季科研和生产技术成果的交流和交往,促进月季品种、技术的有序合作推广,举办各种形式的月季花赛和技术讲座,组织自育月季新品种的审定和引进新品种的试种及推广应用,协助各地月季园收集保存我国古老月季花品种和野生月季花种质资源,编辑出版月季方面的书刊和文献资料等。①

苏州江南农耕文化园,是张家港市 2010 年十大文化产业重点建设工程之一。一期工程占地 500 多亩,主要按照"缩小比例的江南水乡,功能丰富的休闲农庄,农耕主题的文化走廊"的总体设想建设,整个园区分设了农耕历史区、土地利用区、动物养殖区、农家休闲区、乡村能源区、江南作坊区、农耕谚语区、农户设施区、生肖区等 9 个功能区域,集观赏、旅游、休闲、餐饮、体验为一体,将着力打造成为"水乡农耕情,休闲养心处"的农耕旅游胜地。

打造苏州江南农耕文化园,是张家港市永联新农村及城乡一体化建设,优化产业结构、促进旅游产业发展的重要举措。"通过拉动旅游业及第三产业发展,形成村企新的经济增长点,借此带动全村就业、促进农民增收,同时提升永联的文化与环境'软实力'"。

为推动旅游业的发展,永联还将投资兴建以水上世界、垂钓中心、江滩渔村为主体的二期工程,同时整合现有旅游资源,着力打造全国新农村建设游、长江美食游和现代农业游,真正打响"乡村旅游到永联,永联回来不看村"、

---

① 徐允上:《太仓成立月季协会》,《苏州日报》2010 年 2 月 20 日第 A05 版。

"吃江鲜到永联"的旅游品牌。①

## 二、无锡现代都市农业与高效农业的发展

无锡市各级政府紧紧围绕建设特大城市、实现现代化的总要求,以服务城市、改善生态、提高效益为宗旨,依托城市在经济、科技、信息、人才等方面的优势,优化、整合农业区域资源,大力发展现代设施农业、优质高效农业、绿色生态农业、旅游观光农业,综合开发农业的经济、生态与社会功能,建设与特大城市发展相协调,具有江南地域特色的现代都市农业体系。农业内部结构逐步调优,初步形成了优质稻米、蔬菜、水蜜桃、林特产、奶牛、苗木花卉、特种水产等七大主导产业。以优质、高效为基本特征的林特产基地、畜禽产业基地等正在加快形成。并按照传统农业特色,大力构建具有区域化特色的农业结构新框架,六大特色农业经济区已经开始凸显:一是以阳山等镇为重点的水蜜桃经济区;二是以安镇、羊尖、东港等镇为重点的苗木经济区;三是以宜南丘陵山区为重点的林特产经济区;四是以东北塘、锡北、堰桥等镇为重点的奶牛产业经济区;五是以洋溪镇和市属蔬菜基地为重点的无公害蔬菜经济区;六是以申港、华士镇和沿江周边乡镇为重点的特色水产养殖经济区,通过发展六大农业优势经济区,因地制宜引导农民调优种植、养殖结构,稳定产量,提高内在质量。积极扩种高效经济作物和开发绿色食品,发展农业优势产业、特色产品,形成了花卉苗木、瓜果蔬菜、畜禽养殖等具有区域特色的农业主导产品和支柱产品。

如何让都市农业与高效农业成为促进现代农业的龙头？首先必须为都市农业与高效农业做好定位。必须把都市农业与高效农业建设成为综合效益显著的生态型现代农业、城郊型精品农业先导区,成为促进区域农业与农村经济乃至国民经济发展新的增长点,成为辐射本地、联通省内外乃至国内外的农业高新技术引进示范与信息交流中心、农业高科技产业孵化中心、现代农业科普教育基地、城郊农业生态旅游与休闲(观光)带。最终建设成为融生态化、产业化、集约化、科技化、市场化于一体,集生态建设、高效种养、加工配销、示范推广、研发孵化、积聚扩散、科普培训、信息交流及旅游观光于一身的现代农业与农村可持续发展示范园区。

---

① 王乐飞:《农耕文化引爆永联旅游》,《苏州日报》2010 年 7 月 19 日第 A02 版。

都市农业与高效农业示范园区的本质是一个农产品生产区,农产品生产及加工是其基本功能。但这种农产品不是一般的农产品,而是用最新品种、先进适用的农业生产技术和精细加工技术生产出来的优质精品,以适应和满足国内外日益提高的消费需要。通过生产、加工这类农产品、扩大产品出口外销能力,将显著提升区域农产品市场竞争力。

都市农业与高效农业示范园区通过引进消化吸收国内外现代农业新技术、先进设施和科学管理模式,形成不同农业生产区域先进适用的现代农业技术组装模式与经营管理模式,使其成为技术新、产出高、效益好的现代农业示范的样板,为农民对都市农业的认识和当地区域农业与农村经济的发展起到重要的示范作用。

都市农业与高效农业示范园区作为区域农业生产力新的制高点、现代农业与农村经济新的增长点,具有明显的生态、区位、政策等方面的优势,将加速技术、人才、资金、信息向示范园区的集聚,在推动和促进示范园区的建设和发展的同时,具有较强的向外辐射扩散、带动周边地区农业与农村经济发展的作用。通过集聚各类先进生产要素,发挥示范园区农业人才优势和科技优势,使示范园区成为现代农业发育与成长的源头,并向更大范围辐射、扩散。

企业是市场经济的主体,也是示范园区产业培育的主体。孵化以现代农业为基础的高科技、高附加值企业是示范园区的重要特征。以农业科教单位与专家学者的有关成果、专利为基础,引进风险投资机制,在示范园区内争取到更集中的绿箱政策,并使企业成为技术创新的主体。通过实验和研究开发现代农业高新技术,研制现代农业高新技术产品;通过中试将农业科技成果转化为生产力,包括研究成果的孵化和高新技术企业的孵化。

锡山现代农业园区面积 32 平方公里,占到锡山非规划建设区的 15%,园区共吸引了超过 5 亿元工商资本投入,高科技农业示范园已成为华东地区最大的高档花卉生产基地,无锡现代农业博览园已成为江苏最大的农业博览展示中心,太湖水稻示范园已成为国内唯一的高钙功能保健大米生产基地,红豆杉高科技产业园已成为全球最大的红豆杉种植保护加工基地。功能大米、精品果蔬、高档花卉亩均效益分别达到 3000 元、1 万元和 5 万元以上,体现了现代农业的产业竞争力;以太湖米业公司、绿羊公司、红豆杉公司等园区农业龙头企业为依托,成立"四有"农民专业合作组织 18 家,采用"公司+园区(基地)+农户"、"龙头企业+农户+股份"等方式,带动 7500 多户农户融入农业产业化经营,使千家万户的生产与千变万化的市场得到有效对接。通过土地流转、土地合作、劳务合作,掘出了土地租金收入、股权收入、打工收入等农民增收的"三路活水",为农民改善生活创造了条件。

由于锡山人多地少、耕地资源短缺,人均土地不到 0.65 亩,受土地资源约束和劳动力成本的影响,"一家一户"小农式的生产经营方式严重制约了农业土地产出率和劳动生产率的提高。农业要提升经营效益、增强竞争能力,就必须适应苏南都市型、城郊型农业的特点,转变农业发展方式,充分发挥资金密集、技术先进、人才充足、政策优越的优势,优化资源配置,调整生产布局,构建以功能组团为依托的现代农业园区化发展新格局,形成园区型、科技型、品牌型、生态型、服务型的现代农业发展体系。

锡山直接从事农业生产的人数依然占到劳动者总数的 13.6%,农业依然是普通农民实现增收致富的重要渠道。建设现代农业园区,能够带动农村土地承包经营权的流转,加快农村劳动力转移,推动农村城市化进程。以农业园区为基础,发展各种合作组织,为壮大新型集体经济开拓了新路,农民还可以优先在园区就业,实现资产(土地股权)性收入和工资性收入的"双提升"。此外,结合现代农业园区的土地深度整理和大规模开发,同步推进村庄整治和生态建设,还能推动新农村建设和农村社会发展。①

江阴市璜土镇葡萄种植大户戴志新,采用高效栽培方法种植的美人指葡萄,市场价格高达每公斤几十元,亩均效益超过 6 万元。戴志新家里摆满了美人指葡萄标本。其中最大的一枝重 3 公斤多,这枝葡萄还在江苏省果品展览会上获得了金奖。目前,他种了 30 多亩葡萄,其中美人指葡萄种了近 20 亩,该葡萄果型外观奇特艳丽,风味鲜甜硬脆,销售价格一直稳定在 40 元/公斤左右,每亩可产 1500 公斤左右,扣除品种更新换代等投入,每亩可纯收益 4 万多元,在同样面积的土地上,收益是一般粮食作物的 40—50 倍,是一般瓜果蔬菜的 5—20 倍。他种植的普通品种葡萄每亩净收入也在 1 万元左右。他高收益的诀窍,就是要技术管理精细,高水平设施栽培。他种植的葡萄完全符合无公害生产标准,施的肥料全是农家肥和饼肥,这样虽然投入高但收益也很高。并且还实施了一定的限产措施,这样种出的葡萄每颗个个超大,糖度也高,价格最高能卖到 50—60 元/公斤,收益非常可观。该镇葡萄种植面积已发展到近

---

① 《致富经》,《农民致富之友》2006 年第 6 期,第 36 页。

4000亩,随着种植规模的不断扩大,不但璜土葡萄知名度不断提高,而且还涌现出一大批果品经纪人,并带动了包装、销售、运输等产业的发展,有效促进了农民增收。①

### 三、常州现代都市农业与高效农业的发展

常州依托城市资源,以贸工农、产加销一体的农业产业化经营为支撑,以发挥农业经济、社会、生态等多种功能为方向,以现代科技武装的集约化、机械化、园艺化、设施化生产的农业现代化为目标,改善城乡生态,丰富群众生活,创造优美环境,促进全市经济和社会的可持续发展。在建设都市农业的路子、形式和运行机制上要有所创新和突破,体现其时代性、科学性、新颖性。

按照农业资源、设施等分布情况,高起点规划常州都市农业的发展战略,确定各区域都市农业的发展方向、功能特色、重点项目、主导产业和产品,从而形成多心、多功能、多层面、组团状结构布局,形成点、线、环、面有机结合的网络格局。常州都市农业的布局大致分为三个圈层:第一圈层是市区、城郊范围内的农业,以绿色蔬果园艺业和副食品生产为主,大力开发农业的生态、社会功能,为城市提供更多鲜活嫩、洁净绿的农副产品,直接为改善城市环境和满足市民多方面生活需求服务。第二圈层是平原圩区的农业,以开发建设生产性农业为主,结合开发生活、生态性农业和植树造林,体现经济效益为主兼顾社会和生态效益。这一区域要利用较为完善的农业基础设施条件,通过现代科技武装,加强农业新品、特品、精品的开发,加快发展农副产品的深加工,进一步提高农业的生产力水平、对外开放水平和产业化经营水平,实现农业从粗放经营向集约经营、弱质低效向高产优质高效转变,承担起都市农业与高效农业在常州国民经济中的基础性作用。第三圈层是丘陵地区的农业,要在进一步搞好山区资源开发的同时,利用"山清、水秀、空气好"的有利条件,大力开发绿色食品,积极发展具有农业特色的观光旅游业,从而带动农村通信、交通、餐饮、娱乐、食品加工等其他产业的发展。

从苏南都市农业发展路径看,一是采取示范引领,如前述苏州的未来农林大世界就起了很好的引领作用;二是基地支撑,如前述锡山现代农业园区就是采用"公司+园区(基地)+农户"这类模式的;三是龙头带动,常州就采取了

---

① 吴建伟:《江苏农村经济》2009年第5期,第28页。

"市场+龙头企业+农户"这种模式,强化了龙头企业、产品的动力作用。以常州凌家塘市场为例,作一个交易市场,凌家塘市场现已突破了"卖"的范畴,让商户依托产业链的互动,拉长产品的销售半径,拓宽市场空间,把龙头产品、市场、基地与农户对接在一起,让产业链成为市场重要的投资载体。

近年来,通过"市场十龙头企业十农户"的经营模式,凌家塘一方面重点吸引常州立华畜禽、无锡阳山水蜜桃等龙头企业在市场建立销售平台,同时还积极引导市场经营户到基地办加工厂。蔬菜商户吴东建在金坛茅麓镇投资5000多万元,建起菇类专业生产基地,目前已发展菇类专业生产基地,1/3 的菇类在凌家塘交易。①

在注重都市农业与市场发展的同时,常州十分注重高效农业的发展。"十二五"期间,常州将不断彰显农业资源优势,以实施"双百万亩"工程为载体,积极推进农业产业转型升级,发展高效种植业面积超82万亩,高效渔业超30万亩。武进农博园、长荡湖现代高效河蟹产业园区被评为"江苏现代农业产业园区"。②

从江苏省农业委员会公布的2009年全省粮棉油高产增效创建工作考评结果看,金坛市指前—朱林水稻高产增效万亩示范片以全省第三、苏南第一的好成绩被评为 A 级。在上年直溪—金城水稻高产增效万亩示范片获全省第七、苏南第一的基础上,又实现了争先进位。

指前—朱林水稻高产增效万亩示范片,由指前镇建春村、社头村、旭红村和朱林镇高桥村 2 个镇 4 个行政村组成,涉及 3182 家农户,面积 10674 亩。在该市农林局和镇、村组织下,示范片主推品种覆盖率达 100%,机插秧推广应用率达 95.04%,精确定量栽培、测土配方施肥、小麦秸秆全量还田、病虫草害综合防治等水稻高产增效新技术得以普及。示范片经江苏省农业委员会考评组现场抽测实产每亩达 702.4 公斤,超额完成 650 公斤的合同指标,比全市水稻平均单产高出 82.4 公斤。据测算,示范片平均亩效益 690.63 元,比非示范片高 103.44 元,展示了水稻高产增效的潜力。

2010 年,金坛市结合万顷良田建设、万亩土地治理建设等项目,继续扩大水稻万亩高产增效创建数量和单个万亩片规模,组织 50 个村参加水稻机插高

---

① 孙明、孙东青:《凌家塘市场正在大突破》,《常州日报》2010 年 9 月 25 日第 A1、A2 版。

② 陈荣春:《新农民建设大富民》,《常州日报》2010 年 12 月 4 日第 A1、A3 版。

产增效创建竞赛活动,积极争取列入部、省级水稻机插高产整县(市)推进示范县,再压缩直播稻面积20%以上。同时做好优良品种的引繁、供应、测土配方施肥以及植保统防统治和专业化服务体系建设,水稻高产增效整体创建工作力争进入全省前三强。①

《常州市水域滩涂养殖规划(2010—2020年)》提出,到2020年我市水产养殖总产值将达50亿元,形成长荡湖、滆湖2个主要渔业经济区,以及太湖、天目湖及沿江城郊渔业经济圈(带)的区域化布局。

到2020年,全市水产养殖面积将调整到59.01万亩,养殖产量稳定在14.5万吨,养殖总产值达到50亿元。其中,特种水产养殖面积占75%以上,产量占60%以上,产值占65%以上,高效渔业面积占比达90%以上。在6个渔业区域内,因地制宜,突出主攻品种,实行区域化布局、专业化生产、产业化经营,大力发展高效设施生态渔业,使我市渔业增长方式从产量、产值、面积的资源型、数量经济型,向效益、品质、安全的生态型、质量效益型转变,水产养殖功能区划也将以此为基础,调整、培育和优化产业结构。长荡湖渔业经济区力争到2020年养殖总面积27.42万亩,产值25亿元;进一步做大、做强、做优"长荡湖"品牌。滆湖渔业经济区力争到2020年养殖总面积7.2万亩,产值7.4亿元。太湖渔业经济圈(带)力争到2020年养殖总面积1.4万亩,产值1.1亿元;做大"江南"品牌,建设常州市湖泊名优鱼类苗种繁育基地,大力开展以渔业活动为内容的观光旅游和餐饮垂钓等休闲渔业。其中,天目湖渔业经济圈(带)力争到2020年养殖总面积10.86万亩,产值6.5亿元;做大、做强"天目湖"品牌,打造有机、绿色、无公害特色养殖基地。沿江及城郊渔业经济圈(带)力争到2020年养殖总面积4.35万亩,产值5.5亿元;做大"江珍"品牌,大力发展以观光、垂钓、餐饮为一体的休闲渔业,同时兼顾长江原产鱼类和名优鱼类的增殖与保护。②

从上述苏南各市都市农业发展与高效农业看,发展都市农业与高效农业,推进农业融入市场化和城市化,是有利于提高农业经济功能的。首先,苏南各市通过进一步优化农业布局,突出发展"优、专、特、绿"产品,做大做强一大批

---

① 曹建军、赵鹤茂:《再获苏南第一》,《常州日报》2010年3月21日第A01版。
② 季健、陈英春:《我市制定10年规划发展6大区域渔业》,《常州日报》2010年6月16日第A01版。

有特色、有市场、有规模、有竞争的主导产业,大力提升农产品精深加工水平,逐步形成了区域特色的农副产品基地。发展都市农业,强化农业的生态功能,通过大规模的推进沿江、沿路、沿城的绿化,为城乡发展提供了良好的生态环境。其次,苏南各市通过发展都市农业,引导"三资"资本投资开发现代农业,鼓励城市工商业大户到农村流转土地,兴办生态园区和现代农业基地,以现代都市农业重点园区和项目为示范,加快发展外向农业、品牌农业和高效农业,增强了农产品市场竞争力。再次,苏南各市通过兴办各类市场如服装市场、丝绸市场、花木市场、家具市场等,并做大做强,以市场带动产业,以产业带动农户,致富了农民。最后,通过发展都市农业,延伸城市文化功能,整合城乡旅游资源,还开辟了农家乐、观赏农业等旅游线路,推动了农业旅游的专业镇、村与城市旅游接轨。

## 第三节　观光农业
### ——苏南观光休闲农业的发展

### 一、苏南观光休闲农业的发展现状

观光休闲农业是指以农事活动为基础,以农业生产经营为特色,融合农业和旅游业,利用农业景观和农村自然环境,结合农业生产经营活动和农村文化生活等内容,吸引游客前来观赏、品尝、购物、习作、体验、休闲、度假的一种新型农业生产经营形态。近年来,随着经济的不断发展和人们生活水平的提高,人们对于休闲活动、接触大自然、回归俭朴生活的需求正在快速增长,希望能在自然的农村环境中放松自己,追求更多观光旅游景点,于是兼具经济、社会、教育、环保、休憩保健和文化传承等,以农村旅游、农庄经济、农家乐等为主要形式的观光休闲农业正在苏南蓬勃发展,在现代生态农业的引领下,观光休闲农业的发展,丰富人们的生活,带动农村经济,增加农民收入,提高生活水平,推动城乡一体化进程,成为苏南农业农村发展的一个新亮点。

1.苏州观光休闲农业的特点。

一是形式丰富多样。苏州的休闲观光农业起步于20世纪90年代中期,主要以绿色、休闲、参与、体验为基本特征。集生产、生活、生态和农业产销、农产品加工、农业旅游服务等产业于一体的苏州休闲观光农业,现已赢得了众多市民的青睐。近年来,苏州市利用丰富的农业资源,培育形成了形式多样的观光休闲农业基地：以森林生态资源为主的旅游观光型基地，如上方山、虞山、穹隆山森林公园等；参与体验型基地，在东、西山果茶区体验采摘新鲜水果，在双山岛垂钓中心体验垂钓的乐趣；吃农家饭、住农家屋的农家乐型基地，如东山席氏家园，依靠太湖地域特色和独到的资源优势，为人们提供垂钓、观光等，让游客品尝原汁原味的农家菜，体验淳厚的太湖风情；农业科技旅游基地，如吴江市绿乐生态科技园，园内林、花、果和水体的自然环境得天独厚，产、学、研和科普有机结合的特色鲜明；渔业观光游基地，相城区阳澄湖镇的"风情渔港"，游客可以乘快艇在湖上兜风，了解捕蟹、吃蟹知识；科普教育型基地，如太仓的现代农业园区，该园区内的现代农业展示馆、花卉园艺馆、恩钿月季公园等场馆均是良好的展示现代农业科技的科普活动场所。

二是规模不断扩大。2008 年以来，苏州观光休闲农业的建设，获得较快推进，太仓现代农业展示馆、高新区玉屏山生态园等一大批集科技、现代、生态、展示、休闲于一体的农业基地相继建成。据不完全统计，目前苏州市有各类观光休闲农业场所 110 多家，占地面积 97736 亩，从业人员 7768 人，全年累计接待游客 1057.61 万人次，实现直接经营收入超过 17 亿元。其中，2008 年全市新增休闲农业场所 20 多家，休闲农业在为游客提供吃、住、玩服务的同时，还提供当地特色农产品。2008 年全年观光休闲农业场所主要的农产品产量为：粮食 3.32 万吨、蔬菜 3.63 万吨、水果 7841 吨、茶叶 32 吨、花卉 22.61 万盆（株）、牲畜 8.35 万头、禽 24.69 万只、水产 2.70 万吨、林特产 1020 吨。

三是品质不断提升。2008 年"江苏省农家乐专业村"及"江苏省观光农业园"评选结果显示，苏州 7 个农村项目榜上有名。吴中区东山镇三山岛农家乐专业村、昆山市锦溪镇联湖村、吴中区越溪街道旺山生态农庄、相城区阳澄湖镇莲花村、相城区阳澄湖镇清水村 5 个单位被评为 2008 年江苏省农家乐专业村，太仓市现代农业园区、常熟虞山林场宝岩管理区 2 个单位被评为 2008 年江苏省观光农业园。加上 2006 年我市昆山国家农业示范区大唐生态园、苏州市神园农庄、苏州市相城区生态农业示范园、吴江市新申农庄 4 个单位被评为首批江苏省观光农业园，江苏常盛旅游发展有限公司、苏州树山生态村、苏州西山石公村 3 个单位被评为首批江苏省农家乐专业村，目前全市共有 14 个单位被评为江苏省农业观光园和农家乐专业村。

四是服务水平提高。2006 年苏州成立生态休闲观光农业协会，141 家企业成为了协会的首批会员单位，这为市民提供更多的农业旅游资源搭建了一个有力平台。2007 年苏州市人事部门和农林部门举办了为期一周的苏州市生态休闲观光农业建设管理培训班。各市、区农林局分管领导、职能科室负责同志、部分乡镇生态休闲观光农业分管领导、生态休闲观光农业企业经营管理人员近 70 人参与此次培训。培训专门请来上海、浙江、省内等各地的专家分析苏州休闲观光农业的发展现状与面临的形势，并探讨下一步的走向，为全面提升了苏州市观光休闲农业开发建设和经营管理水平打好基础。目前，苏州观光休闲农业的服务水平和服务意识明显提高。

苏州在发展观光农业过程中，通过对资源的有机整合，促进了农业由产品生产向商品生产转化，由旅游经济派生的消费导向拉动了地域特色农业产业的形成、发展、壮大，促进了区域生产力的合理布局、自然资源的有效开发利用、农产品结构和产业结构的调整和优化。苏州通过发展观光农业，加速了农业科技成果转化和科技普及，有效地缩短了高新技术与农民之间的距离，提高成果的转化率、利用率和科技进步贡献率，真正发挥了现代农业支撑资源节约型农业结构的作用。

与此同时，苏州通过发展观光农业，增加了农民收入，提高了农民生活水平，促进了苏州城乡统筹、和谐发展。结合苏州的实际情况，发展观光农业，有利于促进农村人口向城镇、城镇人口向郊区双向流动格局的形成，为解决工业化和城市化过度发展所带来的问题和弊端创造条件；有助于吸收城市下岗职工在农村一试身手，促进城市企业下岗分流与再就业工程的实施，还可以为城市郊区的农民提供创业和就业机会，促进城乡统筹发展。另外，因观光农业项目投资的灵活性还易被"三资"所关注，成为吸引多元化投资的朝阳产业。

**2. 无锡的观光休闲农业。**

从无锡观光休闲农业的发展看，在 20 世纪 90 年代，无锡就以农业资源开发为抓手，先后在宜兴丁蜀镇、茗岭镇、江阴华士向阳村和锡山安镇年余村等地建立了以特种林果、优质水稻等为主，融现代农业与观赏农业为一体的农业开发项目。

从 2002 年起，无锡制订了建设现代农业科技示范园的政策意见，先后建成了太湖花卉园、唯琼生态休闲农庄等几家大型农业观光园区。2005 年，无锡市举办了现代都市农业发展论坛，提出了无锡农业应该围绕"努力建设宜居、宜商、宜游、山清水秀、清新宜人、天人合一、和谐发展的新无锡"这一目标，依据无锡的地理特征、城乡格局、产业梯度和生产要素流动规律等因素，按

"城市、平原、山区"三个圈层结构布局,建设都市农业八大功能片区,培育农业生态、观光、旅游产业。近年来,无锡市在实施农村基本现代化建设重点工作中,明确提出了要加快现代都市农业园区建设的要求,制定了发展计划,2007年,江阴、宜兴、锡山、惠山、滨湖等市(县)区依托各地资源优势,都建成了具有一定规模、特色的现代农业产业园区或观光园区。目前,无锡38个休闲观光农业景点和园区,全年累计接待游客200万人次,产值超过6000万元。

无锡的休闲观光农业,按其功能可以分为以下四种主要类型:

一是生态观光型。这一类型把农业生产场所、产品消费场所和休闲观光结合于一体,通过提供田园景观欣赏、农业体验、休闲垂钓等活动为游客提供生态农业与休闲农业的双重享受。如滨湖区太湖花卉园、龙寺生态园、惠山区阳山水蜜桃风光带、锡山区绿羊温泉农场、宜兴竹海公园等。

二是休闲度假型。这一类型主要是依托原有自然风光,建造休闲、娱乐、度假设施,为游客亲近自然、回归田园山野的需求提供服务,满足都市人返璞归真的渴望。如滨湖区九龙湾乡村家园、江阴华西农业生态园、宜兴天一度假村等。

三是科技教育型。这一类型主要是农业园区利用自身产业优势,大力发展园区科技示范和科普教育功能,展示和推广现代高效农业。如阳光生态农林科技示范园、扬名无公害蔬菜基地、马山观赏锦鲤养殖基地等。

四是特色餐饮型。这一类型主要是利用富有地域特色的农产品,让游客在游览自然美景的同时,品尝原汁原味的农家菜、渔家菜和山珍美味。如宜兴山区的山珍野味、滨湖的渔家乐、唯琼四季阳光生态农庄、江阴的长江三鲜特色餐饮服务等。

无锡市经过多年的开拓与积累,有绿色农产品23个,现已累计创建省级名牌农产品5个、市级名牌农产品46个,"阳山"牌水蜜桃被授予"中国名牌农产品"称号。惠山区阳山(国际)桃花节、锡山区太湖翠竹茶叶节、宜兴茶艺文化节、江阴江鲜节、滨湖区山水文化节等系列农业节会的成功举办,为无锡市农业旅游提升附加值提供了平台。

根据建设社会主义新农村的总体部署和推进无锡旅游业、现代农业新一轮发展的总体要求,为了进一步推进无锡市农村(农业)旅游发展,积极参与和服务社会主义新农村建设实践,2006年无锡农林局会同市旅游局共同研究制订了《推进全市农村(农业)旅游发展三年行动计划》。通过发展农村(农业)旅游,实现"五增",即农业增效、农民增收、农村增辉、旅游增产品、城市增亮点。通过 3 年努力,初步构筑"一带两区"具有无锡特色的农村(农业)旅游新格局。即以滨湖区为中心,锡山区、惠山区、南长区、新区为两翼的"环太湖都市休闲农业旅游带",以现代高科技和滨江休闲农业为特色的江阴现代休闲农业旅游区;以"人与自然"为主题,以绿色和生态为特色的宜兴生态农业旅游区。通过努力,2008 年已建成 50 个农村(农业)旅游点(园区);培养 10 个农村(农业)旅游特色村、5 个农村(农业)旅游特色镇,基本形成种类丰富、档次适中、特色鲜明、发展规范的农村(农业)旅游格局,满足广大市民和中外游客的农业旅游休闲消费需求。

3. 常州的休闲观光农业。

从常州观光农业的发展进程看,常州市观光农业的发展,是随着城市化进程的不断加快和农业结构的不断调整优化而发展起来的。

常州休闲观光农业发展总体规划从 2008 年至 2025 年,建成了江南地区特有的高效农产品生产、观光、休闲于一体的全国一流休闲观光农业胜地,以及世界知名的具有中国特色的生态农业旅游基地。

目前,常州市已有 16 家全国农业旅游示范点,在建和已建的休闲观光农业项目达 130 个,其中开始运营并有一定规模和影响力的有 58 家。

结合常州市休闲观光农业发展的现状和各行政区的区位特点,常州构建了"一心四区"的总体布局。"一心"指的是将常州市区作为休闲观光农业发展的旅游服务和交通集散的中心;"四区"指的是在武进、新北、金坛和溧阳 4 个行政区,根据其自身特点形成各有侧重的休闲观光农业区域。

按照功能管理,常州休闲观光农业分为中心休闲观光服务区、武进城郊农业游憩区、新北科技农渔体验区、溧阳田园农庄度假区和金坛山水农耕休闲区。按照农业产业功能,分为休闲观光农业产业区域,包括城郊果品采摘区、特色花木观赏区、金坛特色养殖游憩区、茅山茶文化体验区、长荡湖文化休闲区、溧阳天目湖乡村旅游区、森林休闲养生区,以及其他农业产业区域,包括自然生态林产业区、优质粮油产业区、低密度水产养殖产业区和经济林果产业区。

根据常州"山边"、"水边"和"城边"的不同地域特点和农业发展形态,常州将休闲观光农业产品的开发模式与此"三边"的农业发展现状相结合,因地制宜规划设置特色餐饮类、观光游憩类、户外活动类、参与体验类、休闲度假类、博览商贸类等六类特色产品,并设置不同的游览线路,以满足不同客源群体的需求。根据规划,"水边"休闲观光农业产品开发包括长江特色渔业养殖产品、湖湾山水休闲度假产品、长荡湖水上游憩产品、天目湖休闲度假产品和滆湖科技渔业体验产品;"城边"休闲观光农业产品开发包括新北科技农业休闲产品、武进花木栽培观光产品、金坛特色动物养殖观光产品和溧阳平原生态农业休闲产品;"山边"休闲观光农业产品开发包括茅山生态农业休闲产品、南山农耕休闲游憩产品和生态森林户外休闲产品。

从常州市观光农业的发展成效看,常州休闲观光农业的发展有五大成效:

一是民营资本投入增加。在实施休闲观光农业项目过程中,充分发挥财政资金的导向和杠杆作用,积极搭建招商引资平台,营造良好的投资环境,吸引民营资本投入休闲观光农业建设,做大项目规模,有力地促进了该市休闲观光农业企业的发展壮大。据统计,2009 年 17 个休闲观光农业项目总投入1804.78 万元,其中财政资金 400 万,项目单位自筹资金 1404.78 万元。自筹资金是市级财政投入资金的 3 倍多,较好地发挥了财政资金"一资"引"三资"、四两拨千斤的作用。

二是基础设施不断强化。在财政资金的带动下,各项目单位都加大了休闲观光点基础设施建设力度。据统计,17 个项目建设单位 2009 年新建生产用房 5190 平方米、道路 13080 平方米、停车场 18370 万平方米,砌水泥护坡5600 平方米,建设沟渠涵洞排灌设施 5450 米、配电房 1 个、电力线路 200 米、日处理 60 立方污水处理中心 2 个、油污分离池 9 个,有效改善了村庄环境条件,也为农家乐的进一步发展打下了坚实的基础。

三是农业产业链有效延伸。市级农业项目围绕多层次的休闲观光需求,积极延伸农业产业链,充分发挥农业的生产、生活和生态功能。金坛市西阳阳山茶厂、溧阳市幽香苏茶有限公司、常州德泰农业生态观光园、常州市汤庄无公害葡萄种植园等项目单位在种植(养殖)业基础上,依据区域和资源特色,因地制宜,合理规划,新建休闲观光基础设施,在原来单纯的农业生产基础上,向休闲、观光、娱乐等多方向发展,实现了农业由第一产业向第三产业的延伸,为促进我市农业和农村经济的发展作出了积极的贡献。

四是农民增收成效显著。2009 年,17 个休闲观光农业项目单位销售收入达 1.15 亿元,实现利润 1462 万元。在项目实施过程中,通过直接补助生产资料、资金及支付农民工资等做法,有效地转移了农村剩余劳动力,促进了农民增收,提高了生活水平。据统计,17个项目单位共新增就业岗位866人,支付农民工资约510万元;项目辐射带动农户4300户、面积1.28万亩,为社会主义新农村建设发挥了积极的作用。

五是生态环境显著改善。始终坚持走生态优先、环保优先、低碳经济的道路,注重项目区的环境建设,确保使农业资源得到有效利用。如溧阳天目湖玉枝农庄有限公司、深水山庄等项目单位,在建设初期就注重生态环境整治,现在已建设成为环境优美、生态宜人的休闲观光农业示范园区。通过项目建设,17家项目单位新增绿化面积43400平方米,项目区森林覆盖率明显提高,生活环境不断美化,水土流失得到有效控制,农业生态环境也显著改善,促进了农业的可持续发展。

### 二、苏南观光休闲农业发展中存在的问题

第一,观光的季节性成为观光农业园区发展的瓶颈。

观光农业园的季节性很强,存在着明显的淡旺季差别。往往是旺季车水马龙,淡季门庭冷落,造成了资源的浪费。另外,由于气温和气候的缘故,春季和秋季是观光农园的黄金旺季,一般情况下每天可以接待几千人,但是,夏季和冬季的情况就不是很好,有的时候甚至只及旺季的1/3。

第二,园区间单纯模仿缺乏创造力。

很多投资者缺乏周密的发展规划和市场调研,设置旅游景点往往不相协调,重复、雷同,缺乏特色。因此,造成投资决策的随意性和开发的盲目性。有的地区没有把观光农业看做是建立在农业经营基础上的农业与旅游业有机结合的产业,特别是很多景点的投资者为当地居民,当他们认识到身边的环境资源能作为"摇钱树"的时候,便按照自己的理解单纯模仿别人的模式仓促上马,忽略了前期的可行性研究和资源评估。这种结果往往是不重视可持续农业效益的做法,其投资理念误入歧途,可谓"一条腿走路",必然步履维艰。

第三,缺乏政府有关部门的正确引导和大力支持。

观光农业在我国可以说是一个新兴产业,对于这一产业,目前还没有专门的政策体系和扶持手段。正是如此,许多地方并不是发展真正意义上的观光农业,而是靠门票却不是靠农产品和旅游服务实现效益。此外,许多地方认为只要增加投入,改善旅游基础设施,就可以为观光农业带来较好的经济效益。其实不然,如果投资主体不解决,仅凭乡镇或县区自筹资金显然是杯水车薪。

第四,缺乏科学的统一规划和有效的宏观管理。

目前,大多数市级及区县级地方都没有制定观光农业的总体规划,也没有明确的管理机构和管理办法,观光农业的发展基本上还是以乡村和企业自主开发为主,布局不尽合理。虽然有些地区的建设、农林、水利和旅游部门都制定了一些相应的标准来评定景区景点的等级,实施着各自相应的管理办法,但这样又往往形成了多头管理,几个部门都各自做规划,缺乏宏观控制和指导,加上投资者自身缺乏发展规划能力,导致投资决策的明显随意性和开发的盲目性。

项目单一雷同,缺乏内涵和特色。观光农业是一项展示性很强的农业,其独特性和新颖性的展示非常重要。因此,观光农业的类型、结构、规模应根据地域分布特点的不同,进行合理布局,力避不顾客观条件的趋同化。由于忽视了农业旅游资源的综合开发,使观光农业旅游项目功能、内容单一,开发的广度、深度不够。许多具有开发价值的资源未得到很好的利用,无法跟上现代旅游市场需求多样化、个性化的发展趋势。目前,苏南已有的观光农业园中极具特色的观光农业旅游项目尚不多见,各地开发模式雷同,开发项目多为观光果园、森林公园、垂钓园等。由于开发规划存在弊端,造成产品缺乏参与性、娱乐性、知识性,市场适应性较差,重游率较低。

缺少空间布局总体规划,规模小,分布散,缺乏观光农业的知名品牌,许多观光农业项目之所以达不到预期的效益指标,其中一个重要原因就是前期论证不充分。观光农业建设,必须充分论证其自然条件和社会条件的可行性。按照国际惯例,农业旅游区半径大于9.5km的区域时,才能发挥最佳经济效益。我国的观光农业项目大多小于这个规模,苏南也不例外。忽视空间上的总体规划,导致了目前苏、锡、常观光农业总体规模小,分布散,类聚效应差的情况,降低了景点对周围人群的辐射程度,造成市场范围狭小。

### 三、发展苏南观光休闲农业的思考与对策

1. 观光农业项目的论证需要从多角度入手。

观光农业项目的开发具有不同于一般项目的特点,它需要从更广泛的角度去综合论证,至少应包括以下几个方面:

一是本地区农业资源基础的分析。即农业、基础资源、自然景观系列、乡村民俗的可展示性。

二是市场定位分析。从目前我国观光农业的发展现状来看，观光农业首先是城市居民的"后花园"，其目标市场应主要定位在大中城市的居民。为他们提供一个自然、传统、休闲的场所。因此，在短期内，苏南的观光农业还无法成为国际性的旅游活动。

三是区位选择分析。大中城市边缘区农业地带应为首选，这些区域有着独特的地域性和明显的发展优势。通过大中城市边缘区的发展，带动交通便利、农业基础较好的区域发展观光农业，是符合我国国情的发展战略。

四是目标市场、地区旅游业的发展分析。主要是分析目标市场是否成熟以致需要观光农业园区。以北京市为例，首先，观光农业的消费对象主要是城市居民，目前已有相当一部分的居民具有参与农业观光进行旅游的能力，随着经济的发展，这一消费群体将不断扩大，消费水平也将随之提高；其次，北京市农业资源基础较好；最后，北京市郊区名胜古迹众多，这些景点都可以与观光农业的旅游景点互为补充，共同发展。基于以上分析，目前，观光农业已经成为北京市人口新的消费热点之一，极具发展潜力。北京的做法值得苏南各市参考和学习。

总之，观光农业应不唯"观光"，农业才是其根本，其特点应是生态性的，以保护生态平衡为前提；其产品应是民族性的，以弘扬民族传统文化为卖点；其经营定位应是服务性的，以游客需要定模式。

**2. 观光农业要走可持续发展之路。**

观光农业的基础是农业内部功能的良性循环和生态的合理性。因此，观光农业的发展要切实保证旅游与生态农业的协调。观光农业的"农业"内涵，应定位于旅游与生态农业相协调所体现的地域特点，即地域生态农业特色和地域农业文化特色。因而对植根于符合自然生态的生态农业和传统农村民俗文化必须加以保护并得到充分体现，开发时应选择生态效益型道路，具体做法如下：

①必须立足现有基础进行开发，严格控制滥用耕地。

②必须因地制宜，突出个性和特色。

③避免对环境和景观的破坏，如在旅游景点内设立不当的建筑等。

④控制"农业观光园"周边的工业以及城市化等对景点的不利影响。

⑤适当控制进入农业观光园的人数，以保护园内的生态环境质量。

只有符合可持续发展战略，才可能体现出观光农业自然、传统、休闲、绿色的特点,获得农业、旅游、教育、生态、综合"五效益",达到发展观光农业的目的。

**3.政府要积极有效地进行宏观调控,理顺管理体制。**

一是要统一对观光农业发展方向和目标的认识。有关专家指出,农业观光旅游区的半径应为29.5平方公里,才可能发挥最佳经济效益。观光农业既不是纯粹的农业开发,也不是传统的旅游开发,它的发展必须兼顾农业和旅游的发展规律。目前,我国不宜过多的发展自行采摘、承租农地等体验型项目和休闲娱乐为主的观光农业项目。这是因为观光农业的发展有其三大目标,即直接效益目标、可持续发展目标和示范观赏性目标,三大目标是一个统一的整体,三者相互关联,相互促进。

二是理顺管理体制,加强规划和创建管理、服务体系。在旅游开发区要防止出现管理体制混乱,政出多门的现象,要分清责任,各司其职。政府有关部门应做好观光农业发展规划的指导;建立一些咨询服务机构,加强对观光农业发展的调查研究与总结,以建立农业政策信息服务体系。此外,还应制定一些优惠扶持政策,如引资、税收优惠等。

三是建立资金引入机制。应广开引资门路,把观光农业的资金引入计划纳入到旅游业和农业发展的计划中。创建新型的旅游农业投资体制,实现投资多元化,以不断加大市场开发的力度。

**4.观光农业的发展要遵循社会主义市场经济规律。**

第一,建设旅游景点和组织旅游应放手由企业经营,政府进行宏观调控。计划经济时期,由于职责不分,管理不严,未能充分调动各方面的积极性,结果往往经济效益不高。现在实行社会主义市场经济体制,投资观光农业项目应按照现代企业制度的要求,"产权清晰,责权明确;政企分开,管理科学",以实现产业的高效益。

第二,按照社会主义市场经济体制的要求,所有制的实现形式可多种多样。如建立有限责任公司、股份有限公司、合作公司、股份合作企业等。投资方可以是国有企业,也可以吸收集体或民营企业参与等。对于观光农业项目的投资者,不论是国有企业还是集体合作企业,也不论是农民还是外商投资企业,只要符合发展规划,发展前景好,都应大力发展,给予扶持。

第三,要有市场竞争意识,包括服务质量和价格竞争。旅游观光景点的成功与否或能否可持续发展,不但要看观光农业景点的特色和内容,即参观价值,还要看价格和服务质量。若景点规模大、成本高、门票贵,必然导致一些人"望门却步",造成资源的浪费,形成开业之初兴旺、继而难以维持的局面。同时,服务和管理水平也应不断提高,尤其是在农业知识的内涵和景点的管理上应精益求精,项目安排上也应不断创新,让游客有一种"常新"的感受。

第四,一切活动要以获取社会效益、环境效益和经济效益为目标。体现效益可通过三种方式:一是门票收入方式,较高的门票、丰富的内容和免费的品尝或赠送纪念品;二是消费收入方式,低廉的门票或不收门票,而是通过丰富的内容(如购买纪念品或品尝特色农产品)刺激游客消费的欲望而获得经济收入;三是广告效应方式,即旅游项目收入与开支基本持平即可,其效益体现在扩大知名度,带动产品的销售获利。可以说,观光农业的发展,只要在追求每一个项目的经济利益的同时充分考虑社会效益、环境效益,就可以在市场机制引导下,取得最佳的经济效益,促进我国观光农业的发展。

实践表明,休闲观光农业既是一个市场广阔、潜力巨大的新兴产业,又是一个投资数量大、开发周期长的系统工程。观光休闲农业正是传统农业与现代旅游业的最佳结合点,它将农业从单纯的生产性功能拓展开来,向附加值较高的第二、三产业转移,有利于加快高效生态农业发展;同时也有利于拓展农业的功能,提升农业产业层次,带动农产品加工、销售和农村商贸旅游、餐饮服务等产业的发展。可以说,观光休闲农业是一门带动面很广、带动链很长、带动力很强的产业,它将成为苏南旅游经济一个新的增长点。

5. 苏南观光休闲农业要继续提升还需注意以下几点:

一是加强统筹,规划先行。坚持以科学发展观为指导,科学制定观光休闲农业发展规划,将观光休闲农业的发展规划与农业发展规划、土地利用总体规划、城市旅游发展规划、新农村建设规划和资源环境保护规划衔接起来;将发展观光休闲农业与推进农业基础设施建设和发展高效生态农业结合起来,确保规划的前瞻性、整体性和延续性,坚持走观光休闲农业的可持续发展道路。充分利用田园景观、自然生态等资源,开发生态功能和社会功能,将农业生产、生活、生态进行有机融合,将现代农业、科普教育,以及环保、农事体验为一体,突出农村生活风貌和乡土文化内涵,不断提高农业产业的经济效益。要避免只开发不保护现象,休闲农业的基础是农业体系内部功能的良性循环和生态合理性。苏南在发展"休闲农业"时应定位于旅游与生态农业协调所体现的地域特点,开发时应选择生态效益型道路,注意保持农村生态环境和人文环境,重视经济、生态、社会三大效益相结合,坚持休闲农业的可持续发展。

二是以农为本,强农兴旅。发展休闲观光农业必须坚持以农业为基础、农民为主体、农村为特色的原则,把发展农业产业、扶持农民增收放在首位,同时为广大民众和游客提供更好的休闲观光农业旅游产品和服务。"以农为本"最重要的一条就是要十分重视土地资源保护,科学合理开发荒山、荒坡、荒滩等来发展休闲观光农业。同时,也要重视"兴旅"。其产品既要体现当地的特色农业产业,又要注重吸引游客参与。牢固树立"农村生态就是资源、特色品牌就是客源、农耕文化就是亮点"的理念,彰显特色,树立品牌,吸引游客。

三是政策扶持,增加投入。首先是加快建立"政府扶持、业主为主、社会参与"的投入机制。各级应对休闲观光农业区的基础设施和公共服务设施建设等方面的投入给予项目和资金的倾斜,设立专项资金,扶持与引导休闲观光农业的发展。其次是对于开发过程中将会出现的农业资源整合、土地流转、工商登记、纳税、银行贷款等在政策上予以支持,并在实施过程中加强监督管理,确保休闲观光农业健康有序稳步发展。最后是制定吸引外商资本、工商资本、民间资本参与休闲观光农业区建设的优惠措施,鼓励他们以协作、参股、合作、独资等多种形式参与建设。同时,应积极鼓励农民以土地、资金入股等方式参与建设,形成多元化、多渠道的投融资体制。

四是因地制宜,挖掘特色。充分发挥我市农业资源和旅游资源优势,坚持以农为本,打造观光休闲农业特色。运用苏、锡、常特有的乡土文化、乡土生活方式和风土民情发展休闲农业,与农业生产、自然景观、生态环境、农村设备及农村空间等资源联系起来,利用好有限的财力、人力、物力,将农村风光、农家风情和最有特色的项目如农家菜、农事活动等特色品牌很好地组织起来,突出农村生活风貌和丰富乡土文化内涵,显现每个项目其独特的风貌,让游客获得与城市生活不同的新奇感受,体验乡村野趣的独特魅力。

五是强化服务,提高水平。休闲观光农业包涵第一、二、三产业的经营内容,涵盖农业、旅游、文化、环保等多学科知识。为此,要十分重视休闲观光农业人才的培养,将人才培训纳入农民素质培训工程。组织有关人员进行休闲观光农业管理与服务知识、风土人情知识、诚信意识及行业服务规范等方面的培训,提高观光农业从业人员的综合素质和服务水准;要积极培育和发展休闲观光农业行业协会、专业合作社及中介服务组织。不断完善行业自我服务和约束管理机制,为市民提供更多的优质农业旅游资源。

六是加大营销，扩大影响。营销是休闲观光农业能否成功的关键所在，是提高休闲观光农业品牌知名度，争夺客源市场的关键所在。近年来，苏南成功举办的系列农业节会对外形成宣传的品牌，推动了休闲观光农业的发展。同时，要借助新闻媒体，加大推介力度，扩大影响。通过电视、广播、报刊、户外广告、农业网站等媒体和制作宣传片进行大力宣传，将农业与旅游业的发展有机结合起来，使休闲观光农业真正成为苏南发展现代农业的重要品牌。

综上所述，尽管苏南农业在苏南各市经济总量中所占的比重都很小，低的只有百分之一点几，高的也就是百分之两点几，但却是很有特色的。从我们所引述的案例与通过调查获得的情况分析看，既有值得总结、推广的经验，也有不少担忧。用苏南人的话讲，最大的担忧是土地越来越少了。是的，苏南曾是鱼米之乡，但随着工业化、城市化的推进，金贵的苏南土地越来越少了，"鱼米之乡"不在了。以至有人发出这样的哀叹：风调雨顺有什么用呀，土地都没了。

从科学发展的角度看，该如何讲呢？是否工业化与城市化推进到今天，也该有个限度呢？

从"十二五"规划看，这不仅是苏南的问题，其他地区也存在这个问题。当代中国对这一问题如何看待呢？

这是一个迫切需要探讨的问题。尤其是，城市化的推进，在类似于苏南这样风调雨顺的地方，是否需要作出严格的限制，对工业占地、城市占地、农业占地这三者作出合乎当地情况的规定，从而为当地农业留一些发展之地、为当地城市留一点"绿地"之肺呢？否则，生态经济、粮食生产、农业的发展，就都不可持续了。

# 结束语　五点预测：苏南经济发展的
# 走势、展望及启示

对于科学发展观在苏南的实践，一是要探索其取得成功的经验；二是要剖析其存在的问题；三是对于目前仍在探索中的一些问题，不要轻易下结论。比如，对于从西方引进的城市综合体如何看待？有人认为，传统的商业圈的形成需要很长时间，如苏州经过百年发展，才形成人民路沿线的观前、石路、南门三个商业圈。城市综合体的出现，则加快了区域城市化的发展进程。目前，苏南各中心城市，正处于城市化"黄金发展期"，城市综合体的到来正当其时。

但是，也有人认为，现在不少城市都出现了盲目开发的情况。大餐虽然很丰盛，但如果盲目暴饮暴食，会导致消化不良。各个地方政府，现在都对城市综合体趋之若鹜。新一轮房地产调控后，众多传统住宅地产开发商开始做地方政府喜欢的商业地产。于是，不少城市出现满城尽是城市综合体的局面。这种不务实的盲目开发，很容易造成资源的极大浪费。比如，同质化现象，不仅存在于产品开发、城市开发，而且也存在于城市综合体项目的开发中。众多开发商一味地进行模式复制的操盘手法随处可见，没有很好地根据地段、区域来进行差异化打造，以至于出现多个城市综合体项目在某一片区扎堆，而其他片区则鲜有大型商业配套的现象。目前，在常州，仅中心城区就有凯悦中心、万博国际广场、九州新世界、嘉宏盛世四大城市综合体项目，与同片区的南大街、莱蒙都会商业步行街相隔不足5公里。在苏州，目前具备城市综合体特征的项目则达12个。其中，吴中区有中润·苏州中心和南苏州生活广场；苏州工业园区有环球188、建屋紫金东方、九龙仓苏州国际金融中心、东方之门；相城区有合景峰汇国际、繁花中心、恒达·中环百汇广场；沧浪区有苏纶场、苏州世茂运河城；平江区有万达广场。这些城市综合体像撒网似的布局在苏州城东西南北各个新商圈。有人担心，当众多商业巨头同时大张旗鼓地摆桌子请客时，这就让人产生了苏州究竟能养活多少个城市综合体的疑问。那么能否就此下结论：再搞城市综合体就不行了呢？恐怕也不能这么简单地下结论，毕竟城市综合体集衣、食、住、行、玩为一体，与现代人的生活是由衣、食、住、行、玩结合为一个整体是相吻合的。对此，我们应从不同视角进行探索，分析其利弊，不能仅仅看到上述存在的问题，就轻易地否定。又如，在城乡一体化过程中，苏南有些地方，简单地将农民集中到城镇居住，将土地连成片开发，是否是成功的经验呢？这恐怕既不能简单地讲：苏南地太少了不能不这么做，也不能简单地讲：这是一条成功之道，必须予以肯定。如果这样下结论、做决策的话，也未免太简单化了。常熟的蒋巷村，不仅是常熟、苏南的典型，而且可以说是全国的典型。该村范围一未做大，二未将农民搬到城里去，三未并掉周边村。该村基本上仍是几十年前那么大规模的村，但村容村貌完全变了，是一个典型的社会主义新农村。你能说该村的成功经验，没有推广意义吗？恐怕没有哪一级领导这么说；即使学者，也必须凭事实讲话，不能妄下断论。因此我们在本课题研究过程中，坚持"两个说透"，即既要说透苏南成绩、苏南经验，又要说透苏南存在的问题。然后，在此基础上探讨苏南如何科学发展与苏南今后的发展走势如何。

科学发展观是顺应时代变化而产生的，其发展也是顺应时代变化，并是在应对诸如国际金融危机的冲击与全球经济调整这类重大现实问题的实践中，获得深化与发展的。

对于科学发展观，过去我们注重的是体系完善研究。科学发展观体系的完善研究当然还得进行下去，但为了解决为什么要深入研究科学发展观问题，我们有必要由原先注重体系完善研究转向注重现实问题研究，即由"体系意识"研究转向"现实问题意识"研究。在现实问题研究上，则应突出应然转变的科学发展理念、发展战略与发展路径的选择。据此，我们从全球经济调整视阈下科学发展观在苏南发展理念的转变、发展战略与发展路径这三方面选择了十个专题，分为十二章，作了较为系统的探讨。从科学发展观要求来讲，不仅要求人们运用唯物辩证法，对正在探索的现实问题，进行深入的探索，而且也要求人们探索未来，预测未来，剖析未来。凡事预则立。科学发展观具有科学预见的理念。所谓科学预见，就是根据客观事实与事物发展规律对事物发展的趋势作出的推测性判断。科学预见既不是主观臆断，也不是未卜先知，而是预见者在大量事实基础上，运用科学的思维方法所得出的结论，它能在一定程度上避免人们认识与行动的盲目性。当然，其结论是否正确，必须经过实践检验。为了实现马克思主义科学发展观的"体系意识"与"现实问题意识"的视界融合,开拓马克思主义科学发展观在苏南乃至全国实践的各个新境界,我们很有必要按照科学发展的理念,在上述研究的基础上,再从不同视角,对未来苏南经济发展的走势、展望做一个预测,并从中揭示一些具有重大的现实意义与理论价值的启示。因此,我们做了如下预测:

预测一:苏南经济今后总的态势、总的格局。

依据科学发展观,凡是办企业的,不仅都要做一个商机的捕捉者,更要做一个行业发展趋势的预测者,以求把握行业发展动态。凡是搞学术研究的,则都必须了解其所研究领域的现状及其走向,即都必须了解其所研究领域的前沿动态。不了解前沿问题,不占据学术研究前沿的科研人员,不是好的科研人员。凡是搞地方工作的领导者,则必须了解他所负责的地区现状及其发展趋势。苏南各市的各级领导者当不例外。

从发展现状与走势看,改革开放以来,从"草根"工业起步的苏南各市,如今都通过一批投资大、后劲足、产业带动作用强的项目为新兴产业快速成长奠定了基础,并在此基础上,依托高端载体,迈向了创新产业。

我们在本书"序"中讲过,苏南不是孤立的苏南,而是中国的苏南,是中国的一个虽不大但却是经济发展前沿的区域。因此,苏南经济发展的前沿、走势问题,也就是中国先发展起来的地区经济发展的前沿、走势问题。苏南,既然是中国的苏南,当然具有中国特色、中国问题;同时,由于中国各区域又有各自不同的特点、特色,苏南当然也有自己的特点、特色。

从当代中国的共性问题看,尽管与整个世界一样,当代中国仍处于"后经济危机时代",并且这个时代将延续相当长的一段时间,但从整个中国经济的发展态势看,正处于繁荣期,且是蒸蒸日上期。

尽管有专家学者认为,中国的东部沿海地区(主要指的是珠三角、长三角、环渤海地区)发展已趋于饱和;中国东部沿海地区经过30年的改革开放,已经从短缺经济时代走向了过剩经济时代,但是,中国的中西部仍有很大发展空间,这给中国东部沿海地区提供了继续发展机遇。随着东部沿海地区生产成本的提高,利润空间的下降,大批企业内迁,给东部沿海地区腾出空间。于是,在东部沿海地区,包括苏南地区演绎出两部戏:一部是东部沿海地区,包括苏南地区,经济发展走出了向中西部延伸。由于在东部沿海地区的发展也是不平衡,在苏南向中国中西部延伸的同时,还走向了向江苏的北部延伸。于是,苏南与东部沿海地区的转型之痛演变成了内迁转型发展之路,演变成了新的发展格局。另一部戏是腾笼换鸟，苏南人将此称为"腾笼换凤"，即苏南内迁的企业基本上都是低端加工劳动密集型企业，这些企业迁徙后，腾出了空间，解决了一部分苏南用地紧张问题，为苏南发展新兴产业、高端产业、创新经济提供了空间。这两部戏，的确是苏南今后 30 年经济发展，即与整个中国经济继续繁荣的走势之一。

预测二：苏南未来经济发展的瓶颈。

苏南未来经济发展的走势，说来就涉及苏南自身的问题。从苏南自身问题，即苏南存在的个性问题看，主要体现在以下几个方面：

一是综合经济实力较强，但增长质量和效益有待提高，外延扩张为主的模式与资源环境的矛盾有待解决。目前，苏、锡、常空气中的二氧化碳含量是江苏平均水平的三倍，是全国平均水平的八倍。苏、锡、常的肺癌发病率是全国平均水平的 6.7 倍。昔日的鱼米之乡，今日其粮食却要靠外调；昔日的蓝天白云，已经成了明日黄花。苏州就被外界讥为"苏州发展不经济、只长骨头不长肉"，不但付出了环境污染的代价，二氧化碳排放量按单位面积计算是全国平均水平的 10 倍左右、是江苏平均水平的 2 倍左右，而且在富民程度上远远低于浙江，甚至还低于西部地区的成都和重庆。可生产要素制约越来越明显，土地紧缺难以为继，环境不堪重负。至于无锡，虽然也风光无限，财政收入和 GDP 皆排在全国大中城市的前十位，但在 2006 年，太湖蓝藻的爆发，大大地敲响了警钟。《瞭望》新闻周刊上曾有一篇文章说，太湖蓝藻爆发后的负面影响可以抵消无锡 5 年的宣传效应。以常州为例，在"十五"期间投资率呈直线上升趋势，但工业投资效果系数却呈逐年下降趋势。近年内虽有所扭转，但还不能讲从根本上扭转了。

二是经济国际化程度较高，但长时期的投资包括利用外资高增长难以持续，外资与本土经济的融合有待深化。打招商引资战的，不仅仅是国内各城市之间，各国也在打这一场战役，印度、越南等在这方面势头迅猛，正在成为中国极大的竞争对手。就国内而言，随着外资超国民待遇的取消转而采取国民待遇，常州地区超高的外资依存度前景令人担心。青岛的韩资已大量外逃，常州呢？追逐利润是资本家的本性，利空会使外资（有人讥为"蒙古包"）游离本地。国际上外资依存度 20% 是警戒线，比如日本才 18%，可整个江苏达到了 69%。外资的大量引进在一定程度上侵吞了民营经济的生存和发展空间，有"招一个女婿气跑两个儿子"的嫌疑。这个问题不能不令人担心。诚然，外贸依存度的计算标准主要是侧重于第二产业、第三产业占比重大的发达国家,如美国等,在这种计算模式下其外贸依存度反而较低,比如美国的外贸依存度才20%多一点。也就是说,中国尤其是苏南的经济安全度并不像外界所评说的那样危险,下一步还应该在引进外资、扩大开放等方面进一步下工夫。但是,无论如何这也不能成为我们"一条腿长一条腿短"的理由。下一步苏南应该在内源型经济和外源型经济两个方面并重,齐头并进,不可偏废。既要努力促使外企生根,又要努力促使民企升级,要全球化思考,本地化行动,眼睛往外看,脚步从里走。

三是科技教育资源较为丰富,但自主创新能力不足,对经济的支撑和带动作用有待增强。虽然制造业发展基础较好,但技术含量不高,产业结构有待优化。有人说,长三角不是严格意义上的"世界工厂",而是"世界加工厂"。比如,苏州生产一块芯片97%的利润被外商拿去了,自己拿的是小头。就是说,目前我们的产业层次确实还很低,我们不能永远满足于给别人打工,不能满足于别人吃肉,我们喝汤,不能满足于总是给别人贴牌生产,而应该大胆创新,变贴牌为创牌,变加工为创造,多扶持自己的知识产权和名牌产品。说世界工厂好听,那是相对于中国中西部而言的,就全球定位来说,那是苏南的耻辱。"本人只是伙计,老板应该是你","木匠师傅没屋住,卖油娘子水梳头",这种不合理的状况再也不能持续下去了。苏南一定要发愤图强,在提升产业层次、延长产业链、增加附加值等方面多想办法,多做努力。东北为什么落后,就是因为他们的配套能力不强,比如长春是中国最大规模的汽车产地,年产汽车200万辆,单是橡塑产品这一块每年的市场份额就是400亿元,可是橡塑产品吉林省基本上没份,都是江苏、浙江、山东在配套生产的。美国的底特律是三大汽车巨头的总部所在地,可是底特律市政府却穷得连冬天扫雪的钱都拿不出来,为什么呢?就因为在底特律当地没有配套生产能力和相关产业链,所以苏南一定要吸取它们的教训。今后在继续做好引进外资发展外经扩大外贸的同时,进一步引导好本地民营企业的发展,要为中国的"黄老板"和外国的"白老板"牵线搭桥,以及能够在未来的市场竞争大潮中分一杯羹。至于苏南的产业结构状况,前文已经分析过了,这里就不展开了。

四是苏、锡、常各自为战,恶性竞争,同质化问题严重。

苏、锡、常这三个城市靠近中国的龙头城市上海,大树底下好乘凉,大树底下种好碧螺春,这些道理大家都懂。可是在具备大树底下好乘凉优势的同时,也存在着大树底下难长草的劣势。这几个城市跟上海老大哥在合作和竞争的度上一直未能很好的把握，明明有些产业、有些项目不适合在苏南发展，可是这三个城市在很多时候却不甘心于仅仅当配角，不甘心于当好后花园，"没有条件，创造条件也要上"，抢人才，抢资源，抢项目。至于苏、锡、常之间，更是没能做到差别化竞争，错位式发展。目前，江苏13个辖市，有12个都提出要建设现代制造业基地，尤其苏、锡、常三市，各个不甘落后，你上轨道交通，我也上轨道交通，你上装备制造，我也上装备制造，你发展电子信息、生物医药，我也发展电子信息、生物医药。你大力发展纺织服装，我也舍不得放弃纺织服装，一哄而上，摊大饼，铺摊子，圈地皮，上项目，造成了很多不必要的浪费，如果我们在苏、锡、常任何一个城市晚上上街，你简直分不出是在苏州、无锡，还是在常州。当然，这种"同质化"问题，不仅仅在苏、锡、常存在，有学者认为，整个中国，现在就是一个由一千座雷同城市构成的国家。虽然，一方面，国家发展战略是明确的，东部大提升，西部大开发，东北大振兴，中部大崛起，区域经济发展正如火如荼地进行着，在区域经济大发展的大合唱中应该说谁能快人一步，先人一拍，差别竞争错位发展，谁就能获得更好的发展。但可惜的是，普遍缺乏有个性的差别化发展。苏、锡、常也不同程度存在这一问题，亟待解决；另一方面，长三角一体化的进程正在加快，国务院长三角发展规划也已经出台，但是，距环境共保，资源共享，交通同环，人才共用，政策同步等，还有很大一段距离要走，这就要求苏、锡、常下一步要进一步在政府合作、政策通气、企业交流、求同存异等方面进一步下大工夫。

改革开放的洗礼，长三角共同发展的历程与要求，使"苏、锡、常"成为一个相互联系、不能分离的地域整体，一个举世闻名的经济发达地区的代名词。现在，"苏、锡、常"板块已是江苏省综合实力和形象、地位的主要支撑，是全国开放程度最高、经济发展水平最高、生活水平最高的地区之一，是国际经济舞台一道亮丽的风景线，为全省、全国的改革开放和小康建设的大局提供了宝贵经验，作出了重要贡献。"成绩不讲跑不了，问题不讲不得了"，正如上文所述的那样，苏、锡、常在发展过程中，还存在着这样那样的问题，成长路上烦恼多多，但是我们坚信只要在今后的发展过程中，坚持科学发展观，总结经验吸取教训，取人之长补己之短，就一定会在将来的发展过程中少走甚至不走弯路，在更高的台阶上取得新的更大的成就。苏南存在的问题，一方面，正如鲁迅先生所述的："即使是天才，新生婴儿的第一声啼哭也绝不会就是一首好诗"。

苏南的发展,可以用"成绩不小,问题不少"这8个字来形容。虽然,全国百强县的前十名有8个在苏南(外省市只有广东的顺德和浙江的萧山挤进了全国十强),但是,2007年以来,国家统计总局不再排列全国百强县了,本身就说明苏南发展还存在着问题。另一方面,则表明苏南各市的确到了该转变发展思路、对产业进行转型升级的时候了。这是大势所趋,这是苏南今后的经济发展的一大走势。比如,目前影响苏南进一步快速健康发展的瓶颈有很多,如资金、土地、污染、原材料涨价、市场风险、中西部地区的后发优势等。但是,当务之急、迫在眉睫,最难解决最烦人心的却是用地紧张问题。造成苏南开发区用地困难的原因有两个:一是巧妇难为无米之炊;二是拙妇难为有米之炊。解决开发区用地难题必须从两个方面着手:即要缓解"无米下锅"的问题,更要解决"有米未下锅"和"有米乱下锅"的问题;既要开发后备的,更要用好已批的、盘活闲置的。

目前,苏南开发区用地难的现状是,多数是既缺土地又缺用地指标,少数是虽不缺土地但缺用地指标。2005年以来,国家实施宏观调控政策,土地难题雪上加霜,原有的问题还未完全消化,新的困难又产生了,虽然苏南各市一直重点保证重点项目、公益项目和开发区的用地供应,但开发区的用地难题还是越来越突出了。

针对上述苏南各市用地难问题,不少专家给苏南各市献计献策,提出了:内部挖潜、盘活存量,开发后备、扩大增量,规范管理、制度约束,借天生地、高空发展,统筹县区、飞地政策,南北对接、联合开发,增资扩股、转股并购,占补平衡、长短兼顾,向上争取、修改规划,等等计策。这些建言、对策,虽然都各有见解与可取之处,但都没有说到根本上。苏南各市的根本问题是什么?是上规模、铺摊子。这个问题不解决,再多的地也不够用。而要解决这个问题,就必须转变发展思路,限制发展规模,尤其是在当前仍在蔓延的造城运动中,应自觉控制城市规模,在由苏南制造转向苏南创造、由低端的加工制作劳动密集型转向高端产业、新兴产业、高科技产业上多下工夫,在产业转型升级上多下工夫,在创新经济与价值链的延伸上多下工夫,在真正实现由粗放型增长转向集约型发展上多下工夫。这既是从根本上解决苏南各市土地紧缺问题,也是苏南在新一轮经济发展过程中保持持续发展势头的根本途径、根本办法,亦是苏南在未来相当长的一个时期内的经济发展主要趋势,或称走势之一。当然,发展高端产业、新兴产业与创新经济,一是要有人才,二是要解决技术瓶颈问题。就如何解决人才问题而言，苏州、无锡、常州都采取了不少举措，强调以人才引领、决胜未来。至于让人才引领转型升级的效果如何？能否达到预想的目的，姑且不论。就其做法而言，无疑是正确的。至于技术瓶颈，尤其是核心技术瓶颈问题，于下文论述。

预测三：苏南未来经济发展须注重的问题

从苏南未来经济发展的走向看，须注重三大问题：

一是第一、二、三产业的协调发展，通过做大第三产业、做强第二产业、做精第一产业，调出三次产业的"黄金比例"。

当代中国经济发展，是由投资、出口、内需（消费）三驾马车拉动的。投资，解决的是供给问题，出口与内需解决的是国内外需求问题。国际金融危机进入"后经济危机时代"后，一些工业发达国家，如美国，强调回归实业，要走"再工业化"道路，加剧了世界市场的竞争。在这场国际金融危机发生之前，曾经是全球制造业规模最大的美国，其经济总量超过 80% 转向了服务业，金融服务业更是在美国主导的金融自由化浪潮中飞速发展，导致美国的制造业不断萎缩，以至于出现产业空心化。比如，据统计，美国 20 世纪 60 年代还能供应本土生产所需的全部机械设备，但到 1994 年，美国国内销售的生产机械已有 1/4 靠进口。有专家分析，照这样的速度，在 2020 年前美国将会完全依赖进口机械。忽视承担着经济造血功能的制造业，把大量的钱投入到华尔街金融漩涡中，最终引发了肆虐全球的金融危机，这让美国人认清了经济过度脱离制造业实体的危机。因此，美国人发出回归实业的呼声，美国总统奥巴马于 2010 年 8 月 11 日签署制造业促进法案，提出美国要走"再工业化"之路，再加上一些国家贸易保护主义的抬头，势必加大实业界的国际竞争与中国的出口难度。拉动内需则又受到国民收入增长有限等的限制。从需求角度上看，无论出口还是内需都难以加大拉动力度。而从供给角度看，产能过剩则导致当代中国供给与需求失衡，难以形成均衡态势。因此，制造业对于当代中国来讲虽然十分重要，但却受到来自第三产业的出口与内需制约，很有必要协调第二、第三产业包括第一产业在内的发展，否则的话，产能严重过剩、生产严重过剩，势必导致制造业萎缩。苏南是当代中国制造业大本营，处于当代中国第一、二、三产业协调发展的前沿，绝对不可对此掉以轻心。

二是在工业化后期，必须注重提高经济发展的质量与效益，注重社会建设、文化建设与政治建设，切实防止经济增长的同时社会矛盾加剧、社会发生倒退,即苏南各市在这个时期既要上质量与效益课,同时又要不欠社会发展滞后债,着力建设政治、经济、文化、社会、生态"五大文明建设",正确处理好人民内部的各种矛盾,创造良好的经济社会发展环境。

三是注重"五大文明建设"中的生态文明建设,正确处理好人与自然的关系,注重低碳经济、绿色经济、循环经济、生态经济的发展。

按照某些权威机构联合发布的《生命行星报告2006》显示,人类的生态足迹已经超出地球负荷的25%,我们早已不再依靠自然的"利息"生存,而是在消耗大自然的"本金"。照目前这种消耗生态资源的速度走下去,发生生态系统全面崩溃的可能性不可避免。这其中高收入国家更是大大透支了全球的生态,尤其是美国,人口不到全球人口的5%,占有全球资源的12%,但却消耗了25%,中国是人口众多的发展中国家,不可能复制美国,只能走资源节约型、环境友好型发展道路,即必须发展低碳经济、绿色经济、循环经济、生态经济,坚定不移地加大节能减排力度,把节能、减排、节地、节水作为首要指标严格执行落实,深入推进大气污染、土地污染、水污染的治理,加快生态修复与植树造林,真正让老百姓喝上干净的水,呼吸上新鲜的空气,感受到清新宜人的生态环境。这是当代中国未来经济发展的走势之一,苏南当不例外。尤其是水环境的治理,作为水乡的苏南各市,可以说是任重道远,面临着极大的压力与挑战。

生态文明建设,是一项长期的、艰巨的系统工程建设,而不是空洞的口号,它需要苏南人按照科学发展观的要求,切切实实地付诸行动,将它所涉及的各个方面,扎扎实实地推进,把人们对它确立的每一个理念,作出的每一个建设举措,都落实到人们的每一个行动之中,并见之于实际的效果。

预测四:苏南新兴产业比较优势前景。

这不仅要看,苏南各市目前重点在发展什么?而且要看,苏南各市目前已经发展起来了什么?其核心技术发展了什么?哪些市场潜力是大的,或者是较大的。

从总的发展思路与发展战略看,苏州提出建设"三区三城",确定了"八大战略性新兴产业"。

2009年8月28日,苏州市委十届十次全会提出,今后一个时期要"把苏州建设成为科学发展的样板区、开放创新的先行区、城乡一体的示范区,成为以现代经济为特征的高端产业城市、生态环境优美的最佳宜居城市、历史文化与现代文明相融的文化旅游城市"，即"三区三城"。如果苏州的"三区三城"能够建设好的话，其产业比较优势也必须凸显。2010年，苏州确定的"八大新兴产业"即：新能源、医药和生物技术、新型平板显示、智能电网、新材料、物联网、节能环保、新能源汽车。这八大新兴产业如果发展得好的话，苏州新兴产业的比较优势也就显示出来了。从目前情况看，有的已初显比较优势。如苏州的生物医药产业"生态链"就正在形成。目前，苏州已集聚了近3000家各类专业生物技术类企业，医药生产企业达529家，成为全省乃至全国的医药大市。当然，要打造苏州生物医药的"航空母舰"式群体，尚需整合苏州生物医药领域的高端人脉网，贯通生物医药产业链的投资、研发、生产、销售等环节，共同解决产业发展中的困难，逐渐理顺产业发展思路、最终带活并形成一条较为完善的产业链。与此同时，将苏州生物医药企业有机串联起来，从"物理集聚"向"生态集聚"发展，从"产业链"向"生态链"发展，形成强大的合力。

又如，苏州的纳米产业与纳米技术，算得上是苏州转型升级的"金手指"。纳米，是一个普普通通的长度单位，符号为nm。假设一根头发的直径为0.05毫米，把它径向平均剖成5万根，每根的厚度即约为1纳米。别看"纳米"很小，但纳米技术的运用，却能改变物体原来的性状，奇迹也就发生了。

如陶瓷是很娇贵的，稍有闪失，就会摔得粉身碎骨。然而，只要在烧制过程中加入纳米氧化铝粉体，陶瓷立刻就会拥有"钢筋铁骨"，不仅不易碎，而且可以做刀具。

曾经，打针让多少孩子哇哇大哭，而有了纳米微针，小孩子从此再也不用怕打针了。苏州纳通生物纳米技术有限公司研发的无痛纳米微针，可以在不触及真皮的情况下，穿透对药物起屏障作用的表皮角质层，所以不会有一点痛觉，而且也不会出血。

纳米技术作用于不同的领域将产生不同的效应，与不同产业交叉将产生新的产业或者学科，而这恰恰是纳米技术的最大价值所在。

2006年，苏州工业园区已经成为电子信息产业国家级基地。在苏州生物医药产业相对于电子信息产业则显得滞后一些，但当时苏州工业园区已经敏感地预测到：在下一波浪潮中，生物技术产业将开始向中国转移。许多生物技术的运用，离不开纳米技术，苏州工业园区迫切希望纳米与生物技术结合，使之催生出新的高技术产业。于是，生物纳米园（bioBAY）应运而生。经过短短几年发展，集聚起160家企业，吸引各类人才超过1000名，申请专利超过300项。2009年，苏州工业园区150家企业，只有一家产值超1000万元；2010年，则有15家企业产值超过1000万元，其中2家超过5000万元。

2007年7月，苏州工业园区被认定为"国家纳米技术国际创新园"，并得到了国家、省市等各级部门的认同与支持。

经过近几年时间的发展，如今依托于生物纳米园（bioBAY）与苏州纳米所，苏州工业园区已初步集聚一批纳米技术创新资源与产业资源，形成了以纳米光电子、微纳制造、纳米生物医药、纳米环境治理四大产业领域为核心的发展布局；建设了国内投入最大的纳米技术平台。如果进一步发展的话，有希望成为苏州一大产业的比较优势。

无锡则提出"四城"建设，并也确定了"八大战略性新兴产业"。

当国际金融危机渐行渐远，世界进入"后经济危机时代"之际，一条激发出无锡人能量与智慧的科学发展路径，渐渐清晰地留在无锡的发展轨道上：建设生态城、旅游与现代服务城、高科技产业城、宜居城，即"四城"建设。无锡人在自己确立的这一标杆下，加快了创新发展与转型升级的步伐。无锡人确定的"八大战略性新兴产业"即：物联网、新能源与新能源汽车、节能环保、生物、微电子、新材料与新型显示，软件与服务外包、工业设计与文化创意产业。如今，无锡的八大新兴产业发展空间布局已经确定。其中，尤以物联网最显无锡特色。目前，长三角许多城市都把发展新兴产业作为战略重点，如何避免简单重复，在同类的产业发展中提升竞争力，是一个重要研究课题。无锡人注意到这一点，在发展新兴产业过程中，不追求面面俱到，而是力争某些方面有所突破，形成比较优势与鲜明特色。发展物联网产业，建设国家传感网创新示范区，是无锡人确定战略性新兴产业的重中之重。为了发展物联网产业，无锡人除了建设好新区太湖国际科技园、滨湖经济开发区、南长传感网高新园等基地外，还将技术研发和产业化平台、公共技术服务和中介产业化平台、技术标准及知识产权服务平台、学科体系和人才服务平台、投资融资服务平台建设结合起来，可以说是涵盖了企业从起步到发展壮大所涉及的各个方面。在这方面，无锡是有希望形成产业比较优势与特色的。

常州，近几年则注重建设国家级生态市、国家创新型试点城市与学习型城市，确定了"五大战略性新兴产业"，即：装备制造业、电子信息、新能源和环保、新材料、生物医药。"十二五"期间，五大产业占规模工业比重将达到

65%，并将实施新兴产业倍增计划。重点培育新能源新材料、高端装备制造、生物技术和新医药、节能环保、软件和服务外包、物联网七大新兴产业。① 由此可见，常州的发展思路与苏州、无锡一样，也在谋划将战略性新兴产业变成经济的新增长点和未来的支柱产业。这是未来常州与苏州、无锡打造各自产业比较优势必须具备的条件之一，但不是唯一条件。

说不是唯一条件，以苏州为例，尽管苏州有几大产业号称是千亿元产业，其规模的确是做大了，但拿不出核心技术。如苏州凭借在微电子、通信信息、制造业上的优势，有望获取3万亿元拉动效应中的10%，即3千亿元。但恰恰是这些做大了的产业，拿不出属于苏州的大品牌与核心技术来。国内有学者认为，"优先发展大工业、大企业、大资本和大项目"的经济增长模式，会使"中国陷阱"逼近。

我们通过对苏南考察，发现苏南各市目前优先发展的就是大工业、大企业、大资本、大项目，这究竟是"苏南经验"，还是"苏南陷阱"呢？看来，这一问题是值得深思的。尽管苏南很强调产业转型升级，但产业转型升级，不提升产业层次、不增强核心竞争力，行吗？而要增强核心竞争力、提升产业层次，就必须解决人才问题与自己的品牌、自己的核心技术问题。人才问题，如前所述，苏南各市十分重视，通过"人才兴市"、"人才特区"建设，苏州、无锡、常州都已抓出成效。但品牌与核心技术，仍然是苏南的瓶颈。先以苏州为例，虽然苏州的各类产业，不仅门类做齐全了，而且做大了，并形成有苏州特色的产业集聚，但属于苏州的品牌、核心技术却不多。当然，不能说苏州没有品牌、没有核心技术，如苏州的隆力奇、好孩子、波司登是苏州的品牌，但还不能说是大品牌。应该说，苏州的情况算是好的。如截至2010年9月，苏州拥有的江苏省创新型企业总数已达到195家，居江苏省全省之冠。创新型企业试点及其评选是根据科技部、国资委、中华全国总工会《关于印发"技术创新引导工程"实施方案的通知》的要求开展的。2008年，苏州就有14家企业首次入选创新型企业，2009年达到48家，2010年第三批评选中，网络科技（苏州）有限公司等133家企业成功入选，占全省总数近二成。

---

① 《中共常州市委关于制定常州市国民经济和社会发展第十二个五年规划的建议》，《常州日报》2010年12月16日第A1版；王伟成：《关于制定常州市国民经济和社会发展第十二个五年规划建议的说明》，《常州日报》2010年12月17日第A3版。

创新型企业主要从骨干企业、转制院所、高新技术企业和其他主要依靠技术创新发展的企业和其他主要依靠技术创新发展的企业中选择,必须具备五个方面基本条件:①具有自主知识产权的核心技术,整体技术水平在同行业居于领先地位;②具有持续创新能力,在同类企业中,研发投入占年销售收入比例较高;③在行业发展中具有较强的带动性,形成企业独特品牌,并享有相当知名度;④企业近三年连续赢利,销售收入和利润总额呈稳定上升趋势;⑤重视企业经营发展战略创新,努力营造并形成企业的创新文化。2010年苏州入选的企业不仅涉及苏州传统制造业,更有新材料、新能源、生物医药、传感网、环保等新兴产业,这些企业的创新产品及技术性收入占销售收入已经超过50%,具有较强的技术储备能力与发展后劲。目前,进入世界500强的大品牌企业江苏沙钢集团已跻身国家创新型企业。这是苏州产业形成比较优势的希望。按理说,我们应加以肯定,但为什么我们还要强调苏州缺乏品牌、缺乏核心技术,品牌与核心技术是苏南包括苏州的瓶颈呢?这主要是从大品牌与核心技术角度讲的,而并不是说苏州企业没有创新性技术、没有品牌。小品牌,或者说,在省内、在国内小有名气的品牌还是有的。但从全球角度讲,苏州有什么大品牌呢?苏南有不少产业,如微电子与信息产业,在苏州、无锡、常州的规模都做得够大的了,可是其核心技术——芯片呢?却拿不出。于是,只能给人家加工、组装,拿加工费。看看规模很大,市场行情也不错,利润却很薄。原因就在于:缺乏自己的品牌,缺乏自己的核心技术。当然,这不仅是苏州,不仅是苏南各市的问题,而是整个国家的问题。因此,有不少专家提出,当代中国要有大品牌,要掌握核心技术。苏南呢?苏州呢?要不要掌握核心技术,要不要创出大的品牌来呢?我们希望看到,但现在还未看到,或看到的不多。当然,大品牌、核心技术的获得不是一时半会儿的事,要有一个过程。因此,建筑在大品牌与核心技术基础上的新兴产业比较优势在苏南的形成也得有一个过程,其特色的凸显也不是一时半会儿的事。目前,苏州人、苏南人只宜朝此方向努力,多付诸行动,少讲过头话,更不要讲大话、套话与空话。

预测五:苏南发展模式的战略调整及启示。

在探讨苏南如何按照科学发展观发展时,不少人有意或无意地步入一个思维定式,或机械地看待苏南已经形成的发展模式,或是套用一些国外的理论与模式,或是套用其他一些地区的发展模式;于是便或者认为苏南已有的发展模式，是完全成功的典范；或者认为苏南只有借鉴、模仿国外的、国内其他地区的成功范例（如温州模式），才能在发展道路上事半功倍。

　　然而，那些完全肯定苏南发展模式的人士，那些主张走这条道路或那条道路、采用这国或那国理论模式、这个地区或那个地区的发展模式的人士，在向国外、向其他地区汲取经验、寻找借鉴时，却没有站在更高的位置，全面、宏观地观察。如果那样做，他们就会发现：首先，苏南发展模式，虽有不少成功经验，但也存在体制内的问题；苏南毕竟是中国的苏南，当代中国在转型时期存在的各种问题，在苏南各市也是不同程度地存在着的，并且有时也会以相当激烈的方式表现出来。其次，古往今来的世界大国，其所走的崛起之路各异。英国在完成工业革命、走向"日不落帝国"的征途上，历届英国政府所遵循的"和欧陆次强国结盟对抗第一强国"，"没有永远的朋友，只有永远的利益"和"要亲手把打倒的对手扶起来"等一系列国家战略理论，起到了无可比拟的战略指导作用。美国从其诞生的第一天起直到成为世界最强大国家，一系列崭新的理论几乎伴随其成长的每一步，如"门罗主义"和"西进战略"，19 世纪中叶的"门户开放原则"，19 世纪后期的"马汉海权论"，20 世纪以来则更多，诸如"马歇尔计划"、"高边疆战略"、"星球大战计划"以及奥巴马的"美国要走'再工业化'之路"等。这些伴随大国崛起与大国复兴的理论，虽然五花八门，但都有一个共同的鲜明的特点，即在当时的理论界，这些都是全新的、前所未有的理论体系，且是大的战略。可以说，理论的创新、大的战略的正确制定，是大国从竞争对手中脱颖而出、独占鳌头的坚实保证。

　　当代中国要发展，中华民族要复兴，必须按照科学发展观的要求，一是要在理论上创新；二是要制定出正确的大的发展战略。如果全盘"西化"，或者全盘"东化"，模仿这家或那家，其结果只能是：食洋不化，亦步亦趋地跟在别人身后，落得戴个"仿冒大国"帽子，永远不可能完成历史性的超越。这样的路，当代中国不能走！这样的路，苏南也不能走！

　　苏南既不能妄自尊大，喜好人家吹喇叭、抬轿子，也不要妄自菲薄，应像当代中国一样，在科学发展观指引下，进行自主创新，制定大的发展战略，实施跨越式发展。

　　制定大的发展战略，不是好高骛远、凭空想像，而是必须建筑在坚实的现实基础之上。目前，苏南只有"三年规划"、"五年规划"（如"十二五"规划），还没有大的发展战略。大的发展战略，一是建筑在创新基础上的；二是着眼于未来、着眼于长远的。从这两点看,苏南虽然还没有制定大的发展战略,但已有相当的基础。如苏、锡、常都在建设全国创新型试点城市、都在规划与布局新兴产业、都在着力于转型升级与创新,并且都有了一些很不错的根基。如苏州最近正在宣传的常熟市蒋巷村,原来交通闭塞、地势低洼、血吸虫肆虐,是常熟最贫困的地方。当时被村民推选为大队长的常德盛,立下誓言:"一定要让全村人过上好日子"。40多年来,他的理想、信念始终不变,本色、情怀始终不变,精神、干劲始终不变。所变的是在他的带领下,蒋巷村变了,该村的工业产值现已超过10亿元;该村的学校像花园、工厂像公园、房前宅后像果园,全村像个天然大乐园。常德盛为了让村民过上好日子,这一朴素而坚定的信念,40多年如一日,长久而弥坚,这对于常熟、对于苏州来讲,是笔宝贵的精神财富,也是苏州制定大的发展战略必需的精神支柱与信念。

无锡正在宣传的"天下第一村"华西村,是全国社会主义新农村建设的一面旗帜,是科学发展的典型;2010年,江苏省委、省政府专门作了《关于深入学习华西村新经验,推动全省科学发展上新水平的决定》。目前,华西村已由原来的"小华西"发展为占地35平方公里的"大华西"。2006年至2010年,华西村共完成营业收入2296.2亿元,上缴税费36.7亿元,可用资金132.8亿元。①近几年来,华西村发展不断取得新的突破,关键在于深刻认识到经济发展方式。"早转早主动,早转早得益,快转多得益",坚持真抓实干,有所为、有所不为,选准主攻方向和突破口,大力推进产业转型升级,形成了先进制造业和现代服务业"双轮驱动"、三次产业互动发展的生动局面。比如,该村立足产业优势和资源禀赋,从实际出发,淘汰落后产业、改造传统产业、发展优势产业。对虽有效益但技术落后、造成污染的项目"舍得转",果断关掉效益好但能耗高、污染重的4家化工厂和1家小钢厂。对有特色、有基础、就业岗位多的项目改造升级。化纤厂由原来的"间隙纺"改造成"连续纺",每年节约能源近千万元;华钢高线加热炉燃料由原来的重油改用高炉煤气后,1年可节约2万吨标准煤。对有优势、潜力大的服务业不断做大做强。对总面积只有0.96平方公里的"小华西"——原华西村(现为中心村),正努力建成在世界上有影响的"华西城"。该村确定的目标,就是要借天增地建空中新农村,"农民生活质量

---

① 吴仁宝:《科学发展,真心为民》,《无锡日报》2010年8月26日第A1、A3版。

胜伦敦；低碳绿色环保多节约，华西诚信平安胜纽约"，①这就是一种大的发展战略、大的发展战略思维。

常州正在宣传的金坛市黄金村，虽然没有华西村、蒋巷村出名，但却同样有一个很好的发展理念与一个大的发展战略思维。村党支部书记严清华认为："一个地方暂时贫穷、困难不要紧，要紧的是人要有精神"。他十分注重发挥集体班子智慧，激发全村党员干部在转化经济薄弱村这一中心工作中的"四大本领"：科技发展、致富群众的本领；执行政策、依法办事的本领；艰苦奋斗、务实创新的本领；化解矛盾、促进和谐的本领。

怎样做足土地文章，发展"精、奇、特"高效农业？黄金村适时开展土地流转，组建土地股份合作社，580多户村民流转的1670亩土地，由合作社统一管理、统一经营。每年，村民除了可获得500元一亩收益金外，年终还可享受二次分红。

黄金村人信奉"只要精神不滑坡，办法总比困难多"的理念。村上发展工业是劣势，就沿着农业稻米这个方向挖深度、攀高度。由村金土地合社种植的600多亩优质"黄金"牌有机软米，每公斤卖到32元。2010年4月，该村先后到深圳、北京参加了国际农产品展览，大受欢迎。

为了发展高效农业，黄金村自身能力不够，就走借脑、借智、借力之路。严清华从2009年"五一"到2010年元旦，6次上省农科院，登门拜访辐射育种专家，请来一位博士生导师、两位研究员，在黄金村研种成功包括红、黑、紫、绿等天然颜色的彩色稻种，铁、硒等微量元素含量，是普通稻米的几十倍；同时研种成功的超级稻种，穗长粒多，亩产量可高达1000公斤。尽管黄金村人没有明确提出大的发展战略，但这本身所体现的却是一种大的发展战略，并且这种大的发展战略具有很强的操作性，可为全国广大农村复制、借鉴。

苏南经济发展到今天这一步，需要大的智慧、大的发展战略，而不是仅仅满足于根据国家"十二五"规划要求，制定、实施自己的"十二五"规划。说实话，这种规划固然要制定并加以认真实施，但全国各地没有一个地方没有制定自己的"十二五"规划，且具有千篇一律的特点。而作为一个率先发展的地区，如何制订出具有自己特点的大的发展战略，对于今后几十年的发展，是十分必要的。苏南需要，科学发展观在苏南的实践需要。

---

①　吴仁宝：《科学发展，真心为民》，《无锡日报》2010年8月26日第A1、A3版。

至于苏南今后能否制定出大的发展战略,能够制定出什么样的大的发展战略,则既要看当代中国、长三角的大的发展战略如何制定,更要看苏南各市从何处着眼、采取什么样的独特思维,沿着科学发展观指引的方向,去思考未来,规划未来。

不过,有一点是可以肯定的:科学发展观在苏南的实践,无论是取得的成功经验,还是失误的教训,对于当代中国都是很有启示的。因为,无论是率先全面建设小康社会,还是率先实现基本现代化,苏南各市不仅在江苏,而且在全国,都是走在前列的。并且,不管你如何看待苏南,都不可否认苏南人的开拓进取精神,这是苏南的一大法宝。改革开放以来,不管在任何艰难困苦条件下,甚至在受到极大委屈的情况下,苏南人仍要争先创优,不甘落后。尽管苏南各市之间的竞争也带来不少问题,但正是这种你追我赶、相互竞赛,推动了苏南的发展。使得苏南自改革开放以来,一直走在全国的前列。尽管苏南各市目前仍然存在着粗放型增长的问题,但苏南各市毕竟都迈上了科学发展的轨道,且取得了显著成绩,这也是不争的事实。

要说启示的话,这的确是苏南人留给我们的启示之一,即要有一种精神。一个地区的发展,实际上弘扬的就是一股劲、一种精神;没有一股劲、一种精神,是不可能获得成功的。启示之二,要科学发展、率先发展、和谐发展。在全球经济调整背景下,当代中国正处于新一轮经济的发展与又一个30年到60年的创业期;在这样一个时期,唯有科学发展、率先发展、和谐发展,才能使一个地区获得可持续发展,这是苏南各市最基本的发展理念,也是苏南人自改革开放以来获得成功的经验之一。启示之三,要坚持将以人为本作为最根本的发展要求。深入开展科学发展观活动,始终把提高人民福祉摆到优先位置,苏、锡、常在"十二五期间"各自作出了"幸福苏州"、"幸福无锡"、"幸福常州"的规划,与此相配套,由于当代中国的消费结构正从吃、穿为主向行和住方向发展,汽车、住房、旅游和高端服务需求强劲。比如住房,成为当代中国最热门话题。因此,苏、锡、常在"十二五"规划中都作出了建设生态环境优美的最佳"宜居苏州""宜居无锡""宜居常州"的规划,在经济社会发展上,苏、锡、常更加突出富民惠民;在城市建设中,苏、锡、常更加突出便民利民;使城乡居民更多更好地共享改革发展成果。比如,苏州在城乡一体化建设过程中,城乡居民的收入比连续多年在2∶1的水平低位运行,远低于全国3.33∶1的水平。无锡,2009年城镇居民人均可支配收入达25027元,农民人均纯收入达12403

元,即城乡居民的收入比也约为 2∶1。常州,这几年城乡居民收入也大幅提高,2010 年常州城乡居民收入分别超过 26000 元和 12000 元,分别是"十五"期末的 1.8 倍左右,城乡居民的收入比为 2.2∶1,也远低于全国 3.33∶1 的水平。苏南在这方面取得的成绩值得肯定,其经验值得总结,并辐射全国。启示之四,要坚持把改革开放作为最强大的发展动力。当今世界是开放的世界,一方面当今世界离不开中国;另一方面当代中国的发展也离不开世界。苏南各市都是在改革开放中发展起来的。苏州提出了在"十二五"期间,以解放思想为先导,围绕解决经济社会运行中的深层次矛盾和问题,加大重点领域和关键环节的改革攻坚力度,提高对外开放规模和水平,不断增创体制新优势。大力弘扬"创新,创业,创优"精神和"张家港精神"、"昆山之路"、"园区经验",使之成为苏州率先科学和谐发展的强大动力。① 无锡将深化改革开放视为推动科学发展、率先发展、加快转型发展的强大动力。提出了在"十二五"期间,必须加大改革力度,在重点领域和关键环节的体制机制上创新突破,实施融入世界的战略目标、互利共赢的开放战略,提升无锡市场化、国际化水平,努力建设体制机制活力城市、推动改革由深化经济体制改革为主向全面推进综合配套改革、开放由"引进来"为主,向"引进来"与"走出去"并举转变。② 常州提出了,在"十二五"期间,加快提升开放型经济发展水平,提升开发园区发展水平,提升外贸外经发展水平,提高外贸利用水平。用足用好国际国内两个市场、两种资源。这对于顺应整个长三角一体化发展与改革开放来讲,无疑是必需的。启示之五,要不断转变经济发展方式,将转型升级作为"十二五"期间发展的主线。转变经济发展方式是一项长期的系统工程,在各个不同发展阶级、不同区域有不同要求。党的十七届五中全会提出,在"十二五"期间必须以科学发展方式为主线。苏南各市在贯彻落实党的十七届五中全会精神过程中,根据率先发展的实际情况,提出了在"十二五"期间,以调结构转方式与转型升级为发展的主线。

苏州提出,"十二五"时期是苏州转型升级、创新发展的关键时期。经过

---

① 《中共苏州市委关于制定苏州市国民经济和社会发展第十二个五年规划的建议》,《苏州日报》2010 年 11 月 27 日第 A01 版。

② 《中共无锡市委关于制定无锡市国民经济和社会发展第十二个五年规划的建议》,《无锡日报》2010 年 11 月 22 日第 2 版。

"十一五"的发展,苏州步入工业化后期,转型升级、创新发展已成为发展的主旋律,城市现代化、城乡一体化、现代服务业和服务经济将呈现快速发展态势。在"十二五"时期,要"努力把苏州建设成为科学发展的样板区、开放创新的先行区、城乡一体的示范区,成为以现代经济为特征的高端产业城市、推动苏州在更高平台上实现新的更大跨越,继续走在全省乃至全国发展的前列。"①

无锡提出,必须把加快转型发展作为"十二五"时期发展的主线。这是推动科学发展、率先发展的必然要求,是无锡实现由经济大市向经济强市跨越的刻不容缓的战略任务,必须贯穿于经济社会发展的全过程和各领域。加快实现由主要依靠物质资源消耗向创新驱动转变,粗放式增长向集约型发展转变,城乡二元结构向城乡一体化转变,进一步提高发展的全面性、协调性和可持续性。

"十二五"时期是推动由工业文明向生态文明战略转变的关键时期,无锡要精心组织实施加快转型发展的重点策略,全力以赴转变发展方式、创新发展模式,积极追求"全面、协调、可持续"的增长新方式,努力形成"集聚高层次人才、发展高端服务业、培育高新技术产业、营造高品质人居环境"的联动发展新态势,奋力开拓"生活幸福、生产先进、生态良好"的现代化建设新路子,全面确立竞争优势,全面进入战略转型新阶段。②

常州提出,在"十二五"期间,必须牢牢把握加快转变经济发展方式这条主线。大力实施科教与人才强市战略、创新驱动战略、城乡发展一体化战略。经济国际化战略,牢牢把握这四大战略,是常州转型发展的强大支撑。③

当前,在全球经济调整与新一轮经济发展进程中,苏南人正沿着科学发展的方向,谋划新的发展思路、新的发展格局、新的发展蓝图。这对于当代中国不仅是迫切需要的,而且是极其宝贵的。

苏南,作为我国经济发展的前沿,率先发展起来的地区,其启示可以说是

---

① 《中共苏州市委关于制定苏州市国民经济和社会发展第十二个五年规划的建议》,《苏州日报》2010 年 11 月 27 日第 A01 版。

② 《中共无锡市委关于制定无锡市国民经济和社会发展第十二个五年规划的建议》,《无锡日报》2010 年 11 月 22 日第 2 版。

③ 《中共常州市委关于制定常州市国民经济和社会发展第十二个五年规划的建议》,《常州日报》2010 年 12 月 16 日第 A1 版。

多方面的,既有如上所述的来自成功方面的各种启示①,也有来自失误方面的各种教训,且都发人深省,值得我们从不同视角,去孜孜以求、百思不厌、反复回味、认真探索。

---

①　参见第一章三。

# 参 考 文 献

[1]苏州市"两个率先"课题组:《苏州之路"两个率先"的实践与思考》,苏州大学出版社 2006 年版。

[2]吴声功:《苏州区域经济的整体效应》,苏州大学出版社 2003 年版。

[3]王荣主编:《苏州精神"三大法宝"的价值精神与升华》,苏州大学出版社 2008 年版。

[4]王荣主编:《和谐社会理论与苏州实践》,古吴轩出版社 2006 年版。

[5]胡锦涛:《高举中国特色社会主义伟大旗帜　为夺取全国建设小康社会胜利而奋斗——在中国共产党第十七次全国代表大会上的报告》,人民出版社 2007 年版。

[6]《邓小平文选》第1—3卷,人民出版社 1994 年版。

[7]胡锦涛:《树立和落实科学发展观》,《人民日报》2004 年 3 月 10 日第 1 版。

[8]周海乐:《苏南模式的新发展》,人民出版社 2001 年版。

[9]王霞林:《苏南小康之路》,江苏人民出版社 2005 年版。

[10][德]马克斯·韦伯:《新教伦理与资本主义精神》,于晓、陈维钢译,三联书店 1987 年版。

[11][英]阿瑟·刘易斯:《经济增长理论》(中译本),上海人民出版社 1994 年版。

[12]陈宗胜:《发展经济学——从贫困走向富裕》,复旦大学出版社 2000 年版。

[13]安虎森:《区域经济学通论》,经济科学出版社 2004 年版。

[14]唐晋主编:《大国崛起》,人民出版社 2007 年版。

[15]庞瑞垠:《光明行　瞩目江阴》,江苏人民出版社 2002 年版。

[16]王立人:《创新发展模式与无锡实践》,凤凰出版传媒集团、凤凰出版社 2008 年版。

［17］黄卫平、韩秀云、［美］彼德·德鲁克、广天响石、郎咸平：《看不懂的经济危机》，经济日报出版社 2009 年版。

［18］［美］迈克尔·波特：《竞争优势》，陈小悦译，华夏出版社 1997 年版。

［19］朱民阳主编：《幸福江阴　科学发展观在江阴的实践与探索》，凤凰出版传媒集团、江苏人民出版社 2008 年版。

［20］何建明：《我的天堂》，凤凰出版传媒集团、江苏教育出版社 2009 年版。

［21］朱松山、盖世金主编：《源与流——中国化的马克思主义教学研究》，国防大学出版社 2005 年版。

［22］本书编委会：《大跨越——中国电信业三十春秋》，人民出版社 2008 年版。

［23］许正中等：《跨越：中国经济战略转型——社会普遍服务体系的构建》，中国财政经济出版社 2009 年版。

［24］钟茂初：《"可持续发展"的意涵、误区与生态文明之关系》，《社会主义经济理论与实践》2008 年第 11 期。

［25］张锐：《节能：中国经济的艰难抉择》，《社会主义经济理论与实践》2008 年第 3 期。

［26］中共中央宣传部理论局组织编写：《科学发展观学习读本》，学习出版社 2006 年版。

［27］季明：《邓小平理论是科学发展观的思想和理论依据》，《邓小平理论、"三个代表"重要思想》2005 年第 3 期。

［28］常樵：《新的科学发展观是在邓小平理论基础上的新发展》，《邓小平理论、"三个代表"重要思想》2005 年第 1 期。

［29］冷溶：《科学发展观的创立及其重要意义》，《文汇报》2006 年 7 月 24 日第 10 版。

［30］江苏省哲学社会科学联合会编著：《江苏人文精神概论》，凤凰出版传媒集团、凤凰出版社 2009 年版。

［31］杨余春、朱蓉蓉：《吴文化的基本特点与当代价值》，《苏州大学学报（哲学社会科学版）》2008 年第 2 期。

［32］耿乃凡：《文化产业在转变经济发展方式中的地位与作用》，《新华日报》2010 年 8 月 24 日第 B7 版。

[33]孙志军、洪银兴等:《以科学发展观统领全面小康社会建设》,南京大学出版社2006年版。

[34]潘旭明等:《城乡一体化与二元经济结构的破解》,《生态经济》2008年第7期。

[35]铁明太:《中国特色统筹城乡发展研究》,湖南人民出版社2009年版。

[36]温铁军:《中国农村基本经济制度研究》,中国经济出版社2000年版。

[37]王卫星:《对城乡一体化发展模式的思考》,《中国软科学》2009年第12期。

[38]周琳琅:《统筹城乡发展:理论与实践》,中国经济出版社2005年版。

[39]王伟光等:《中国城乡一体理论研究与规划建设调研报告》,社会科学文献出版社2010年版。

[40]陆学艺:《苏南模式与太仓实践》,社会科学文献出版社2009年版。

[41]蒋珠燕:《苏南地区自主创新与国际竞争力研究》,苏州大学出版社2006年版。

[42]唐岳良、陆阳:《苏南的变革与发展》,中国经济出版社2006年版。

[43]段进军、蔡全记:《长三角与苏南》,苏州大学出版社2006年版。

[44]吴声功、姜建成、戴兴根主编:《科学发展观的理论与实践——来自苏州的报告》,吉林人民出版社2007年版。

[45]董遵:《都市农业的发展与推进新农村建设的思考——以苏州市为例》,《山东省农业管理干部学院学报》2008年第2期。

[46]徐斌:《充分挖掘优势资源发展休闲观光农业》,《现代农业科技》2007年第3期。

[47]朱晓峰:《关于苏州市观光农业开发的思考》,《现代农业科技》2007年第1期。

[48]《十一届三中全会以来历次党代会、中央全会报告公报决议决定》(上、下),中国方正出版社2008年版。

[49]新望:《苏南模式的终结》,生活·读书·新知三联书店2005年版。

[50]费孝通:《农村、小城镇、区域发展》,《费孝通文选》第13卷,群言出版社1999年版。

［51］唐岳良、陆阳:《苏南的变革与发展》,中国经济出版社2006年版。

［52］黄文虎、王庆五等著:《新苏南模式:科学发展观引领下的全面小康之路》,人民出版社2007年版。

［53］李源潮:《创新苏南模式研究》,经济科学出版社2007年版。

［54］徐大同等:《现代西方政治思想》,人民出版社2003年版。

［55］洪银兴、王荣主编:《改革开放三十年苏州经验》,古吴轩出版社2008年版。

［56］黄键:《提升苏南竞争力》,江苏人民出版社2006年版。

［57］叶劲松、詹建芬:《转型期的地方政府职能与管理方式》,国家行政学院出版社2002年版。

［58］王荣等:《苏州农村改革30年》,上海远东出版社2007年版。

［59］吴柏均等:《政府主导下的区域经济发展》,华东理工大学出版社2006年版。

［60］陆铭等:《中国的大国经济发展道路》,中国大百科全书出版社2008年版。

［61］张铭等:《基层治理模式转型——杨村个案研究》,社会科学文献出版社2008年版。

［62］苏州统计局:《数字见证苏州改革开放30年巨变》,苏州市统计局2008年编印。

［63］洪银兴:《苏南模式在创新中演进》,《农村实用技术》2009年第6期。

［64］宋林飞:《"苏南模式"的重大理论与实践问题》,《江海学刊》2001年第3期。

［65］周明生:《新苏南模式:若干认识与思考》,《江苏行政学院学报》2008年第2期。

［66］张建英、朱炳元:《演进中的苏南现代化模式:路径依赖与未来发展——一个新政治经济学的分析视角》,《苏州大学学报(哲学社会科学版)》2007年第3期。

［67］顾松年:《苏南模式:是已经历史终结,还是在创新演进?》,《江汉论坛》2000年第12期。

［68］顾松年:《再论苏南模式的创新演进》,《现代化研究》2001年第

7 期。

[69]顾松年:《三论苏南模式的创新演进》,《现代化研究》2002 年第5 期。

[70]顾松年:《从苏南模式的创新演进到新苏南模式的孕育成型》,《现代经济探讨》2005 年第 4 期。

[71]洪银兴:《新苏南模式及其全面建设小康社会的意义》,《江苏发展研究》2006 年第 2 期。

[72]吕晓刚:《制度创新、路径依赖与区域经济增长》,《复旦学报(社会科学版)》2003 年第 6 期。

[73]杨瑞龙:《"昆山之路"的制度创新意义——评〈探索·创新——昆山经济技术开发区的实践〉》,《现代经济探索》2005 年第 4 期。

[74]陆小康、周明生:《苏南模式发展中政府职能的演变》,《上海商学院学报》2007 年第 9 期。

[75]池忠军:《马克思的共同体理论及其当代性》,《学海》2009 年第5 期。

[76]任平:《从新苏南精神看马克思主义区域化的探索》,《江苏行政学院学报》2007 年第 5 期。

[77]王卫平:《明清时期江南地区的重商思潮》,《徐州师范大学学报(哲学社会科学版)》2000 年第 2 期。

[78]邱成利、冯杰:《"苏南模式"的发展及其路径依赖》,《中国工业经济》2000 年第 7 期。

[79]唐士其:《市民社会、现代国家以及中国的国家与社会的关系》,《北京大学学报》1996 年第 6 期。

[80]洪银兴:《经济转型阶段的市场秩序建设》,《经济理论与经济管理》2005 年第 1 期。

[81]洪银兴:《苏南模式的新发展和地方政府的转型》,《经济研究参考》2005 年第 72 期。

[82]杨雪冬:《社会资本:对一种新解释范式的探索》,《马克思主义与现实》1999 年第 3 期。

[83]樊纲、王小鲁、张立文:《中国各地区市场化进程报告》,《中国》2001 年第 6 期。

[84]徐斌、汪国华:《从乡镇企业改制看"苏南模式"》,《学术论坛》2002
年第2期。

[85]曹保明:《区域经济社会协调发展:"新苏南发展模式"的分析与解
释》,《江海学刊》2005年第4期。

[86]靳辉明:《落实科学发展观构建社会主义和谐社会》,《红旗文稿》
2006年第23期。

[87][美]弗朗西斯·福山:《社会资本、公民社会与发展》,《马克思主义
与现实》2003年第2期。

[88]姜妮:《蓝藻围攻拷问苏南模式》,《环境经济》2007年第8期。

[89]耿焜:《产业集群生态化发展模式探索——以苏南地区为例》,《宏观
经济管理》2006年第5期。

[90]李军杰:《地方政府经济行为短期化的体制性根源》,《宏观经济研
究》2005年第10期。

[91]张梦薇:《华西村:常春之谜》,《中国社会科学报》2009年7月14日
第3版。

[92]中共柳州市委理论学习中心组:《落实科学发展观必须处理好三个
关系》,《光明日报》2010年11月22日第11版。

[93]王振中主编:《中国转型经济的政治经济学分析》,中国物价出版社
2002年版。

[94]陈劲、柳卸林主编:《自主创新与国家强盛——建设中国特色的创新
型国家中的若干问题与对策研究》,科学出版社2008年版。

[95]谭清美、王子龙:《区域创新经济研究》,科学出版社2009年版。

# 后　　记

　　呈现在读者面前的本课题研究成果,是课题组全体同仁齐心协力、共同努力的结果,成果付梓之际,谨对他们表示衷心的感谢,他们的辛劳努力是课题得以顺利结项的根本保证。另外,张家港及江阴市委办公室、政策研究室的负责同志以及常州国家高新区党政办公室的夏志文同志,在我们课题组调研过程中,给予了积极配合,并提供了大量资料,为课题的结项作出了重大贡献,在此一并致谢。

　　2009年9月,江苏省规划办的徐之顺先生,在苏州大学2009年度国家社科基金项目开题报告会上,对我们课题组提出了很中肯的意见,强调本课题研究要有哲学思维。说实话,当时,我们并没有想通:我们这个课题,不是哲学研究课题,怎么进行哲学思维? 后来,我们到苏南各地去搞调研,搞了一个阶段,获得一点至关重要的认识:即看问题要选好视角,而要选择一个好的视角,没有认识的高度是做不到的。要有思想认识的高度,没有哲学思维是不行的。搞明白这一道理后,我们就觉得徐之顺先生所讲的,很有道理。于是,我们就自觉地、有意识地运用哲学思维,来思考如何进行本题课研究了。

　　在我们看来,申请国家课题是一种竞争、一种进取;获得国家课题,是一种激励,更是一种责任。我们获得这一国家课题后,没有轻松过,总感到这个责任重大! 加之本课题研究的难度大、要求高,研究起来很吃力,我们不得不根据实际需要,在原课题组研究人员的基础上进行适当补充,聘请苏州市委办公室王国荣、苏州市政府研究室万智慧、常州文联副主席胡军生加盟。由于这几位都是在一线从事实际工作的负责同志,为我们从事本课题研究,提供了许多便利,确保了本课题研究的鲜活性。另外,根据本课题研究需要,我们还请我所带的博士生杨勇兵、李明桂两人参加了本书一部分内容的写作。

　　本书写作的具体分工如下:前言,吴声功。第一章第一、二节,吴声功;第三节,王国荣。第二章,吴声功。第三章第一、二节与第三节,一、二,吴声功;第三节,三,吴声功、胡军生、蔡玮。第四章第一节,吴声功、胡军生、马千里;第

二、三节,胡军生。第五章,张建英。第六章第一节,万智慧;第二节,吴声功;第三节,胡军生。第七章、第八章,吴声功。第九章第一节,吴声功、杨勇兵、李明桂;第二节,周芳;第三节,吴声功。第十章,杨余春。第十一章,姜明。第十二章第一节,吴声功;第二、三节,程立。结束语,吴声功。全书由吴声功统稿。其中,有部分稿件由胡军生审阅,还有部分稿件由张建英审阅。

本书数易其稿。在具体研究过程中,汇集了课题组全体成员的智慧。大家各展己长,各尽其才。尤其是胡军生还从全书整体的宏观视角,提出了十分宝贵的书面意见。

最后要说的是,苏南,不管你对它如何看待,不管你对它是否喜欢,它永远是一部写不完的书。人世间,不知有多少文人墨客,不知有多少学者,在书写它。我们不知深浅,为它所写的这部书,只不过是沧海一粟。尽管读者从这部书可以看出,我们对它饱含了深深的爱,但却无法表达完我们对它的所思所爱,因为它的内涵太丰富了,有待于我们继续书写、继续表达、继续努力!

吴声功

2011 年 4 月

修改于 2011 年 10 月